人事と組織の経済学 実践編

Personnel Economics in Practice
3rd Edition
Edward P. Lazear Michael Gibbs

エドワード・P・ラジアー　マイケル・ギブス
樋口美雄［監訳］　成松恭多　杉本卓哉　藤波由剛［訳］

日本経済新聞出版社

Personnel Economics in Practice, 3rd Edition
by Edward P. Lazear and Michael Gibbs
© 2015, 2009, 1998, John Wiley & Sons, Inc.
Translation copyright © 2017 by Nikkei Publishing, Inc.
All Rights Reserved.

This translation published under license with the original publisher John Wiley and Sons, Inc.
through Tuttle-Mori Agency, Inc., Tokyo

日本語版の刊行にあたって

　高い生産性や品質、革新性、そして経済成長を誇った日本の労働市場は、これまで長きにわたり、他国のロールモデルであった。しかし今、この労働市場は大きな変化に直面している。1990 年代中盤に労働人口がピークを迎えた後、日本の労働力は縮小してきている。同時に、急速に増加している高齢者のための財源を確保しなければならない。生産性の成長スピードは鈍い状態が続いている。

　かつて賞賛された人事戦略には、今や世間の厳しい目が向けられており、日本政府も巻き込んだ変化が必要とされている。内部昇格や終身雇用、年功序列といった慣習は、長い間、日本で上手く機能してきたが、その単純さと柔軟性の欠如が浮き彫りになってきた。

　企業は、正社員と非正規社員に全く異なる雇用の安定性と福利厚生を与えることで、こうした問題に対応してきたが、その結果、労働市場の二極化が顕著になった。非正規社員の正社員化や待遇の改善により、企業はこうした状況に対応しているが、そのスピードは鈍い。とはいえ、硬直的な雇用慣行に対応する企業が増えていることは、伝統的な雇用方針に問題意識を持っていることの確固たる証拠である。

　ではどうすればよいのだろうか？ 日本企業は、より効果的に人材を発掘、育成、活用し、生産性を向上させ、雇用ギャップを穴埋めするために、人事戦略を現代化することを真剣に検討していくべきであろう。

　例えば，社員を正規・非正規の二種類に単純に分類する代わりに、この垣根を取り払い、様々な雇用形態の社員に対応できる、より柔軟で多様な施策を準備してはどうか。顧客に応じた豊富な商品ラインナップやサービスを提供することが効果的なように、企業は、様々な働き方を志向していている労働者の要求や経済環境の変化にあわせ、人事戦略をカスタマイズすることを学んでいかなければならない。

　年功序列はその一例であろう。このようなシステムは、企業が才能ある社員を認識し、その才能を伸ばして適切に評価する上での障害となる。そしてその結果、従業員の質とモチベーションを低下させてしまう。今後は、こうした慣

行に代わって、昇進や報酬の決定に際して従業員の実績評価を重視する方向へシフトしていくと考えられる。

経営陣は、もっと多くの女性や、より若い世代、また、シニア世代を、戦力として取り入れていく方法を模索すべきだ。加えて、日本企業がより上手に外国人労働者を取り込んでいけるようになれば、日本経済にとって大変有益だろう。こうした目標に向け進歩していく過程では、採用方法や人事評価、昇進や給与システム、また企業文化の変化が必要とされる。

日本企業は、伝統的に、安定した雇用の提供者とみなされてきた。これは称賛に値するものの、一方で、今日の人口および経済環境においては非現実的である。正社員だけに保証された雇用の安定は、生産性の向上や経済成長をもたらさず、日本が抱える長期的な課題の解決手段とは必ずしもならない。

むしろ、日本企業が取り組むべきことは、組織と人事戦略の改革である。その焦点は、ダイナミックで適応性や革新性が高い組織を設計していくことである。このためには、年齢や性別を問わず才能あふれる人材が、面白い仕事を見つけ、能力を高め、新しい技術を利用し、クリエイティブな仕事をし、経験を積んで会社に貢献することを認められ、そして報われるような労働環境を生み出す人事戦略が必要となる。こうした組織では、従業員の入れ替わりは、従業員にとっても健全なものとして受容されるべきである。

本書において分析された人事戦略は、経済学、社会学および心理学上の厳密な概念から派生している。本書には、世界中の組織で実際に成功した実例が反映されている（実際、著者は、多くの主要諸国から集まった学生を教えながら、本書を執筆している）。本書には、日本企業やその従業員、そして日本経済全体にとって示唆に富む内容が採り上げられていると私たちは信じており、またそうであることを強く願っている。

原文に掲載している謝辞に加え、日本語版の出版を可能にしてくれた方々に御礼を述べたい。成松恭多氏は日本語版の発刊のきっかけを与えてくれ、最初から最後まで出版に向け、尽力してくれた。成松氏の熱意と協力には大変感謝している。著者の1人の友人である慶應義塾大学の樋口美雄教授は翻訳作業を指導してくれた。翻訳者たちが本書で採り上げた概念を正しく翻訳できるように経済学の知見を提供して頂き、感謝したい。杉本卓哉氏と藤波由剛氏は成松氏同様、シカゴ大学ブース経営大学院の卒業生であり、同氏と共に翻訳作業にあたってくれた。これは膨大な作業であり、両名には感謝してもしきれない。

また、この本の編集の労を執ってくださった細谷和彦氏をはじめとする日本経済新聞出版社の編集者の方々にもお礼を申し上げたい。

2017 年 3 月

エドワード・P・ラジアー
マイケル・ギブス

序　文

本書について

　組織と経済の成果は多くの個人の動機、決定、行動を組み合わせた結果である。こうした個人および行動の融合によってイノベーション、高い経済成長、より多くの雇用機会、そしてより優れた製品が創造される。この状況が生み出されるプロセスこそ、今日の経済、今日の企業の奇跡の一つであり、またこれが本書のテーマである。

　企業がどのように組織され、従業員を管理するかということについて、より理解を深めることの重要性をいくら評価してもしすぎることはない。大企業において、おおよそ費用の 4 分の 3 は人的資源に関するものである。同様に世界全体の富の 70% は物理的、あるいは金融資本というよりも、個人の能力や知識にかかわる人的資本である。経済は起業家や従業員の想像力やモチベーションを通して成長、変貌を遂げていく。今日の多くの企業の戦略は、カスタマイゼーション、サービス、イノベーションを強調した、人的資源によってもたらされていることは明らかである。

　また、組織や経営は読者にとっても非常に重要である。本書で議論される話題は、キャリアが進んでいくにつれ、重要性を増してくる。キャリアの初期段階では特定の分野の知識に注力していく傾向が強いだろう。しかしキャリアが進むに従って、第三者の監督や管理に、仕事はより依存するようになる。多くの人の作業を調整するためには、より広範囲のマネージャーの視点が不可欠になってくる。キャリアが更に進むと組織全体を作り上げ、構成し、管理する能力が重要性を増す。組織と、組織が会社の目的や環境とどのように関わっているのかについて、戦略的に見渡す能力が重要になってくる。

　こうした様々なステージでマネージャーが能力を発揮するためには、直面する問題を分析するために、構造化、確立化されたフレームワークを学ぶことは役に立つだろう。直感、常識、長年の経験は非常に貴重である。しかし、問題

に対するより深い理解とそれらの問題の背景に存在するトレードオフを組み合わせることによって、より優れた能力を発揮することができる。本書の狙いは、読者に組織設計および従業員の管理を理解するための確立されたフレームワークを提供することにある。

　組織と人的資源についての研究は、必ずしも確立されたものではなく、常に変化しつつある。確立化、構造化をもたらし、多くの重要な問題を明確化する経済学はこの分野で実績があり強力な手法である。本分野の経済学は、しばしば人事経済学と呼ばれる。

人事管理は重要か？

　ある最近の研究で、組織設計は業績に関係するのかということを評価するために、管理慣行や業績に関する世界中の企業の広範なデータが集められた。継続的な改善への企業の姿勢、最も評価の高い従業員を企業はどの程度採用し、引き留めていくか、そして目標とインセンティブの利用といったことに関し、多くの分析がなされてきたが、本書でもこれらの論点について議論している。

　果たして人事管理は重要なのか？　結論を先取りしていえば、それは非常に重要だということが実証分析により、論証されている。研究によれば、優れた人事管理慣行はより高い生産性を上げ、より優れた商品・サービスを提供し、企業がより高い確率で競争に勝ち残り、成長していくことが解明されている。

　同一の産業、同一の国であっても、そして世界各国において、管理慣行はかなり異なっていることを研究者は明らかにした。他の国の輸出競争会社を含む企業と厳しい競争環境に直面している会社では、より優れた管理慣習が備えられていることが多い。また、多国籍企業もより良い慣行を持っている傾向が強い。これとは対照的に、政府系企業、同族企業は優れた管理を実践していないことが多い。同一国内の同一産業の中にあっても、管理慣行には大きな差がみられるという事実は、特に新興市場において、改善の余地があることを意味している。

出所：Bloom and van Reenen（2010）

人事経済学とは何か？

　経済学を人的資源や一般的な経営問題に適用することに違和感を感じるかもしれないが、実際は大いに役に立つ。経済学は人間の活動の様々な分野に応用することのできる分析手法を提供し、社会科学に非常に大きな影響を及ぼしている。経済学の手法は柔軟であり、人間の行動に関わる様々な問題に応用することができる。一貫性のある方法論を適用できることは、組織設計を研究する上で非常に有効なフレームワークを開発できることにつながる。

　経済学者は人間の行動を導く二つの要素があると考えている。一つ目は心理（選好）である。選好やその選好の形成と進化を理解することは古典的な心理学の領域である。二つ目は人々が目標を達成しようとするために行動を起こす環境である。これに関しては、予算、価格、制約、情報、そして動機などに焦点を当てる経済学の領域である。また、同僚の従業員や上司、顧客は、行動を促す際に重要な役割を果たすため、経済学は社会的相互関係についても焦点を当てる。選好と環境の区別は心理学でも研究の対象となっている。社会心理学の一領域では経済学のように、おおよそ個人の行動に環境が与える影響について研究している。社会心理学と人事経済学は多くの同じ問題を研究対象としているが、その視点は若干異なっている。逆に言えば、通常、心理学だと思っているものは、厳密に言えば心理学ではないということもある。

　経済学は環境が行動に与える影響について焦点を当てるため、個々の従業員の選好に関して非常にシンプルな仮定を前提にして、議論を始めることが一般的である。これは実は想像される以上に便利である。モデルがより抽象的で一般的であればあるほど、より広い範囲に応用することができる。従って、経済学では従業員は自分の報酬を最大化しようとしているという前提を置く。ここでいうところの報酬とは、単なる金銭的な見返りのことだけを意味しているわけではなく、福利厚生や労働環境、企業が提供できるその他の価値のことをも意味している。従って、成果に対する支払いの理論は、単に金銭だけではなく、人々のやる気を引き起こさせる手段を分析する場合にも重要である。

　経済学的アプローチの鍵となる部分は、情報、資源、制約、意思決定、インセンティブといった環境変数が、どのように成果に影響を与えるかという点に集中される。本書ではこうした問題が分析されている。しばしば分析結果は、

便益と費用の間に存在する一つあるいは複数の重要なトレードオフの関係のバランスを取ること、という結論になる。

このアプローチの結果について特に二点言及したい。第一は、様々な問題の分析に際し、経済学のツールを利用することである。これを通して、本書で取り上げるテーマに、より構造化されたアプローチを提供することができる。本書を読み終わった後には、包括的に組織設計について考えるためのフレームワークを自ら構築することができるようになっているだろう。

第二に経済学は管理職が大いにコントロールすることのできる変数について焦点を当てる。本書では、情報、意志決定、投資、インセンティブを主要な要素として分析している。これらはまさに管理職が、より良い組織を設計するために、最もうまく操作することのできる操作レバーである。インセンティブの与え方を変える方が、自分の従業員の心理を変えるよりも遥かに容易である。

昨今多くの企業が「従業員分析」の技術を採用、研修、人事考課、業績評価などの人事方針の企画と効果の分析に利用し始めるようになった。人事経済学は何十年もの間、同様の分析を手がけてきた。漸く実践が研究に追いついてきた感がある。学者は社内の人事記録やイントラネット、従業員と雇用主への調査、政府統計機関による労働者−企業のマッチングデータ、企業で実施された実験などから、斬新なデータセットを収集してきた。本書に記載されている事例は、こうした研究の一部ではあるが、本書で提示されている概念、フレームワーク、考え方は、従業員のみを分析対象としていた時代のものよりも、より実践的であることを例証している。

先ほど経済学と社会心理学は似たようなテーマを異なった分野で扱ってきた（組織社会学も本グループに加えることができるだろう）と述べた。本書が対象としている問題に関し、経済学者、社会心理学者、社会学者の間で、多くの（当然のことながら競合的かつ協力的である）健全な議論が展開されている。人事経済学はこうした議論の中で成長してきた。当初、人事経済学は労働経済学の中の小さな一領域に過ぎなかった。その後、情報経済学からの示唆を得て、社内従業員の人事管理の研究が始まった。次第に人事経済学は一層、磨きがかけられ、成果をあげるようになる一方、社会心理学は組織社会学からの識見、実証やテーマを取り入れるようになった（人事経済学はこれらの分野の発展に貢献していると言えなくもない）。従って、我々のアプローチと主眼は経済学的ではあるものの、本書を、経営問題を研究する他の社会科学との活発な議論、交

流の産物と位置付けて頂きたい。

　もちろん、人的資源管理を十分理解するには、心理学や社会学の研究も必要であることは言うまでもない。本書は組織設計に関する最終版であるとは言えない。むしろ、より伝統的なアプローチを大いに補完し、同時に多くの学生や管理職に新鮮なアプローチを提供するものである。

本書は誰を対象としたものか？

　本書は様々な読者を想定している。学部生は本書を勉強することで得るものは大きい。実際、多くの場合、伝統的な労働経済学の講義よりも、本書を利用した講義を履修する方が多くメリットを享受できるだろう。インセンティブ理論などミクロ経済学の概念を学び応用するだけでなく、生涯にわたって価値ある原理原則を学ぶことができる。

　著者は二人とも経営学修士（MBA）の学生を教えており、本書はその目線から著されている。本書は総括的な組織設計、そして個々の人事方針についての考え方を提示している。MBA の多くの学生はコンサルタント、部門長、あるいは自身で組織を経営することになるため、本書で対象としているアプローチを理解することはこうした学生にとって、非常に有益である。また、エグゼクティブ MBA の学生にとっても本書は役に立つ。本書はこれまで身につけてきた経験と常識についての理解を深め、それを活用し、より強力かつ有効にするための確立されたフレームワークを提供する。

　本書の主眼は人事政策と組織設計に置かれているが、本書は人事資源の専門家のみを対象としたものではない。専門家の教科書は、年金制度や人事考課の設計といった人事方針をいかに実施するかということに関して、詳細に検証している。とはいうものの、人事方針に関して戦略的、分析的に概観する本書は人事資源専門家にとっても非常にためになるだろう。本書は詳細に立ち入る前に、必要とされるより広い視点について提供する。同じ理由から、人事および組織設計に関してしっかりとした、実践的な理解を深めたい知的好奇心の旺盛な部門長にとっても、本書は多くのビジネス書籍よりも難解ではあるものの、遥かに実りある内容になっている。

謝　辞

　本書は我々自身の研究、およびその他多くの人々の研究に基づいている。我々はこの興味深い経済学分野の全ての研究者に感謝したい。特にジョージ・ベーカー、ゲーリー・ベッカー、マイケル・ベアー、リチャード・ハックマン、ベンクト・ホルムストローム、カトリーヌ・イエルリ、マイケル・ジェンセン、ケネス・ジャッド、ユージーン・カンデル、デイビッド・クレプス、ケビン・マーフィー、ケビン・J・マーフィー、ポール・オイヤー、キャニス・プレンダーガスト、メルビン・レッダー、ジョン・ロバーツ、シャーウィン・ローゼン、カトリーヌ・ショウ、ロバート・トペルは、長年我々の思考に影響を与えてくれた。

　本書の原稿を授業で試用してくれた同僚にも感謝したい。スティーブ・ブロナース、ジェッド・デヴァロ、トル・エリクソン、チャールズ・フェイ、キャサリーン・フィッツジェラルド、マーク・フラスカトーン、マイア・ギル、ヨゼフ・ガズマン、ウォーリー・ヘンドリクス、マリオ・マシス、マリー・モラ、ティム・ペリ、エリック・デ・リグ、ヴァレリー・スミーツ、フィレデリック・ワルゼンスキー、ネールズ・ウエスターグラッド＝ニールセン、（図 3.1 のデータを提供してくれた）シンディ・ゾギは、この版、あるいは前の版について、コメントや提案をしてくれた。

　原稿段階のものを授業で使ったが、シカゴ大学、スタンフォード大学、オーフス大学、パリ政治学院（シアンスポ）の学生からは多大な協力と示唆を得ることができた。

　最後に、本書に深い洞察を与えてくれたアシスタントのジョン・バローズ、トーマス・シェルヴィエ、ナダフ・クライン、マキシム・ミロノフ、イ・ロン、ヨード・シェフィ、マリー・トマレリ、オレーナ・バーベンコに謝意を表したい。

本書の魅力──監訳者まえがき

　日本企業の人事制度は、いま、岐路に立っている。高度成長期には、終身雇用・年功賃金・企業別労働組合の三種の神器をベースに、集団的雇用管理が進められてきた。労使協調により生産性の上昇を実現させ、雇用を守った上でその果実を労使で分かち合い、社員のインセンティブを高めることができた。「生産性3原則」が守られることで、企業の成長と生産性の向上、生活水準の向上の好循環が実現できた。

　ところが、近年、この日本的雇用管理制度を維持することに対し、疑問の声が聞かれるようになった。経済成長が鈍化するにつれ、もはや日本型の雇用慣行は維持できない。社員が高齢化するにつれ、年功賃金を維持する限り、総額人件費は高まるばかりである。人口が減少してくると、性や年齢に関わりなく、だれもが意欲と能力を発揮できる状況を作っていかなければならない。企業のグローバル化が進展してくると、外国人人材にも活躍してもらわなければ困る。ましてやM&Aが進むと、違った企業で育ってきた人材も活用しなければならない。その分、人件費を抑えながらも、多様な価値観を持った人材の能力を高め、それを発揮できる人事制度が必要になる。これまでのように阿吽の呼吸による人事管理では、人は思った方向に動かなくなる。

　産業が高度化し、技術が発展するにつれ、社員に求められる能力も高度化、そして専門化し、従来のような頻繁な配置転換で幅広い技能を形成するといったやり方では対応しきれなくなっている。その結果、画一的な集団的雇用管理を脱し、個別雇用管理を進めていかなければならず、職能主義の評価制度から個人間の業績差に応じた成果主義の処遇に切り替えていく必要がある。日本企業の人事制度も改革の必要性が叫ばれるようになって久しいが、一度、成果主義に舵を切った処遇制度を、再び種々の問題に直面して逆戻りさせる企業が増えるなど、日本企業の人事制度は迷走を続けている。

　どのような人事制度にし、どのような組織にしていけば、企業は競争力を高めることができるのか。そしてAI技術が発展し、ビッグデータも利用可能になった現在、多様な人材を活かすには、こうした技術をどのように活用すればよいのか。

本書の魅力——監訳者まえがき　xi

　自動車が順調に走っているときには、運転手はアクセルとブレーキの踏み方、ハンドルの操作方法さえ知っていれば、エンジンのメカニズムなどわからなくても、車を走らせることはできる。ましてや自動運転装置が開発されれば、それさえ知らなくても目的地に到着することはできるかもしれない。ところがひとたび車が故障すると、エンジンのメカニズムのような基本的なことがわからないと、お手上げ状態に陥り、見様見真似で対応することはできなくなる。こうしたときにはプロの技術者やエンジニアの知識が必要になる。

　人事制度や雇用慣行、労務管理についても同様のことが言えるだろう。企業経営が軌道に乗り、順調に進んでいるときは、個々の制度や慣行、給与体系、人事評価が人々の行動や企業の生産性、業績に与えている基本的な役割は知らなくても、これまで通りの方法で運用していくことができる。ところが環境が変わり、制度がうまく機能しなくなると、修正が必要になる。多少の変化であれば、小手先の修正ですむ。しかし、構造的な環境変化に対しては抜本的な方向転換が求められる。これを進めるためには人事制度、雇用制度の基本的メカニズムやその機能を理解していなければ、対応していくことができない。今まさに、人事の専門家の知識と行動が求められている。

　本書は採用から給与制度、能力開発、福利厚生、昇進、退職に至るまで、企業の人事制度について、企業の置かれた環境の変化や目指すべき方向性によって、そのあり方がどう変わるかについて記した「人事経済学」のバイブルともいうべき書物である。著者の一人、エドワード・P・ラジアー氏はすでに『人事と組織の経済学』（*Personnel Economics for Managers*, 日本経済新聞社）を出版している。この本では理論的側面が強かったのに対し、本書は多くのビジネスマンに読んでほしいとの思いから、マイケル・ギブス氏との共著とし、例示をたくさん織り込んだ「実践編」として出版したものである。この本はスタンフォード大学やシカゴ大学のビジネス・スクールの「経営者のための人事経済学」の授業で教科書としても、使われている。

　雇用制度に立ち向かう本書の視点は明らかであり、統一的である。一般に経済学が人間の合理性を仮定して分析するのと同様、本書も人間は合理性に基づき行動すると想定する。ただし、ここでいう合理性とは、これまでの経済学が想定してきた個々人の金銭的合理性だけではない。本書では最近の心理学の発展や社会学の研究成果等を取り入れ、プライドやモチベーションの持続可能性、考え方の違い、チームワークや情報の共有の必要性なども組み込んだ合理

性を論じ、これらに基づいて人々の働き方や成長の仕方について考察していく。こうすることによって、採用から退職に至るまで、時にはその後の退職金や年金制度も含め、具体的に人事制度が人々の行動に及ぼす影響を検討し、自らの目標達成のために企業が目指すべき組織のあり方、人事制度のあり方を実際のデータを使いながら検討する。

　もちろん企業によって、置かれた環境は異なり、働く個人によって制度に対する反応は異なる。あるいは国により企業が守らなければならない法律は異なり、社員の文化的側面は異なる。だが、そこには一定の基本的メカニズムが存在する。この構造メカニズムを知ることによって、個々の目的や考え方が違っても、それを応用することで、人事や組織のあり方を考えることができる。本書の内容はアメリカ企業のみならず、世界の企業に通用するものに仕立て上げられている。

　企業の取り巻く環境の変化に応じ、また目指すべき目標の変化に応じ、人事制度のあり方に悩むビジネスマンは多い。是非、こうした人々に本書を読み、自分でその基本的メカニズムを咀嚼したうえで応用し、自社の環境に適した人事制度や組織制度を構築していってほしいと考える次第である。

2017 年 3 月

樋口　美雄

xiii

目　次

日本語版の刊行にあたって　i

序　　文　iv

謝　　辞　ix

本書の魅力——監訳者まえがき　x

第1部　採用と従業員への投資

第1章　採用基準の設定 ——————————————— 3

例：リスクの高い労働者の採用　3

新規採用という選択肢／分析／反論

採用基準の設定　12

費用に対し便益のバランスをとる／外国との競争／生産の方法

何人の労働者を雇用すべきか？　19

その他の要因

不完全な情報しかない場合の採用　22

分析とは無関係に意思決定する／重要な情報を推計する

要　　約　25

第2章　適任者の採用 ——————————————— 27

応募者のスクリーニング　29

資格／労働者の生産性を知る

スクリーニングは誰に利益をもたらすか？／試用

シグナリング　40

誰がコストを負担し、誰が便益を得るか？／事例

シグナリングの定式化：分離均衡と一括均衡

どのような種類の会社がよりシグナリングを利用するか？

要　　約　50

第3章　能力への投資 ——————————— 53

マッチング　55

教育に対する投資　57
　費用と便益の影響／ベンジャミン・フランクリンは正しかったのか？

OJT における投資　65
　「一般的人的資本」対「企業特殊的人的資本」／誰が研修費用を負担すべきか？

OJT の意味　79

レント・シェアリングと報酬　82

要　約　86

第4章　離職の管理 ——————————————— 89

離職は良いことなのか、悪いことなのか　89
　振り分けの重要性／技術の変化／組織の変化
　階層的構造／企業特殊的人的資源

慰留戦略　93
　重要な従業員を失うことによるコストの削減／離職を前向きに受け止める

従業員への入札　99
　他社からの引き抜き：利点と落とし穴／オファーへの対応（マッチング）

解雇と早期退職優遇制度　108
　解雇対象者／早期退職優遇制度

要　約　119

第2部　組織と職務の設計

第5章　意思決定 ——————————————— 125

経済としての組織　125
　情報システムとしての市場／インセンティブ・システムとしての市場
　市場とイノベーション／中央での計画のメリット／
　市場の考え方を応用した組織設計

目　次　xv

集中化の利点　134

　　規模の経済あるいは公共財／集中化された知識の上手な活用方法／調整／管理

分散化の利点　138

　　特殊的知識か、あるいは一般的知識か／分散化の他のメリット

意思決定の運営と統制　143

　　多段階のプロセスとしての意思決定／創造性と統制

　　より質の高い意思決定への投資

要　約　160

第6章　組織構造 ──────────────────── 163

組織構造の種類　164

　　階層型組織／機能別組織構造／部門別組織構造

　　マトリックス型もしくはプロジェクト型の組織／ネットワーク構造型組織

どの組織構造を会社は採用すべきか？　182

調　整　184

　　調整に関する二つの問題／調整のメカニズム

実　践　191

　　統制の範囲と階層数／能力、報酬と組織／会社の組織の進化

要　約　198

第7章　職務設計 ──────────────────── 203

職務設計の種類　203

最適な職務設計：能力、任務と意思決定　208

　　複数の能力と複数の任務／意思決定

補完性と職務設計　216

どのような場合に異なった職務設計を採用すべきか　218

　　テイラー主義／テイラー主義か、継続的改善かを決める要因

内発的動機　227

要　約　230

第8章　職務設計の応用 ──────────────── 235

チーム　236

集団での意思決定／フリーライダーの影響／チームを利用する状況

チーム生産による他の利点／チームの実践／チームの構成

IT の影響 252

組織構造に対する影響／職務設計への影響

高信頼性組織 261

要　約 263

第3部　実績に基づく報酬

第9章　実績の評価 ———————————————————— 273

実績評価の目的 274

実績の評価方法 274

定量的な実績評価指標 275

リスク特性／歪み／不正操作／実績評価指標と職務設計の整合性

主観的評価 288

主観的評価を利用する理由 289

歪みと不正操作の削減／実務上の考慮事項

要　約 301

第10章　実績に対する報酬 ———————————————— 303

どれだけインセンティブを強くするか？ 307

直感／不完全な評価と最適なインセンティブ

要約：インセンティブはどれほど強くあるべきか

実績に基づく報酬：より一般的な例 321

報いるか、罰するか？／一時払い、降格、昇格／報酬の上限の設定

応　用 332

利益シェアリングと従業員持株制度／組織形態と契約／創造性の発揚

要　約 338

目 次 xvii

第11章 昇進というインセンティブ —————————— 341

昇進とインセンティブ 345

昇進はインセンティブとして用いられるべきだろうか？

昇進のルール：トーナメント方式か、絶対基準方式か？

昇進はどのようにしてインセンティブになるのか？

より高度な問題／実証

キャリア上の関心 367

年功報酬とインセンティブ 367

実務上の考慮点

要 約 372

第12章 オプションと経営陣への報酬 —————————— 375

従業員ストックオプション 376

ストックオプションの概要／企業は従業員にオプションを付与すべきか？

インセンティブとしてのオプション

経営陣の報酬 388

最も重要な問題は何か？／経営陣の実績に基づく報酬

その他のインセンティブとそのコントロール

経営陣のインセンティブは重要か？

要 約 401

従業員への株式オプション／経営陣の報酬

第4部 応用編

第13章 福利厚生 —————————————————— 407

賃金か、福利厚生か 407

なぜ福利厚生を提供するのか？ 412

費用の優位性／価値の優位性

福利厚生の導入 417

従業員の振り分けの向上／カフェテリア方式／年金／有給休暇

要　約　436

第14章　起業と企業内起業　——————————————　439

起　業　440

起業家という選択

企業内起業　453

内部市場／創造性か、制御か／人材採用／創造性のためのモチベーション

意思決定のスピード／官僚化の緩和／継続的改善

要　約　466

第15章　雇用関係　——————————————　469

経済的取引としての雇用関係　469

完全競争／不完全競争／複雑な契約／要約

経営陣と労働者間のコミュニケーション　477

経営陣から労働者へのコミュニケーション

労働者から経営陣へのコミュニケーション

労働者が経営に関与する最適なレベル

協調性の改善　489

囚人のジレンマから、雇用関係へ／評判と雇用関係／評判への投資

企業文化と集中化された人的資本に関する方針

要　約　504

人事の経済学の実践

用　語　集　509

参考文献　527

索　　引　542

〰〰〰 コラム 〰〰〰

人事管理は重要か？　v

実務上の課題　7

グーグルの採用方法　10

目 次 xix

採用における従業員紹介制度の利用価値　29

ビッグデータを利用したスクリーニング　36

フランスでの解雇費用の削減　39

オンライン教育　60

非競合条項　71

Wipro テクノロジー社　75

フランク・クワトローネの投資銀行チーム　93

ユニークな採用ビデオ　96

シリコンバレーでの従業員の獲得競争　103

アマゾンの誹謗禁止条項　112

ヒューレット・パッカードにおける集合的情報と意思決定　132

マイクロソフトにおける集中化　134

ディズニーの戦略企画　137

医薬品業界の小規模、大規模企業のイノベーション　154

マイクロソフトにおけるソフトウェア設計　173

スカンクワークスとアウトソーシング　177

ギットハブ（GitHub）社の緊急組織　180

問題解決ネットワークの経済的価値　190

組織構造におけるトレンド　193

科学的手法で生産労働者を訓練する　215

体系的な組織設計と生産性　217

UPS のトラック配達員の職務設計　220

インテルでの「そのままコピーする」　225

なぜチームの利用が増えているのか　239

アラスカのサケ漁　251

ビッグマックのテイクアウト　256

チキンスープの専門システム　259

「流される」身元調査　280

不正操作の動機　283

「制御可能」、「制御不可能」とは何を意味するのか？　291

評価にかける多大な労力　296

セーフライト・ガラス社における出来高払い制と振り分け　304

レストランの給仕係の報酬への工夫　311

大学教授に対する複数の任務のインセンティブ　318

フレーミング　323

銀行の住宅ローン担当者による不正　327

昇進、降格、転籍　343

実績評価における固定分布　352

経済学者のトーナメント　366

株価が急落した場合に、オプションを再評価すべきか？　382

従業員にとってオプションはどれくらいの価値があるのか？　387

CEO の内発的動機とは何か？　398

170 億ドルのツィート　400

役員に対する特典は効率的か、それとも無駄か？　416

ウォルマートにおける福利厚生費用と
　　従業員の振り分けのマネジメント　422

起業家や社内起業家とはどのような人物か？　440

起業家の脳は他の人とは違うのだろうか？　447

社会資本と起業　452

コーク・インダストリーズ社での市場型経営　455

新しいアイデアを動機付ける実験　461

スリーエム社での新製品開発と継続的改善の対立　465

従業員は、仕事の中で何を重要視するのか？　473

そもそも上司は重要なのか？　何をもって良い上司と言えるのか？　475

企業文化の経済価値　494

第一印象　497

ジャック・ウェルチが語る GE 社の
　　トップグレイディング（TopGrading）　500

トルコでのアルファベットの変更　504

装丁：渡辺弘之

第1部

採用と
従業員への
投資

本書は3部で構成され、それぞれの部は、実務への応用と、より進んだ議論を含む章に分かれている。第1部では、従業員をシンプルに生物学における自然な状態と同じようにとらえる。従業員は、生まれつき備えた能力を持っており、思考力、創造力、数字を扱う能力を職場に持ち込むと考える。また、従業員は教育、経験、もしくは日々の仕事を通しての研修（OJT）などから、新しい、あるいはより進んだ能力を習得する。

第1部では、従業員の才能と能力を機能として考え、従業員の先天的、あるいは蓄積した能力に基づいて、従業員をどのようにして選別していくか、どのようにして更なる能力開発に投資すべきか、どのようにして組織からの出口をマネージするかといったテーマを取り上げる。企業の従業員のキャリアに対する考え方を、ある意味、採用、能力開発と昇進、最終的には雇用の終了への移行という一連の流れとして捉え、この順に従って議論を進めていく。

これらの問題を考える際に、情報の非対称性、投資、企業の方針の中の労働市場の制約、様々な契約方式といった、いくつかの重要な経済学の概念について紹介する。**情報の非対称性**とは、二つの経済主体（本書の場合雇用主と従業員）が取引について異なった多くの情報を有している状況をいう。情報の非対称性は、（例えば新規採用者の資質や、従業員が仕事に対して費やす努力など）経済や組織のあらゆる場面において発生する。情報の非対称性は、誤った判断、情報の欠如によって生じるリスク、情報の優位性を利用することによって、全体の効率性よりも個人の利益を優先させる行動などを通じ、非効率性をもたらす。

従業員は、企業よりもその仕事への適性に関して、より多くの情報を有しており（逆のケースもあるが）、採用の際に情報の非対称性が発生する。従業員にとっても、企業にとっても、採用に際して、この問題は大きな障害となる。後ほど議論するが、この問題に対処するためには、経済学でいう**シグナリング**の原則を採用することが有効である。シグナリングとは従業員が持つ情報を戦略的というよりも、建設的に利用させることを促す。後ほど例をいくつか紹介するが、シグナリングの考え方は、ビジネスのあらゆる場面で応用できる。これらは本書で使用されたツールが雇用という枠組みを超えて様々な分野で利用することができる証左となろう。

二番目に紹介する経済学的ツールは最適投資という概念である。従業員と雇用主は能力に投資することができる。この問題を学習する際、ファイナンスの授業で重要な役割を果たす考え方を利用する。企業の人的資本にかかる方針（例えば企業は従業員の能力開発に投資すべきかなど）の策定において課される労働市場の制約についても考察する。

最後に経済取引や契約に関して、三つの考え方について議論する。まずは、最も単純な、企業がどの時点でも従業員の市場価値分だけ報酬を支払うというスポット市場を取り上げる。これはミクロ経済学の初歩の授業で扱う標準的な視点である。しかし採用の質を向上させるためには、従業員と企業の間でより複雑で、多期間にわたる契約を考える必要がある。こうした**契約**は従業員の成果などにおいて**偶発性**を考慮したものとなるだろう。第三は、企業と従業員の契約に全てを完全に網羅することは不可能なため、場合によっては**暗黙**、あるいは非正式な要素を織り込む考え方である。この考え方は、全体的な雇用関係、ひいては企業文化に関する問題を考える際の有効なフレームワークを提供することになる。

第1章　採用基準の設定

> あなたが優秀な人間の中にいると、あなた自身のレベルも上がる。
> **リッチー・ブラックモア、1973年**

　本章の目的は二つある。一つは採用の問題を取り上げること、そしてもう一つは本書で使用する経済学的アプローチを紹介することである。まずは簡単な例から始めてみよう。

例：リスクの高い労働者の採用

■ 新規採用という選択肢

　あなたはロンドンのシティ（金融街）の投資銀行のパートナーであり、アソシエイト（ジュニアな）投資銀行家の一つのポジションを2人の候補者から選ぶというケースを想定してみよう。グプタは経済学の学位を持ち、金融アナリストとしての数年の経験と金融を専門にしたMBAを有し、投資銀行で夏のインターンを経験したという、他の候補者と同じような標準的な経歴を持つ。彼の生産性は非常に予想しやすく、年間20万ポンド相応の価値をもたらすことができると想定される。もう一方の候補者、スベンソンは他の候補者と全く異なった経歴を持っている。彼女は非常に素晴らしい成果を上げてきており、誠に才能あふれるように見えるものの、投資銀行業務に関する経験はほとんどない。従って、彼女がどの程度成功するのかを予想することは難しい。彼女は年間50万ポンド稼ぐスタープレーヤーになるかもしれない可能性を秘めているものの、一方年間10万ポンドの損失をもたらす可能性もある。スベンソンの成否の確率は同じ（50%）だと考えてみよう。スベンソンのある1年の成果の**期待値**（平均値）はグプタのそれと全く等しくなる。

図 1.1 リスクの高い労働者か、成果を予想できる労働者か、どちらを採用すべきか

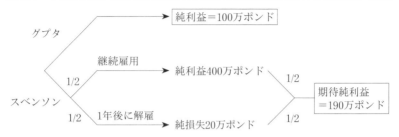

　スベンソンの期待成果
　　= 1/2・50万ポンド − 1/2・10万ポンド ＝ 20万ポンド

　仮に 2 人の労働者の費用（賃金および福利厚生）が同じだとすると、どちらを採用すべきだろうか？　答えは直感に反するかもしれないが、おおよその場合、企業はよりリスクの高い従業員を採用すべきである。

　スベンソンもグプタも 10 年間勤務するとしよう。更にスベンソンがスターかどうかを判断するのに 1 年を要するとする。給与は 10 万ポンドで、ここで更にこの給与は当面維持されるものとする。これらの前提ではグプタは年 10 万ポンドほど収益を生み出すので、会社は 10 年間にわたって合計 100 万ポンドの価値を得ることになる。図 1.1 の一番上の分岐はこのことを示している。

　代わりにスベンソンを採用するとどうか。彼女は 2 分の 1 の確率でスーパースターとして年間 50 万ポンドの収入を生み出し、会社は利益として 40 万ポンドの利益、10 年間で正味 400 万ポンドの純利益を得ることができる。一方、2 分の 1 の確率でスベンソンは会社に損失をもたらす可能性があるが、会社は、その場合、年度末に彼女を解雇することができる。その時の損失は給与を含めると 20 万ポンドになる。これらの二つのケースが図 1.1 の残りの分岐を示している。

　スベンソンの期待利益
　　= 1/2・400万ポンド − 1/2・20万ポンド ＝ 190万ポンド

　従ってスベンソンの採用はグプタの採用よりも、おおよそ二倍の利益をもたらす。両候補者がもたらす利益の期待値は同じであるにもかかわらず、スベンソンの方が価値はずっと大きい。会社はスベンソンが優秀な従業員であれば雇

用し続ければよいし、そうでない場合は解雇すればよい。会社は能力のない労働者を解雇し、優れた労働者の雇用を継続するというオプションを有しているのである。

これが採用に際して、保守的で実績のある人材よりも、潜在性のある人材を優先するべきだという議論である。実績のある労働者を採用すれば、安定的な成果が得られる。リスクの高い労働者の採用は誤った選択かもしれないが、その誤りは比較的早い時点で取り返しがつく。他方、その候補はダイヤモンドの原石かもしれない。こうした場合、会社は採用基準を**下げ**（あるいは裾野を広げ）、従来とは異なった候補者も検討すべきである。[1]

この簡単な例は多くの人にとっては、意外に受け止められるかもしれない。なぜなら、仮に期待値が同じであれば、リスクは常に望ましくないと考えられるからである。しかし、採用のようなリアルオプションの場合、リスクは必ずしも望ましくないわけではない。これはきちんとした経済分析が、より良い決定を導くかということを示してくれる実例である。この事例では直感はおおよそ正しい答えの逆になっている。

■分　析

上記設定ではリスクの高い候補者を採用するかどうかを決める際に重要なその他の要因を提起している。

ダウンサイド・リスク

仮に安心できる候補者がより高い年間の期待価値を生み出すとしても、リスクの高い候補者を採用した方が、価値が高いという場合もある。スベンソンがよりひどい候補者で、2分の1の確率で100万ポンドの損失をもたらすと想定される場合でも、彼女に賭けた方がよいこともある。もちろん、より損失をもたらす可能性が高い方が、リスクの高い労働者を採用する合理性は低下するのではあるが。

1）　この事例では単純化するため利率をゼロと仮定し現在価値の論点を無視した。本書のこの後に登場する割引現在価値を利用した例においても、導き出された直感に変化がない場合、このような扱いをする。また同様に本書の全ての例ではインフレ調整済の数値を利用するが、これもインフレが結論に影響を及ぼさないためである。

アップサイドの可能性

スベンソンがスターだと判明した場合、より多くの利益をもたらす可能性があるので潜在的に価値がある。もたらす利益が大きければ大きいほど、リスクの高い採用を行うオプションの価値は高まる。従って才能の小さな違いが大きな価値創造をもたらすような仕事において、（ダウンサイド・リスクが変わらない限り）リスクの高い候補者を採用する価値は一層高まる。起業家が新たに経営陣を集める場合を考えてみよう。失うものはほとんどない一方、非常に大きな利益が得られる可能性がある。こうしたケースでは、リスクの高い候補者を採用する方がより合理的であろう。

この分析は仕事への求職者の潜在的な実績がより不透明な場合に、より当てはまる。履歴書上ほとんど記載事項のない最近学校を卒業した人間については、その実力はほとんど何もわからないが、20年もの経験がある人間の実績は、より予想しやすい。企業は新たな労働市場への参入者に、より大きな機会を見いだすことができるかもしれない。同様に職種の変更を検討している求職者の採用も検討の余地があるだろう。

最後に企業はある種の候補者のアップサイドの可能性も考慮すべきだ。通常とは異なったバックグラウンドを持っているが、異なった環境への適応力、創造性、能力の高さを備えている求職者は、リスキーな採用に際して、十分検討されるべき人物かもしれない。

解雇に要するコスト

解雇する際のコストが高ければ高いほど、リスクの高い候補者の採用コストも高くなる。ただ、誤った採用の結果、高い解雇費用がかかるとしても、なおリスクの高い労働者を採用した方がよいケースがある。多くの国では、企業が意のままに労働者を解雇することはできない。法的、あるいは社会的な制約から、1年後に労働者を解雇するという選択肢は高くつく。極端な例として、一生雇用するケースを想定してみよう。企業がリスク中立的（すなわち同じ期待値ならば如何なるリスクも取る）であれば、スベンソンの期待生産性がグプタのそれと等しいか、あるいはそれを上回る限り、スベンソンにかけてみるべきである。より平たく言えば、スベンソンがスターである場合のメリットが非常に高ければ、解雇に要するコストが高くついても彼女を採用すべきなのである。

リスク回避

　企業がリスク回避的であっても、スベンソンを採用する方が合理的なこともある。スベンソンはリスキーなために、彼女の採用は様々な面で企業にとって非常に高くつくかもしれない。それであっても期待生産性の差が非常に大きければ、通常のリスク回避水準に求められる補償を上回るだろう。

☙☙☙☙☙☙ 実務上の課題 ☙☙☙☙☙☙

　リスク回避度の問題は興味深い議論を提起する。この事例をマネージャーや採用担当者が教えられると、彼らは採用には十分な慎重を期すと述べ、概ねこの結論を受け入れない。なぜだろうか？　理論が間違っているのか、それともマネージャーが誤っているのか？　答えはおそらく両方とも誤っていないということだろう。より正確に言えば、分析は、会社は比較的リスク中立的であるということを仮定している。だが、企業は概して意思決定をする場合、リスク回避的であり、このことが意思決定に影響を及ぼす。例えば不適切な候補者を採用した場合、彼らが批判されたり、低い評価が与えられたりすると予想する。リスク回避的になればなるほど、こうした結果を避けてリスキーな候補者を採用しなくなる。

　マネージャーのリスク回避度がどれだけ雇用主のリスク回避度と異なるかに応じて、インセンティブ問題や利益対立の問題を引き起こす。これらの問題については第9章から第12章で議論する。採用の決定者が保守的になりすぎる問題を回避するためには、採用に際しての誤りを過度に責めないことである。また、あまり保守的でないマネージャーを採用担当者とする手もあるだろう。

評価期間

　スベンソンがスターか無能なのかを判断するために要する時間は、リスクの高い候補者を採用することによる価値に影響を及ぼす。判断に10年要するのであれば、この事例でスベンソンを採用する価値はない。もし評価をたった1年で下すことができるのであれば、不適切な採用にかかるコストは1年の給与と低い生産性のみに限られる。

雇用期間

もしも会社が10年以上スベンソンを雇用し続けることができれば、彼女を採用する価値は一層高まる。例えばスベンソンが30歳で採用され、（同じ給与で）定年まで会社に残り続けるとするならば、彼女がスターである場合、会社にとっての価値は1,400万ポンドにもなる。（£400,000／年×35年）。すなわちリスキーな候補者の採用は、通常候補者が若ければ若いほど、かつ会社の離職率が低ければ低いほど、（勤務期間が長くなるので）価値が大きくなる。

■ 反　論

我々が導き出した結論は、その背後にある仮定が適切である場合においてのみ正しい。人事に経済学的手法を当てはめる際、仮定が適切か否かということ、そして主な仮定が変わった場合、効果がどのように変わるかには、十分に配慮することが必要である。本モデルでいえば、スター従業員を見出したときに会社があげることのできる利益が、結論を左右する重要な仮定である。この仮定を再検討してみよう。

もしスベンソンがスターであることがわかったとしても、彼女に10万ポンド払い続ければそれですむのだろうか？　彼女は給与の引き上げを交渉するのではないか？　他社から引き抜きされないのか？　仮にこれらのことを考慮した場合、我々の議論はどうなるだろうか？

このような疑問は、本書を通して極めて重要な検討事項を提起している。すなわち、企業は常に従業員の外部労働市場価値に見合うように処遇しなければならない。より正確に言えば、仕事の種類、仕事をする上で必要とされる努力の度合い、研修のレベル、給与やその他付加給付、将来の昇進の見込み、そして職の安定性といった要素を含む仕事の**パッケージ**を提示する。従業員は仕事を評価する際、競合他社から提示される仕事と比べ、こうした仕事のパッケージの全ての要素について検討を行う。企業は仕事を提示するにあたり、給与やその他の特性の観点から、競合他社のオファーと見合うようにしなければならない。

とりあえず単純化し、給与と生産性に着目してみよう。他の雇用主もスベンソンの生産性の高さを観察できると仮定する。更にスベンソンの出来不出来は、いかなる投資銀行においても同じだとしよう。というのも、投資銀行の仕事は通常、一般的なものであり、内容的にも他の企業でも似通っているものだから

だ。

この場合、スベンソンがスターだと判明した場合、他の投資銀行は彼女に、年間10万ポンド以上を払う準備があるだろう。いや、彼女の生産性から、実際には50万ポンド以上を支払うかもしれない。競合的な労働市場がある場合、雇用主はスベンソンを採用することから得られる利益がゼロになるまで競争が続いてしまう。

もしスベンソンに全く能力がないとわかった場合、どの投資銀行も彼女を採用しようとしないだろう。彼女は彼女の生産性がマイナスにならない別の業界で職を探すだろう。

この場合、あなたの会社にとってスベンソンを採用するメリットは何だろうか？　全くない。彼女がスターだった場合、他の会社と競合し、結局、年間約50万ポンドの給料を支払わなければならないことになる。言い換えれば、スベンソンがスターだとわかった場合、スベンソンから利益を上げる能力を我々が有しているかどうかによって、リスクの高い採用をするべきか否かがかかっているという結論になる。

スベンソンからどのようなメリットを得ることができるのだろうか？　二通りの可能性がある。

情報の非対称性

競合他社はスベンソンの生産性を少なくともすぐに知ることはない。投資銀行の業務内容はおおよそ広く知られているとしても、知られていない部分もある上、通常はチームで作業は行われる。こうした理由から、外部の会社はスベンソンの個人的な貢献度を評価することは困難かもしれない。このことは、生産性が個人にあまり依存せず、また外部に知られていない場合、リスクの高い候補者の採用は、より意味があることを示唆する。更に社内の誰がスターなのかを労働市場にすぐに悟られないようにすることによって、情報の優位性から利益を得ることができる。従って、会社はスベンソンの貢献が広く知られないようにしたいだろう。

企業特殊的な生産性

スベンソンのあなたの会社での生産性は、他の会社で彼女が働く場合よりも高いかもしれない。度合いによるが、スベンソンはあなたの会社ではスターか

10 第1部 採用と従業員への投資

もしれないが、その他の会社ではそれほどでないかもしれないし、あるいは単なる普通の社員かもしれない。その場合、その他の会社はスベンソンの市場価値にそれほど賭けないと思われるため、あなたの会社はスベンソンを採用することによって、利益を得ることができるだろう。他の会社でよりもあなたの会社でのスベンソンの生産性が高い二つの重要な理由、すなわち会社との特別な相性、あるいは人的資本については、第3章で議論する。それらのいずれかの要素が重要であればあるほど、リスキーな候補者を採用することによる利益は大きくなると思われる。

最後の論点として、仮にスベンソンが他の会社に勤めるよりも、あなたの会社で働く方が、より多くの利益をもたらすとしても、その利益を彼女と会社の間でどのように分け合うべきだろうか？　これは交渉の問題になるが、本書ではこの問題を詳細に取り上げない。ただ、第3章で企業特殊的人的資本にどのように共同投資すべきかを分析する際に、この問題を簡単に取り上げる。

∞∞∞∞∞ グーグルの採用方法 ∞∞∞∞∞

検索エンジン最大手のグーグルは、他のハイテク企業と人材確保において、しのぎを削っている。同社はちょっと尖って、くだけた会社の文化に合う、才能、創造力にあふれた人材を求めている。他の会社から自社を際立たせるため、グーグルがユニークな採用手法を取っていることは有名である。

一例だが、グーグルはある技術雑誌に「適用力」テストを掲載した。テストには「20面体の各面に3色の中から一つ選んで塗るとすると、何種類の方法が考えられるか」といった質問などがあった。その他の例で「（自然対数の底 "e" の中で、最初に出てくる連続した10桁の素数）.com」としか読めない看板を出した。正解すると、求職者から履歴書を受付けるサイトを開くことができる[2]。

こうしたやり方には三つの目的がある。第一は、求職者にグーグルに合う求職者のタイプを知らせることである。第二は、特異な企業文化を持つ

---

2) 20面体には20面あるので3色を使う場合（1色のみ使う場合と2色使う場合も含めると）3^{20} 通りの塗り方がある。これは3,486,784,401通りとなる。自然対数の底 "e" の中で、最初に出てくる連続した10桁の素数は7,427,466,391である。

ということを将来の従業員に理解させることである。後ほど議論する概念だが、採用は暗黙の契約を交わすために極めて重要な起点となるからである。そして第三は、新聞、そして教科書などからグーグルが注目を集めるという戦術である。

　こうしたやり方は注目を集めたものの、グーグルは、求職者や従業員の実績に関するデータを分析した結果、技術的な専門性や一流大学の卒業生という側面に過度に焦点を当てすぎたという結論に至った。また技術者と非技術者職で異なった採用基準を用いることにした。更に今日では、応募者の向上心、謙虚さ、リーダーシップの可能性（目標を成功裏に達成するため作業チームを効率的にリードする能力）といった基準で応募者を評価しようとしている。

出所：ニューヨーク・タイムズ（2014年2月22日）

　リスクの高い従業員の採用は、人事問題に経済学的手法を当てはめる導入部として、好事例である。我々は複雑な問題の分析に単純なモデルを使用した。モデルは採用に際して、検討すべき重要な問題に導いてくれるという点で有効であった。一旦枠組みができれば、いくつかの考えを単純な問題として表すことで、疑問を正しい形で考えることができた。数式はある考えを整然と表現できるという点で有効な手段となる。本書では一貫してこの手法を用いる。

　複雑な問題を単純化することは、問題解決を容易にし、正しい答えに導いてくれる。もちろん過度あるいは不適切な単純化は、誤った結論をもたらすため、注意しなければならない。だが、十分理解した上で適用すれば、単純な経済モデルは有効かつ実践的な分析に導いてくれる。

　本書で組織上の問題を分析する際、何度も繰り返して同じ経済学的な思考に触れることになるだろう。本書を読み終わったあとは、人事に関する全ての問題を分析するために利用できる経済学のツールを習得することができるだろう。第4章での例では、ある種の人事方針の分析のために、第3章までに議論した原則を適用することになる。リスクの高い採用の分析では、（従業員の）労働市場での競争、価格（給与）、情報の非対称性、インセンティブといった経済学の概念を利用した。経済学を勉強した人にとって、これらは馴染みのある分野

12　第1部　採用と従業員への投資

表1.1　ある従業員の生産性と教育

労働者コード	月次売上高（ドル）	学歴
A	100,000	高卒
B	108,333	大卒
C	125,000	高卒
D	125,000	高卒
E	133,333	大卒
F	141,667	高卒
G	166,667	大卒
H	175,000	大卒
I	175,000	大卒
J	183,333	大卒

高卒の平均売上高　＝　122,917ドル
大卒の平均売上高　＝　156,944ドル

であろう。会社をどのように設計し、従業員とどのような契約を結ぶかについて、ミクロ経済学を応用するのである。

採用基準の設定

　ここでちょっと立ち戻って、実際に従業員を採用するに先立ち、企業はどのような採用基準を設けるべきかについて、考えてみよう。以下、企業の目標は利益の最大化であるという前提で議論を進める。採用に際して、企業は望ましい労働者をいくらでも採用することができると仮定しよう。更に企業が製品を販売する値段と従業員に払う時給は不変であると仮定しよう。

■費用に対し便益のバランスをとる
　マネージャーはおおよそ、最も質の高い労働者を確保することが採用に際しての目的だと口にする。これは当然のように思えるが、はたして本当に正しいのだろうか？　最も生産的な従業員は、通常、給料も高い。では、最も給料の

第1章　採用基準の設定　13

表1.2　アメリカ合衆国における高卒者と大卒者の賃金

年	月次賃金（ドル）		比率
	高卒	大卒	
2000	2,141	4,133	1.93
2001	2,233	4,219	1.89
2002	2,273	4,266	1.88
2003	2,326	4,267	1.83
2004	2,386	4,297	1.80
2005	2,454	4,557	1.86
2006	2,589	4,732	1.83
2007	2,607	4,765	1.83
2008	2,607	4,884	1.87
2009	2,552	4,772	1.85
2010	2,584	4,802	1.86
2011	2,708	4,951	1.83
2012	2,719	5,013	1.84

給与は2012年ドル価格で表示されている

出所：U.S. Current Population Survey

安い従業員を雇うべきか？　簡単な分析がこの質問に対する答えを導いてくれる。

表1.1のような仮の生産性のデータを想定してみよう。データから大卒者は高卒者より約28%生産性が高いことが読み取れる。

次に表1.2に掲載されている高卒者と大卒者の月次賃金を見てみよう。大卒者は高卒者よりコストがかかることがわかる。

仮に会社がおおよそ表1.2の一番下の行に掲載されている給与で大卒、高卒を雇った場合、大卒も高卒も生産性が給与を上回るため、利益を上げることができる（完全に分析をするためには福利厚生や職場スペースなど他のコストを勘案しなければならないが、一般的な議論をするため単純化している）。また、大卒者1名を採用する方が高卒者1名を採用するよりも利益が大きいこともわかる。

高卒者を採用した場合の月次の利益 = $122,917 - $2,719 = $120,198

大卒者を採用した場合の月次の利益 = $156,944 - $5,013 = $151,931

14 第1部 採用と従業員への投資

しかしこの分析は誤解を生じせしめる。仮に会社が月に100万ドルの売上を上げるために労働者を採用したいとしよう。これを達成するには、大卒者6.4人を3万2,083ドルで採用するか、それとも高卒者8.1人を、2万2,024ドルで採用しなければならない[3]。実際には高卒者の方が、単位当たりの生産コストが低いので、高卒者を採用する方がより利益を生むだろう。賃金を W、生産高を Q とし、添え字の H は高卒者、C は大卒者を意味するとしよう。

$$\frac{W_H}{Q_H} < \frac{W_C}{Q_C}$$

この例では月次の売上高1,000ドルを上げるために要する大卒者のコストは32ドルになるのに対し、高卒者のそれは22ドルである。上記の式が成立する限り、高卒者を採用する方が儲かるのである。上記の式の不等号が逆であれば、大卒者を採用する方が利益は上がる。最も費用対効果がある従業員は、生産高に対する給料の比率が最も低い従業員である。会社はこのような従業員を望ましい売上水準を達成するまで採用すべきである。

この例は単純ではあるが、経済学の重要な二つの原則を示している。第一は**常に費用と便益のトレードオフの観点から考慮せよ**ということである。本例では質の高い労働者を望む場合、高いコストとバランスを取らなければならないということである。多くの疑問は、結局、費用に対し、既存の採用方針の便益について評価するという点に帰着する。

第二の一般原則は、**常に自分の手法を自分の最善の代替策と比較せよ**ということである。今回の例では大卒者は利益をもたらすが、高卒者のそれに比べると低いという比較を行うことである。

■ 外国との競争

上記分析は労働市場のグローバル化と外国との競争の果たす役割を考える際に有用である。低労働コストの国は高労働コストの国のビジネスを廃業させる

---

3) このことは労働者を分数で雇う必要があるということではない。分数の人数を雇うということは、パートタイム労働者を雇ったり、労働時間の一部を他の仕事に回したりすることによって可能になる。更には、企業の規模が大きければ大きいほど、労働者を分割できないという問題の重要性は低くなる。

第1章 採用基準の設定 **15**

表 1.3　各国の製造業における労働者の生産性と給与

	労働者1人 当たりのGDP	製造業の 年間給料	GDP1ドル 当たりのコスト
メキシコ	$35,156	$12,280	0.349
米国	$101,473	$68,200	0.672
ニュージーランド	$57,822	$40,840	0.706
アルゼンチン	$34,722	$25,540	0.736
英国	$76,900	$58,220	0.757
日本	$68,220	$63,500	0.931
オーストラリア	$80,400	$79,360	0.987
スウェーデン	$80,750	$87,020	1.078
ノルウェー	$104,600	$115,320	1.103

年間2,000時間労働と仮定。2010年の米ドルベース
出所：世界銀行、米国労働統計局

とよく言われる。表1.3はいくつかの国の賃金と生産性（国内総生産）に関する統計を示している。ノルウェーの労働コストは最も高く、メキシコのそれが最も低い。しかし問題の本質は労働が安いかどうかではなく、費用対比の効率性が高いかどうかである。例えば米国の労働コストは最も高い部類に入るが、生産性もまた高い部類に入る。実際には米国は、1ドル当たりの生産性でみれば二番目に低い。会社が米国かアルゼンチンの労働者かどちらかを選ぶ場合、給料は高いものの生産性も高い米国の労働者を選ぼうとする。

　これらの数字は厳密なものというよりも例示的なものである[4]。とはいえ、低賃金労働力は必ずしも低コスト労働力ではないことを明確に示している。同様に高い生産性の労働者が必ずしも、最も高い利益をもたらす労働者ではない。それが低賃金によるものか、あるいは高い生産性によるものかを問わず、生産1単位当たりのコストが最も低い労働者を探すべきだ。

■ 生産の方法

　これまでは、生産は従業員個々人に依存するとみなして議論を進めてきた。しかし実際には生産は労働者間の相互関係に依存している。ここで生産方法の

　4）　数字は集計誤差を含んでいる可能性がある。賃金は製造業のそれである一方、生産性は一国全体のものだからである。

16　第1部　採用と従業員への投資

違いが生産にどのような影響を与えるのかを分析するために、三種類の異なった生産方法のアプローチのシナリオを考えてみよう。最初に生産がそれぞれの労働者間で独立的な場合、次に労働者の生産性が同僚の技能に依存する場合、そして最後に労働者の生産性が仕事に際し使用する資本に依存する場合の三種類について考えてみよう。

1. 生産性が同僚から独立的な場合

あるマネージャーは自分のユニットの生産性を以下のように説明している。

「私のチームは営業部隊です。個々の営業担当者は独自に働いています。組織は私と営業担当者で構成されています。私はどのような従業員を採用すべきでしょうか？」

ここでは個々の営業担当者の売上は、他の営業担当者の努力に関係なく、個人の能力に依存して決まる。この状況は先ほど議論した状況と非常に近い状況であるため、大卒者と高卒者のどちらを選ぶかは、これまでの議論がそのまま当てはまる。本ケースの簡明さは次の例との比較でより鮮明になる。

2. 生産性が同僚に依存する場合

別のマネージャーは彼女のチームの生産性について次のように述べている。

「当社は小型装置を製造しています。当社では異なったタイプの従業員を組み合わせて働かせる方がよいということがわかっています。短期的には高卒者は給料が安くコスト面で効率的なのですが、大卒者が周囲にいないと技量の水準を高く保つことができないことが判明しました。高卒者は学んだことを忘れてしまいます。大卒者は高卒者の水準を維持し続けます。そのため当社は両タイプの従業員を採用したいと思っています。ただ高卒者と大卒者をそれぞれどれほどの割合で採用すればよいかわからない点が問題です」

本ケースでは、従業員は相互に影響を及ぼしている。ほとんどの職場で、多くの仕事は相互に依存しているため、本ケースは最初の例より一般的であろう。大卒者は高卒者の生産性に影響を及ぼし、高卒者は大卒者のそれに影響を及ぼ

第1章　採用基準の設定　17

表 1.4　高卒者と大卒者の共同作業による（1 人当たりの）生産量

		大卒者の雇用者数					
		100	110	120	130	140	150
		生産量					
高卒者の	100	63.1	66.8	70.4	73.9	77.2	80.5
雇用者数	110	64.9	68.8	72.4	76.0	79.5	82.8
	120	66.6	70.6	74.4	78.0	81.6	85.0
	130	68.3	72.3	76.2	79.9	83.5	87.1
	140	69.8	73.9	77.9	81.7	85.4	89.0
	150	71.3	75.5	79.5	83.4	87.2	90.9

す。大卒者は装置を生産するだけでなく、時には指導者の役割を果たしており、大卒者の生産高には高卒者に対する影響が部分的に含まれている。

　先ほどの分析は引き続き当てはまるが、生産高は慎重に定義しなければならない。大卒者の生産高を測定するにあたって、高卒者の人数を特定しなければならない。必要となる情報の例を表 1.4 に掲載した。

　大卒者の生産量が、一緒に働いている高卒者の人数に依存していることが簡単にわかる。例えば両者を 100 人ずつ採用すれば、生産高合計は 63.1 単位になる。仮に大卒者を 100 人から 110 人に増やせば、総生産高は 3.7 単位増加する。しかし、高卒者を 150 人雇っている場合、大卒者を 100 名から 110 人に増やすことによって総生産高は 4.2 単位増える。大卒者を 10 名増やした際の生産高の増加は、より多くの高卒者がいる場合の方が高くなる。大卒者は高卒者を訓練するので、会社により多くの潜在能力を持った「生徒」がいる方が大卒者の作業の価値は高まる。労働者に高卒者の数が多ければ多いほど、労働者に大卒を付け加える価値は高まる。

　同様に、大卒者の数が多ければ多いほど高卒者の価値は高まる。高卒者が学ぶ「教室」が混んでいなければいないほど、高卒者の価値は高まる。このように会社は大卒者と高卒者のバランスを考えるべきなのである。この例は相互に及ぼす影響の重要性を示している。次のように言うことができるだろう。

　仕事上、労働者が相互に影響を及ぼし合う場合、ある労働者の生産高の貢献度は同僚従業員の生産に対する影響力を含んでいる。その結果、生産高に相互依存性がある場合、より状況に適した労働者を採用する方が得になる。

18　第1部　採用と従業員への投資

3. 生産性が同僚に依存しないものの、資本に依存する場合

三番目のマネージャーは生産工程について以下のように述べている。

「当社はマレーシアの工場で男性用のドレスシャツを製造する大手企業です。個々の作業員はミシンを使っており、ミシンのレンタル料は1日当たり7.5ドルです。工場で1日あたり平均4枚のシャツを仕上げる熟練職人か、1日あたり平均6枚のシャツを仕上げる専門職人を雇用することができます。熟練職人の人件費は時間あたり7.5ドルで専門職人の人件費は12ドルかかります。ミシン会社は現状の倍の製造能力があるミシンをレンタルしてくれると言っていますが、レンタル費用は1日あたり16.5ドルかかります。果たして新しいミシンをレンタルすべきなのでしょうか？　またどのような職人を雇うべきなのでしょうか？」

　表1.5のような関連データを集めることができれば、分析は比較的簡単だ。まず古いミシンについて考えてみよう。表を見なければ、生産性は2倍になるもののレンタル費用が古いミシンの倍以上になるため、管理職は新型ミシンの導入を躊躇するだろう。しかしシャツの製造には機械と労働の双方が必要になるという視点を欠いている。新型ミシンは倍以上の設備費用を要するが、総費用は倍にならない。従って会社は絶対新型ミシンを導入すべきである。

　更に新型ミシンを導入するのであれば、熟練職人より専門職人を採用すべきだろう。旧型ミシンを使用する場合、専門職人のシャツ1枚当たりの費用は熟練職人の費用よりも高い。しかし新型ミシンを使用する場合、専門職人のシャツ1枚当たりの費用の方が熟練職人の費用よりも低くなる。高価な設備を導入する場合、それを集約的に使用する方が費用面で効率的なのだ。専門職は機械をより効率的に使用する。結果として以下の結論が導かれる。

　企業が資本財の量を増やしたり、より高い質の資本財を投入したりするのであれば、同時にそれを活用できる人材を採用すべきである。より具体的に言えば、技量の最適水準は資本対労働比率の上昇とともに高まる。

　このことは、なぜ企業の社長の能力が非常に高くあるべきなのかという理由を教えてくれる。ある意味で、社長の労働は会社全体の資本と一体となっているからである。能力の高くない人間に管理責任を負わせることは資本の浪費に他ならない。

表 1.5　新型ミシンと旧型ミシンを使うときの生産性分析

		生産量	労働費用	設備費	費用合計	費用/生産
旧型ミシン	熟練職人	4	$60.00	$7.50	$67.50	$16.88
	専門職人	6	$96.00	$7.50	$103.50	$17.25
新型ミシン	熟練職人	8	$60.00	$16.50	$76.50	$9.56
	専門職人	12	$96.00	$16.50	$112.50	$9.38

　本書でこの後、高い能力を持った労働者が労働市場で価値があるという議論が何度も出てくる。新しい情報技術という形の価値、生産性が非常に高い資本を、会社がますます活用しようとしていることが、この背景の一つである。

何人の労働者を雇用すべきか？

　この質問に対する答えは明快である。会社は採用人数を増やすことによって得られる限界的な利益がプラスである限り採用し続けるべきだということである。

　本節の最初の例で大卒者と高卒者はそれぞれ採用することで利益は増えるが、高卒者を採用した方が、より利益がでると述べた。高卒者の方が同額の報酬で、より生産量が多いからである。二つの意思決定のルールを組み合わせることができる。第一は、1ドル当たりの人件費で最も生産量が高い労働者、もしくは生産1単位当たり最もコストが低い労働者を採用すべきであるというルールである（もちろん、この際、同僚が相互に及ぼす影響や資本を考慮すべきである）。もう一つは、こうした労働者が利益をもたらさなくなるまで採用し続けるということである。

　この方式は、**限界生産力逓減**の法則のために、会社が採用する人数を制限する必要があることを示唆している。組織に人が採用されればされるほど、追加的に生じる価値は低くなっていく。なぜ採用人数を増やせば限界生産力が低下するのだろうか？　その主な要因はコンピューター、機器、管理職としてのあなたの時間など、労働者は他の資源と組み合わされる必要があるからである。他の資源が一定だとすると、より多くの人間を採用すれば採用するほど、個々の従業員にあてがわれるこれらの資源は少なくなっていく。例えば自分ともう1人の社員とコンピューター3台という小さなオフィスで仕事をしているとし

20 第1部 採用と従業員への投資

よう。人を採用すればするほど、個々人がコンピューターを使える時間は減り、管理職の目が行き届かなくなる。結局、個々人の生産性を下げてしまうことになる。他の資源を一定とする限り、資源が**何であろうと**、この原則は当てはまる。

表1.6を見てもらいたい。事務所に1人雇う毎に限界生産力（追加的な売上）は低下している。これはどのようなビジネスでも典型的にみられる。また労働者が利益を上げなくなる点、すなわち限界的な生産高が、限界的な労働費用よりも低くなる点まで、採用を続けた方がよいという原則も、この表から理解できる。

右から二番目の列は、1名採用する際の限界費用（報酬やその他給付）を示している。この費用が限界生産力より低ければ、採用を増やすことで利益は増える。逆にもし限界生産力が限界費用を下回る（13人目以下）のであれば、労働者を解雇することで利益は増える。

経済学を学んだ人にとって、この点は馴染みがあるだろう。限界的な利益が限界的な費用と等しい点まで労働者などの資源を利用することで、利益は最大化されるのである。

■ その他の要因

採用可能な労働者の存在

多くの社会では高卒者の方が大卒者より多い。高卒者賃金の方が安く雇用できるために、会社は高卒者を採用した方が良いといえるだろうか？　ほとんどの場合、これは当てはまらない。大企業であっても、ほとんどの会社は、地元から採用する労働者数は一部であり、採用可能な労働者がどれだけいるかという総数は関係ない。ただし例外となる場合が二つある。これらのケースは共に、会社がかなり多くの従業員を関連する市場で採用することによって、市場価格にある程度影響を及ぼす場合に生じる[5]。

第一のケースは（例えば、他の雇用者がいないタイの地方など）会社が地元の大部分の労働力を採用する場合である。この場合、特定の種類の労働者を一定以上、採用することによって、賃金が上昇する。既に述べた通りだが、会社は1ドルの生産を上げるための労働コストを分析し、賃金の引き上げを考慮し

---

5) この場合、会社が経済的条件として独占状態になっている。

第1章　採用基準の設定　21

表 1.6　限界生産力と追加的な労働者にかかる限界費用

労働者数	総売上	労働者の 限界生産性	総労働費用	限界 労働費用	利益
0	$0	$0	$0	$0	$0
1	$100,000	$100,000	$14,404	$14,404	$85,596
2	$141,421	$41,421	$28,808	$14,404	$112,613
3	$173,205	$31,784	$43,212	$14,404	$129,993
4	$200,000	$26,795	$57,616	$14,404	$142,384
5	$223,607	$23,607	$72,020	$14,404	$151,587
6	$244,949	$21,342	$86,424	$14,404	$158,525
7	$264,575	$19,626	$100,828	$14,404	$163,747
8	$282,843	$18,268	$115,232	$14,404	$167,611
9	$300,000	$17,157	$129,636	$14,404	$170,364
10	$316,228	$16,228	$144,040	$14,404	$172,188
11	$331,662	$15,434	$158,444	$14,404	$173,218
12	$346,410	**$14,748**	$172,848	**$14,404**	**$173,562**
13	$360,555	**$14,145**	$187,252	**$14,404**	**$173,303**
14	$374,166	$13,611	$201,656	$14,404	$172,510
15	$387,298	$13,132	$216,060	$14,404	$171,238

なければならない。

　第二のケースは、より重要である。採用された労働者が非常に特殊であり、市場でこうした労働者が稀少なケース（こうした労働者を採用する会社はわずか）である。この場合、適切な技能を持った労働者を見つけるための費用は非常に大きい。採用に要する費用は賃金の一部なので、採用費用をそれぞれの賃金に割り当てて、決めるべきである。この点を勘案すれば既述の分析と同様である。

企業の財務状況

　仮に企業が財務的に苦境に直面しているとする。このような状況においては採用の意思決定にどのような影響が生じるだろうか。逆に企業の業績が非常に好調である場合、採用にどのような影響を及ぼすだろうか。直感による判断はこうしたケースでも誤りを導く。いかなる分析も企業の財務状態に関係ない。誤った労働者を採用することは、財務状況の悪化に拍車をかけるだけである。

22 第1部 採用と従業員への投資

　財務状況が悪い企業は、キャッシュフローの問題から、従業員への給料の支払いに支障をきたすかもしれない。だがこれは**財務**の問題であり、**労働**の問題ではない。こうした状況への解決策は、短期的な資金繰りを賄うための資金を調達することである。そうすれば、採用できる余裕ができた際に労働者を雇用できる。実際、採用が利益を増加させるのであれば、結果的に債務の返済能力が高まることから、債権者はそれを奨励すべきである。

不完全な情報しかない場合の採用

　これまで本章ではデータがあるか、あるいはデータがあるという前提で分析してきた。残念ながら、必要とされる情報は直ちに入手できるものでもないし、あるいは入手には高い費用がかかる。こうした場合、マネージャーはどうすべきだろうか？　三つの方法が考えられる。(1)分析することなく決める、(2)重要な情報を推計する、(3)実験を行う、の三つである。

■ 分析とは無関係に意思決定する

　データの入手があまりにも難しい場合、勘、経験、通常の慣行に従って、結論を導くことになる。当てずっぽうに推察する際に、明確な計算はしていないが、暗黙的に多くの計算をしている。このアプローチは簡単ではあるものの、最も効果的な回答をもたらすとは思えない。少しだけでも、厳密に考えた方が、より良い結果をもたらす。更に考える際に損得を推計すれば、より有意義な結論が得られるだろう。本書は読者を組織設計に関してより構造的、従ってより良い決定に導くことを目的としている。

■ 重要な情報を推計する

　答えを適当に推測するのではなく、マネージャーは適切な採用に際し、主要な数字を推計することもあるだろう。こうしたアプローチは適当に考えるよりも、より良い決定をもたらす。しかも本書はこうした手法の一助となる。
　例えば本書の概念を利用して、人事問題を厳密に分析していくとする。この分析は適切な答えを導くために必要となる重要な情報を発見するために役立つ。例えば大卒者と共に働く高卒者の仕事が生産性に与える影響など、結論は情報に依存する。こうした情報が入手できないとしても、仮にそれが情報に基づい

た勘であったとしても、推計することが適切かもしれない。

　また構造的に考えることは、推定を変えることによって結論がどれだけ信頼できるものかという判断を容易にする。場合によっては、推計情報に関して、広い幅の数値を想定したとしても、正しい結論は同じになるかもしれない。このような場合、正しい答えは明らかである。逆にある情報に関する特別な数値によって、結論が大きく異なる場合もある。この場合には意思決定をする前に、より正確な推定を得ようと努力する価値がある。

　この手法は経験から導かれた推測を伴うものの、検討対象の損得を推定するために入手可能なデータを利用することで、しばしば意思決定を一層改善させることになる。本章の導入部で述べた通り、今日、多くの企業は人事方針の策定に際し、労働力分析を実施している。本書では、これ以降でも、こうした事例に触れていくが、こうした分析はコンピューターの価格の大幅な低下とその能力の飛躍的な向上によって一層可能となった。ひと昔前は、企業は人事の記録を出力や抽出に時間を要するテープに記録していた。今日、企業は詳細な人事記録を手元に置き、データベースやソフトウェアで、こうしたデータを容易に分析することができるようになった。更に人事資源に特化した組織やコンサルティング会社が、しばしば広範な企業群から慣行、費用、効果などについてのデータを提供することが可能になった。非常に精度が粗いものも、逆に洗練されたものもあるが、離職率や利益率などの望ましい結果をもたらす組織方針の影響について、推定することの可能性が遥かに高まった。

実　験

　三つ目の選択肢は、実験を行うことである。場合によっては、それは簡単にほとんどコストをかけずに実施できる。異なったタイプの労働者の生産性を比較するデータが入手できない場合、それぞれのタイプの労働者（パートや臨時社員としてでも構わないので）を採用し、生産性を計測する。同様に営業部隊への動機付けとして、売上に連動する適切なインセンティブを検討する場合、全組織にそのスキームを導入するに先立って、異なったチームに異なったインセンティブ水準を実験することもできるだろう。

　場合によって、実験は困難で、かつコストがかかることもある。実験の実施が有効な選択肢かどうかを考える上で、五つの項目について検討すべきである。

　1. 実験の結果とそれを得る目的

2. 答えを知ることが、利益に与える影響の程度
3. 答えを導くに際して、必要となるデータ
4. データを収集するためのコスト
5. 収集しようとしているデータの信頼できる回答への有効性

　第一の項目は、いかなる実験であろうと、それを実施する前に答えなければならない項目である。そうでなければ実験すること自体が、目的化してしまうおそれがある。

　実験を正当化するためには、二番目の検討事項に対する回答が、実験にかかる費用よりも、実験の成果がもたらす利益への影響の方が大きいというものでなければならない。

　三つ目の検討事項には明確な答えが必要である。仮に事前にどのような情報が必要とされるかを特定することが困難な場合、実験は有効な結果を得られない、無駄なものとなってしまうかもしれない。マネージャーは予め、結果がある方向性を示唆するものであれば、それに沿った意思決定をすると主張できるようにしておかねばならない。結果が別のものであれば、異なった意思決定を行うべきである。仮にこのような主張が事前にできないのであれば、データを収集する意味はない。

　四番目の検討事項は、二番目の検討事項を補完するものである。データを入手するために高い費用がかかるのであれば、仮に結果が利益に大きな影響を及ぼすにせよ、実験はコスト面で効果があるといえない。

　直面している疑問に対し、明確な答えを提供してくれるものであれば、データは最も価値がある。入手したデータが多くのエラーを含んでいたり、質問を回答する際に必要となる情報のおおよそのものにしかならないのであれば、実験の価値はあまりない。

　以上三つの手法の中で、通常は最初の方法が最も役に立たないだろう。分析が複雑で情報が不完全であったり、あるいは入手できなかったりする場合、意思決定に際して直感や勘に頼ってしまいがちである。直感や勘は通常、過去の自らの経験に基づくものであるため、無意味ではない。しかし本章の例にあった通り、分析すると直感に反する結論に導かれることもある。本書で記述されている幾つかの厳密な分析を行うことの重要性は、重要（あるいは重要でない）問題を深掘りし、明確化することによって、意思決定をより良いものとするこ

とである。更に、きちんとした手順で考えることは、経験に頼ることが正しいかどうかを理解する際の一助となる。残念なことに人事に関する問題は、整然かつ構造的に分析することが困難な問題が多いため、マネージャーはおおよそ直感に頼りがちである。本書を読み終わった時点で、読者は人事および組織設計に関する意思決定に、より効果的な手段を習得しているだろう。

要　約

　本章では簡潔かつ手短に雇用に関する議論を紹介した。これを受け、次章では採用の決定について議論する。本章の主たる目的は組織に関する問題を、経済学のツールを使って考えることに馴染んでもらうことであった。少しでも厳密な考え方をすることで、問題を遥かに明確にし、時には驚くような結論に至ることができる。

　本章では様々な問題を議論した。まず比較的仕事の成果が予想できるような候補者とリスクの高い候補者という２人の候補者から、一方を選ぶという状況を検討した。辞めさせる費用が許容範囲に収まる限り、雇用主にとって、リスクの高い候補者を採用した方が実際には望ましいことが多い。リスクの高い候補者はオプション価値があるからである。

　仮にその選択が誤っていたとしても、雇用を終了させることができるため、損失は限られている。むしろ候補者がある状況でスターであることが判れば、大きな利益を得ることが出来るかもしれない。

　次に従業員の生産に対する賃金の比率について考えた。最も望ましい労働者は、賃金が最も低い労働者でもなく、また生産性が最も高い労働者でもなく、コストに対する生産性が最も高い労働者である。労働者の限界生産力が、その労働者のコストに等しいか、それを上回っている限り、採用し続けるべきである。

　また、読者が日々物事を考える際に念頭に入れておくべきいくつかの重要な概念についても紹介した。第一に、常に市場での競争という制約を受けていることを留意しなければならない。人事管理において、望ましい従業員、特にスターとして知られているような従業員を採用もしくは引き留めようとする場合、提示する雇用条件は適切でなければならない。第二にトレードオフと代替案の観点から、考えることが必要である。意思決定を分析する際、便益だけでなく、

費用や両者の間のバランスといった観点からも考えるべきである。費用は主に労働市場に由来するものであり、合理的な人事政策の制約となる。従業員からの便益は生産工程や仕事のやり方、同僚、利用できる設備などに依存する。場合によっては、利益や費用は些細であったり、目に見えないものであったりするが、重要であることに変わりない。意思決定に際して、常に最も優れた代替案を含めておくことは良い例である。選んだ選択肢は利益を生むかもしれないが、他の選択肢ほどではない可能性もある。

第2章　適任者の採用

> 私はクラブに電報を送った。
> 「私の脱会をお認めください。私を入れたがるようなクラブには所属したくありません」
> **グルーチョ・マルクス、1959年**

　本章では企業がどのように従業員を組織に採り入れるか、そして入社した後、どのような種類のキャリアを歩ませるかについて考えていきたい。表2.1はこうした問題に関するデータを掲載したものである。このデータはある米国企業の全管理職に関する、20年以上にわたり機密にされてきた人事記録である[1]。秘密情報であるため、ここではこの会社を仮にアクミ社と呼ぶことにする。これ以降の他の章でも、概念を説明するためアクミ社のデータを利用する。

　アクミ社はサービス産業である。役職は新任職（レベル1）から最高経営責任者（CEO、レベル8）までの8層から構成されている。ほとんどの管理職は最初の四つの階層に所属する。レベル1は通常「港の入り口」と言われている。この職層で仕事をしている人は、文字通り、この職位でアクミ社に採用された人達である。管理職階層の一番下に位置するため、驚くべきことではないが、降格ということはほとんどない。レベル2～8の大部分の従業員は、外部から採用されることはなく、内部昇格者で占められる。

　上位の管理職は内部昇格者であるため、平均的にアクミ社で長年勤続している。例えばレベル4の管理職は、おおよそ勤続8年の経歴を持つ。職位間の移動は、下位の職位では頻繁に行われ、上位の階層では現在の職位についての平均勤続年数は総じて長い。

　右から4列目までの情報で、アクミ社の管理職の離職率や在籍期間について知ることができる。二つの傾向に気付くだろう。まず多くの人が採用されてから非常に短い期間でアクミ社を退職しているという点だ。例えばレベル1で採

---

[1]　アクミ社の表はBaker, Gibbs, Holmstrom（1994a, b）に基づいている。データはアクミ社1社からのものではあるものの、本書で引用されている同社のデータのパターンは国によって異なるものの、多くの企業の方針を示している。

表2.1　アクミ社における経歴のパターン

職層	全従業員に占める割合	当該職層で雇用された割合	年数		アクミ社在籍年数			
			現在の職位	アクミ社在籍	1年	2年	5-10年	10年超
1	25.4	99.0	2.3	2.4	10.7	10.4	25.5	39.8
2	26.2	31.0	2.5	4.5	15.2	10.2	19.7	38.5
3	25.4	31.0	3.0	6.0	10.7	10.1	25.5	35.6
4	20.5	27.0	4.1	7.9	15.3	7.9	24.9	30.7
5-8	2.5	19.0	4.0	9.7	7.1	14.3	42.9	28.6

用された人の10%が初年度に退職し、更に10%が次の年に退職している。逆にアクミ社に最初の1年を超えて在籍した管理職は、その後数年間勤務し続ける可能性が高い。例えばこうした管理職の約4分の1が5年から10年勤務し続け、約3分の1は10年を超えて勤続している。

このように、最初の数年間が**選抜**期間であることが解る。新規採用者のほぼ4分の1が、2年以内に会社都合、もしくは自己都合で退職している。次に従業員が選抜をくぐり抜ければ、彼らはおおよそ数年間にわたり、会社での経歴を積む道を選ぶ。これは会社にとって、その従業員を雇用し続ける価値があることを意味している。これらの問題を本章および続く第3章と第4章で取り上げる。

以上の議論を受け、第1章の問題を再検討してみよう。あなたの会社がどのような職員を採用したいかという方針が固まれば、次にこうした人材の採用に着手しなければならない。ここで、一般的に二つの課題に直面する。第一の課題は、どのようにして望ましくない応募者をふるい落とすかという問題である。職種によっては誤ったタイプの人材の採用が、生産の中断や賃金というコストのみならず、利益の喪失といった大きな問題を惹起せしめかねない。第二は、望ましいタイプの応募者をどれだけ惹きつけることができるかという課題である。適切なタイプの応募者を集めることは、採用や離職にかかるコストおよび労働力の問題を軽減する。言い換えればアクミ社が明らかにそうしているように、あなたの会社でも新入社員を選別しなければならないのである。最も効率的な労働力の選抜をどのように考えるべきだろうか？

採用における従業員紹介制度の利用価値

　多くの企業は、募集職種に候補者となりそうな知り合いを、従業員が紹介することにより、紹介料を提供する制度を導入している。こうした制度は有効なのだろうか？　最近実施された調査結果はその根拠を示している。経済学者からなるチームは、3業種9社について生産性に関するデータを研究した。その調査によると、紹介制度を通じて入社した従業員は、離職する可能性が低い上、特許の開発など、彼らが名付けた「高影響スコア（high-impact metrics）」で高い実績を残していることが明らかになった。

　こうした利点の要因はどのようなものなのだろうか？　研究者達は要因と思われる根拠について調査した。第一に、紹介された従業員の能力が高いこと、第二に、紹介した従業員の知り合いであるため、監督したり、指導したりすることが容易だということ、第三に、こうした従業員は友人と働くことを楽しめること、第四に、その仕事に求められている特性に適しているということだ。そして四番目の要因が最も重要な要因であることが明らかになった。

　また、この研究で従業員は自分に似たような従業員を紹介する傾向にあるという結果が得られた。例えば「事故歴」（safety record）が芳しくない従業員は、同様に事故歴が良くない新規労働者を紹介することがわかった。これらの研究結果は会社が紹介制度を策定する上で参考となる。最も生産性が高い従業員は、同様の従業員を会社に紹介する傾向があるのだ。

出所：Burks 他（2013）

応募者のスクリーニング

　最適な候補者に応募してもらうようにするための手段として、高い給与や条件を提示することが上げられる。こうすれば多くの応募者を集めることができ、低い給与を提示する場合よりも、優秀な人材が応募してくる可能性が高い。だが、困ったことに、質の低い人材も多く応募してくる。採用担当部門に多くの履歴書は集まるが、その一部だけが検討に価する候補者である。望ましくない

労働者が採用過程をくぐり抜けて採用される一方、望ましい労働者が埋もれてしまって、採用されることがないといった事態も起こり得る。これだけの理由でも、この方法は望ましい手法とはいえないだろう。

会社にとって、誤ったタイプの求職者が応募する問題は、**逆選択**[2]と呼ばれる問題である。これは雇用に限られた問題でなく、経済学の一般的な問題として生じる。この問題は情報の非対称性に起因する。一方の当事者（上記の例でいえば質の高い、あるいは質の低い候補者）は、自分がどちらであるかを知っているが、もう一方の当事者はその情報を知らない。情報を知っている者は、こうした情報をその個人にとって有利になるように戦略的に使う。典型的な例として中古車販売を考えてみよう。車の所有者は、自分の使ってきた中古車の状態を知っている。状態の悪い車は売却に出されるだろうが、状態の良好な車は所有し続けられるだろう。このことは中古車の質は、市場に出回っていない車より悪いことを示唆している。また質の高い車の所有者は、市場で良い値段をつけることが難しい。なぜなら買手は車の質が悪いことを懸念しているからだ。

今回のケースでいえば、誤った種類の労働者が会社に応募してくることによって逆選択が生じる。採用における逆選択の問題を軽減する様々な方法がある。まずは簡単な方法、資格要件の適用について考えてみよう。

■ 資　格

望ましくない応募者をふるいにかけるための解りやすい方法は、ある候補者を他の候補者から差別化する資格を設けることである。最も重要な条件として、候補者の経験（仕事や昇進履歴）、学歴（例えば大学での専攻やMBA）、あるいは卒業した学校の質などがあげられる。実際ほとんど常に、これらは履歴書の最も重要な部分となる。資格が採用において有益であるためには、以下の点を検討すべきであろう。

資格要件の情報としての有効性

仕事で良い成果を残せる能力は、資格を取得する能力と相関関係があると思

---

2) 2001年、ジョージ・アカロフ（1970年）は逆選択の問題を分析したことによってノーベル経済学賞を受賞した。彼はマイケル・スペンス（1973年）と同時に本賞を受賞したが、スペンスは本章で議論するシグナリングの分析での功績が認められた。ジョセフ・スティグリッツも同年、情報の非対称性の問題の分析で同賞を同時受賞した。

われる。例えば大学の学位は、大卒者がその仕事でより成果を上げることができるのであれば、有益な資格といえる。資格は二つの観点で有効性がある。一つ目は、資格の保有者はその仕事に直接的に利用できる知識や能力を備えていることを意味していることだ。公認会計士や MBA などの資格はこれに当たる。二点目は、資格の保有者は、生来、仕事面で、より成果を上げる能力を有しているかもしれないということである。能力テストの高い得点や奨学金などはこの例である。

資格取得の困難性

資格の重要な価値は、優秀な労働者にとって、それを取得することが、そうでない労働者にとってよりも、容易なことである。これが当てはまる場合、資格は能力差を示していることを意味する。例えば能力がある財務担当者が公認会計士の試験に合格することは、必ずしも難しくないかもしれないが、一方、全く会計に関する教育を受けたことがない人にとっては、通常かなり難しい。従って公認会計士の資格の有無は、適切な財務担当者かそうでないかを区分する上で有効である。

他方、全ての労働者が取得することが極めて高く付く資格は、スクリーニング要件としてはあまり適切ではない。資格の取得があまりにも困難な場合、ほとんどの候補者がその資格を有していないことになる。資格が選抜の要件として効果を発揮するのは、最も適した候補者がそれを保有している一方、最も適さない候補者がそれを保有していない場合である。資格は適切な候補者のうち、極めて少数しか保有していない場合、あるいは、逆に不適切な候補者の多くが保有している場合、関係ない。

資格取得にかかる投資に対する見返り

資格保有者と非保有者の賃金の差がさほど大きくない場合、資格の有無といったわずかな差は能力の大きな差を示す。例えば教育を資格としてみた場合、大卒の学位の有無から生じる収入の差が小さい場合、最も才能がある者だけが学位を取得するだろう。こうした人々にとって、学位の取得は大変でないからである。学位の有無から生じる報酬の格差が大きければ、それほど優秀でない人々も学位を取得したいという動機を持つ。

シグナリングは逆選択の解決の一つの手段である。多くの場合、非常に優秀

32　第1部　採用と従業員への投資

なタイプの人材は、他の人材よりも優秀であることを示すための**シグナル**を得るために代償を払う。あまり優秀でない人材が、そのようなシグナルの取得に投資しない場合、そのシグナルは優秀な人材とそうでない人材を区別する際に役に立つ。例えば高い品質の中古車を所有する者は、その車に保証書を付けることができる。高い能力を有する応募者は、雇用主に対しシグナルを送ることができる。この問題を議論する前に、簡単な振り分けの問題を検討してみよう。

■ 労働者の生産性を知る

　第1章で取り上げた、投資銀行のあるポジションについて募集する場合を考えてみよう。広告に反応した応募者から履歴書を受け取り、一通り目を通し、一定の要件を満たした候補者を選出した。投資銀行のような職種では、ほんの小さな能力の違い、性格、その他の特性が仕事の効率性に多大な影響を及ぼす。残念ながら、応募者による自己選択および履歴書内容の吟味によるこれ以上の候補者の絞り込みは、一層困難になってきた。一般的に候補者を絞り込んでいけばいくほど、残った候補者の違いは小さくなっていく。次にどのような手を打つべきだろうか？

　無作為に1人を選択するということもできるだろう。しかし職種の重要性から考えると、候補者を更に選別するために何らかの資源を活用する方が、より合理的であると思われる。

　企業は候補者を様々な方法でスクリーニングする。候補者に、ある種の課題を与え、その成果をみるというテストを行うことも考えられる。この方法は一定の、計測が容易な仕事の場合、上手く機能すると思われる。ただ、投資銀行の職員の場合には効果的だとは言えないだろう。心理学的側面から適性をみる場合もある。残念だが、この手法は実際には上手くいかないことが多い。理由の一つは、心理学は高度な精緻性が求められない科学だからである。また候補者には、他の候補者よりも自分がよい候補者であることを見せようとして試験に臨むという動機があることも理由の一つだ。例えばある研究[3] によると、一般的な心理テストを受けた候補者の9割は、「自意識指標」のスコアを、よりよく見せようとするそうである。そして最後には、どの会社も、基本的には応募者に面接を行う。こうした面接は簡単なものから、手の込んだものまである。

3）　Paul（2004）を参照

第2章 適任者の採用 33

表 2.2 投資銀行の応募者のスクリーニング

		候補者の種類				
		A	B	C	D	E
候補者全体に占める割合		10%	20%	40%	20%	10%
生産性	投資銀行	- £250	0	125	200	450
(単位、千ポンド)	商業銀行	£95	100	110	120	125

表 2.3 投資銀行と商業銀行におけるスクリーニングの収益性

	スクリーニング	生産性	給与	スクリーニング費用	収益
投資銀行	行わない	£110	£100	£0.0	£10.0
	行う	193	100	2.9	90.1
商業銀行	行わない	110	100	0.0	10.0
	行う	112	100	2.2	9.8

投資銀行の場合、応募者は数回にもわたる面接を受け、最終的には本社まで飛行機で赴き、数日にわたり高いポジションであるパートナーによる面接を受けることもある。こうした手続きは、非常にコストがかかる。

これらの例では全て（何らかのスクリーニングを全くしない限り）、ある程度の費用がかかる。以下の例を想定し、注意深く応募者をスクリーニングするために、どの程度までの資源を投資すべきかについて考えてみよう。

銀行員のスクリーニング

表2.2は5名の仮想的な候補者（AからE）の、異なった企業、たとえば商業銀行と投資銀行における生産性の水準を示した表である。（より前の段階で対象外とされた候補者を取り除いた後の）残っている候補者の給料は約10万ポンドであり、それぞれの銀行はどの候補者に対しても、採用した暁にはその水準を支払う用意がある。

どのようなタイプの候補者が、それぞれの会社にとって、最も明白に価値があるのかについて見てみよう。投資銀行は、給与より生産性が低いため、候補者AとBは避けるだろうが、商業銀行はAタイプだけ採用したくないと考えるだろう[4]。

採用に際し各々の候補者は、その候補者がどのタイプの候補者であるかが判明する情報を与えるような、1人につき2,000ポンドを要する一連のテストを

受けたとしよう。こうした情報は、どれだけ有益なのだろうか？　言い方を変えれば採用前に、それぞれの銀行は従業員のスクリーニングにどれだけの費用をかけるべきなのだろうか？　表2.3はこの質問に答える一助となる情報（全ての数字は、100ポンド単位に四捨五入された期待値となっている）を提供している。

スクリーニングをしなければ、それぞれの銀行は個々の新規採用者から11万ポンドの平均生産性を上げ、平均収益1万ポンドを得ることができる。

スクリーニングをすれば、投資銀行はタイプAとBの候補者を排除し、全応募者のうちの70%の候補者を採用することになる。タイプC、D、Eの生産性の平均は約19万3,000ポンドになり、スクリーニングをしなかった場合より遥かに高くなる。実際の採用者1人当たりのスクリーニング費用は£2,000×10/7（銀行は10人中7名の応募者を採用するため）、すなわち2,857ポンドになる。スクリーニングによる新規採用者1人がもたらす平均収益は約9万100ポンドに上昇する。投資銀行は概して応募者をスクリーニングすることにより、大きな利益を上げることができる。

商業銀行が応募者をスクリーニングした場合、タイプAを排除し、応募者全体の90%を採用することになる。平均生産性は11万2,000ポンドにわずかながら上昇するが、スクリーニングに要する費用は一人当たり2,000×10/9、約2,222ポンドになる。新規労働者1人当たりの利益、すなわちスクリーニング費用を控除した純利益は、約9,800ポンドに下がる。商業銀行はスクリーニングからの恩恵を享受できない。

なぜこのような違いが生じるのだろうか？　理由は二つある。まず、投資銀行は商業銀行よりも、三倍の候補者を落としたいと思っている。スクリーニングを行う理由は収益を上げない候補者を排除することにある。次に投資銀行において不適切な候補者を採用する損失は、商業銀行よりも大きいことである。応募者の一部の生産性はゼロであり、他の応募者は価値を毀損する。投資銀行では不適切なタイプの労働者を採用する場合のリスクが大きいのである。

この例は、スクリーニングを行う際に検討すべき課題を明らかにしている。

4）　第1章を思い出して欲しい。それぞれの銀行はポンド当たりの報酬費用対比、生産性が最も高い候補者を採用したいと思うだろう。これは正しい。会社はまた期待生産性が従業員の期待コストより高い（採用による利益がプラスである）限り採用し続けたいと考えるだろう。

試験が効果的であるほど、スクリーニングはより利益をもたらす。試験は様々な方法で、より効果的になる。まず実施費用が安いことである。また、より正確である必要がある。すなわち望ましい候補者とそうでない候補者を、かなり高い確率で区別することができる。全ての試験が100%正確ということはない。また前述したように求職者は自らをよりよく見せようと試験でごまかすこともある。最後に効果的な試験は、より選別力が高いことである。大部分の候補者をふるい落とし、少数の候補者を採用対象者として残す。本例でいえば10%の候補者しか対象外として落さない商業銀行のスクリーニングは、あまり意味があるとは言えない。

職務の重要性が高いほど、スクリーニングはより利益をもたらす。スクリーニングの目的は望ましくない候補者を排除することである。従って非適任者を採用することの損失が大きければ大きいほど、スクリーニングはより価値がある。また、新規採用者がより長期にわたって勤務すればするほど、スクリーニングの価値は同様に高まる。長期にわたって従業員を雇用したいと考えるのであれば、新規採用決定する前に、より慎重に企業はスクリーニングを行おうとして費用をかける傾向にある。

■ スクリーニングは誰に利益をもたらすか?

投資銀行が労働者をスクリーニングした場合、ランダムに採用された求職者よりも生産性は遥かに高い。ここで、前章のリスクの高い応募者、スベンソンがスターだとわかった場合に生じる問題と同様の問題に直面する。労働市場はスクリーニングされた労働者を、単に我々が彼らを採用した(彼らが選抜された)という理由で、より高く評価する。従って生産性が二倍である場合、投資銀行が10万ポンドで雇用し続けることができると考えるのは、現実的ではない。他の投資銀行は我々が慎重にスクリーニングを行ったことを理解すれば、我々の従業員を引き抜こうとするだろう。

10万ポンドを超えて払わなければならないような状況は、何によってもたらされるのだろうか? より多くの情報がなければ、答えは難しい。労働市場が非常に競合的であれば、彼らの生産性である19万3,000ポンドまで支払わなければならないとさえ考えられる。スクリーニングは必ずしも採用者に利益をもたらすとはいえない。実際徹底したスクリーニングを行う会社もあれば、そう

36　第1部　採用と従業員への投資

しない会社もある。

　求職者にとってはどうだろうか？　スクリーニングされるとわかっている会社に応募する理由は何だろうか？　スクリーニングをくぐり抜ければ得られる報酬が、スクリーニングされる際の手間とリスクを埋め合わせるからだろうか？　採用過程がそれほど難しくない場合、見返りがそれほど高くなくとも応募してみる価値はある。（以下で説明するように）試験採用のようにスクリーニングが非常に高くつく場合、求職者がスクリーニング過程を受け入れるための見返りは、非常に大きくなければならない。

　労働市場が競争的であるために、会社がスクリーニングから得られるものがあまり大きくない場合、求職者はスクリーニングに要するほとんど、あるいは全てのコストを負担しなければならないだろう。もちろん教育や専門資格など就職活動以前のコストは既に発生している。ただ仕事のスクリーニングにおいても、コストは発生する。労働者はスクリーニング期間中には、労働市場が競争的でない場合に比べ、より低い給与を受け入れなければならないことによってコストを負担する。

　いずれの場合においても、雇用主および従業員は、スクリーニングの便益（とコスト）を共有することになる。より徹底したスクリーニングを行う企業は、多くの給料を払うことが多い。なぜなら、こうした会社の従業員の生産性は高い上、会社に長く勤めることになった応募者は、そのために要した費用と、リスクに対する見返りを求めようとするからである。

　従業員自身が自らの能力について知っている場合、更なる問題が生じる。能力のある従業員はスクリーニングを通過する可能性が高いため、スクリーニングから得るものが大きい。従って彼らはスクリーニングにかかる費用を、より進んで受け入れようとする。この問題については、後でシグナリングを取り上げる際に議論することにする。

〰〰〰〰 ビッグデータを利用したスクリーニング 〰〰〰〰

　労働力の分析を行う際に、ビッグデータの技術を使用するという手法もある。ビッグデータとは、意思決定を改善するための法則を見出すため、非常に膨大なデータを統計的に処理する方法である。大企業はその従業員に関する、できる限りの情報を収集することにより、こうした方法を採用

できる。規模の小さい会社でも、こうしたデータを持つ人事コンサルティング会社にアドバイスを求めることによって、こうした手法から得られるメリットを享受できる。今日では、採用は、この手法を最も活用している分野となった。

一般的にこの手法では従業員の実績と従業員と応募者の属性に関する詳細なデータに基づき、できるだけ多くの情報を収集しようとする。収集されたデータは、会社が募集しているポジションにかかる候補者を見つける対象分野を広げたり、応募者のスクリーニングをするための一助となる法則を見出すために分析される。

たとえばグリッド社は、ソフトウェア会社がプログラマーを採用しようとする際、こうした手法を用いて、支援する。またグリッド社自身も、こうした手法を利用している。同社はインターネット上で候補者とこれらの候補者の能力の手がかりを検索する。オープンソースソフトウェアの普及に伴い、多くのプログラマーはオンライン上にコーディング例を掲載したり、プログラミングにかかるオンラインフォーラムに参加したりしている。グリッド社は他のプログラマーに再利用されているコードを作成しているプログラマーを探し出そうとしている。また彼らのコミュニケーション能力を、ソーシャル・メディア上での発言を研究することで評価している。こうした作業のほとんどは自動的にソフトウェアで実施されている。

更に最近は、候補者のスクリーニングにアルゴリズムを試験的に導入している会社もある。従業員の離職率や生産性が、多くの変数と相関しているといった特性について分析している。例えば、ある会社は職場の近くに住んでいる従業員の離職率が低いことを突き止めた。この会社はオンライン上で応募してきた求職者から面接対象者を絞り込む際に、発見された特性を利用した。ソフトウェアは最初の面接で利用されることもある。会社は質問を標準化すると共に、将来の面接での質問を更に洗練するための回答に関するデータを収集することができる。

こうした手法は、はたして有効なのだろうか？　こうした手法がどの程度重要であるかについて語るのは時期尚早であろう。ただ、スクリーニングを効果的に行うのには何が大切かについての理論は、どの分野でこうした手法が最も恩恵をもたらすかについて考える際に、参考になる。二つのメリットが可能性として考えられる。応募者の対象を広げることができる

ことと、スクリーニングの精度を上げるという効果だ。アルゴリズムは精度が低く、実際の因果関係を必ずしも反映しているとはいえない相関関係に基づいているため、必ずしもスクリーニングの精度の向上に役立っているとは言い難い。だが、こうした手法は比較的安価である。特に標準的な仕事に大量の人々を採用するような場合、コストとメリットの観点から言えば、メリットが上回っているかもしれない。コールセンターや初歩的なプログラミングはこうした例に該当する。

出所：Lohr（2013）、Richtel（2013）

■ 試　用

　以上のスクリーニングは便利ではあるが、完全ではない。最も大きな懸念は、スクリーニングはあくまでも、会社が本当に気にかけていること、すなわちその人物が実際にどのように仕事をするのかという点についての、おおよその代用物にすぎないという点である。多くの場合、候補者がその仕事に本当に適しているかどうかを判断するためには、実際にその候補者にその**仕事をさせてみ**れば、本当のところはわかる。このようにスクリーニングの最終的な手段は、ある程度の時間を面接にあて、後は一定の期間、試験的に候補者に実際に仕事をさせてみることである。最も徹底したやり方は、試用期間を設け、労働者を雇用し、期間中の成果が適切である場合に限って長期的に採用するという方法である。

　もちろん、試用には、従業員を辞めさせる場合のコストが非常に大きいという問題がある。イタリアでは、十分な期間働いた労働者を、法律的には問題がないにもかかわらず解雇したことが見つかった場合、会社はその労働者を再雇用し、払うべきであった賃金と社会保険を支払った上で、更に政府に対し罰金を払わなければならない。インドネシアでは、会社は労働者が勤務した年数毎に、最高9カ月分を上限に月給の1カ月分以上の雇用契約解除金と「代替される労働者の権利金」という名目で月給の15%を支払わなければならない。対照的にデンマークでは解雇に伴う費用は非常に低い。一般的には、雇用規制の強化と不適切な解雇に対する訴訟の増加を背景に、解雇費用は増加傾向にある。

　解雇費用が高くても、異なった形で会社は試用することができる。例えば派

遣会社を通して、派遣職員として一時的に雇用することもできる。成果を上げた従業員には通常の雇用が提示されるだろう。実際、派遣企業の一部は、こうした従業員のスクリーニング機関としての役割を果たすという明確な戦略をとっている。

似たような方法として、（期間を定めた）一時的な雇用契約を締結して、候補者を雇うというやり方もある。契約期間終了時点で、正社員として雇用するか、更に期間を設けて再契約するか、あるいは契約更新しないか、という選択をすることができる。このような契約は、あまり能力を必要としない職種においてのみ適用されているわけではない。多くの企業は、同様の方法で、高い能力を有するコンサルタントを雇っている。

雇用関係の規制強化が世界的に派遣会社の増加の背景になっているという証拠がある。例えば米国では、雇用規制の一部は州毎に異なっている。解雇が厳しく規制されている州では、会社が派遣会社を利用している場合が多くなっている。欧州では世界のほとんどの地域より、雇用関係は厳しく規制されており、派遣社員の採用はより一般的になっている。ある調査によれば、欧州連合における労働者の総給与の13% は、派遣契約に基づいて採用されている従業員によるものである。スペインではその割合は31% であり、30 歳未満の労働者の約半分は派遣契約に基づいた労働者である。

∞∞∞∞∞ フランスでの解雇費用の削減 ∞∞∞∞∞

2005 年 9 月、フランス政府は、20 名以下の従業員を雇用している会社の採用と解雇に関する規制の緩和を目的とした新たな法律を成立させた。「新規雇用契約」として明文化された契約に基づき、こうした会社が理由を問わず、雇用から 2 年以内であれば、採用した社員を解雇することができるようにした。解雇された社員は 2 週間前に事前通告され、失業にかかる給付は受けとることができるものの、他の通常のフランスの労働者と同水準の雇用契約解除金は支払われない。

労働組合や野党の首脳陣はこの法律を批判した。法案は当初、政府が国会に諮ることなく雇用法案を施行できる新たな「緊急措置」の制度の下、政府令として成立した。2006 年 4 月、学生、労働組合員などがパリで反対のデモを実施した。この結果、同法は当時の大統領、ジャック・シラクに

40 第1部 採用と従業員への投資

よって廃案にされた。

試用によるスクリーニングの意味

　会社が試用を労働者のスクリーニングとして利用し、良い実績を上げた人材を雇用継続する場合、いくつかの興味深い示唆が得られるだろう。第一に会社はスクリーニングから選出された従業員を昇進させる可能性が高い。こうした従業員は、平均的な応募者よりも生産性が高いことが、明らかにされているからだ。一度こうしたことがわかれば、会社はより大きな責任を彼らに与えるであろう。

　第二にこの制度は、概して「昇進か、退職か（up-or-out）」といった二者択一的である。なぜなら昇進されない者は、通常、そのままの状態で再雇用されることはないからだ。これは多くの専門的なサービスを提供する会社における、低いポジションにおける扱いに似ている。

　第三に、通常、昇進には大幅な報酬の上昇が伴う。会社は生産性の高いと考えられる従業員を昇進させる。昇進は他の平均的な新入社員よりも才能があることを意味している。そしてそれは彼らの市場価値を高める。従って会社は、通常は昇進に伴い給与も引き上げる。そうしなければ昇進した人材を失ってしまうからだ。更に昇進は実績に基づくものであり、実績は部分的に従業員の仕事上の努力によるものであるため、更にインセンティブを高めることにもつながる。この点については第11章で議論する。

シグナリング

　投資銀行の例を、もう一度、考えてみよう。投資銀行では一つの職種に比較的多くの人間が応募する。候補者を次の段階に進める前の絞り込みとして、本章で紹介したスクリーニングを利用する。例えば候補者をMBA所有者のみに限定する。加えて出身校を数校に限定することもある。投資銀行はそうした学校に通う学生の質、教育と授業内容についてよく知っているからだ。更に、面接対象者を大学の成績の最低水準、標準的な試験の点数、経験などで足切りすることもある。こうしたスクリーニングは候補者群のばらつきを**減少**させる。スクリーニングをすればするほど、残った候補者の差別化は難しくなっていく。

困ったことに（投資銀行を含む）多くの仕事では、候補者間の自信、対人能力などの目に見えない小さな違いが、仕事面での効率性に大きな影響を及ぼす。このような場合、会社は採用の精度を上げるために、スクリーニングに加えて、**シグナリング**を利用する。

　多くの人々は自分の技能、仕事面での倫理感、仕事に対する思い入れ——その職にふさわしい労働者となるための資質——について理解している。仮に、労働者が、自分が職場でどのようなタイプの従業員となるかを理解しており、そのことを正直に会社に伝えるとしよう。この場合、会社は単にどのような種類の従業員を探しているかを提示するだけで、希望しているタイプの労働者を採用することができる。だが、残念ながら、これは有効な方法とはいえない。本章で、高い能力を持った労働者に高い給料を支払うという議論をした。高い能力を有していない求職者も、いずれにせよ応募したいという誘惑にかられるため、この手法をとる会社は、逆選択の問題に直面することになる。これを避けるために、会社はある種のスクリーニングが必要であると考えるのである。

　労働者が、採用可能性について採用する側よりも良く理解しているのであれば、スクリーニングは逆選択の問題の解決策となる。結果的にスクリーニングは労働者をふるいにかけ、会社に適しており、生産性が高い労働者を継続雇用するからである。会社はスクリーニングに残った従業員に対し、高い賃金を払う。スクリーニングは、最初から適した候補者に応募させる一方、不適切な候補者が応募しないようにするように、役立たないのだろうか？　具体例でこのことについて考えてみよう。

　投資銀行が採用するケースを単純化してみよう。簡単な面接でタイプAからCまでの候補者はふるい落とすことができるが、最も利益をもたらすタイプDとEの候補者の選別は困難であるとしよう。スクリーニングすることなく、試用、「昇進か、退職か」という昇進制度、昇進時での昇給といった、Eにとっては魅力的だが、Dにとってはそうではない雇用契約を結ぶことができるだろうか？

　本ケースをモデル化するに際し、若干の追加情報が必要になる。まず銀行は仕事に就いてから1年間観察することで、従業員がどのようなタイプか見極めることができると仮定する。ただこの判断は完全ではないとしよう。10％については判断を誤るとする。従ってDタイプのうち10％は昇進すべきではないにもかかわらず昇進（自分の上司はどうだろうか？）する一方、タイプEの10％

は昇進しないことになる。

更にそれぞれのタイプが他の仕事でいくら給与をもらえるかを知らなければならない。なぜならEタイプにはより望ましい条件を提示しなければならない一方、Dタイプにはあまり望ましくない条件を提示しなければならないからである。Dタイプが他の仕事で17万5,000ポンドの収入を得ることができ、Eタイプが同様に20万ポンドの収入を得ることができるとしよう。この場合、2期間他の仕事をすることによってDタイプは35万ポンド、Eタイプは40万ポンドと二倍の給与を得ることができる。

最後に昇進した従業員がどのくらいの期間会社に勤務するかを知る必要がある。単純化するため、昇進後1年勤務すると仮定しよう。表2.4はこうした数字（千ポンドに四捨五入）を掲載しており、1年目W_1と2年目W_2のそれぞれの年に各々のタイプに提示される給与の期待値を計算している。

一番目に考えらえる条件は他の仕事でもタイプEの応募者が得ることができると思われる収入、年あたり20万ポンドと同額を提示するものである。この条件は明らかにDタイプの応募者には魅力的だがEタイプの候補者にはそうならない。二番目の提示条件は試験採用期間（W_1）の給料は低いものの昇進後（W_2）給与は上がるものである。各列とも更にW_1を下げ、W_2を上げるというものになっている。昇進を保証していないため、会社はEタイプの応募者を募るため$W_1 + W_2$の2年分で40万ポンド以上支払わなければならない。この理由、そして他の仕事で得ることができる収入よりも当初低い給与をEが受け入れなければならないというリスクを勘案し、昇進した際の2年目との給与の合計が40万ポンドを上回るようになっている。

DとEが応募し、彼らにとっての実際の価値を計算するために、それぞれ期間1でW_1の収入を得るとする。期間2では、Dタイプは10%の確率でW_2の収入を得る一方、90%の確率で他の仕事の収入を得る。同様にEタイプは期間2で90%の確率でW_2の収入を得る一方、10%の確率で他の仕事の給与を得る。

*D*にとっての応募する*価値* $= W_1 + 0.9 \cdot £175,000 + 0.1 \cdot W_2$

*E*にとっての応募する*価値* $= W_1 + 0.1 \cdot £200,000 + 0.9 \cdot W_2$

上から二番目までの条件はDタイプにとって魅力ある内容だ。なぜなら投資銀行の給与は、試用期間であっても他の仕事で得られるかもしれない給与より高いからだ。最初の教訓は、ある種の求職者が募集しないようにするため、試

第2章　適任者の採用　43

表 2.4　求職者に自己選択させる

W_1	W_2	タイプ					
		D			E		
		期待給与		応募するか	期待給与		応募するか
		他の仕事	応募		他の仕事	応募	
£200	£200	£350	£378	する	£400	£400	しない
180	225	350	360	する	400	403	する
160	250	350	343	しない	400	405	する
140	275	350	325	しない	400	408	する
120	300	350	308	しない	400	410	する
100	325	350	290	しない	400	413	する

用が始まる前に得られるであろう収入より低給与を支払わなければならないということである。

　同様に下から幾つかの条件は E タイプに魅力的である。試用期間終了後、E タイプはかなりの確率で昇進するため、試用期間後以降の高い給与が試用期間当初の低い給与を補って余りあるからである。二番目の教訓は、ある種の求職者に応募してもらうためには、試用期間以降で得られる収入を、他の仕事で得られる以上にしなければならないということである。

　このように試用は、試用期間に低い給料を支払い、それ以降に非常に高い給料を支払うことで、求職者に正しい自己選別を促すことによって、逆選択の問題を解決することができる。これの一つの理解の仕方としては、会社は個々の応募者に試用期間中、他の仕事で得られるより低い給与を受け入れさせるという、実質的に**保証金の差し入れ**を要求していると考えることだ。逆に応募者が実績を上げ、昇進されれば、会社は他の仕事では得られない**収入を提供する**ことで報いる。図 2.1 はここで議論している契約を描いたものだ。

　図 2.1 で、E タイプの高い能力を有している従業員は、D タイプの低い能力の労働者に比べると、昇進に際しては相対的に**少額**の報酬しか得ない一方、試用期間に相対的に**大きな**コストを負担している点に注意してほしい。E タイプにとって、外部で代わりに得られる収入が多いため、当初差入保証金、$W - W_1$ は大きくなっている。同様に、同じ理由から繰り延べされた報酬 $W_2 - W$ は E タイプにとって小さくなっている。D タイプが少額の保証金しか差し入れず、昇進に際して多額の報酬を得られるのであれば、E タイプからの応募者を引き

図2.1 スクリーニング機能としての繰り延べ報酬

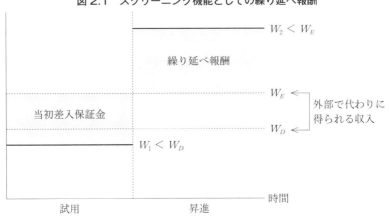

仕事の現在価値は正社員となれる確率により、その確率は従業員のタイプによる。

付けつつ D タイプの応募者から募集されないようにするにはどうすれば良いのだろうか？ 答えは、従業員の昇進を決定する際に、徹底した実績評価をするということである。実績評価は E タイプを高い可能性で昇格させると同時に、D タイプを高い可能性で昇進させない結果をもたらすものでなければならない。D タイプの低い昇進率は、E タイプに比べその仕事の期待価値を低減させる。

本議論は、一般的な経済学での**シグナリング**の考え方について説明している。シグナリングは、時に逆選択の問題を解決する際に利用できる手法である。高い能力を持つタイプは、**コストを負担する**ことによって、彼らのタイプを市場に知らしめる。低いタイプが同等のコストを負担したくないのであれば、シグナリングは有効である。コストを負担してもよいという事実は彼らの質が高いことの証左である。

■ 誰がコストを負担し、誰が便益を得るか？

シグナリングは、応募者のインセンティブが理解できる場合にのみ効果がある。タイプ D からの応募は避けたい一方、タイプ E からの応募は奨励したい。従ってシグナリングにかかるコストの多くあるいは全ては従業員が負担しなければならない一方、その便益の多くあるいは全ては従業員が享受する。図2.1にあるように、従業員はシグナルの代償として当初他の仕事で得られる収入よ

り低い収入を受け入れなければならない。また、仮に能力が高いとしても（スクリーニングが完全でない場合）、昇進できないかもしれないリスクというコストも負わなければならない。昇進した後に、他の仕事で得られる以上の収入を得ることで報われるのである。

　雇用主もまた試用にかかるコストの一部を負担すると同時に、便益の一部を享受する。これは生産性に対する平均的な賃金に依存する。会社は従業員の生産性と比較して低い賃金を払うことで、試用期間中は得をするものの、昇進者に対して生産性以上の賃金を支払う場合にコストを負担する。

■ 事　例

　シグナリングはビジネスの世界で多く応用されている。例えば通常ベンチャー・キャピタリストは起業家に、新しい事業ベンチャーに対して、家族の個人資産の提供を求める。創業者に住宅を担保とした借り入れをさせ、その資金を事業に投資するように要求することさえある。ベンチャー・キャピタリストは資本を提供することが役割なので、一見、これは奇妙に思われる。しかし、ベンチャー・キャピタリストにとっては、より自信のある真剣な起業家とそうでない起業家とを選別することができるので、起業家に「自己資金を投資させること」は重要である。

　他の例として2社による共同事業の設立が上げられるだろう。こうしたケースでは両社ともその事業に出資するのが一般的である。このようにする理由の一つはそれぞれの会社がもう一方の会社に対して、共同事業の成功を真剣に考えているというシグナルを送ることである。

　これまで述べてきたように試用は成果主義の一形態である。高い能力を備えた候補者がリスクが高いが潜在的に収入を増やす昇進を伴う職を受け入れることによって、シグナルの役割を果たしている。この考え方はどのような形の成果主義にも応用できる。もし新規採用者がよりリスクが高い成果主義を受け入れるのであれば、彼らは高い能力と仕事への適性を備えているというシグナルである可能性が高い。成果主義部分について交渉しようとする候補者の場合は逆である。実績主義は従業員の動機付けのみならず、応募者の振り分けにも役立つのである。

46　第1部　採用と従業員への投資

シグナルとしての教育

　教育は重要なシグナリングの例となり得る。議論のため、学校は生徒に役に立つことを何も教えないと仮定しよう。一方、才能のある生徒は勉強は簡単だと気付くとする。もしそうであれば、才能のある学生は、教育により投資することによって、そうでない学生より、自分の才能を労働市場にシグナルとして送ることができる。この観点で教育をみると、指導者は生徒に序々に難しいスクリーニングに合格することを求めるようになる。それぞれの段階で、次のスクリーニングに合格するにはコストがかかりすぎると考えた者は、その水準の教育を受けようとしない。一方、スクリーニングのコストがあまり高くないと思う者は次の水準の学校に入学する。労働市場はこのことを理解しており、より学歴ある者に多くの給与を支払う。

　実際第1章の表1.2にあるように、学歴がある人はより多くの収入を手にしている。これはシグナリングのおかげだろうか？　その可能性はあるだろうが、これが唯一の説明とまで言い切るほどは説得力がない。教育の唯一の目的がスクリーニングであるのなら、大学に生徒を4年間行かせるよりもより効率的な方法を見つけることができるかもしれない。例えば、高校終了時に広く試験を受けさせれば良い。第3章で新しい技能への投資について検討する。教育はこの点で明らかに重要な役割を果たしている。

　とはいうものの、教育が労働者のスクリーニングに、いくらかは役に立っているという証拠がある。例えばほぼ4年間大学で学んだものの、学位を取得しなかった労働者の収入は、それよりも少し先に進んで学位を取得した労働者の収入よりわずかに少ない。正式な資格の有無に関連した収入の格差は明確に存在する。これは訓練の持つ効果のみによって説明できない。

■ シグナリングの定式化：分離均衡と一括均衡

　シグナリングがどのように機能するかについて理解するために、定式化した例を考えてみよう。新人の経理担当者が教育あるいは実務研修（OJT）に自ら投資できるとする。これらを終了すると公認会計士（CPA）になれるとしよう。ここで経理担当者としての能力から「仕事が早い」と「仕事が遅い」という二種類の経理担当者を想定する。仕事が早い経理担当者はより生産的で公認会計士になるための試験に合格するために必要となる研修を簡単にこなすことができる。

この概念を定式化するために、従業員の生産性の現在価値を Q とし、公認会計士の資格取得に要するコストを C としよう。小文字はそれぞれの経理担当者の種類を意味している（q は仕事が早く、s は仕事が遅い）。

労働市場は経理担当者に彼らの期待生産性と全く同じだけの給与を支払うとする。仕事が早い経理担当者の割合を α とする。仕事が遅い経理担当者の割合は、$1-\alpha$ となる。（シグナリングがなく）労働市場が二種類の経理担当者の区別をできないとすれば、給料は以下の通りになる。

$$平均生産性 = \bar{Q} = \alpha \cdot Q_q + (1-\alpha) \cdot Q_s$$

この場合、仕事が早い経理担当者が、自分達が仕事が早いということを理解させることが**できる**のであれば、彼らの生産性である Q_q が**きちんと**支払われることになる。そうでない経理担当者達は仕事が遅いとみなされ、シグナリングをしなかった人達は Q_s が支払われることになる。

仕事が早い人達は、より高い給料を得るため、自分達は仕事が遅いタイプではないと区別されたい。同時に仕事の遅い人達は、低い給料に甘んじたくないため、自分達が仕事の早いタイプだと攪乱させようとする。これは逆選択の一般的な特性である。能力の低いタイプの人達は通常能力の高い人達であると見せようとし、逆に能力の高い人達は、自分達は能力が低いタイプではないと見せようとする。公認会計士の資格を取得することで、仕事の早い種類の経理担当者は自分達の能力をシグナリングすることができるだろうか？

シグナリングが機能するためには、三つの条件が必要となる。第一に、他の仕事が早い人達がシグナリングをし、仕事が遅い人達がシグナリングをしていないのであれば、仕事が早い種類の人達は、皆シグナリングをした方がよいということである。このためには、仕事の早い人達が公認会計士を取得する費用を差し引いた給料は、公認会計士の資格を取得しなかった仕事の遅い人達に支払われる給料より高くなければならないということが必要になる。

$$Q_q - C_q > Q_s$$

第二に、仮に他の全ての仕事が遅い人達が公認会計士の資格を取得せず、仕事が早い人達が公認会計士の資格を取得した場合、個々の仕事が遅い人達は、公認会計士を取得しない方が得をする。仕事が遅い人達が、仕事が早い人達としてみなされれば Q_q の給料を得ることができるが、C_s のコストを負担しなけ

ればならない。そうしなければ、給料はQ_sになってしまう。仕事が遅い人達が資格を取得しないためには、以下が成立しなければならない。

$$Q_q - C_s < Q_s$$

これらを合わせると下記が成立するだろう。

$$C_q < Q_q - Q_s < C_s$$

上記は、シグナリングから得られる利益は、能力が高い人達にとってのシグナリングのコストよりも高くなければならないが、能力が低いタイプの人達がシグナリングしたいと思うほど高すぎてはならないということを意味している。

第三に、全ての仕事が早い人達が進んでシグナリングするためには、その結果得られる利益が誰もシグナリングをしなかった場合よりも高いものではならないということである。仮に誰もシグナリングをしなければ、皆平均的な給与に甘んじなければならない。従って下記が必要となる。

$$Q_q - C_q > \bar{Q}$$

$\bar{Q} > Q_s$なので、この条件は仕事が早い人達にとって他の条件よりも非常に重要な条件だ。αが非常に大きい場合、$\bar{Q}$はQ_qとほぼ同じになるので、この条件が充足されることは、より難しくなる。

直感的に言えば、仕事が早い人達が、他の人達と自分達が違うことをシグナリングすることで得られる利益は、彼らが稀少であればあるほど大きくなる。仮に高い能力を有する人達が多いのであれば、低い能力の人達がこうした集団に紛れ込むのは比較的容易になる。

これらの条件が満たされないのであれば、どちらのタイプも資格を取得しようとするインセンティブを持つことにならず、仕事が早い人達は仕事が遅い人達と区別されようとしない。この場合シグナリングは生じない。こうした状況は一括均衡と呼ばれている。つまり、シグナリングは常に発生しているとは言えないのである。

条件が揃えば、仕事が早い人達はシグナリングをし、仕事が遅い人達はしない。これは分離均衡と言われている。仕事が早い人達は資格に投資することによって、自分達を仕事が遅い人達から分離することができるからである。

これらの点は、これまでのスクリーニングについての議論を定式化したもの

である。シグナリングはスクリーニングの一種だが、重要な要件が必要となる。労働者が自分達のタイプを知っていること、そして会社が、仕事によく適合した人達が喜んで募集職種に応募することで、自分が適任者であることを明らかにする一方、そうでない人達が応募しないことによって、自分がそのようなタイプでないことを明らかにできるような募集方法の構築に努めることである。

■ どのような種類の会社がよりシグナリングを利用するか?

シグナリングは会社が応募者の潜在能力について正確な情報を得ることができない場合に役に立つ。また候補者の才能が、生産性に非常に大きな影響を及ぼす場合に有効である。候補者の才能の違いが生産性に大きな違いを及ぼさない場合、シグナリングはあまり役に立たない。このことは、シグナリングが雇用慣習とよく合うのはどのような場合なのかを明らかにしてくれる。

まず、シグナリングは、仕事上能力が最も重視される職種において重要になる。こうした職種は、階層の上層部、調査研究や高い知識が必要とされる職種である。コンサルティング会社、会計事務所、法律事務所や投資銀行などの職種においても適合性がある。こうした職種では、わずかな才能の差が仕事の効率性に大きな影響を及ぼすため、人材の選別が非常に重要である。このため採用に際し、このような会社は非常に慎重であり、少なくとも採用後の数年間にわたり、前述した昇進制度と適合した試用制度が、通常導入されている。

シグナリングは、候補者に関する情報があまりない場合に利用されることも多い。比較的最近労働市場に入ってきた労働者（例えば新たな大学卒業者やMBAの取得者など）は、シグナリングを利用することが多い。長い職務経験や過去の成果が数多く盛り込まれている履歴書を有する者は、オファーされる仕事でシグナリングが利用されていることは多くない。にもかかわらず、非常に高い地位の経験豊富な人材を採用する際に、適切であればこのような手法を利用することもできる。例えば最高経営責任者（CEO）は、しばしば非常に大きな実績主義とともに、限定期間で採用されることがある。CEOの戦略を実行する能力がどの程度なのかを見極めるのは困難であり、また、CEO自身が取締役会の採用委員会よりもそのことについてよく解っている限り、このようなやり方は、CEOの採用方法を改善させるだろう。

要　約

　人事政策の重要な目的は組織の効率性を向上させるために、適切な雇用主や職種に応じて人材を選別することである。採用過程で情報不足や、情報の非対称性が存在するため、会社は応募者をスクリーニングする。高給が提示され、高い確率で生き残れると思われる場合、不適切な労働者がその仕事に応募してくるかもしれない。これは経済学でいう逆選択の問題である。

　会社が望ましくない候補者を排除する手段は幾つかある。仕事上実績を残すことができることを予見させる適切な指標となる資格を見つけることはその一つだ。資格が、有力な候補者にとって取得が容易であるが、そうでない候補者にとって取得が困難な場合、この方法は有効である。

　資格の他、会社は採用に際して、様々なレベルのスクリーニングをすることもできる。これには正式な試験、心理学的な適性検査、長く、複数回にわたる面接、短期間の試用などがある。これらは仕事振りを知る上の指標としては、かなり不十分ではあるが役に立つだろう。

　最も厳密なスクリーニングは、労働者を期間を定めてその仕事に試用する方法である。もちろん、これは最もコストがかかる。労働者には給料を支払われなければならず、（価値を破壊するなど）大きなダウンサイド・リスクが生じるような仕事の場合、コストが特に甚大となる。多くの会社は採用の過程で何らかの形での試用制度を導入している。

　我々の分析では、労働者は条件付契約を提示されることが多い。試用の場合、採用されると思っている労働者のみ、その仕事に積極的に応募してもらえるように、期間中は相当低い給与が提供される。試用と採用後の給与条件は、望ましい候補者から応募してもらえるようにする一方、望ましくない候補者から応募されないようにするために、十分考えられたものでなければならない。これは、望ましくない労働者が、試用期間後、残り続けることが困難になる場合や、望ましい、あるいは望ましくない労働者が、外部で同じような機会が与えられる場合、比較的容易に実現することができる。

　スクリーニングと試用を通して、経済学のシグナリングの考え方を紹介した。シグナリングは時に逆選択の問題を解決する手段である。労働者が自分の能力を認識していれば、適性のある労働者は採用者に対しシグナリングすることで

そのことを知らせ、適性の無い労働者は、自らがそうであることを隠そうとする。従って会社は相応しい労働者の応募を促す一方、相応しくない労働者が試用期間後に合格とならないような採用方針を立案しなければならない。

応募者に自己選択をさせるための他の可能な方法は、実績に強く連動した報酬制度を採用することである。実際、試用がこれに当たる。試用期間終了後の昇進と昇給は、優れた実績の条件となっているからである。より一般的に言えば、より適性のある従業員の方が、強力なインセンティブに基づく支払いを受け入れるため、いかなる種類であれインセンティブに基づく給与は、採用を向上させる。

会社は、より高い資質を備えた労働者に応募してもらうために、試用期間終了後に、条件付報酬を用意することもある。ただし、この場合、タダでというわけにはいかず、高い賃金という代償を伴う。このような方針は能力の小さな違いが従業員の生産性に大きく依存するような企業の場合有効である。組織の高いポジションや知的作業が重要とされる会社などがこれにあてはまる。専門サービスを提供する、特にそれぞれの業界の上位の会社ではこの種の方針が採用される。慎重な採用制度、採用後数年の厳しい実績の評価、選抜された者には多額の報酬が提供されるシステム、「昇進か、退職か（up-or-out）」という昇進制度などが、この方針に含まれる。また実績に強く連動した給与制度もこれに含まれることもある。

経済学の古典的な考え方では、商品は量、質、価格に基づきスポット市場で取引される。本章での分析は異なった視点を提供した。労働者のスクリーニングをするため試用や、条件付き支払いを提供する際、会社は**複数年**契約を締結する。この契約は、従業員の働き度合いを**条件**として含んでいる。つまり、どのように従業員が扱われるのかは、彼らがどのような成果を上げるかにかかっている。

最後に、契約には、成果を上げた者には後で高い給与を支払うという会社の約束が含まれている。こうした複雑性は商品の質、すなわち労働者の能力が、直ちに入手することができる情報ではないことから生じる。従って雇用主と従業員の経済的な関係は複雑になる。この考え方は次章および第15章で更に深く検討する。

第3章 能力への投資

> 知識への投資は、最も多くの利息を生む。
> **ベンジャミン・フランクリンの言葉**

　本章は、**今まさに**あなたがしていること、すなわち能力や知識への投資に関する章である。フランクリンが述べているように、これはあなたにとって良い投資なのか？　どうしてそういえるのか？　あなたの雇用主は教育費を負担するべきなのか？　職場訓練（OJT）を提供してくれるのか？

　離職率の問題として、ほとんどの会社は能力への投資が無駄になるという懸念を上げる。このことは、会社は研修を提供するが、こうした投資をする場合、離職を回避したいと思っていることを意味する。

　表2.1に掲載されているデータから、アクミ社では新規採用者の離職率は高いものの、多くの他の者は比較的長期間勤続していることがわかる。一つの解釈の仕方は、アクミ社は新規採用者を試験採用によってスクリーニングしているということである。適性の無い社員はすぐに退職し、適性のある社員は長く勤めるということだ。ただ、いく人かの社員の勤続が長いのは、OJTのおかげなのだろうか？

　他の興味深い点は、アクミ社では内部昇進する傾向が強いということだ。これもまた、振り分けによって説明される。既にスクリーニングされた社員によって、上層の職位は占められている。換言すれば、新規採用者は内部の社員よりも不確実性が高いということである。ということは、OJTはまた、内部昇進に何らかの関係があるのだろうか？

　表3.1は、内部昇進は振り分けだけによるものなのかという考えを検証するものである。表は、アクミ社レベル2の職位を充足するための新規採用者と内部社員の将来のパフォーマンスを比較している。仮に内部昇進者が既に振り分けされているのであれば、彼らのレベル2に達した以降の社内昇進者のキャリア実績のばらつきは、外部から採用された社員に比べ小さいと考えられる。

54　第1部　採用と従業員への投資

表3.1　アクミ社における新規採用者と内部昇進者のパフォーマンス

| | | | レベル2になってからの年数 | | | | |
			2年	3年	4年	5年	10年
レベル2として採用された社員		アクミ社の退職割合（％）	15.4	25.6	33.5	42.0	61.7
	継続勤務者	降格者の割合	1.4	1.6	1.8	2.1	1.0
		レベル2に残っている者の割合	79.4	51.5	39.7	33.3	22.0
		昇格者の割合	19.2	46.9	58.5	64.6	77.0
		昇格した平均階層数	1.0	1.0	1.7	1.4	1.8
レベル2に内部昇進した社員		アクミ社の退職割合（％）	11.3	21.1	28.4	33.6	59.1
	継続勤務者	降格者の割合	0.0	0.0	0.0	0.1	0.0
		レベル2に残っている者の割合	84.2	49.7	32.1	23.7	8.6
		昇格者の割合	15.8	50.3	67.9	76.2	91.4
		昇格した平均階層数	1.0	1.0	1.1	1.3	1.6

表3.2　アクミ社における新規採用者と内部昇進者の人的資本

| | | レベル | | |
平均年数		2	3	4
当該レベルへの新規採用者	学校教育	16.4	16.5	17.0
当該レベルへの内部昇格者		15.7	16.1	16.5
当該レベルへの新規採用者	就業経験	12.9	15.8	20.5
当該レベルへの内部昇格者		12.3	14.0	16.2

　データはこの考え方と一致している（この傾向は、アクミ社のより高い職位でも同様にみられる）。例えば外部採用者の離職率は内部昇格者よりも高い。これは、新規採用者が引き続き振り分けされなければならないことを示している。社に留った者でも、外部採用者は降格される可能性が高く、昇格される可能性が低い。ただ一度昇格すると、平均的に内部昇格者よりも、その後、更に昇格している。すなわち新規採用者は、より極端な道を歩むということが言える。降格、退職するか、あるいは更なる昇格だ。彼らはレベル1の職位で採用され、レベル2に昇格した社員よりも、アクミ社にとって、より価値がある。

　第1章で述べた通り、新規採用者のリスクは高いが、オプション価値があるため、アクミ社にとっては貴重である。だが彼らはアクミ社の社内の候補者と

他の点でも違うのだろうか？ 表3.2 は、レベル 2 から 4 の外部および内部の候補者に関して、この質問の答えとなる根拠を示している。アクミ社の新規採用者は、社内の似た仕事から昇格した社員よりも約半年から 1 年長く教育を受け、就業経験も数年長い。つまり新規採用者の学歴は高く、経験も豊富である。

　これはどのような理由によるのだろうか？ 一つの可能性として、アクミ社がリスク回避的ということが上げられる。リスクの高い候補者を外部から進んで採用しようとするために、アクミ社は内部の候補者よりも優れた資格を求めている可能性がある。ただし、リスク回避的な雇用主であっても、リスクの高い候補者はオプション価値があるため、こうした人々を採用すると考えられる。

　アクミ社に数年勤務した従業員は、異なった点で有利であるということも別の説明として考えられる。彼らは生産性が向上するように、アクミ社による研修を受けてきたという点である。仮に研修がアクミ社の業務に特化したものであれば、外部採用者はこうした知識を有していない。この点で、内部候補者は仕事の空きを埋める場合、有利なのである。そうであるならば、新規採用者はその職の候補者として検討されるために、一般的な職務経験などの他の面で優れていなければならない。このように、いくつか見ているパターンは研修に起因するといえる。

　これまで労働者の振り分けの意味を分析するため、労働者の能力は固定的であると仮定してきた。ここでは新たな、かつ重要な考え方、すなわち労働者は、正式な研修とOJTを通して、徐々に学んでいくという考え方を加える。更にアクミ社のデータは、少なくともある場合には、これらの研修は自社での労働者の生産性が、他社で働いた場合よりも向上させることを示している。ここでは、研修全体に関しての考え方と、研修が他社に比べて、自社の生産性にどのように異なる影響を与えるかに関するフレームワークを開発する。

マッチング

　能力に対する投資を考える前に、我々はこれまで振り分けについてのみ議論してきたが、キャリアパターンについての別の説明であるところの**マッチング**について検討しておきたい。業務、組織、企業文化などは個々の企業で異なるため、似たような能力を持つ従業員であっても、どの雇用主にも等しく適合す

るとは限らないと考えよう。仮にそうであれば、従業員や企業はお互いに相性
のよい相手を探そうとする。似たような能力を有する従業員であっても、企業
が異なれば、その2社で生産性が異なる可能性がある。一方の会社は従業員に
長時間勤務や休日出勤を求めるような厳しい文化を持ち、その環境により合っ
ている人もいれば、合っていない人もいる。

　このようなマッチングが重要なのであれば、労働者は能力の違いと同じく、
相性で振り分けられるべきである。しかし、振り分けは、本人の能力ではない
属性と会社（あるいは社内の仕事）の属性との相性に基づくことになる。こう
した振り分けの要素には、従業員の持つ異なった一連の能力、人間性（および
その会社あるいは作業グループの文化との相性)[1]、勤務地の希望などが上げら
れる。これらの要素は、おおよそ人々が組織との相性を語る場合に話題となる
ものだろう。

　労働者と会社の双方が合っているかどうか、お互いの関係を試しているため、
マッチングはキャリアの早い時点での離職率の高さとその後の時点での離職率
の低さを示唆している。また試用後に給料が上がるのであれば、一旦労働者が、
その企業と相性がよいとわかった場合、労働者の経験が、給与に反映されてい
ることを意味している可能性もある。

　更に外部からの採用者の雇用後のアウトプットは、内部候補者のそれよりも
ばらつきが大きいため、試験採用後の給料の上昇は振り分けの一つの形にすぎ
ない。最後に内部昇進候補者は既にスクリーニングを経てきたため、平均的に
外部からの採用者に比べると会社との適合性が高い。内部候補者は、外部候補
者が職歴や学歴といったものと異なった面で、より優れた資格がなければ打ち
勝つことができない優位性を持っているのである。

　振り分け、あるいはそのより踏み込んだ形であるマッチングの議論は、従業
員のある仕事での生産性は変化しないことを前提にしている。しかし人々は教
育やOJTを通して新たな能力を身につけていくため、これらを考慮せずにキャ
リアパターンを説明することは現実的ではない。

---

[1]　こうした説明から、本章での議論が、しばしば経済学者によって、デートや結婚に例えら
　　れるとしても違和感はないだろう。実際、同様の議論は、経済学者により、結婚やそれに関
　　連する主題に応用されている。

教育に対する投資

　ビジネスの世界でも徐々にそうなってきたが、経済学者は、教育と研修はその他の種類の投資と全く同じように分析できると考えている。このような投資の考え方は、**人的資本**理論と呼ばれている。これは現代経済学において重要な一部を形成していることから、この理論[2]の、少なくとも一部が認められ、ノーベル経済学賞が二回与えられた。

　これまでの議論で、教育は現実的な学ぶ力を与えているわけではなく学生の能力に関するシグナリングを発するものにすぎないという議論があった。この見方は極論である。人的資本の教育の分析は、教育について考える際に、より現実的な考え方を提供してくれる。

　人的資本は様々な方法で取得できる。運動や医療に関する投資もその例としてあげられる。ここでの目的のために最も重要な二つのものは、教育、すなわち他の労働市場に入る前のトレーニングと OJT である。

　金融理論では、投資から生じるキャッシュフローとその他のメリットの**現在価値**が、投資にかかる費用の現在価値を上回れば、投資は実行される[3]。例えば今年、大学を中退するか卒業するかを考えている学生がいるとする。現在を期間 0 と呼ぼう。将来は 1 年目、2 年目…とし、T はキャリア最終年を意味するとしよう。

　仮に学生が今、退学するとした場合の将来の収入を H_t とする。添え字の t は将来の時点を意味している。この学生が大学での勉学を続けた場合の将来の収入を K_t とする。ここから毎年、学校を卒業したことによって、中退した場合よりも、年収は各年で $K_t - H_t$ だけ多いことになる。

　教育は収入の増加よりも数多くの便益を提供する。第一に純粋に学ぶことの楽しさである。教育は家庭や余暇といった活動の効率性を高め、また旅行や文

---

2) セオドア・シュルツ（1979 年）とゲーリー・ベッカー（1992 年）の 2 人。

3) 用語にあまり馴染みがない人のための説明だが、現在価値は未発生の今後の費用、あるいは収入の現時点から見た価値のことを意味する。来年生じる収入は現時点での価値は少ない。なぜなら今年丸々その資金を使用することはできないからである。利率は経済が将来の期間のキャッシュフローにつける値段である。例えば今日金利 5% の CD（譲渡性預金）に 100 ドル投資することは、来年の 105 ドルと同じことなのである。別の言い方をすれば、105 ドルの現在価値は 100 ドルということである。

58 第1部 採用と従業員への投資

学の喜びを大きくする。収入に着目しているのは、労働市場で最も重要な学び
の恩恵が収入だからである。しかし、学びの非金銭的な便益を勘案して、議論
を進めていくことは容易である。仮に非金銭的な便益があるならば、その価値
は K_t に含まれなければならない。これらは単に投資からのリターンを増やし、
あらゆる投資の決断に勘案されるべきものである。

　仮に1年の金利を r としよう。これは現在の1ドルの投資が来年（$1+r$）に、
2年後 $(1+r)^2$ になっていくことにほかならない。同様に来年1ドルの価値は
今年 $1/(1+r)$ である。

　これらの条件から、（金銭面だけに着目した）教育への投資のリターンの現在
価値は以下のようになる。

$$教育からのリターン（現在価値）= \sum_{t=1}^{T} \frac{K_t - H_t}{(1 + r)^t}$$

　教育には二種類の費用がかかる。一つは学費、教科書、生活費やその他の支
出など直接的な費用である。これらを C_0 とする。研修への投資は一般的に最初
に発生するものであるため、割引されることはないということから、添え字の
0が付されていることに注意してほしい。

　二つ目の費用は教育に要した時間の機会費用である。例えば典型的な（フル
タイムの）MBAの学生は、21ヵ月、学校に戻るために比較的高い給与の仕事
を辞めなければならない。入学するために、直接的にかかる学費よりも、高い
給料を放棄することも多い。パートタイムの学生であっても、大きな機会費用
が発生する。学校に入らない場合と比べると、授業に出席するために収入と週
末を諦め、遊ぶ時間や休暇も減る。家で、農地で、あるいは家業に従事し、給
料をもらっていなかったとしても、機会費用は生じる。なぜなら家族にとって
仕事は価値があり、その仕事をしてもらうために誰かに賃金を払う必要が生じ
るからである。研修を含め、あらゆる投資の正式な分析には、直接費用と同時
に機会費用を勘案すべきである。

　従って学校を卒業前に中退する場合、受け取ることができるであろう（追加
的な）収入を加えなければならない。学校に留まった場合、こうした収入は得
られなかっただろう。これを F_0 としよう。学校に投資し続ける場合の費用合計
は C_0+F_0 になる。

　あらゆる投資の意思決定のルールは、投資からのリターンの現在価値が、投

資にかかる費用の現在価値を上回っている限り、それが実行されることである。

正味現在価値は以下のようになる。

$$教育への投資からの正味現在価値 = \sum_{t=1}^{T} \frac{K_t - H_t}{(1 + r)^t} - (C_0 + F_0) \quad (3.1)$$

3.1式がプラスでれば、大学を卒業することは良い投資ということになる。マイナスであるならば、大学は良い投資とは言えない。言い換えれば増えた収入よりも費用が多いのであれば、学校を中退し、働いて学費 C_0 と別途収入 F_0 を得た方が得をする。現在価値で、学校を卒業することで増える収入を超える利益が得られるということである。

学校に通っている初期段階では、学校に通うリターンは費用を上回る。その理由は二つある。第一に知識をほとんど持たない時は、学べることが多いからである。わずかな時間の学校通いが生産性を劇的に向上させるが、徐々にそのリターンは逓減していく。

第二に学校に通う費用は、通学の初期においては非常に低いということである。教育に対する補助金によって、ほとんどの国において高校、あるいは大学まで、直接費用である C_0 は実質的にゼロである。更に学校に通っている初期段階では、放棄した収入である F_0 も（子供でさえ家業や家事に貢献するため、ゼロではないものの）同様に低い。

しかしながら同様に逆もまた真である。学校に通う費用は、（金銭的な）リターンを上回ることもある。以前著者が教えた実際のエグゼクティブ MBA の例で考えてみたい。彼はそれぞれ上級学位が必要とされる、医者であり法曹家であった。MBA を取得した後、彼は博士課程にも通うことにした。追加的な学位は彼の収入を増やしそうにはない上、直接費用、更には機会費用をカバーすることもなかっただろうと思われる。その時点では教育上の恩恵は純粋に消費であった。彼の場合、非金銭的な教育の恩恵が非常に高かったのである。

この論理は、正式な教育への投資は、ほとんどの人にとって得るものがあるものの、一人一人にとって、最適な停止すべき点が存在することを示している。停止すべき点は、式3.1で計算された教育への投資からの正味現在価値が、プラスからマイナスになる年数である。

.... オンライン教育 ....

　コンピューターによる教育は数十年間利用されてきたが、世界中に広がる信頼性のある高速のインターネット接続は、オンライン教育に対する関心を急速に高めた。オンライン学習ツールやコンテンツを開発するために、多くの新しい会社が設立された。大学はオンラインによる学位を授与するプログラムを開始し、授業の一部をMOOCs（Massive Open Online Courses）に提供している。人的資本への投資にはどのような影響が考えられるだろうか？

　オンラインによる授業が教室での指導と等しい、あるいはより質の高いものであるかどうかについては、まだ議論の余地がある。教室では、学生は講師に質問することができ、教材に関して指導者やクラスメートとその場で議論することができる。こうした特徴はオンラインの授業でも可能ではあるが、それを実践することは難しい上、現状、教室でのやりとりに代替できるほどのものではない。他方、オンライン教育は、講師がビデオや図式、インタラクティブな演習を盛り込むことを容易にする。ある種類の授業にとって、これらは従来の手法を改善する機会を提供する。ただこうした手法の多くは、徐々に通常の授業にも取り入れられていくことと思われる。

　はっきりと言えることは、オンライン教育は多くの点で教育にかかる費用を劇的に削減させるということである。一度、コースが開発されれば、非常に低い限界費用で配信することができる（限界費用はゼロになるとは言えないだろう。効果的な講義はティーチング・アシスタントによる生徒とのやりとりやグレード・テストが必要になる。更にコースは適宜更新されなければならない）。台湾のスター講師が作った電子工学のコースを、世界中の生徒が見ることができるのだ。

　このようにオンライン教育は、新興諸国や地方、そして現在、しっかりとした教育機関がない社会の学生達に、教育へのアクセスを広げる。逆にこうした市場では、より迅速な経済成長がもたらされる。発展途上国における人的資本への投資の増加は、非常に重要な意義を持つ。

第3章 能力への投資　61

■ 費用と便益の影響

3.1 式は現実に裏付けられた幾つかの意味を持っている。

費　用

学費とその他の費用の増加は進学者を減らす。限界点（教育の正味現在価値がゼロに近い）の学生にとっては、費用が便益を上回るようになるからである。

これと関連して、既に高給の仕事についている人は、他の条件が同じであれば、学校に戻ろうとはしない。この理由から、大学や MBA プログラムは、一般的に経済が不況の時に受験率は上がり、好景気の時には受験率が下がる。教育は機会費用を伴うため、労働市場で雇用機会があまりない場合には好ましい投資であるが、そうでない時には良い投資とは言えない。

利子率

利子率の高まりは、将来にリターンが生じるあらゆる種類の投資と同様に、学校に通う最適水準を低下させる。金利が高ければ高いほど、現時点から見れば、将来の利益は割り引かれる。

とはいえ、利子率は、二つの理由から、学校に通うという決断に大きな影響を及ぼすとは言えない。一つ目は、学校に通うことは長期にわたって利益を得る投資であることだ。従って長期金利が短期金利よりも関係してくるのだが、長期金利は短期金利よりも一般的に変動が小さい。また通常、学校に通うことの意思決定に際して重要なことは、学費を調達するために親が子に対して課す暗黙の借入金利である。将来、親が子供から得る何らかの見返りや直接の金銭的見返りは、実際には子供達が学校に通っている時点での利子率にほとんど関連しないだろう。

職歴の長さ

3.1 式が意味するもう一つの点は、期間を示す T だ。仕事に就ける期間が長ければ長いほど、学校に通う最適な投資量はより大きくなる。つまり投資からのリターンを得る期間が長くなるため、人々は若いうちに学校に通うことが多い。

同様の理屈からすると、女性は男性よりも寿命が長いにもかかわらず、あまり学校に通うという投資をしない。平均的な女性は男性よりも労働市場にとど

62　第1部　採用と従業員への投資

まる期間が短く、これは投資からのリターンが少ないことを意味する。⁴⁾この点は更に広げて考えられる。女性の労働市場でのキャリアが短い主な理由は出産である。出産と育児は、数年のキャリアの中断を余儀なくし、その後、復帰する。このことから、女性は時間を経てもあまり能力の価値が低下しないような職業に関連する教育に注力する動機を持っている。

人的資本の専門化

　ほとんどの学生は、例えば大学で専門分野に特化するように、最終的に学ぶ分野を絞り込む。大学を出た後は、通常、更に専門分野を絞り、ほとんど多くの授業が一つの分野に集中されることになる。なぜだろうか？　他の投資と同様、教育においてもリターンは逓減していく。すなわち、ある分野に費やす追加的な研究1年分は、その前年に費やして得たものよりも影響度が低い。このことは、一つの分野でリターンが逓減していくという問題を避けるため、他の能力に投資した方がよいことを示唆しているように見える。実際、基礎教育のレベルではこうした方がよい。ほとんど全ての教育システムは、生徒に多くの異なった科目についてのわずかな知識の習得を求める。教育であれ、OJTであれ、専門性がより重要性を増すのは、比較的知識が進んだ段階になってからである。

　人々が一般的に進んだ分野で専門化する理由は、経済学で最も重要な要素の一つである**比較優位**と**交易の利益**によって説明される。この考え方は既に第1章で触れた。仮にある分野に集中し相対的に専門性を備えているのであれば、他の分野に特化した人とその生産物を交換することができる。先進的な化学者が、新しい商品や薬を開発することによって、全ての人は恩恵を享受できる。我々が他の作業分野に特化することにより、相手にもメリットがある。どちらのグループも、全ての分野に精通することはできない。

　専門化は、組織構成と職務設計の面で多くの意味を持つ、企業の内部における重要な問題となる。この話題に関しては第6章と第7章で触れる。

---

4)　本書を読んでいる女性は、労働者としての行動の観点から見れば、同じように本書を読んでいる男性と大きく異なっていないだろう。上級分野を専攻している女性は、積極的に労働市場に入っていくということを投資行為で明確にしているからである。更に、彼女たちの高い賃金が、労働市場への参入を促している。

学びの効果

最後に教育による収入格差について考察してみよう。$K-H$が大きくなれば、教育の現在価値は高まり、進学率も高まる。

生まれつき才能がある人は、学校でより効率的に学び、Kも高くなるのは明らかだ。仮にそうであるとすれば、既に高い才能に恵まれている人の方が、学校に通うことの価値は高く、頭の良い学生は学校に通うことに、より多く投資すべきである[5]。もちろん、これは経済面で能力と所得の格差を助長する。

学校の質の改善はKにプラスの影響を及ぼし、悪化はマイナスの影響を及ぼす。教育における技術革新は、庶民の教育への投資を促す。同様に教育方法や教師の質の変化は、教育投資からのリターンを（プラスにもマイナスにも）変化させる。

重要な要素は平均的な仕事に関連する技術の水準である。大学での教育は、農業従事者にとって価値があるかもしれないが、経理担当者にとっての価値と比べるとそれほどでもない。教育は技術的に進んだ社会と補完的である。教育を受けず、読むことができず、簡単な計算ができないことは、大多数が農業従事者ばかりの社会でよりも、ホワイトカラーの社会においての方が、足かせになる。従って、先進社会でのKと全体的な教育水準は、1900年の時よりも高くなっている。この論理は、今日の異なった社会における教育の形態と、ここで見てきたように、過去数十年間にわたる教育からのリターンの傾向を説明する上で一助となる。

■ ベンジャミン・フランクリンは正しかったのか？

本章の冒頭で、教育は良い投資だと提起した。経済学者は様々な国での教育の**内部収益率**（投資利子率）を推計しているが、それが一般的に非常に高いことが明らかになっている。

例えば本書を読んでいる学生のほとんどは、大学生もしくはそれ以上の学位のために投資している。米国、アジア、欧州では、高等教育からのリターンは年率で11%もしくはそれ以上と推計されている。これは、リスクを調整した上での株式市場のリターンをしばしば上回る。

教育は良い投資であるが、ここ20〜30年で一層より良い投資となった。労

---

5) この理由から教育は良い資格になる。

64　第1部　採用と従業員への投資

図3.1　米国における能力に対するリターン

1973年から2013年までの能力に対するリターン

高卒に対する大卒の賃金

収入の10％位に対する90％位の比率

90％位／10％位

高卒に対する大卒の賃金

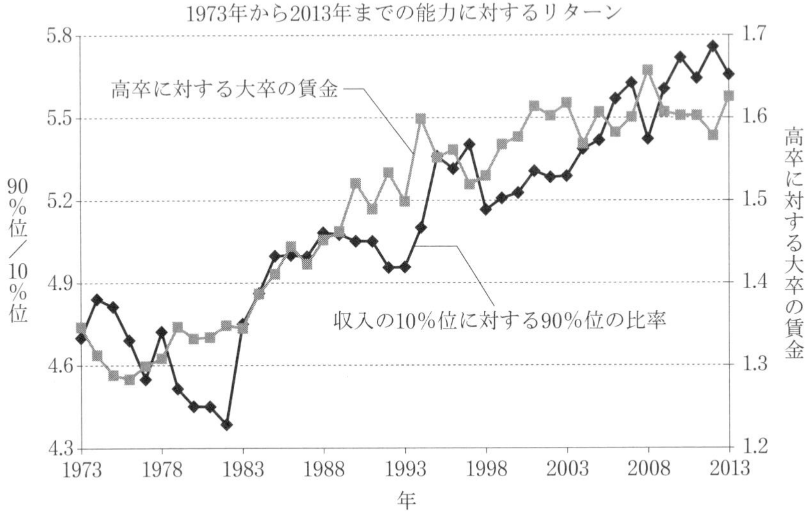

出所：現在人口調査（CPS）　労働統計局。25歳以上のデータをCPS人口比重で加重調整したもの

働市場では、近年、能力をより高く評価するようになってきている。図3.1は、米国の労働市場において、この事実を示している。四角の点でプロットされているデータ群（右軸）は、大卒者の平均時給を高卒者のそれで割ったものである。過去30年間で大学の学士の保有者は比較的高い収入を得るようになってきているという強い傾向がみられる。1973年では大卒者は高卒者よりも約35％高い収入を得ていたが、2013年までには65％高い収入を得るようになった。同様の傾向は、経営学修士（MBA）や医士（MD）など、より高い学位でもみられる。

　ひし形の点でプロットされているデータ群（左側）は、高い能力に対して、労働市場が価値を見出すようになったことを示す別の尺度を示している。これは米国の労働者の各年の時給分布の中の下から10％位と90％位の比を示している。10％位は、米国の労働者の下位10％に位置する人の賃金を示している。90％位は米国の労働者の上位10％に位置する人の賃金を示している。これは比較的高い能力を持つ労働者の収入を測っている。各年のこの二つの位置を比較することで、全体の給与の分布が、時を経て、どのように変化してきたかを理解できる。図は比率を示しており、比較的高い能力を持った労働者の給与が、能力が低い労働者に比べ、大きく伸びてきたことが観察できる。折れ線は、高

卒と大卒を比較した折れ線のパターンに非常に似通っている。過去数十年間にわたり、米国では能力に対する投資からのリターンが、劇的に高まってきたことが理解できる。1973年の90%位の労働者の収入は10%位の労働者の収入の4.7倍だったのが、2013年には約5.7倍になった。

　同様の傾向は世界の多くの先進諸国でみられる。それどころか、後進国における能力からのリターンは、なお一層高いという推計もある。

　なぜ最近の数十年間は、高い能力の労働者を、低い能力の労働者よりも、一層高く評価するようになったのだろうか？　研究者は、その理由について検証している。最も重要な理由は、職場において、コンピューターなどの先進的技術が、より多く使われるようになっているからというように考えられている（この点については第3部で再度議論する）。第1章で議論したように生産において資本は、能力の高い労働力と補完関係にあることが多い。テクノロジーを利用すればするほど、またそれが効果的であればあるほど、能力の高い労働者を雇用する価値が高まる。このことから能力のある労働者に対する需要が高まり、労働市場での彼らの価値が高まるのである。

ＯＪＴにおける投資

　ここでOJTについて考えてみよう。OJTへの投資は多くの面で教育への投資と似ている。それは労働者の能力と生産性を向上させる。これは雇用主にも労働者にも利点がある。直接的な費用（例えば本、その他資料、講師への報酬など）もかかるかもしれない。また、以下で述べるような二種類の間接的なコストもかかるかもしれない。第一に、正式なOJTは、労働者の時間と通常の任務からの注意力を奪うことによって、生産性の低下をもたらす。第二に、十分に訓練されていない労働者に仕事をさせ、仕事を通じて学ばせることは、十分に訓練された労働者に仕事をさせる場合よりも生産性が低い。[6]

　このようにOJTへの投資の意味は、教育への投資で議論したことと似通っている。会社と労働者は、若い労働者のOJTに、より多く投資したいという動機を持っており、若い労働者は広範な研修機会を提供してくれる仕事に応募したいと考える場合が多い。投資は仕事に対してされるため、派生的に興味深い事

6）　ただしこの点は第7章で議論する内発的動機と継続的な改善の潜在的な効果を無視している。

66　第1部　採用と従業員への投資

実が浮かび上がってくる。

　本書では、OJT への投資は経済的に利益をもたらす場合に行われると考えることから始める。すなわち、生産性から得られるものが、投資費用を上回るのだろうかという質問から考えてみたい。我々は、現在の職場における生産性から得られる利益と、他の職場におけるそれを区別する。誰が投資を負担し、誰（会社もしくは労働者）がリターンを得るかという議論は先送りしよう。どのような投資をすべきかを決定した上で、労働者と企業が、その投資のために、どのような契約をすればよいかについて議論することにする[7]。

　著者の1人の実際の体験談が、基本的な考え方についての良い説明になる。シリコンバレーにある小さなスタートアップ企業は、節税のためのソフトウェアを提供している。この会社の典型的な従業員は、Java によるプログラミングと税法に関する知識をともに身につけていることが求められる。これは通常、めったにない能力の組み合わせである。これらの能力をそれぞれ単独で重要であると考える会社は多い。しかしこの会社のように、税務と Java の能力を組み合わせとして重要と考える会社はあまりない。

　従ってこのスタートアップ企業を退職した従業員は、この会社で身につけた能力を活かせる会社を探す際に苦労する。次の会社は何れかの能力を重視してくれるか、あるいは仮に両方に価値を見いだしてくれるとしても、前職と同程度や同じ割合では評価してくれない。

　同様の問題は、読者が、現在勤めている仕事についても当てはまる。今の会社での仕事とキャリアに役に立つ知識と能力に、どの程度投資すべきだろうか？　代わりに外部の労働市場で採用される可能性を高めるような能力の開発に、どの程度、投資すべきだろうか？

　あるスタートアップ企業に勤務している従業員の現時点での月次の生産性が、1万ドルだとしよう。表3.3にあるように、OJT の機会が三通りあるとする。一つ目の選択肢は、完全に Java にのみ集中するもの、二つ目の選択肢は、税務のみに集中するもの、そして最後の選択肢は、従業員が仕事上これらの能

7）　経済学を学んでいる学生への注だが、これはコースの定理の応用である（Coase 1960：ロナルド・コースは 1991 年、この論文の功績が認められたこともあり、ノーベル経済学賞を受賞した）。我々はまず経済的な価値がどのように生み出されるかについて注目する。そうした上で、労働者と会社の間で、その価値がどう分配されるかについて考える。もちろん、この手法は、交渉コストが発生する場合には、当てはめることはできない。この点は後で議論する。

第3章　能力への投資　67

表3.3　JAVAと税務に対する投資

	仕事	潜在的な生産性の向上	会社に継続勤務		離職	
			比重（%）	研修の価値	比重（%）	研修の価値
100%Java	Java	8	40	3.2	80	6.4
	税務	0	60	0	20	0
				3.2		6.4
40%Java	Java	4	40	1.6	80	3.2
60%税務	税務	6	60	3.6	20	1.2
				5.2		4.4
100%税務	Java	0	40	0	80	0
	税務	8	60	4.8	20	1.6
				4.8		1.6

力の重要性をどう見ているかに応じて、両方のOJTを受けるというものだ（以上の選択肢は一般論を説明するためのものであり、もちろん研修をどのように組み合わせるかの方法は無数にある）。研修のコスト（直接費用、研修期間中に失った生産性という間接費用）は、どの選択肢でも同じ5,000ドルとする。Javaと税務の研修に費やした時間の割合のみが、変動するとしよう。単純化のため、割引率は無視する。

　例えば、第一の選択肢を検討してみよう。この選択肢は従業員のJavaの能力を向上させる。Javaのプロジェクトのみに従事すると仮定すると、月次の生産性は8,000ドル増える。しかしこの会社ではJavaのみに時間を割くことはできず、40%の時間しか、費やすことができないとする。従って生産性は3,200ドルだけしか向上しないことになる。税務の研修は受けないので、税務関連の仕事上の生産性は変わらない。

　新しい会社で仕事を見つけたとする場合、研修はどのような効果をもたらすだろうか？　これはこの従業員が他でどのような仕事を見つけることができるかにかかっている。Javaの技術と税務知識はかなり特殊であり、かつシリコンバレーでは税務関連能力よりもJavaの能力の方がより高く求められているため、他社で探すことのできる最善の仕事は、Javaに重点を置いた仕事になる可能性が高い。しかし、仮に新たな仕事が100%Javaのプログラミングであったとしても、税務ソフト関係のスタートアップで提供された研修で重点を置いたJavaの技術とは、幾分異なった技術が必要とされると考えられる。結局、OJT

は、税務プログラムをより効率的に組めることに焦点を絞ったものにとどまる。

　従って、かなりの Java の能力を習得したところで、この従業員が Java の研修から、他の仕事でも役に立つ便益をそっくり享受することはないだろう。Java の研修は、現職場での生産性向上に対し、他の仕事では 80% の効果しかないため、結果的に、この従業員の別の仕事における生産性は、その平均 6,400 ドルしか向上しないと仮定される。

　さて次に、全く反対の税務のみに焦点を当てた研修について考えてみよう。この研修は、従業員の税務関連の作業の生産性を月に 8,000 ドル増加させるとする。しかし今の仕事では、60% の時間しかこの分野に割かないため、生産性の伸びは 4,800 ドルになる。他の仕事では 20% の時間だけしか税務に割かないとした場合、研修は他の仕事での生産性を月次平均で 1,600 ドル増加させることになる。

　三つ目の選択肢は、それぞれの分野に時間を割くという選択肢である。本事例では、双方の研修を受けることがより効果的であり、生産性はそれぞれの能力別で月次で 5,000 ドル、双方併せて 1 万ドル増えると想定する。この理由は、限界生産性が逓減するという既に馴染んだ概念に基づく。一つの分野の習得に集中すればするほど、新たな 1 時間で習得することは減っていく。ただし、この仮定は結論にとって重要ではない。

　もし両方の研修を受ければ、生産性はそれぞれの分野で向上する。今の会社での総生産性は、外部市場でのそれより多く、5,200 ドル増える。これは研修が、労働市場で求められている仕事の平均的な組み合わせではなく、現状の仕事に合うように設計されているためである。

　回答すべきは、この従業員にとって、最善の OJT はどういったものかという質問だ。答えは、研修後にこの従業員がどこで働く可能性が高いかということによる。なぜならば、仕事によって、二つの能力の重点配分が異なるからだ。効率的な投資は期待生産性を最大化する。もし現職場に留まろうとしているのであれば、税務と Java プログラミングの双方の研修を受けるべきだろう。もし退職を考えているのであれば、Java のみに集中した研修を受けるべきである。答えはこの従業員の転職の可能性による。

　仮にこの従業員が今の会社に留まる可能性がある一方、退職する（あるいは会社が破綻する）可能性もあるとしよう。この場合、どのような研修が最も良いのか？　仮に現職場に留まる可能性が高いのであれば、税務と Java プログ

ラミングの双方の研修を受けた方が良いだろう。もし退職の可能性が高いのであれば、100%Javaプログラミングの研修を受けるべきである。

　この事例は、仕事上求められる能力への投資についての自然な考え方だ。自分にとって最適な能力への投資は、長期的に現職場に勤務し続けるか、退職を考えるかによって全く変わってくる。もし会社に勤め続けようと思っているのであれば、最善の戦略は会社が最善と考える能力に投資することだ。もし退職を考えているのであれば、**労働市場**が最も価値があると考えている能力に投資することが、最善の戦略ということになる。

■「一般的人的資本」対「企業特殊的人的資本」

　プログラマーの例では、Javaと税務の能力は、現在の雇用主にとっても、他の雇用主にとっても、価値があると議論した。ただし実際の仕事で学んだ能力は、他の雇用主よりも現在の雇用主にとって、価値が大きい。極端にいえば、二つのケースがある。研修が内部の会社にとっても、外部の会社にとっても、等しく価値がある場合と、外部の会社にとっては全く価値がない場合である。これら二つのケースを、**一般的人的資本（GHC）**と**企業特殊的人的資本（FHC）**と呼ぶ。例にあったように、研修のほとんどは、これらの間のどこかに位置付けられる。

　GHCは、今の会社でも、他の多くの会社でも、**等しく生産性を高めること**ができる、労働者が習得できる能力や知識のことをいう。別の言い方をすれば、そのような能力に対しては、市場の需要も大きいとも言える。ほとんどの能力はこの種類に近い。多くの潜在的な雇用主にとって、良いマネージャーであることの価値は高いため、MBAの学位はGHCである。北京語などの外国語の知識も、GHCの一例である。GHCかどうかを見極める一つの方法は、その能力のほとんどを学校など職場以外で習得できるかどうかということである。

　企業特殊的人的資本（FHC）は、一般的人的資本と対極にある。FHCは現在の職場では生産性を高めるが、他の企業では全く価値が**認められない**人的資本である。純粋なFHCの例は難しい。ある会社において生産性の向上に資する知識の多くは、少なくともいくつかの他の会社での**いくつかの仕事**においても役に立つと思われるからである。とはいえ、概ねFHCとしての価値しかない研修の例もなくはない。ある会社がその会社でしか使えないように作られた特殊な機械を保有している場合、その機械の操作方法に関する知識は、その職

場での仕事の生産性を高めるが、会社を変われば、全く価値がない。特殊な手続きや方法はFHCということが出来るだろう。

より企業特殊的な研修の例の多くは、無形の知識を伴う。強い、特殊な企業文化を持つ会社は、その文化に関する知識はそこでの仕事には役に立つかもしれないが、他の職場ではおおよそ役に立たない。社内の非公的なネットワークや上下関係についての知識も同様である。またある顧客との緊密な仕事上の関係や顧客組織への深い理解は、その顧客の仕事を見つけるか、新しい仕事でその顧客との取引を続けない限り、FHCである。

しかしJavaのプログラミングで議論したように、GHCかFHCかという概念の切り分けは、通常、現実的には明確ではない。能力の多くは、その重要性は違うものの、社内でも社外でも価値がある。区分する良い方法は、従業員への研修の価値が企業にとって、独自のものであるか考えてみることだろう。労働者のある一連の能力の、ある会社での価値が、他の会社にとっての価値と同じ程度である限り、これらの一連の能力はおおよそGHCである。他方、会社が一連の能力を固有のものとみなす限り、これらはFHCということが出来るだろう。前述のスタートアップ企業が従業員にJavaと税務の両方の知識を持って欲しいという考えは、極めて特殊である。従って、その会社での研修は、一般的とはいえない特殊なものである。この区別は、後で研修費用の負担者を考える議論で有用である。

特殊なケース：知的財産

あなたは化学の研究者だとしよう。あなたの会社はとても高価な実験室、材料、装置、スタッフを提供してくれている。こうした資源は、あなたが働くことの出来る他の仕事で利用できるものよりも、優れた資源である。会社はあなたに他の研究所では研究していない特殊な、知られていないポリマーの研究をするように要求している。というのは、会社はこの種のポリマーを使用した商品を製造する特殊な専門性を既に有しているからだ。この世に知られていない種類のポリマーの研究は、一般的人的資本への投資なのか、あるいは企業特殊的人的資本に近いものへの投資なのだろうか？

おそらくあなたと会社は知的財産への投資費用を共有しているので、一見この投資は、おおよそ企業特殊の類だろうと思われる。他の仕事では、今の比較的知られていない能力の価値は、低く評価されると思われる。更に会社は、退

職時に特許を持ち出しできないように、全特許権を会社に帰属することへの合意を求めている場合もある。

しかし、あなたは新しい職場にある種の便宜をもたらすことができるかもしれないため、ある意味、一般的人的資本に対する投資に近いと言うこともできるだろう。一般的に、全ての特許権を会社に帰属させることは困難である。仮に特許を持ち出すことが出来なかったとしても、競合他社にとって価値をもたらすとなる多くの発見と知見をもたらすことはできるだろう。

すなわち知的財産は、一般的投資、企業特殊的投資の双方の側面を有している。企業特殊的人的資本のように、知的財産は通常、便益を共有しようという狙いを伴った共同投資である。能力と知識が会社の戦略に沿ったもの になっているため、通常、従業員は現在の会社に留まった方が知的財産の価値は高まる。従って双方ともに雇用関係を継続させたいというインセンティブが働く。一方、一般的人的資本のように、競合他社に転籍することで、労働者は一部のメリットを得られることもある。

〜〜〜〜〜〜〜〜 非 競 合 条 項 〜〜〜〜〜〜〜〜

特に知的財産など企業特殊的投資の観点から、会社は時に従業員に雇用契約に非競合条項を盛り込む場合もある。こうした条項は、従業員が退職する際に、知的所有権を持ち出しできないようにしている。このような契約は、特に退職後1年間、従事者の仕事を何らかの形で制約することを意図したものである。従業員が競合会社で同様の仕事をすること禁止したり、新しい会社に既存顧客を持っていくことを1年間禁止する条項が、この例である。

非競合条項は裁判上強制力を持たせることは極めて難しい。長期にわたって（隷属や奴隷慣習の廃止以来、）堅守されている職業選択の自由の原則から、ほとんどの裁判所は、こうした条項に否定的である。

非競合条項が守られるようにするため、会社は制約条項が過度の負担や時間的な制限を伴わないものに配慮すべきである。

ある判例では、従業員が非競合条項に同意することに対し、何らかの代償を担保するように求めている。実際、仮に採用後にこうした条項が雇用契約に追加されるような場合、従業員にとって仕事の価値が減価すること

72　第1部　採用と従業員への投資

になるので、このような手当ては必要であり、適切であろう。

裁判上認められそうな条項の例：

- 今の会社が対応する時間が持てるように、従業員が退職前に余裕をもって通告し、新しい職場での仕事内容を伝えることを求めること。
- 退職に先立って後任に引き継ぎをし、重要な顧客を後任に紹介することを求めること。
- 退職時に同僚を一緒に連れていくことを禁止すること。
- 退職者が非競合条項に沿って行動したことを条件に、辞めてから一定期間経過後に報酬を支払うこと。

他の方法

　非競合条項や、法的な所有権が、従業員の退職や知的財産の持ち出しを十分防止できない一方、会社には状況を改善するための幾つかの手段がある。第一は、実績に基づく給与である。特に従業員が開発している知的財産の価値が給与に連動していれば、インセンティブになる。これは従業員に勤務し続けさせる動機を与えるだけでなく、知的財産の価値を高める。第二は、従業員が勤務し続けることに報いる、繰り延べ報酬を提供することである。新しい職場で自社と競合しないことに報いるため、退職後1、2年後もボーナスを支払うことすらも考え得る。ただしこうした手法は、実務上、制約があるかと思われる。

■ 誰が研修費用を負担すべきか?

　研修にかかる投資は誰が負担し、そこからの恩恵を受けるべきだろうか？教育とOJTの二つのケースを考えてみよう。教育は一般的人的資本であり、OJTは一般的でも、あるいは企業特殊的人的資本でもあり得る。一般的人的資本の場合、明らかに労働者が投資の費用を負担すると結論付けることができる。特殊的な人的資本の場合は複雑である。

教　育

　パートタイムの学生に、雇用主が費用を負担している場合もある。これは雇

用主にとって、良い投資と言えるのだろうか？　一般的にそうではないというのが答えだろう。学問的な研修の成果のほとんどは、多くの他の雇用主に対しても、適用出来る。従って学校での研修は一般的人的資本ということになるだろう。例えば大学の学位を会社が費用を負担して取らせるとしよう。一度学位を取得すれば、市場での学生の価値は高まる。従業員に勤務し続けてもらうために、会社は給料を上げなければならないだろう。言い換えれば、学校への投資から得られる恩恵の多くを、会社が享受できる可能性は極めて低い。逆に従業員は、ほぼ確実に学校への投資からの得たもののほとんどを手にすることができる。その後のキャリアにおいて、この従業員の給料は高くあり続けるだろう。

　こうした観点からすると、会社が従業員の学費を負担することに合理性はない。従って、通常、学費は可能であれば、労働市場に参入する前に、本人（あるいはその家族）が負担すべきである。大多数の学生は、会社に授業料を負担してもらっていない。

　ただし、ある学生は授業料の一部もしくは全部を会社に払ってもらっている場合もある。こうした事例は、法則に対して例外的である。しかし、これらの例外についても、簡潔に検討してみよう。会社が従業員の授業料を負担するには幾つかの理由があるはずだ。

従業員への潜在的コストと雇用主へのメリット　会社が授業料を支払っているものの、実際には従業員がそのメリットを受けるために低い給料に甘んじていることもある。実際、卒業から数年後に会社を退職した場合、授業料を返還するという契約義務を課す場合も少なくない。退職されることで失われる費用は、卒業以降、数年間従業員に対して市場価値よりも低い給与で働いてもらうことによって、投資のメリットの一部を確保することができる。

マッチング　仮に会社が授業料の負担を限られた従業員にのみ提供しているのであれば、従業員のマッチングがその理由として考えられるだろう。会社はこれらの従業員が長年勤続し、成長し、枢要な地位に就くことを期待している可能性がある。このような場合、労働者が会社に留まるインセンティブがあれば、会社は学校に通わせることからの便益が得られると期待できる。要するに、会社と従業員は教育への投資からの成果を折半することになる。この点について

は後で議論する企業特殊的人的資本の結論と類似している。ただし特殊性は能力ではなく、マッチングにある。

　採　用　福利厚生については第13章で議論するが、ざっくり言えば、ある種の福利を提示することで、採用時に有効な自己選択を促す。例えばUPS社では従業員に授業料を還付する。多くの従業員は、学費が高い大学に通わないため、このプログラムはあまり費用がかからない一方、UPSは一生懸命働く、やる気のある労働者に魅力的だと思わせることができる。UPSの従業員は、仕事の一部として重い荷物を持ち上げなければならないため、若い労働者が望ましいというメリットもある。

　アービトラージ　教育や研修費用にかかる税務上のメリットがあれば、従業員よりも会社が学校関係の費用を払う方が費用面で得をする場合もある。

　このような例外的な場合を除けば、一般的に会社は労働者の学費を払わないし、払うべきではない。これまでの二章でリスキーな採用、スクリーニング、シグナリングについて検討した際に使用したものと同じ理論から導かれた結論であることに留意して欲しい。会社は常に従業員の外部市場での価値と見合うようにしなければならないのである。外部での価値を上げるものは、会社に報酬の引き上げを強いる。教育と一般的人的資本は、この重要な二つの事例である。

OJT
　一般的人的資本の場合　次に誰がOJTの費用を払うかについて考えてみよう。最初に能力が純粋に一般的人的資本である場合を検討してみる。すなわち新しい研修が、内部の雇用主と等しく**外部の雇用主**でも、同じ価値としてみられるケースだ。この場合の考え方は、教育への投資と同様なものとなる。労働者が研修を受ければ、市場価値は上がる。会社は研修が終了すれば、その労働者に高い給料を払うか、あるいはその労働者が退職するリスクを負わなければならない。このことから、**研修による能力が一般的人的資本である場合、労働者が100％その投資を負担すると同時に、100％そのメリットを享受すべき**ということが、一般的なルールなのである。

※※※※ Wipro テクノロジー社 ※※※※

テクノロジー企業の爆発的成長と、ソフトウェア設計と広範な OJT から、インドのソフトウェア企業は従業員の慰留に苦労していた。OJT は、通常、一般的人的資本である。多くの会社は一定の期間、勤続し続けることを約束させた契約を新入社員と交わして対応していたが、バンガローにある Wipro テクノロジー社はその上を行く手段を講じている。

Wipro は新入社員が雇用通知を受け取る前に 7 万 5,000 インドルピー（約 1,400 ドルに相当）を預かり金として要請する。お金は銀行に預金される。お金を自ら用意できない従業員は、銀行からそのお金を借り入れることになる。

預金には利息がつき、Wipro での 3 カ月の研修プログラムを経たのち、同社に最低 12 カ月勤務すると、エンジニア職に返金される。科学学位を有する従業員の場合、6 カ月の研修を受け、同社に 18 カ月勤務しないと預金は返金されない。

Wipro は、このプログラムによって、大学での採用活動にマイナスの影響が生じたことはないと発表している。

出所：rediff.com（2005 年 1 月 22 日）

部分的あるいは全面的に企業特殊的人的資本の場合

より現実的なケースは、現在の雇用主と市場の間で OJT の評価が異なっており、現在の雇用主の方が市場より高く価値を見出している場合である。前出の Java や税務の能力に投資しているプログラマーは、この例にあたる。このような場合、仮に研修の価値が労働市場で認められたとしても、研修後の労働者の価値は社内での評価の方が、社外での評価よりも高い。ほとんどの OJT は、少なくともある程度、現状の仕事に特化したものであり、こうした傾向がある。この場合、何が起こるだろうか？

この問題を考えるにあたり、図 3.2 に描かれた前出のソフトウェア・プログラマーへの投資について検討してみよう。今の会社に勤務し続ける確率が十分に高く、最善の選択肢が中間のオプション、すなわち Java と税務の双方の研修

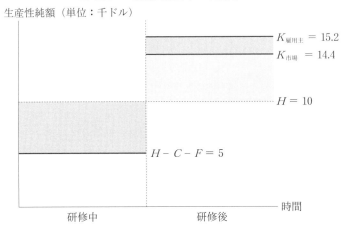

図3.2　一般的人的資本への投資

を受けるというものだとしよう。研修中と研修後の二つの期間を考え、単純化のために割引については考慮しないことにする。従業員が何らの研修も受けない場合、生産性である H は研修中、研修後も変わらず、破線で示されている月1万ドル（$H=10$）としよう。

　もし彼が研修を受ければ、研修中の直接費用と間接費用の合計として5,000ドル、（$C + F$）が発生することになる。よって生産性純額は H-C-F の5,000ドルとなる。研修中の実線はこれを表している。研修の費用は研修期間の破線と実線に囲まれた影がついている部分で表現されている。

　研修が終了すれば、労働者の生産性は現在の企業では1万5,200ドルに上昇し、労働市場では全体的に1万4,400ドルに上昇するとされる。これらの数値は最初の生産性1万ドルに、研修の成果が加味されたものとなっている。図3.2ではこれらの生産性は研修後の期間において、破線の上方に二つの実線で描かれている。研修への投資のリターンは、その会社を**辞めた**場合、破線1万ドルと実線1万4,400ドルで囲まれた薄い影がついた部分で示されている。会社に**残った**場合には、これに濃い影の部分が**加わって**おり、破線と実線1万5,200ドルで囲まれた部分になる。会社に残った場合、教育への投資からのリターンが大きいので、この投資は、ある程度、その企業特殊的な投資ということができるだろう。

　その労働者が会社に留まるだろうと信じるだけの確固たる理由があるならば、

こうした人に企業特殊的訓練を提供することは、会社にとっても、利益を生む投資となる。労働者にとっても、また会社にとっても、こうした投資を行い、研修終了後も会社に残らせる方法を見つけようとするだけのインセンティブが存在することになる。

研修終了後にリターンを向上させることを念頭に置き、教育や純粋な一般的人的資本の場合と同様、労働者が投資の費用を負担したとしよう。つまり会社が研修の前も後も、労働者の生産性と等しい給料を支払うことに同意したと仮定しよう。この場合、会社は研修前も研修後も全く損も得もしない。研修前の期間は、労働者は損（他の仕事で得る収入より5,000ドル少ない）をする。一方研修後は利益（他の仕事で得る収入より5,200ドル多い）をあげる。

投資が終わった**後**の状況について考えてみよう（従って、投資は既にサンクコストになっている）。会社はどうするだろうか？　仮に会社が1万5,200ドルを労働者に払うとすれば、労働者を会社に留まらせるために必要な額以上を支払うことになる。なぜならば、その労働者はその他の会社では1万4,400ドルの収入しか得られないからである。従って、会社は研修が終了しても、1万4,400ドルをわずかに上回る金額しか払いたくないと思うだろう。仮に会社がその労働者を解雇すると脅した場合、その労働者は他の会社では1万4,400ドルの収入しか得られないので、この低い水準の給料を受け入れるかどうか真剣に考えなければならない。

すなわち、**会社は教育への投資が終了した後、それまでの約束を反故にして、契約内容を再交渉したい気持ちに駆られる**。なぜだろうか？　それはもし1万5,200ドル以下しか払わないのでいいのであれば、労働者が投資した結果、得ることができた利益の一部を手にすることができるからである！

もし読者が最初に契約を受け入れるかどうかを考える労働者だとすると、このリスクを予想するだろう。仮にそうだとしたら、この投資には気が進まないだろう。投資は利益をもたらすものだけに残念である。それでも、投資からの利益の一部を会社が取り上げようとするために、この投資を実行しないだろう。

仮に読者が投資したくないとしたら、代わりに会社に費用を支払わせ、その成果を会社が取れるようにしてやるべきなのだろうか？　つまり、もし会社が単に労働者に、投資がなかった場合に払われていた給与を支払う（すなわち研修の前も後も1万ドル支払う）代わりに、研修費用を負担する場合にはどうだろうか？　研修期間中の生産性は低下するので、会社にはその期間中も費用が

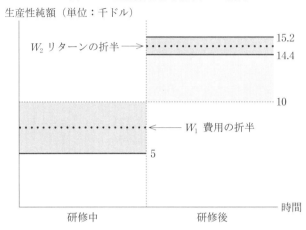

図3.3 企業特殊的人的資本への投資

発生する。だが研修後は生産性が高くなるので、会社はその分、便益も同時に得ることになる。

この状況には自分自身で回答できるだろう。これは、再交渉と同種のリスクを生じせしめる。投資が終了した後、労働者は1万ドル以上の給与を得るために再交渉したくなる。最終的な労働者の市場での価値は、1万4,400ドルに上昇するので、退職をほのめかすこともできるだろう。更に、現在の会社での彼の価値は1万5,200ドルなので、その水準に近い給与を要求する可能性もある。会社も彼が退職した場合、5,200ドルの価値を失うことになるため、再交渉したいと思うだろう。再交渉した場合、従業員は会社の投資から上がる利益の一部を得ることになる。

この状況は、様々な投資の場面で生じる一般的な懸念である。経済学者はこれを**ホールドアップ問題**と呼んでいる。この問題は、当事者が後で成果を生むことを期待して投資を実行した後に、他の当事者が、条件を再交渉したくなるという問題である。このリスクが予見できるのであれば、後日、再交渉を迫られることでリターンの一部あるいは全部を失いかねないことから、投資は実行されないことになる。

この問題を解決するには、どうしたらよいのだろうか？ 二つの方法が考えられる。一つは一方が、あるいは双方が信用することである。これについては、後ほど議論する。もう一つの方法は、**投資にかかる費用とリターンを折半する**

という方法だ。このやり方の例を図 3.3 は示している。研修期間中の給与を、労働者の会社での実際の生産性純額と、社外で得られるであろう給与の間に位置する W_1 とすることで、費用を折半する（仮に半々とすれば W_1 は 7.5 となる）。費用を折半することで、損出が減少するために、研修中の投資のリスクを低下させることができる。研修後の給与を、労働者が他で得られるであろう給与と実際の生産性の間の W_2（仮に半々とすれば W_2 は 14.8 となる）にすれば、成果も折半にすることになる。成果を折半することは（消滅させることはできないものの）、再交渉するリスクを低下させる。更に企業と労働者の関係が終焉してしまえば、何らかの損失を被るため、双方とも再交渉を避けようとする動機が働く。

　企業特殊的な OJT への投資は、純粋な一般的人的資本や教育への投資と異なって、労使折半となるだろう。労働者にとって、研修中の給与は他の職場での給与よりも低くなるだろうが、正味の給与としては高い。研修後の給与は、他の職場でのそれよりは高くなるだろうが、生産性と比べれば低いものとなる。

ＯＪＴの意味

　OJT は雇用関係において多くの重要な意味を持っている。投資を分析し、その費用の負担者とリターンの享受者について考察してきたので、その意味について考えてみよう。

　それに先立って、OJT は、純粋に一般的なもの、すなわち会社外でも等しい価値としてみられるものと、純粋に企業特殊的なもの、すなわち社外では全く無価値なものの、広い範囲の中のいずれかの位置に存在する様々なものがあることを思い出して欲しい。大学での教育は、ほぼ常に純粋に一般的人的資本である。OJT は、ほぼ常にその混合である。かなり企業特殊的な研修であっても、程度の差こそあれ、従業員にとって会社を離れてもメリットはある。従って、ここでは研修を概ね一般的かつ企業特殊的な研修として議論を進めよう。

離　職

　最も考慮しなければならないことは、離職についてである。研修が完全に一般的なものであれば、会社は（後任を探すことに関連する費用を除けば）**離職について心配する必要はない**。従業員が退職したとしても、研修への投資をし

ていないし、そこからのリターンも生じないからである。同様に従業員は研修からの成果の全てを手に入れるため、会社を変わったとしても失うものはない。

これとは対照的に、OJTが会社にとって特殊的なものの場合、会社も従業員も退職について考えるだろう。企業特殊的な研修を提供、受講することで、従業員が離職した場合、双方に損失が生じる。会社での生産性と社外での生産性との差が大きければ大きいほど、損失も大きくなる。雇用主が従業員に対して投資したものを失うことを懸念していると言っている場合、おおよそ企業特殊的な人的資本への投資について語っているに相違ない。

このことは、会社が従業員のことをどのように考えるかについて、重要な影響を与える。OJTが一般的なものであったり、会社にとって重要なものでないのであれば、振り分けを考慮しない限り、労働者はおおよそ直物市場（スポット・マーケット）での取引のような形で採用される。しかし、一度、特殊性の高い投資がされた場合、労働者と会社の間に**関係性**が生じる。投資しようとしたり、関係を維持しようとしたりするインセンティブが双方に発生する。このような状況は、しばしば**内部労働市場**を重要視している会社と呼ばれる。ある会社が社内の労働者に対し、より個別的な能力の組み合わせを要求すればするほど、こうした視点の雇用が重要になる。

投　資

離職率が低ければ低いほど、労働者はより現場の仕事と会社に特化した能力の組み合わせに投資するようになる。離職率が高ければ高いほど、労働者は他の会社でも簡単に応用することができる能力に投資するだろう。従って、特殊な能力の組み合わせを求める会社は、一般的に離職率を低くするような方針を採用している。

投資の形式も、勤続年数によって変化するだろう。従業員が長く勤めれば勤めるほど、その従業員は既に極めて会社に適合した能力に投資している。このことは会社に留まるインセンティブを高める。これは更に企業特殊的な能力への投資を行う傾向を助長する。このように、勤続年数が長くなるにつれ、労働者は現在の雇用主により適合した投資を行う傾向が強まる。

報　酬

これまで述べてきた考察は報酬体系を考える際にも示唆を与えてくれる。第

一に、ほとんどの仕事はOJTを提供するので、労働市場での経験に伴い給与は高くなる傾向にある。第二に、収入に対する全般的な経験の影響に加え、長期勤続者の能力は、会社にとって適切な能力にかなり重点を置いた能力の組み合わせになっていること、またこれまでの企業特殊的な能力への投資からのリターンを得ていることから、そうでない従業員の給与よりも高い給与をもらっていることが多い。

　第三に、従業員の能力が企業特殊的なものであればあるほど、潜在的な仕事よりも現場の仕事に合った能力となっているため、従業員が仕事を変えた場合に失う給与が多くなる。転職による報酬の期待損失が多くなればなるほど、従業員が退職する可能性は低くなる。従業員がより現職に留まりたければ留まりたいと思うほど、今の雇用主に特殊的な能力に投資しようとするからである。

労働市場の厚み

　労働市場は時々、厚い、あるいは薄いと呼ばれることがある。厚みのある市場とは、労働者が自分の能力を十分に評価してくれる新しい仕事を比較的見つけやすい市場のことを言う。薄い市場とはその逆を意味する。労働市場の厚みは労働者の職業にある程度依存する。多くの都市では、学術的な経済学者よりも弁護士の方が、多くの仕事がある。労働市場の厚みはビジネス・サイクルによっても変わってくる。景気後退期には、採用してくれる会社は減り、現在の仕事での給与と似たような求人を見つけることは難しい。他方、景気が転換点に差し掛かり、経済が上向きになっている場合、逆の傾向が顕著にみられる。労働者が他の仕事を求めて移動する際に費用が発生する場合、労働市場の厚みは、経済圏の大きさにも関連してくる。

　最後に労働市場の厚みは労働者の持っている能力の組み合わせにも依存する。能力の組み合わせが特殊であればあるほど、その特異な労働者の労働市場は薄くなる。この理論は、一般的人的資本なのか、それとも企業特殊的人的資本なのかという概念が、内生的であることを意味している。すなわち労働市場にどれだけ厚みがあるかにかかっているということである。他の条件が同じであれば、労働市場に厚みがあればあるほど、労働者の能力はより企業特殊的ではなくなる傾向にある。

会社の規模

大企業に勤務する労働者は、二つの理由から、企業特殊的な能力の組み合わせにより重点を置いて投資する傾向にある。一つ目は、経験的に大企業の離職率は小企業よりも低いことである。二つ目は、大企業では転職したいと考えている従業員の代わりを比較的容易に見つけられるからである。実際、規模が非常に大きな会社は、おおよそ比較的しっかりした内部労働市場を有している。この内部労働市場では、人事部は空いている職務を公開し、内部からの候補者を募集する。同じ会社内で求められている能力の組み合わせが社内横断的に似たものである限り、従業員がそうした大企業に勤務している場合、従業員の能力に対する市場が厚くなっていることになる。

レント・シェアリングと報酬

教育への投資とシグナリングの概念について学んだことで、全体的な報酬水準について、簡単に議論することができるようになった。報酬とは従業員に払われる現金やその他の福利厚生を意味している。福利厚生は従業員にとって価値があるため、従業員はそれがもらえるならば低い給与を受け入れる場合もある。

報酬の全体的な水準は、どのようにして決定されるのだろうか？　単純化すると、会社間の完全競争は、企業が従業員から利益を生み出すことができないことを示唆している。このことは会社が会計上の利益や株主へのリターンなどを生まないということを意味しない。従業員を雇用することによって発生する会計上の利益水準は、他の会社のそれとほぼ等しいということを意味しているだけである。

同様に、従業員間の完全競争は、どの会社においても従業員の得ることができる収入は同じであることを示唆している。

これらの条件が成立する場合、従業員はどの会社で働くかということに対して無関心であり、会社もどの労働者を雇うかについて、気を使うことはない。これは純粋な一般的人的資本への投資の場合と似ている。似たような仕事に対する報酬は、どの会社においても同じであり、会社にとっての労働者の限界生産力もほぼ同じだろう。

これは明らかに現実的ではないものの、理論の基本的なケースとしては、有

用である。もちろん実際には労働者は転職すると、収入が減る場合が多い。また会社も、多くの場合、従業員を失うことを望んでいない。このことは、双方にとって、他の会社で働いたり、他の従業員を雇ったりするよりも、雇用関係を続けることの方が何らかの利益（経済学用語でレント（超過利潤）という）を得ていることを意味している。ここで二つの疑問が生じる。第一の疑問は、この超過利潤の源泉は何かということである。第二は、労働市場は完全競争的ではないのかという疑問である。

　本章で我々は、労働者が会社に留まる場合、労働者も会社も余剰な利益を得ることができる二つの理由があることを学んだ。第一の理由は、マッチングである。いかなる理由であれ、労働者がある会社と特に相性が良い場合、労働者はその会社に留まるメリットがある。このこと自体が、実際には完全競争ではないことを意味している。なぜなら従業員、あるいは会社のいずれかが、それぞれの完全な代替を見つけ出すことができないからである。この場合、独占による幾ばくかの利益が生じることになる。

　企業特殊的人的資本は、労働者が企業に留まれば、労働者と企業が余剰利益を上げることができる第二の条件である。ただし、この場合でも、労働者にとっても会社にとっても、労働市場は完全競争的であり得る。最初の雇用条件についての交渉の時点で、駆け引き（bidding）が生じる可能性がある。例えば会社は、候補者に対して、研修機会の提供を巡って、他の会社と競合することもあるだろう。候補者も給与やその会社からの仕事の他の面を受容する点で、他の候補者と競合することもあるだろう。一旦、企業特殊的な投資が実行されれば、雇用関係を継続することによって利益が生じる。ただし、投資全体の条件を巡っての議論はあるだろう。

　雇用関係の継続によって、労働者もしくは会社、あるいは双方に超過利潤が生じる理由は他にもある。例えば両者とも、求職や新規採用に資源を費やした場合などである。新しい仕事を探したり、既存の労働者の交代要員を探したりすることは高くつく。従って既存の雇用関係を終焉させることにより、双方が共に失うものがある。これはマッチングや企業特殊的人的資本と類似している。また、募集や採用からの利益は競争下ではゼロである。シグナリングや研修同様、これらも一種の投資である。コストをかけ、適任者が見つかれば、投資からのリターンを上げることができる。募集や採用のコストが高い場合、一旦、雇用関係の継続に合意すれば、労働者、会社が分かち合うことのできる超過利

潤が発生する。

ここでは**分かち合う**という言葉が重要である。雇用関係を継続することによって、超過利潤や共同余剰が発生するのであれば、次にこのレントをどのように分け合うかという問題が生じる。これまで見てきたとおり、超過利潤はおおよそ、明示的、暗黙的な契約条件が決定される**採用時点**で分割されることになる。超過利潤がどのように分けられるかは採用時の交渉結果に基づいており、交渉結果は、ある程度、労働者と会社の交渉における洗練度にかかっている。また、これまで議論してきた経済的な要因にも、影響されるだろう。

コストと便益をどのように分かち合うかについて考える際の検討事項の一つは、それぞれが正しい行動を起こすようにインセンティブを改善することだ。一般的に労働者は仕事に応募する際、効率的に自己選択できるようにシグナリングのコストを負担している。対照的に、双方とも採用後再交渉する可能性を低下させるため、特殊的な投資にかかるコストは共有される。

他の検討事項は、それぞれの交渉力によって決まる。会社間の競争が激しければ、従業員が潜在的な利益の多くを手にする可能性が高い。仮に似たような労働者が多ければ、労働者間の競争が激しくなり、会社が手に入れることができる利益の割合は大きくなるだろう。三番目の検討事項は、以下で簡単に議論する、それぞれの評判である。

暗黙の契約

現在の雇用主にとって比較的特殊な OJT への投資や知的財産は、一般的な現象の特殊な例である。2 人の当事者が協業し続ける場合においてのみ、利益を生む投資が実施できるのであれば、**関係に特化した投資**を行うことになる。関係に特化した投資の問題は、あらゆる実際のビジネスの局面で生じる問題である。2 社による合弁会社の例を考えてみよう。関係を解消すれば、合弁会社からの利益は失われる。同様に、2 人のパートナーで会社を設立すれば、(2 人が協働して、会社の価値が高まる場合) 会社設立という関係に特化した投資に関わることになる。

企業特殊的な研修の分析において、会社と従業員は投資を分かち合っているという結論が得られた。便益を分かち合うことで、一方の当事者が後で便益を享受しようと期待して投資するものの、他の当事者が投資を実施した後で条件を再交渉しようとする、ホールドアップ問題のリスクを軽減できる。しかし残

念ながら、この問題は便益を分割することによっては完全に払拭することはできない。

　信頼の欠如によって引き起こされる同様の問題について、第2章で触れた。試用は、その期間中に、候補者に自己選択を行わせようという動機を与えるため、試用期間が終了した暁には、生産性よりも多くの給与を支払うという会社の約束を伴うものである。これは、会社は試用期間後に損失を被る可能性があることを意味している。[8] その際議論していなかったことは、一度従業員を振り分けした後に、会社は約束を反故にしたいという思惑を持っているということである。仮にこうしたことが生じる可能性が高ければ、高い能力を備えた労働者は、最初からこうした会社に進んで応募することはないだろう。

　この懸念は、関係に特化した投資に際して、常に生じる可能性がある。ホールドアップ問題が起こる可能性を低くするには、どのような手段があるのだろうか？　合弁会社の場合、2社が合併するという単純な解決策がある。合併すれば利益相反は生じない上、投資も実行されるだろう。[9] もっとも雇用の場合、合併はあり得ないので、OJTに関して言えば、ほとんど意味がない。

　他の選択肢は、あらゆる状況（例えば解雇補償金や非競合契約など）において、従業員が何を受け取り、会社が何を提供するか、ということを明確にした正式な契約を結ぶことである。これは双方が約束を反故にしないというインセンティブを与えるために利用することができるだろう。

　これに関連した手法として、政府の規制や慣習法に頼る方法もある。多くの国では、雇用に関する規制は厳しい。こうした規制の一部は、再契約の試みから、企業や（多くの場合）従業員を守っている。例として、多くの社会で企業は従業員の年金基金の管理に完全に影響を及ぼすことができない。これは現状、約束した収入が将来剥奪されるという従業員のリスクを小さくしている。

　残念ながら、雇用関係は複雑であり、将来を予想することもできないため、

---

8)　会計上の損失ではなく、経済的な損失を意味している。会社は従業員に対し、試用制度がない他の会社での同様の生産性の従業員の給与よりも、多くの給与を支払っていることを意味している。

9)　「Fisher Body Works社（FBW）」の例は、MBAの戦略論の基本的ケースである。これはGeneral Motors（GM）がFBWとGMに特化した作業をする工場の建設—すなわち関係に特化した投資—を要請するという話である。ホールドアップ問題を解決するために、GMは最終的にFBWを買収した。明らかにほとんどの事実は正確ではなく、全体的に話は作り話である（Casadesus-Masanell and Spulber（2000））。にもかかわらず、本事例は合併がホールドアップ問題をどのように解決するかを説明するものである。

86　第1部　採用と従業員への投資

全ての不測の事態をカバーする契約を結んだり、法律を制定したり、判決を下したりすることは、通常、不可能である。他にどのような手段があるだろうか？

　ホールドアップ問題を軽減する重要な方法は、**暗黙の契約**に頼ることである。これまでの例で、企業は従業員に、きちんとした成果を上げたり、企業特殊的な能力への投資をしたりすることに対し、後で報いるという実質的な約束をしている。企業がその約束を守るだろうという信頼を従業員が十分に持つことができる理由があれば、従業員も進んで約束を守ろうとするだろう。

　この方法は、明文契約や規制と異なり、法制度で拘束することは困難、あるいは不可能な雇用関係の一部であるため、暗黙の契約と呼ばれている。[10] 法体系が未整備の場合、関係に特化した投資の当事者は信頼、評判、あるいは関係に信頼性を持たせる類似の仕組みに頼らなければならない。

　この問題は今後の議論でも何度か触れる。例えば多くのインセンティブ制度には、主観的評価の要素を伴う。主観的評価は第三者の観点から容易に検証できないため、暗黙の契約はインセンティブを管理する上で重要な部分をなしている。この議論は第15章でより広範にきちんと取り上げるので、ここでは簡単に触れるに留めておく。

要　約

　本章では労働者の能力への投資について分析した。教育とOJTは、経済的に最も重要な投資の一部であることに触れた。歴史的に見て、特に近年これらの投資は高い成果をもたらしている。本章ではどのような要素が教育への投資に影響を及ぼすかについて議論した。

　教育は人的資本を高める。人的資本の範囲は（仕事や個人に求められる能力の組み合わせによって）、一般的と企業特殊的との間で幅広く特徴付けられる。一般的能力は、多くの雇用主にとって等しく評価される（市場に厚みがある）。企業特殊的能力は、ある特定の雇用主にとっては高い価値がある（市場が薄い）。研修には、より一般的な人的資本を学ぶものと企業特殊的な人的資本を学ぶものがある。

　次に研修費用の負担者について検討した。一般的な研修の場合は、研修期間

---

10) 関係的契約あるいは**心理的契約**と呼ばれることもある。

中、他の会社で得ることができる収入より低い収入を受け入れることで、通常、従業員はその費用を負担するべきだと議論した。労働者はその後の昇級や昇進により、投資からのリターンを手にすることができる。

この見方がある程度正しいとするならば、会社は実質的に労働者にサービス、すなわち研修を販売していることになる。特に効果的に振り分けを行い、最も才能のある労働者を見つける際に、企業がしばしば労働者にサービスを提供する例で、同じような見方をしたことがわかる。雇用関係を逆転させるという意味で、この直感は興味深い。労働者が一方的にサービスを会社に提供するのではなく、時には企業も同様に労働者に何らかの価値を提供しているのである。この点については職務設計と実績に基づく給与について議論する箇所で触れる。労働者と企業の健全な契約は、労使双方にもたらす便益を最大化することが基本だということを示している。このことは、（インセンティブ、競争からの会社へのプレッシャー、労働市場の制約などの事項にもよるが、）便益をどのように分け合うかという点に先立って考慮されるべき事項である。

従業員が持っている能力の組み合わせが、仕事上必要とされている能力と非常に合っている場合、従業員の生産性は一層高くなる。ほとんどの仕事は、ある程度、特殊性があるため、合理的な OJT は幾分、企業特殊的な側面を持つ。仮にそうだとした場合、費用負担者について、改めて考え直す必要性が生じる。労働者と企業はホールドアップ問題を軽減するため、費用と利益を分かち合う。従って、離職は双方にとって大きな損失となる。企業も労働者も、長期的な関係を維持しようとするインセンティブが働く。関係が長期化すればするほど、それぞれに対し投資し合うために、関係は一層強化される。

複雑な雇用関係は、通常、完全に契約に反映させることはできないため、関係に特化した投資が実施された場合、企業と従業員が経済的関係の価値を向上させるためには、評判と信頼が重要になってくる。従って能力への投資がより特殊的なもので、現在の雇用主に適合している場合、雇用主は、従業員が組織の底辺で採用されることを起点に、長い時間をかけて、社内の階段を登っていくという、内部労働者を育てていく方針を採用する。対照的に、他の会社でも必要とされるような能力への投資の場合、離職に伴う費用が高くないので、会社はより積極的に人材を振り落とすようなアプローチを採用する。つまるところ、従業員と雇用主の関係を管理していく方法は、考え方によって異なってくるのである。

第4章　離職の管理

> その時には気付かなかったが、
> アップルにクビにされたことはそれまでの人生で最高の出来事であった。
> 成功し続けるという重圧は、
> 再び何も確かなことはない初心者でありつづけるという身軽さに置き換えられた。
> 解雇されて、自分の人生で最もクリエイティブな期間の一つに私は解放されたのである。
> **スティーブ・ジョブズ**

　これまでの三章で採用、仕事の募集（給与、試用、それに続く昇進に向けたスクリーニング）の構造化、技能への投資についての経済分析をした。この過程において、社内外の雇用で幅広く応用できる経済学のツールのいくつかを紹介した。逆選択、シグナリング、関係に特化した投資などがこうしたツールの例である。

　本章では従業員のキャリア管理上の問題を分析するためにこれらのツールを利用し、本書の第1部を終了することにする。最初の二章の主題は従業員を組織に取り込むことである。第3章では、従業員の生産性の向上とキャリア開発のため、従業員の才能の開発をテーマとした。本章でのテーマは離職である。どのような状況でそれは望ましく、効率的にそれを管理するためにはどうすればよいのか？　まず競合他社から従業員を引き抜く場合を考えるため、採用について手短に触れるが、分析の大部分は離職をめぐるものである。

離職は良いことなのか、悪いことなのか

　会社によっては、離職は、新たな血をもたらし最高の才能を見つけ出す機会を促進するため、健全なことだと捉えられる。一方、事業に必要とされる従業員の特殊的な能力への投資の観点から、離職は高くつくと捉える会社もある。

　従業員の離職は二つの異なった状況で考えられる。一つは、あまり望ましくない特殊なケースだがダウンサイジングによってレイオフしなければならない

場合である。もう一つは通常の会社の労働力の流入と流出という一般的なケースである。レイオフについては後述する。ここではビジネスの状態が普通の状態の時に、会社の最適な離職に影響を与える要因について考察する。どのような会社であっても、事業を進めるうえで、ある程度の離職者はいるだろう。問題は、どれくらいの人数で、どのような離職者が発生しているかということである。

■振り分けの重要性

ある程度の離職者が存在することが望ましいとされる最大の理由は振り分けである。振り分けによって会社は、より多くの候補者をある期間スクリーニングすることで、労働力の質の向上を図ることができる。会社が新しい候補者を検討する機会があればあるほど、より才能のある人材を発見できる可能性は大きくなる。追加的な振り分けによって、会社は、より適性のある従業員でポジションを埋める可能性を高めることができるため、第3章で触れたマッチングの概念からも、このことが当てはまる。

もちろん振り分けは、能力（あるいはマッチング）の違いが貴重な場合にのみ価値がある。特に労働者についてより知らなければならない状況がこの一例である。能力のばらつきは大きい一方、それについて十分に知ることができない状況である。例えば若くて職歴の浅い新規採用者の場合、離職は特に望ましい可能性が高い。また新しい地位に昇進した従業員にとっても、彼らが新たな仕事に適合性があるかわからないような場合も、離職はある程度、望ましいだろう。このような考え方は第1章、第2章で議論した。また才能やマッチングの些細な違いが生産性やコストに大きな違いをもたらす場合、振り分けは価値がある。このように能力が特に重要な仕事には、恒常的に最適な人材を配置する必要があるため、高い離職率が望ましい。

こうした考え方から、特にキャリアの初期や、また、専門性の高いサービス業者や学問の領域での離職は明らかに望ましい。このような会社は知識をベースとした労働者で成り立っている。思考力や創造力が重要であり、能力の些細な違いが効率性に何倍もの影響を及ぼす。こうした種類の会社は非常に極端な試用制度と「昇進か、退職か」という制度が導入されており、最も能力のある従業員を継続的に振り分けし続けている。

■ 技術の変化

　離職の重要なメリットは組織に新たな血をもたらすということである。新しく入った従業員は新しい洞察力、異なった視点、最新の考え方、技術や動向についてより理解していることが多い。

　従って、技術の進歩が早い業種における離職率は高いだろう。コンピューターや通信は、明らかにこのような業種の例である。離職者の一部は、他の会社からの採用で穴埋めされることもある。会社には（従業員の非競合条項が完全でないため）新しい考え方やイノベーションの一部を競合他社から手に入れることができるという利点もある。このような状況では、**若い**労働者を採用できるという便益もある。若い労働者は大学や大学院で最新の技術を学んでいる。多くのイノベーションが大学における研究から発生する業種では、勤務年数に応じた賃金の伸びはそれほど高くはないと予想される。

　若い労働者と年配の労働者の最適な組み合わせもあるだろう。若手は斬新な考えや技術を持っている一方、年配の労働者はビジネスや企業特殊的な知識に投資している場合が多い。年配の労働者は、若手がもたらす新しい考え方を収益化する能力により長けている。ある意味、二つの集団が共同、あるいはお互いに協力しあう機会はある。必要とされる能力が特殊であり、学校で学べないもの（例えば、ビジネスがやや、通常のビジネスではないような場合）であれば、若手を年配の労働者と組み合わせ、年配に若者を教えさせることで生じる利点は大きいと思われる。

■ 組織の変化

　新しい考え方が取り入れられるため、一般的に組織の変化にとっても離職はメリットがある。現場の従業員は既存の業務のやり方の専門家である。残念ながら組織がやり方を変えたい場合、こうした従業員は、ほぼ確実に適任者とはいえなくなってしまう。特に経営上層部にとってこれはあてはまる。

　逆の面から議論してみよう。後の章で取り上げるように、ビジネスの特定のやり方に対して、会社が最適化することもある。ある種のビジネスを実行する上で、特に効率的な組織になれることがある。このような場合、組織の下層部で従業員を採用し、企業特殊的人的資本を開発することで、社内で昇進させることが多い。しかしこうした会社は経営層が同質的であり他のやり方をした経験がほとんどないため、産業が劇的に変化する状況では大きな問題に直面する

ことが多い。それどころか、過去の成功経験はある一方、今の会社以外での経験がほとんど無いため、問題に直面していること自体を理解していない場合もある。全ての階層において、恒常的に社外の経験を持つ従業員をわずか数人でもよいので採用することが、こうした内部志向を回避する一助となる。継続的に社外から採用をしている会社は、環境が変化した際にこれを認識し、効果的に対処することができるだろう。

■ 階層的構造

　高い離職率は、組織の階層の一部が急激に細くなっているような組織構造の場合、必要となる。第2章の最初に掲載されている表2.1を見てもらいたい。2列目はアクミ社の様々な階層の割合を示している。階層はレベル4から5の間（おおよそ、中間管理職が経営上層部になる層）で急激に細くなっている。レベル4のマネージャーにとって昇格の機会は極めて限られているため、一定の離職はやむを得無い。マネージャーの一部の人は不満を感じ他の機会を求めるだろう。

　実際、アクミ社は離職を奨励している可能性もある。でなければ、レベル4はそれ以上昇格できないマネージャーで詰まってしまい、レベル3の社員が昇格する余地はなくなってしまう。そうすると実質的にレベル2や1の階層にも影響が及んでしまう。昇格は実績に基づく給与の重要な形態であるため、インセンティブを削いでしまうことになる。更に、昇格の可能性がなければ、アクミ社の最も優秀な労働者が社を去ってしまう可能性が高い。昇格制度は出口と入口で常に流れが必要とされるパイプのようなものである。

■ 企業特殊的人的資源

　第3章で見たように、OJTが純粋にどの企業でも通用する一般的なものであった場合、離職に伴うコストは生じない。対照的に、研修がより企業特殊的なものであればあるほど、離職に伴うコストが高くつく。典型的には、こうしたコストは共同投資であるため、労働者と会社の双方で負担される。従って、特殊な事業、手法、文化を持っている会社であればあるほど、より離職率が低いことを望むことが多い。同様に、価値のある知的財産を開発する仕事については、離職率を低くする努力が重要になってくる。最後に、従業員が顧客と強固な関係を築いている場合、離職は非常に高くつくだろう。

慰留戦略

離職率を下げるためには様々な手段がある。最も解りやすい方法は報酬を上げることだ。これはもちろん単純ではあるが高くつく。しかし重要な従業員が社外での機会を提供されるような場合、ある程度、雇用主は何らかの方法でこれに対応しなければならない（次節を参照）。

重要な従業員に関しては彼らをパートナーと考え対処すべきである。こうした従業員は組織に最も多くの価値やイノベーションをもたらす数少ない従業員であるからだ。

～～～～ フランク・クワトローネの投資銀行チーム ～～～～

フランク・クワトローネはシリコンバレーの歴史上最も初期の段階で、最も成功した投資銀行員である。彼のキャリアは 1981 年、モルガンスタンレーのサンフランシスコ支店で始まった。クワトローネはシリコンバレーのテクノロジー企業に熱中し、こうした企業やその経営者と親しい関係を築いていった。彼は家族と共にシリコンバレーに移住し、遂にはそこにモルガンスタンレーの投資銀行部門の最初の拠点を開設した。産業との深い関係を持つ彼は、シリコン・グラフィックス、シスコ、ネットスケープなど、モルガンスタンレーに利益をもたらす有名な新規株式公開（IPO）を手がけることができた。当時、ネットスケープの IPO は、初日に 150% 株価が上昇するという、史上で最も成功した案件だった。

シリコンバレーにあるモルガンスタンレーの支店は非常に独占的であったため、彼の社内での力は一層高まっていった。彼は徐々にオフィスの業務に大きな力を持つようになった。1996 年にモルガンスタンレーが彼の要求の一部を受け入れなかったため、クワトローネと彼のテクノロジー担当の全投資銀行チームは会社を去り、ドイチェ・バンクのオフィスを開設した。1998 年までに、チームはクレディ・スイス・ファースト・ボストン（CSFB）に移籍した。

CSFB はクワトローネのチームに、1 億 5,000 万ドルを超える収益の 33%をボーナスとして付与するという非常に好条件のインセンティブ制度を提

供した。この結果、1998年から2000年までに、同社に次ぐ競合他社2社を合わせた案件数とほぼ同じ数のIPOを手がけた。この競合他社の1社はモルガンスタンレーである。クワトローネのチームは1990年代後半のCSFBで唯一の、最も重要な成長部門であった。

　クワトローネは後に、証券詐欺で起訴され、チームは解散させられ、CSFBに大きな業務上の問題を引き起こした。

出所：Himelstein, Hamm, and Burrows（2003）

　彼らは最も価値のある知的財産と顧客との関係を有していることが多く、もし退職した場合これらが失われてしまうことになる。このような従業員を失うことは、特に、競合他社に移籍し競争相手となる可能性があるため、会社にとって、大きな痛手となる。

　こうした問題を回避するため、ストックオプションやこれらの社員が従事している業務のための特別の実績に基づく給与を提供することもあるだろう。極端な場合、重要な社員をパートナーにすることも考えられる。結局、こうした従業員は企業の事業そのものを担っており、事業それ自体を持ち去ることができるのである。多くの専門サービスを提供する会社はパートナーシップ制のような形態になっているのはこうした考え方に基づいている。基本的に、**重要な従業員には市場価値を支払わなければ、おそらく彼らは会社を辞めていく**ということである。

　この他にどのような慰留戦略があるだろうか。その従業員の嗜好にあったメリットや特徴のある仕事を特別に用意することによって、このような特別な従業員を慰留することもできるかもしれない。例えば、従業員が社外で興味のあることに時間を割いたり、家族行事に参加したりすることを、より容易にすることができるフレックス制度を提供することなども考えられる。こうしたフレックス制度が他社で提供されることが難しいのであれば、その従業員は社に留まろうと考えるだろう。このようなフレックス制度のコストによっては、会社にとっても利益になるだろう。

　才能のある従業員に、新たな機会や社内のより適性のある仕事を提供することも、社員が新たな仕事を探す蓋然性を低下させる。例としては新たな研修、

職責の拡大、早期昇進などがある。これらは以下の理由で有効である。第一に、新たな仕事や責任は、仕事をより面白くする。第二に、研修は仕事の長期的な価値を高める。研修が企業特殊的なものである限り、（前章で見てきた通り）会社に留まろうというインセンティブを高める。第三に、早期昇進は、その従業員に会社に長い間勤務してもらいたいという価値があることのシグナリングとなる。

　会社を離れる理由の一つは、適切に処遇されていないと従業員が感じるからである。上司から正当に評価してもらえていないと思う場合に、こうした状況が生じる。そして、それは（研修や昇進などといった）約束を守ってもらえないかもしれないと思うからである。健全な会社では、このような問題が頻繁に発生することがない労働環境が整っており、仮に問題が起こっても、効果的に対処することができる。このことは不満や落ち込んでいる社員がいないということを意味しているのではない。しかし従業員を独善的に処遇しないように努めれば、離職率を下げることはできる。

　この問題を簡単な例で説明してみよう。採用に際し、仕事の価値を大げさに表現したいという誘引にかられる。そうすることで、従業員が仕事へのオファーを受ける可能性が高まるからである。しかし過大に価値を伝えることは、従業員を結局落胆させることになる。更に従業員は会社を信用できないと考えるだろう。これは職場環境を荒廃させ、離職率を高めかねない。従って暗黙の契約の問題に気を配ることは、全従業員の離職率を低くする上で効果的である。

■ 重要な従業員を失うことによるコストの削減

　ある程度の離職は避けられないものであっても、会社は離職に伴うコストを抑えるための戦略をとることもできる。前章で非競合条項について触れた。裁判所がこうした厳しい条項を強制したがらないこと、ある程度の情報や考えを従業員が新しい会社に持ち込むことを抑えることは不可能なことから、一般的にこれらの効果は限られている。しかし費用を削減するには、他にもいくつかの手法がある。

ﾟﾟﾟﾟﾟﾟﾟ ユニークな採用ビデオ ﾟﾟﾟﾟﾟﾟﾟ

　カミンス・エンジン社は世界有数のディーゼルエンジンの製造業者の一社である。1970年代、カミンス社はニューヨーク州のジェームスタウン工場を設立する際に、当時では比較的新しい手法を採用した。労働者はチームに加わり、伝統的な組み立てラインの労働者よりも非常に多くの作業と責任を与えられた（この手法の一般化については第7章で議論する）。チームは比較的自己管理され、採用（そして場合によっては解雇）に重要な役割さえ与えられていた。

　その地域の他の工場に比べて、職務分掌が大きく異なるため、多くの新入社員は、新しい仕事にかなりストレスを感じていた。ある労働者は新しいシステムに対応できない場合もあった。こうした懸念からチームのメンバーをクビにするというチームさえあった。

　残されたメンバーはこの出来事が非常に痛みを伴うものだったことから、自分たちの考えでカミンス社への新しい応募者向けに採用ビデオを制作した。ビデオの最初のシーンには非常に大きな文字で**ストレス**という文字が描かれていた。ビデオの最初の数分間は労働者が、最初に仕事を始めた時にどれほど大変だったか、そして（仕事上、仕事以外での）この理由による個人的な問題について語っているインタビューで構成されている。

　なぜこのような採用ビデオを作成したのだろうか？　将来の痛みを伴う離職コストを避けるために、応募者に正確な期待感を植えつけることがその意図であった。これはカミンス社の工場のような一般的ではない組織にとって、特に重要であった。新入社員はこうした組織を他の職場では決して体験することはなかったからである。

　ビデオの次のパートは労働者が当初の仕事への対応を最終的に克服し、仕事がいかにやりがいがあり、面白いかということが描かれている（このことは第7章での議論に役立つので覚えていてもらいたい）。ただ、ビデオの一義的な意味は求職者に対して、この特異な仕事に合わないのであれば応募しない方がいい、という本音からの警鐘を鳴らすことであった。これは非常に効果の大きな採用ビデオだった。

出所：非公開ビデオについての著者の個人的な知識より

離職は、その労働者が、複雑で他の労働者が共有していない詳細な知識を持っている場合に高くつく。シリコンバレーの税務管理ソフトを販売する会社について振り返ってみよう。プログラムの基本的なルーティーンが一人の従業員によって書かれていたものであれば、その従業員が離職した場合、会社は大きな問題に直面する。ソフトのコードは非常に複雑で、書いた本人でなければ理解するのが非常に困難である。

このことから、このような問題の回避に役立つ方針を考えることができる。第一に、知識が一人の従業員に独占されないように、従業員に重要な仕事を協業させておくことである。第二に、更に一歩進めて、リスク回避のため、お互いに教えあうようにすることである。従業員がそれぞれの作業を教えあい、定期的に交代することによって、個々の従業員は商品やプロセスについてより広い知識を得ることができる。仮に一人の従業員が会社を去っても、他の従業員が代わりを務めることは容易であり、他の従業員もある程度その仕事について既に慣れているだろう。

職務設計もある程度離職に伴う費用の削減に効果がある。仕事を標準化すればするほど、代わりの者が穴を埋めることが容易なので、会社にとってのコストは低くなる。もちろん、特に規模の小さい会社で全ての仕事を標準化することはできない。

第三に、全般的なナレッジマネジメント戦略を整備しておくことである。仕事を進める一環で習得された知識に基づいた作業には、文書化することで再利用できるものもあるということに留意すべきである。例えば、コンサルティング会社はプロジェクトに従事することを通して編み出された新たな手法を記録するためのデータベースを構築している。新たなプロジェクトの終わりに個々のコンサルタントは、プロジェクトを通して生み出されたアイデアや商品について記述し、ナレッジマネジメント担当のマネージャーに提出することが求められている。マネージャーはキーワードとその文書をデータベースに入力する。後日、この知識は適当なキーワードで検索する他のコンサルタントが利用することができる。他のコンサルタントは最初から新たな解決方法を考え出さなくても、そのアイデアを応用することができる。この制度が有効である限り、会社は新たな手法を再開発することなく、従業員が既に考案したアイデアを活用することができる。また、従業員が入手した知識を文書化すれば、彼らが離職した場合でも少なくともその知識の一部を会社に留めておくことができる。

■離職を前向きに受け止める

　これまでみてきた通り、離職は必ずしも組織にとって悪いことではない。実際、離職を**前向きに受け止める**組織もある。なぜ離職にメリットがあるのか、そして人事方針を通して離職をどのように有効に奨励するのかについて、二つの例で説明しよう。

　最初のケースは、「昇進か、退職か」的な制度になっている高度な専門サービス会社の場合である。第2章での試験採用の分析と同じ様に、昇進か、退職か、的な制度では、昇進できなかった従業員は外部で新たな仕事を探さなければならない。こうした制度は、大学（教授）並びに高度な専門サービス（コンサルティング、弁護士、会計士）で極めて一般的なものである。高度な専門サービス会社の場合、従業員は顧客と緊密に働くため、その顧客企業に入社するために会社を離れることも極めて一般的である。これは会社と顧客企業との協業関係を強化し、双方にメリットをもたらす。

　次のケースとして、ヒューレット・パッカード社（HP）を考えてみよう。HPはシリコンバレーの老舗テクノロジー会社の一つである。シリコンバレーの発展に伴い、より多くのテクノロジー会社がその地域に集まり、HPと競合するようになった。更に多くのHPの社員も会社を離れ、自分の会社を起こし、しばしばHPと競合することもあった。

　従業員が退職したいという場合のHPの反応は、長い間、新しいベンチャーを奨励するだけでなく、もしその新たなベンチャーが成功しなかった場合、HPに再就職を奨励するというものだった。

　こうした制度はHPの従業員に会社の資源を使って新しい商品アイデアを開発させると共に、こうしたアイデアからの利益を手にするために会社を離れるということを促すものであった。この時期、HPは新しい商品をHPから開発することを奨励する強い社内方針があったため、HPにとっては他の会社に比べ、それほど高リスクではなかった。なぜHPはこうした手法を採用してきたのだろうか？

　第一の理由は、このような従業員はHPの中でも最も優れた従業員であったことである。であればこそ彼らは外部での機会に恵まれていた。HPの方針は、出戻りを許容していたので、従業員の質を向上させることにもつながった。第二の理由は、高度な専門性を提供する会社と同様、退職した従業員は将来のビジネスをHPにもたらす可能性があるからである。第三の理由は、HPを退職

した後、戻ってきた従業員は、社内、社外の経験の双方を有しており、価値が高いからである。変化が大きく、常に変動しいている業界では、この点は特に重要である。

この手法は、HP に更なる便益をもたらす。従業員がよく仕事ができることは、すなわち会社も良い仕事をしているという見方ができるということである。従業員に成功できるキャリアを奨励することによって、HP もおそらく、より才能とやる気にあふれた従業員を採用することができるのである。また従業員の利益を考えてくれる雇用主という評判を確立することもできる。これは従業員の意欲を向上させ、仕事上の対立を減らす。これは、適切に考えることで、会社の利益と従業員の利益を対立させないという本書でカバーしている大きなテーマでもある。この点については本書の最後で再度取り上げる。

従業員への入札

会社は従業員が他社から職を提示され離職のおそれがある場合、どのように対応すべきだろうか？　まず、似たような問題として、会社は他社の従業員の引き抜きを試みるべきか、ということから考えてみよう。どちらの問題についても会社は、社員、特に才能がある従業員に対して、活発なオークション市場でお互いに入札競争をしているということが説明される。

■ 他社からの引き抜き：　利点と落とし穴

他の会社で働いている従業員を、どうしても採用したいという場合もある。一般的に、その人が特異稀な能力を持っている場合そうだろう。自分でそのような能力を持っていると称する自社の候補者の中から採用するよりも、他社から引き抜いた方がよいと思われるような非凡な才能の場合、こうした誘引にかられる。

もし、引き抜こうとする対象の個人が、他の大部分の労働者と同じような能力を持っているならば、自社の候補者グループの中から採用する方が、他の会社から引き抜くより有効である。他社から採用することが望ましくない理由は、通常、現在の雇用主の方が、社外の人間よりもその労働者についてよく知っているからである。社外の人間は普通、その労働者の資質を判断する上で不利な立場にある。

図 4.1 引き抜きすべきか、引き抜きしないべきか

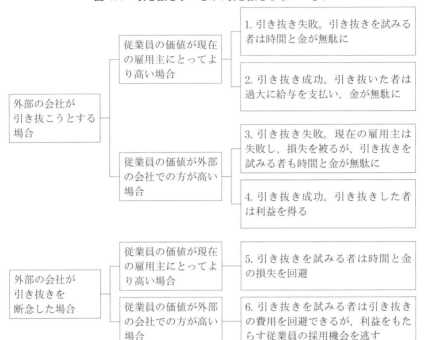

　このことはしばしば、**勝者の呪い**問題と呼ばれることがある。おおよそ引き抜かれ易い労働者は、引き抜く価値のない労働者である場合が多い。何故なら、現在の雇用主はその従業員を会社に慰留するために給与を上げるという選択肢を常に持っているからである。仮に外部の会社が現状の会社より高い給料を提示するとすれば、過大な条件を示している可能性が高い。これは第2章の最初に紹介したグルーチョ・マルクスの言葉の状況に似ている。

　労働者の能力が、極めて珍しいもので、かつ、こうした能力が今の雇用主よりも特に適合性が高い場合、外部の会社が引き抜きをする価値があるだろう。図4.1は外部の会社による引き抜きについてのあらゆる可能性を示している。まず、潜在的な候補者を競合他社から引き抜くべきかについて検討する。仮に引き抜きする場合、競り合いに伴って生じる時間やその他の資源にかかるコストが発生する。引き抜きしない場合にはこうした直接費用は生じない。

　労働者が現在の会社にとって、あるいは引き抜こうとしている会社にとって

どちらにより価値があるかによって、結論は異なってくる。その労働者のことをより価値があると考えている方が最終的に高く入札し、将来、その労働者を獲得することができる。このケースは図 4.1 で引き抜きしようとした場合の二つの選択肢として示されている。引き抜こうとした場合の結果は四通りあり、引き抜きをしないとした場合の結果は二通りある。

　一般的に、労働者は、社外よりも現在の雇用主にとって価値がある特殊的能力を持っている。だが、そうでない場合もある。労働者が相当特殊で、外部の会社が現在の会社よりも高い給与を払うことを厭わないほど適合性が高い能力を持っている場合もある。

　図 4.1 の上から二番目の囲みに、他社から引き抜きする場合の問題が書かれている。企業特殊的人的資本に対するマッチングや投資から、外部の会社よりも現在の雇用主にとって、従業員の価値が高いことがある。このような場合、外部の会社は引き抜きを試みるべきではない。しかし、外部の会社は内部の会社ほど従業員の能力についての知識を持っておらず、従業員の潜在的な生産性について、過大評価する場合がある。この場合、セリに勝ちその従業員を新たに採用できるかもしれない。だがこれは誤りである。現在の雇用主がより情報上有利な立場にあるため、こうした状況が生じうる。

　会社はどのような場合、他社の従業員を引き抜くべきだろうか？　最初の条件は、引き抜きたい会社は、対象としている従業員の自社にとっての価値が、現在の会社にとってのそれよりも高いということに関して、確信を持っていることである。第二の条件は、その従業員の現在の会社が、その従業員を過大評価しておらず、従って従業員に過大に給料を払っていないという条件だ。

　引き抜きしようとしている会社より、今の会社にとっての方が、従業員に価値がある場合、引き抜きをしようとしている会社は高すぎる給与でその従業員を採用するか、あるいは単に従業員の引き抜きに失敗し、その手間と時間を無駄にすることになってしまう。

　引き抜きは、引き抜こうとする会社にとって、その従業員が今の会社よりも価値があり、今の会社がそのことに気づいている場合、利益をもたらすことになるだろう。その従業員が、引き抜こうとする会社にとって今の会社により、価値が高いのなら、引き抜こうとする会社は、現在の会社がその従業員を過大評価していない限り、高い給与を提示することで引き抜きに成功するだろう。

　どのような条件であれば、引き抜きが利益をもたらす可能性が高いのだろう

か。ある労働者が、現在勤務している会社よりも、他の会社に価値が高いとみなされる状況は、基本的に、その労働者の能力、もしくは業界において必要とされる能力が、新たに変化した場合が多い。以下の例が考えられるだろう。

第一は、労働者が最近、学校でのプログラムを終了し、離職する期が熟している場合である。新たな学位取得者は、今の仕事よりも高い生産性を発揮できる可能性が高い。今の会社は、よりよい仕事を提供できるかもしれないが、適切な高いレベルの仕事が見当たらない可能性が高い。引き抜こうとしている会社は、現状の会社よりもおそらく新卒者を成功裏に魅了することができるかもしれない。実際、このことは統計上明らかになっている。パートタイムのMBAプログラムを提供している学校は、生徒の大部分が卒業後の短期間で、学校に通っている間に勤務していた会社を退職していることを明らかにしている。

第二に、変化が激しい業界、特に衰退傾向にある業界に勤めている労働者は、引き抜きの格好の対象となる。労働者が勤務している業界が変化しているため、入社当初、労働者が会社に抱いていた期待が満たされなくなっている。その結果、労働者の今の会社での価値は、他の会社でのそれよりも低くなっている可能性が高い。これはまさしく、今の会社での労働者の価値よりも他の会社での価値の方が高くなっている状況そのものである。

第三に、急速な技術革新にさらされている業界に労働者が勤務している場合、引き抜きの対象となるだろう。変化が急激な場合、変化は一様ではなく、ある会社は他社よりも著しく大きな変化を経験している。能力はあるものの、業界リーダーに後塵を拝している会社の労働者は、引き抜きの対象となる。ソフトウェア、ハードウェアの会社で離職率が高い理由はこうした事情による。イノベーティブな会社で勤務しはじめた労働者は半年もすると会社が業界から遅れていることに気づくかもしれない。労働者は、おそらく他の会社において、より価値があり、新たな職を探すか、あるいは業界リーダーに引き抜かれるだろう。

引き抜きをすることは常に望ましいことなのだろうか？　であるとすれば、全ての会社が最も優秀な従業員を引き抜きし合い、才能を認められていない人を誰も採用しないだろう。応募者のプールの中から採用する会社は、その採用プールの無作為の標本グループを採用することになる。非常に能力が高い労働者もいれば、それほどでもない労働者もいる。会社が平均的な労働者の質以上の給与を支払わない限り、問題はないだろう。しかし、全ての候補者を採用し

た会社は、採用した労働者の平均的な質が、全体の労働者人口のそれより高くないことを認識しなければならない。引き抜きをしようとする会社は、労働者全体から無作為な標本を引き抜きしようと思っているのではなく、特に能力のある労働者を引き抜こうとしているのである。従って最初の雇用主が労働者に払う給与は、仮に次の引き抜き対象者によって能力のある労働者が引き抜かれたとしても、損をしないために低く設定しておくべきである。例えば労働者の平均時給が30ドルであった場合、時給30ドルは会社に損失をもたらす。能力のある労働者は引き抜かれがちであるため、残された労働者は時給平均30ドル相当を生産できないからである。

◇◇◇◇◇◇ シリコンバレーでの従業員の獲得競争 ◇◇◇◇◇◇

従業員の離職は人的資本を最も有効活用できるよう効率的な配置を促すため、健全な経済にとって重要である。それは次々に生産性とイノベーションを向上させる。技術集約型の業界にとって、このことは特に重要である。急激な変化、新たな商品や基準の登場、そして新たな会社の繁栄は、才能に対する競争が経済的に重要であり、かつ過酷であることを意味している。ある研究によるとコンピューター業界でのジョブ・ホッピング、つまり離職比率は他のほとんどの業界よりも高いことが明らかにされている。同様に、カリフォルニアにおけるコンピューター業界でのジョブ・ホッピング率は他の州でのそれよりも高いことが同じ研究で明らかになっている。著者は、この理由を、前章で議論した非競合条項が、カリフォルニア州において最も拘束力を持たないためではないかと考えている。

実際、2000年代の半ばにシリコンバレーの大手テクノロジー会社数社は、お互いの会社から引き抜き採用を禁止する非公式な協定を結んだ。最初の協定はアップルのCEOであったスティーブ・ジョブズとグーグルのCEOのエリック・シュミットの間で結ばれたものであった。その後このような協定はアドビ、インテル、ピクサーなど他の大手テクノロジー企業にも広まった。米国司法省は捜査し、グーグルの「採用方針に関する特別な協定」と称された通達など「揺るぎない証拠」を発見した。同通達ではグーグルのマネージャーは通達に掲載されている会社からの採用を避けるべきであるとされていた。通達で会社は「連絡禁止」と「要注意会社」に区分

されていた。

なぜ会社はこのような集団的な慣行に関与するのだろうか？　当時コンピューター・エンジニアの獲得競争は熾烈であり、報酬は高まりつつあった。更に、従業員はしばしば雇用主の知的財産や戦略に通じていた。従業員をめぐる競争は、報酬費用と会社の機密情報の漏洩リスクの高まりを惹起しかねなかった。

調査対象となった会社は司法省と和解し、こうした慣習を廃止するに至った。その後、これらの会社は過去の従業員から、失われた収入の補償を求める集団訴訟が起こされた。本書執筆時点で、判決はまだ言い渡されていない。

出所：Fallick 他、（2006）；Ames（2014）

■ オファーへの対応（マッチング）

従業員の引き抜きは労働市場での競争の一つとして、日常的なことだということは理解できただろう。ただし、現在の雇用主は、外部からのオファーに対し対応することを拒否することもある。「引き抜きに対応しない」との方針の公表は外部からの高い給与のオファーを得ることによって、現状の給与の引き上げを迫るという忠誠心の無い試みを断念させることを目的としている。

どのような場合に外部からのオファーに対応し、どのような場合に対応すべきではないのだろうか？　まずは従業員の職探しに影響を及ぼす要因を特定化することが重要だ。厳格な例を見てみよう。労働者が1時間あたり 20 ドルの収入を得ているとしよう。更にその金額以上に給与を支払う仕事が一つ（唯一無二）しかなく、その仕事では時給 20.50 ドルを得ることができるとしよう。現在、勤めている会社以外に、ここよりも高い給与を払ってくれる見込みがあると彼の信じている会社が 50 社あるとする。

彼はその 50 社のうちのいくつかの会社に時間をかけて書類を作成して応募する。それぞれの書類の作成には手間がかかり、彼はその価値を X とみているとしよう。問題はこの仕事探しがいつ結実するかだ。

彼の現在の会社がいかなる外部の会社からのオファーに対しても対応すると仮定しよう。とすれば彼は増えた期待給与の現在価値がコストを上回る場合、

職探しをするだろう。最初の会社の期待現在価値は以下のようになる。

$$\frac{1}{50} \sum_{t=0}^{T} \frac{(2000)(0.50)}{(1+r)^t}$$

　職探しは人的資本への投資のようなものなので、この式は人的資本への投資リターンの式に似ている。1/50 は労働者が 1/50 の確率で高い給与の仕事を見つけることができることを示している。仮にオファーを得ることができたとしたら、今の会社はオファーに応じるため、労働者は毎年 1 年に 2,000 時間分の時給の上昇のメリットを、その時点から T 時点まで得ることになる。この式の値がコストである X よりも高い場合、彼は仕事を探すことになる。X の値が低い場合と労働者として働く期間が長い場合、より条件の良い仕事を探すことによるリターンが高くなることになる。[1]

　会社は、労働者が高い給与を支払う仕事を探すことを好ましく思わない。オファーに対応する場合、求職はいかなる既存の社員に対しても、会社にとって高い給与を支払わなくてはならない結果をもたらすことになる。「オファーに応じない」という方針は労働者の行動にどのような影響を及ぼすだろうか？

　これは労働者が実際に退職し、新たな職に就くかどうかにかかっている。もし労働者が進んで新しい仕事に就くのであれば、オファーに応じないという宣言は職探しに何らの影響も及ぼさない。労働者が職探しから得られるリターンは同じである。唯一の違いは、より多くのリターンを得るためには、実際に新しい会社で仕事に就かなければならないという点だけだ。会社にオファーに対応する方針がある場合、労働者は単に離職をほのめかすだけでいい。

　どちらの状況の方が会社にとって望ましいのだろうか？　オファーに応じない場合、労働者は退職する。オファーに対応する場合、労働者は留まる。会社は常にオファーに応じたいとは思っていないものの、オファーに対応する際に、会社は常に選択肢を持っていたいと思うだろう。労働者の価値以上に会社が給与を支払わなければならない場合、その労働者に退職されることを厭わないだろう。

1）　労働者が最初の会社に受からなかった場合、おそらく次の会社に応募するだろう。よりよい条件の会社を見つける確率は 1/49 に高まるため、二番目の会社へ応募することによるリターンは高くなる。もちろん実際には労働者は最初に最も受かりそうな会社に応募すると思われるため、逆の結果となってしまう。

「オファーに応じないという方針」が職探しをする動機を防ぐことができそうにないにもかかわらず、なぜのような方針を打ち出すのだろうか？　それは特殊な状況において、ある種の職探しを防ぐ可能性が高いからだと思われる。

例えば、おおよそ同僚が好きだとか、工場の場所がいいとか、一般的な労働環境がいいといったような理由から、労働者が今の会社に勤務し続ける方がよいと思う気持ちが強い場合がこれに当たる。時給が 20.50 ドルになったとしてもその労働者は他社に移りたいと思わないだろう。会社にとって労働者の持つ価値よりも低いオファーであれば会社は応じるとすれば、賃金を 20.50 ドルに引き上げることになる。これは、労働者に、受諾する気のないオファーのための職探しをする動機を与える。仮に「オファーに対応しない」との方針があれば、職探しによる利益を実現するためには、実際に仕事を変わらなければならなくなるため、職探しをしないだろう。労働者が賃金の高い仕事に変わりたくないのであれば、オファーに応じないことは職探しを抑止し、会社も得をする。

ここで、仮に今の会社が、競合他社で 20.50 ドルという条件をその労働者が受け入れそうにないということをわかっているならば、そのオファーに単純に対応しなければよい。すなわち、労働者がオファーを受け入れる気持ちはないのであれば、それは本当の脅威ではないと今の会社は言うことができる。問題は、会社がしばしばオファーが本当の脅威なのか、あるいは労働者が拒否するものなのかを見極めることが難しいことである。このような場合、会社はオファーに対応しない方針で得をすることができる。

こうした状況は下記の二つの条件が当てはまる場合に生じることが多い。

1. 報酬に占める非金銭的な要素が大きい場合
2. 労働者の給与が会社にとっての価値以下である場合

非金銭的報酬

賃金は比較しやすいが、非金銭的要素が含まれる報酬パッケージとなると、これを比較することは難しい。仮に仕事が金銭的な報酬以外の点で同じであれば、会社は、従業員が外部からの誘いを受けそうかそうでないか容易に判断できるだろう。現状の賃金より高い賃金を競合他社から提示された場合、労働者はそのオファーを受け、退職するだろう。こうした状況では、外部からのオファーは現在の雇用主にとって真実味のある脅威となる。

残念なことに、オファーを評価することは実際には簡単ではない。労働者が仕事から得られるものの多くは心理的なものである。労働条件、地位、柔軟性、特定の場所で働くことができることなどは非常に重要だが、個人個人にとってその価値は異なっている。仕事の非金銭的な側面が重要な場合、雇用主にとって外部からのオファーの重要性を見極めることは難しい。そのため、労働者は現在の雇用主が把握できない心理面のマイナスを補うだけの、高い金銭的な報酬を提供する会社を探すだろう。

このように、労働者に離職の意思はないものの、戦略的に行動して高い給与を提示してくれる会社を探すことによって得られる利益は、報酬に占める非金銭的な部分が大きい場合に最大化される。こうした状況の場合、雇用主はオファーに対応しないとの方針を打ち出すことによって、受ける気持ちのないオファーを探そうとする気持ちを削ぐことができる。

労働者がお金のために仕事をしている場合は、仕事の非金銭的な要素はあまり重要ではない。この場合、オファーに対応しないという方針を打ち出すことによって得られるものはほとんどない。労働者は会社がオファーに対応しない場合、単に離職し、会社はオファーに対応しないため、必要でもない仕事探しをやめさせることもできない。投資銀行は、金銭が重要な要素である業界のため、オファーに対応しないという方針を打ち出すことはない。政府機関では、仕事の安定性、短い労働時間、仕事上のゆとりなど、仕事の非金銭的な要素が従業員にとって重要な関心事である。こうした組織では経営陣が外部からのわずかに高い賃金の提示が、真の脅威かどうかを判断することがより困難である。単に賃金引き上げの材料として労働者が職探しをしないようにさせるためには、公的部門は外部からのオファーに対応することを拒むことができる。

過小評価されている労働者

会社が労働者を留めることで多くを得ている場合、オファーに対応することにしている会社は、労働者による不誠実な職探しに最も影響を受ける。会社が従業員の価値と等しい給与を払っているのであれば、その信憑性を問わず、現状の賃金を上回る外部からのオファーは、現状の会社から何らの反応も引き出せない。賃金を引き上げるよりも離職してもらった方がよいからである。

会社が労働者から大きく利益を上げている場合、労働者が外部からのオファーを使って、賃金の引き上げに成功する可能性は高い。これは労働者がそ

の価値以下の給与しか得ていない場合である。余剰がある場合、労働者は雇用主に退職をほのめかすことによってその一部を手にすることができる。オファーに対応しないという方針はこのような状況の場合、最も利益をもたらすだろう。

まとめると、一般的には、明確な方針に縛られるよりも柔軟性を維持することの方が望ましい。そのためオファーに対応しないという方針は通常好ましくない。もちろん、あらゆるルールには例外がある。雇用主が、労働者がどの程度外部からのオファーを受けそうかわからない場合、対応しないという方針は有効かもしれない。特に会社が労働者にその生産性以下の給与しか払っていない場合がこうしたケースに当てはまる。

解雇と早期退職優遇制度

残念ながら、会社は従業員の多くを解雇することによって、事業規模を縮小しなければならないこともある。労働力の一部を解雇しなければならない場合、この問題をどう考えるべきだろうか？　例えば最も給与の高い従業員を最初に対象とすべきだろうか？　もし自主的な退職を促すためのパッケージを提供するとしたら、どのような条件を提示することが最も効率的なのだろうか？

■ 解雇対象者

最も給料の高い従業員を解雇の対象とすべきだろうか？　あるいは最も実績を上げていない従業員を対象とすべきだろうか？　答えは一義的であるとはいえないが、議論の起点としてここから始めてみよう。

第1章で見てきた通り、給与は生産性との見合いで支払われるべきである。最も給与が高い従業員は、おおよそ最も生産性が高い労働者でもあるため、こうした従業員を解雇する場合には注意すべきである。より望ましいアプローチは他の従業員に比べて会社に損をさせている従業員を対象にする方法である。こうした従業員の給与は高い場合も安い場合もある。とはいえ、給与の高い従業員が高給である理由は、外部のオファーに見合っていたり、手強い交渉相手であったり、その他何らかの理由によるかもしれない。従って、給料は高いものの、比較的生産性が低い労働者が解雇の対象となりやすい。

同様の議論は従業員の実績にも当てはまる。この場合も、実績が低く評価されている従業員でも給与対比生産性が高いこともあるので、注意する必要があ

る。しかし、実績に対して低い評価が与えられている従業員は、通常同様な能力や仕事をしている労働者に比べ、実際に実績が低いことを示している。この場合、評価が低いにもかかわらず、他の生産性の高い労働者よりも給与が支払われすぎている可能性があるので、そうした労働者をレイオフの対象とすべきである。

企業特殊的人的資本

解雇対象を決める際の重要な要素は企業特殊的人的資本の水準である。前章で見た通り、労働者が会社にとって特殊的な能力を持っている限り、労働者と会社は研修投資の費用と利益を共有している。これは解雇の対象者を考える上で非常に重要な意味を持つ。

結論は極めて単純だが、分析には説明を要する。企業特殊的人的資本が重要な場合、会社はまず年齢分布の両端を解雇することによって利益を最大化することができる。すなわち最近会社に入ってきた労働者と定年が間近な労働者である。

この結論の背景は図 4.2 で直感的にわかる。一番上の図は企業特殊的人的資本に投資をした労働者の収入と生産性を仮定的に描いたものである。会社での生産性は K_t、賃金は W_t で示されている。

労働者の社外での最善の選択肢は A_t で示されている。これは二つの要因に依存する。第一は、労働者が他の仕事から得られるであろう収入である。これは若い労働者にとって最も重要な要因である。第二は、労働者にとっての余暇の価値である。労働者が年配になればなるほど、余暇の価値は高くなる。ある時点で労働者の社外の最善の選択肢は退職である。結局、全ての従業員にとって退職が最も得することになる。これは A_t が右肩上がりになっていることで示されている。年配の労働者の社外での収入が、今の会社での収入よりも少ないのであれば、最も合理的な退職時点は、A_t が K_t の上に来る時点、$t = T$ である。

競争的な労働市場では、W_t の現在価値の概数はおおよそ K_t の現在価値のそれと等しくならなければならない。$PV(W)$ を W の現在価値、$PV(K)$ を K の現在価値とするならば、仮に $PV(W) > PV(K)$ であれば、会社は労働者の勤務期間を通して損をしていることになる。$PV(W) < PV(K)$ であれば、会社は労働者の採用に苦労する。双方の現在価値は一般的に A_t の現在価値を上回って

図 4.2 キャリアを返した給与と生産性

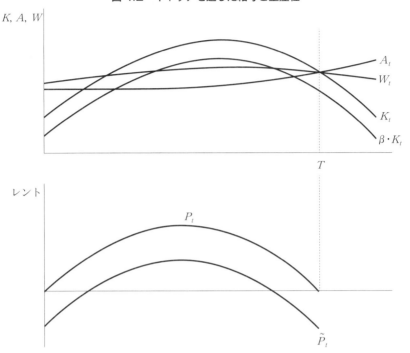

いなければならない。そうでなければ労働者は誤った場所で雇用されていることになる。

賃金と生産性のそれぞれの現在価値は、労働者が採用された時点では等しいが、その後変わってくる。労働者の研修は部分的に企業特殊的であるため、労働者と会社は研修の費用と利益を共有する。従って双方共に最初は損をする。研修を終えた後は、双方共に投資のリターンを享受することになる。研修が始まる当初は、$W_0 > K_0$ である。従って $t=0$ 以降のどの時点でも生産性を示す K_t の現在価値は、賃金を示す W_t の現在価値よりも高くなっている。両者の差は会社が得たリターンの一部を示している。

会社にもたらされる利益 P_t の額は図 4.2 の下の図に示されている。利益は現在価値 K と W の差として定義されている。P_t の形状は何を意味しているのだろうか？ 最初に定年間近の労働者について考えてみよう。給与は生産性を下回っているものの、勤務し続ける時間はあまり残されていないため、会社が得

ることができる利益は余りないだろう。同様に最近入社した従業員に対しては、研修投資を行っていないため、会社が失うものは少ないだろう。限界値である $t=0$ の時と $t=T$ の時、$P_t=0$ である。一般的に会社は労働者が研修を修了し、生産性と比較的残りのキャリアが長い場合、すなわち中堅の労働者から（現在価値で）最大の利益を得ることができる。

この議論の背景にある直感はこの点にある。仮に、会社の商品に対する需要（と価格）が低下したため、生産性が下がったとしよう。これは K_t が $\beta \cdot K_t$ に低下したことで表されている（なお $\beta < 1$）。現状の賃金では、現在価値 P_t が下方に移動し $P_t = \tilde{P}_t$ になっていることで表されている。会社はもはや若い労働者に投資するための給与を支払わない。同様に年配の労働者の現在価値は低いため、彼らを解雇することが会社にとって得になる。この状況で会社に利益をもたらすのは中堅の労働者である。

解雇に伴う費用

若年層を解雇することで大きな議論が生じることはない。彼らは通常、法的にもあまり保護されていない。更に企業特殊的な能力にそれほど投資していないため、他の仕事に就いても失うものはほとんどないと思われる。このように LIFO（last in, first out、会計でいう後入先出法）的な解雇は若い従業員の数の削減目標に影響を与える。

一方、年配の労働者の解雇は論争を引き起こしやすい上に、違法とされる場合もある。年配の労働者は多くの国で反差別規制によって保護されている。論理的には会社の社内弁護士は個々の従業員の正味現在価値に基づいて解雇されたと議論するだろうが、勝ち目はあまりない。このように、会社は政府や年配の労働者から不当な扱いをめぐる裁判を起こされる可能性がある。

更に年配の労働者は企業特殊的な能力に投資しており、会社からそれに対するリターンを受け取る（通常明確にされてはいないが）ことが約束されている。こうした労働者を解雇することは、年金債務の支給をコミットすることによって若干緩和されるものの、労働者にとっては会社による裏切行為と捉えられるだろう。

本当に裏切行為なのだろうか？　必ずしもそうとは言えないだろう。事業環境が非常に厳しくなった際に、会社には労働者を解雇する権利があることは、契約に書いてなくともあたりまえのことである。年配の労働者を解雇するよう

なケースはこうした状況の一つに違いない。であったとしても、会社は裏切行為という（日和見的な）誹りを免れ得ないだろう。従って、まともな雇用主としての評判を気にかける限り、対象が年配の労働者であれ、一般的な労働者であれ、解雇に着手する際には、慎重さが求められる。

例えば会社が労働市場で高い評価を得ており、事業環境の悪化が一時的なものであるとしよう。こうした場合、会社は評判を非常に気にかけ、最も評判に傷がつかないように解雇を実施するだろう。他方、業界全体の状況が劇的に悪化したり、（労働組合と交渉するなど）解雇について深刻に考えていることを知らせる必要がある場合などは、大胆な行動が必要となるだろう。

最後に、レイオフに伴う大きな費用は、その後の訴訟費用である。多くの国では不適切な雇用契約の終了に対し労働者を保護しているため、従業員は解雇された場合、訴訟を起こすこともある。このような裁判費用はそれ自体が高いだけでなく、それを回避するための和解費用も高くつくと思われる。更に会社が裁判に敗れた場合、その賠償金を払わなければならない。

■ 早期退職優遇制度

解雇に伴う費用の観点から、多くの会社は従業員と早期退職優遇制度を締結しようとする。早期退職優遇契約は労働者と会社の契約である。ある種の見返りを条件に、従業員は会社との雇用契約を終了させる。早期退職優遇契約は不当な解雇を理由とした訴えを会社に対して起こさないこと、公の場で会社を批判しないこと、といった条項が盛り込まれることもある。

アマゾンの誹謗禁止条項

2001年当初、アマゾンは月給の6週間から8週間分の早期退職手当を支払うことによって1,300名もの社員を解雇した。従業員は会社を批判することを禁ずる条項に合意することを求められ、そうしない場合、早期退職手当は2週間分に減らされるとされた。この条項への公的な批判が高まった後、アマゾンは早期退職契約からこの条件を削除した。

早期退職契約にはもう一つの特徴があった。アマゾンは解雇された従業員が2年後に売却することができる250万ドル相当の自社株式からなる信託口座を設けたのだ。実際、解雇された従業員にはいくつかのストックオ

第4章　離職の管理　113

プションが与えられた。

　なぜアマゾンはこうした手段をとったのだろうか？　答えの一つは、ハイテク市場の崩壊の前であったため、ストックオプションに対して大きな需要があったからである（第12章で議論する通り、ストックオプションは報酬手段としてあまり深く考慮されることなく使われていた）。もう一つの理由は会社のPRだ。第三の理由は、解雇した従業員のアマゾンへの興味を繋ぎ止めたかったからである。これは公の場での会社への非難をさせないようにするためであり、また解雇は一時的なものであって将来再雇用したいという考えがあったからかもしれない。

出所：Wolverton（2001）

　早期退職優遇契約を提示し一時金を支払おうとする場合、会社は全員を対象としたものにすべきだろうか？　これは誰が早期退職優遇契約を受け入れそうかという点にかかってくる。

　懸念の一つは逆選択だ。どのような賃金の区分でも、他の従業員よりも生産性の高い従業員はいる。換言すれば、従業員には過大に給与をもらっている従業員もいれば過少にしか給与をもらっていない（実績が良い）従業員もいる。より生産性の高い従業員は他で雇用される可能性が高い。このような従業員にとってみれば、早期退職優遇契約を受け入れることによって失うものは小さいため、よりそれを受け入れる可能性が高い。

　1990年代のスタンフォード大学で55歳以上の教授に対して提示された早期退職優遇契約を考えてみよう。多くの教授がその制度を受け入れた。ただ残念ながらこうした教授のほとんどは、最も優秀な教授であった。彼らはより優秀でない教授に比べると他の大学で職を見つけることが容易だったからである。このことからもわかるように、早期退職優遇契約は退職してもらいたい人と残って欲しい人の、それぞれが適切に動機付けられるように慎重に制度設計されなければならない。例えば、最も生産性の高い従業員には、早期退職優遇制度を提示しないようにしたり、可能であれば、彼らにとって得にならないような制度でなければならない。

　同様に、従業員の年齢によって、早期退職優遇制度が異なったものになるよ

114　第1部　採用と従業員への投資

う配慮することが必要である。これまで述べてきたように、最も気をつけなければならないのは最も年配の労働者である。その集団の中でも、定年に近い労働者は、能力に対する投資からのリターンの多くを既に手に入れているため、会社を離れることによって失うものはほとんどない。彼らにはわずかな条件だけ与えればよい。定年まで長い年月が残っている従業員には通常大きなパッケージが必要となる。これを理解するために、図4.2に似たような、仮の状況を表4.1に掲載した。

　表中の値は全て千ドル単位で示されており、賃金（単純化するため一律3万ドルとしている）、労働者の他の仕事での最善の価値をA_t、生産性をK_tで示している。またKとWのそれぞれの現在価値を掲載している[2]。表中で新入社員と退職間近な社員のそれぞれのKとWの現在価値が等しい点（$PV(K)=PV(W)$）に注目して欲しい。議論してきたように他の条件が一定であるとすれば、競争がこれらの結果をもたらす要因となる。右から二つ目の列は、会社の商品に対する需要の低下に伴い、労働者の生産性が30%低下すること（$\beta=0.7$）を示している。

　早期退職による一時金Bを受け入れるかどうかを検討する際、労働者は会社に留まる場合に得られる収入$PV(W)$と早期退職優遇制度に応じる場合に得られる収入、$B+PV(A)$を比較する。すなわちこれが会社に残る場合に得られる利益よりも大きくなる場合に限って、早期退職優遇制度は受け入れられることを意味する。

　　　会社に残る（早期退職優遇制度を受け入れない）場合の労働者の利益
　　　　= PV(W) − PV(A)

　表では賃金の現在価値は、どの労働者にとっても全て他の最も良い条件の現在価値よりも高くなっている。退職を募る場合、全ての労働者に対して、早期退職優遇制度が提示されるべきであろう。

　労働者が退職した場合に会社が得られる価値は、報酬と生産性の現在価値の差で示される。

　　　労働者が退職した場合の会社にとっての損益 = PV(W) − PV(K)

---

　2)　利率は約25%としている。利率の水準は上記の議論に影響しない。

第4章　離職の管理　115

表 4.1　解雇対象労働者の分析

年齢	W	A	K	$PV(W)$	$PV(A)$	$PV(K)$	βK	$PV(\beta K)$
25	$30	$20.0	$20.0	$145.5	$99.3	$145.5	$14.0	$101.8
26	30	20.1	23.2	145.5	99.9	158.1	16.2	110.6
27	30	20.3	26.2	145.5	100.5	169.9	18.3	118.9
28	30	20.4	29.1	145.5	101.1	181.1	20.4	126.7
29	30	20.5	31.8	145.5	101.7	191.5	22.3	134.0
30	30	20.6	34.4	145.4	102.3	201.2	24.1	140.8
35	30	21.3	45.0	145.4	105.3	238.6	31.5	167.1
45	30	22.5	55.0	144.3	110.5	258.7	38.5	181.1
55	30	23.8	50.0	134.0	109.1	211.3	35.0	147.9
56	30	23.9	48.7	131.0	105.8	191.2	34.1	141.3
57	30	24.0	47.2	127.3	103.2	179.6	33.0	125.7
58	30	24.1	45.6	122.5	99.7	166.8	31.9	116.7
59	30	24.3	43.8	116.6	95.3	152.7	30.7	106.9
60	30	24.4	41.9	109.1	89.5	137.2	29.3	96.0
61	30	24.5	39.8	99.6	82.0	120.1	27.9	84.0
62	30	24.6	37.6	87.7	72.4	101.1	26.3	70.8
63	30	24.8	35.2	72.7	60.2	80.0	24.6	56.0
64	30	24.9	32.7	53.8	44.7	56.5	22.9	39.5
65	30	25.0	30.0	30.0	25.0	30.0	21.0	21.0

　（本例で会社の生産が減少した後であれば上記は $PV(W)-PV(\beta \cdot A)$ となる。）もしこの値がプラスであれば、会社は労働者に退職してもらいたいと考える。この場合、式の値は会社が提示できる利益を**最大化**するような、一時金 B と等しくなる。この値がマイナスであれば、会社は労働者に会社に残ってもらいたいと考える。この表では生産性の値が低下する時点まで全ての労働者は会社にとって価値がある。生産性が低下した以降では、57歳以上と30歳以下の労働者は会社にとって価値がなくなる。これらの労働者が解雇の対象とされるだろう。

　以上を踏まえて合理的な早期退職優遇契約について一般化してみよう。労働者が退職することによって、会社が得ることができる利益が退職に伴う損失を上回る限り、早期退職優遇制度の導入を検討する余地がある。会社にとっての利益を増やすと共に、労働者にとっても退職することで得をする早期退職優遇

契約を提示することができる。以上から下記条件が成立する限り、制度を導入することができる。

$$PV(W) - PV(K) > PV(W) - PV(A)$$

あるいは

$$PV(A) > PV(K)$$

上記例からの結論：**労働者の他の選択肢の現在価値が、今の会社における生産性の現在価値を上回る場合、早期退職優遇制度は導入できる**。実際この結論は直感的に理解できる。つまり低い生産性と、他の良い選択肢という要件がそろえば、早期退職優遇制度は導入することができる。

早期退職優遇制度を提示できる対象者が必ずしも会社が解雇したい個々人と一致するわけではないことを認識することは重要である。会社は（生産性が低下した場合）57歳以上と30歳以下の従業員を解雇したいと思うだろうが、これらの全ての労働者がこうした制度の受け入れを検討するとは限らない。62歳以上の労働者のみが、オファーが可能になるような十分に魅力的な選択肢を持っている。57歳から61歳の労働者に関しては、会社は損をするが、彼らが要求すると思われる一時金は、彼らにとって、早期退職が十分に良い選択となるほどの金額ではない。同様の考え方は30歳以下の労働者の場合にも当てはまる。

早期退職優遇制度の実施

ウィンドウ・プラン　早期退職優遇制度は通常突然発表され、労働者がそれに応募する時間を限っている場合が多い。こうした制度は、制度に応募する期間や開かれている「窓」が小さいため、**ウィンドウ・プラン**と呼ばれることもある。

このような手法が望ましいとされるには、それなりの理由がある。会社が労働者に対し提供しようとしている早期退職優遇制度は、賃金と生産性に基づいている。生産性が低ければ低いほど、会社はこうした従業員に退職してもらいたいと思っており、より高い一時金を提示しても構わないと思っている。早期退職優遇制度の導入が予想される場合、労働者には生産性を低くしようという動機が生じる。期間を短くすることで、労働者が必要な時期に戦略的に生産性を低下させ、より高い一時金を得るようにするという試みを、阻止することが

できる。転職先を探す時間も少ないため、労働者が条件に合う外部の仕事を見つける機会を減らすこともできる。

　解雇の警告　早期退職優遇制度への応募率を高くするためには、募集に応募しなかった対象者の一部を解雇するという信憑性の高い警告を発することである。例えば早期退職優遇制度に応募しなかった労働者の50%を無作為に解雇すると発表したとしよう。このような発表は、どのようにインセンティブに影響を及ぼすだろうか？　おそらく制度に応募しようという気持ちが高まるのではないだろうか。

　次のように考えてみよう。ある労働者が、今仕事を失った場合、次の仕事は今の給与より現在価値で 10,000 ドル少なくなると考えているとする。前出の例で言えば、これはその労働者が受け入れる最低水準の早期退職優遇契約である。しかし仮に会社が早期退職契約に合意しない労働者の半分を解雇すると警告した場合、この労働者は**早期退職優遇契約無し**で 50% の確率で 10,000 ドルを失う可能性がある。この場合、労働者はたった 5,000 ドル（あるいはリスク回避的であればそれ以下の金額）で進んで早期退職優遇契約を受け入れるだろう。一般的に解雇される可能性が高ければ、早期退職優遇契約の金額は低くなる。

　もちろん、会社がこのような戦略を採用するには、一部の労働者を解雇するという費用が生じる。こうした費用については既に議論した。会社は低い早期退職契約金額による利益と早期契約優遇制度の応募期間が終了した後に実施する解雇に伴う費用とのバランスを取らなければならない。しかしながら、早期退職優遇契約を拒否する労働者を解雇するという警告は、二つの有利な点を会社にもたらす。労働者が提示された早期退職優遇契約の金額を受け入れる可能性を高めること、そして従業員に退職を促す早期退職優遇制度契約の金額を減らせることである。

　縮小のスピードと規模　解雇を唐突かつ、迅速に実施することによる更なる利点は、組織として体験するトラウマを軽減させることである。業務の縮小は大きな痛みを伴い、それが進行している間の組織の労働者は、非常に非生産的になる。当然、労働者は誰が、いつ、どのような条件で解雇されるかということについて気にするということが理由の一つである。これは日常の業務上、極め

て問題となる。このため措置を迅速に、不意をついて実施することが重要である。

　同様の理由から、最初に考えたよりも多くの労働者を解雇することを検討すべきである。そうすれば再度（事業を縮小する会社の多くは、完了までに何度かに渡って解雇を実施する）解雇しなければならない可能性を最小化することができる。もう一つの利点は、労働者を解雇する場合、大規模な解雇の流れで実施した方が、解雇にかかる費用が低い傾向があるため、大胆なリストラをしなければならない組織を徹底的に整理することができることである。

　退職ブリッジ　自発的に退職するであろうと思われる労働者に必要となる最低早期退職一時金は、比較的少額ですむ。しかし56歳よりも64歳の従業員の一時金を低くする早期退職金の計算方法は法的な問題に遭遇する可能性がある。より法的な問題が少なく、同様な効果をもたらす条項に**退職ブリッジ**（*Retirement Bridge*）がある。この条項は年金計算上、正式な定年まで勤務し続けたことを前提とすることで、労働者に長期間勤務したことへのメリットを与えるものである。例えば正式な定年が65歳で、労働者が55歳まで18年間勤続した場合、年金給付金計算上28年勤務したことにするのである。年配の労働者の方が定年までブリッジとして与えられる年数が少なくなるため、年配の労働者の早期退職一時金は、若年労働者のそれより実質的に少なくなる。

　再就職支援サービス　会社は解雇対象者や早期退職優遇制度を提示した労働者に再就職支援サービスを提供する場合がある。これは合理性からなのか、解雇対象者に対する罪の意識によるからなのか、あるいは対外的な会社の印象を向上させる試みによるものなのか？

　この慣習は対外的な会社の印象をよくするだけでなく、実際、費用の削減をもたらす場合がある。外部で仕事を見つける可能性を高めることで、要求される早期退職一時金を抑えることができる。対象とされた労働者が、新しい仕事を見つけることを会社が支援することで、労働者はより良い条件の仕事を見つけ会社は提示する早期退職一時金を少なくできる可能性がある。

　ただしこの議論は、会社が労働者に対し、効率的に新しい雇用を確保することができるかどうかに依存している。労働者が似たようなサービスを自分で探すより、会社がこうしたサービス（あるいは外部の就職サービス業者との契約）

を安く提示できる場合に限って提供されるべきである。そうでなければ会社にとって、単に労働者自身が受ける、外部のサービス（ある種のバウチャーシステムなど）を購入した方が安くつくことになる。おそらくこれが最善のやり方だろう。就職サービス業者は再就職に専門性を持ち（特に業務縮小の場合）通常より優れたサービスを提供する。

いずれの場合にせよ、有効性はある。ある種の就職サービスの提供やそのようなサービス費用を負担することは、早期退職優遇制度の実施費用を削減する。

要　約

あらゆる会社の企業内労働市場では、最も適した従業員を選抜するためにふるいにかけたいという思いと、従業員に会社に対して忠誠心を持って欲しいという思いとの間で、根本的な葛藤がある。ふるい落としは全般的な従業員の質を高める。忠誠心はやる気を起こさせ、離職に伴う費用を低下させるとともに企業特殊的な能力への投資を促す。健全な会社は双方の目的を達成するためのバランスを図る。適切なバランスは、個々の要素の重要性に依存し、会社によって異なる。

本章では第1章から第3章で解説したツールを利用し、このトレードオフについて分析した。採用と離職には密接な関係があることがわかった。合理的な離職を理解し、それを促すためにはいくつかの経済学の概念を使う必要がある。逆選択、投資、インセンティブなどがこうしたものの例である。

離職には多くの利点がある。離職は社内を常に最新の人材とすることを可能にしている。向上が図られるだけでなく、会社の能力の劣化を防ぐ。技術の進歩によって環境が変化する状況において、このことは極めて重要である。離職は会社が過度に内向きになる可能性を低くする。会社は業務の推進には非常に優れているが、業界の変化に気づかないことがあるため、変化への対応に苦労することがある。多様な経験を備えた外部からの従業員は、こうした状況になる可能性を低下させる。最後に離職の結果、上位のポジションが空席となることで、最も優れた従業員を昇進させたり、やる気を起こさせたりすることが可能となる。

他方、離職には多くのコストが伴う。通常かかるコストは、会社にとっては

採用であり、労働者にとっては求職である。潜在的なコストとしては会社、労働者双方にとって企業特殊的な能力への投資の価値が失われるというものである。より目に見えぬ影響ではあるが、離職率が高ければそもそもそのような投資をしたくなくなるという影響もある。

　本章をもって本書の第1部を終える。従業員の採用からキャリア構築の流れ、投資、離職を分析することができたことで、次に会社はこうした従業員をどのように処遇するかということについて検討することにする。第2部では職務と組織の設計の問題について議論する。

第2部

組織と
職務の
設計

第1部では、企業を、能力が流入し、それが増幅され、最後にはそこから出ていくパイプラインのようなものであるとして捉えた。このような見方は便利ではあるものの、一旦社員として採用された従業員をどのように扱うべきかという点については、ほとんど触れていない。これが第2部のテーマであり、ここでは職務設計について考察する。また、同じ原則で分析できるため、組織設計についてもここで考えたい。第5章と第6章では意思決定と組織構造について、第7章、第8章では個々の従業員の職務設計について議論する。

まず第5章では若干後戻りして、効率的な**経済**の設計に必要となる原則について考える。上手く設計された経済における主要な問題とともに、そこにおけるトレードオフの関係について理解することによって、企業や事業部門、あるいは個々の仕事といった、より小さな経済単位における設計について考える際に使われる重要な概念を発展させることができる。

市場についての我々の議論は、幾つかの重要な考えを導く。第一に、市場は強力な情報処理メカニズムを持っているということである。市場は他の形では達成することが困難な**集合的な情報**を提供する。第二に、市場は（完全ではないものの）異なる経済主体の**調整**をもたらすことができる。企業は、しばしば情報を効率的に利用するという目的と、従業員や事業部門間の調整をするという目的のトレードオフに直面する。この対立が第5章で取り上げる集中化と分散化の議論のベースとなる。

第6章では全般的な組織構造について分析する。本書の他のほとんどの箇所では、個々の従業員についての管理に注目するが、本章では企業を最もマクロ的な観点からとらえる。また、どのようにして部門を分割し、それぞれの部門間での活動をどのように調整していくかという問題についても検討する。

第7章では再びミクロレベルの分析に戻り、どのように個々の従業員の職務を設計するかについて考える。個々の従業員にどれだけの決定権限を与えるかという問題は、職務設計上非常に重要なポイントなので、実は、この問題は第5章で既に非明示的に議論している。第7章では、どれだけの量、そしてどのような仕事を同じ仕事にまとめるかという分析に議論を拡張する。ここでも再び古典的な経済学が登場する。また労働者のモチベーションに職務設計がどのように影響を及ぼすかという、内発的動機という心理学についても触れる。職務設計において、経済学的な視点と心理学的な視点が補完的な役割を果たしていることを知ることができる。本書の中でも、組織心理学と人事経済学が相互に影響しあっていることが、最も明らかにされる箇所でもある。

第8章では第7章での分析を更に拡張し、

より先進的な職務設計のテーマについて考える。ここではチームの利用とチーム構成が重要なテーマとなる。またしばしば**高信頼性組織**と呼ばれている組織についても考える。高信頼性組織とは、例えば航空輸送機など、利害関係（すなわち失敗に伴うコスト）があまりにも大きいため、通常の会社においてよりも組織と職務の設計のトレードオフがより困難である組織のことを言う。このような組織がどのように設計上の問題を解決するかを考えることは、自分の会社での、それほどダイナミックではないものの、似たような問題について考える上で示唆に富む。

第8章の三番目の題材は今日、非常に重要性を増している、職務設計と組織構造における情報技術の効果についてである。第5章での議論は、効率的に情報を利用する構造と情報伝達のコストが企業にとって重要なことを強調した。情報技術は情報伝達コストを劇的に変化させ、企業における意思決定のパターン、階層の活用、そして個々の職務設計において重要な意味を持つ。

第2部では企業設計の視点を更に発展させる。組織設計の主たる目的は、知識の効率的な創造とその活用にある。関連するテーマとして、ある時点において最適化したり、イノベーションや変化に適応するために、企業は組織や職務を設計できるということがある。本セクションのあらゆる章でこのことが重要な役割を果たしていることを理解することが

できるだろう。

また、これらの概念は第1部とも関連している。企業による知識の創造とその活用の重要性から、企業における能力がなぜそれほど価値があるのかということについて理解することができるだろう。また（特に第7章、第8章を読んだ後になれば）、どのような種類の組織が今日の経済社会において最も重要なのかを読者が理解する一助となる。更に第3章で述べたように、昨今の数十年間でなぜ能力が一層重要性を増しているかを理解できるだろう。

最後に、市場は価値を創造しようとするための重要な動機を提供している。資産の所有権と競争的な市場でこれらの資産を売却できることは、個々人がこうした資産を効率的に利用しようとするインセンティブを醸成することになる。この観点からすると、異なった財や資産に対する価格は、すなわち、実績に対する評価制度と同じである。市場同様に、企業も従業員による価値の創造や努力、効率的な意思決定を促すようにしなければならない。このため、第7章では内発的動機について議論する。動機付けの問題は、第3部への導入となる。第3部では実績評価と実績に基づく給与に焦点を当てる。評価とインセンティブについて考えるに先立って、職務設計についての議論が役に立つことが、その時点で理解できるだろう。

第5章 意思決定

> 経済学の興味深い役割は、自分たちが設計できると思ったことについて、
> どれだけ理解できていないかという事実を人々に知らしめることである。
>
> **フリードリッヒ・フォン・ハイエク、1988年**

　読者が今新しい会社を設立する途中であるとしよう。人材の採用に加え、あなたは会社をどのような構造にしようかという問題に直面している。問題の一部は意思決定権の配分についてである。決定は数多くの疑問に応える形で下されなければならない。誰が何を決定すべきか？　組織のリーダーとして、一貫性と管理の観点から自分自身でほとんどの意思決定を下すべきか？　それは過度の負担にならないか？

　おそらくあなたはビジネス関連の記事で、労働者への権限移譲について読んだことがあるだろう。自分の従業員に権限を移譲すべきだろうか？　仮にそうした場合、どのような問題が生じうるだろうか？　そもそも権限移譲とは何を意味するのか？

　そもそも、決定を下すとはどのようなことなのだろうか？　意思決定にどれだけのやり方があるのだろうか？　どのような体制が正しい、あるいは誤った意思決定をもたらすのだろうか？　どのような体制が創造性とイノベーションを組織にもたらすのか？　本章ではこうした疑問について分析する。

経済としての組織

　上記の問題を議論するに先立ち、大規模な組織の構造、すなわち国の経済体制について簡単に検討してみよう。この考え方は第5章から第8章で取り上げるテーマを考える上で役に立つ。

　最も効率的な国の組織のあり方を巡っての議論は、20世紀で最もさかんに議論された問題の一つである。一極には主に政府によって運営されている集中化された経済体制を支持する考え方がある。対極には、政府の役割があまりない、

126 第2部 組織と職務の設計

分散化された体制を支持する考え方がある。20世紀の終わりには、一層分散化された市場主導の経済体制の方がより効率的であることが明らかになった。こうした体制の方がより経済成長、仕事の創出、繁栄をもたらす。また、こうした経済体制の方が、中央集権的に計画されている経済体制よりも、創造的であり、変化に対応できている。なぜそうなのだろうか？

経済学上最も有名なアダム・スミスの分散的な経済体制についての**見えざる手**の例えの一節は、この疑問に対する答えの出発点として最適である。

> ... 自分自身の利得のためである。だが、こうすることによって、... 神の見えざる手に導かれて自分では思いもしていなかった目的を促進していることになる。... 社会の利益を増進しようと思い込んでいる場合よりも、自分自身の利益を追求することが、はるかに有効に社会の利益を増進することがしばしばある。
>
> **アダム・スミス**『国富論』1776年

スミスは個々人が自らの利己的な利益に基づいて行動したとしても、政府が大きな役割を果たさなくとも、経済的価値を創造するという市場経済の驚くべき力について言及していた。分散化された経済体制は効率的なのである。これは**自律的な組織体制**である。市場を誘導する中心的な計画者がいなくても、ほぼ自然に成長、発展し、価格と量の均衡が実現する点に自然に導いていくような体制なのである。

シカゴ大学の近所にある小さい、ありふれた食材店の例で考えてみよう。店ではコロンビア、ケニア、その他様々な国のコーヒー豆を売っている。またスリランカ、中国、日本のお茶も売っている。ノルマンディー産のバター、ノルウェー産のサーモン、イタリア産のハムもある。牛乳はウィスコンシン産だ。パンの原料である小麦はカンサス、アラバマ、あるいはカナダ産だ。近所の農家で育てられた野菜もあればカリフォルニア産、メキシコ産、南米の果物もある。バルセロナの小さな工場で製造されたチョコレートを買うこともできる。

何らかの理由で地球上の全ての財が製造され、他の財の原料として利用され、シカゴに運び込まれ、このような店の商品棚に陳列される。何らかの理由で店の商品は滅多に品切れになることもなく、十分新鮮な形で定期的に供給されている。誰もこうした複雑な過程を差配しているわけではないことを考えると、これは**驚くべきこと**だ。社内の組織の設計をするとしたら、一つの論理的

なやり方は、できる限り優秀な人材を採用し、こうした人材に組織の構築と運営を委ねることである。一見すると、無秩序で利己的な個々人からなる誰も指導しない市場に委ねるより、能力のある計画者が中心となって、資源配分をし国を運営する方が効率的だと考えた方が論理的に思える。だがおおよそ現実はその逆だ。何故なのだろうか？

■ 情報システムとしての市場

　フリードリッヒ・フォン・ハイエクはアダム・スミスの**見えざる手**の議論を掘り下げている。彼は市場を、**集合的な知識**の一つの形態——中心的な計画者では再製することが出来ない強力な**情報システム**——という見方をした。[1]

　　　意図的にもたらされたのでないとすれば、どのようにして、様々な人々の頭の中に分散されている知識が、一人の個人としては誰も持っていない、解決に向けた知識の一部をもたらすのだろうか？　　　　　　　**ハイエク**、1945 年

　彼の議論を理解するために、自分自身が国の経済を中央で運営する担当者だとしよう。多くの仕事のうちの一つは、コーヒーを生産するために資源を配分し、そのコーヒーを様々な消費者に分配することだ。資源を効率的に活用するためにどのような情報が必要となるだろうか？[2]

　まず、それぞれの市民がコーヒーにどのような価値があると考えているのかを知らなければならない。紅茶よりコーヒーをどのくらい好きなのかについても知る必要がある。あるいはオレンジジュースに比べて、どのくらい好きなのか？　更に、より高い品質のコーヒーを手に入れるためにどのくらい他の資源をあきらめることができるのか？　どれだけの量のコーヒーを職場、ホテル、レストランが必要としているのか？

　次に、どのようにしてコーヒーを育てるのかを知らなければならない。肥料、天候、土壌の状態など、農業の技術についての様々な知識が必要だろう。同様

---

1) 1973 年、ワシリー・レオンチェフがこれに関連した中央集権的計画経済の分析でノーベル経済学賞を受賞したのに続き、1974 年にハイエクはこのテーマに関する論文でノーベル経済学賞を受賞した。

2) 経済学用語でいえば、コーヒーと他の財とサービス全ての需要曲線と生産関数を知る必要があるということになる。更に、各々の財の生産とを分配のために必要となる、生産関数の背景にある技術的な知識も必要となる。

128　第2部　組織と職務の設計

に、コーヒーの生産に向けられる資源が潜在的に他にどのような使い道があるかについて、中央の計画者として知る必要があるだろう。コーヒーを育てるには土地、水、労働、肥料、そして物流が必要である。これらの資源は他の財の生産にも利用できるものであり、こうした資源をコーヒーの生産に利用することに伴うトレードオフも適切に配慮しなければならない。経済学用語的に言えば、コーヒーの生産に費やされる資源の**機会費用**を知る必要がある。

　これらの情報には経験と技術面の専門性が必要とされるが、おおよそ想像できるものであり、体系的であり、予見できるものである。しかし、必要とされる追加的な情報には、あまり体系的ではなく予見できないものもある。例えば、コーヒー産業を効率的に運営するにはコーヒー豆を作付けする最善のタイミング、水や肥料を与える時期、収穫時期などについて知らなければならない。こうしたことは場所や年、月、ひょっとしたら日によって変わってくるだろう。このような情報はその場所に固有のものである。実質的に、このような全ての知識を中央の計画者に伝達することは困難であろう。再びハイエクの言を借りよう。

　　社会の経済問題が主として、ある時間と場所における特定の状況の変化に対する敏速な適応の問題であることに我々が合意しているとすると...　決定はこれらの状況をよく知っている人々に、委ねなければならないということになるであろう。我々はこの問題が、この種の知識の全てをまず中央委員会に伝達し、その委員会が全ての知識を統合した後に指令を発するという形で解決されるであろうと期待することはできない。我々はこの問題を何らかの形の分散化によって解決しなければならない。
　　　　　　　　　　　　　　　　　　　　　　　　ハイエク、1945 年

　このように、ハイエクは「時間と場所の特定の状況」に関する情報を利用する際の**分散化**の重要性を指摘している。分散化された市場は、個々のコーヒー農家が日々の仕事から得た特殊な知識を利用し意思決定を行うことを通して、最適な行動を取ることを可能とする。実質的に全ての情報を中央の計画者に伝えることは不可能（かつコストがかかりすぎる）であり、このため中央の計画者による決定はあまり効果的ではない。

　同時に市場は、先に述べた、より体系的な知識を利用する。個々の農家は、コーヒーの市場価格に基づいて意思決定を行うため、消費者がコーヒーに対し

て、どれだけの価値を見出しているかを織り込んでいる。また、生産のための人手、土地やその他の原材料も市場価格に基づくため、農家は利用する資源の他の使い道についての情報も織り込んでいることになる。投入資源が他のどのような方法で利用されるかについて知る必要はない。生産されたコーヒーの一部がシカゴで消費されようが、誰に消費されようが知る必要はない。唯一知っていなければならないことは、投入資源の市場価格と商品の市場価格である。価格を意思決定に際して考慮すれば、価格以外になんら他の情報を入手しなくても、暗黙の内にこのような情報を織り込んでいることになる。

　換言すれば、価格は、中央の計画者が必要とすると思われる詳細な背景にある全ての情報を提供することなしに、業種や国を越えて資源配分の調整に必要となる膨大な情報を提供しているのである。価格は、経済的な情報システムなのである。

■ インセンティブ・システムとしての市場

　他にも市場は、インセンティブという大きな便益を提供する。農家の例で考えてみよう。農家は、所有している農地から利益が上がるように経営したいという動機を持っている。中央で計画された経済体制であれば、彼はおそらく官僚的に行動し、資産を効率的に利用するという強いインセンティブを持たないだろう。

　更に、市場経済が提供するインセンティブによる帰結として、資源を最も高い価値で利用できる情報や能力を持った人々に資源は配分される。先述の農家がコーヒーの栽培が得意な農家ではないとしよう。分散化された経済では、彼には三つの選択肢がある。コーヒー栽培ができる人的資本に投資するか、人を雇って土地を貸すか、もしくは土地を売るか、の三つである。誰かを雇う場合、資産を効率的に利用することができる人を雇おうとするだろう。土地を貸したり売却したりする場合、誰が最も高く買ってくれるだろうか？　おそらくその土地から最も利益を上げることができる能力と情報を持っている誰かになるだろう。

■ 市場とイノベーション

　最後に上げられる市場経済の利点は、イノベーションと適応性の源泉となるという点である。これらは先に議論した二つの原則から生じる。インセンティ

130 第2部 組織と職務の設計

ブは、資産の保有者が問題やチャンスに迅速かつ効率的に対処する動機を持っていることを意味する。また、利益を生み出す新しい商品やサービスに投資する動機を持っていることも意味する。

分散化は多くの場合、イノベーションと適応性を促す。社会全体を通して個人個人の想像力とアイデアの利用を社会全体に広めることを可能にする。集中化して計画する体制では、中央の計画者から遠く離れた人々のアイデアは検討されない可能性が高い。市場経済は、地方の状況に柔軟に対応することができるため、新たな状況にも効果的かつ迅速に適応できる。

■ 中央での計画のメリット

後に集中化の議論をする際にこの点が関連してくるが、市場が完全な効率性をもたらさない場合もある。一つのケースが**規模の経済**を要因とした自然独占の場合である。会社の平均総費用、すなわち一単位を生産するための費用が規模の拡大に伴って減少していく場合、規模の経済を有しているという。仮にある財の製造に規模の経済が働き、高い水準の生産量になっているのであれば、大きな会社は小さな会社より単位あたりのコストが低いはずである。このような状況は業界で独占、あるいは独占に近い状態をもたらす。

場合によっては政府が財自体を提供することもある。このことはしばしば**公共財**問題と呼ばれる。公共財とは、費用を賄うほど十分に価格に転嫁できないことから、利益を追求する企業では提供されない財のことをいう。一つの理由は、ある財については誰もその利用を防ぐことができないことに起因する。例えばラジオの電波はラジオを持ってさえいれば、誰でも受信することができる。このため（電波を暗号化しない限り）ラジオ局はリスナーにプログラムの代金を請求することはできない。ラジオ局が広告収入を得ない限り、民間のラジオ局は存在し得ず、政府がこうしたサービスを提供しなければならないだろう。

市場の非効率性の原因は**外部性**（外部経済）、あるいは負の外部性である。外部性は買い手と売り手との取引で生じる費用と便益を、その取引と関係ない第三者に費用の負担あるいは便益の受領をさせることである。負の外部性の典型的な例は公害である。鉄鋼の買い手と売り手は、取引によって生じる公害のコストを織り込まないため、市場経済では過度の公害が発生することになる。政府は公害に制限を設けたり、鉄鋼に課税したり、その他の手段で状況の改善を図ることができるだろう。

外部経済の例としては**技術伝播**が上げられる。特許や著作権による保護は不完全なため、多くの場合、企業は他者のアイデアを模倣することができる。これは個々の企業がイノベーションを起こす動機を低下させる。例えば、仮に製薬会社が研究成果の一部が競合相手に真似されると思うのであれば、研究開発に投資しようとするインセンティブを失う。このような場合、市場経済はイノベーションへの投資を不十分なものしてしまうため、政府が研究開発に補助金を出すことで効率性の改善を図ることができる。

同様の問題は**標準化**に価値がある場合に生じる。標準化は、より多くの消費者が同じ商品を持つことによって価値がある場合に重要になる。こうした現象を**ネットワークの外部性**と呼ぶ。ファックスのプロトコールがこの例だろう。ファックスが異なったプロトコールを採用していれば、他の人とファックスの送受信ができるかどうかの保証がないため、ファックス機の価値は下がってしまう。分散化された経済では会社間で標準の構築に際して競争が生じる。場合によってはこのプロセスは上手くいくが、必ずしもそうなるとは限らない(欧州と米国で異なる携帯電話の方式を採用していることを思い出してみよう)。中央の計画者がいれば、全員のために標準を設定し、無益な競争を回避することができる。

もちろん、この最後の例はそれほど単純なものではない。標準化のための競争はイノベーションを促進し、より多くの可能な選択肢の幅を広げ、技術を改善させる。政府が標準を設定すればこうしたことは起こらない。従って中央政府が標準を設定する場合と、分散化された会社間の競争において標準が設定される場合とではトレードオフが生じる。しかし標準化を巡って過当競争が起こるような場合には、政府による調整が役に立つこともあるだろう。

■ 市場の考え方を応用した組織設計

企業組織は市場と同じような重要な機能を果たさなければならない。従って、我々の作業は、企業が以下のことを実現するための組織設計の考え方を構築することにある。

- 中央と現場の知識の双方を効率的に利用すること
- 必要に応じて意思決定を調整すること
- 調整された良い意思決定をするための強いインセンティブを与えること
- イノベーションと適応性を意識すること

これらがこれ以降の八つの章で議論する概念となる。まず第一歩として、意思決定を集中化するか、分散化するかについて考えてみよう。意思決定の必要に迫られたとして、効率的な意思決定のために情報が必要となる場合を想定してみよう。企業が情報を意思決定者に持っていくこともあるだろうし、あるいは意思決定を情報に寄せていくこともできる。どちらの方法がよいのだろうか？　それはコストと効果にかかっている。

ヒューレット・パッカードにおける集合的情報と意思決定

　市場が情報の集合体として役割を果たす例として、予測とリスク評価がある。保険や証券の市場は、私的な情報と個人が持つリスク評価に基づいてリスクを値付けする非常に効率的な市場である。例えば、会社の将来のキャッシュフロー（債務差引後の純額）の割引現在価値は、会社の株価として集約されている。株価は何千人もの個人投資家や投資信託の運用者によって決定されており、こうした人々の知識と企業の見通しについての評価を織り込んでいる。

　似たような例としてギャンブル業界がある。例えばあるチームがスポーツイベントで勝利するという賭けの均衡オッズは、多くの個人の賭けによって決まり、実質的にリスクの価格を意味している。

　これらの二つの事例からわかるように、一人一人がバラバラに持っている個人的な知識を、価格は集約し、反映するからという理由だけではなく、投資家やギャンブラーが自分の知識に基づいた賭けをしたいというインセンティブをも持つために、市場はリスクを評価する上で優れているのである。

　社内に集合的知識の効果を作り上げようと試みている会社もある。月次売上の予測力を向上させるため、ヒューレット・パッカード（HP）はチャールズ・プロットという経済学者を採用し、従業員を対象にした取引システムを構築した。関連した知識のある数十人の従業員は、取引口座と少額（50ドル）の予算を与えられた。彼らはこの予算を使って月のコンピューターの売上予想についての賭けを行った。実質的には先物の売買をしていたことになる。トレーダーは利益を確保し、正しい予測をした人は

更なる報酬を得ることができた。HPでは、市場の見通し（すなわち、従業員間のトレーディングで最もありえそうな結果）は、マーケティング担当者の予測よりも、全体の回数で75%も良い成績を残したことが判明した。同社は、この仕組みを予測を行う際に取り入れ、他の分野に応用できるかどうかを試みている。

出所：Kiviat（2005）

　情報の伝達コストが高くないのであれば、意思決定を分散化する必要はない。その代わりに会社は階層の上層部で意思決定を行うことにし、情報を意思決定者にだけ伝えておけばよい。意思決定者は情報を使えるだけでなく、（最も簡単な調整方法は経営トップに決定を委ねる方法なので）調整も上手くいく。

　情報の伝達コストが高い場合、会社はトレードオフに直面する。情報が貴重であればあるほど、分散化しておくことが正しい答えになる可能性が高い。他方、調整の便益が大きければ大きいほど、集中化しておくことが正解となる。

　原則として、会社は調整のためにインセンティブを使い、意思決定を分散化することで、市場の真似をすることはできる。ただし、社内のインセンティブの仕組みはおおよそ不完全な場合が多いため、これが必ずしも常に正しい方法とは言えない。意思決定を集中化しようと考える場合（ほぼ全ての場合当てはまるが）、調整を実績に基づく給与制度だけに頼ると、十分に機能しない場合があることを覚えておかなければならない[3]。

　意思決定を集中化するか、分散化するかという議論ではなく、中間的な方法をとることもできる。意思決定を組織階層のどこか、例えば中間のマネージャーに委ねるという方法である。組織の中間の地位にいる従業員は、会社が利用したいと思っている知識を持っていたり、組織の上層部に情報を伝達するよりは、低いコストで情報を入手できる。同時に中間管理職は階層の低い従業員よりも、調整の問題を考慮することが多い。そうだとすれば、会社は組織の

---

[3] 短期的、長期的要因を正しく勘案し、実績を完全に測定できることができるのであれば、従業員をアウトソースし、契約を結ぶべきである。全ての労働取引をスポット市場で値決め出来ないため会社は存在する。この理由についてはこれまでの章で議論した。それ以外の理由については第9章で議論する。

134　第2部　組織と職務の設計

上層部と低層部の間のどこかで意思決定を行わせることで、調整の問題とのバランスを図りながら、低層部の情報を利用することができる。

　これ以降、本章では組織のどこで、どのように**単一の意思決定**がなされるべきかについて分析する。旧来的な階層からなる組織形態の会社を想定する。完全に集中化された意思決定は、CEOによって下されるとしよう。一方、完全に分散化された意思決定はラインの労働者によって下されるとする。また、いくつかの意思決定は中間レベルでも行われるとする。原則として、個々の意思決定をする権利は、いかなる階層の従業員にも付与されているとする。本章でのほとんどの議論は分散化に焦点を当てるが、最初に集中化のメリットについて考えてみよう。

集中化の利点

∞∞∞∞∞　マイクロソフトにおける集中化　∞∞∞∞∞

　複数の商品を提供する企業は、商品設計に際し、集中化と分散化の問題に直面することが多い。分散化は創造性を育み、新しい商品群の開発や面白いイノベーションをもたらす。一方、製造、マーケティング、販売においては、規模の経済を享受したいとも思っているだろう。また、顧客に複数の商品を一緒に使ってもらいたいと考えていることもあるだろう。こうした場合、設計の分散化は問題を引き起こす。

　次章で述べるように、会社はこのようなトレードオフのバランスを図るため、時とともに組織構造を変えていく。最近の例としてはマイクロソフトがある。2013年、CEOであったスティーブ・バルマーは、商品設計をより集中化させるための大規模な組織変更を発表した。他の多くのテクノロジー企業同様、マイクロソフトも商品設計にイノベーションを求めていたが、一方において、製品が相互に上手く機能するとともに、顧客に対して常に一貫した同じような体験をさせることができることが重要であった。同社の設計は徐々にバラバラになってきていた。

　バルマーの社員向けの通達には「One Microsoft（一つのマイクロソフト）」という件名が掲げられていた。バルマーは、我々は「部門別の戦略の寄せ集めではなく、一つの企業としての戦略」を持つべきであり、「デバイ

スとサービスの一体化に注力するという戦略」を持つべきであったと述べた。実際の設計は引き続き分散化する一方、個々の部門の全体的な商品戦略は、より集中化することでこの組織変更は実施された（これについては本章で後ほど紹介する、意思決定の運営と統制の概念を利用して考えてみよう）。

出所：Ballmer（2013）

■規模の経済あるいは公共財

会社の異なった部門で共通的な資産を共有する場合がある。これは全組織において規模の経済、あるいは公共財が存在することを示唆している。例えば、異なる複数の部門は、同じ本社スペースを共有したりしていることもある。商品設計チームを共有している場合もあるだろう。全部門が設計や会計制度の導入費用を共有することもできるだろう。価値のあるブランド名や企業文化、特に効果的なリーダーシップなど、共有資産が無形の場合もあるだろう。

ある種のインセンティブの仕組みを活用して、資産を共用しながら分散化された意思決定を行うことも考えられる。例えば、多くの会社では管理会計制度を通して、間接費用の配分を試みている。ただし、資産の生産や利用のコストをどのように個々の部門に帰属させるかを決めるのは困難である。共有資産が目に見えないものである場合、配分の問題は一層深刻だ。このような場合、分散化はインセンティブを歪め、資産は効率的に利用されにくくなる。賦課が過大な部門では、資産を過少に利用することになる一方、賦課が、過少な部門では、それを過度に利用しようとするだろう。資産への投資に十分な信用が置かれないような場合、合理的な投資が行われないこともある。

一つの対策案は、共有資産の生産、配分、維持の責任の一部分を集中化させることである。例えば強力なブランドを持つ会社は、関連のない商品群を提供する会社よりも、商品ラインに関する意思決定をより集中化することが多い。また雇用主として高い評判を誇る会社は、人材資源政策を集中化させるだろう。

■集中化された知識の上手な活用方法

ハイエクはシステム全体に点在している知識の重要性を強調した。しかし重要な知識は、おおよそ会社のトップにある。多くの地域で事業展開している組織を考えてみよう。異なった部門からの情報は中央の本部に集められ、本部は現場レベルでは明らかになっていないパターンや傾向を把握できることもある。このような全社の経験を組み合わせることに基づいて鳥瞰的な見解が持てることは、ある種の意思決定を行う場合には集中化が望ましいことを物語っている。多くの場合、全体的な戦略などがこのような意思決定に含まれる。

また、集中化は部門間を越えた知識の移転を改善させるため、知識の有効活用を助長する。部門同士がお互いに直接対話しなければ、中央の管理部門が学んだことを伝達しない限り、それぞれの経験から学ぶことはできない。

■調　整

集中化の最大のメリットは、調整を改善することにある。調整がより重要な場合、会社は多くの意思決定を集中化させるだろう。調整の問題にはどのようなものが考えられるだろうか。

調整は社内の異なった部門からの成果物が、何らかの形で組み合わせされなければならない場合に必要となる。例えば、ある部門の製品が、他の部門での製品の生産に利用される場合などである。もちろん、社内の異なった部門における製品が、製品生産上相互に利用されるかどうかは社内的な話である。すなわち部門構成は会社で決めることができる。こうした調整の問題を回避するための組織体制を構築すればいい。ただし、このような問題は様々な状況で起こりうる。

調整の問題は部門間で調和が必要な場合に発生する。戦下の軍隊を考えてみよう。戦場で砲兵隊が口火を切る前に歩兵隊が投入されれば、大惨事となることは確実である。戦争の場合、一定の順を追って部隊は行動しなければならない。このため、いつ行動を起こすかという意思決定は集中化されなければならない（他の方法として、例えば横断的調整体制と言われる、お互いに連絡をとり合わせる方法もある）。

戦略的な意思決定はおおよそ集中化される。そもそも定義として、戦略は、通常ほとんど、全ての事業部門を考慮に入れる必要があるからだ。もっとも、戦略的な意思決定が、常に中央で下されなければならないかといえば、必ずし

もそうだとも言い切れない。ある事業では、会社の戦略が実質的に分散化されている場合もある。イノベーションは重要であるが、個々の商品の間で調整する必要がないような場合がこうしたケースに該当する（大学の学部がこの良い例である）。しかし、会社の商品に互換性や互いに統一性が求められる場合には、戦略は集中化されるべきであろう。政府が技術の標準化を決める場合と同様である。

ディズニーの戦略企画

　2005年の初頭、有名なマイケル・アイズナーに変わってロバート・アイガーがディズニーのCEOに就任した。

　ディズニーは巨大な様々な部門からなる企業である。長年にわたり、ディズニーの戦略は、ほぼ本社の戦略企画グループの手に委ねられていた。過去には、各部門が新商品の開発、合弁会社の設立や合併などを手がけることもできたが、全ての主要な戦略的な意思決定は戦略企画部門に承認される必要があった。

　就任後2週間足らずで、アイガーは戦略企画部を廃止した。同部が持っていた意思決定権限はほぼ完全に部門に分散化された。アイズナーによって設立された戦略企画部を従来から運営していたラリー・マーフィーは「戦略企画部の解散は中央集権的なシステムをより分散化する上で当然の進化だった」と述べている。

　この変革はおそらく多くの点から合理的だと思われた。第一に、アイズナーはディズニーでの長年の勤務経験があり、業務を知り尽くしていた（彼は会社の大部分を自分で作り上げてきた）ため、彼がCEOの時には集中化がより適していた。アイガーも長年ディズニーで働いてきたが、アイズナーほど全ての業務面に関して深い知識を持ってはいなかった。従って多くの意思決定は部門のマネージャーで下される方が効率的だった。第二に、ディズニーは長年中央集権的な戦略を強化していたため、商品ライン横断的な調整（映画、ビデオ配信、テレビなど）のメリットがほぼ確立されていた。第三に、各部門は強力な集権的な戦略に嫌気を感じており、創造性に限界がみられてきたことである。

出所：Marr（2005）

　組織が分散化されており、部門間で**外部性**が存在する場合、調整の問題が生じる。例えば、ある部門の研究開発投資が、社内の他の部門の商品にメリットをもたらすような場合を考えてみよう。このような場合、外部経済が生じることになる。研究開発にかかる意思決定が完全に分散化されていれば、最初の部門は、研究が他の商品に及ぼす効果を考慮しないだろう。反対にある部門が他の部門の既存商品に完全に競合する新商品を発表する場合もあるだろう。この場合、負の外部性が生じることになる。製品ラインの意思決定が完全に分散化されていると、このような問題が生じる可能性がある。

■管　理
　最後に、集中化はダウンサイドリスクの回避、すなわち管理が必要な場合に重要である。組織の下層部で下された決定が組織の他の部署に影響を及ぼす場合、分散化はリスクを生じせしめる。また、（次章で議論するように）リスクを回避するためのインセンティブやモニタリングは、組織の低い階層の従業員には、あまり効率的に機能しない。対照的に、中央の意思決定者はより強いインセンティブを持ち、会社全体的な業務をより理解している。そもそも、トップのマネージャーは、会社の個々の部門が全体としてどのように機能しているかを把握することが仕事である。同様の理由から、コンプライアンス、リスク管理、監査は中央集権的な仕事である。

分散化の利点

　次に意思決定を分散化することのメリットを考えてみたい。考える際に最も重要なこととして、伝達するために大きな費用が伴う貴重な情報が、低層部にあるかどうか、というハイエクの分析が直接的に関わってくる。仮にそのような状況であれば、会社はその知識を意思決定に際して利用するため、真剣に分散化を検討すべきだろう。

図 5.1　特殊的知識と一般的知識

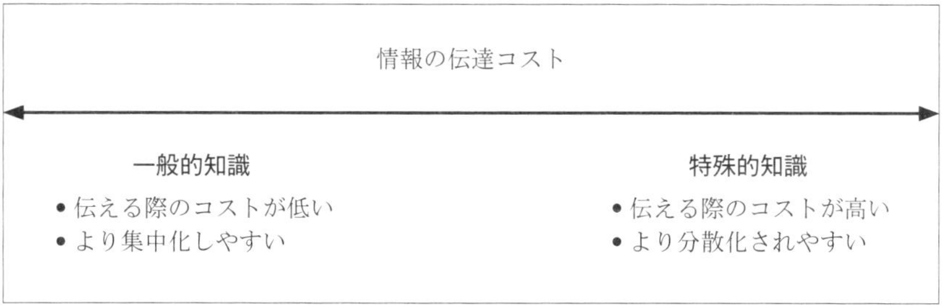

情報の伝達コスト

一般的知識
- 伝える際のコストが低い
- より集中化しやすい

特殊的知識
- 伝える際のコストが高い
- より分散化されやすい

■ 特殊的知識か、あるいは一般的知識か

　情報や知識には、伝達のしやすさにより、伝達にコストがかからないものからかかるものまである。例えば重さ 1 ポンドのコーヒーの値段は伝達にかかるコストが非常に低い。これは単純な一つの数字であり、情報技術を使えば瞬時に伝達することができる。一方、人事経済学関連の情報伝達コストは高い。こうした情報は複雑であり、定量化することに困難を伴う。文書として文字に落とし込んだとしても、完全に概念を説明することはできない。学生は教授により詳細な概念の説明と背景を求める。このような場合、ケーススタディや学生の個人的な勤務経験などの事例で理解の促進が図られる。

　経済学では、しばしば伝達コストが低い情報を**一般的知識**、伝達コストが高い情報を**特殊的知識**という。ここでいう伝達コストとは、伝えることのコストが高い場合も、一旦受け止められても理解にコストがかかる場合も、両者いずれをも意味している。図 5.1 は我々が知識を分析する際の概念を示している。

　（用語が若干紛らわしいので、整理してみよう。特殊的、あるいは一般的な知識は、用語としては企業特殊的人的資本あるいは　般的人的資本に似ているが、概念としては異なったものである。企業特殊的な人的資本は、雇用主にとって、一般的人的資本は多くの従業員にとって、それぞれより価値がある能力のことを意味している。ここでは日々の仕事を通じて利用する情報について議論しているが、一方、人的資本は研修のようなものと考えて欲しい）。

　特殊的知識は分散化を志向するため、この議論では重要な概念である。特殊的な情報に関するいくつかの特徴を以下に掲載している。ハイエクの有名な「時間と場所の特定の環境」という一節で思い浮かべていた情報はこうしたものである。

陳腐化しやすい情報

　その情報に基づいて直ちに行動を起こさなければ、価値がなくなってしまうような場合、あるいは伝達に時間がかかる場合、情報の伝達コストは高くなる。株式取引のトレーダーは、市場での動きに即時に反応しなければ、新しい情報を利用することはできず、売買注文を捌くことはできない。この理由によりトレーダーは注意深くスクリーニングされ、必要な研修を受け、適切なインセンティブを与えられ、自身で取引の意思決定ができる権限を与えられる。同様に、会社の重要な顧客から営業が時々大口の注文を受ける場合を考えてみよう。もし顧客が直ちに注文に対する確認を得ることができないと、他の業者に注文を仕向けてしまうような状況であれば、会社は営業担当者に（上限を定めた上で）、条件を交渉したり、注文を受けるか否かを決める権限を与えるだろう。

　これは、後で採り上げる考え方の一つの例である。集中化と階層化は時間がかかる。集中化と階層化を採用している会社は、より慎重ではあるものの、一方、反応や対応が遅くなる。

複雑な情報

　情報の伝達に費用がかかる主要な要因の一つは**複雑性**である。複雑さとは（重さ1ポンドのコーヒーの価格とは異なって）多くの変数が存在する状態を意味する場合もある。しかし、重要なことは、異なった情報の間で相互に依存しているという意味で複雑ということである。様々な数字や式が並んだ表と、それらの項目が相互に参照している表の違いを考えてみよう。後者の表を受け取った者は、式とその背景にある理由を理解しなければならないので、情報の伝達コストはより高くなる。

　第7章で職務設計を議論する際に、同じ意味合いで複雑性について取り上げる。作業が相互依存していると、異なった仕事に細分化することが難しくなる。ここで紹介したように、仕事が複雑なため、こうした作業をする人は仕事について特殊的知識を持っている場合が多い。

技術的な能力が必要となる情報

　伝達された情報が完全に理解されるために高度な人的資本が必要となる重要な、特別の状況もある。最も科学的あるいは**技術的**な知識がこれに当たる。例

えば研究開発に関しては、技術者のみが持つ専門的な知識が必要とされるため、経営陣がほとんど関与することなく意思決定が行われるべきである。

予見化しづらく個別性の高い情報

単に、頻繁なコミュニケーションが必要となることで、コミュニケーションのコストは頻度に比例して高くなる。状況が大きく、不規則的に変わっているような場合がこうしたケースに当てはまる。ただし、不規則な状況だからといって、必ずしも特別な知識が必要とされるとは限らない。例えば、仕事の環境は常に変化しているものの、予見できるような場合を想定してみよう。顧客サービス担当者は12もの異なった種類の苦情を処理しなければならないが、同じような種類の苦情は何度も繰り返し寄せられるとする。このような場合、分散化の必要性はそれほど無いだろう。代わりに会社は12種類の状況のそれぞれについて、どのように対応すべきかを指示した標準的な事務処理手順を確立すればよい。従って、状況が予見しづらいか、あるいは**個別的**である場合、従業員は仕事についての特殊的知識を持つことを求められる場合が多い。

主観的または経験に基づく情報

有名な米国最高裁判所の判例で、判事が罪状を定義できなかったが、見れば、すぐにわかるという事例がある。これは**主観的**、あるいは**経験に基づく情報**の例である。本質的にこうした情報の伝達コストは高い。定量化することが不可能であり、コストをかけることなく詳細に記述することができないため、主観的あるいは定性的な情報と言われる。主観的な情報を伝達するためには、話し合う場を設定した上で背景を語り、状況を説明し、聞き手に確認のための質問をさせなければならない。場合によっては、情報を十分に理解するために、自分で経験することが必要となるため、このような主観的な情報は、経験則と呼ばれる。

主観的あるいは経験による情報を効果的に利用するためには、ある程度の分散化が必要となる。例えば、ホワイトカラーの実績評価は極めて主観的である。会社は評価のブレや差別に起因する法的な責任を負う可能性があるにもかかわらず、各上司に実績評価させる（つまり分散化させる）のはこうした事情による。

■ 分散化の他のメリット

管理時間の節約

中央による過度の管理を回避するためには、一部の意思決定を分散化させることが必要になる。あまり重要ではない、またより調整が必要とされない意思決定は、より低い階層のマネージャーに意思決定させることによって、経営トップは最も重要な決定に資源を集中させることができる。同様なことは、組織のあらゆる階層でも当てはまるため、あまり重要性が高くなく、調整が必要とされない意思決定は、会社の低いレベルで下されることが多い。

経営能力の開発

分析能力や意思決定能力は、かなりの部分、仕事を通して習得すべき人的資本である。将来の優秀なマネージャーを育てるために、会社は低い層のマネージャーに意思決定の裁量を与えなければならない。新任マネージャーはまず損害を抑えるような制約（限られた予算など）を課されながら、重要性の低い問題についての意思決定をさせられる。能力が伸びてくるに伴って、より大きな裁量が与えられ、より影響力の大きな意思決定をさせられる。このやり方は、より高い職位に昇進させられるマネージャーのための研修方法として、優れたやり方である。

部下が自分の上司に似たような地位に昇格することが多い理由の一つが、このことに由来することに気づいて欲しい。部下が仕事で経験を積むことで、上司はより多くの作業と意思決定を部下に譲ることになり、それが実質的に、仕事のやり方に関する上司から部下への研修になっている。

内発的動機

分散化はいわゆる**仕事の充実化**の一部である。仕事の充実化については第7章で議論する。仕事の充実化の他の要素は、労働者により多くの作業を与えることである。これらのメリットの一つは、労働者にとって仕事を、よりやりがいのある、面白いものとすることである。労働者は仕事に懸命に取り組もうと内発的に動機付けされる。

創造性

分散化は三つの理由から創造性を高めることが多い。第一に、創造性はしば

第5章 意思決定 143

しば内発的動機によってもたらされる。第二に、分散化は従業員が職務の遂行、顧客へのサービスの提供、商品の設計といった面での制約が少ないことを意味している。第三に、より集中化された構造ではあまり顧みられることがない従業員の知識、アイデアや専門性の利用が促進されるからである。

意思決定の運営と統制

　ある仕事にどれだけの権限を与えるかを決めることは、非常に重要である。多くの場合、責任の度合いは、仕事の担当者に依存しがちである。あるヴァイス・プレシデントは他のヴァイス・プレシデントよりも大きな権限が与えられることもあるが、こうした違いはおそらく能力の差による。

　議論すべき検討事項は、仕事の担当者が、会社にとって価値があるものの、他の同僚に伝達するコストが高い特殊的知識をどれだけ持っているかという点である。もう一つの重要な検討事項は、担当者の仕事が他の同僚とどの程度の調整が必要なものかという点である。これまで意思決定が比較的集中的か、分散的かを捉えるために、こうした考え方を活用してきた。これらは、有効ではあるものの、単純化した考え方であった。

■ 多段階のプロセスとしての意思決定

　意思決定は、単に質問に対して、はい、いいえで回答できるものではなく、熟考が必要となるプロセスである。意思決定をいくつかの段階に分けて考えることは有効である。様々な意思決定の特性を捉える一つのやり方は、それを四つの段階に区分することである。[4]

　1.構想（Initiativos）
　2.認可（Ratification）
　3.実行（Implementation）
　4.モニタリング（Monitoring）

　第一段階である構想は、いくつかの選択肢を作る過程である。おそらくこの段階が、創造性とイノベーションのために最も重要となる。場合によっては、

---

4) Fama、Jensen を参照（1983）

この段階は様々な可能性が追求されるブレインストーミングとも呼ばれる。

　選択肢が特定されると、続いてその中から一つの案を選ばなければならない。これが第二段階の認可である。通常、**戦略**と呼ばれる用語にあたる段階である。将来の行動の基本的な方向性が決められる局面でもある。

　一旦戦略が選択されれば、それを実行する方法がいくつかあるだろう。これが第三の段階の実行である。一般的に**戦術**といわれる言葉がこれに相当する。この段階で、再びかなりの創造力がより応用的な形で必要となる。よく言われることだが、悪魔は細部に宿る。

　最後に、第二段階で選ばれた戦略に沿って実施されているかどうかを確認することが重要である。従って第四段階はモニタリングということになる。

　おおよそほとんどの意思決定の過程は、以上で述べた段階にあてはまる。読者が工場長で、来年費用を10%削減することが求められているとしよう。どのようにしてこれを実現するだろうか？　まず、可能な基本的な手段を考える必要がある。給与の削減、解雇、仕入先からの取引条件の緩和、工場内での効率化施策などが考えられるだろう。次に、こうしたアイデアから（これらの例から複数選ぶこともできるが）いくつかの案を選び出す。続いて、選択した案をどのように実行するかを考える必要がある。そして最後に（もちろん本部もそうすると思われるが）、こうした施策の進捗を毎年モニターしていくことになるだろう。

　それぞれの段階で、異なった人々が関わってくるので、意思決定を段階に分けて考えることは有益である。特に、二つの理由により、第二段階の認可と第四段階のモニタリングでは集中化されていることが多い一方、第一段階の構想と第三段階の実行での意思決定は分散化されていることが多い。

　第一段階と第三段階の意思決定を分散化し、第二段階と第四段階のそれを集中化する一つ目の理由は、現場レベルにある特殊的知識の利用と調整の必要性という二つの目標のバランスを図ることである。どのような選択肢があるかを検討する際に必要となる情報の多くは、通常現場レベルの従業員が持っていることが多い。このことは実行段階で一層あてはまる。10%の費用削減を求められている工場長の例で考えてみよう。おそらく彼は部下に選択肢を提案させるだろう。部下達は、彼ら自身の部下にアドバイスを求めるだろう。これは第一段階、構想段階での意思決定の分散化である。実行段階でも、上司よりも部下の方が詳細を知っているため、具体的な費用削減の実行方法は部下達に考えさ

せることになる。

　一方、全体的な費用削減戦略は、会社の目標との整合性が求められるため、工場長に委ねられると思われる。実行のモニタリングについても、費用削減策が相互、あるいは会社の目標（例えば商品の性能に過度に悪影響を及ぼさないかなど）に矛盾しないか担保しなければならないため、工場長の手によることになる。このように、第二段階、第四段階は比較的集中化した方が、調整の観点からして望ましい。

　意思決定の第一段階と第三段階に対し、第二段階と第四段階を集中化した方がよいと思われるもう一つの理由は、従業員のインセンティブが不完全な場合が多く、従業員の関心が必ずしも会社のそれと合致するとは限らないからである。このような状況の場合、権限移譲した従業員が自分の目標を会社のそれより優先させないための手段が必要となる。これを避けるための重要な方法は、認可する権限に歯止めを設けるとともに、決定の実行をモニタリングすることで彼らの裁量を制限することである。つまり、意思決定者のインセンティブが不完全な場合には、ある種の牽制機能（checks & balances）が必要なのである。

　これは、組織の下層部だけではなく、組織縦断的にトップに至るまで、当てはめるべき考え方である。取締役会の主要な役割の一つは、インセンティブが不完全な最高経営責任者を監督することである。

　これまで見てきたような、意思決定の集中化と分散化の区別の議論は、過度に簡略化されている。実際の意思決定は様々な段階の往来を経て、典型的には、初期段階では分散化され、その後集中化され、追加的な構想や実行のために、再び分散化された後、更なる認可とモニタリングのために集中化される。こうすることで会社は現場の特殊的な知識と調整に関する利点の双方を同時に享受することができる。

　第一段階と第三段階は、しばしば**意思決定の運営**（management）と呼ばれ、第二段階と第四段階は**意思決定の統制**（control）と呼ばれる。基本的に意思決定の運営は分散化され、統制は集中化されることが多い。

　簡潔ではあるが、この区分けは多くの異なった種類の意思決定を考える際に便利である。例えば、会社が改革計画をどのように実施すべきかを考える際に指針を与えてくれる。更に、従業員への権限移譲の明確化に役立つ。権限移譲することは、意思決定の運営権限を従業員に与えることになるが、少なくとも

146 第2部 組織と職務の設計

意思決定の統制権（特に最終段階のモニタリング）の一部は留保することが必要である。

最後に、意思決定の運営と統制を区別して考えることは、上司と部下の役割分担についての一つの考え方を与えてくれる。組織では情報と意思決定が上下に行き交う。中間管理職の仕事のほとんどは、以下の二つの仕事から成る。第一は、部下の仕事の認可とモニタリングであり、必要に応じて一般的な情報を彼らに伝えることである。第二は、部下にアイデアを出させ、それを加工し、より高いレベルのマネージャーにそのような構想と実行について提案することである。このように、意思決定の統制自体が、**階層**という言葉の意味に他ならない。

以降、意思決定の運営と統制について、より踏み込んだ考え方を示していく。会社は創造性の段階を重視することもできるし、統制の段階を重視することもできる。どこに比較的重点を置くかということは、会社がどれほどイノベーティブなのか、リスキーなのか、どのような文化を構築したいのかなど、会社のタイプを知る上で重要である。

■ 創造性と統制

権限の関係をどのようにしていくかは、会社によって様々である。どのプロジェクトを採用し、どれを否決するかについて、個々人により大きな権限が与えられているフラットな組織にすることもできる。一方で、より下位の階層で決定された事項について各階層で拒否することができる権限を与えられている、非常に階層的な組織にすることもできる。前出の定義でいえば、フラットな組織は意思決定の運営をより重要視し、階層的な組織は意思決定の統制をより重要視しているということになる。

二種類のエラーのトレードオフ

仕事をフラットな権限の構成にするか、何重もの階層に権限が分かれた構成に設計するかは、良いプロジェクトを不採用にする場合のコストに比べて、悪いプロジェクトを採用してしまうことに伴うコストがどの程度なのかということに依存する。統計用語でいう第1種の過誤（タイプ I エラー）と第2種の過誤（タイプ II エラー）のどちらを許容するかという問題である。

具体的例として、女性向けアパレル事業に従事しているスタンフォード大学

第5章　意思決定　147

表 5.1　正しい／誤った意思決定の可能性

	製造する	製造しない
ラインが儲かる	正しい意思決定	第2種の過誤
ラインが儲からない	第1種の過誤	正しい意思決定

の出身者の実例を検討してみよう。香港出身のグレィディーとウィリーはニューヨークで女性用の寝間着を輸入する会社を経営している。彼らは自分たちを「若々しくてぶっ飛んでいる」イメージで売り出している。グレィディーは新しい種類の服のラインを発表するかどうかの決断を迫られている。ラインの発表にはマーケティング、販売、そして何よりも生産ラインへの投資が事前に必要となる。新作のラインが期待通り売れなかった場合、大きな損失に見舞われる。彼女は二種類の誤りを犯す可能性がある。一つは、新作のラインへの投資はしたものの、儲からなかった場合、もう一つは、新作ラインが実際には儲かるにもかかわらず投資を決断しなかった場合である。表5.1にこれらの可能性の組み合わせが掲載されている。

　新作ラインを製造したにもかかわらず、儲からなかった場合、彼女は**第1種の過誤**を犯したことになる。第1種の過誤とは儲からないプロジェクトを受け入れる誤りと定義される。他方、儲かったかもしれないにもかかわらず、製造するという決定をしなかった場合、彼女は**第2種の過誤**を犯したことになる。第2種の過誤とは、儲かるプロジェクトを拒否する誤りと定義される。

　第1種の過誤と第2種の過誤はトレードオフの関係にある。グレィディーが非常に積極的な方針を持ち、上がってくる全ての新しいプロジェクトを受け入れるような場合、彼女は決して第2種の過誤は犯さない。彼女は常に製造することを決めるため、プロジェクトが儲からない場合に第1種の過誤を犯すことになる。彼女の態度が積極的であればあるほど、第1種の過誤を犯す可能性が高まる一方、第2種の過誤を犯す可能性は低くなる。

　逆に彼女が極めて慎重な態度をとり、上がってくる全ての新しいプロジェクトを不採用にすることもある。彼女は全く新ラインを作らないので、製造すべきでないラインを製造してしまう状況は起こり得ない。彼女は決して第1種の過誤を犯すことはないが、決して採用することがないので、必ず何らかの第2種の過誤を犯していることになる。より慎重な態度をとればとるほど、第1種の過誤を犯す可能性が低くなる一方、第2種の過誤を犯す可能性は高くなる。

図 5.2 エラーのトレードオフと権限構造

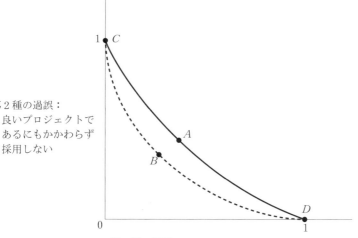

　図 5.2 はトレードオフを示している。横軸には第 1 種の過誤の確率を示している。すなわち儲からないにもかかわらず、プロジェクトを採用してしまうエラーである。縦軸には第 2 種の過誤の確率を示している。儲かるにもかかわらずプロジェクトを採用しないエラーである。D 点では全てのプロジェクトが採用されており、儲からないプロジェクトであるにもかかわらず、採用してしまう可能性が 1 になっており、悪いプロジェクトが必ず採用される。C 点は全てのプロジェクトが必ず不採用になってしまい、プロジェクトが拒否される可能性は 1 であり、良いプロジェクトは必ず採用されない。トレードオフの関係は C と D を結ぶ実線で示されている。一部のプロジェクトは採用され一部は不採用となる場合は、実線上のどこか、例えば A 点で示される。A 点では全てではないが、良いプロジェクトも悪いプロジェクトも採用される。

　新しいプロジェクトを採用するにあたって、会社はどのくらい積極的になるべきか、どのように決めればよいのだろうか？　悪いプロジェクトを採用した際の費用が非常に高い場合、会社はより厳格な方針を取り、C 点に近づくだろう。仮に新しいプロジェクトを見送った場合の費用が高い場合は、より緩やかな方針を取り、D 点に近づくだろう。

第5章　意思決定　149

図5.3　権限構造の二つの形態

階層的　　　　　　　　　　　フラット

グレィディー

ウィリー

グレィディー　──　ウィリー

　目指すべきは、それぞれのタイプのエラーを少なくするために、情報を強化することである。意思決定に際し情報が多ければ、トレードオフは実線ではなく点線に沿ったものになる。点線では双方のエラーの可能性が低くなっている点に注目してほしい。A点に比べると、B点では第1種の過誤も第2種の過誤も発生する可能性が小さくなっている。会社は常に、実線より点線の状態を求めるだろう。ただし、情報は高いコストを伴うことを覚えていてほしい。点線に沿った意思決定の方が望ましいものの、点線を描くために、遅延や高いコンサルティング料などの高いコストが生じる可能性がある。

三種類の権限体系

　権限の関係を異なった形で構築することにより、それぞれのエラーの発生度合いが異なってくる。図5.3に示されているグレィディーとウィリーの二種類の意思決定構造について考えてみよう。

　階層的な構造では、意思決定上、グレィディーがウィリーの上に位置している。ウィリーは新しい案を提示することもできる上、どのようなプロジェクトでも不採用とすることもできる。ただし、自分でプロジェクトの採用を決定することはできない。できることは採用を勧めることだけである。これは先に述べた意思決定についての運営である。すなわち彼は新しい案、既に選ばれた案の実行要領を推薦することはできる。グレィディーは最終的な決定を下す権限を持つ。これは意思決定についての統制である。新しい案を認可するか、あるいは実行をモニタリングする。このような構造は第1種の過誤を減らし、第2種の過誤を増やす方向に機能する。

　二番目の構造は**フラットな権限構造**と言われるものであり、第2種の過誤を

減らす一方、第1種の過誤を増やす傾向がある。この場合、グレイディーも
ウィリーもプロジェクトを評価し、それぞれがプロジェクトの採否を決定する
ことができる。2人とも新しいプロジェクトの起案と評価をするが、相互チェッ
クはしない。階層構造に比べ、意思決定の統制よりも運営を一層重視すること
になる。

　どちらが良い構造なのだろうか？　階層的な構造の方が、フラットな構造よ
りも、採用するプロジェクトの数が少ないことは容易に理解できる。階層的な
構造では、第1種の過誤は少なくなるが、第2種の過誤は多くなる。悪いプロ
ジェクトが受け入れられることは少なくなるが、多くの良いプロジェクトが不
採用となる。これには二つの理由がある。第一に、階層的な構造では、二回の
承認が必要となるので、プロジェクトはより厳しい審査を受けることになる。
第二に、1人ではなく2人が評価する必要があるので、処理する意思決定の数
は少なくなる。グレイディーとウィリーが並行的に働いていれば、それぞれが
より多くのプロジェクトを評価できる。

　個々のプロジェクトがグレイディーに上げられる前に、ウィリーによって評
価されなければならないとすれば、最初にスクリーニングされるプロジェクト
の数は半分になる。従って、承認されるプロジェクトはより少なくなる。プロ
ジェクトを検討しないことは、実質的に不採用としたことに等しい。基本的に、
階層的な意思決定構造では、低い階層の人々にプロジェクトに関して、最終的
な決定を行う権限がないため、フラットな平等的な権限構造よりも厳しい基準
が設定され、承認されるプロジェクトの数が少なくなってしまう。

　三つ目の方法もあるだろう。構造はフラットではあるが、二番目の意見を取
り入れる構造である。グレイディーをウィリーの上司に位置付けるのではなく、
それぞれが検討するプロジェクトを、他方にも検討させる方法である。2人の
意見が食い違った場合、合意形成がなされるためには何らかのルールが必要と
なる。合意の形成方法には様々あるだろうが、それは本議論では関係ない。い
かなるルールであろうと、第二の意見を取り入れる構造は、フラットな単一意
見構造よりも厳しいものであるものの、階層的な構造に比べるとそれほど厳し
いものではない。

　以下のように考えてみよう。階層的な構造では、ウィリーが不採用としたプ
ロジェクトを、グレイディーが目にすることはない。彼女は上に上がってきた
プロジェクトだけを目にすることになる。第二の意見を取り入れる構造では、

グレィディーはウィリーによって不採用とされたプロジェクトも目にすることができる。グレィディーがプロジェクトを気に入れば、異なった意見は集約されなければならない。これらの合意された結果の一部が、良い結果をもたらすものであれば、階層的な構造では採用されなかったプロジェクトが、第二の意見を取り入れる構造では採用されることになる。従って、第二の意見を取り入れる構造は、階層的な構造と検討するプロジェクトの数は同じだが、より寛容であり、多くのプロジェクトを承認することになる。

　一方、第二の意見を取り入れる構造は、フラットな、単一の意見による構造よりも厳格である。これは一見、そう思われないかもしれない。確かに二番目の意見によって不採用とされた最初の意見が採用されることもあるだろうが、同様に最初に採用とされた意見が不採用となることもある。第二の意見を取り入れる構造の方が、より厳しくなる大きな理由は、二番目の意見が求められる場合、全く検討されないプロジェクトの数が多くなるからだ。仮にプロジェクトの検討に必要となる時間が1人1週間だとすると、単一の意見で済むフラットな構造では、各々が一つのプロジェクトを検討するので、1週間に二つのプロジェクトが検討されることになる。これに対し、第二の意見を取り入れる構造では、2人とも全ての案件を検討しなければならないため、1週間あたり一つのプロジェクトしか検討されない。

　図5.4は第1種の過誤と第2種の過誤に関し、異なった職務権限の構造のあり方を示すことで図5.2を拡張したものである。会社はどちらの構造を選ぶべきだろうか？　選択肢はおおよそトレードオフの関係にあるため、個々の結果のペイオフによる。三種類の構造が明らかになったので、図5.5から5.7で示されているペイオフの領域を検討してみよう。

小さなアップサイド、大きなダウンサイド　図5.5は原油輸送船を経営するエクソン・ヴァルデス号社のペイオフ構造である。1989年、ヴァルデス号はエクソンが最終的に責任をとった大きな石油流出事故を起こした。石油の除去、裁判、賠償費用など、流出事故に伴う損失額は数十億ドルに上った。船長に事故の責任があり、事故の一因はアルコールの摂取だったという証拠が上げられた。

　ヴァルデス号の一件はペイオフ構造のうちの一つの典型的な例である。極めて良い仕事をしても、思ったよりも、比較的小さな利益しかない一方で、間違いを犯した場合には甚大な損失を与える。ペイオフのアップサイドは限られて

図 5.4 権限構造とエラー

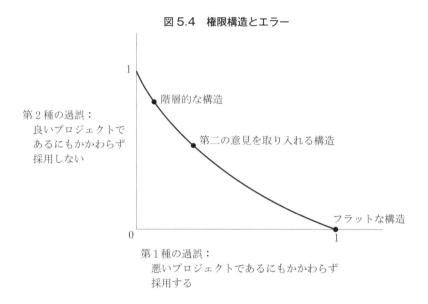

いるものの、ダウンサイドの損失は数十億に及ぶ。

　ヴァルデス号の船長は石油輸送を早くすることで、会社に利益をもたらすだろうが、その利益は、アルコールの影響を受けながら船を操るリスクには見合わない。過失はあまりにも高くつきすぎる。図5.5のようなペイオフ構造の場合、会社は第1種の過誤を最小化する一方、第2種の過誤についてはより寛大になる。本ケースを、酔いが醒めるまで航海せず、港への到着時間を遅延させるべきかどうかという「プロジェクト」と考えてみよう。「酔いが醒めるまで航海しなければ、事故を起こすことはなかった」という事象は第2種の過誤である。「酔ったままで航海し、座礁を引き起こした」という事象は第1種の過誤だ。第1種の過誤はあまりにも高くつくため、会社は、そうしたリスクを最小化する構造、つまり比較的階層的な意思決定の構造を採用すべきである。完全に酔いが醒める状態になるまで、船長は、船を航海させる権限を持つべきではなかった（実際、持っていなかったと思われるが）。無線で許可を取っていれば、会社は航海する許可を与えなかったと思われ、事故発生の可能性を低下させることができただろう。

大きなアップサイド、小さなダウンサイド　図5.6は大きなアップサイドと小さな

図 5.5　アップサイドの利益は小さく、ダウンサイドの損失は大きい

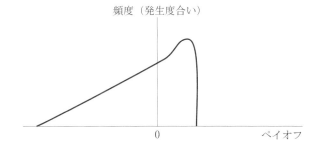

図 5.6　ダウンサイドの損失は小さく、アップサイドの利益は大きい

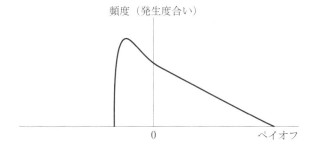

図 5.7　左右対称のペイオフ

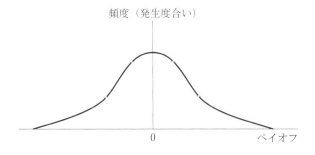

ダウンサイドからなるペイオフを示している。多くの新興企業がこれに当てはまるだろう。多くの場合、新しい会社は失敗し、損失を出すか、あるいはわずかな利益を上げるにとどまる。稀にイノベーションが当たった場合、多大な利益がもたらされる。アップサイドを望ましいとする意思決定構造はどれだろうか？　監督者がほとんど拒否権を持たないフラットな構造は、第2種の過誤を減らす。スタートアップ企業は、過度に慎重になることを嫌う。失われる評判や資本はほとんどない一方、得られるものは大きい。チャンスを追い求める方が望ましい。そもそも会社が失うものはほとんどないので、不採用になった案件が会社に損失をもたらすことはない。

　設立間もない会社は、しばしば個々の労働者に大きな権限を与える。クリエイティブな人は、階層的な会社に馴染まないとよく議論される。これは正しいが、タイプの違う人はタイプの違う会社に行くという問題ではない。むしろ会社の意思決定のルールの構造に起因しているのだ。階層的な構造は第1種の過誤を少なくする方向に誤る傾向があり、良いプロジェクトでも不採用としても構わないという傾向があるため、階層的な会社は創造性を奨励しない。フラットな権限構造は、個々の労働者に多くの選択権を与え、同時に創発性を促す。階層的な構造では不採用とされたかもしれないリスクの高いアイデアも、フラットで単一の意見で意思決定できる構造であれば、進められることもあるだろう。

　ここでの議論は、集中化された構造は統制の維持と大きな過失の回避に優れている一方、分散化された構造は創造性を育むという前述の議論を別の視点から眺めた議論である。

﹏﹏﹏﹏ 医薬品業界の小規模、大規模企業のイノベーション ﹏﹏﹏﹏

　新薬の開発は複雑かつ多額の費用がかかる。我々が学んだ概念は、通常採用されている意思決定と会社の構造を理解する上で役に立つだろう。

　まず、商品設計をそれぞれフラット、あるいはより階層的な構造で決められる一連の意思決定として考えてみよう。初期段階は探索の段階であり、興味深い特性がありそうな新たな分子の開発と分析といった研究が必要となる。新薬は膨大な利益をもたらす可能性があるので、このような初期段階ではアップサイドの可能性が高い。最新のソフトウェアによって、科学者が分子を操作したり、分析することができるので、ダウンサイドリスク

は低くなっている。おかげで、費用を抑えるとともに個々の分子の分析ス
ピードを早めることができる。こうした背景から、医薬品の研究の初期段
階では、創造性を重要視するために、比較的フラットな構造にすることが
多い。

　一旦分子が商業的に見込みがあると考えられると、トレードオフは変化
する。更なる分析は非常に高くつく。アップサイドの可能性は非常に高い
ものの、ダウンサイドリスクも急激に高まり始める。新薬として認められ
るためには、健康や命に問題がないか、臨床実験を含むコントロールされ
た実験が必要とされ、通常、こうした実験には億ドル単位の費用が必要と
なる。政府の認可は費用が高いのみならず、時間がかかる（政府の規制当
局自身も自分たちに慎重な決定統制を課している）。新薬を市場に出すに
は、製造、マーケティング、販売と費用がかかる。薬によっては、一般に
販売された後になって初めて悪い副作用があることが判明することもあり、
会社の利益と評判にかかる更なるリスクがある。これらの理由から、医薬
品研究の後半の段階では、案件が実行に近づくにつれ、意思決定は実質的
により階層的になる傾向がある。

　こうしたトレードオフから、医薬品業界では全体的な会社の構造を変化
させた。商品設計の初期段階と最終段階では、仕事の意思決定だけでな
く、潜在的な文化と従業員の種類も含め、全く異なった組織構造が求めら
れている。こうした理由により、新たな技術によって可能となった初期段
階の低い研究開発費用と相まって、多くの新薬の開発は、特別なアイデア
を利用するために設立された小規模な会社が担うことが多くなってきた。
こうした会社は非常にフラットで、探求性と創造性を重要視している。ア
イデアの商業化の目処が立てば、こうした会社は大規模な製薬会社に買収
されたり、分子の販売権を売却したりすることが多い。大企業はその後、
より複雑で費用がかかる、製薬の開発の意思決定の階層的な段階を引き継
ぐことになる。

出所：Holt（2014）

左右対称なペイオフ　ほとんどの会社はエクソン・ヴァルデス号の範疇にも、ス

タートアップ会社の範疇にも入らないだろう。多くの事業、特に確立された事業のペイオフは、より左右対称となっている。図5.7はある地元の店のペイオフを示している。優れた業績を上げても、革新的な仕事のやり方をしても、スタートアップ企業のような大きなアップサイドが生じる可能性は小さい。実績が悪くても適当な仕事をしていても、会社に損をさせるが、オイルの流出によってエクソンが負ったほどの巨額なものにはならない。このような場合、会社は、一方を犠牲にすることで他方が起こりやすくなるような状況を最小化し、ある水準までの第1種の過誤と第2種の過誤を許容することを志向するだろう。

■より質の高い意思決定への投資

図5.2では二種類の曲線が描かれていた。点線は実線よりも内側に位置していた。他の条件が同じであるとすれば、ある水準の第1種の過誤に関して、点線は実線に比べると、より第2種の過誤が生じることが少ないことを意味している（終点を除く）ため、実線よりも点線による制約を受けた方が望ましい。換言すれば、実線よりも点線の方が、どちらのタイプのエラーも生じる可能性が低くなっているのである。

どのようにすれば会社は点線に近づけるのだろうか？ 残念ながら、コストをかけることなくこれを実現することは出来ない。実線よりも点線の方が、両方のエラーは少ない。点線を実現するには意思決定過程を改善させる必要がある。様々なやり方があるだろうが、それらの全てにコストがかかる。より能力があるが賃金の高い人材を探し、より質の高い評価者の採用を試みることもできるだろう。評価者が個々のプロジェクトを評価するための時間をより長く与えることも一つのやり方だ。外部のコンサルタントを雇ったり、他のデータを購入したりすることによって、評価者により多くの情報を与えることもできるだろう。こうした方法が利益をもたらすかどうかは、悪い意思決定をすることで失われる金額に対して、どれだけの利益を上げられるかにかかっている。

応用：飛行航路

例として、雷を伴った嵐の中を突っ切って早く到着するか、あるいは嵐を迂回して長い距離を飛行するかの意思決定をしなければならない飛行機のパイロットについて考えてみよう。表5.2の情報が与えられているとする。

会社はどのような手段を取るべきだろうか？ 仮に飛行機が墜落した場合、

第5章　意思決定　157

表 5.2　雷を伴う嵐と飛行ルート

	墜落の確率	墜落時の損失	墜落時の 期待損失	燃料費
嵐の中を飛行	10^{-5}	10億ドル	10,000ドル	17,000ドル
嵐を迂回	10^{-9}	10億ドル	1ドル	20,000ドル

会社は資本と評判を損ない、高い保険料、訴訟費用を払う結果、10億ドルの損失を被る。ただし二つのルートの燃料費と墜落の可能性は異なるため、期待費用は異なる。この場合、嵐を避けるルートを取る方が良い選択になる。この例では、小さなアップサイドと大きなダウンサイドがあり、図5.5のペイオフ構造になっている。従って、会社は階層的な意思決定構造をとるべきだろうが、インセンティブ問題があるため、状況は若干異なる。パイロットは会社の収益性よりも自分の命のことをより重要視するだろう。過度に保守的になる傾向を相殺するため、航空会社は、会社からの許可を得ない限り、最短ルートで飛行するという規則を設けることができる。そうすれば、嵐に遭遇した際にパイロットは、無線で長く、費用がかかる飛行ルートを取る許可を取得することになる。会社はその要望の採否を決定することができる。

　表中に示されたような確率とペイオフの構造が与えられると、航空会社は長いルートを飛行することを求めるパイロットの要請を常に承認することになる。パイロットが嵐の中を飛行しようとした場合、期待損失は以下のようになる。

$$嵐の中を飛行する場合の期待損失 = (10^{-5})(\$10億) + \$17{,}000$$
$$= \$27{,}000$$

　第一項は、嵐の中を飛行した場合の墜落の確率と、それによって生じる会社の被る損失額を乗じたものである。17,000ドルは燃料費である。パイロットが迂回し、長い距離を飛行した場合の期待損失は以下のようになる。

$$迂回ルートをとった場合の期待損失 = (10^{-9})(\$10億) + \$20{,}000$$
$$= \$20{,}001$$

　第一項は、嵐を迂回して飛行した際の墜落する確率に、墜落によって生じる会社が被る損失額を乗じたものである。20,000ドルは高い燃料費を示している。期待損失は嵐の中を飛行した場合よりも低くなっている。

表 5.3　フォーカスターの精度

		墜落の確率		
			嵐の中を飛行	嵐を迂回
推奨の確率	嵐の中を飛行	0.9999	10^{-8}	10^{-9}
	嵐を迂回	10^{-4}	10^{-1}	10^{-9}

　会社は、認可を求められれば、常に承認するため、この場合パイロットに認可を求める連絡をさせることに意味はない。こうした条件ではパイロットは短い距離の飛行行程に嵐があった場合、長い距離の飛行を選択する権限を与えられる。すなわちフラットな構造の方が望ましいとされる。

　第1種の過誤を犯す確率がゼロになっている点に注意してほしい。短い距離の飛行が選択されることは決してないため、短い距離を飛行することによって墜落することは起こり得ない。逆に第2種の過誤になる可能性は1である。墜落することなく嵐の中を飛行できるとしても、このルートを飛行することは常に否定されるからである。

　さて、航空会社は更なる情報を入手できるとしよう。「フォーカスター」と呼ばれる新しい装置が、より正確に落雷の確率を予測することができるとする。この機能によって、いつ、嵐の中を飛行すべきで、いつ、そうすべきではないかを推奨してくれる。表5.3にフォーカスターの精度についての統計を掲載している。

　フォーカスターは嵐の中を飛行することを、1万回中9,999回推奨する。この予想に従った際の墜落の可能性は、わずか1億回に1回である。一方、フォーカスターが嵐を避けるように推奨したにもかかわらず、推奨に従わなかった場合の墜落の確率は10回に1回である。フォーカスターはより良い意思決定ができるよう非常に正確な情報を提供する。

　この装置が使用された場合、会社の観点からみた合理的な意思決定は異なったものになる。前出のケースでは会社は常に嵐を避けるべきだったが、今回はフォーカスターが短いルートを推奨する場合には、短いルートを飛行した方がよいということになる。短いルートを飛行する際の期待損失は以下のようになる。

$$嵐の中を飛行する場合の期待損失 = (10^{-8})(\$10億) + \$17,000$$
$$= \$17,010$$

　他方、嵐を迂回するルートを飛行した場合の期待損失は20,001ドルで変わらない。このように、会社はフォーカスターが短いルートを飛行するように推奨した場合はそれに従い、否定的な推奨をした場合には長いルートを選択するだろう。

　ここで二つの問題が生じる。まず、フォーカスターを購入するかどうかという問題だ。これはフォーカスターの値段と利用頻度によるだろう。第二に、より重要な問題として、仮にフォーカスターを購入した場合、どのような権限構造とすべきかという問題である。

　フォーカスターがなければ、パイロットにだけルート選択は委ねられる。パイロットのインセンティブと会社の利益は一致しているので、分散化に伴うインセンティブ問題は生じない。フォーカスターが導入されると状況は異なってくる。

　会社は99.99%嵐を突っ切って短い距離を飛行することを志向する。パイロットは違った見方をする。第一に、フォーカスターが短いルートを推奨した場合の墜落の確率が1億回に1回という可能性についてである。長い距離を飛行した場合のそれは10億回に1回だ。両方とも小さな数字だが、前者は後者の十倍も大きい。他の条件が変わらないとすれば、短い距離の方が費用的に安いとしても、パイロットは墜落の確率の低い方を選び、長いルートを飛行する。第二に、墜落を考えないとしても、迂回するよりも嵐の中を飛行する方が難しいと思われる。双方の理由から、パイロットは会社と同じ意思決定をするとは限らないだろう。

　このケースの場合、フォーカスターの購入によって、権限構造を変更すべきである。会社は階層的な構造を望ましいと考える。パイロットは嵐を回避する飛行を要請し、会社はその要請を受け入れないことができる。

　本事例は利用できる情報と意思決定構造、従業員のインセンティブが相互に影響を及ぼすことを説明している。中央に情報がある（フォーカスターがある）場合、階層を利用した集中化はより合理的だろう。そうでない場合、分散化の方が合理的だ。ただし、意思決定者の利益が、組織の利益に合理的に対応している場合にのみ、分散化は機能する。

要　約

　組織、特に近代国家におけるそれを考える上で、組織を知識の生産者、そして利用者としてとらえることは重要な視点である。（今後も見ていくが）組織構造と職務設計の目的のほとんどは、情報を作り出し、効率性、採用、そしてイノベーションを向上させるために情報を活用することである。

　国家自体も同様の問題に直面する。最も効率的な組織は市場原理に沿ったものである。こうした体制では、時間的にも空間的にも特殊的知識が利用できるように分散化されている。経済全体に広がっている知識を利用することで生産性が向上する。また、こうした体制では、局地的な問題に継続的に対応することが求められるため、経済の順応性を高めることができる。最後に、全ての個人に投資と知識の活用を奨励するため、経済の創造性が高まる。

　市場経済は、中央からの指示がほとんどない、自身で機能するシステムである。にもかかわらず、ほとんどの調整問題を克服することができる。これは価格形成を通して実現される。価格は異なった商品やサービスの価値の記号としての役割を果たしている。分散化された意思決定者はこの情報を利用し、製品やサービスの他の利用方法の可能性、これらの製品の利用者、利用方法などを知ることなく、意思決定上、それを参照することができる。このように価格は、経済全体に一般的な知識を伝達し、調整する効率的な手段なのである。

　最後の点として、所有権を通した強力なインセンティブによって、市場は良く機能する。個々の人間は資産を保有、購入、売却することができるため、資産を最も有効に活用したいというインセンティブを持つ。また、情報と意思決定権の価値を最大化するために、情報を意思決定権の側に移動させる、あるいは逆に意思決定権が情報の方に移動しようとするインセンティブが働き、情報と意思決定のマッチングが改善される。分散化された経済がイノベーティブでダイナミックである重要な理由は、市場経済における強いインセンティブ・システムが背景にあるからである。

　組織設計を考える上で、市場になぞらえることは非常に有効である。いかなる会社も完全に市場構造を模倣することはできないものの、組織の目的は、可能な限り市場が機能する方法を再現することである。このことから組織構造は、情報、特に会社内に分散している特殊的知識、顧客や取引先の情報の利用、全

社横断的に必要となる調整、そして会社の価値を最大化する適切なインセンティブの付与など、いくつかの目標の達成を目指して設計されるべきである。

　組織設計を考える際に、最も重要な特殊的知識が何かを把握することは、第一歩として有効だろう。特殊的知識について、誰が、何を、どこで、いつ、なぜ持っているのかについて質問することは、一つの方法であろう。事業に必要ではあるものの、中央の管理者に伝達することが難しい知識を社内、社外の誰が持っているのか？　それはどのような知識なのか？　その場所に限定的なのか、すぐに消滅してしまうものなのか？　いつ、なぜ事業にとって重要なのか？　このような質問に答えることは、意思決定権を分散化することが重要な状況において、強力な指針になる。

　次のステップは、そのような分析に基づいて意思決定が分散化された場合に、生じる可能性のある調整の問題を検討することだろう。調整の問題が生じる場合、三つの手段を講じることができる。一つは、調整のインセンティブの改善を図ることである。ただし、これはおおよそ適切に機能しない場合が多い。次に、意思決定のいくつかを集中化させる方向に動かすことである。三つ目の方法は、他の調整機能を導入することである（これについては次章で議論する）。

　この段階で、意思決定過程について検討することが適切であろう。意思決定の過程を細分化し、それらを異なる個人や部門に任せることによって、特殊的知識と調整の問題の活用を大幅に改善することができる。更に会社は、意思決定の運営もしくは統制を強調するために、異なった構造を選択することもできる。これはいかなる意思決定システムにも存在する、創造性と統制の根本的なトレードオフ問題に対応する方法でもある。

　本章での議論の大部分は、組織全体の視点から意思決定の配置に主眼を置いたものであった。ただし、個々の従業員に付与された裁量の度合いは、職務設計の主たる要素である。この観点から、本章は職務設計の議論の導入部としての役割も果たしている。第6章で全体的な組織設計について追加的な問題を議論した後、職務設計について第7章で取り上げる。

第6章　組織構造

> 混沌は自然の摂理であり、秩序は人間の夢であった。
> **ヘンリー・アダムス、1995年**

　前章では、私たちは個々の意思決定の割り当て方について焦点を当てた。本章では、個々の意思決定に関する、よりマクロレベルでの課題である、組織全体の構造に着目していきたい。組織構造は非常に大きなトピックで、扱い方によっては、それ自体で一つのコースができてしまうが、本章ではいくつかの重要な問題に絞って議論をしていきたい。

　あなたが、ある大きな航空機メーカーの新しいCEOを補佐する経営チームの一員だとしよう。この航空機メーカーは、直近の10年間で成功と失敗をともに経験している。いくつかの洗練された新製品が大きな成功を収める一方で、失敗に終わった製品もあった。また、ある競合メーカーが品質問題に苦しめられる姿を見て、新CEOは同様の品質問題を自社が抱えることは避けたいと考えている。そして、いくつかの商品設計とマーケティングの意思決定において、この航空機メーカーは深刻な対立を抱えている。新CEOはあなたにこれまでの成功を継続しながら、課題をクリアできるように、最も良い方法でこの会社の組織を設計して欲しいと依頼している。何から着手すべきだろうか？

　このような状況に置かれたとき、あなたはまず、会社をどのようにいくつかの組織単位に分割するかを考えるだろう。一般的に、大規模な企業は一つの経営チームが監督するには、ほぼ間違いなく複雑になりすぎている。ここでは、企業は組織をどのように部門やビジネス・ユニットに分割できるのかということが論点になる。

　第二の論点は、どのように幅広いパターンの権限を設定していくかということである。上司は、目まぐるしく変化する競合環境に懸念を抱いており、あなたの会社の意思決定が遅すぎるということを示唆している。同時に、あなたの会社はいくつかのイノベーションに成功しており、製品の高い品質を維持しな

ければならないというプレッシャーもあるだろう。前章で扱った論点はこれらの議論に関連しており、本章での議論にも有益な示唆を与えてくれる。例えば、第5章で論じたように、一般的に、意思決定するまでのスピードと、品質問題を生じさせる誤りの起こりやすさはトレードオフの関係にある。

　組織構造は、従業員のキャリアパターンにも大きな影響を与える。伝統的な業務機能に基づく階層型の組織では、自分が担当する業務機能の範囲内で、従業員がより深い知識を習得し、自らに投資するキャリアを前提としている。階層型以外の組織を採用することは、組織とキャリアの階段のつながりを断ち切り、従業員の能力開発を弱めてしまう可能性がある。更に、どのような組織を採用するかは、実績評価の有効性にも影響を与えうる。このような評価に関するいくつかの問題についても本章で取り上げる（評価については、第9章でより深く議論する）。航空機メーカーは、優秀なエンジニアリング・スタッフを引き留めなければならないため、評価は非常に重要な問題である。

　最後に、部門間の対立の存在は、企業内での調整のやり方に改善の余地があることを物語っている。企業内の調整の重要性と種類という問題に関して、様々な組織構造はどのような意味を持っているのだろうか。調整の観点から、どのような組織構造が考えられるだろうか。本章ではこうした種類の疑問を取り上げる。

組織構造の種類

　本節では、企業がよく使う五つの一般的な組織構造について説明する。続いて、どのような要素が、組織構造の選択に影響するかを議論する。もしも読者が既に基本的な組織構造を知っているのであれば、本節は飛ばすか、さっと目を通してもらうだけで構わない。

　企業の実際の組織構造は極めて複雑になりうる。企業はしばしばここで説明する組織構造を組み合わせる。例えば、ある企業は多くの部門を持ち、ある部門はマトリックス型組織を、ある部門は伝統的な業務機能に基づく階層型の組織を、またある部門はより非公式なネットワーク型の組織を採用していることもある。一つのビジネス・ユニットの中でも、複数のアプローチが組み合わせられることがある。あるビジネス・ユニットは、業務機能に基づく階層型の組織を持ちながら、同時にネットワーク・アプローチを用いて、非公式なコミュニケー

図6.1　業務機能に基づくヒエラルキー

ションと協力を重視していることもある。意思決定の種類により異なるアプローチをとるビジネス・ユニットもあるだろう。そのため、これから説明する四つの組織構造を、建物の基礎となるブロックのようなものと考えてもらいたい。企業が大きく複雑になればなるほど、企業の組織構造はこれらの要素を組み合わせたものとなり、組織図で適切に表現するには複雑になりすぎる。

　四つの基本的な組織構造の種類について説明する前に、これらのうちの一つを除く全ての組織構造は、私たちが前章で紹介した重要な原則である、階層の考えを拡大し応用していることに留意して欲しい。

■ 階層型組織

　図6.1は、これまで最も重要な役割を果たしてきた、業務機能に基づく階層による古典的な組織図を表している。業務機能に基づく階層は、二つの重要な要素を持っている。それは、業務機能の構造と階層である。

　階層型組織には、多くのコミュニケーションや業務の管理および意思決定が、組織の末端からトップまで明確なライン上で行われるという特徴がある。図6.1では、各業務分野にトップが存在する（例えば、営業担当の上級副社長）。部長は上級副社長へレポートし、マネージャーは部長へレポートし、アシスタント（部下）はマネージャーへレポートする。階層型の組織では、基本的に各

従業員は自らが属するライン上で直接関係がある従業員と共に働くことが期待されており、二つ以上階層が異なる社員とコミュニケーションをとることは、（全くではないものの）あまり期待されていない。階層型の組織においては、誰が誰の部下であるかについて曖昧さはない。この組織構造は、私たちが第5章で分析したものである。

階層型の組織では、究極的な決定権限はCEOにある。しかし、第5章で議論したように、多くの意思決定はCEOよりも低い階層で行われる。意思決定の分散化は、多くの場合において、現場の知見を活用し、トップマネジメントの時間を節約するために必要である。更に、意思決定の分散化は、意思決定に関するマネジメント構造の分離と、適切な管理、そしてより優れた調整を実現させる。

第5章でも簡単に触れたが、**単一の意思決定者**がいることには、利点があるため、ほぼ全ての組織が階層構造を内包している。もし、従業員が誰にレポートするべきかわからなかったり、最終的な意思決定者が誰かが明確でなかったりする場合、その組織はいくつものコストを抱えることになる。組織としての合意を図ろうとすると、意思決定は遅くなりがちになる。誰に疑問をぶつければよいかわからないため、従業員は混乱するだろう。更に、集団による意思決定では、どのように物事を決定していくかについての政治の重要性が高まる。このような理由により、ほぼ全ての組織では、意思決定において階層が広く採用されている。

大規模な組織では、階層のコストは高くなりがちである。その理由を理解するために、子供の頃にやった伝言ゲームを思い出して欲しい。伝言ゲームでは、プレイヤーは輪になって座る。最初のプレイヤーは、ある言葉を隣のプレイヤーの耳に囁く。二番目のプレイヤーは、彼が聞いた言葉を隣のプレイヤーの耳に囁き、同じように各人が隣のプレイヤーに伝言していく。輪になった全員に伝言が終わったら、最後のプレイヤーが聞いたことを大きな声で発表する。通常、最後のプレイヤーの言葉は最初のプレイヤーが伝えた元の言葉と全く異なってしまっている。伝言の過程で言葉が変えられてしまうのだ。

同じことが、特に層が多い階層型組織において起こりうる。企業の複数のビジネス・ユニットを調整するためにCEOが必要としている情報を、ある低い階層の従業員が持っているとしよう。その従業員は情報を直属の上司に報告し、その上司は情報を彼の上司に伝え、情報がCEOに到達するまで情報は伝言さ

れていく。数値化しやすい情報でない限り、伝言の途中で情報はある程度変わってしまうことが多い。情報が伝達される前に、各階層において何らかの処理が行われる場合は（実際、そのような場合が多いのだが）、情報は更に変化しやすい。反対に、決定事項の実行過程においても同様の変化が起こりうる。CEO が現場レベルに影響する意思決定を行った場合、情報は上から現場へ向かって伝達されなければならないからだ。

　確立された組織構造は、政府、軍隊、宗教団体などの初期の大組織において、まず最初に発展した。これらの組織の草創期において、階層は重要な役割を果たしたし、現在においても同様に重要な役割を果たしている。

■ 機能別組織構造

　伝統的な組織の二番目の要素は、機能別組織構造の活用である。企業がある規模まで成長すると、組織はより管理可能な小さな規模に分割されなければならない。分割されなければ経営トップが仕事を抱えすぎることになる。論理的な分割の方法の一つは、何らかの視点から、似ている従業員を同じユニットに括ることだ。非常に一般的な分割方法の一つは、能力や仕事内容に応じて、組織をユニットに分けていくことである。

　図 6.1 では、会社は三つの機能に基づいて組織されている（現実には、より多くの機能に分けられるだろう）。一つの従業員グループは R&D に特化している。二番目のグループは製造に特化し、三番目のグループは営業を担当している。

　このような組織構造においては、従業員のキャリアは、一つの機能の中で形成されることが多い。エントリー・レベルのある製造担当の従業員は、昇進するだろうが，それは同じ製造担当部門の中においてである。営業担当の従業員も同様に同じ営業のラインで、より大きな責任を担っていくことになる。

　機能に基づく組織は、**専門化**により、大きな便益を享受することができる。**機能別組織**において、従業員はほぼ常に、同じ同僚と特定の機能に基づいた同じ部門の中で働く。部門間のコミュニケーションは高い層で行われることが多く（極端なケースでは CEO と上位経営陣）、ある仕事をこなすために従業員にとって必要なのは、自分が担当する機能に関連する知識と能力だけである。会計士は会計さえわかっていればよく、製造やマーケティングについてはほとんど、もしくは全く知っている必要はない。このことは、第 3 章で見たように、

能力への投資を大きく経済的にする。

専門化することによる二つ目の利点は、仕事を専門化することが可能になり、限定的な範囲の特定の仕事にのみ取り組めばよいということである。労働者は、担当する仕事に関係する知識と能力のみを持っていればよい。この点については、次の章で重点的に取り扱う。機能に基づく階層は、限られた数の任務から構成される、**限定的な**仕事と称される職務について設計することを容易にする。そしてもちろん、限定的に設計された仕事には、狭く特定の任務に焦点を当てた人的資本によって対応できる。

機能別組織には他にも、階層がよりスムーズに動きやすくなるという利点がある。なぜなら、従業員は階層の下部からスタートし昇進していくため、機能別組織における上司は、しばし自分がかつて担当していた、よく知っている仕事を監督することになるからである。これは、上司がより効果的なマネージャーとなれることを意味している。上司は部下から報告される情報をより効果的に処理することができ、またより適切な指示を部下に与えることができる（言い換えれば、意思決定の運営と意思決定の統制の両方を、より効果的に行うことができる）。上司は部下と同様の一連の能力を持っているため、コミュニケーションはよりスムーズになる。また、仕事の文脈と実績において、社員の努力とその他の要因がどれだけ影響しているかを上司が理解することができるため、実績の評価もより正確になる。

このように、機能別組織には、研修、職務設計、コミュニケーションといった面で、非常に大きな長所がある。しかし、機能別組織には、同時に重要な欠点もある。専門化が進むと、自分の仕事がどのように組織の他の部門に影響するかについて、従業員はほとんど理解しなくなる。従って、ある仕事が他の仕事とあまり調整されずに進められるという事態が生じやすい。

この問題には、二つの原因がある。まず、能力と仕事における専門化が進むと、従業員は自分たち以外の部門の視点を考慮しなくなる。これは、自分達以外の機能を無視することと、歪んだインセンティブによる（機能別組織での実績評価は、他部門との調整は考慮されることなく、各機能での仕事の専門性によって測られやすい。第9章で、この背景を理解するためのツールをいくつか紹介する）。二つ目の理由は、既に触れた、階層において生じる意思決定とコミュニケーションの混乱だ。機能別組織では、多くのコミュニケーションは部門間を横断することはなく、同じ部門の中で上下に行き交うだけになる。

図6.2 部門別組織構造

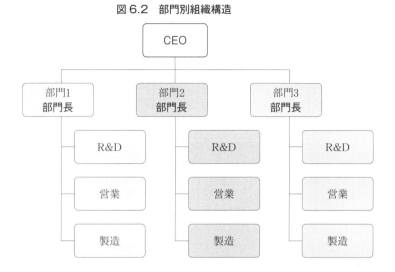

■ 部門別組織構造

　企業が大きくなると、CEOは、組織をより管理可能な単位に分割する必要がある。そして、分割された各部門における多くの主要な意思決定は、それぞれの部門長に委ねられる。組織を分割する一つのやり方は、機能によって分けることだ。この方法は、専門化による経済的な多くのメリットをもたらす。しかし大規模な組織では、単純な機能に基づく階層は、機能に基づく部門の単位が効果的にマネジメントするには大きすぎるため、不適切なことが多い（例えば、コミュニケーションの混乱といった、機能に基づく組織の欠点が、重大な問題となる）。

　更に、企業は規模が大きくなればなるほど複雑になる。企業の製品ラインは拡大し、企業はより多くの地域で販売し、より数多くの手法や技術を用いるようになる。これらは全て、機能と機能の間の調整の問題が、より深刻になり易くなっていることを示唆している。このような理由から、多くの中規模から大規模の企業は、組織をいくつかの部門に分割する。**部門別組織**の例は、図6.2に示されている。

　この例では、企業は三つの部門に分けられている。各部門の中では、機能に基づいた階層が採用されている。この例は、企業が本章で説明する組織構造を組み合わせることができることも示している。

更に、大きすぎる機能に基づく組織の問題への対応を改善するために、部門別組織では、それぞれの部門が、企業の事業の限定された一部に集中できるようにしている。これは、実質的に、専門化することによる利点を、大きな規模で実現しているということである。

例として、ハイエンドのコンピューターを開発、販売している会社を考えて欲しい。その会社は、デスクトップ、ノートパソコンや（スマートフォンを含む）タブレットコンピューターを、教育機関（学校や大学）や企業に販売している。その会社の商品のいくつかは最新のテクノロジーを用いており、処理能力もハイスペックだが、その他の商品は基本的な処理への対応を想定し、一般的な部品を使って安価に設計されている。

この会社のビジネスはやや複雑であり、顧客、製品の種類、テクノロジーが多岐にわたっている。もしも、これら全ての活動が一つの大きなユニットによって行われた場合、上位経営陣は自分たちのリソースをどこに振り向けるべきか、常に難しいトレードオフに直面するだろう。

代わりに、その会社は事業をいくつかの異なる部門に分割することを検討することもある。各部門には集中すべき特定の分野が定められる。このような方法は、各部門の役割と運営を簡素にするだろう。

例えば、その会社が組織を製品別に分けたとしよう。図6.2の三つの部門は、デスクトップ、ノートパソコンとタブレットになる。ノートパソコン部門で働く従業員は、ノートパソコンのデザイン、製造、販売をどのように改善するかに集中する。自分の仕事が他のデスクトップやタブレットにどのように影響するかを考える必要がないため、従業員の仕事は大幅に単純化される。このようなことが、ノートパソコン部門で働く全ての従業員で生じる。

このコンピューター会社を、顧客を基準に分割することも容易だろう。この場合、教育機関向けと企業向けという二つの部門に会社は分けられると思われる。各部門の従業員は、自分たちの部門が責任を負う製品の成功に向けて仕事をする。従業員の努力の方向性が、製品別に組織を分割した場合と少し異なることに注意して欲しい。顧客を基準に組織を分割した場合、従業員はデスクトップ、ノートパソコン、タブレットのいずれも扱い、特定の顧客（例えば、教育機関）を対象にこれらの製品をデザインし、販売することになる。

組織を分割する三つ目の考え方は、利用するテクノロジーを基準とすることだ。この場合、このコンピューター会社は、最上位のハイエンドモデル、上位

モデル、一般的なエントリーモデルの三つの部門を持つことになるかもしれない。このような部門の分け方は、これまで見てきた分け方と比べるとそれほど多くはないが、実際に存在する。よくある部門の分け方の最後の例は、地域による分割だ。このコンピューター会社は、南北アメリカ、ヨーロッパ、アジアの三つの部門に分けることもできる。

このように、専門化は様々な基準に基づいて実行することができる。経済学においては（そして本書においては）、人的資本に対する投資や現実的な職務設計といった文脈で専門化は説明されることが多いが、他の基準に基づいた専門化にも、当てはめることができる。

従業員が専門化されると、異なる内容に専門化した従業員間の調整コストが必ず生じる。この原則は、部門別組織にも当てはまる。企業を部門別に分割することは、企業をある程度において複数の小さな企業に分割することを意味する。しばしば、ある部門の部門長は、主に自分の部門の業績に応じて評価され、報酬を得る。しかし、インセンティブ、戦略、能力、そして職務設計がそれぞれの部門で専門化されると、各部門における自分たちの仕事が、他の部門にどのような影響を与えるかを適切に考えなくなってしまう。

第5章で用いた市場の例を、組織設計にも当てはめてみよう。異なった組織上のユニットは、ほかのユニットに対し、良しにつけ悪しきにつけ、外部性をもたらすため、調整の問題が生じる。正の外部性の場合、協力が不足する。負の外部性の場合、過度の競争になる。

コンピューター会社でもう一度考えてみよう。もしも、企業を製品別に組織した場合、デスクトップ部門とノートパソコン部門は、お互いに販売上競合する。お互いにもたらす負の外部性について考慮するといったインセンティブがそれぞれの部門で不十分なため、この競争は全体の利益を押し下げる。従って、部門別に組織された企業におけるCEOと上位経営陣の仕事の多くは、各部門を監督し、部門間の調整を行うことになる。CEOと上位経営陣の仕事には、部門の戦略に対するいくつかの意思決定を、部門ではなく、CEOと上位経営陣で行い、部門間の協調に報いるインセンティブを設計し、部門間で生じる様々な問題を解決することが含まれる。

企業はどのように部門を定義するべきか?

企業は部門構造をどのように決めればよいのだろうか?　これは、特定の事

業に関する知識がなければ答えることが難しい質問であり、結局のところ、ある事業のどの側面が差別化のために重要かを判断することになる。例えば、コンピューター会社の例では、ある類似したテクノロジーが三つの製品、いずれについても必要だとしよう。この場合、テクノロジーを基準に、この会社を組織することは間違いだろう。各部門は、それぞれの特定の製品のためのR&Dに集中しようとする。その結果、部門間でR&Dの重複や部門を越えた互換性がなくなってしまう。他方、もしもそれぞれの製品に全く異なるテクノロジーが必要であれば、R&Dを三つの部門に分けてもコストはそれほどかからない。

営業とマーケティングを地域、製品または顧客の属性により組織することは、しばしば理に適っている。地域を基準に組織を分けることは、同じ営業チームが全てのタイプの顧客に対して、効果的に営業を行うことができる場合に有効である。営業チームは、ある特定のエリアの全ての顧客を担当することになる。加えて、地域を基準に組織を分けると、会社がマーケティング、製品情報、営業手法を、地域の言語や文化に応じて変えることが容易になる。

営業を製品もしくは顧客を基準に組織することは、製品や顧客によって、異なる営業やマーケティング手法が必要とされる場合に有効である。例えば、法人顧客またはハイエンドの顧客は、相対的に価格感応度が低く、より洗練、特化された製品やサービスを要求するだろう。

どのようなレベルにおいても、仕事を組織する上で重要な原則の一つに、**モジュール化**がある。一つのシステムが、それぞれが大きく異なる機能的に異なった部分に分けられる場合、**モジュール**と呼ばれる。モジュール化の原則は、ソフトウェアデザインから進化生物学、社会学まで、様々なエリアに応用でき、組織構造と職務設計にも応用することができる。

ある仕事が、複数の職務、仕事を行うグループ、事業部門、部署に分割されると、これらの単位間で、調整コストが生じる。ただし、ある仕事がモジュール化しやすければ、調整コストを相対的に低く抑えることができる。従って、どのように部門を定義するかを検討する際に、モジュール化のしやすさを考えることが役に立つ。事業は、自律的なマネジメントがほぼ可能なグループにどのように分割することが可能だろうか。既に、R&Dを分割することが合理的でないケースについて議論したが、R&Dはこのコンピューター会社の中で、簡単にモジュール化することのできない機能だと言える。反対に、販売組織を地域や製品によりモジュール化することは、比較的容易な場合が多い。

第6章　組織構造　173

　モジュール化は、部門間の外部性や調整コストが大きすぎない場合に可能となる。ソフトウェアデザインでは、この原則を**低い結合度**と**高い凝集度**と呼ぶことがある。ある仕事が高い凝集度を必要とする場合、それらの仕事を同じ事業部門の中にまとめるか、強力な調整メカニズムを作り出すことが重要である。弱い結合度しか必要とされない仕事は、異なるモジュール（仕事、事業部門、部署）に分割する対象となる。モジュール化の原則は、次章でも議論する。

✻✻✻✻✻✻ マイクロソフトにおけるソフトウェア設計 ✻✻✻✻✻✻

　2007年の初頭、マイクロソフトはウィンドウズのVistaへのアップグレードを発表した。これは、当初のアナウンスよりも1年以上遅れてのリリースだったが、その理由は、とても複雑で巨大なソフトウェア（技術的には、相互に連結されたプログラムと呼ばれる）であるウィンドウズのデザインにおいて、明らかにモジュール化が不十分だったためである。

　個々のプログラマーは、ソフトウェアのコード全体の中の一部の開発を割り当てられる。そして、それぞれのプログラマーにより開発されたこれらの部分は、プログラム全体としてまとめられる。しかし、マイクロソフトは、開発プロセスにおいて、モジュール化の原則に十分注意が払われなかったようである。4,000人以上のエンジニアがウィンドウズのために働いており、これらのエンジニアたちは、一つの継ぎ目のないプロジェクトとして、一体としてマネジメントされていた。

　Vistaの遅れが明らかとなった時、マイクロソフトは開発プロセスに対して二つの変更を行った。まず、マイクロソフトは、会社をいくつかの部門に組織するかのように、ウィンドウズ・プロジェクトをいくつかの小さなプロジェクトに分割した。マネージャー達がウィンドウズ・プロジェクト全体のチャートを描いた時、それは「高さ8フィート、幅11フィートもあり、まるで何百もの線路が交差する、でたらめに描かれた路線図のようだった」という。プロジェクトのリーダー達はウィンドウズ・プロジェクトを、オペレーション・システム全体に影響を与えずに、追加したり減らしたりすることができるいくつかのサブ・プロジェクトに再設計した。

　二番目に、マネージャー達は、個々のコードに対して、それらが大きなプロジェクトに加わる前の段階で、より高い品質を求めることで、モ

ジュール化をより改善させた。エンジニア達は、より完璧に自分たちのプロジェクトをデバッグし、一つの機能を担うレゴのブロックのように、より独立してプログラムが動作するように設計することを期待された。

出典：Guth（2005）

　最後に、部門別構造に関して、原則として、企業は異なる仕事を異なる構造に分割することができるということに言及しておきたい。例えば、R&D を全社のための一つのグループにまとめることもできる。こうすると、全社的に用いられる様々な部品・製品を標準化できるという、規模の経済の効果を最大化できる。同時にその会社は、販売手法の柔軟性を最大限確保するために、マーケティングと営業を顧客別部門に分けることができる。配送コストを最小化するために、製造を地域別に分けることもできるだろう。しかし、企業の様々な業務領域を全く異なるラインで組織すると、急速に複雑化が進むこともある。製造は地域差への対応に集中し、営業やR&D の連携は上手くいかないだろう。R&D は、先端の LCD スクリーンテクノロジーの開発に集中し、異なる種類の顧客のために、製品の仕様を変えることに、十分な注意を払わなくなるかもしれない。結果として、異なる目的を与えられたこれらのグループを調整するという CEO と上位経営陣の仕事は、より難しくなる。このような理由から、組織構造を出来るだけ簡素にし、従業員を比較的一貫したやり方でグルーピングするやり方には、利点がある。

■ マトリックス型もしくはプロジェクト型の組織
　部門別組織の欠点の一つは、企業が単純な機能に基づく組織で得ることができる専門化と規模の経済による利点を失うことだ。例えば、各部門がそれぞれ営業部隊を持っているとすると、それらの営業部隊が別々にサービスを提供することで、効率性が失われるだろう。同様に、ある会社で、各部門が独自の会計部署を持っている場合、その会社は複数の互換性のない、割高な会計システムを抱えていることになる。
　この問題は、高度な技術知識が求められる R&D のような機能において特に深刻になる。もし、部門ごとに R&D 機能が別々に複数あるとすると、R&D 部

署は必要な技術知識をそれぞれで開発しなければならない（もしくは、以下で議論するナレッジマネジメント・システムを導入する必要がある）。このような取り組みは無駄が多く、全ての研究資源を一つの部署に集約するケースと比べて、非効率となる。

　本章で扱う三つ目の組織構造は、マトリックス型もしくはプロジェクト型の組織であり、機能の専門化により規模の経済を享受したいという思いと、何らかの形で部門を分けたいという思いを、バランスよく実現するものだ。図6.3はこの例を示している。この場合、ある企業は、機能と部門の**両方から**組織されている。各従業員は、機能と部門の二つのグループに所属する。例えば、あるエンジニアは、ソフトウェアデザインの担当であると同時に、ノートパソコン部門にも所属している。特徴として、個々の従業員は機能上と部門上の**2人**の上司を持つことになる。

　これが比較的恒常的に制度化されて運用される場合、図6.3のような組織を**マトリックス型組織**と呼ぶ。**マトリックス**とは、組織が二次元で設計され、従業員が二つの組織に所属することを指している。実際のところ、図6.3の組織図は、縦横の表のように見える。

　多くの企業は、ある機能を担当する従業員に、複数の機能にわたるプロジェクトを割り当てる。このようなプロジェクトは、図6.3のような制度の部門と比べると、本質的に一時的なものである。プロジェクト型の組織とは、このように比較的一時的なマトリックス型の組織を意味する。マトリックス型組織も、プロジェクト型組織も、同じような手法で設計されており、両者の違いは組織が一時的か、恒常的で制度化されたものかどうかに過ぎない。一時的なクロス・ファンクショナル・チームも同様の原則を用いるが、プロジェクト型組織よりも、更に一過性的な性格が強くなる。

　部門別構造では、従業員は、ある意味、二つの組織、つまり部門とその中の機能の一つと関係を持つことに注意してもらいたい。しかし、これはマトリックス型のアプローチとは異なる。部門別のアプローチでは、ある機能（例えば、異なる営業グループ）は、それぞれの部門に存在する。マトリックス型のアプローチでは、複数の部門にまたがる、単一の機能グループが存在する。言い換えれば、部門別構造では、機能は部門の中に配置されるが、マトリックス型の組織では、一つの機能が部門を横断的に配置されるのである。

　マトリックス型もしくはプロジェクト型の組織では、機能別組織と、部門別

図6.3 マトリックス型もしくはプロジェクト型の組織構造

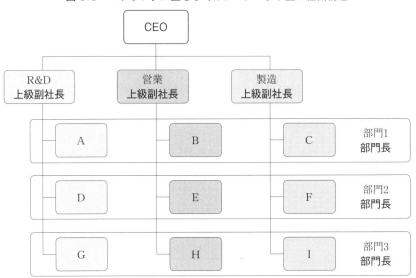

組織のそれぞれが持つ多くの利点を享受することができる。機能によって組織されたマトリックスを一方で持つことで、機能別組織の多くの利点が得られる。従業員は人的資本への投資に集中することができ、ある分野における専門家になるだろう。キャリア・パスは明確である（機能のラインに沿って専門性を育成することができる）。機能の上司による実績の評価は、より効率的になる。

同時に、従業員は、部門の中で、**機能横断的**にグループ化される。これは、いくつかの点において、調整の問題を改善する。第一に、同じ部門に所属する労働者達は共通のゴールを持つ。第二に、それぞれの労働者は部門の業績を伸ばすことに責任を負った上司を持つことになる。これは、労働者間の協調を促進する。最後に、従業員は他の機能グループの従業員たちと、より直接的にコミュニケーションをとり、直接協業するようになる。伝統的な階層型組織において、複数の機能が関係する調整の多くは、各機能グループのトップによって行われていたことと対比してもらいたい。マトリックス型もしくはプロジェクト型のアプローチの重要な利点は、多くの調整が、実際に様々な仕事が行われる、より下層で行われるということだ。この考え方は、下記に紹介する**統合問題**にとって重要な考え方となる。

マトリックス型の構造は、機能別構造と、部門別構造の、双方の優れた点を

提供するように見える。しかし、マトリックス型の組織には、大きな欠点もある。それは、意思決定者を1人にするという原則に反しているということだ。この構造では、従業員は2人の上司を持つことになる。これらの上司は互いに矛盾する目標を持っている。機能面での上司の目標は、機能面での専門性を最大化することである。例えば、R＆Dの上司は、特定の製品部門にだけ貢献する応用研究ではなく、多くの異なる製品に応用可能な基礎研究に、取り組もうとするだろう。反対に、エンジニア部門のマネージャーは、特定の製品へ資源を集中するようにエンジニアに要求するだろう。

　多くの場合、キャリアが、自分の機能上の職務のキャリアに沿ったものなので、労働者は機能面での上司に、より忠実になる傾向がある。従って、マトリックス型の組織では、部門別組織と比べ、（部門の業績ではなく）より機能や専門性に重点が置かれやすい（ただし、機能に基づく組織ほどではない）。

　これは、エンジニアにとっては、非常に悩ましい状況をもたらす。エンジニアは、自分の2人の上司から、違った業務に一層集中するように、常にプレッシャーをかけられる。2人の上司は、そのエンジニアがどのように評価され、報酬を受け取るべきかについても、異なる意見を持ち、合意することはない。従って、マトリックス型の組織では、社内政治、社内での対立、意思決定のスピードの低下、官僚主義といった問題が生じやすくなる（例えば、より多くの時間が社内ミーティングで対立を解消することに使われる）。もちろん、対立は、ある意味、協調に関する問題を発見し、解決するための調整メカニズムの一つだと言うこともできる。問題は、このメカニズムは複雑で高くつくということである。従って、マトリックス型の組織は導入による利点が十分に大きい場合にのみ、採用されるべきである。

スカンクワークスとアウトソーシング

　多くの製品を生産したり、様々なマーケットで事業を行っている大規模な会社は、非常に複雑な組織となることが多い。これまで見たように、複雑な組織ではコストが上昇し、意思決定は遅くなり、イノベーションは減少する。これらの問題を緩和するために用いられる二つのテクニックが、「スカンクワークス」とアウトソーシングだ。

　スカンクワークス（*Skunkworks*）は、大規模な組織から切り離された組

織上のユニット構造に対して使われる言葉で、そこでは、よりシンプルな事業に取り組む小規模な会社と同じような組織構造が構築される。スカンクワークスでは、明文化された方針やインフォーマルな行動規範・カルチャーにおいて、大規模な組織とは異なったやり方を追求することができる。このようなアプローチは、特にイノベーションが重要な研究や開発において一般的だ。

　例えば、大手製薬企業であるイーライリリーは、コーラスと呼ばれる独立した部門を2007年に立ち上げた。コーラスの目的は、新しい有機化合物を概念実証の段階まで開発することだ。この段階にまで達した化合物は全てリリーに移され、リリーが米国食品医薬品局（FDA）の認証プロセスにかけ、最終的に市場に出て行く。会社によれば、コーラスは、より早く低コストでイノベーションを起こせる小企業のようにデザインされている。

　もう一つの同様のアプローチが、企業が自社で対応していた業務を、外部のサプライヤーからのサービスに切り替えるアウトソーシングである。アウトソーシングによって、会社は組織をスリム化することができ、プロダクト・デザインやマーケティングといった会社の戦略にとって、最も重要な業務に集中することができる。アウトソーシングは、人事、IT、会計、法務といった管理系の業務において、一般的に用いられてきた。しかし最近では、製造やサプライチェーンといった、従来アウトソーシングの対象とされていなかった領域においても、アウトソーシングの利用が進んでいる。例えば、アップルは、全ての自社製品のほとんどの部品の製造をアウトソースしており、いくつかの製品については、組み立てもアウトソースしている。アウトソーシングの進展には、いくつか理由があるが、その中で二つの傾向について指摘したい。第一に、グローバリゼーションにより、企業はマーケティングや販売面で、海外のパートナーを利用できるようになった。また、グローバリゼーションにより、低コストの生産者を利用し、コストを下げることも可能になった。第二に、ITにより、企業が地球の反対側のアウトソーシングパートナーと、コミュニケーションをとったり、彼らをモニターしたり、協働することが容易になった。

出所：Longman（2007），Nowacki（2007）

図6.4　ネットワーク構造型組織

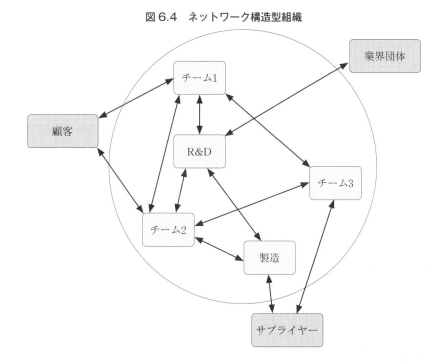

■ **ネットワーク構造型組織**

　本章で扱う最後の組織構造は、この20年間において注目が高まるようになったネットワーク構造である。図6.4にネットワーク構造の例が示されている（円は会社の境目を表す）。ネットワーク構造を厳密に定義することは難しい。ネットワーク構造は、組織の内外において、個々の労働者やマネージャー間の非正式な関係をより重視している。あらゆる組織において、正式な組織と非正式な組織は共存している。ここで言う非正式な組織とは、それぞれのマネージャーの**ネットワーク**であったり、同僚との関係であったりする。従業員がある仕事を仕上げなければならない場合、彼らは常に組織図に示された正式な意思決定のルートに従うわけではない。時には、直接同僚に連絡をしたりする。これには、意思決定がより早くなる、情報のロスが少なくなる、調整が容易になるといった利点がある。一方、正式な指示系統が軽んじられうるという問題が生じる。

　同様に多くの企業は、前節で議論をしたように、一時的な特別のクロス・

180　第2部　組織と職務の設計

ファンクショナル・チームを作ることがある。このようなチームを使うことで、機能の専門性と部門目標への集中のバランスをとることができると同時に、マトリックス型組織よりも柔軟な運用が可能になる。いくつかの企業は、このような特別なワークグループを重視し、マネージャーに自身のネットワークを通じてコミュニケーションや調整を行うことを推奨している。このような組織は時にネットワーク構造型と呼ばれる。

　図6.4では、会社が三つのチームから組織されている。これらのチームは、新しい製品の設計や、特定の顧客のために作業をすることに責任を持っている。この会社は同時に、R&Dと製造という二つの伝統的な機能に基づいたユニットも持っている。これらはおそらく、専門化と規模の経済による利点を最大化するために組織されている。そして本ケースでは、この会社の三つのグループと恒常的に一緒に働く社外の三つのグループ（主要顧客、業界団体、サプライヤー）が存在している。

　この組織では、あるチームに所属する社員は、チームの目標を達成するためにお互いに協力する。図6.4の組織図は、二つの機能に基づく組織と三つのその他の部門（チーム）を持っていることを示している。

　ネットワーク構造型の考え方は、全ての仕事が伝統的な階層に収まるわけではない点を重視している。この例では、チーム2のマネージャーは、その他の二つのチームのマネージャー、R&Dと製造部門および主要顧客と、良好な関係を築く必要があるだろう。コンサルティングファームは、ネットワーク構造型のテクニックを正式な組織に重ねて適用できている良い例である。

∞∞∞∞∞∞　ギットハブ（GitHub）社の緊急組織　∞∞∞∞∞∞

　ギットハブは、コラボレーション・ソフトウェアの会社である。ギットハブは、「緊急組織」と呼ぶ珍しい、極端なネットワーク構造型を採用している。ギットハブには階層は全くなく、組織図も存在しない。それぞれのプロジェクトではPRP（主要責任者：primary responsible person）が任命され、この責任者がプロジェクトを管理し、必要な調整を社内で行うネットワークの結節点になる。

　会社の大きな目的や方向性は、経営陣から発信される。しかし、個々のプロジェクトは、その多くが自律的に組織されている。PRPは自身のネッ

トワークを使い、他の従業員が自分のプロジェクトに参加するように働きかける。従業員は、どのプロジェクトのどの仕事を担当するかを選択する。他の従業員の提案によって、プロジェクトは、同時並行的にいくつも立ち上がることもある。

仮に従業員がある仕事をするために、新しい能力が必要となる場合、同僚に教えを請うか、オンラインの学習リソースなどを見つけるといったやり方で自分を教育することが期待される。

このモデルは、他の会社でも上手く機能するだろうか。大規模な企業では、このモデルは上手く機能しないように思われる。大企業は従業員に対し、適切な同僚を見つけてサポートを得るために、より多くの関係をネットワークの中で築くように要求する。ネットワーク型組織を採用する企業の規模は、実際のところ、概ね非常に小さい（ギットハブの社員数は175人）。ネットワーク構造型組織が成功するためには、コミュニケーションが非常に重要である。マネージャーは会社の方向性について、自らの考えを慎重かつ頻繁にコミュニケーションする。ギットハブは、従業員が参加するプロジェクトを見つけるために、参考として70～80のオンライン漫画を用意している。ギットハブはオンライン・コラボレーション・ソフトウェア（Googleハングアウトと自社製品を含む）をコラボレーションのために用いている。興味深いことに、ギットハブの従業員の約70%はリモートで仕事をしているため、このような組織構造でなければ、協業することは、非常に難しいだろうと思われる。最後に、マネジメントは応募者の協力する能力を採用時に見極めることが重要だと述べている。

出所・Dannon（2013）

ネットワーク構造型組織についての考え方として、仕事を進めるための内部市場メカニズムの一つの形という見方をすることもできる。ただし、この内部市場で取引されるものは、金額として目に見えるのもではなく、マネージャーにはわからない個人的な他者との関係だ。この関係は、しばしば**社会資本**と呼ばれることもある。ネットワークを分析することにより、構造上の穴、すなわち二つの大きなネットワークの間に生じる**構造上のギャップ**を埋めるマネー

ジャーが、ネットワーク構造型組織では特に大きな価値を持つことがわかった。これは、このような人物がネットワーク構造型組織を完成させ、より良い需給のマッチングを実現し、内部市場がより効率的に働くよう影響するからだ。しかし、目に見えない社会資本を利用することは、内部市場においては、容易に観察できる価格が存在しないということを意味する。このような理由から、取引は自然のうちに、より交渉や政治の要素を含むことになる。従って、マーケットの仕組みを非常に興味深い方法で実現しようとするが、ネットワーク構造型組織は、マーケットを不完全にしか代替できない。

このような事情から、いくつかの会社は、機能、部門、マトリックスといったテクニックを用いた組織を作るが、それらは比較的一時的で流動的なものとなる。どの程度そうするかによって、意思決定と調整は、正式な指示系統よりも非正式な関係に基づくことになる。実際には、多くの会社は、これら四つのアプローチ全ての要素を採用している。結局、程度が違いになる。

どの組織構造を会社は採用すべきか？

会社は、どの組織構造を用いるべきだろうか？　まず言えることは、特定の一つの組織構造のみを会社全体に用いるべきではないということだ。会社は、組織のそれぞれの部分に適した組織構造を組み合わせる。更に、同じ従業員の集団に対してであっても、（例えば、異なる意思決定に際して）いくつかの異なる組織構造の手法が併用される。従って、この質問は、会社はどの組織構造をそれぞれの部署において重視するべきか、という質問に置き換えた方がよいだろう。

いかなる手法を採用するにせよ、単一の意思決定者の原則と、専門化の価値という、二つの原則を常に念頭に置く必要がある。単一の意思決定者の原則について考えてみよう。ネットワーク型組織は、混乱が生じやすいためにコストがかかりやすい。最終的な意思決定者が明らかでない場合、従業員は異なる目的に基づいて働いてしまう。従って、ネットワーク型の組織においても、通常、リーダーを明確に特定し、チームやその他の組織単位で目標を設定することが重要である。同じ理由で、ネットワーク型の組織は、しばしば階層型の組織の意思決定を幅広く採用することもある。ネットワーク型組織は、ブレインストーミングや創造的な活動といった意思決定の運営には大変効果的なアプロー

チだが、意思決定の統制が必要となる。

二つ目の重要な原則は専門化だ。ほぼ全ての会社は機能に基づく組織構造を幅広く採用している。これは、従業員が自身の能力、仕事やキャリアに集中することを可能とする。従って、一般的に機能に基づく階層は、ほぼ全ての組織において重要な要素であり、組織構造を議論する際の出発点となる。

単一の意思決定者と専門化の他にも、組織を考えるにあたって重要な要素がある。最適な組織の検討に影響する三番目の要素は、事業の複雑さだ。事業が複雑であるということは、ある企業が深く理解しなければならない分野が、より多くあるということを示唆している。専門化の恩恵を享受しようという狙いは、より小さな組織単位への**細分化**をもたらす。機能に基づく組織構造だけでなく、部門や部署に対しても、この傾向が生じる。従って、事業が複雑となればなるほど、組織構造（部門、マトリックス、ネットワーク）も複雑になっていく。

次章で議論をするように、複雑さは組織の現場に近いレベルで、一層特殊的知識が存在するということを意味する。このような理由から、複雑さが増せば増すほど、企業は分散化を行う必要がある。従って、部門といった組織の複雑さと、分散化の活用（部門への権限移譲と部門内での権限移譲を含む）には、正の相関がある。同様に、単純な機能に基づく組織は、相対的に集中化された階層型の意思決定をすることが多い。

分散化と組織のサブユニットへの細分化は、調整の必要性を高める。よって、これらのアプローチを採用する企業は、調整の仕組みをより多用しなければならない。以下、様々な調整の仕組みについて見ていく。

最適な組織構造の検討に影響する四つ目の要素は、会社の事業環境の安定性である。ビジネス環境が安定していればいるほど、現場の特殊的知識の重要性は低くなり、会社は集中化された意思決定を行うことができる。加えて、安定性は、企業が自社の事業・プロセスをよりよく理解しているということを意味しており、定型化された事業の進め方を確立することが可能となる。その意味で、このような場合には、重要な意思決定の数が少ないため、企業がサブユニットへと組織の細分化を進め、それぞれの部署で関連する意思決定をさせる価値は小さくなる。

第5章で、階層型の組織では統制が強化される一方、意思決定のスピードが遅くなり、創造性が抑制される弊害があることを議論した。従って、より迅速

184　第2部　組織と職務の設計

に動く必要があり、戦略上創造性が強く求められ、**ダウンサイドリスク**が小さい組織は、分散化を進め、階層をあまり使わない方がよい。

　最適な組織構造の検討に影響する五つ目の要素は、調整に関する本質的な問題である。次節では、二種類の調整の問題について定義する。二番目の統合問題には、マトリックス手法、あるいはネットワーク型の手法での対応が望ましい。一番目の問題には、より単純な分業手法が有効である。

調　整

■ 調整に関する二つの問題

　組織の二つ以上のサブユニットが、より大きな企業価値を生み出すために何らかの方法で統合されなければならない場合、**調整**が必要となる。極めて単純な例は組み立てラインで、ある作業員の生産物は次の作業員に引き継がれ、それぞれが少しずつ作業を行い製品はラインを進んでいく。作業員は、お互いに生産物の品質とタイミングについて調整が求められ、各作業員の作業結果が全体としてうまく作動し、品質問題を生じさせないために、細かな点についても調整を行う必要がある。

　ここで、調整に関する一般的な二つのタイプの問題について区別したい。一つは、各ユニットが調整のためにコミュニケーションをとる必要がないタイプの問題だ。この種類の問題を、**同時発生問題**と呼ぼう。作業員の生産物は何らかの意味で同時発生しなければならず、彼らはそのためにお互いに会話をする必要はない。組み立てラインにおける品質とタイミングは、大抵の場合、この一例である。

　強いブランドを有し、複数の製品を扱っている会社もこの例に当たる。この場合、それぞれの製品は、その会社が実現しようとしているブランドのイメージ、品質、見栄え、感覚といったものを満たしてデザインされていなければならない。しかし、各製品ラインのマネージャーたちは、お互いに日々コミュニケーションをとる必要はない。また、全ての店舗で均一なサービスを提供する戦略をとっている会社もこの例に当たる。各店舗がお互いにコミュニケーションをとる必要はないものの、全ての店舗が概ね同様のサービスを顧客に提供できるように調整されることが必要になる。

　調整に関する二番目の種類の問題は、**統合問題**である。前出のノートパソコ

ンの会社における商品設計について考えてみよう。前章で、企業価値を生み出すために必要な組織の特殊的知識を決定するために、「誰が、何を、どこで、いつ、なぜ」を問うべきであると説明した。また、会社は、必要となる特殊的知識を持った従業員に意思決定を分散しなければならないと議論した。ノートパソコンの設計について考えてみよう。利益が出るノートパソコンをデザインするためには、どのような特殊的知識が必要だろうか？

　エンジニアリングに関する知識が非常に重要であることは明らかだ。マザーボードやその他の電子部品を設計するためには、電気工学の専門家が必要となる。OSやアプリケーションを設計するために、ソフトウェア・エンジニアリングの専門家も必要だろう。ケースやパーツの設計には物質工学の専門家も必要だ。これら全ては、他の人にコミュニケーションするコストが高く、汎用的ではない、特殊的知識だ。従って、我々のこれまでの議論から考えると、ノートパソコンのデザインに関する意思決定はR&Dの職員に分散するべきだということになる。

　しかし、ノートパソコンのデザインにおいて重要な特殊的知識は他にもある。例えば、顧客のコンピューターへの需要に関する知識だ。ノートパソコンのデザインには何千の可能性がある。ノートパソコンが持つ様々な機能や特徴はトレードオフの関係にある（例えば、CPUパワー、バッテリー駆動時間、重さ、価格はトレードオフの関係にある）。収益力のあるノートパソコンを設計するためには、会社はどの機能を組み合わせたノートパソコンを製造、販売するかを決定しなければならない。どのような種類のデザインが最も売れるかを予測するために必要な知識は、営業やマーケティングのスタッフ（そして、顧客）が持っている。求められる知識はやや複雑でかつ定性的なものであるため、ここで求められる知識は汎用的ではなく、少なくとも多少特殊的である。従って、この特殊的知識を最大限活用するためには、ノートパソコンの設計は営業とマーケティングへ分散されるべきだろう。

　ノートパソコンの設計のために重要なその他の特殊的知識には、原価計算、製造や物流が含まれる。これら全てを合わせると、どのようなノートパソコンを設計するかを決める場合、**様々な特殊的知識を統合しなければならない**という問題に直面する。会社は、これらの幾つかの部門の中の一部門に意思決定を分散し委ねることはできない。仮に意思決定をある部門に委ねると、その決定はその特定の部門の知識を重視しすぎ、その他の部門の知識が無視されてしま

う。これが、**統合問題**と言われるものである。

統合問題を解決するには、二つの方法がある。一つは、関係する全ての部門が高いレベルで調整することだ。例えば、CEOは商品設計の成功に向けて調整することができる。しかし、この方法は失敗することが多い。なぜなら、それぞれの特殊的な情報をCEOに伝達するのは、コミュニケーションのコストが非常に大きく、かつ商品設計には様々な情報が必要になるからだ。

通常この問題を解決する最良の方法は、散在する特殊的な知識を持っている人たちが、協力して意思決定を行えるように、低いレベルにおける現場の調整メカニズムを用いることだ。マトリックス型やプロジェクト型の組織は、まさにこのようなことを実行するための構造である。従って、重要な意思決定をするために様々な特殊的知識が**組み合わせ**されなければならない場合、マトリックス型組織は大きな力を発揮する。マトリックス型組織（クロス・ファンクショナル・チームやネットワーク型組織を含む）が、新製品の開発において非常に多く採用されていることは当然なのである。

■ 調整のメカニズム

これまで、私たちは二つの調整のメカニズムを見てきた。一つは集中化で、これは知識が容易にコミュニケーションされやすい場合にうまく機能する。もう一つは水平な調整メカニズムで、クロス・ファンクショナル・チーム、マトリックス型組織や非公式なネットワーク構造型組織などが含まれる。このような組織は、一般的に複雑で、混乱を招きやすく、管理にコストがかかるといった理由で敬遠されやすい。しかし、これらは会社が統合問題に取り組むための必要悪なのである。

同時発生に関する問題は、様々なメカニズムを通じた部門間の継続的なコミュニケーションを、ほとんど、もしくは全く必要としないため、比較的容易に調整することができる。

ここで、調整メカニズムのいくつかの例を採り上げたい。

中央による予算策定と立案

会社には、一般的に、公式の予算策定と計画立案の手続きがある。組織内の各部署は次年度の計画と予算を提案し、これらは一つ上のレベルでまとめられ、最終的には各部門毎に集約される。中央のコーポレート・オフィスは、各部門

から上げられたこれらの提案を検討し、投資に対する見込みリターンを比較し、資源を各部門へ割り当てる。各部門は受け取った予算を下のレベルへ割り振り、この手続きが組織の末端まで続けられる。

　非常に成功したグローバル企業である、エマソン・エレクトリック社の例を考えよう。この会社は、詳細かつ厳格な予算策定と計画立案を一年費やして作ることで有名である。上位経営陣は戦略を、現場は部署の予算と計画を立案する。計画立案のサイクルで、経営陣の戦略と現場の計画は徐々に融合し、最終的に全体の戦略は現場からの情報を反映し、現場の計画と予算は会社の目標や制約条件を反映する。

　このやり方が、非市場経済における中央集権的な計画立案と非常に似ていることは、印象的であるが同時に皮肉でもある。これらの手法は、第5章と本章のこれまで議論してきたように、集中化の利点が大きな大企業により有効である。

　予算作成過程では、様々なやり方で調整が実現される。まず、この方法はそれぞれの部署の支出への裁量を制限することにより、いくらかの制御を実現する。次に、ボトムアップの過程を通して、膨大な量の情報が処理され、中央の意思決定者の下に集積される。これは、中央の意思決定者に、（情報が歪められない限り）意思決定の運営を通じて、より良い投資と戦略の決定を下すことを可能にする。三つ目に、予算と年間計画を現場レベルに降ろしていくことで、部門ごとの翌年度の活動がお互いに概ね整合的であるように、幅広い調整が達成される。

研修と標準的な事務手順

　実務の標準化は、従業員および組織上の部署の間で一貫性を実現するための優れた方法である。顧客体験を全ての店舗で統一化したいと思う会社が、従業員に同一のユニフォームの着用を求めるのはこのためである。また、こうした会社は、仕事のやり方についての研修に多大な投資をすることが多い。手順の標準化を進めれば進めるほど、また、組織を横断した統一された研修に投資すればするほど、従業員の行動は予見しやすくなる。予見性が高まることによって、コミュニケーションを必要としない（同時発生に関する）調整が実現できる。

企業文化

従業員が同じように行動するようになることは、強力で一貫した企業文化の利点の一つである。これは、事務手順の標準化や先に述べた広範囲な研修に非常に似た効果を持つ。例えば、全ての従業員が協調することの大切さを理解している企業文化を持つ企業では、部署の間の協調性が大いに奨励されるだろう。しかし、強力な企業文化が、必ずしも協調を促進するとは限らない。アップルは、長い間、強い**個人主義**の文化で有名だった。このため、アップルではしばしば従業員は異なる目標に向かって働き、組織内での調整は上手くいかず、多くの対立が発生していた。

コミュニケーション

協調性を改善するためのもう一つの方法は、組織に広がるコミュニケーションシステムを発展させることだ。これには、社内ニュースレターの発行、年次会議の開催、中央の経営陣からの通達の配信などが含まれる。このような方法は、組織内に分散している様々な事業部門が、ある時点における組織の目標と方法に関する理解度を高めることを通して、協調性の改善をもたらす。

統括責任者（ゼネラル・マネージャー）、調整役、転籍

多くの調整は、マネージャーが専門家間の橋渡し役を務めることによって行われる。図 6.1 では、CEO が調整役を務めていた。CEO は、自身が自社の各業務分野について十分理解していれば、R&D、製造、営業をうまく調整することができる。従って、**ある分野に特化していない**マネージャーは、専門家よりも優れた調整役となれる可能性がある。このような理由から、会社が専門家ではなく、少数のゼネラリストのマネージャーを抱えることには価値がある[1]。本書で議論している専門化による経済的な利点を享受するためには、多くの従業員は専門家である必要がある。そして、相対的に浅い知識しか持たないが幅広い業務機能について理解している少数のゼネラリストが、全社の専門家を調整するのである。

ゼネラリストを育成する一つの方法は転籍である。企業はしばしば、限られ

---

1) 小さな会社では、作業に特化できるほど十分な数の職員がいないため、ゼネラリスト・マネジャーはより重要である。この点については、起業を議論する第 14 章で掘り下げる。

た数の有望なジュニア・マネージャーを選抜し、彼らを正規のジョブ・ローテーション・プログラムに参加させる。選抜されたマネージャーたちは、専門化の原則に反して企業の様々な部署を異動する。この過程を通じて、マネージャーたちは様々な業務機能への理解を深めるが、ある特定の業務機能について深い知識を獲得するわけではない。彼らは、専門家よりも企業の全体像についての理解を深める。そして、彼らは後に様々な調整を行う上で有用なネットワークを組織全体に広げる。

　このような調整役はMBA保有者が果たす重要な役割の一つである。MBAのカリキュラムは、その定義から、典型的な企業が持つ一般的な業務機能の多くについて、いくらかの実務的な知識を提供するゼネラルマネジメント育成のためのカリキュラムとなっている。MBAのカリキュラムは、通常はそれぞれの分野について深い知識は提供しない。MBA保有者は、他の要素が同等であれば、専門家よりも調整の役割の方が大きなポジションに雇われるか、もしくは、そのような職位に昇進する。

人間性

　調整が業務として求められるいかなるポジションにおいても、マネージャーの人間性は重要な役割を果たす。円滑な調整には、話す、理解する、そして多様な同僚と一緒に働く能力が必要となる上、歩み寄ったり、相手との関係性や政治的な状況が重要な場面で適切に振る舞ったりすることも求められる。このような理由から、MBA保有者、調整役、マトリックス型やネットワーク型組織で働く人々は、特定の専門分野において個人ベースで働いている人々とはいくらか異なるコミュニケーション能力が必要になる。会社は、専門家とゼネラリストの採用、研修に際し、こうしたことに留意すべきだろう。

ネットワーク

　企業文化と人間性の例が示すように、調整は、しばしば正規の過程だけでなく、非公式なメカニズムを通じて行われる。ネットワーク型組織の利点の一つは、二つの事業部門間で調整が必要な際に、関係するマネージャーたちが、正式なレポーティング・ラインを気にかけることなく、単純にお互いにコミュニケーションをとることができる点だ。より一般的には、組織論の社会学者は、マネージャーが組織の内外に強いネットワークを築くことの価値を強調する。

ある人が、その人無くしては深い結び付きがなかったであろう複数の組織を結びつけた場合、その人物は組織において大きな影響力を持つ。このことを、その人物がある**構造上の穴**を埋めると言う[2]。ある従業員と、その従業員は持っていないが、その従業員にとって価値があると思う能力を持つ他の従業員を結びつけるネットワークが効率的なネットワークなのである。

❈❈❈❈❈❈ 問題解決ネットワークの経済的価値 ❈❈❈❈❈❈

　近年行われたある研究において、製鉄業の七つの仕上げラインに所属する 642 人の従業員のネットワークに関するデータが収集された。調査対象の中の三つのラインでは、残りの四つのラインと比較し、問題解決チームといった活動が存在するなど協調が実践されていた。研究者は従業員に、仕事でコミュニケーションをとる全ての同僚の名前を挙げてもらった。更に、名前の上がった各同僚について、コミュニケーションをとる頻度と話題（操業に関すること、顧客に関すること、日次業務に関すること）について確認した。調査の結果、チーム志向の従業員はより緊密なネットワークを築き、自分たちの仕事に関して多くのコミュニケーションをとっていることがわかった。このような従業員は、自身のネットワークを同僚の専門性を利用し問題を解決するために活用しているのである。会社は、ネットワークの構築を促すような政策、システム、企業文化を発展させることで、従業員間の協調と知識の共有を促進させることができる。

出所：Ichniowski and Shaw（2009）

　有能なマネージャーはしばしば、強力な人脈を築き、グループ間のより良い協調性を実現する機会を見出すことに関して、起業家精神を持つ人である。このような関係はしばしば**社会的資本**と呼ばれ、従業員が戦略的に生産性とキャリアの見通しを向上させるような関係に投資できることが強調される。このような投資は、組織設計が協調性とチームワークを重視する時に、より価値の高

---

2) Burt（1995）参照

いものとなるだろう。Eメールやコラボレーション・ソフトウェアといったツールによってコミュニケーションコストが下がったことも、ネットワークの構築を促している。実際、今日多くの会社は、社内全体に広がる従業員間のネットワークの構築を進めるため、内部のシステムを持つようになった。

実績評価とインセンティブ

　最後に、非常に重要な正規の調整メカニズムが残っている。それは実績評価とインセンティブの問題である。組織内で実績に対して報酬を支払うことは、市場での価格メカニズムに類似している。ハイエクが論じたように、価格は資源の限界費用と限界便益についての多くの情報を持つ十分な統計値なので、価格は非常に多くの調整を実現させる（特に、統合問題よりも、我々が同時発生問題と定義した問題への対応に有効である）。市場価格に基づいて決定するということは、資源を他の用途に用いた場合の価値を、その他の用途が何であるかを知ることなく、意思決定者が考慮している（調整している）ということを意味している。

　適切に設計されれば、優れたインセンティブ・システムは会社の中にこのような調整メカニズムをまさに実現させる。従業員の実績を、その従業員の行動が同僚に与えた影響を含めて評価することにより、調整メカニズムは実現される。つまり、優れた実績評価は、従業員が会社に与えた外部経済または負の外部経済を含めて測定しなければならない。これは非常に重要な論点だが、本書の第3部全体のテーマであるため、最後に改めて論じることにしたい。実績評価が不完全な場合（私たちが後で見るように、実際評価は不完全なことが多い）、企業が更に調整を促すためには、これまでに述べてきたような追加のメカニズムが必要になる。

　次に、組織構造の設計と実践におけるその他の論点について議論したい。

実　践

■ 統制の範囲と階層数

　これまで議論してきたように、ほぼ全ての会社が程度の差こそあれ、階層型組織を採用している。第5章で議論をしたように、階層ではイノベーションが犠牲となる一方、意思決定を統制する層が増えるにつれ、組織による制御が増

図 6.5　統制の範囲と階層数

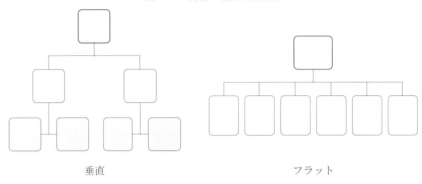

　　　　垂直　　　　　　　　　　　　フラット

すことになる。この議論を、階層の層の数に影響するその他の要因へと拡張して考えてみたい。

　会社は、図6.5に描かれているように、階層を設計する際、トレードオフに直面する。階層数の増加は、イノベーションを起こりにくくするだけでなく、他にもいくつかのコストを増加させる。情報はより多くのマネージャー間を往来する必要があり、既に議論をしたように、情報の変質が助長される。それぞれの階層で一定の時間を要するため、情報処理と意思決定に、より多くの時間がかかるようになる。

　会社が階層数を減らしたい場合、同じ量の仕事を処理するためにはマネージャーの数を増やす必要がある。これが、フラットな組織だ。フラットな組織では自分の**統制範囲**がより大きいか、または各マネージャーにレポートする部下が多くなる。垂直な組織では統制の範囲は小さくなる。

　フラットな組織は、階層の層を増やすことによって生じるであろうコストを減少させるが、一方、フラットな組織ならではのコストが生じる。各マネージャーは、より多くの部下を監督、指導しなければならない。これはマネージャーの時間を消費し、その他の仕事に使うことのできる時間を減少させる。更に、より多くの部下に広く薄く目を配ることにより、部下をマネジメントする有効性は、概して低下する。例えば、上司が部下の仕事を監視する能力は弱まり、部下の仕事の質は低下しがちになる。同様に、効果的にコミュニケーションを取る、部下の活動を指導する、部下を教育するといった能力も低下する。

　従って、階層型組織では統制の範囲と階層数の間にトレードオフの関係が存

在する。階層での統制の範囲と階層数の最適な組み合わせには、多くの要因が影響する。一般に、どのような手段でも、部下1人当たりの監督コストが下がれば、部下が増えることによって統制の範囲が拡大することに伴う限界費用が低くなるため、最適な統制の範囲は広がると考えられる。同様に、情報の取得および伝達にかかるコストを低下させることは、新しい階層が追加されることに伴う限界費用を減少させるため、一般的に、最適な階層数を増加させることにつながる。

∾∾∾∾ 組織構造におけるトレンド ∾∾∾∾

　よく読まれているビジネス誌は過去20年間にわたり、組織がフラット化してきているとしばしば報じているが、このことは何を意味するだろうか。

　1986年から1999年にかけて300以上の米国大企業における上位経営陣の階層構造について分析をした二つの研究がある。研究によると、CEOと最もランクの低いマネージャーの間の階層数は、この期間に25％以上減少した。同時に、CEOに直接レポーティングするマネージャーの数は劇的に増加し、部下の統制の範囲も広がっていた。企業は実際に組織をフラット化させ、幅を広げているのだ。

　一つ目の研究は、これらの企業は意思決定の分散化を進めていることを明らかにした。マネージャーがより多くの部下を監督するようになり、意思決定に割ける時間が減少したために、より多くを部下に委ねる必要が出てきたということが一つの理由である。加えて、よりフラットな組織（第9章で具体的に定義する）を持つ企業は、幅広い実績評価指標を用いた長期の金銭的成果給、あるいは株式の保有といった、インセンティブ報酬制度を導入していた。

　二つ目の研究は、コスト削減、IT革命、競争の激化といった観点から、これらの変化を分析した。研究では、競争が最も重要な要因と思われるという結論に達した。研究対象の期間に、米国はカナダと自由貿易協定を締結している。カナダからの輸入の増加による競争の激化は企業に大きく影響を及ぼし、統制の範囲を広げ、階層の層数を減少させた。このような企業は、販売する製品の範囲が、より絞り込まれる傾向にある。そして、このような企業では部門管理者たちの報酬が大きく上昇している。

194　第2部　組織と職務の設計

出所：Rajan and Wulf（2006），Guadalupe and Wulf（2010）

処理しなければならない仕事の種類

業務がより定型化されたものであればあるほど、マネージャーにとっては部下を監督することが容易になる。部下を訓練したり、異例な事態が生じた場合に対応したり（もしくは、部下がそのような事態に対応するようにサポートしたり）する時間が少なくなる。部下を監督する業務の多くは、一般的な方針について簡潔な指示を出すことや、現状に関する情報を伝えることとなる。従って、定例作業が増えれば増えるほど、統制の範囲が増え、階層の層が減ることになる。一方、複雑で変化に富む仕事は、上司からより多くのインプットが必要になる。部下は、状況を分析し、何をすべきかを判断するために、上司の経験と能力をより必要とする。下の階層の仕事について、標準的な業務手続きを事前に決めることは、難しくなる。部下の時間の使い方は多様になり、何をするのかの選択も重要となるため、より監督が必要になる。従って、より複雑で多様な仕事は、最適な統制の範囲が狭まり、階層の数が増えることを意味している[3]。

上司と部下の能力

上司とその部下の能力が高くなると、最適な統制の範囲は広がり、階層の層数は減少する傾向がある。それぞれの上司と部下はより多くの情報と難易度の高い問題を処理できる。一般的に、能力のある上司は、部下を監督、指示することもより効率的に行うことができる。能力のある部下は、概して上司の指示をより効率的に実行することができる。

インセンティブの問題

階層は、意思決定を委任することを意味している。言い換えれば、委任するとは、個人的な目的ではなく、会社の目的に基づいて仕事ができるように、会

---

[3]　これに相反することになるが、複雑な環境にあればあるほど、企業は意思決定をより素早く行う必要に迫られ、イノベーションの重要度も高くなる。これらの条件を満たすために、企業は階層数を減らす必要がある。統制の範囲を狭めるためには、企業は階層をより小さなユニットに分割する必要がある。このような環境では、規模の不経済は特に大きくなる。イノベーションと早い意思決定のためには、企業の規模は小さい方が望ましい。

社が従業員に合理的なインセンティブを持つようにすることを意味する。これを実現するためには、大きく二つ方法がある。一つの方法は、実績評価とインセンティブ制度を発展させることである。これは、第3部の議論である。もう一つの方法は、部下が仕事の手を抜かないように、より注意深く監視することである。もし実績評価がより効果的であれば、必要な監視は少なくてすみ、部下の監督に費やされる上司の時間は節約される。従って、会社がより優れたインセンティブ制度を有している場合、統制の範囲を大きくすることができる。

知識の取得とコミュニケーションにかかるコスト

　最適な階層構造を検討する際、重要な決定要因の一つは、知識を獲得し、コミュニケーションするために必要となるコストである。知識を取得するコストの減少は、各階層での知識労働者の生産性を向上させる。つまり、マネージャーは統制の範囲を広げることができる。例えば、スプレッドシートや統計分析プログラムといった安価な分析ツールを用いることで、マネージャーの情報分析能力は向上し、マネージャーはより多くの部下からのインプットを処理できるようになった。同様に、部下は、上司から任されたより複雑な問題を解決することができるようになった。これは、既に説明した部下の能力が向上した場合と同じ効果を持つ。

　言い換えると、最新の情報技術（IT）はマネージャーの仕事を補完している。ITは、マネージャー、特に能力の高い、上層部のマネージャーの生産性を向上させる。後で議論するが、これは報酬に影響する。

　コミュニケーションのコストを減少させることも、非常に似た効果を持つ。マネージャーと部下はより効果的に（かつ変質を減少させながら）、低コストで、迅速にコミュニケーションすることができる。これはマネージャーがより多くの部下を監督することを可能にする。従って、ITの発展による効果は、統制の範囲を広げ、組織をよりフラットにする。これはWulfとその共著者による研究の結果として、本章で前述した内容そのものである。

　しかし、ITの進化が階層の数に与える影響はそれほど明確でない。コミュニケーションコストの低下は、各階層でのコミュニケーションを迅速化させ、情報の変質を減らすため、最適な階層数は増加しがちである。一方、知識労働者の生産性の向上に伴い、統制の範囲が広がることで、階層の各層でより多くのことが完結するようになり、ある一定のアウトプットのために必要とされる階

196 第2部 組織と職務の設計

層数は減少するとも考えられる。

■ 能力、報酬と組織

ほとんどの場合、会社は新しい従業員を組織階層の低いレベルに配置し、実績が最も優れた従業員たちを、キャリアの発展に合わせて上の階層に**昇格**させていく。この振り分けと、マネージャーの経験に応じた人的資本の増加によって、会社は最も能力のあるマネージャーたちを組織階層の最上位に配置するのである。

この仕組みは合理的である。図6.5で描いた垂直な階層をもう一度考えてみよう。それぞれのマネージャーは自分の上司および部下と直接コミュニケーションをとる。マネージャーが直接の部下の仕事の効率性を高めると、その更に下の部下の生産性も高まる。すなわちマネージャーは二階層下の部下の生産性も高めることになる。上位のマネージャーの生産性が上昇すると、そのマネージャーの下に位置する全ての従業員の生産性が向上するという、滝のような波及効果がみられる。

同じ効果は、逆方向の下位から上位には起きにくいが、それにはいくつかの理由がある。まず、下位のマネージャーは一階層上位のマネージャーとだけ直接一緒に働くことが多く、その際直接的なコミュニケーションは階層の下に向かうことが多い。第二に、マネージャーは、上位のマネージャーではなく、下位の部下の生産性に対してより大きな影響を持つような仕組みになっている。マネージャーは部下が仕事の手を抜かないようにモニターし、実績を評価する。マネージャーは指示を与え教育する。部下の仕事は、しばしば上司へのインプットとして使われるが、その際、それは、同階層の他の同僚の仕事と組み合わせられる。

このような理由から、能力（と努力）の効果は、階層が上がるほど拡大する。これは、いくつかの非常に重要な意味合いを持つ。まず、私たちが既に指摘したように、会社は最も能力のある構成員を組織のトップに振り分けすべきということだ。これはまた、組織の下位で従業員を採用し、**企業内労働市場**を通じて従業員を昇進させていくことを意味している（このシステムは、もちろん、機能別階層型組織により適している）。

能力と努力の効果が階層が上がるほど拡大するのであれば、報酬も階層に連動して上がるべきである。より高い能力を持つマネージャーは階層の上位に配

置され厚遇される。彼らの生産性は高く、市場での価値も高いため、より高い
報酬を受けるのである。しかし、これまで議論してきたように、階層における
生産性は、能力よりもより早く上昇するという事実によって、高位のマネー
ジャーが高い報酬を受け取る効果は増幅される。従って、ほとんどの会社で
は、報酬は、階層が上がるにつれて増加するだけでなく、組織のトップに至る
まで、各階層が上がるにつれて、より急速に上昇するのである。

　本節と前節は、第3章から議論し始め、本書を通じて何度も触れる、能力に
対するリターンは増加していくという議論をより強固なものとしている。知識
の獲得とコミュニケーションにかかるコストを削減することで、マネージャー
の生産性は上昇する。階層型組織では、これらの効果は、一般的に、上位にお
いてより大きく発揮される。この効果は、ITの発展によって生じた、異なった
能力水準の報酬の差を一層拡大している。こうした問題については第8章で論
じる。

■ 会社の組織の進化

　会社の理想の組織形態は、いくつかの段階を経て異なった形に発展していく
ものである。まず、創業間もない若い企業はあまり階層を作らず、意思決定の
運営をより重視することが多い。若い会社にとっては、リスクをとり、イノ
ベーションを起こすことが重要である。失敗によるダウンサイドのリスクは非
常に小さく、新しいプロジェクトが成功することによるアップサイドの潜在力
は相対的に大きい。

　加えて、若い会社は小規模なことが多い。規模が小さければ小さいほど、
ネットワーク型組織の実現性は高まる。従業員のほとんどはお互いに顔見知り
なため、従業員がそれぞれ直接コミュニケーションをとることが必要なシステ
ムも作りやすい。

　しかし、会社が成長し成熟するにつれ、多数の従業員が非公式なネットワー
クを築くことが相対的に非効率となるため、より制度化された構造（部門やマ
トリックスによる）を構築するようになる。会社が確立された製品ラインやブ
ランドネームを持つようになると、意思決定がより保守的となるため、制度化
された階層構造を採用することも多くなる。成長会社が直面する大きな課題は、
既存の文化を壊すことなく、徐々により制度化された組織を導入していくこと
である。

198　第2部　組織と職務の設計

　一般に、会社が成熟するに伴い、様々な仕事の手順をより標準化することができるようになる。こうした会社は、効果的なやり方を学習する時間を重ねてきた。同様に、会社が競争を生き残ったという事実は、新規参入会社が生き残れなかった業界と比較して、その会社が属する業界が相対的に安定しているということを意味することが多い。これらの効果は、会社は成熟すると、それまで蓄積してきた知識を形式知化することができることを意味している。下位の従業員の裁量をいくらか奪うため、標準化は集中化の一つの形である。従って、この観点からも、歴史の長い、より成熟した組織は、より制度化され保守的な、より階層的な組織になっていく傾向がある。

　組織構造の**攪拌**と呼べる現象は興味深い。会社が組織のある部分を頻繁に変える例はしばしば見られる。極端な事例では、アップル社は組織のある部分を4年間で14回も変更した。このようなことはなぜ起きるのだろうか。

　完璧な組織はないということは、もっともらしい一つの説明であろう。いかなる組織構造であれ、会社の一つの目的の達成に相対的に優れているが、他の目的を達成するには、あまり効果的ではない。例えば、アップル社の組織構造は長い間、エンジニアリングを重視するもので、顧客の選好に関する知識を反映して製品開発をすることには向いていなかった。営業とマーケティングに、より大きなインプットができるように組織変更することで、こうした問題は軽減された。グローバルに戦略を遂行する上で、地域別に組織を分けることが、地域毎に製品とマーケティングを差別化する上で、効果的と考える会社もあるだろう。しかし、このような組織体制は、ある領域において規模の経済を得られなくしてしまう。地域毎に何をどのように差別化するかを一度学べば、その会社は費用を削減するために規模の経済を獲得することをより重視して、再び組織を変更することもありえる。そして、その会社は、より強固で先進的なテクノロジーの開発といった他の目的を達成するために、再び組織を変更するかもしれないだろう。

要　約

　大企業の組織構造は、非常に複雑になりうる。その結果、会社はある程度の官僚主義を受け入れる。若い小規模な会社に比べ、このような会社では、意思決定は遅く、イノベーションは起こりにくく、大胆さがない。このような傾向

はよく批判されるが、ほとんどの場合、的外れである。大規模で複雑な会社を全体として協調させて動かすことは、極めて困難である。企業の内部組織を設計する際、最も有効な方法は、市場機能を模倣することであるとこれまで学んできた。市場メカニズムに基づいた組織が上手く機能するのであれば、それでも一体どうして企業は大きな組織として存在するのだろうかという質問が問われるべきである。

ミクロ経済学では、競争的な市場における会社の規模の均衡点は、規模の経済が働く範囲により決定されると考える（会社の単位当たり生産費用が低下する生産量の領域）。会社の生産ラインは、範囲の経済により決定される（ある製品の生産量を増加させることが、別の製品の単位当たりの生産費用を引き下げるかどうか）。

組織構造に伴う官僚主義によって生じるコストは、規模と範囲のどちらの面においても不経済を生じさせる重要な理由の一つとなる。まず、規模の不経済について考えてみたい。会社の規模が大きくなるにつれ、より多くの従業員が必要となる。その結果、より多くの監督と指示が必要となり、マネージャーの数が増加する。会社が成長すると共に、より多くの階層の数、部門やサブユニットが追加されるだろう。これらは意思決定のスピードを遅くし、会社をより保守的にする。下位層の従業員と上位経営陣の距離はお互いに遠くなり、情報や決定がコミュニケーションの過程で正確に伝わりにくくなる。業務を監督するために、より能力が高く報酬も高いマネージャーが必要になる。

次に、範囲の不経済について考えてみよう。会社の事業が複雑になればなるほど、部門や他のサブユニットをより細分化していくことが必要になってくる。会社がモジュール化を効果的に行うことができたとしても、モジュール（部門）間には、より多くの管理が必要な結合点が存在することになる。広い範囲の専門機能を監督する必要から、調整が大きな課題となる。階層の大きさが同一であれば、複雑な組織の調整コストの方が大きくなりやすい。そしてここでもまた、より能力が高く報酬の高いマネージャーが必要となる。会社の各製品ラインが異なっていればいるほど、これらの影響は大きくなりやすい。実際に、会社はその**コア・コンピタンス**に集中するべきだという議論は、業務の多様化に伴って、組織のコストが増大するということを認識している。

全ての会社は、二つの重要な要因から機能に基づいた階層を幅広く採用している。第一の理由は、ある組織において、単一の意思決定者を持つことは、お

およそ常に効率的であるということだ。会社が民主主義やそれに近い形で組織されることはほとんどない。すなわち、階層が、組織構造において最も基本的で普遍的に採用されていることを意味している。

　第二の理由は、従業員が能力や仕事内容を専門化することによる利点である。（MBA保有者などのゼネラリストといった特別な例外を除けば）能力の専門化は人的資本への投資費用を減少させ、一般的に、人的資本への投資に対するリターンを向上させる。また、次章で議論するが、専門化は、職務設計をする際に、大きな利点をもたらす。機能別組織は、様々な種類の能力に基づいて会社を組織化し、専門化することから得られる利益を最大にする。機能別組織には、キャリア・パスが明確に定義されて理解されやすく、上司による部下への監督、指示、実績評価がより効率的になりやすいという利点もある。

　単純な機能別組織を採用していたとしても、その会社が大規模で複雑であれば、組織をマネジメント可能なサブユニットに分割する必要がある。最も一般的なやり方は、製品ライン、地域、顧客の種類、技術といった基準により部門を分けることだ。部門の分け方には、それぞれの長所と短所がある。一般的に、部門の分け方は、組織として、会社が何に焦点を当てるべきか（例えば、顧客の種類と地域のどちらにより焦点を当てるべきか）によって決定すべきであり、その考え方に沿って部門を設置すべきである。

　組織の構造は、専門化と階層にだけに基づくものではなく、現場の知識を活用する必要性と調整とのバランスを図り、意思決定をどこに配置するかにも基づいている。一部の意思決定は、伝統的で中央集権的な階層を用いて高位レベルで下される。現場で得られる特殊的知識を活かせる場合、より低いレベルで意思決定されることもあるだろう。意思決定が現場近くで行われる場合、意思決定者は会社全体の利益のために行動できるようなモチベーションを持っていなければならない。この点については、本書の第3部で取り上げる。従って、実績評価指標が適切に選ばれている場合、インセンティブは非常に重要な調整メカニズムとなる。

　インセンティブ制度は不完全であるため、会社はその他の調整メカニズムを幅広く用いる。MBA保有者の活用、業務の標準化、一般的な研修、会社文化、コミュニケーションなどがこうした調整メカニズムの例である。

　構造に関する最も難しい問題は、意思決定のために複数のグループが持っている重要な特殊的知識を**組み合わせ**なければならない場合である。これが統合

問題である。このような場合、単純にあるグループに意思決定を委ねることはできない。代わりに、意思決定は、一人のマネージャーが責任を持って行うか、関連する知識を保有する複数のグループが一緒に行う必要がある。この問題に対処するために、マトリックス型やプロジェクト型といった最も複雑な構造の組織が生まれた。マトリックス型やプロジェクト型の組織の管理や、そこで働くことは難しいが、統合に関する深刻な問題に直面する会社にとって、これらに代替する組織構造はほぼ存在しない。

　おおよそ全ての会社が伝統的な機能に基づく階層構造を採用しているのと同様に、会社は、より非公式なコミュニケーションと調整のメカニズムを正式な組織体制と並行して用いる。マネージャーが持つ同僚とのネットワークは、追加的な調整の仕組みである。特に人的な関係や流動的な組織構造に重点を置く会社は、ネットワーク型の組織を持っていると言われる。

　特殊的知識によって構造が決められているということは、会社の製品や置かれた環境が戦略の源泉になっているということである。複雑な会社であればあるほど、異なった部門に分割されていく傾向がある。またこうした会社はより分散化された手法をとることが多い。次章で議論するように、このことは、職務設計にも影響を及ぼす。また、こうした会社ではより調整の問題に直面しがちであり、従って複雑な組織構造を採用していることが多い。

第7章　職務設計

労働と遊びの間に仕事がある…ある仕事が労働とされるか、それとも職務とされるかは、内容によって
ではなく、それを引き受ける人がどのように捉えるかによって決まる。

W.H. オーデン、1970 年

　職務とはどのようなもので、どのように特定されるのだろうか？　考慮すべき重要な特徴は何だろうか？　どの作業がどの職務に割り振られるべきだろうか？　ある職務を担当する個人に対して、どの程度の権限が与えられるべきだろうか？

　更に考えなければならないこととして、職務設計の働き手の行動に対する影響がある。ある構造が、創造性とイノベーションの足かせとなったりするだろうか？　労働者は職務設計の違いによって、やる気が高まるだろうか？　もしそうだとしたら、どのように、これらの要素を考慮して職務を設計すべきなのか？

　この話題について、我々は第5章で分散化について議論することから着手した。本章と次章では、私たちは職務設計の重要な側面について議論をする。

職務設計の種類

　表7.1 は、仕事がどのように設計されているかについて、労働統計局が提供する米国の非農業民間部門の標本データから無作為に抽出したデータである。次の表に示されるように、複数の任務（マルチタスク）、裁量性、能力、相互依存性の四種類の仕事の特徴が分析される。

　「複数の任務」は、その仕事が労働者にどの程度二つ以上の仕事を要求するかを示している。数値が大きくなると、その仕事ではより多くの種類の仕事に対応する必要があることを示している。裁量性は分散化に対応しており、この数値が大きいということは、労働者はその仕事でより多くの意思決定を下す必要があることを意味する。

　能力の変数は、ある仕事を担当するにあたって、労働者の能力と人的資本が

204　第2部　組織と職務の設計

どの程度の幅と深さで必要となるかを測っている。能力のレベル（例：基本的な能力と上級の能力）と能力のタイプの両方を測定している。数値が大きくなると、労働者がある仕事を担当するために、より進んだ研修や複数の能力（もしくは、その両方）が必要となる。

　相互依存性は、その仕事が組織において他の仕事とどれだけ関係が深いかを測っている。ある労働者の行動が同僚や顧客にどれだけ影響するかを測っている。大きな数値はより大きな相互依存性があることを意味しており、例えば生産過程がより相互に関連しているといったことを示している。相互依存性は、どれだけその仕事に調整が重要かを測っていると解釈することもできる。

　これらの数値は、調査対象となった企業の人事担当者へのインタビューに基づいている。能力は1〜9の尺度、裁量性は1〜5の尺度、複数の任務と相互依存性は1〜6の尺度で記録された。異なる種類の仕事について比較するため、異なる職業グループについて平均値（中央値）が計算された。例えば、電話のオペレーターという職業グループについては、複数の仕事の平均値を電話オペレーターについてのみ計算している。そして、それぞれの仕事の測定結果を、同じ職業グループの中を他の仕事と比較し、L（低い＝Low、値が同じ業界・職業の他の仕事の中央値を下回っている場合）、M（中央値＝Medium、値が中央値の場合）およびH（高い＝High、値が中央値を上回る場合）として記録した。

　表の上の部分は、四種類の仕事の特徴それぞれの分布を表している。例えば、無作為に選択された仕事の約25%（0.251）には、従業員が相対的に低いレベルの能力を持っていれば対応できる。同様に、約54%（0.540）の仕事では、相対的に平均レベルの能力が要求され、約21%（0.209）の仕事では、相対的に高い能力が求められる。従って、上の部分の、四つの行のそれぞれの列の合計値は100%（1.0）となる。

　表の下部は職務の特徴がお互いに関連があるかについて分析しており、非常に興味深いものになっている。この分析の仕組みを理解するために、フランスのある地域における気温とワインの価格について、それぞれ相対的な三つの相対値（L,M,H）があると考えてみよう。ワインの価格が、ぶどうが育ったシーズンの気温とどのような関係にあるのかについて、知りたいと思っているとしよう。もしもワインがある価格水準となる確率と、気温がある水準となる確率に関係性がないのであれば、気温が低いシーズンにワインが低価格である確率はどうなるだろうか？　その確率は、気温にかかわらずワインが低価格となる

確率と、ワインの価格に依らず低気温となる確率を、掛けあわせた数値となるはずである[1]。

LL（低気温, 低価格）の予測される確率
＝（低気温）の確率 ×（低価格）の確率

もし、実際に低気温のシーズンにワインが低価格となる確率が上記で計算された値と大きく異なるとすれば、あなたはこれら二つの変数の間には統計的な関係性があると結論付けるだろう。例えば、低価格のシーズンにワインの価格も下落しやすいのであれば、実際に *LL*（低気温、低価格）となる確率は、計算され予測される確率よりも高く出るだろう。反対に、もしもワインの価格が、低気温の場合には高くなる傾向があれば、実際に *LL*（低気温、低価格）となる確率は予測された確率よりも低くなるはずである。

この考え方を、表7.1の職務設計のデータに当てはめ、四つの職務の特徴は関連性を持って決定されるか、別々に決定されるかを見てみたい。仮に四つの職務の特徴が別々に決定されるのであれば、例えば、ランダムに選択された職務において、四つ全ての測定結果が *L* である（*LLLL*）確率は、表の上部の *L* 列に表示された四つの周辺確率の積と等しくなるはずだ。

LLLLの予測される確率 = 0.251・0.190・0.194・0.185 = 0.0017

予測される確率は表7.1の下部の「予測」の列に、それぞれの特徴の実際の値は「実際」の列に記載されている。例えば、無作為に選ばれた職務では0.0541の確率で全ての特徴が *L*（*LLLL*）となっている。0.0541/0.0017 は31.6であるので、*LLLL* は、それぞれの職務の特徴が相関していない場合に予測される確率の30倍以上、実際には観察されるということになる。

同様に、*HHHH*（全ての特徴が平均よりも高くみられる）に分類される職務の予測される確率は0.0017だが、実際には *HHHH* は予測される確率の約40倍の頻度で観察される。*MMMM* は、実際には25%の割合で観察されるが、予測される確率は実際の頻度の約半分に過ぎない。

---

1) より厳密には、（*LL*）の確率＝（低気温、低価格）の確率＝（低気温）の確率×（低気温の場合に低価格）の確率、と表される。変数が互いに独立していると仮定すると、本文中のような表現となる。この等式は、無相関、より厳密に言えば、各変数が統計的に独立していることを仮定している。

206　第2部　組織と職務の設計

表 7.1　職務設計の相互連関の発生率

	周辺確率			合計
	L （＜中央値）	M （中央値）	H （＞中央値）	
能力	0.251	0.540	0.209	1
裁量性	0.190	0.610	0.200	1
複数の任務	0.194	0.603	0.203	1
相互依存性	0.185	0.619	0.196	1

			予測	実際	実際／予測
職務設計の特徴の 組み合わせ	連関性	LLLL	0.0017	0.0541	31.6
		$MMMM$	0.1230	0.2502	2.0
		$HHHH$	0.0017	0.0626	37.6
	非連関	$1L, 3H$	0.0068	0.0007	0.1
		$2L, 2H$	0.0102	＜0.001	＞0.1
		$3L, 1H$	0.0068	0.0007	0.1

出所：Gibbs, Levenson, and Zoghi（2010）

　これらの事実は、企業が**連関性のある**職務設計を行う傾向があることを明らかにしている。すなわち、職務では、全ての特徴が弱い、全ての特徴が中程度、あるいは、全ての特徴が強い場合が多い。

　これを確認するために、表7.1の最後の3行で、予測された確率と実際の頻度を連関性の低い職務設計について比較している。すなわち、ある特徴は高く求められるが、その他の特徴はそれほど求められない職務について、検証している。その結果、連関性の低い職務は、予測された確率の1/10程度しか実際には観察されなかった。

　表7.2は、別の興味深い職務設計のパターンを示している。これらのデータは、最近大きな組織変更があった英国企業の従業員を対象として得られたものである。回答者は、組織変更がどのように彼らの職務設計に影響したかについて質問された。調査項目は、表7.1で分析した変数と一致させてある。表7.2は、組織変更が職務設計に非常に大きな影響を与えていることを示している。組織変更は、複数の任務、意思決定の分散化、そして要求される能力を増加させるのである。

　まとめると、これらの表は私たちにいくつかの重要なことを教えてくれる。

表 7.2 職務設計への組織変更の影響

	従業員の割合	
	増加した	減少した
作業	63	6
責任	46	3
必要な能力	50	4

出所：Caroli and Van Reenen（2001）

第一に、職務設計には、従業員が担う意思決定と任務の量という二つの重要な特徴があるということだ。第二に、職務設計には明確なパターンがある。複数の任務は裁量の大きさと関連しており、これら両方において高い能力を持つ労働者との関係性がより高い。こうした側面が弱い職務はしばしば**限定的な**職務と呼ばれ、こうした側面が強い職務は一般的に**拡充された**職務と呼ばれる。

　第三に、職務をどのような場合に、より限定的、あるいは拡充して設計すべきかを明らかにする手がかりがあるということだ。何かを生産する過程で担当する部分がより相互に依存している場合は、職務は拡充して設計されることが多い。昨今の組織変更では、企業は、職務を従来よりも拡充して設計する傾向がある。

　実際に、過去数十年間、限定的な職務から、より拡充された職務への緩やかな移行の傾向がみられる。これは、企業が従業員に権限移譲を進めているというビジネス誌での報道と一致している。ただ、これらは全体的なパターンや傾向に過ぎないことを理解しておくことは大切である。多くの企業は依然として、権限をほとんど与えることがなく、限定定義した低い能力の職務を採用いている。

　以降本章では、このようなパターンと傾向について説明をしていく。最初に、一つの職務にどのような任務が割り当てられるかについて見ていく。これは、パズルを解く上で最も重要なピースである。ある従業員に割り当てられる任務の数と種類は、従業員が持つ能力と密接に結びついており、そのため、我々はある特定の職務設計に必要な能力についても議論する。最後に、第5章と第6章での議論の焦点であった意思決定に関する問題に少し立ち戻り、これらを職務設計との関連で議論してみたい。

最適な職務設計：能力、任務と意思決定

■ 複数の能力と複数の任務

能　力

　複数の任務（マルチタスク）とは、労働者に様々な異なる任務の処理が求められる状況を意味する。複数の能力とは、労働者が複数の任務を処理する**能力**を持っていることを意味する。複数の任務によると考えられている利点の多くは、実際には複数の能力が持つ強みによるものである。ある複数の任務を引き受ける人がそれらの任務を処理する能力を持ってさえいれば、任務と職務が必ずしも関連している必要がない場合すらある。複数の能力には、以下のような利点がある。

　柔軟性　多くの任務を知っている労働者は、他の労働者の仕事を補完したり、代わりを務めたりすることができる。柔軟性の価値は大企業よりも小さな企業で大きい。大企業では、多くの人々が同じ仕事をしており、様々な任務に通じた1人の労働者の重要性は相対的に低い。

　小さなレストランを考えてみよう。当初、オーナーはマネージャーであり、コックであり、購買担当者であり、ウェイターであり、キャッシャーあり、そして給仕長でもある。レストランが大きくなるにつれて、オーナーは顧客をテーブルへ案内する従業員を雇うだろう。大きなレストランであれば、500人の従業員を雇用していることもあり、そこでは野菜の仕入れだけを担当する職務があったり任務の専門化が進んでいる。小さなレストランで、ウェイターが料理をできない場合は、コックが病気になったらレストランは休業しなければならない。料理もできるようにウェイターを訓練し、複数の能力を身につけさせることにより休業を回避できる。

　コミュニケーション　複数の能力を持つことは、社内で異なる職務を行う担当者間のコミュニケーションを促進しやすい。ある問題を議論する時、その問題の領域について全く前提知識がない人とよりも、その領域に知識を有する人との方が議論はしやすい。

　例えば、住宅の建設現場で一緒に働く大工と電気技師で考えてみよう。電気

技師はある特定の方法で電線を配線する必要があるが、そのためには、木造の枠組みが電気技師の要求を満たしていなければならない。電気技師が大工の知識を持っていたら、電気技師は大工とコミュニケーションをよりとりやすくなるだろう。

この例を適当に採り上げているのではない。住宅建設という仕事はチームで成果を出す要素が非常に大きい。異なる職務が大きく相互依存している状況では、複数の能力を持つことによってコミュニケーションを促進する利点がより大きくなる。

イノベーション　複数の能力を持つことは、少なくとも二つの仕組みによって、職務におけるイノベーションを支援する可能性がある。まず、コミュニケーションによって、個々人が生産活動の多くの局面を知ることになり、プロセスを改善する技術を考案しやすくなる。前出の例でいえば、大工が電気技師の職務について理解していれば、大工は電気技師の要求を満たした枠組みを設計しやすくなる。この効果は、後で議論する複数の任務による効果と非常に似通っている。

複数の能力を持つことがイノベーションに対してもたらす第二の効果は、個人が高度に専門化されている場合、あるイノベーションが人的資本の全てを時代遅れなものとしてしまいがちな場合に発生する。例えば、蹄鉄工は自動車の発明によって実質的に消え失せてしまった。もしも、蹄鉄工がより汎用的に鉄と鋼を扱う労働者であったなら、彼らの能力のうち自動車の登場によって時代遅れとなったのは一部だけだったかもしれない。彼らが持つその他の能力は、より価値のあるものとなっていたかもしれない。自らの能力が時代遅れになると感じる労働者は、概してイノベーションに反対するため、この点は重要である。

任　務

専門化か、複数の任務か　職務設計の最も重要な原則の一つは、アダム・スミスの『国富論』（1776）に由来する。スミスは、専門化の程度は市場規模によって制限されると書いた。彼は、釘工場の例を上げている。そこでは、労働者が釘を初めから終わりまで生産する場合と、例えば釘の先端を鋭く磨く作業のみなど、生産の過程の一部のみに単純に関わる場合がある[2]。正規の労働者をこの

ような限定的な任務に従事させるためには、多くの労働者が必要となるほど大量の注文が必要となる。例えば、仮に釘を5本生産すれば一日の市場の需要を満たせるのであれば、生産ラインと限定的に定義された職務は不要だろう。代わりに、一日に必要となる5本の釘を作る一人の職人がいれば十分である。

従って、小さな会社は職務設計において、複数の任務を組み込む傾向があり、従業員に対して大企業よりも複数の任務をこなすことを求めることが多い。

スミスの分析の最も重要な点は、**専門化**の考え方であり、これは複数の任務と対極にある[3]。釘工場では、一本の釘の製造には18の異なる作業が含まれる。職務の専門化を進めた工場では、10人の労働者を雇用することで、この作業をこなすことができることもある。ある従業員の職務は、一日中、単純に針金を真っ直ぐにすることかもしれない。これは、少ない作業を繰り返し処理する製造業での仕事でみられる極端な例だ。このやり方を採用すると、企業は一日に20ポンド（約9kg）の釘を生産することができた。個々の労働者だと一日に20本の釘しか生産できないだろうとスミスは述べている。従って、生産過程を限定的な任務に分割し、労働者に専門化した職務を与えることで、生産性は非常に著しく上昇するのである。

この考え方はいくら強調してもしすぎることはない。専門化による利益は非常に大きくなり得るため、専門化の利点を常に留意すべきである。専門化に逆行する動きには、強い正当性が必要である。

なぜ、専門化は生産性を増加させるのだろうか。理由の一つは、労働者が限定された作業に取り組めば、その労働者がそれらの作業を完璧に処理する可能性がより高まるからである。もしもある労働者があまりにも多くの処理すべき任務を抱えていると、その労働者は「何でもできるが、どれにも秀でてはいない」ということになってしまう。労働者が専門化した場合には、反対の状況になる。専門化によるもう一つの利点は、労働者が任務の切り替えに伴う時間を節約できる（そして、精神的に集中できる）ことである。最後に、専門化は特

---

2) スミスが「pin」と呼ぶものを、私たちはここでは釘と呼ぶ（それは、もちろん、大きなピンである）。スミスによる専門化の例は、おそらく800年前のペルシャにまで起源を遡ることができる。（Hosseini 1998）

3) 繰り返しになるが、学術的な専門用語によって混乱しないよう気をつけなければならない。専門化は、職務設計では、通常、任務を限定することを意味する。第3章にあったように、専門化は、人的資本において狭い分野に集中した人的資本への投資を意味する場合もある。第5章で議論したように、専門化は特殊的知識と同一**ではない**。第3章で触れたように、専門化は特殊的な投資とも同義ではない。

殊的人的資本への投資を可能とし、研修の費用を節約することができる。

　生産性を著しく向上させることができるため、専門化は近代経済の最も重要な要素の一つであり、スミスの『国富論』の最初の章の論点となっている。専門化は経済学の基礎でもある。人々が専門化して分業し、生産性を高め、交換することで、関係する人々はより豊かとなるからだ。

　複数の任務は、労働者が取り組む任務の数を増やし、専門化から乖離する動きである。専門化がもたらす利益は重要だが、コストも生じる。複数の任務には、以下のような利点がある。

取引コストの低下　労働者が専門化すると、複数の任務をこなすことによって避けられる様々なコストが生じる。移動時間はその一つの例だ。保険金支払請求の受付業務が、一部はシカゴの事務所、一部はアトランタの事務所で処理されているとしよう。書類は一方の拠点から他の拠点へメールで送られ、書類が到着した事務所では別の社員が処理を引き継ぎ、時間の遅れをもたらす。複数の任務が与えられている場合には、このようなコストを削減することができる。ただし、ITが普及するに伴い、複数の任務をこなすことによるこのような利点は消滅しつつある（この話題については、次章で詳細に取り上げる）。

　同様に、保険金支払い請求が、ある担当者から他の担当者にまわされると、受けた担当者はその請求の詳細を理解しなければならない。仮に、3人がある1件の請求を取り扱うとすると、その請求はのべ3回読まれることになる。作業を分割することによる利点がほとんどない場合には、1人の人間が複数の任務をこなすことで貴重な処理時間が節約される。

供給の観点　ある任務を処理するために必要な能力が、関連する他の任務をこなす際にも役立つことがある。例えば、税法に通じており複雑な所得税還付書類を準備することができる税理士は、翌年の税金負担を最小化するアドバイスを顧客に提供できる十分な税法の知識を持っているだろう。税務申告の際に税理士が顧客へ投資商品を薦めるのはこうした理由からである。しかし、ある任務を処理するために必要な能力がその任務にしか活用できない場合は、複数の任務をこなす費用は高くなる。例えば、保健室の先生が通常、用務員を兼職しない理由はここにある。それぞれの任務がその人の全ての時間を必要とすることはないものの、複数任務をこなす際に必要とされる能力が大幅に異なると、

複数任務をこなすことは現実的ではなくなる。

　複数の任務を一つの職務にまとめる場合には、その職務をこなす人は全ての任務をまとめて処理する能力を持っている必要がある。配管工は、通常電気システムの複雑さを理解しておらず、新しい家を建てる際に配管工が配管と配電の両方を担当することはほとんどない。一方、配管工が蛇口を設置し水道管を洗濯室へ通す作業を任されることもあるだろう。これらの作業に必要な能力は似通っているからである。

　生産における補完性　生産過程で作業が補完的となっていることは、専門化するよりも、複数の任務を採用した方が望ましくなる大きな理由の一つとなる。労働者が任務 A を処理することで任務 B をより効率的に処理できること、あるいはその逆の場合に、任務 A と任務 B は補完関係にあると言う。修理はこの一例である。何かを修理する時は、通常、故障箇所を見つけた人が修理する。洗濯機の修理屋は、自分で洗濯機の修理もする。修理屋は、問題箇所を検査し、修理する別の作業者にその検査結果を伝えることもできるが、作業が二度手間になってしまう。

　複数の任務をこなすことは、特に作業が全体の製造過程の中で相互に関連している場合に補完的となりやすい。このような場合、通常、ある環境における特殊的知識が必要とされる。修理作業の例で言えば、修理のために検査する過程で、その作業員は、修理している機械に関する詳細な、通常経験に基づく知識を得ることになる。その作業員は習得した知識を他の修理人に伝えることもできるだろうが、コミュニケーションの費用は相対的に高くつくだろう。

　また、扱っている製品や仕事の処理が複雑だと、作業は補完的となりやすい。アダム・スミスの釘の生産の事例では、生産工程は非常に単純で各工程はそれほど相互に依存していない。対照的に、ある会社がディーゼル・エンジンを生産しているとすると、近接するパーツやソケットがスムーズに組み立てられていることは非常に重要である。従って、これらの部品を磨き上げる作業を一つの職務にまとめることは検討に値すると言える。

　第5章と第6章で個々の職務設計に関連する原則について議論をした。様々な作業がより相互依存的な場合、専門化すると、異なる作業を担当する2人の労働者の間で高い調整コストが必要となる。調整の問題の回避はコストがかかり、生産速度を低下させ、品質も低下させるため、最も補完的な作業を一つの

職務にまとめることには利点がある。

モジュール化の原則は、組織全体だけでなく個々の職務設計にもよく当てはまる。職務設計する際には、会社の仕事の処理過程をどのようにモジュール化できるかを検討すべきである。仮に仕事をモジュール化することができれば、その定義から、相互依存性の高い任務の多くは一つのモジュールに収められ、調整コストを減らすことができる。職務間・モジュール間の調整コストは依然として残るが、このようなコストはモジュールを適切に定義することで減少させることができる。

ソフトウェア・エンジニアリングを職務設計のモジュール化の例として考えてみよう。オペレーティング・システムや大型のアプリケーションの開発といった大規模なプログラミング・プロジェクトは、1人のプログラマーが取り組むには大きすぎるため、プロジェクトは異なる仕事に分割されなければならない。典型的には、プログラマーは一つまたはいくつかの特定のサブルーチンやソフトウェア・オブジェクトを担当する。もちろん、これらはプログラム全体のモジュールに該当する。これらのサブルーチンは、最も入り組んで関係のある部分がまとめられるように選択される。そして、プロジェクト・マネージャーはサブルーチン間のインターフェースをマネジメントする（すなわち、調整する）。うまく設計され、適切にモジュール化されているプロジェクトでは、このようなプロジェクト・マネージャーによる調整は容易になる。実際、最近のソフトウェア・ツールや開発の原則は、モジュール化を念頭に置いて設計されている。ソフトウェア・エンジニアは、プログラムを個々の独立したパーツとしてデザインするよう教えられている。エンジニアたちは、ソフトウェア全体のデザインにおける連携の問題を最小化し、プログラムがきちんと作動するためのデータ構造やソフトウェア・オブジェクト間のインターフェースに関して教育を受けている。

OJT 複数の任務をこなす労働者は、仕事の処理や成果物を向上させる方法をより多く学ぶ傾向がある。完璧な域に至る過程で最も難しいのは、複雑で相互依存的な部分である。このような状況では、複数の任務をこなすことが必要とされることが多い。従業員が密接に関係した作業を処理する場合、これらの作業を処理する新しいやり方や、その成果をより効果的に結びつけたりする方法を発見しやすい。

ディーゼル・エンジンを生産する例でもう一度考えてみよう。会社が、二つの部品が適切に噛み合わず、摩擦でエンジンがうまく作動しないという問題を抱えているとしよう。仮に、会社が専門化の原則に基づいて職務を設計しているならば、その二つの部品はおそらく別の作業員によって生産されていると考えられる。それぞれの作業員は自分が担当する部品を出来る限り効率的に生産するが、担当する部品がお互いの部品とどのように噛み合う必要があるかについてはほとんど考慮しない。対照的に、ある作業員がこれら二つの部品の両方を生産する作業を与えられたのであれば、その作業員はこれらの部品をどのようにすれば**一緒**に作動するかを考えるだろう。

　他の例として、前出の保険の請求処理の例で考えてみよう。仮に請求処理が異なる職務に分割されていると、社員は自分の担当する段階についてのみどのように処理したらよいかといった限定的な見方しかしない。一方、1人の社員がはじめから終わりまで、請求処理の全体を担当する場合、**全処理行程**を見わたすことができる（我々はこれを、仕事の全体像の認識、あるいは、**タスク・アイデンティティ**と呼ぶ）。その結果、従業員は、各任務の相対的な重要性や全ての作業がどのように全体として意味があるかについて、より理解するようになる。このことを知ることによって、従業員はより優れたカスタマー・サービスを提供しやすくなるだろう。

　モニタリングの難しさ　いくつかの任務をまとめると、従業員が特定の任務に集中し、他の任務を軽視するということが起こりやすい。例えば、顧客との良好な関係の構築と販売の両方を担当する従業員は、販売にばかり集中し、顧客との関係構築を疎かにする可能性がある。なぜなら、販売は顧客との関係構築よりも、外から成果が見えやすく、かつ会社は販売実績に対して直接的に報酬を支払うことが多いため、これらの任務をまとめると、従業員は一方のために他方を犠牲にしがちになるからである。単純に従業員が働いた時間に対して、報酬を支払うという手段もあるが、そうすると販売実績に基づいて報酬を支払うことによる利点が失われてしまう。任務を分けることによって、会社はより成果をあげることができる可能性がある。この点については第9章と第10章で更に議論をする。

　内発的動機　アダム・スミスは、非常に限定的で、高度に専門化された職務で

は、働き手が仕事に飽きてしまうため、問題になるかもしれないと指摘している。従って、働き手の**内発的動機**を向上させることが、複数の任務をこなすことの利点の一つとして挙げられる。内発的動機とは、職務によりもたらされる精神的なモチベーションである。本章の後半でこの重要な論点について議論する。

■ 意思決定

複数の任務をこなすことにより、OJT から学ぶことが多くなるため、これまで引用してきた事例で、多くの任務を担当する労働者の方がより多くの意思決定権を与えられることがわかっても、驚きはないだろう。労働者が複数の任務の職務を通じて培う知識は、複雑で経験に基づくものであるため、（コミュニケーションにコストがかかる）相対的に特殊的知識であることが多い。従って、会社がこの労働者の知識を活用するために、労働者自身に新しい方法を試させ、その中で成功したやり方を実行させるようにしなければならない。

この点を掘り下げてみたい。複数の任務を与えることは、会社にとって労働者の学びを強化する一つの方法であり、それは、**分析**と**意思決定**の重要性を一層高める。従って、複数の任務を与えることは、労働者に個々の作業を処理するために必要となる幅広い能力を習得することを求めるだけでなく、労働者により高い思考能力を求めることになる。この点は、次章の重要な論点である。

〰〰〰〰〰 科学的手法で生産労働者を訓練する 〰〰〰〰〰

多くの会社が、本章で議論した原則を適用するために TQM（総合品質管理：Total Quality Management）を導入している。TQM は品質の向上に焦点を当てる。品質問題の多くは、職務が過度に専門化することによって、労働者が自らの仕事の成果物が、業務処理全体の中でどのように他の段階と関連するかについて考慮しないことに起因する。従って TQM では、通常、より複数の任務（次章で扱うが、チームで取り組まれることが多い）が活用されることが多い。また TQM では、労働者が OJT を通して取得した知識を活用するため、労働者により多くの意思決定が委ねられることになる。品質、スループットや効率性といったその他の組織的な目標を改善するために TQM が活用されることもある。

また TQM プログラムでは、会社による追加的な研修の提供が必要となる。これは TQM の導入前に比べると、労働者はより幅広い作業を処理しなければならないため、新しい能力が必要となるという単純な理由もあるが、研修には通常、労働者に意思決定の能力を教えることも含まれる。この特筆すべき例の一つは、著名な TQM コンサルタントであるジョセフ・ジュランによって提唱されている手法である。ジュランは彼の顧客に対し、売り場の販売担当者を次の七つの手順に従って研修することを推奨している。研修は、問題を分析し、解決策を検討し、それを実行するためのものである。

　1.現象を分析する

　2.原因の仮説を立てる

　3.仮説を検証する

　4.原因を明確にする

　5.解決策をシミュレーションする

　6.実際の場で解決策をテストする

　7.継続的に成果を得るための管理を確立する

　最初の三つの段階は、科学的な手法であることに注目して欲しい。次の三つの段階も同様だが、より応用的なものである。換言すれば、ジュランは、比較的能力が低い現場の労働者に対しても、仕事を通じて特殊的な知識を習得させ、習得した知識を活用するために必要となるより高度な思考能力を教えることを提唱しているのである。

出所：Jensen and Wruck（1994）

補完性と職務設計

　以上の分析は、表7.1で発見したことの説明の一助となる。任務が補完的で労働者が学ぶ機会がより多いため、業務手順が相互依存的であればあるほど、複数の任務をこなすことの価値は高まる。複数の任務が採用され、労働者が仕事に精通すれば、仕事を通じて蓄積される考えや知識を活用できるように、労働者により大きな裁量、すなわち**権限**を与えることの重要性が高まる。複数の

第7章　職務設計　　217

任務をこなすことと労働者の能力水準には二つの点で正の相関がある。まず、幅広い任務を全うするために、労働者にはより多くの能力が必要とされる点である。次に、意思決定をしながら学んでいくことによって、複数の任務をこなす労働者には、分析力と思考力が伴ってくるという点である。

　従って、表7.1に示されているように、これら四つの職務設計の特徴に正の相関があるべきである。これらの特徴の中の一つが高い値を示しているなら、その他の特徴も高い値を示している可能性が高い。ただし、全ての職務がこのように拡充された職務であるべきだということを意味しているわけではない。表7.1が示すように、会社は、拡充された職務と、低い能力でこなせる伝統的な限定的な職務を併用している。

　この表は、人事政策は相互に補完的な様々な要素から構成されたシステムとして設計されるべきであるということを示している。すなわち、会社が採用している他の政策を考慮することなく、人事政策を設計してはならないのである。労働者が限定的な職務を担当していたり、高い能力を有していない、あるいは利用すべき経済的価値がある特殊的知識をほとんど持っていない場合、分散化はあまり意味がない。組織設計のような複雑な問題を分析するにあたって、論点を単純化して絞り込む必要があるため、本書では、特定の政策を別々なものとして扱っている。しかし実務上、政策は関連しており、出来るかぎり統合されて設計されるべきだということに留意してほしい。

体系的な組織設計と生産性

　異なった種類の職務設計とインセンティブ政策が、鉄鋼製造の一連のラインの生産性にどのような影響を与えたかという詳細な研究がある。研究者達は、様々な人材政策に関するデータと、生産性および製品の品質に関するデータを集めた。本研究の特に優れた点は、研究対象とされた会社が特殊な種類の生産工程を有しているため、組織設計以外の要因では生産性の差が生じにくくなっていることだ。

　研究者たちは、研究サンプルを四つの組織設計のタイプに分類した。最も極端な会社では、表7.1の*LLLL*タイプに相当する職務設計を採用している。これらの会社では、職務が専門化され、労働者にほとんど裁量を与えておらず、労働者の能力は低い。もう一方の極端な工場では、表7.1の

*HHHH*タイプに相当する職務設計（拡充された職務）が採用されている。研究者達は、インセンティブ制度の種類についても考察し、生産量以外の指標を参照するインセンティブは、職務の拡充度と補完的な関係にあると論じている（この理由は第9章で議論する）。これらはどちらも組織設計についての連関した手法の例である。他の二つの組織設計のタイプは、少なくともこれら二つの極端なケースと比較すると連関性のない職務設計であった。

　この研究では、いくつかの興味深い発見があった。第一は、職務を限定的に設計し、意思決定を集中化し、能力の低い労働者を採用するといった伝統的な手法を採用している場合は、生産性と品質は最も低かったということである。

　第二は、単一の人事政策そのものの影響は、小さいか無視可能なものだったということである。他方、会社が相互補完的な政策を一体的に採用すればするほど、生産性と品質が向上することが明らかになった。最も大きな影響が観察されたケースは、会社が拡充した職務、品質に基づいたインセンティブ、新規能力の習得などを含む、包括的な職務設計を採用している場合であった。これは、組織設計では**体系的**な手法が最も効果的であることの根拠を示している。

出所：Ichniowski, Shaw, and Prennushi（1997）

どのような場合に異なった職務設計を採用すべきか

　本章での議論から、いくつかの疑問が生じてくる。なぜ、より近代的な職務設計を採用**しない**会社があるのだろうか？　なぜ、多くの会社でより伝統的な手法が今でも採用されているのだろうか？　もし、様々な会社の政策全体を一括して変更することがより効果的であるのならば、なぜそうする会社は少ないのだろうか？

　これらの疑問に対しては、いくつかの説明が考えられる。一つの説明は、政策の変更にはコストがかかるというものだ。コストが大きな場合、相対的に効果的ではない政策を使い続ける方が、会社の利益を上げられることもあるだろ

う。体系的な組織設計が最も効果的ではあるものの、会社はより多くの政策を可能な限り同時に、かつ全体として整合性のある形で変更しなければならないため、組織の変更には大きなコストがかかってしまう。

　もう一つの説明は、マネージャーは何が最適な政策であるかを理解しているとは限らないというものだ。理解が不十分ということは、会社が常に最適な政策を導入しているとは限らないということを意味している。同時に、マネージャーは、変更を設計し、導入する作業は大変なため、こうしたことをしたくないという歪んだインセンティブを持っている可能性もある。しかし、徐々に他社との競争や、（例えば、Ichniowski、Shaw と Prennushi が研究したような）効果的な慣行に関するより十分な知識が蓄積されていくと、会社はより優れた手法を採用していくだろう。従って、この説明はさほど説得力がなく、優れた経営陣を雇用するべきであるということ以外には、ほとんど意味をなさない。

■ テイラー主義

　なぜ拡充された職務が常に導入されないのかという問いに対する三つ目の説明は、それが必ずしも最善の手法ではないという理由である。ある会社、産業、技術、あるいは製品（例えば、鉄鋼生産の最終工程）にとって、組織設計において拡充された職務にするといったやり方は、非常に有効かもしれないが、専門化と集中化を重視した、より伝統的な方法の方がより適していると考えている会社もあるだろう。そうであれば、会社の種類によって、最も適した職務設計は、それぞれ異なっているということになる。本節では、この考え方を深堀りしてみたい。

　まず手始めに、私たちはかつての時代の経営理論、特に二十世紀初頭の**科学的経営**の動きについて考えてみよう。こうした動きは、この考え方を主導した人物の一人であるフレデリック・テイラー（Frederick Taylor（1923））にちなんで、**テイラー主義**とも呼ばれている。

　テイラー主義の背景にある考え方はわかりやすい。会社が、能力のあるコンサルタントやエンジニアを雇用し、彼らに生産や個々の任務を処理する最も良い方法を考案させ、考案された方法を実行するというものだ。この手法は非常に論理的だ。最も能力があり十分訓練された社員の専門的な知識を活用し、その考え方を他の人々と共有するのである。上手く機能すれば、これは非常に有

220　第2部　組織と職務の設計

効であり、効率や品質の向上をもたらすやり方である。また、組織面においても、興味深い意味合いを持つ。

　この手法では、アダム・スミスが釘の生産で描いたように、経営工学エンジニアが業務手順を個々の段階に分解する。続いて、それぞれの段階の処理方法が完璧となるよう試みる。これが意味するところは、エンジニアが相対的に効果的な設計を一旦実際に考案した後は、**労働者には裁量はほとんど、あるいは全く与えられないということである**。代わりに、労働者はエンジニアが職務を設計した通りに作業を処理しなければならない。当然、**労働者に能力はほとんど求められず、特に意思決定の能力は必要ない**。このアプローチはジュランが描いた TQM の事例の対極にある。

　業務手順を個別段階に分割し、OJT を通した学習を重要視しない方法は、一般的に職務設計の専門化へ行き着く。例えば、個々の労働者が一つもしくは少ない数の作業を担当し、次の作業を処理する同僚へ渡していくような組み立てラインを立ち上げる場合、こうした手法は非常に効率的である。更に、ある業務手順を別々の段階に分割し、これらの段階をルーチン化することで、仕事のほとんどは自動化（現代ではコンピューター化）することができる。

⚜⚜⚜⚜⚜ UPS のトラック配達員の職務設計 ⚜⚜⚜⚜⚜

　UPS は 1907 年から事業を展開している世界最大の宅配業者である。UPS の商品は比較的単純で、荷物をある地点 A から地点 B へ届けることだ。更に、荷物をトラックから届ける際のやり方は 100 年間ほとんど変わっていない。UPS はテイラー主義の原則を適用してきた、今日の素晴らしい事例である。

　UPS は、小荷物を届ける方法を**厳密**に定め、ドライバーに対し幅広い研修を提供している。例えば、ドライバーはトラックに左足から乗り込むように教えられる。なぜなら、その方が（左ハンドル車では）右足から乗り込むよりもわずかに早いからだ。ドライバーは、トラックを停める際に（顧客の注意を引き、顧客が玄関先に来るまでの時間を節約するため）クラクションを鳴らすこと、（配達後にエンジンをかけるスピードを上げるため）イグニッション・キーのキー・チェーンを右手の中指で持つようにすること、そして（走り去るスピードを上げるため）トラックのギアを第一ギ

アに入れるように教えられる。UPSには何冊にもわたる標準方針と手順書がある。

　UPSは、デザイン工学の知識さえ利用している。長年にわたり、配達の効率を向上させるため、配達トラックの設計を少しずつ変更してきた。例えば、UPSのエンジニアたちは、ドライバーが座る座席の外側の角を斜めに切ることによって、ドライバーがより素早くトラックに出入りできることを発見した。最近では、ドライバーがシートベルトの差し込みだけでトラックをスタートできるように、車のキーが不要となるシステムを利用できるようにした。ドライバーが差し込みからベルトを外してエンジンを切ると、後ろの荷台のドアが自動的に開く。UPSによると、この仕組みにより一回の停車あたり1.75秒短縮され、ドライバーの時間は一日あたり6.5分短縮される。更に、UPSは大都市のドライバーたちに左折（訳者注：日本で「右折」にあたる）をしないようにトレーニングしている。左折する代わりに、ドライバーたちは右折を三回する。UPSは、この方法の方が平均的により早く、時間と燃料を節約することを発見したのだ。

　これら一つ一つの指針は、それぞれは非常に小さな効率の向上しかもたらさないかもしれない。しかし、これらを合わせると、ドライバーは一日につき更に数個多くの荷物を届けることができる。利益率が低く競争の激しい業界では、このような小さな利益の積み重ねが大きな差を生み出す。特に、UPSのように多くの従業員が働く企業では、得られるものは大きいだろう。

出所：Vogel and Hawkins（1990）；Levitz（2011）；Mathews（2014）

　労働者により多くの決定権を与える、拡充された職務は、市場をベースとした考え方で会社を組織しているようなものであり、テイラー主義は、中央による集中計画のようなものであることに注意してもらいたい。第5章の原則が組織設計に応用できたように、これらの原則は職務設計にも応用できる。仮に経営工学エンジニアが最適点に近い生産手法を実際に見出したとすると、その環境には特殊的知識がほとんど存在しないため、労働者がその職務について学ぶ余地はほとんど残されていない。このような場合、集中化は理に適っており、

分散化のコストは高くつくだろう。

　換言すれば、経済の設計と同じように、会社は自社を最適化するために大きく二つの手法を採用することができる。一つのやり方は、テイラー主義のような手法による、**事前の最適化**である。この方法では組織構造は相対的に集中化され、労働者の能力は低くても構わない。もう一方のやり方は、複数の任務、分散化や高い能力を持つ労働者を活用した、**継続的な改善**という手法である。

　もちろん、多くの会社はこれら二つの極端なモデルの間のどこかで事業を行っている。実際には、多くの会社はこれら二つの手法の双方の要素を活用している。例えば、多くの工場は、生産ラインの設計と品質のモニターのために集中的なアプローチをとる経営工学エンジニアをスタッフとして抱えている。しかし、これらの工場が、継続的な改善をするうえで必要とされる、労働者からの気付きを活用するために、TQMのような手法を導入していることもある。会社がどちらのやり方を採用するかではなく、どのような労働者にどの程度まで、一つもしくは複数の手法を用いるかが重要なのである。

■ テイラー主義か、継続的改善かを決める要因

　仮に会社がある任務を処理する最適な手法を見つけているのであれば、労働者が自身のやり方を試す余地を与える理由はない。一方、もしテイラー主義が効果的でないのであれば、分散化し、より幅広い職務設計を採用することで、一層の改善を実現できる余地が大きいと言える。従って問題は、テイラー主義が機能する、あるいは、機能しないのはどのような場合なのか、ということである。

　会社がテイラー主義にどの程度投資すべきかという判断は、それによって生じる効果と費用にかかっている。最適な生産手法を見出すために、会社は経営工学のエンジニアを雇い、分析させ、異なる手法をテストする費用を支払わなければならない。そして、職務設計の実践要領に関して、労働者を訓練しなければならない。最適な組織構造と職務設計を考案するプロジェクトは、非常に大掛かりなものになりかねない。会社は、投資に対する効果が大きい場合にテイラー主義に投資し、そうでない場合は投資しない。事前の最適化にそれほど投資をしない場合、代わりに継続的改善手法を採用するだろう。

　投資からのリターンは、相対的に効果的な生産手法を見出すために必要となる費用にかかっている。また、これらの手法を見出した場合に実現される利益

の程度にも依存している。会社が、より集中化された事前の最適化の手法を用いるか、継続的改善手法を利用するかには、以下のような重要な要因が影響する。

会社の規模

他の条件が同じであれば、会社の規模が大きくなればなるほど、事前の最適化からの効果は大きくなる。大会社は同じような作業を処理する労働者をより多く抱えているため、改善はより多数の労働者に影響を及ぼす。これは最適な手法を見出すための投資に規模の経済が働くことを意味している。

複雑さ

対応が単純な場合、事前の最適化は比較的容易である。釘の効率的な生産は、ディーゼル・エンジンの生産よりも遥かに分析しやすい。複雑さはテイラー主義に伴う費用を増加させる。つまり、事前の最適化への投資は少なくなり、より多くの労働者に職務を改善する機会を与えることを意味している。

複雑さにも様々な種類がある。一つは、単純に、ある製品の完成に必要となる部品や工程の数である。釘には二つの部品（釘と釘頭）しかないが、ディーゼル・エンジンは数千の部品から構成されている。同様に、保険金請求の処理はいくつかの段階を経て処理できるが、銀行全体のリスク管理には、より多くの対応が必要となるだろう。保険金請求の処理手順は、より標準化しやすく、同じような職務に整理されるため、リクス管理よりも分散化の程度は小さく、能力が低い労働者で対応することができるだろう。リスク管理の場合でも、コンサルティング会社などは、費用を削減しサービスを向上させるために、出来る限り標準化された手続きを開発しようとする。しかし、これらのプロジェクトは複雑すぎるため、処理のほとんどを標準化するまでには至らない。

複雑さは、生産ラインからも生じる。会社が単一製品のみを製造するのであれば、完成するまでのプロセスは一つだけでよい。複数の異なる製品を製造する場合、最適化問題は比例的に増加し、（たとえある製品の生産を最適化することで得られた知識を、他の製品に応用できたとしても）難易度は上がる。注文ごとに製品をカスタマイズしなければならないような極端な場合、事前の最適化手法は、非常に大きな問題に直面する。

複雑さは、任務の間の強い相互依存関係（調整コスト）からも生じうる。多

くの段階を経る処理でも、それぞれの段階が独立していれば、最適化は比較的容易に実現出来るだろう。異なる段階が相互に関連している場合、これらは一体的に考慮されなければならないため、一般的に、処理の最適化はより困難になる。実際、表7.1は、作業手順が相互依存的である場合、会社は職務設計にテイラー主義に基づく手法を用いない傾向があることを示している。

　知識に関するコミュニケーションコストの高さが、複雑さの決定要素の一つであることも注目すべきである。テイラー主義と集中化は、知識が汎用的な場合に、最も機能する。複雑さとは、労働者が仕事をすることによって生み出される経済的な価値に関する特殊的知識を持っていることを意味している。

予測可能性

　事前の最適化では、最も良い手法を見出し、労働者にそのやり方を教えることが必要になる。労働者がどのような状況に直面するかを予測することが難しい場合、この手法はそれほどうまく機能しない。従って、より予測が困難な環境では継続的改善手法が採用されるだろう。仮に生産環境にばらつきがあっても、同じ状況が何回も発生するのであれば、テイラー主義は機能する。このような場合には、会社は労働者に、想定される各々の状況での対応方法を訓練することができる。しかし、生じうる状況が多くなればなるほど、最適化問題は複雑になる。更に、それほど多くの不確実な状況を予測することはできないだろう。このような場合に備え、会社は労働者に対応要領として、一般的な対応方法の指針を提供することはできる。しかし、この指針は完璧なものではないため、状況に最適な対応ができるように、労働者にある程度の裁量を与える余地がある。

　経営コンサルティングを考えてみよう。それぞれのクライアントとの契約は過去のものとは異なっている。一部の進め方や手法には、一部の進め方や手法には、過去のやり方を再利用できるかもしれないが、新しい手法や対応要領の開発が必要となる。どの手法を適用すべきかという判断が必要になる。

時間軸

　業務処理に関して、事前の最適化への投資に対するリターンに影響をもたらすもう一つの決定要因は、会社が、過去、未来の双方にわたって、どのような時間軸で考えているかということである。仮に、会社が何年にもわたって、同

じ事業を営んでおり、特に事業環境が安定しているのであれば、その会社は非常に効果的な手法を編み出している可能性が高い。他方、新興企業では最適な業務処理方法が見出されている可能性は低い。従って、多くの場合、組織構造と職務設計は、会社のライフサイクルに従う。設立後間もない場合、会社は事業を手がけながら継続的な改善を通して、良い手法を見出そうとする。会社が成熟すると共に、より定式化された進め方や方針が確立され、意思決定に関して、より集中的な手法が採用されるようになる。

　安定性も時間軸を左右する。ある会社が、基本的な市場環境は今後十年間、変化しないと考えているとしよう。この場合、投資からのリターンを長期間にわたって享受することができるため、会社は現状での最善のやり方を見つけるためにより投資をするだろう。一方、大きく変化している業界の会社、例えばテクノロジーの変化が進行している業界の会社を考えてもらいたい。この会社は、考案された手法をすぐに変更しなければならない可能性が高いため、手法の最適化に大きな投資をしようとはしないだろう。代わりに、新しいテクノロジーと環境に継続的に適応できるような運営手法の構築に注力するだろう。

　以上の議論から、より簡素で、安定的で、予測可能性の高い業界の会社は、テイラー主義を利用する可能性が強い。このような会社の職務設計では、専門化、集中化、相対的に能力の低い労働者の活用が志向されるだろう。

∼∼∼∼∼∼ インテルでの「そのままコピーする」 ∼∼∼∼∼∼

　インテルは、半導体の新しい製造工場を起ち上げる際に、「そのままコピー（Copy Exactly）」と称される、通常とは異なる手法を導入している。この方針では、個々の工場は新しい手法を実験しないことが推奨され、代わりに同一の手法が様々な工場で用いられるようにしてきた。インテルは、労働者の手袋の色や壁の色といったことまで、徹底的に工場間でやり方をコピーしてきた。

　インテルのビジネスは非常に複雑で、相互に依存しており、変化のスピードも早いため、この手法は我々が想定したものと正反対の手法である。しかし、この手法にはいくつかの利点がある。まず、この業界では、失敗のコストが異常に大きい。従ってインテルでは、新しいアイデアの実行に際し、統制と集中化、階層化された手法が強く求められていた（これは、

第5章の議論に整合的である）。また、工場がほとんど同一の手法を使うことで、インテルは異なる工場間の実績を計測することができ、製造上の問題を明らかにし、分析の一助とすることができる。これは、第5章で集中化された知識と呼んだ例の一つである。

インテルの例は、組織と職務を設計にあたって、単一の最善のやり方は存在しないということを物語っている。会社が置かれている環境、目的、直面しているリスクなどによって、異なる手法がうまく機能するのである。

出所：Clark（2002）

より複雑で、大きく変化し、予測が難しい環境で操業する会社も、ある程度はテイラー主義を採用するだろう。しかし、このような会社の労働者は、より特殊的な知識を持っている。こうした会社は分散化や複数の任務を進め、より高度な能力を持つ労働者を活用するだろう。

このような見方によって、本章で見てきたパターンや傾向を説明できる。表7.2を思い出してみよう。この表では、組織的に変化を進めている会社は継続的改善手法を志向している傾向があることを示している。変化は、従来のやり方がもはや利用されないということを意味し、プロセスの改善に関して、労働者側から多くの示唆を得られるので、このことは当然である。

同様に、過去数十年にわたって、継続的改善の手法を志向する傾向がみられる。これは、規制緩和、国際貿易の増加、そして何よりも IT の進化によって、多くの業界がより早く変化していることによると思われる。

実際、この分析は、第3章で描いたいくつかのパターンの説明に参考になる。能力への投資のリターンが、過去数十年にわたって非常に大きく上昇したことを思い出してみよう。仮に、多くの会社が自らの事業環境について、より大きな変化を認識し、継続的改善手法の活用を推進しているのであれば、能力の高い労働者が重視されることになる。これは、どのような能力がより高く評価されるかについて、私たちに示唆を与えてくれる。それは、ジュランが提唱したように、汎用的に活用できる問題解決能力である。このような能力を持った労働者は再活用され、効果的に継続的改善に取り組む。この点については、次の章で IT の効果について議論をする際に、再度採り上げる。

内発的動機

　職務設計を議論する際に、考慮しなければならない重要な事項がもう一つある。職務が専門化することに伴うコストの一つとして、労働者が職務を退屈に感じ、モチベーションの低下を招く場合があることである。職務の拡充の一つの利点は、労働者のモチベーションをより高めることが多いという点である。

　社会心理学において、内発的動機を増すためにどのように職務を設計するかは重要なテーマの一つである。社会心理学者が、これらの問題にどのように考えているかについて、簡単に述べてみたい。社会心理学のアプローチは私たちの職務設計の考え方に合っていることがわかるだろう。実際、原則の多くは本質的に同じである。

　内発的動機について、最もよく知られた社会心理学のモデルは、リチャード・ハックマンとその共著者によって作られたものである。図7.1にそのモデルを掲載している。この見方によれば、五つのコアの職務設計の特徴を、労働者のモチベーションの向上に活用することができる。五つの職務設計の特徴とは、能力の多様性、任務の完結性、任務の重要性、自律性、そしてフィードバックである。

　これらのうちの最後の二つ、自律性とフィードバックは馴染みがあるだろう。分散化に他ならない。自律性は、仕事の処理方法と意思決定の権限について、労働者により大きな裁量を与える。フィードバックは、労働者に行動や決定の結果に関する情報を提供することを意味する。このフィードバックは、労働者が問題を分析し、新しいアイデアを試行し、優れたアイデアを実行に移すために必要となる。

　社会心理学者によれば、はじめの三つの特徴、能力の多様性、任務の完結性、任務の重要性は、従業員にとって仕事をより意味あるものとし、実績に連動する報酬がなくても、より高いモチベーションに結びつけられる。これらをどのように解釈すればよいのだろうか。

　任務の重要性は、労働者がある製品やサービスを、個人的に何らかの意味において価値があると考えることである。例えば、ある機械工は、芝刈機を修理するよりも、命に影響を及ぼす巨大な旅客機を修理することに、より重要性を見出すかもしれない。彼は芝刈機よりも旅客機を修理する時の方が、良い仕事

をしようとするモチベーションが湧いてきやすいだろう。同様に、非営利団体や大学の職員はしばしば、彼らが個人的に価値を感じている長期的な使命に貢献をしているという感覚に、部分的にせよ動機付けられている。これは、もちろん、純粋に心理的な効果だ。

　残念ながら、任務の重要性は、マネージャーが従業員のモチベーションを引き上げるために利用できる手段ではない場合が多い。基本的に、組織自体の使命をより重要なものに変更させることは不可能だからである。業種によっては、他の業種より任務の重要性が高いものもある。より高い水準の労働者は、しばしば重要性の高い任務を担当している。なぜなら、このような高い水準の労働者は目に見える形でその任務の使命に影響を及ぼす行動を取ることができるからだ。

　心理学者にとって、任務の完結性とは、ある労働者の職務が、外見上明らかに完成した仕事を伴うことを意味する。これは、前出のモジュール化に相当する。もしも、あるビジネス・プロセスがうまく仕事としてモジュール化できているのであれば、その労働者が他の労働者に及ぼす不適切な影響をさほど憂慮することなく、密接に関連した一連の任務をその労働者に任せることができるだろう。

　心理学的なモデルの最後の要素は、任務や能力の多様性である。能力の多様性とは、複数の任務をこなすことである。職務設計に関する初期の心理学的な文献は、能力の多様性を強調していたが、実際には、任務の多様性（複数の任務をこなすこと）が同様に重要となる。

　これまで複数の能力と複数の任務をこなすことの経済的な便益について記述してきた。しかし、ここで心理学者は、「退屈さ」について、アダム・スミスと同様の指摘をしている。労働者により多くの任務を任せ、より多くの能力を学ぶ機会を提供する職務は、より大きな内発的動機を労働者に持たせることが多い。

　労働者が職務を通じて**学習する機会**がある時に、内発的動機は最も高まるというのがこの考え方である。学習は、複数の任務をこなすことによる新たな人的資本となるかもしれない。あるいは、新しい任務や以前の任務について、新しい対処要領に関するものかもしれない。これまで議論した通り、複数の任務が含まれる仕事、特に複雑で相互依存的な仕事の場合に、後者の新しい任務の学習機会は多いと思われる。

図7.1　内発的動機の心理学的なモデル

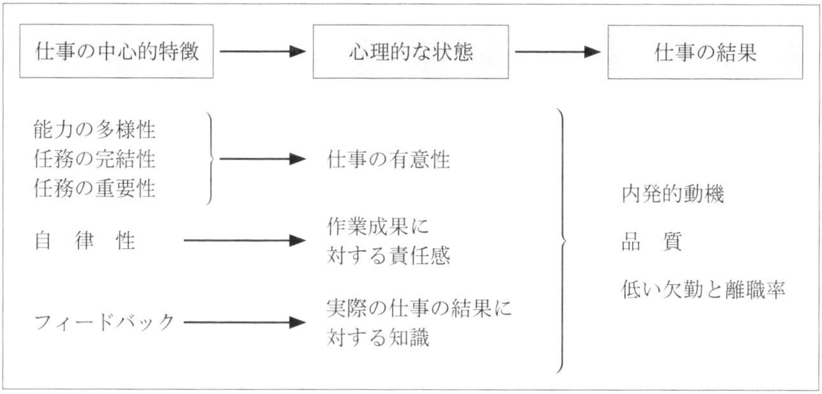

| 仕事の中心的特徴 | → | 心理的な状態 | → | 仕事の結果 |

能力の多様性
任務の完結性　　　→　　仕事の有意性
任務の重要性

自　律　性　　→　　作業成果に
　　　　　　　　　　　対する責任感

フィードバック　→　　実際の仕事の結果に
　　　　　　　　　　　対する知識

内発的動機

品　　質

低い欠勤と離職率

出所：Hackman and Oldham（1976）

　この考え方を更に進めると、内発的動機は従業員が職務上、**知的な課題**に直面している場合に生じると言える[4]。退屈さは、多くの場合、労働者が考える必要のない作業を繰り返し処理していることに起因する。従って、新しい任務への対処やこれまで習得していない能力を獲得する必要のある職務に取り組むことで、従業員のモチベーションは引き上げられるだろう。

　内発的動機は複数の能力や複数の任務をこなすことによっても、高められるが、新しい任務を学ぶことの方が職務設計上は有益である。異なった形式のOJTは、会社にとって異なる価値を持つからである。労働者が複数の新しい能力を習得しても、必ずしもそれが生産性の向上につながるとは限らない。一方、仮に労働者の学習が、継続的改善に焦点を当てたものであれば、労働者のモチベーションの向上だけでなく、会社は労働者の発見から直接的な利益を得ることができる。従って、単に新しい能力を獲得するための学習ではなく、学習が業務にもたらす価値を最大化するように、会社は職務を設計すべきである。

　拡充された職務の心理的な利点と経済的な利点には、優れた補完性がある。業務の処理が完璧でない場合、労働者が継続的改善に取り組めるように職務を設計することで、会社にはその手続きを改善できる大きな機会が生じる。会社は、労働者により関連性の高い複数の任務と裁量を与えることで、こうした取

---

4)　心理学者は、難しい職務に取り組むことへの関心（経済学用語でいう効用関数）は人によって異なることを認識している。内発的動機の程度が異なることを、心理学者は、人によって**成長の必要性の強度**が異なると呼んでいる。

り組みを実現できる。会社は従業員に、問題解決能力を含む、より多くの能力を提供することになる。これは労働者の知識を伸ばして活用するという基本的な経済原則を単に利用しているだけのことだ。

会社がこの手法を用いると、労働者は心理的に職務により動機付けられる。それは労働者自らが、取り組んでいることにより注意を払い、興味を持ち、また自ら取り組んでいる仕事について**考える**ということを意味している。もちろん、この心理的な効果は、労働者の継続的改善の効果を一層高める。

以上をまとめると、図7.1.に記載された内発的動機モデルの五つの要素のうち、任務の重要性と任務・能力の多様性の二つだけが純粋な心理的な効果となる。その他は、私たちが既に議論してきた概念の別の言い方にすぎない。更に、労働者の特殊的知識を継続的改善に活用するために職務を設計するという、職務の拡充に対する経済的な見方と、労働者のやる気を高め、自分が取り組んでいる仕事についてより考えさせるという、心理的な見方との間には、密接かつ一貫した関係がある。

要　約

職務設計には三つの目的がある。第一は、労働者の任務を実行する効率性を向上させることである。第二は、職務について労働者に知識を持たせ、それを活用させることである。そして第三は、労働者のモチベーションを向上させることである。これらの目的は矛盾することもあり、そのような場合にはトレードオフが生じることになる（特に、仕事の専門化による利点と他の目的はトレードオフになりやすい）。しかし多くの場合、これら三つの目的は矛盾せず、その実現を目指して職務設計することは可能である。達成できれば、うまく設計された職務は強力な影響を持つ。

職務設計には二つの重要な特徴があることを強調し、議論した。これらの特徴に対する流行りの言葉は、**職務の拡充**や労働者への**権限移譲**だ。より厳密な用語で言えば、**複数の任務**を与えることと**分散化**となる。ある特定の職務を設計する際には、二つの重要な課題が生じる。どの任務がまとめられるべきで、どの決定に対し労働者に裁量を与えるべきかという課題である。

これらの課題に取り組む上で、いくつかの要因が影響を及ぼす。職務設計の最も重要な原則の一つは、経済学の最も重要な原則の一つでもある。それは、

専門化から利益を得るということだ。会社は基本的に、個人が能力と任務を専門化し、限定された範囲の能力と任務に習熟して、それぞれの成果物をまとめて最終的な製品を作り出すように組織される。会社が職務設計を専門化させないのであれば、専門化から得ることができる大きな利点の一部を放棄するための合理的な理由が存在するはずである。

専門化よりも、複数の任務を志向することにも、多くの利点がある。最も重要な利点は、任務が相互に密接に関連している時に生じる。このような場合、労働者は両方の任務を一緒に処理する際に、似通った能力や他の資源を活用することができる。更に、ある任務を処理することで、その他の任務を処理する能力が向上する場合もある。最後に、密接に関係する任務をまとめることで、労働者は仕事の処理を改善する方法をより見つけやすくなる。品質問題は、相互に依存した任務について、調整が不完全な場合に生じやすいため、特に品質の向上を図る上でこの方法は良いやり方であるといえよう。

複数の任務をこなすことは学習を改善させやすいため、分散化と複数の任務は当然相容れやすい。他方、限定的な職務は労働者の裁量が小さいことを意味していることが多い。同様に、職務設計は従業員の能力の深さと幅について、重要な意味合いを持っている。限定的な職務は限られた能力のみを必要とし、複数の任務をこなすことは必然的に複数の能力を備えていることを意味する。興味深いことに、労働者に、より多くの任務と意思決定を委ねるということは、多くの場合、問題解決能力が重要であることを意味しており、労働者が拡張された職務で異なる一連の能力を習得することにつながる。

任務の数、裁量の程度および職務に必要な技能がどれほど密接に関連しているかについての理論は、人事政策における補完性の原則の一例である。人事政策は、常に、それが他の政策をどのように支え、あるいは効果をなくしてしまうかということを勘案して設計されるべきである。この考え方は、表7.1に描かれたような職務設計の種類がなぜ存在するかを理解する上で役に立つ。更に、なぜある会社は一つの種類の設計を採用し、他の会社は他の種類の設計を採用するのかについて説明を与える。会社は、できる限り、最善の方法に関する知見を、集中的に発展させ、実践しようとする。このような取り組みを正式に導入するために、経営工学が活用されるが、通常は徐々に適応を進める場合も多い。固定化された最善の方法が存在する場合、従業員の学びを最大化するように職務を設計することの利点は小さく、職務をより専門化し、権限移譲せず、

能力が低い従業員を活用する会社は多い。最適なやり方がまだ見つかっていない場合や変化する場合には、会社は継続的改善をより重視すべきである。継続的改善は、複数の任務をこなすこと、分散化、そして高い能力の従業員の活用を伴う。

従って、会社によって、置かれている状況に応じて異なる設計手法が採用される。複雑で、予測が難しく、変化の激しい環境にある会社は、継続的改善に重点を置くことが多い。組織が変化の過程にある会社も同様だろう。より安定し、予測できる環境にある成熟した会社や、単純な事業を手がけている会社は、集中化と専門化を重視することが多いだろう。

本章で利用した考え方の多くは、第5章と第6章で論じてきた原則から導き出されている。国と同じように、会社はどの程度、中央で計画するべきか（集中化）、より分散化された手法を取るべきかという問題に直面する。継続的な改善は、分散化を通じて現場の労働者が持つ特殊的知識の創造と活用を最大化することで実現できる。複数の任務をこなすことは、密接に関連した任務間の調整を改善するため、生産性の一部を向上させることができる。最後に、モジュール化の考え方を、組織構造全体に対して活用できるように、職務設計にも援用できる。

更に、市場の考え方にならえば、市場経済の優れた点の一つは継続的に発展し、再編し、イノベーションを誘発することである。この長所は、経済問題に直面した際であっても市場経済が強さを保つことの背景となっている。同様に、継続的な改善は、会社を徐々に進化させ、変化する環境に適応させる。しかし、市場経済の場合と同様、分散化によって、上位経営陣は多かれ少なかれ、組織に対する統制を失う。非常に大規模な変化に対応するためには、少なくとも戦略に関する意思決定をする最初の段階では、集中化の方が、利点があるかもしれない。会社における分散化は、継続的な改善や、戦略の戦術への落とし込みと実行の際に最も効果を発揮することが多い。

最後に、職務設計は、従業員の内発的動機に大きな影響を与える。心理学者によると、職務設計は労働者にとってその職務をより困難なものとすることで労働者のモチベーションを高める。これは、労働者にどのように仕事に取り組むべきかを一層考えさせることを意味する。そして労働者の特殊的知識を活用した継続的な改善という目標を上手く補完する。

会社は労働者のモチベーションに対し、**外発的動機**（実績に基づく報酬やそ

の他の報奨）で影響を与えることもできる。第5章で述べたように、インセンティブは、会社が効果的な意思決定や労働者間の調整を促進するための重要な手段である。外発的動機にかかる論点は第9章から第12章で議論する。仮に内発的動機が強ければ、外発的動機に頼る必要は減少し、その逆も真であることは明白である。その意味で、二つのモチベーションに対する考え方は、相互に代替的な関係にある。しかし、内発的動機と業績に対する報酬の間には、他の関係もあるのだろうか？　この問いについては、第3部で簡単に議論する。

第8章 職務設計の応用

変われば変わるほど、ますます変わらない。
(Plus ça change, plus c'est la même chose.)
アルフォンス・カー、1849 年

　本章では、職務設計の議論をいくつかの方法で敷衍する。これを通して、職務設計の原理が、組織全体の設計に適用される原理とかなり同じものであることが再び理解できるだろう。

　まだ触れていない話題の中で、最も重要なものはチームである。会社が存在する大きな理由は、個人で働くよりも、チームで一緒に働いた場合の生産性の方が高いからである。複数の個人が生産的に一緒に働くために、どのようにチームを組織し、チームメンバーのモチベーションを向上させるかを会社は知らなければならない。**チームワーク**という言葉がそこかしこで使われるようになっている。なぜだろうか？　この問いを堅苦しく言い換えると、労働者をチームに組織することを検討する際、チームは**委員会**と呼ばれることもあることを常に思い出しているか、という質問になる。委員会は官僚的ととらえられるということは、チームを作ることが常に効率性を向上させるための良い方法とは限らないことを意味している。チームを利用するのであれば、大きな利点がなくてはならない。本章では、チームで仕事に取り組むことの利点と費用について焦点を当てる。前章での分析の観点から、チームがより用いられるようになっている背景についても説明する。

　今日の職場における別の重要な課題は、情報技術（IT）である。過去数十年にわたって、コンピューターと他の先進的なテクノロジーは大きく進歩した。本章の一つのテーマは、会社の情報の創出と利用方法であるため、IT が職務設計と組織構造全体に対して及ぼす影響について明らかにする必要がある。以降で理解できるように、IT は職務設計と組織の両方に非常に大きな影響を与えることがある。

　そして、本章の最後で、典型的な会社と同じ課題に直面しているが、より大

きなトレードオフに直面している組織について、簡単に議論をする。失敗から生じる費用が甚大で、迅速な行動の必要性が非常に高く、調整の必要性が求められるような会社である。このような組織が、通常の会社が直面するよりも大きなトレードオフをどのように解決するかについて学ぶことは、全ての組織にとって有益であろう。

チーム

マネージャーは、チームワークの長所を賞賛することを好む。サッカーのスター選手は、自らの優れたパフォーマンスについて、いかなる質問を受けた場合でも、「チームの助けがなければ成し得なかった」とお決まりの答えをする。この偽りの謙遜は、スポーツにおいてだけでなく、ビジネスにおいても広まっている。このため、どのような時にチームワークが重要で、どのような時にそうでないのかを分析することは重要である。チームの活用に慎重になるべき理由は二つある。

■ 集団での意思決定

チームに関する第一の問題は、チームの利用が明確な階層の原則に反する可能性があるということである。単独の明確なリーダーが存在する時、意思決定はより迅速でわかりやすくなる。チームが集団で意思決定をする場合、重要な決定をめぐって、労働者はしばしば議論と政治に多くの時間を割きすぎてしまう。更に、コンセンサスによる意思決定が、最適なものになるのかは明らかでない。

従って、事態の収拾がつかなくなる前に、明確なチームリーダー、監督者、もしくはグループ内で争いが起きた場合の効果的な解決の仕組みを決めておくことが重要である。チームを作る際には、意思決定の統制の一部を、チームにではなく、チームリーダーや監督者に分離しておくことが重要である。チームには、意思決定を運営し、お互いに協力し、新しい考えや仕事への取り組み方を生み出すことが期待されるが、最終的な監督の権限はグループとは別に設定されるべきである。

■ フリーライダーの影響

チームにまつわる二つ目の問題は、ある労働者が、他の労働者の生産性の後ろに隠れることができることによって、インセンティブが薄まってしまうという問題である。これが**フリーライダー効果**である。ローマで9人の友人と合計10人でピザを食べに行く状況を考えてみよう。会計士か年金数理人のグループでなければ、一般的には請求書は参加者全員で均等割されるだろう。食堂でワインを1杯飲むとしよう。その食堂で、バローロは1杯8ユーロだが、ハウスワインのキャンティなら1杯3ユーロとする。バローロをグラスで頼めば1人当たりの負担は80セントとなり、キャンティをグラスで頼めば1人当たりの負担は30セントとなる。1人当たりの費用は、他の人がどのように注文するかによらず50セントほど変わってくる。従って、ある参加者にとって、バローロがキャンティよりも50セント以上価値があるのであれば、バローロが注文される。同じことが他の友人全員に当てはまる。もしも全員がバローロを注文すれば、仮に、中には1杯のバローロに80セントをわずかに上回る程度の価値しか見い出していない参加者がいたとしても、全員がそれぞれ5ユーロずつ多く支払うことになってしまう。

似たような状況を職場で考えてみよう。ある労働者が、他に4人のメンバーがいる合計5人のチームに配置されたとする。そして、そのチームは期限通り完了しなければならないプロジェクトを担当しているとしよう。各労働者は、プロジェクトが予定の期日よりも早く進行した場合、1日につき100ユーロのボーナスが与えられ、ボーナスは5人で均等に分割されると伝えられる。ここで、メンバーのジョバンニがプロジェクトのために残業をするかどうかの意思決定を行う場合を想定してみよう。ジョバンニは残業することもできるし、家に帰ってワールドカップを見ることもできる。彼はワールドカップを楽しみたいが、同時に仕事を早く終わらせて、ボーナスを受け取りたいとも考えている。彼は、もしも今晩残業をすると、プロジェクトの完了が1日早くなると見積もっている。これはグループにとっては100ユーロの価値があるが、ボーナスはメンバー5人で分割されるため、彼にとっては20ユーロの価値しかない。考えた末に、ジョバンニは家に帰ってワールドカップを見ることにした。しかし、もしも彼がボーナスの100ユーロを全て受け取れるのであれば、彼には残業をする動機があっただろう。

努力がその結果もたらされる効果水準を下回る理由は、**骨を折った従業員が**

その全ての利益を享受しないからである。会社が個人の努力に対する報酬をチームではなく、努力をした個人に支払うようにしない理由は何だろうか？

個人の努力が観察できる場合には、何ら問題はない。しかし、チームという環境下では、個人の努力をグループの努力と結果から峻別して把握することは、一般的に非常に難しい。それは、一緒に働く労働者がお互いに強く依存しているような場合にチームは作られるからだ。本質的に、このような場合、個人の実績を正確に評価することは難しい。この一般的な問題については、次章でより詳しく議論する。

チーム生産に関する、非効率な意思決定とフリーライダー効果という二つの問題こそが、なぜ「委員会」という言葉の方が多くの仕事のためのグループにおいて適切な呼称とされるのかという理由になっている。「委員会」は、効率性を模範的に表しているとは一般には考えられていない。このことは、チームという呼び方は十分な理由がある場合にのみ用いられるべきであることの説明になっている。

■ チームを利用する状況

このような問題点を踏まえた上で、どのような場合に会社はチームを立ち上げるべきなのだろうか。どのような時にチームの利点は最大となり、コストは最小となるのだろうか。ここで双方について議論してみよう。

チームを活用することによる主な利点は、前章の複数の任務をこなすことに関する議論から派生している。複数の任務をこなすことは、任務に強い補完性があり、それらを同じ仕事にまとめることで、効率性とOJTを通した学習が、大きく改善する場合に価値がある。しかし、補完的な任務が多すぎることによって、一人の労働者に、過度な負担が生じることがしばしば起こる。こうした場合には、会社は、第5章で論じたように、調整の問題に目をつむって任務を分けるか、その任務を担当する労働者の能力の向上を図る必要がある。これには、二つのやり方がある。一つ目は、第7章で議論をしたように、より深く幅広い能力を持つ労働者に担当させることである。もう一つは、密接に協力して働くチームを活用することである。

第6章で述べたような、横の調整を実現するためにチームを作る場合と同じ考え方が当てはまる。調整は個々の任務や個々人の間で必要なだけではなく、組織間でも必要である。調整は、異なる組織の仕事が補完的な場合に最も重要

であり、この時、会社は関連するそれぞれの組織から選抜されたメンバーにより構成される調整グループを作る事が多い。この最もよい事例は、第6章で統合問題と称した問題である。

┈┈┈ なぜチームの利用が増えているのか ┈┈┈

　過去数十年間、（QCサークルといった手法など）様々な形でのチームによる生産が利用されるようになったことが明らかになっている。チームの活用に伴うコストは、潜在的に、非効率な意思決定とフリーライダー効果であることは変わってない。だとすれば、チームの利用が増えているということは、それがもたらす利点が増加しているからに違いない。

　仕事の相互依存性が高い場合、調整や継続的な改善をもたらすため、チームを利用する価値は高くなる。こうした目的は（テイラー主義と似た手法の活用による）、事前の最適化の効果があまりない会社で、最も重要となる。前章の最後で、ビジネスが過去数十年に複雑さを増し、変化のスピードが早くなったため、継続的改善の手法がより重要になったと議論した。チームは、組織設計にかかる同じ問題の一側面であるため、継続的改善による効果がチーム活用の説明にもなっている。

　ここで、キャセイ・パシフィック航空の搭乗スタッフを例に取って考えてみよう。搭乗口の係員は、他の係員と一緒に働くこともあるが、常に同じ人と働くわけではない。あるフライトのチェックインカウンターには、二つの受付カウンターがあるとしよう。2人の搭乗係員には、ある程度の補完性はあるかもしれないが、それぞれがほぼ独立して、並んでいる乗客に対応するだろう。全体が個々の合計よりも大きくならないケースである。かと言って、チームワークの利点がないということを言わんとしているのではない。2人が一緒に働くことで、情報は共有され、調整はよりスムーズになるだろう。しかし、どのような利点があろうとも、それらはチームにかかる費用とトレードオフの関係にある。

　チームを利用することの主たる費用は、フリーライダーの影響による生産性の低下である。2人の搭乗係員が、チームとしての働きを基準に報酬を受取る

240　第2部　組織と職務の設計

とすると、各係員には仕事に手を抜くインセンティブが生じる。例えば、乗客に対応するスピードを基準に報酬を受取るとしよう。乗客は、1列に並び空いた搭乗係員のところへ行くよう求められるかもしれない。このようなやり方では、搭乗係員の1人がチームワークにどのように貢献をしたかを上司がすぐに観察することは困難であり、貢献した搭乗係員に報いることも難しい。チームワークを鼓舞する唯一の方法は、チームの成果に対して報酬を支払うことだが、これはフリーライダーの影響が生じてしまう[1]。

　チームによるコストと利点によって、活動に序列を付けることは可能だ。生産活動は、他の活動と比較して利点が大きく、コストが小さいため、チームで対応されるべき活動である。表8.1は漁業会社の例を示している。チーム生産に最も適した活動候補は、魚の捕獲そのものであり、最も適さない活動候補は魚の販売である。

■ チーム生産による他の利点

専門化

　第7章で述べたように、専門化は職務設計における最も重要な要素の一つであり、個々人が一緒に働く重要な理由の一つでもあった。チームでは、個々人が自分の人的資本への投資を専門化し、業務全体の処理を進める上で必要となる任務の一部を担当させられる。このような意味で、会社全体が一つのチームであり、チームの中で個々の従業員が自分の仕事に専門化していると言える。しかし、これは必ずしもチームという言葉で、通常、意味されているものではない。説明した通り、**チーム**という言葉は密接に関連した任務を担当するグループを意味している。このような理由から、労働者たちは頻繁にお互いに協力をする傾向がある。

　チームでは、専門化は重要な役割を果たす。一方、複数の任務をこなすことの最も重要な利点の一つが、継続的改善であった。任務がどのように補完的な関係にあるのか（心理学者は任務の完結性と呼ぶ）を理解することで、労働者は自身の任務がプロセスの他の部分とどのように関連しているかをより理解す

---

1)　この例における合理的と考えられる成果の測定方法の一つは、それぞれの搭乗係員が対応した乗客の数を、もう1人の搭乗係員と**相対的**に比べることである。しかし、このやり方は、お互いの競争をあおってしまうため、チームワークを高める点では、更に悪い影響をもたらしかねない。協力と手抜きの議論については、第11章を参照されたい。

表8.1　チームワークにかかるコストと利点

活動	ランク（1が最高）		コメント
	利点	コスト	
漁場の選択	3	3	複数の判断が役に立ち、議論も意味がある。しかし、委員会での意思決定は遅く難しくなる。
小型船での魚の捕獲	2	5	単独ではできない任務が必要となる。チームメンバーを監視するコストは低い。生産性の低いチームメンバーは、その他のチームメンバーの判断でチームから除外される
大型船での魚の捕獲	1	4	任務が大規模となる大型船では、チームワークはより重要となると考えられる。大型網の設置には、多くの人手と機械が必要となる。しかし、大きなチームでは、より多くのフリーライダー問題が生じる。
卸売業者への魚の販売	5	1	営業員は、単独で働くことができる。彼らをグループとして監視すると、同僚によるモニタリングが難しいため、多くのフリーライダー問題が生じる。
販売の経理処理	4	2	経理担当者が一緒に働く利点はほとんどなく、特に（小さな会社の場合のように）1人の担当者が全ての記帳を単独で行える場合は利点がない。更に、経理担当者の仕事は比較的個人単位で評価しやすい。

るため、個々の任務をよりうまく処理するようになる場合が多い。更に、個々の任務がどのように噛み合っているかを理解している場合、労働者はコスト削減の方法、生産スピードの向上や品質向上の手法を、より多く見い出す傾向がある。これらの任務間の学習の利点を得るためには、労働者は密接に関連した個々の作業を理解しなければならない。

　これは、労働者が全ての作業を日常的に実際に担っていなければならないということではない。多くの場合、必要なことは、労働者が密接に関連したそれぞれの手順や作業と、それらかどのように関連しているかを理解することだ。これは、全ての任務を労働者にある時点において担当させ、これまで議論してきたように複数の仕事を与えることによって達成することができる。また、労働者にある一定の期間全ての任務を担当させる、**ジョブ・ローテーション**によって達成することもできる。ジョブ・ローテーションには、複数の任務を与える場合と比較して重要な利点がある。各時点で、労働者は限られた範囲の任務に集中するため、（能力への投資を通じてではなく）生産の専門化によって生

図8.1 情報領域の重複

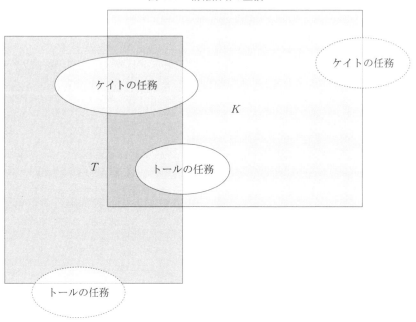

じる利点を享受することができるのである。

従って、ジョブ・ローテーションは他のチームメンバーの仕事を理解する一助となるものの、多くの場合、労働者は全ての任務を担うわけではない。むしろ、労働者は専門化し、時間をかけてお互いの任務を交換するのである。労働者は個々の任務を担う際、お互いの知見を共有するために協力し、コミュニケーションを図る。ジョブ・ローテーションを通じて、お互いの任務を学ぶことによって、この動きは強化される。このようなやり方は、仕事と仕事の関係性を学ぶことによる利点の多くを確保する一方、専門化することによる利点も損ないすぎることがない。

知識の移転

知識の移転は、チームによる生産の第二の利点であり、過度の専門化があまり適していない場合に起こるだろう。知識の移転が価値あるものであるためには、個人がお互いに関連する異なる情報領域を持っていなければならない。情報が重複しすぎている場合、チームワークはそれほど知識の移転をもたらさな

い。あるメンバーが持っている情報が他のメンバーにとって関係のないもので
ある場合、知識の移転には価値がない。すなわち、個々のメンバーは、他のメ
ンバーは持っていないが、自分は持っている知識を利用し、任務に当たり、メ
ンバー全体として作業に必要となる知識を持つのである。図8.1は、知識の移
転を成功させるための条件を表している。

　同僚であるトールとケイトとの2人を考えてみよう。左の長方形（T）はトー
ルの情報領域を示している。右の長方形（K）はケイトが持つ情報領域だ。こ
れら二つの長方形は重複部分があり、2人が共通して持っている情報を示して
いる。しかし、多くの部分は共有されておらず、ケイトが持つ情報の多くは
トールに共有されていないことが示されている。その逆も同様である。従って
この場合、チームワークを通して、知識を移転することで利点が生じる可能性
がある。なぜなら、2人の情報群の大部分は重複していないからだ。

　チームワークに価値があるかどうかは、二つの仕事に必要な情報にもよる。
図8.1は二つのケースを表している。任務を遂行するために必要な情報は、実
線で描かれた楕円の領域だとしよう。ケイトは担当する任務の半分について自
らの知識で対応することができる（彼女の実線で描かれた楕円の半分はトール
の情報領域を表す長方形に位置している）。同様に、トールは担当する任務の
半分を自身の知識で担える。チームとして働くことによって、トールはケイト
が任務を遂行するために必要な全ての知識をケイトに伝えることができ、ケイ
トも同じにようにトールに知識を伝えることができる。従って、自分の任務を
遂行するために必要だが、これまで自分の情報領域になかった知識を、ケイト
とトールはお互いに得ることができる。知識の移転により、彼らはより多くの
任務を遂行することができる。

　次に、任務を遂行するために必要な情報が、点線で描かれた楕円で示されて
いると考えてみよう。前回のように、トールとケイトはお互いに相手が持って
いない多くの情報を持っている。更に、ケイトは任務に対応するために必要な
情報の半分しか持っていない。なぜなら、点線の楕円で描かれた任務の半分
は、彼女の情報領域の外にあるからだ。しかし、その彼女の情報領域の外にあ
る任務の領域は、トールの情報領域とも重複していない。トールはケイトにな
い情報を持っているが、それはケイトには関係ない。同じことが反対の場合に
も言える。このケースでは、重複していない情報領域は、相手にとって価値が
ないため重要でない。

244 第2部 組織と職務の設計

　従って、チームワークは以下の二つの条件を満たすときに価値のある知識の
移転をもたらす。

1. チームのメンバーが、同じチームとなった時に共有できる独自の情報を
　持っていること。
2. あるメンバーが持っているそのメンバー独自の情報が、他のメンバーに
　とって価値があること。

　これら二つの要素はチームのメンバー構成を検討する際に役立つ。例えば、
自動車整備士と原価計算担当者がよいチームになるとは言えないだろう。両者
の情報領域は重なっていないが、それぞれ独自に持つ情報はお互いに関係がな
い。
　図8.2はこの状況を示している。確かに情報領域は完全に別々だが、会計担
当者に必要な情報を自動車整備士は持っておらず、その逆も然りである。お互
いが持つ情報領域から学ぶことのできる知識は増えるかもしれないが、それは
パフォーマンスの改善には役立たない。自動車整備士は自らの作業に必要な多
くの知識を持っていない。図において、整備士の任務を表す楕円の多くの部分
が彼の情報領域の外にある。会計担当者も、また、整備士が知るべきであるも
のの持っていない知識を、持っていない。逆も同様である。
　次に、図8.3の、2人の同じような研修を受けた原価計算担当者、AとBを
考えてみよう。見て解るように、お互いの情報は関連しているとは言え、彼ら
の間には多くの知識の移転は起こりにくいだろう。なぜなら、彼らの経験と知
識のベースはほとんど同じだからである。2人とも全ての任務をこなすことは
できないが、2人の情報が非常に似ているため、一方が対応できない任務はも
う一方も処理できない。

■ チームの実践

最適なチーム規模

　チームの大きさは重要である。小さなチームは十分な情報を移転することは
できない。なぜなら、お互いに教えあう機会が少ないからである。しかし、大
きなチームはコミュニケーションの問題を引き起こす。委員会を作って何かを
達成しようとした経験があれば、大きなグループから利点を引き出すことが非

第 8 章　職務設計の応用　245

図 8.2　ほとんど重なりのない情報領域

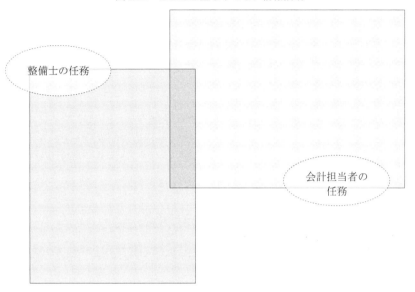

図 8.3　情報領域の重複

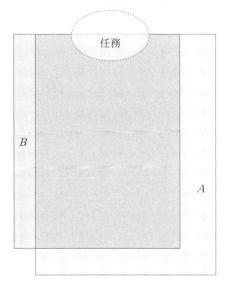

常に難しいことはわかるだろう。人々は異なる目的に向けて会話をし、単純な
コミュニケーションで時間が浪費される。時にはグループは無秩序になり、全
てのコミュニケーションが分解され、大きなグループの中に小さな派閥ができ
てしまう。

同僚による監視とフリーライドを減らす規範

　最適なグループのサイズを決定する重要な他の要因は、フリーライダーの影
響である。グループが小さい時、フリーライドは大きな問題ではないだろう。
例えば、ティムとメリッサが所有する小さなクリーニング店を考えてみよう。
ティムは彼の努力から生じるリターンのうち、半分しか得られないため、フ
リーライドすれば、すぐにその影響が問題となる。しかし、この問題はそれほ
ど大きくはならない。なぜなら、**同僚による監視**があるからだ。まず、メリッ
サはティムがよくやっているかについて、多くの情報を持っており、ティムも
メリッサについて多くの情報を持っている。もしも、パートナーのどちらかが
仕事を怠りすぎていたら、パートナーシップは崩れるだろう。関係の解消の危
険があることは、両者がより一生懸命働く動機となる。

　同僚による監視は、小さなグループでは有効である。小さなグループでは大
きなグループに比べて、労働者は、他の労働者がやっていることをより理解し
やすい。更に、仕事を怠けた場合に罰を与えようとするインセンティブは、小
さなグループにおいては大きなグループよりも大きくなる。小さなグループ（例
えば、2人のメンバーのパートナーシップ）では、パートナーの1人が努力し
ないことは、もう1人のパートナーの利益に大きな影響を与える。パートナー
と対峙し相手の努力が不十分だと指摘しなければならないのは不愉快な経験で
はあるものの、パートナーが2人しかいない場合、指摘しないことに伴うコス
トが相対的に高い。

　大きなパートナーシップでは、二つの理由から、同僚による監視はそこまで
効果的ではなくなる。まず、メンバー1人が努力を怠っても、他のメンバーの
利益にそれほど大きな影響を与えない。同様に、監視による利益も多くのパー
トナーで共有されるため、監視した人が監視から得られる同僚の利益も減少し
てしまう。従って、努力不足を罰するインセンティブは小さくなる。第二に、
大きなチームでは、怠けているメンバーを観察することは、より難しくなる。
多くの人々が関わり、任務が複雑な場合、問題の根源を明確化することは容易

ではない。従って、大きなチームでは、よりフリーライダーが生じやすくなる。

同僚によるプレッシャーは、同僚による監視と同様に、フリーライダーの減少に効果をもたらす。グループ内の同僚からのプレッシャーは、しばしば**規範**という形をとる。規範は、グループの大多数が支持する非公式的な方針や慣習、あるいは信念という形をとる。共通した慣習や信念は、グループにおける文化やマナーを確立する上で役に立つ。これらは、労働者の仕事をある程度規律する、明示されてない契約の一部である。

例えば、マネージャーが自発的に土曜日に働くということがグループの一つの文化である場合、労働者はこのような行動様式から離反しにくくなる。土曜日に働けば、会社は優良な労働力を確保でき、追加の利益が生まれる。もちろん、土曜日の労働には費用が生じる。土曜日に働かない会社と比較して、土曜日に働く規範がある会社では、従業員はその仕事に対してより高い報酬で報われなければならない。

土曜日の労働に支払う直接の費用に加えて、一般的に、規範を作り監視することに伴うコストも存在する。このようなコストには、継続的なものもあれば、一時的なものもある。規範に関連して必要とされる努力の水準は、規範に反した場合に課される制裁の種類により異なる。小さな批判はほとんど効果がないだろうが、追放するという脅しであれば大きな効果を持つだろう。

規範を順守させるために同僚が負担するコストは、継続的なものになる場合が多い。プレッシャーが軽くなり、順守が緩くなれば、規範は崩れてしまいがちである。土曜日に働く例を考えてみよう。もしも、ある従業員が土曜日に働かなかったら、どうなるだろうか？　規範を順守させる力が何も働いていなかったり、規範違反に罰が課されなかったりするのであれば、従業員が規範に反した行動を再びとる可能性は大きいだろう。より悪いことに、あるメンバーが土曜日に働かないと、その行動は他のメンバーに広がり、規範が崩れるかもしれない。このような事態を避けるためには、誰かが規範に反した従業員に罰を与えなければならない。

規範を確立し、守らせるコストには、継続的ではないものもある。むしろ、一時的なコストであることが多い。例えば、軍隊は新入隊員に大きな投資を行い、プライドと忠誠を植え付ける。ブート・キャンプでは、他の新入隊員や軍隊全体との連帯を新入隊員に感じさせることに、多くの努力が費やされる。兵士としてのキャリアの早期に築かれた連帯は、その後の軍隊での任務で役に立

つかもしれない。忠誠と同僚への共感は、軍隊に対する献身と兵士間の友情を育むための先行投資の成果である。

会社は、グループや会社への親近感を醸成する活動にも取り組む。会社における多くの習慣は、表面上の任務を遂行することよりも、共感、忠誠、そして潜在的な罪悪感を作り出すこととの関係が深い。例えば、任務に関する最善の方法を議論するQCサークルは、従業員に自分は会社の一部であると感じさせ、同僚への忠誠心を生み出すことに、より効果が上げている場合もある。QCサークルからの提案は実行に移されないこともままあるが、QCサークルが時間の無駄ということではない。もしQCサークルを通じて、価値ある規範が形成され、維持されるのであれば、そこに費やされる時間には価値がある。

規範からの逸脱は、必ずしもマイナスとは限らない。時に、努力しすぎるメンバーに対して、同僚は制裁を科す。これは、生産現場の労働者にごく一般的にみられることだ。もしも、ある労働者があまりにも早く仕事を仕上げてしまうと、上司にその仕事が会社の想定より短時間で仕上げられることがバレてしまうため、その労働者はチームのメンバーからプレッシャーを受けることもあるだろう。生産ラインのスピードは上がるだろうが、より早く作業したくない同僚にとっては不本意だろう。

■ チームの構成

上司が誰をチームに入れるかを決めるべきなのか、それとも、チーム自身が加えるメンバーを自由に選択させるべきなのだろうか？　最も一般的なやり方は、上司が誰をチームに入れるかを決めるやり方だ。この方法は、上司が個々の労働者よりも多くの情報を持っている場合に、上手く機能する。新しい従業員がグループに加わる場合、その従業員について、上司は少なくとも、個々の労働者についてと同じ程度の情報を持っているはずである。このような場合、情報を持っていない労働者に新しいメンバーをグループに配属させるかを決定させるのは理に適っていない。実際には、労働者が実際にお互いについて、上司よりも情報を持っている場合もあるだろう。例えば、一緒に長期にわたって働いている場合や新しい従業員が既存の従業員の友人である場合、または個々の労働者が非常に専門的であり、上司が知識を持っていないような任務に従事している場合は、労働者が自分たちでチームを組んだ方がよいこともある。ここで、チームメンバー選択の二つの仕組みについて議論したい。交互の選抜と

第 8 章　職務設計の応用　249

表 8.2　チームの選好

a チームの選好

ランク	チームI	チームII
1	アリソン	ブルック
2	ブルック	チャールズ
3	チャールズ	デイビッド
4	デイビッド	アリソン

b. チームにとっての効率性

ランク	チームI	チームII
1	アリソン	デイビッド
2	チャールズ	ブルック
3	ブルック	チャールズ
4	デイビッド	アリソン

チームメンバーによる入札である。

交互の選抜

　最も簡単な方法は、子どもがチームで遊ぶ時によく使うようなメンバーの選択方法である、交互に選抜する方法である。IとIIの二つのチームがあり、アリソン、ブルック、チャールズとデイビッドの4人の新入社員がいるとしよう。それぞれのチームのトップが新しいメンバーを選択する際、交互に選抜する方法を採用するとしよう。各チームにとって、どのプレイヤーを選好するかが表8.2のパネルaに示されており、パネルbにはチームにとっての効率性のランキング[2] が示されている。

　表にあるように、両方のチームとも、チャールズよりブルックを望んでいる。しかし、効率性で見ると、アリソンとチャールズはチームIで働くべきであり、ブルックとデイビッドはチームIIで働くべきである。すなわち、他のプレイヤーが同じチームの所属のままだとすれば、ブルックはチームIよりもチームIIにとって、より価値がある。同じように両方のチームがデイビッドよりもチャールズを好むが、チャールズはチームIIよりもチームIに所属した方がより大きな価値を生む。

　コインを投げた結果、チームIが勝ったとしよう。最初の選択はアリソンだ。チームIIはブルックを選び、続いてチームIはチャールズ、チームIIはデイビッドを選ぶだろう。効率的な構成が実現されたことになる。もしもコインでチームIIが勝ったら、どうなるだろうか？　この場合、最初の選択はブルック

---

2)　交互の選抜とチームメンバーへの入札を比較するにあたり、別の重要な論点であるチームのメンバーのモチベーションは考慮していない。インセンティブは本書の第3部のテーマである。

になる。続いてチームⅠはアリソンを選ぶ。チームⅡはチャールズを選び、チームⅠはデイビッドを選ぶだろう。チームⅠはアリソンとデイビッドを採用し、チームⅡはブルックとチャールズを採用する。この場合、効率的な構成は実現されないことになる。

この例では、効率的な配分が実現されるかどうかは、コインを投げた結果に依存する。如何なるチーム選抜においても、これは望ましいやり方ではない。また、これは単にこの例の特徴ということでもない。チームがメンバーを交互に選んだ場合、一般的に他の条件がなければ、結果は非効率となる。チームの選択は自チームにだけでなく、他のチームにも影響を及ぼすため、自らの選択の結果について、代償も支払わなければならない。

メンバーの入札

もう一つの方法は、チームがチームメンバーを入札する方法である。最も高く札入れしたチームがメンバーを獲得する**イングリッシュ・オークション**を実施するのである。これは、他の参加者が誰も掛け金を引き上げなくなるまで、入札者は掛け金を自由に引き上げることができる、よく知られたオークションのやり方だ。

チームメンバーを惹きつけるために、チームはその利益の一部を放棄しなければならない。すなわち、チームメンバーの報酬が影響を受ける。例えば、アリソンの労働力をオークションするとしよう。効率性のレベルによれば、アリソンの技能はチームⅠで最も発揮される。すなわち、彼女はチームⅡの利益に対してよりも、チームⅠの利益に対して、より貢献する。従ってチームⅠは、アリソンを獲得するために、チームⅡよりも多くの利益で入札しようと考えるだろう。ブルックがオークションにかけられたとすると、逆のことが起きる。チャールズとデイビッドにも同様のことが起こる。従って、アリソンとチャールズはチームⅠに所属し、ブルックとデイビッドはチームⅡに所属することになるだろう。一般的にオークションは効率的な資源配分を実現し、チームメンバーを交互に選抜する方法よりも、望ましい方法である。

それぞれのチームに参加するメンバーの数をあらかじめ規定することは、不要であり、実際に望ましくもないことにも注意して欲しい。仮に、3人目の新しい労働者の獲得が、チームⅡよりもチームⅠにより大きな価値をもたらすのであれば、チームⅠが3人の新しい労働者を獲得し、チームⅡは1人だけ獲得

する方がよい。オークションの過程ではこのような問題も解決される。

⁂⁂⁂⁂⁂⁂ アラスカのサケ漁 ⁂⁂⁂⁂⁂⁂

　アラスカでは船で漁が行われる。漁に最適な場所を知っていることは、漁の重要な要素の一つだ。優れた漁師もおり、一方、魚の行動を深く理解している漁師もいる。アラスカの漁業会社はパートナーシップとして設立されているが、それは適度に流動的なものである。ある人が、優れた漁師や漁の場所を知る人物として知られるようになると、その人の市場価値は上昇する。結果として、彼は、より多くの利益の取り分を要求できる。

　時には、既存のパートナーシップの間で交渉が行われることがある。パートナーたちは、優れた漁師や漁の場所を知る人の市場価値が上昇したことを理解し、そうした漁師により良い条件がもたらされるように交渉する。しばしば、分け前が変わることで、優れた漁師は現在のパートナーシップを離れて、他のパートナーシップに参加することもある。この新旧のパートナーシップとの交渉の過程は、まさにこれまで描いてきた入札過程そのものだ。入札は一般的に業界における労働力の効率的な配分をもたらすのである。

出所：Farrell and Scotchmer（1988）

　これは、市場の仕組みを社内で応用する方法の一例である。資源をうまく活用できるのであれば、人々は高く入札する動機を持つため、市場は資源をうまく配分できる。仮に、会社が、グループのメンバーに入札することをチームに全く認めないならば、従業員をチームに配置させる仕事を担う経営陣が、それぞれのチームにおける従業員の価値を推定し、この原則に従って従業員たちを配置するべきである。そして、会社にとっては、社員をめぐって、部門間で競争させる方が、効率的なのかもしれない。

IT の影響

過去数十年間において、IT のスピードと能力は飛躍的に向上し、価格も大きく下落した。組織や職務設計に対して、IT 革命はどのような影響を及ぼしているのだろうか？

■ 組織構造に対する影響

集中化か分散化か？

集中化の傾向　ビジネス誌は、一般的に、IT は分散化をもたらし、労働者に権限を与え、伝統的な意思決定構造が、より非正式な組織構造に入れ替わるという見解に与している。しかし、これは本当だろうか？　安価で強力なコンピューターは、コミュニケーションのコストを著しく低下させた。言い換えれば、IT の重要な影響の一つは、かつては特殊的な知識だったものの多くを一般的な知識に変化させたことである。これが真実だとすれば、IT によって、意思決定はより**集中化**されるはずだろう。いくつかの例を上げてみよう。

今日の長距離トラック業界では、トラックに数多くのテクノロジーを搭載することが一般化している。ダッシュボードにはしばしばコンピューターが内蔵され、配送係とドライバーは双方向のコミュニケーションがとれるようになっている（携帯電話で会話をすることもできる）。多くのトラックは全地球測位システム（GPS）技術を備えた衛星アンテナを屋根に設置している。

このような新しいテクノロジーは、意思決定をドライバーに分散化できるようにするために利用されているだろうか？　全くそうではない。トラック会社は、ジョージ・オーウェルの『1984 年』のビッグ・ブラザーのように、ドライバーを監視できる。GPS によって、会社は常にトラックの正確な位置を把握し、動きを追うことができるようになった。会社は、いつドライバーが休憩のために止まったか、そしてどれだけ休憩したかを把握している。会社は、ドライバーが道を間違えたか、あるいは（例えば小遣い稼ぎのために小包を配達するなど）、予定にない停車をしたかがわかる。会社は、ドライバーがどれだけ早く高速道路を運転したかを把握している。要するに、IT は非常に詳細な監視を可能にしている。

更に、リアルタイムのコミュニケーションによって、会社はドライバーにい

つでも命令することができるようになった。配送係は、トラックが荷物を常に満載して移動し、顧客に素早く対応できるように、トラックを効率的に割り当てることができる。このため調整を集中化できることは、トラック事業にとって価値がある。テクノロジーによって、配送係はドライバーのスケジュールを一日の途中で変更することが可能になり、コースを変更して、新しい荷物を集荷するように命じるようになった。同様に配送係は、渋滞を避けるために走行ルートを変更したり、保険会社の要件を満たすためにスピードを落としたりして運転するように、ドライバーへ連絡することができる。

この集中化への大きな動きは、業界における組織構造をも変化させている。従来、トラック業界は、非常に分散化されており、多くのドライバーが個人オーナーとしてある種のアウトソーシングを請け負っていた。現在のトレンドは、個人オーナーのドライバーを利用するのではなく、会社保有のトラックを従業員に運転させる方式の利用が増えている。

デビー・フィールズが創業したミセス・フィールズ・クッキー社は、IT の黎明期に、IT によって組織設計が変わった貴重な事例である[3]。この会社は、過去の店舗の売上データを、特定の店舗の現在の状況（例えば、曜日、休日、天候、その店舗があるショッピング・モールでセールが行われているかなど）と組み合わせて活用する専門システムを開発した。これらのデータを組み合わせて、様々な商品の売上を予測した。会社は、店舗のマネージャーへ、一日のはじめに、例えば、どの種類のクッキーをどれだけ焼くかなど、いくつかの提案をする。その日の営業が進むにつれ、実際の売上がわかってくると、システムは提案を更新する。システムは、例えば、鮮度を失わないように、2 時間以上たった生地を捨てるべきだといったようなことも、マネージャーに提案する。

店舗マネージャーの仕事の中でも、IT はより広く用いられていた。新しい従業員を雇う必要がある場合は、候補者は面接依頼をコンピューター上に登録する。ソフトウェアが、誰を次の面接に呼ぶべきかを推薦し、コンピューターに追加的な質問が登録される。会社は、得られた回答を過去に雇った従業員のデータと突き合わせて分析し、優れた候補者を予測するのだ。これは、IT による労働力分析の早期の事例である。

これら全てをどのようにしてミセス・フィールズは実行しているのだろうか？

3）デビー・フィールズの夫、ランディは、経済学位を持つコンピューター・コンサルタントだった。

売上や雇用、その他のデータの全てを、中央の本部に送っているのだ。本部は、集めた全ての店舗の事例を用いて事業を検討する。本部は、集めた事例を、デビー・フィールズが持っている、どのようにクッキー・ストアを運営するかについての専門的な知見と組み合わせる。これらは全て、**専門システム**を使って実施される。このシステムは、いかに意思決定をするかをソフトウェアのコードに落とし込もうとする試みである。これは、コンピューターを利用しているものの、テイラー主義の考えとほぼ同様な、非常に集中化された最適化である。

　少し視点を変えて、クッキーの小売事業のどこに特殊的知識があるのかについて考えてみることは興味深いだろう。重要な情報の多くは、地元のモールでの日々の売上といったものでさえも、中央の本部に連絡されるため、個々の店舗で必要とされる知識はほとんどない。店舗を運営するために唯一必要な実質的な特殊的知識は、店舗を訪れたある特定の顧客に、いかに当初の希望よりも高い商品を勧め販売するかと、従業員はその際にどのように対応すべきなのかということだけである。

　また、ミセス・フィールズのモデルは、デビー・フィールズの才能と、本社で発展させた他の専門性の双方にとって、規模の経済が実質的に存在していることを示している。中央のコンピューターにある専門システムに統合されたビジネスモデルは、それぞれの店舗で繰り返し使うことができる価値のある資産である。本質的に、ミセス・フィールズのビジネスモデルは、デビーの特殊的知識と、集められた多くの店舗の知識をコピーし、世界中の店舗で再現するというものなのである。

　ミセス・フィールズの店舗マネージャーの任務に対する影響は明確である。裁量の余地はほとんどない。制度上、マネージャーにはソフトウェアの推薦に従わずに別の判断をする権限がある。しかし、頻繁にそうすると本部の目に留まるだろう。コンピューターによる予測よりも優れた実績を残さない限り、そのマネージャーは独自に判断しないように命じられるだろう。ソフトウェアは、マネジメントが何年にもかけて蓄積してきた経験と、巨大な売上のデータベースに基づいているため、そのマネージャーの予測がソフトウェアの予測よりも優れていることはほぼないだろう。

　任務に裁量がほとんどないため、店舗マネージャーに必要とされる能力は、ほとんどなく、研修の機会もほとんど与えられない。同様に、企業特殊的な人

的資本もほとんどない。当然のことながら、従業員の転職率は業界平均よりも高いが、ミセス・フィールズはやむを得ないと考えている。

最後に、トラック業界と同じように、IT による集中化は、ミセス・フィールズをより垂直方向に統合している。ミセス・フィールズの競合相手の大多数はフランチャイズ方式を採用しており、店舗運営をアウトソーシングしている。これとは対照的に、ミセス・フィールズの店舗は会社が保有している。

IT の影響に関して、一般的に支持を得ている見方はしばしば誤っている、あるいは、少なくとも現実はもっと複雑だということを示しているため、以上の二つの事例は重要である。IT がより集中化を進め、職務設計を限定し、高い能力を持つ労働者にあまり価値を見出さなくなる例は多数ある。一般的知識と特殊的知識という概念を理解すれば、これは非常に論理的な帰結である。

分散化の傾向　にもかかわらず、IT が分散化を催促していることもある。IT の一つの重要な役割は、情報を低い階層の労働者に届け、彼ら自身の意思決定を支援するということである。**統計的なプロセスのコントロール**（SPC：statistical process control）がそのよい例である。SPC は製造現場において、例えば、ラインで生産されている板金の厚さなど、労働者に生産の様々な側面のデータをリアルタイムに提供する。情報の計測と迅速な伝達に伴うコストが高すぎたため、このようなデータは、従来は**リアルタイム**では入手できなかった。SPC は労働者に様々な方法で利用できる情報を提供する。例えば、多くの場合、データは陳腐化しやすく、すぐに活用されなければ価値を失ってしまう。このような場合、労働者がすぐに反応できるようにすることは理に適っている（板金の厚さにばらつきがあれば、すぐに対応できた方がよい）。同様に、データは労働者にフィードバックを提供する。心理学のモデルの内発的な動機で触れたように、フィードバックは分散化の重要な構成要素である。リアルタイムのフィードバックは、他の方法では実現できなかった、労働者による問題の分析、考えられる解決方法のテストを可能にするのである。

コンピューターが安くなったことは、今日、多くの従業員が（過去の水準と比べて）強力なコンピューターやスプレッドシートやデータベースといった分析ツールを使うことができることを意味している。従業員は、社内とインターネットの双方から、大量の情報に容易にアクセスできる。これは、労働者がデータを自ら集め、分析できることを意味する。すなわち、これまで上司に

256 第2部 組織と職務の設計

よってしか与えられなかった、新たな仕事を、自発的にできるようになったのである。Eメールも同様の効果を生む。Eメールによって、どのような従業員であっても、一連の指揮系統のどのようなレベルにも割って入り、直接の上司よりも上位の上司とも、組織の他の部署の同僚とも連絡をとることができる。結果的に、上司は部下に対する統制をある程度失うことになり、正式な指揮命令系統の外でコミュニケーションが生じる。

構造に対するその他の影響

ITによって、長期的に企業は大規模化するのか、それとも小規模化するのかという論争がある。この問いに対して明確な答えを出すには時期尚早だが、いくつかの起こりそうな影響について論じることはできる。まず、所与の数の従業員の生産性はより高くなり、場合によっては劇的に高くなる。近年、先進国の生産性の伸びは高くなっており、その最大の要因はITの発展にあるようだ。ある一定の数の従業員がより多くの成果をあげることができるのであれば、従業員数が少ない、より小さな会社が増えるだろう。しかし、生産量（あるいはマーケットシェア）という点では、会社は大規模化するかもしれない。規模の経済が働くからだ。

トラック業界とミセス・フィールズ・クッキーの説明で、垂直統合について議論した。集中化される限り、会社はより統合される可能性がある。しかし、ITは同時に取引コストを引き下げ、外部のサプライヤーとの関係を管理するコストを低下させる。従って、ITは従業員のオフショア化だけでなく、外部委託も含めて、組織の拡散化させる。実際、ITの発展は、昨今の外部委託化が進んでいる主な理由の一つである。

~~~~~~~~ ビッグマックのテイクアウト ~~~~~~~~

ミズーリ州ケープジラードの近くのハイウェイ55からマクドナルドのドライブスルーのレーンに入り、マイクに向かって注文を伝えると、約1,000マイル離れたコロラド州コロラドスプリングスの従業員があなたの注文を受け取っていることがある。注文は中央のコールセンターで処理され、ITが使われて、直ちに注文したマクドナルドの店舗に送信される。コールセンターはマクドナルドの本社と契約を結んでいるフランチャイジーの一つ

であり、本社の一部ではない。

　次に起こることは容易に想像できる。近い将来、どこのドライブスルーに立ち寄ったとしても、インドのバンガロールにいる担当者と話すことになるだろう。

出所：Fitzgerald（2004）

　ITは他にも企業の構造と戦略に大きな影響を与える。ITはコミュニケーションのスピードを向上させ、コンピューターによって一部の分析が瞬時に処理できるため、一般的に意思決定を大幅に早める。これまでの章で議論をしてきた傾向は強まり、時間の競争と製品サイクルの短縮化の方向に向かうことになる。更に、ITは、一般的に、カスタマイズ化に伴うコストを低下させ、会社により複雑な生産ラインを採用することを促す。これらどちらの要因も、仕事を複雑化させ、職務設計においてテイラー主義的な手法から乖離していく要因となっている。

■ 職務設計への影響

　ITが職務設計にどのような影響を及ぼすかは重要な問題である。多くの人々が、コンピューターの発展と普及は雇用を減らすと非難している。これは本当だろうか？　既に述べてきた通り、ITは裁量や能力をほとんど必要としない古典的な仕事へと導くこともある。一方、ITは仕事の拡充の一助ともなる。どのような仕事が、どのような影響を受けるかについて、どのように考えればいいのだろうか？[4]

　考え方の枠組みとして、どのような場合にコンピューターは人々の**代替財**となり、どのような場合にコンピューターは人々の**補完財**となるのかという観点で、この問題を議論してみたい。まず代替財の場合から考えてみよう。比較優位の原則に従えば、コンピューターがある任務を相対的によりうまく処理できる場合、会社は人ではなく、コンピューターを活用する。これは、コンピューターの費用が人と比べて低いか、その生産性が人のそれよりも高いか、あるい

　4）　この問題に関する優れた文献として、Levy and Murnane（2004）がある。

はその両方の場合に当てはまる。

　（製造における機械のように）コンピューターは従業員よりも大きな長所を持っている。（きちんとメンテナンスされている限り）コンピューターは信頼性が高く、毎日働くことができる。コンピューターには、動機付けの問題はなく、経営者は内発的動機や実績に基づく報酬を気にかける必要はない。予測可能性が高く、基本的に毎回全く同じやり方で情報を分析したり、作業を処理する。実は、本書の大部分は、どのような場合に会社にとって労働者はより費用がかかり、逆にコンピューターと機械はコストがかからないか、そして、これらをどのように取り扱うべきか、ということについて論じたものである。例えば、コンピューターには人間と違って、情報の非対称性や離職といった問題は生じないだろう。

　これは、ある作業が、人と同じくらいうまく機械やコンピューターによって処理されるのであれば、機械やコンピューターにその作業を**任せるべき**だ、ということを意味する。どのような場合だろうか？

　コンピューターは、単純な**ルールに基づいたロジック**を適用する際に最も優れている。ソフトウェアは、それぞれの場合において何をするべきかを定めたコマンドの集合体である。例えば、ミセス・フィールズは、求職者に対していくつかの質問をし、データを処理し、採用すべきか否かを助言するソフトウェアを開発した。このような採用ソフトの一部を設計すると想定してみよう。このソフトは、採用にあたり、候補者の技術的な知識を確認したり、企業文化との適合性を確認したりするといった、より込み入った問題の分析が必要な高度な仕事に対してはうまく機能しないだろう。ミセス・フィールズ・クッキーの店舗のレジ係の採用の場合には、上手く機能しそうである。レジ係の任務は限定的であり、裁量もほとんど与えられず、能力もあまり要求されない。

　従って、テイラー主義が最もよく機能する場合、コンピューター化も最も上手く機能する。環境が複雑ではなく、単純であれば、ソフトウェアで定義するべきルールは少ない。作業間に相互依存性があまりない場合、作業を分割し、それぞれの作業をどのように処理するべきかを正確に決めることが、より容易になる。仕事の予測可能性が高ければ、起こりうる様々な選択肢は事前に特定化され、ソフトウェアに盛り込むことができる。

チキンスープの専門システム

世界中で売られているキャンベル社の缶入りチキンスープを食べたことがあるだろう。このスープは、非常に大きな工業調理システムで作られている。調理プロセスにおける重要な部分は、バクテリアがスープに入らないようにする静水圧殺菌器や調理釜である。バクテリアがシステムに入ってしまうと、販売前に缶が腐食し、商品を無駄にして、大損失をもたらす。

45年の経験を持つ従業員のアルド・チミーノは、主要工場の一つで調理釜を操作していた。キャンベル社は、彼がもうすぐ定年退職し、彼の人的資本が失われることに気付いた。キャンベル社は、チミーノと一緒に、彼がやっていたことと出来る限り同じように作業をこなせる専門システムを開発するために、テキサス・インスツルメンツ社を使った。これは、作業上専門システムが用いられた非常に初期の一例である。

専門システムの設計には数カ月を要し、作業を完璧にこなすには更に多くの月日を要した。システムには最終的に150のルールが実装された。システムは問題の検出のほとんどの部分を処理したため、チミーノほどの経験と専門性がなくても、労働者はチミーノの仕事をほぼ同じ水準でこなすことができるようになった。システムはチミーノが持つ特殊的知識の大部分を一般的知識に変えたのである。

出所：Edmunds（1988）

人間が仕事上使っているルールを特定化することが困難な場合、状況はより難しくなる。コンピューター科学者はこれらを、確定的というよりは確率論的なルールとしてモデル化することがある。人間は**パターン認識**に非常に優れているが、今のところコンピューターはそれほど優れていない。この分野が、エキスパートシステムやニューラルネットワークと呼ばれる領域である。こうした技術によって、コンピューターによってうまく置き換えられる仕事は増えているものの、人間が仕事をこなす方法を完璧にコピーするには、（クッキー店舗のマネージャーを除いて）一般的に言ってまだ少し先の話だろう。

意思決定権が与えられ、仕事を通じて学習することが期待されている労働者

に求められる重要な能力の一つに、特定の状況からある一般的な法則を導き、それを新しい状況に適用するという、**抽象化**という作業がある（第7章で、店舗スタッフに対してジュランが勧めた問題解決の研修を思い出してみよう）。コンピューターは抽象化の能力を持たないため、人間がコンピューターに対して大きな比較優位を持っている領域である。多くのコンピューター・プログラムは、偶発事態を事前に特定化することで動くようになっている。コンピューターは、事前に特定化されてないような状況に直面すると、対応できないのである。

　最後に、定義から明らかではあるが、**創造的**な仕事はコンピューター化できない。創造性には、外生的に生じたことに対応することに加え、新しい想定されてない事態を生み出すことが必要になる。

　従って、コンピューターが従業員を代替しやすい仕事は、一般的に言って、裁量の余地が少なく、複数の任務をこなすこともなく、求められる能力も低い仕事ということになるだろう。このような仕事には、事務職や低位あるいは中位の管理職など、**定例化された**情報を処理する仕事も含まれるだろう。

　自動化とコンピューター化の影響は、**全て**の仕事に及ぶ。専門化の法則と同様に、テイラー主義の法則は少なくとも何らかの形で常に関係がある。例えば、コンピューター技術は、先進的な医療機器と組み合わされ、これまで医者によって行われていた任務のうちの一部をこなせるようになってきている。これまでは、実験室で困難で技術的な処理が必要とされていたテストの多くは、今日、自動化されている。同じように、いくつかの医療施設では、医師の**意思決定を支援する**ためにコンピューターを使っている。医師が患者の特徴や症状についてデータを入力すると、ソフトウェアは、入力された情報を過去の事例のデータベースと比較し、医師に更なる診断と処置を提案する（ミセス・フィールズ・クッキーが、ある店舗の状況を、他店の経験と比較するのと同じである）。これによって医師は、各患者特有の、創造性が必要とされ、手間がかかる難しい診断や治療に時間を割くことができるようになる。

　要約すると、ITは、私たちが前章で議論した伝統的な*LLLL*タイプの仕事を代替しやすく、複雑な*HHHH*タイプの仕事につく労働者の意思決定を補完する傾向がある。従って、コンピューターは、あるタイプの仕事をなくすかもしれないが、異なる種類の仕事を同時に作り出す。これが、第3章で示したように、なぜ労働市場において高度人材の価値が高いかという理由であり、コン

ピューター化が失業率全般を増加させるわけではない。先進技術は、能力のある労働者をより生産的にし、価値ある存在にする。更に、IT は労働市場における認知能力の重要性と、人的資本への継続的な投資の重要性を示唆する。

高信頼性組織

本節では、本章で扱ってきた概念と論点をまとめた例として、**高信頼性組織**(*HRO*)について考えてみよう。高信頼性組織とは、失敗の費用が非常に高い組織のことを言う。基本的に、素早い行動が求められ、しばしば予測できない状況に直面する。つまり分散化から大きな利点を得られることを意味している。同時に、処理すべき事項は相互に強く関連しており、調整による利点も大きい。従って、彼らは典型的な企業と同じ問題に直面するが、アップサイドもダウンサイドも非常に大きく、より複雑なトレードオフの関係がある。薬学において、異常な状態を研究することが有効であるように、通常の研究では一見明らかにならない重要な問題は、このように極端なケースを考えることで明らかになることがある。

戦闘中の軍隊や、着陸時の航空母艦、病院の緊急治療室や、非常に大きな取引に関わる国際的な銀行など、高信頼性組織の例は数多く存在する。高信頼性組織の原則の多くは、一般的なリスク管理に応用すると有効である。

高信頼性組織の一般的な組織原則は、通常の業務のためのものと、リスクの高い緊急事態のための、二つの別々の構造を同時並行的に作っておくことである。この区別は軍隊(戦争と平和)や緊急治療室(患者が多いか、ほとんどいないか)の場合、明確である。通常時における組織の主な目的は、緊急事態に備えることである。意思決定はよりゆっくりとして、集中化され、組織は訓練と準備を重視したものとすることができる。いざ、緊急事態が訪れた場合、通常、組織は多くの意思決定を分散化し、即座に行動を起こせるようにしておく。

二番目の一般的な原則は、出来る限りテイラー主義を採用することである。平時には、緊急事態に備えた計画の用意や、できるだけ将来の出来事を予測すること、そして想定した事態が発生した際に従う規則と手順を定めておくことに、広範囲な資源を使う。

理論的には、もし全ての不測の事態が特定され、全ての各組織(もしくは個人)の適切な行動が明らかにされていれば、この手法は完璧な調整を実現し、

262 第2部 組織と職務の設計

個々の組織は、自身の特殊的知識を活用できる。加えて、コミュニケーションにかかるコストは生じず、全ての行動は遅滞なく、実行に移されるだろう。

　従業員に対して完璧に特定化された規則と、あらゆる緊急事態における対応の要領を、提供することができないのであれば、次の手段は訓練を行っていくしかない。高信頼性組織は非常に広範囲の訓練を提供する。こうした訓練こそがおおよそ多くの高信頼性組織と従業員の「平時」の主な活動だろう。訓練の多くは、従業員が実際の状況をシミュレーションし、それらが実際に生じる前に問題を分析し、実際に問題が生じた際に、素早く問題なく対応できるように準備し、何をするべきかを学ぶ反復練習である。

　訓練は、個々の可能性のある緊急事態において、従業員が何をするべきかについて、事細かくは特定化していない。代わりに、従業員が特定されていない環境において対応する場合の指針となる、**抽象的な原則**を学ぶ。訓練にはしばしば、組織の目的と各目的の相対的な重要性を学ぶといった、組織の**使命**を反復学習することが含まれる。従業員は新しい環境において、何が最善の行動かを見出す際に使う目的関数を学ぶのである。上層の従業員に対しての訓練の多くには、問題や生じた疑問に対する解決策を立案するための**問題解決能力**が含まれている。例えば、士官学校では、士官たちはケーススタディを議論し、最善な行動が何かを分析する。その過程で、士官たちは戦略的な思考を学ぶのである。

　より重要なこととして、ケーススタディは、従業員に**同じように考えること**を教える。同じように考えるとは、組織全体として、問題を同じ目的で、同じやり方で分析することである。高信頼性組織での訓練過程の目的は、従業員を出来る限り同質にすることである。成功すれば、個人の行動は予測可能になり一貫性を持つため、多くのコミュニケーションを必要とすることなく、より良い調整が実現される。

　行動に強力な単一性を作り出すという研修の目的は、高信頼性組織内で規律を強要することで再強化される。これに関して、既に、軍隊がブート・キャンプで忠誠心と親近感をどのように浸透させるかについて説明した。このような組織は、非常に強いチームワーク意識を育てることになる。

　調整の大部分は、分散化と広範にわたる研修や文化で達成されるが、それでもこうした組織におけるコミュニケーションは必要である。例えば、もしも緊急事態が生じ、ある従業員がそれに気づいたら、その従業員が情報を全ての同

僚に伝えることが重要となる。同じように、コミュニケーションは組織内に
フィードバックを与え、意思決定を改善する。このため、高信頼性組織では、
全方向にリアルタイムのコミュニケーションが行われているという特徴がある。
例えば、緊急医療室では、医師は看護士と常にコミュニケーションをとる。看
護士は指示を復唱することで、外科医による指示が正確に伝わり、実行されよ
うとしているというフィードバックを返す。

　最後に、高信頼性組織は通常、失敗率をより低くするため、過剰と思われる
ほどシステムに投資している。これは、極めて信頼性の高い器具、バックアッ
プシステム、十分な在庫や緊迫した事態の対応策に余裕を持たせることを含む。
また、必要に応じて、お互いがカバーできるように、自分の直接の担当以外の
訓練を行うこともある。（第5章で説明したプロジェクト評価における追加
チェックと同じように）コミュニケーションと誤りの発見を二重にチェックす
ることもある。

　こうした手順、特に並列化された組織構造、訓練や再訓練の重視、そして重
層的組織運営などのコストは高い。全ての組織がこのような手法を採用するこ
とはできない。しかし、教訓は全ての組織に当てはまる。繰り返しになるが、
任務や意思決定を事前に分析できるのであれば、分析すべきである。これらは
標準化に役立ち、失敗を減少させ、一貫性を向上させるための、従業員にとっ
てのより良い指針となる。

　加えて、文化的な規律を、標準化の強化に利用することができる。規律は、
組織の目的に対する理解と遵守意識を高め、インセンティブ問題を軽減する。
これら全てによって、コミュニケーションがなくても、協調的に実施されるべ
き任務が調整される。

　標準化と規律はコンピューター化と同様の役割を果たす。標準化と規律は、
従業員の時間を効率化し、より高度な認識を要する任務に集中させる。効率性
が高まるだけでなく、創造性や対応力も高まる。そして、調整のためにコミュ
ニケーションを必要とする任務については、IT が大きな役割を果たす。

要　約

　ビジネス誌や多くの組織は、組織設計に関して一時的なブームを追いかける
傾向がある。ある企業がある手法を採用して結果的に非常に成功した時、競合

企業は、その一連の手法が、自社の解決策として適切かどうかを深く分析することなく、模倣しようとする。更に、新しい手法や最近の流行を、過去とは根本的に異なるものと勘違いしてしまいがちである。本章を学習したことで、このような見方に触れても、健全な疑問を持てるようになれたはずである。本章の冒頭の引用が示唆するように、基本的な組織設計の概念は、200年前と同じように今日も当てはまる。「変われば変わるほど、ますます変わらない」のである。基本的な概念を理解することで、流行りのどの手法が、なぜ、どのような状況で上手く機能するかを理解する上で役に立つ、組織設計の形体を知ることができる。

一方、優れた組織設計の目的に変わりはない。中でも、研修を効率化し、実務を通した学習の向上を図ることの両方を通して、従業員の専門化の利点を享受することが、基本的に組織の重要な目的である。これらは、補完性が高い任務を束ねることで得られる利点と、バランスをとっていかなければならない。高い補完性がある仕事を束ねることは、継続的な改善をもたらす。究極的には、組織のもう一つの基本的な目的は、知識を創出し、活用することなのである。これはしばしば分散化の重要性を意味するが、調整の費用とのバランスを勘案しなければならない。

チームは常に組織設計の重要な要素である。1人の労働者では対応しきれないほど多くの任務がある際に、チームは密接に関連した任務を調整する役割を果たす。チームを用いることで、調整による利点と個々の仕事の専門化による利点のバランスを図ることができるようになる。チームは、幅広い観点からの意思決定が必要な際に、組織に分散している特殊的知識を統合する役割も果たす。しかし、チームは、集団による非効率な意思決定と、フリーライダーという、二つの大きなコストを伴う。また、最適なチームの規模を決めることも難しい。従って、チームを利用する場合には慎重になるべきであり、利点がコストを上回る場合にのみ用いるべきである。

仕事の設計の歴史は、常に、そして今後も、以下で述べる二つの動向の緊張関係である。そしてITはこの緊張関係を高める。

一つ目の動向は、任務と意思決定の標準化の動きである。その目標は、任務を処理する最善の方法を見出し、最善な手法を画一的に実行することである。テイラー主義は100年前の例だが、企業は似たような手法を今日でも使っている。企業が作業手順の標準化、規定や手順の利用、あるいは作業のコンピュー

ター化を進める場合、組織はテイラー主義の方向に進んでいる。この傾向が強い組織の場合、事前の最適化、仕事の専門化、集中化、従業員の能力への投資の減少といった特徴が見られる。

反対の動きは、人間は持っているが、機械やコンピューターは持っていない能力を活用し、経済的価値を増加させたいとする考えである。この場合、複雑で予想できない状況に対応するために、抽象的な思考、パターン認識、そして創造性などが必要になってくる。一言で言えば、知識を明確にコード化できず、特異な状況における特殊的知識が存在し、その知識を活用する最善の方法としてそれを持つ従業員に頼るという動向である。この動向が強い場合、組織には、継続的な改善、複数の任務をこなすこと、分散化、そして労働者の能力への十分な投資（認知的な能力を含む）、といった特徴が見られる。

過去数十年、前者ではなく、後者を重視する趨勢があった。しかし、この趨勢が今後も継続すると思い込まないことが大切である。組織がグローバル化、先進的な技術、そしてその他の最近の変化に適応するに従って、組織は徐々に学んだ教訓を標準化していくだろう。企業が標準化を進めるに従って、伝統的な組織と職務設計の手法へ回帰する動きが起きることもより多くなる可能性もある。ミセス・フィールズ・クッキーはこうなった例である。このような状況になっても仕方がないのである。

第2部の重要な論点の一つは、労働者の意思決定と学習だった。労働者のモチベーションを会社の方針や目的と一致させることは重要な問題である。我々は内発的動機を議論することからこの課題に着手した。続く第3部では、実績に基づく報酬というテーマについて議論する。

第3部

実績に基づく
報酬

20 08年から2009年にかけて、米国と西ヨーロッパ諸国の多くの経済は金融危機に突入した。数百の銀行が危機に陥り、大きな不況が襲った。政府は、危機に陥った銀行、保険会社やその他の企業の救済に数十億ドルを投入した。加えて政府は、不況の影響を軽減するために財政支出に数十億ドル以上を費やした。そして、準備銀行と金融規制当局は、銀行の業務と慣習を従前よりも一層積極的に監督にするようになった。

危機にはいくつかの根本的な原因があったが、多くの銀行において従業員へのインセンティブの誤った与え方が原因の一つであったことは明らかである。銀行破綻の主たる要因の一つは、銀行がリスクの高い住宅ローンを多く貸し付けたことである。住宅価格が下落すると、これらの住宅ローンの多くはデフォルトした。多くの銀行は、住宅ローン担当者に貸付額を最大化するインセンティブを与えており、個々のローンのリスクに注意が十分に払われなかった。

金融危機後、問題を明らかにし、新たな規制や推奨されるやり方を提案するため、規制当局は主要な銀行のインセンティブの実態を調査した。このようなレポートの一つが、英国の金融サービス機構（FSA：Financial Services Authority）によって2012年に発行されている。レポートは、英国の銀行で採用されていたインセンティブ制度の多くが、リスクの高い特徴を備えていたことを明らかにしている。多くの銀行は従業員に、住宅を購入する個人のリスクを無視するよう促していた。いくつかの制度は非常に複雑で、銀行がその影響を理解していたかどうか疑問が呈された。例えばFSAは、従業員の業績が優れているとインセンティブ報酬が高くなる「アクセラレーター」という仕組みが、問題のある行動と関連していることを発見した。多くの銀行はモニタリングをおざなりにし、リスクが高まっているにもかかわらず、詳細な調査を行っていなかった。

第3部では、読者がこれらの論点を理解し、インセンティブ制度を設計する際に、どのようにしてこのような問題を回避するべきか、理解できるようにする。以下の数章で、実績に基づく報酬、あるいは**外発的動機**の検討を通して、前出の内発的動機などの考え方について再度検討する。第9章では、あらゆるインセンティブ制度であっても直面する最も重要な問題、すなわち、実績をどのように測定するかについて採り上げる。第10章では、その実績評価に基づいて、何をするべきか（どのように評価は報酬と結び付けられるべきか）について検討する。第11章と12章では、昇進によるインセンティブ、従業員へのストックオプション、経営者に対する報酬といった問題を議論する。これに先立ち、全体を概観することは役に立つだろう。まず、実績に基づく報酬を学ぶことがなぜ重要なのかについて考えてみたい。

その理由は明白である。従業員は、インセンティブに強く反応する傾向があるからである。つまり、上手く設計されたインセンティブ制度は価値創出の源泉となる一方、そうでないインセンティブ制度は価値破壊の源になるのである。

従業員のモチベーションが、常に組織の目的に沿っているとは限らないため、従業員が強い内発的動機を持っていたとしても、インセンティブは重要な役割を果たすこともある。例えば、企業の研究開発部門で働く研究者や医師は、非常に高い内発的動機を持っていることが多い。いずれの場合も、雇用主は彼らのモチベーションが適切な方向に向かうようにインセンティブを利用しなければならない。研究開発者たちを先端研究よりも利益

の出る技術革新に集中するように動機付けしなければならない企業もあるだろう。医療機関は、医師が治療の質と費用という難しいトレードオフに、より注意を払うよう動機付ける必要があるだろう。

インセンティブの重要性は過小評価されがちである。心理学者は、人がある人の行動を評価する際に、その人の心理的な理由を過大評価し、制約や報酬、集団の影響など、その人の行動の背景にある周囲の状況を過小評価する傾向があると主張する（これは、「根本的な帰属の誤り」と呼ばれる）。換言すれば、人が（広い意味で）インセンティブの影響を受けてどのように行動するかについて、人々は過小評価しているということだ。従業員が、わずかなインセンティブによって一見理解できない行動をとることは少なくない。

従業員の動機付けという観点において、この見方は重要である。一般的に、採用や職務設計を通して従業員に（相対的に緩やかな）変化を促すことはできるが、心理を変化させることは非常に難しい。対照的に、インセンティブを変更することは比較的容易である。従って、実績に基づく報酬とその他の形の外発的報酬は、モチベーションを向上させるためにマネージャーが利用できる重要な手段である。

最後に、実績に基づく報酬は、企業が掲げる人的資本に関する目標の多くを改善させる。このことは、これまでの章で何度となく触れてきた。例えば、実績に基づく報酬を繰延べることで、採用における候補者の自己選択の精度を向上させることができる。また、実績に基づく報酬は、人的資本に対する投資のリターンを増加させ、能力への投資を一層促すこともあるだろう。より優れたインセンティブは、意思決定を改善し、従業員に、企業の利害に沿うように、知識を活用させること

ができる。ほとんどの人事政策には、ある種のインセンティブ制度が（多くは些細なものだが）含まれている。より広く捉えれば、インセンティブは近代経済の推進力になっている。基本的なインセンティブ理論を理解することで、ビジネスのあらゆる状況で役に立つ直感的理解が得られるだろう。[1]

〈プリンシパル＝エージェント問題〉

インセンティブに関する多くの問題を分析するための経済的なフレームワークは、**プリンシパル＝エージェント（依頼人―代理人）**問題と呼ばれる。本書ではこの考え方を数式で表現するが、高度な数学の知識は必要ではない。数式は考え方と直感をより厳密に理解する上で役立つ。

インセンティブ問題は、**エージェント**（ここでは、従業員を指す）がプリンシパル（会社の所有者）を代理して行動するものの、エージェントがプリンシパルと異なる目的を持っている時に生じる。例えば、起業家を考えてみよう。この場合、エージェントとプリンシパルは一致しており、利益相反はなく、インセンティブ問題は存在しない。しかし、多くの現代の企業は、所有と経営を分離している。株主に代わって、マネージャーが企業を経営するために雇われている。

このような利益相反をどのように分析すればよいだろうか？ プリンシパルとエージェントの目的をモデル化する必要がある。プリンシパルの目的は企業価値を最大化することだとしよう。市場で取引されている上場企業にとって、これは株主価値（株価×発行済み株式数）を最大化することを意味する。プリ

---

1) コーポレート・ファイナンスや管理会計といった昨今のビジネススクールのカリキュラムの多くには、インセンティブ理論が応用されている。

ンシパルの目的が違った種類（例えば、プリンシパルが政府組織や非営利組織である）の場合でも、実質的に全ての考え方が当てはまるだろう。重要な点は利益相反の存在である。

従業員は、様々な努力をし、会社の価値に影響を及ぼす。ここで言う努力とは、企業がそうさせたいと促す従業員の行動である。より真面目に、早く、あるいは長期にわたって、様々な任務に取り組むことや、意思決定をより慎重に検討すること、同僚と協力すること、また顧客に丁重に接することなどが、この意味での努力に含まれるだろう。

努力は従業員にとってコストになる（そうでなければ、インセンティブ問題は存在しない）。従業員は、報酬を期待して努力をする。実績に基づく「報酬」について考える場合、金銭的な報酬だけを意味しているのではない。むしろ、従業員の実績に対して企業が提供できるあらゆる報酬を抽象的に想定している。例えば、より良いオフィス、より柔軟な勤務時間、より面白い仕事の提供、昇格、そしてもちろん現金による報酬といったことが優れた実績の報酬として与えられることもある。これらの報酬が実績に基づいている限り、これらは外発的インセンティブの一つの形であり、これまでの章で議論をしてきた原則が当てはまる。

第2部で、複数の任務をこなすことを職務設計の一つの形態として議論した。複数の任務をこなすことは、そこに一種類以上の努力が存在することを意味している。複数の任務をこなすことがインセンティブに関して持つ意味については後ほど議論する。ここでは、従業員の仕事は一次元であり、企業は従業員にある一種類の努力（ここでは e とする）を促したいとしよう。

従業員の企業価値 Q への貢献は、従業員の努力に依っている。これは、$Q=Q(e)$ と表せ

る。Q は企業の総利益ではなく、この従業員によって生み出される利益の現在価値を表し、その従業員に対する報酬（Pay）は無視している。従って、この従業員の企業の利益に対する貢献は $Q(e)\text{-}Pay$ と表される。

この従業員に様々な種類の努力を促すモチベーションが過少、もしくは過剰な場合に、利益相反が生じる。典型的なケースは、内発的動機が低すぎる場合である。企業は労働者に、より勤勉に、あるいは真剣に働いてもらいたい。これを数式化するため、従業員はより怠惰に、あるいは注意散漫に働くことを志向すると仮定しよう。一層努力をすると、従業員には心理的なコストが生じるとする。このコストを**努力による負の効用**と呼び、$C(e)$ と表そう[2]。

従業員への報酬が実績に基づいているのであれば、従業員にインセンティブを提供していることになる。企業が、従業員の貢献 Q を推測した実績の測定値 PM を企業が持っているとしよう。もしも実績を完璧に測ることができるのなら、$PM=Q$ となるが、一般的に実績を完璧に測ることは難しい。報酬は PM の関数であり、これは $Pay=Pay(PM)$ で表される。測定が不完全であるとすると、これを $PM=Q+\varepsilon$ と表せる。ε はランダムな変数で、実績の測定誤差を表している。

実績を完全、正確に測定することはほぼ不可能なため、実績に基づく報酬にはリスクが生じる。人は一般的にリスク回避的であり、企業で働くにあたり従業員は報酬についてのリスクという追加のコストを支払っていること

---

2) 典型的には、e が上昇するにつれて $C(e)$ の上昇率が高くなると想定される。これは、従業員にとって努力はコストであり、より働けば働くほど、追加的な努力に必要となるコストが大きくなるということを表している。

とになる。人がリスクを回避するために望んで支払う量の**確実性等価式**を定義してみよう。通常、これは、確実性等価$=1/2 \cdot R \cdot \sigma_{pay}^2$とモデル化され、リスクを報酬の分散で測定する前提となっている。R は**絶対的なリスク回避係数**と呼ばれ、従業員がどの程度リスク回避的かを示す変数である。よりリスク回避的でない人の R は小さくなり、よりリスク回避的な人の R は大きくなる。これらを全て組み合わせると、働くことで従業員が得るネットの価値は、以下の式で表される。

$$Pay(PM) - C(e) - 1/2 \cdot R \cdot \sigma_{pay}^2$$

上述した通り、従業員から得られる企業の価値は $Q(e)\text{-}Pay$ である。企業は企業価値を最大化するような報酬制度 $Pay(PM)$ を選択するが、報酬の総額は従業員の労働市場における価値以上でなければならないという制約がある。このため、企業は、従業員の努力によるコスト C と、インセンティブ・システムから生じるリスクのコスト R について、報酬を支払わなければならない。

〈従業員のインセンティブは何によって決まるのか？〉

あらゆる経済学でそうであるように、人は行動を変化させることによって得られる限界利益と限界費用をバランスさせるように意思決定をする。従業員がより一生懸命働くことで生じる限界費用は追加の負の効用であり、$\Delta C / \Delta e$ と表される。Δ は変数の限界的な変化を意味する記号である[3]。

$$\text{従業員がより一生懸命働く} \atop \text{ことによる限界費用} = \frac{\Delta C}{\Delta e}$$

報酬は実績の測定結果によって決まり、実

---

3) 追加の努力は報酬の支払いにリスクを生じさせないと仮定する。

績は努力に基づいて測定されるため、従業員がより働くことによる限界利益は以下のように表される。

$$\text{従業員がより一生懸命働くことによる限界利益}$$
$$= \frac{\Delta Pay}{\Delta e} = \frac{\Delta Pay}{\Delta PM} \cdot \frac{\Delta PM}{\Delta e}$$

従業員は限界費用と限界利益をバランスさせるため、限界利益が上昇する時は従業員の努力も増加する。二番目の等式は、我々は二つのことに注意すべきということを示している。まず、測定された実績が、実際の努力とどの程度連動しているかである。仮に測定結果が従業員の努力を十分に反映しているならば、実績の測定により優れたインセンティブを提供できるだろうが、そうでないならば逆の結果になるだろう。二つ目は、測定された実績と報酬がどの程度連動しているかである。報酬が実績と強く繋がっていれば、インセンティブはより大きくなるだろうが、逆も起こりうる。これからの二つの章では、これら二つの要素に焦点を当てる。第9章では企業がどのように従業員の企業価値に対する貢献を測るかを分析する。第10章では従業員の評価と報酬を企業がどのように結び付けられるかについて分析する。

次に、労働者と企業の間にある利益相反の原因について考えてみたい。C と $R \cdot \sigma$ は、企業が暗黙のうちに負担しなければならないコストであったことに注意しよう。これらは従業員にとって仕事の価値を減少させるため、C か $R \cdot \sigma$ が高ければ、従業員はより高い報酬を要求するであろうし、これらが低ければ低い報酬でも受け入れることになる。このような意味で、インセンティブ・システムのコストである C と R は、企業と従業員の間に利益相反を生じさせない。これらは事業を行う上での費用であり、生産時に投入される費用のよ

うなものである。より強いインセンティブが従業員を一層働くよう動機付ける時、$C(e)$は上昇する。しかし、企業はこの対価として従業員に報いる必要がある。言い換えると、

$$\frac{従業員がより一生懸命働くこと}{による企業の限界費用} = \frac{\Delta C}{\Delta e}$$

従って、企業と従業員は、従業員がある仕事に取り組むことに対して同じ総量の費用、$C(e)+R\cdot\sigma$を負担しており、同じ限界費用を負担している。従業員の利益（Pay）は一般的に企業の利益（Q）と同一ではないという

ことが利益相反の原因なのである。定式化すると

$$\frac{従業員がより一生懸命働くこと}{による企業の限界利益} = \frac{\Delta Q}{\Delta e}$$

と表され、これは、従業員がより**一生懸命働**くことによる従業員の限界利益と通常、異なる。このような現象が生じる理由は、評価が完璧に実績を反映しないためか、報酬が従業員の貢献を完全に反映しないためである。これらがインセンティブ制度設計上の課題となる。

第9章 実績の評価

> 大切なものの全てが数えられるわけではなく、数えられるものの全てが大切だということでもない。
> **プリンストン大学のアルバート・アインシュタインの研究室の扉に掲げられていたサイン**

インセンティブ制度の最も難しい点は、実績の評価である。上司が、企業価値に対する部下の個々の貢献を測りたいとしよう。どのようにしたら正確に測れるだろうか。従業員がグループで一緒に働いている場合、誰が何を担当しているかを把握することは難しい。ある従業員は他の従業員の仕事にフリーライドしているかもしれないし、ある従業員は非常に協調的かもしれないが、従業員の作業の全てを観察できない以上、こうした状況を常に把握することもできない。更に、従業員の実績の一部は運によるものかもしれない。たまたまその場に居合わせたおかげで新規顧客から大口の売上契約を獲得することもあるだろう。あるいは、重要な顧客が、想定外に事業を取りやめたために売上を失うかもしれない。更に、明確に観察できる場合であっても、ある種の貢献は定量化が非常に難しい。グループの規範、若手社員に対するメンタリング、あるいは顧客満足に対する従業員の貢献などをどのように把握すればよいのだろうか?

実績評価は効果的に実行することが難しいだけでなく、評価そのものが大きなコストを伴う。一般的に、主観的な評価はマネージャーの時間を多く必要とする。正確な実績指標(会計システムを通じて集められる指標を含む)を集めようとすると、多くの資源が必要になる。

評価が正確に従業員の貢献を反映しない場合、いくつかの悪影響が生じる。実績と報酬の関係が不透明だと従業員が考え、リスクに対する見返りを求めるかもしれず、これはコストの上昇を招く。従業員のやる気が上がらないかもしれない。より悪い場合には、誤った方向へ従業員のモチベーションが高まり、企業価値が損なわれるような状況になることもある。従って、評価は難しくコストを要するが、優れた報酬システムにとって不可欠な要素であり、企業が効

274　第3部　実績に基づく報酬

果的な実績評価手法を確立し運用しようと努力することは重要である。本章では、実績評価に際して生じる重要な論点について議論する。

実績評価の目的

　従業員の実績には様々な要素が影響するが、その中でも、生来の能力、蓄積された能力や人的資本、そして努力が重要な要素である。能力を A、蓄積された人的資本を H、努力を e_i とすると、これらに依存する企業価値への貢献である Q は、$Q=Q(A, H, e_i...e_k)$ と、簡単にモデル化できる。これは、評価がどのような目的で利用されるかを問わず、生まれながらの能力 A、習得した能力 H、あるいは努力 e_i の測定が、評価では重視されることを意味している。本章の大部分では、従業員の追加的な努力の測定と、そうした追加的な努力を引き出すことを評価を利用する主目的とする。

実績の評価方法

　企業価値に対する従業員の貢献を $Q=Q(e_1...e_k)$ とモデル化することで、実績の測定の手法をいくつか示すことができる。まず、Q そのものを推測する方法である（これを非常に**幅広い**評価指標と呼ぶ）。上場企業の経営者にとっての重要なその例は、株価である。次に、実績の様々な側面を推定する方法がある（これを**より狭い**評価指標と呼ぶ）。製造業であれば、従業員の生産量がよく用いられる実績指標だろう。不良品の数といった品質に関する指標もよく用いられる。三番目に、我々は実績の異なる側面の指標を組み合わせることもある。例えば、工場のマネージャーは、売上、費用、もしくは利益（売上–費用）で実績を測定されるかもしれない。

　これらのアプローチは全て、Q の構成要素を測定しようとしており、**生産量**に基づいている点に注意して欲しい。他のより狭い評価指標として、従業員の労働時間や、達成した定例作業、作業の数など、従業員の**投入量** e_i を測定するという考え方もある。

　最後に、評価には定量的な評価も定性的な評価もある。まず定量的な実績評価について議論する。その後で、主観的な評価について議論したい。

定量的な実績評価指標

　多くの場合、組織は、従業員の企業価値への貢献を定量化することに大きな労力を費やす。定量的な評価指標には、いくつかの利点がある。数値は、報酬と容易に結びつけることができる（例えば、ボーナスを計算式で決めることができる）。多くの実績評価指標は、日々の通常の業務を通じて収集される。例えば、会計システムは大規模な実績評価指標システムである。例えば、従業員の貢献と会計上の数値がうまく一致している時、それらはボーナスの計算や昇進の意思決定にしばしば用いられる。企業は勤務時間、顧客満足やその他の定量的な情報を評価の材料として用いることもある。

　最後に、定量的な実績評価指標は、判断に基づく評価よりも客観的とされる。実際、これらはしばしば「客観的」な実績評価指標と呼ばれる。しかし、定量的な評価指標が必ずしも客観的であるとは限らない。後に議論をするが、多くの指標は、従業員、上司、もしくは会社が操作することが可能である。操作ができないような指標であっても、当初意図した実績を正確に測定しないこともある。例えば、法律事務所がパートナーに新しいビジネスを獲得するよう動機付けたい場合、法律事務所は新しい顧客を獲得した弁護士たちを何らかの形で評価することがある。これは、定量化が容易な実績の評価軸に思えるだろう。しかし、その弁護士は、単に新しい顧客から電話があった時にたまたま応対したことで、仕事を獲得できただけかもしれない。このような理由により、定量的な指標にも欠陥があることを示すために、我々は**客観的な実績評価指標**という言葉を用いない。

　インセンティブの優れた指標として、マネージャーはどのような実績評価指標の要素に着目するべきなのだろうか？　以降、指標のリスク特性、歪み、操作の可能性、そして職務設計との整合性といった特徴について考えていきたい。

■リスク特性

　多くの会計の教科書では、従業員が自ら制御可能な要素は、どのような内容も実績評価指標にするべきだが、影響を及ぼせない要素は対象にするべきではないとしている。全ての実績評価指標にはリスクがある。実績評価指標は、時が経つにつれ予期せぬ形で変化してしまうのである。従業員はリスク回避的で

あるため、実績評価指標にかかるリスクはインセンティブ制度に問題を生じさせることに言及した。しかし、問題はそれほど単純ではない。実績を測定する際に、勘案すべきリスクは二種類あり、これらは、それぞれ最適なインセンティブ制度に対して非常に異なる影響を及ぼす。すなわち**制御可能なリスク**と**制御不可能なリスク**を区別して考えなければならないのである。この区別は、第2部で重要だった、特殊的知識という概念に基づいたものである。

制御不可能なリスクとは、典型的なリスクの定義に相当するリスクである。従業員の力では影響を及ぼすことができない実績の変動である。株価を実績評価指標とされている上場会社のCEOを考えてみよう。株価はCEOの能力や努力によって変動し、それはCEOにとって合理的な実績評価指標である。しかし株価は、マクロ経済の変動や業界の変化、技術革新、特定の競合相手の行動、インフレ、金利、為替といった多くの外部要因によっても変動する。CEOはこれらの変数に影響を及ぼすことはできず、これらのほとんどが株価に与える影響を緩和することも基本的に難しい（制御可能性については後でより詳細に議論する）。

CEOはこうした変数を制御することはできないものの、CEOの実績評価指標に影響するため、こうした変数はCEOにとってのリスクだと言える。企業がこの実績評価指標のリスクに対応する方法はある。企業はよりリスクの少ない評価方法を採用することもできるだろう。次の章で議論するように、CEOのリスクを減らすため、報酬と実績の連動性を小さくすることも可能である。CEOのリスクに報いるリスクプレミアムとして、基本報酬を引き上げることもできる。しかし、一般的にこれらには全て欠点がある。制御不可能なリスクは、インセンティブ制度上大きな問題となる。

制御可能なリスクは、より捉えがたいが、極めて重要である。制御可能なリスクとは、従業員がある程度影響を及ぼすことができる業務環境の変化のことを言う。例えば、CEOは競合他社の戦略的な行動を制御することはできないが、行動のいくつかを予測して、競合他社の行動に備えることは**できる**。実際に競合他社が行動を起こした後でも、CEOは対応することができる。また、ある従業員が、営業とカスタマー・サービスの二つの任務を担っている例を考えてみよう。日によってその従業員がどれだけの時間をどちらの任務に費やすかは、彼女が受けた顧客からの電話の種類により異なるだろう。顧客からの要求は、不規則な変数である。しかし、この不規則な要求が企業価値に与える影響の大

部分は、日々の作業への対応要領によって従業員が制御することができる。従って、企業価値に対する顧客の要求の影響は従業員によって制御**可能**である。

　より一般的に、全ての従業員は、それぞれが自分の仕事を通して得られる特殊的知識を持っていると言える。前段落で説明したどちらの例も、従業員が持つ特殊的知識の一種として捉えることができる。この知識はインセンティブ制度が制定される前にはわからないため、特殊的知識は、ある意味でインセンティブ制度の重要なランダム変数である。とは言えども、これを、従業員にとって純粋な、あるいは制御不可能なリスクと考えることは正しくない。

　制御可能なリスク（特殊的知識）がインセンティブ制度に与える影響は、制御不可能なリスクが与える効果と**反対**のものである。従業員の職務設計上、その従業員がより多くの特殊的知識を持っていることがわかる場合、企業はその従業員が持つ知識を、企業価値の向上に利用するように動機付けするインセンティブを強めるべきである。リスクは従業員によって制御できるため、企業がリスクプレミアムを支払う必要はない。

　この重要な考え方については、主観的な実績評価について議論する際に、更に深堀りする。ここでの重要な点は、従業員が制御することができないリスクと、従業員が制御することができるリスクを区別すべきということである。リスクが制御不可能な場合、企業はより狭い実績評価指標を検討し、インセンティブを弱め、リスクプレミアムを支払うようにするだろう。

　対照的に、リスクが制御可能な（従業員が重要な特殊的な知識を持っている）場合、市場の仕組みを利用することは適切だろう。企業は従業員への分散化を進め、従業員が企業の目的に沿って知識を用いるよう動機付ける比較的強いインセンティブを与えるべきである。後で論じるが、このような場合、より幅広い実績評価指標、場合によっては主観的な実績評価が採用されることが多いだろう。

　従って、実績評価指標にかかる最初の問題は、**ノイズに対するシグナルの比率**がどの程度かということである。ある評価指標のうちのどの程度が、従業員の立場から見て純粋な、典型的なリスクに起因し、どの程度が仕事上直面する状況に基づいた従業員の特殊的知識に起因するのかという問題である。

278 第3部 実績に基づく報酬

■ 歪 み

　これらの考え方に基づくと、理想的な実績評価指標は、従業員が企業価値に与えた影響を反映させるべきで、それ以外は反映させるべきではないということになる。これらの論点を、同じ企業で働く CEO と用務員のそれぞれに対する正しい実績評価指標を通して考えてみよう。

　（上場企業において）CEO の報酬を決めるために用いられる最も一般的な実績評価指標は、株価（あるいは株価に発行済み株式数を掛けて求められる株式価値）である[1]。定義上、これは企業価値を意味する。従って、この指標はCEO が制御可能な全ての要素を捉えている。企業価値を増加もしくは減少させるどのような行動を CEO がとっても、実績評価指標に反映されるだろう。このような意味で、株価は完璧な評価指標のように思われる。

　しかし、競合他社の行動、マクロ経済、為替の変動など企業の株価に影響するものの CEO が制御できない要因もたくさんある。このような理由から、この実績評価指標は CEO にとって**リスクも伴う**。実績測定上の誤りは制御不可能な要素により引き起こされる。

　次に、同じ枠組みでビルの用務員について考えてみよう。用務員が制御することができる要素が、企業価値への影響に織り込まれているという意味で、株価は優れた指標である。しかし、株価は用務員が制御できない要素を非常に多く含んでいる。実際は、制御不可能な要素の方が、制御可能な要素よりも圧倒的に大きいため、用務員の実績評価指標に株価を用いるのは馬鹿げている。用務員の実績評価指標に株価を利用することは、報酬を宝くじにするようなものだ。管理人はリスク回避的であり、企業は用務員に多くのリスクプレミアムを支払わなければならないため、報酬は高くつくだろう。

　株価が用務員の実績評価指標として意味を持たないのであれば、どのような指標が選択されるべきなのだろうか？　我々は、床の綺麗さや一シフトあたりのごみの搬出量を指標にすることができるだろう。これらは、従業員が制御できる要素により集中している一方、制御できない要素を排除しているため、用務員の作業とより密接に結びついている指標として考えられる。こうすること

---

1)　実際、株式市場は、トップマネジメントの実績を測定する大規模なシステムであると言える。これは、株式市場の最も重要な役割の一つだ。ユージン・ファーマ、ラース・ピーター・ハンセンとロバート・シラーは、株価が企業価値について入手可能な情報をどの程度織り込んでいるかという研究によって、2013 年のノーベル経済学賞を共同受賞した。

で、実績評価指標のリスクを減少させているのである。

　また、CEO の実績を会計上の利益で測ることもできる。会計上の利益[2] は、企業利益の優れた指標であり、CEO の貢献を定量化する際の良い出発点となる。更に、会計上の利益は、CEO が制御不可能な要素よりも制御可能な要素の影響を受けやすいため、リスクが相対的に小さい。

　残念ながら、より絞り込んだ指標は、インセンティブを**歪める**という別の問題を引き起こす。用務員の事例であれば、床の綺麗さで実績を測る場合、用務員にはコストに注目を払う動機がない。搬出したごみの重さで実績を測ることは、用務員に必要な物までごみとしたり、重いごみしか搬出しないというインセンティブを与える可能性がある。会計上の利益は一期間の実績のみに基づいているため、CEO を会計上の利益で評価すると、過度に短期志向にさせる可能性がある。ほぼ全ての実績指標は、何らかの歪みを持っている。歪みは把握しにくい場合もあるので、インセンティブの測定を考える前に、歪みについて考えてみたい。

実績評価における一般的な歪み

　ほとんどの仕事にはそれぞれ多くの側面があり、企業価値に影響する要素も様々であることから、リスクと歪みのトレードオフには多様な関係が生じる。表 9.1 は、実績の様々な側面と、それぞれの側面に対応した狭い指標を用いた場合に起こりやすい歪みの例を示している。

　インセンティブが歪む典型的な原因は、例えば量を測って質を無視するといったような、ある任務や作業の特定の側面のみを測って、他の要素を考慮しないことによって生じる。しかし、その他にもいくつか、実績評価指標の歪みをもたらす共通的な要因がある。これらは、ある側面に対応した比較的狭い指標を用いることによって生じる。有形か無形か、グループの規模、または時間軸といった側面である。

　無形のもの　そもそも、目に見えないものは定量化が難しい。質は典型的な

---

　2)　もっとも、会計上の利益は真の経済上の利益を把握しているわけではない。なぜなら、会計上の数値は経済的なコンセプトを不完全に代替したにすぎないからである。経済的な実態をより反映するためには、会計上の利益を調整するための、経済的付加価値（EVA：Economic Value Added）のような、より詳細な様々な手法がある。

280　第3部　実績に基づく報酬

表9.1　評価指標の広さと狭さと実績の様々な側面

評価に際して考慮すべき実績の側面	例
どの任務を含めるか、あるいは含めないか？	定量的か定性的か
入手可能な数値を用いるか、定性的な情報を織り込むか？	会計上の数値は無形の費用や機会費用を勘案しない傾向がある
どのような単位で測定するべきか？	個人、班、課、部門、もしくは企業全体の実績評価
どのような時間軸を用いるべきか？	昨年の売上か、顧客の維持率や成長率か

例で、量に基づくインセンティブ（製造作業における出来高制はその例）は質に対するインセンティブを歪める。しかし、仕事には定量化が難しい多くの側面がある。サービス業であれば、顧客満足は調査などの手法による不完全な形でしか把握できない。同じように、（弁護士や会社など）高度な専門サービスを提供する業者は、顧客との契約から売上と利益を容易に推計できるが、顧客の満足度は必ずしも把握できるわけではない。

∞∞∞∞∞∞「流される」身元調査 ∞∞∞∞∞∞

　典型的な実績指標の歪みは、量と質の対立に起因している。従業員の成果物の量は、通常正確に測定することは、通常は非常に容易である。対照的に、質を正確かつ迅速に評価することは非常に難しい。このため、定量的な実績評価指標は、従業員が産出した質ではなく量に注目することが多い。当然、このようなやり方は従業員の行動を歪め、質の問題を生じさせる。

　米国政府の職員候補者の身元調査を請け負っているUSIS社のケースについて考えてみよう。USISは、例えばエドワード・スノーデンの調査を行った組織である。彼は、国家安全保障局の資料を数多くリークし、現在はロシアに亡命している。米国政府とUSISとの契約では、完了した身元調査の件数、つまり量に対して報酬が支払われることになっていた。調査の質については、何の取り決めもされていなかった。

　USISに過去に勤務していた人物から、本来慎重であるべき身元調査が

いい加減に行われているという内部通報があったことにより、USIS は調査された。この調査は、想像以上に悪い実態を明らかにした。いくつかのケースでは、マネージャーが迅速に最終承認を出すために、従業員が抱えている全ての案件を「さっさと流す」ように指示していた。このような行動は、毎月の売上目標を達成するために、件数を早く増加させたいという強いインセンティブが働く月末に取られていた。案件を「さっさと流す」ことで、身元調査の質が大きく低下してしまうことは明らかだろう。

出所：Gabriel（2013）

機会費用　標準的な会計数値の重要な問題点は、他の選択肢を見送ったことに伴う**機会費用**を反映しないことである。例えば、ある企業が工場を保有しており、その工場が会計上償却済となった場合、その工場の価値は会計的にはゼロとなる。あるいは、建物の建築費で簿価計上されていることもあるだろう。建物の真の価値は、その企業が建物を第三者へいくらで売却できるかである。もしも企業がその建物の使用を続けると決めたのであれば、それはこの売却価値を放棄することを意味する。従って、会計上の数値を調整しなければ、資産を使用し続けるかの判断は大きく歪められることになってしまう。

同様の問題が、企業が、各種サービスを社内の他の部署からのみ調達するよう求める場合にも生じる。サービスを提供する部門は、取引を独占することになるため、本当の実績を推定することは難しくなる。もしも企業が外部業者からの調達を認めれば、競争がもたらされるだけでなく（競争は、企業内の提供者がより良い成果を出そうという動機付けになる）、そのサービスの市場価格という重要な実績指標が提供されることになる。

集団の規模　企業は評価に際して、評価対象の集団の規模をどのくらいにするか決める必要がある。従業員は生産過程で相互に依存しているため、個人の実績といった限定された指標は、インセンティブを歪めてしまうことが多い。そうした場合同僚と協力するインセンティブが失われてしまうだろう。一方で残念ながら、集団や事業部門の実績といった幅広い指標を用いると、指標の管理が難しくなり、リスクを高めてしまう。例えば、個人のインセンティブを集

団の実績に基づいて設定することは、完全に制御することができない他の同僚の行動に対して、個々の従業員に責任を負わせることになる（しかし、後述するように、これらは部分的に制御可能である）。実績評価に用いられる集団が大きくなればなるほど、従業員は、自分の仕事が企業の他部門に与える影響を配慮するようになるが、評価指標のリスクは高まる。従業員との利益共有制度を採り上げる際に、この点について更に議論する。

　時間軸　実績評価指標の多くは後ろ向きである。すなわち、直近までの過去に起こったことを評価対象とする。この傾向は、長期的に結果が出る行動に対するインセンティブを歪める。長期的に効果がある投資としては、新しいテクノロジーへの投資、ブランドネームへの投資、従業員の研修といった様々な種類のものが例として上げられる。しばしば採用される手法の一つとして、報酬の支払いを一定期間繰り延べる方法がある。この手法を採用すれば、企業が長期的な実績を把握し確認することができる。一方でこの方法には、従業員にとって、リスクがあるという点で明らかに問題がある。従業員は、報酬が与えられる前に企業を辞めてしまう可能性があるからである。

■ 不正操作

　定量的な実績評価指標の他の特性として、不正操作される可能性が上げられる。再度、搬出したごみの重さで評価される用務員の例を考えてみよう。これは、指標をかさ上げするために用務員が職場にごみを持ち込んでしまうような動機を与えるだろうが、こうした行為は企業価値に何らの利益をもたらさない。

　もちろん、評価する側、される側の双方とも不正操作は可能である。二つの企業が作った合弁事業を考えてみよう。この合弁事業では、一方の企業がもう一方の企業に対してサービスを提供し、事業からの利益を共有するとする。このような場合には、サービスを受ける側の後者の企業には、多くの費用を合弁事業に付け替え、合弁事業の利益を押し下げたいという誘因が働く。こうした状況は映画『フォレスト・ガンプ』の製作に際して生じていた。原作者のウィンストン・グルームは、映画スタジオから、非常に成功した映画だったが収益は赤字だったと説明され、映画スタジオを訴追した。映画スタジオとグルームは、利益を分配する契約を交わしていた。費用は売上よりも操作しやすいため、仮に分配が利益ではなく売上に基づいていれば、このような利益相反は起こりに

くかっただろう。

⚘⚘⚘⚘⚘ 不正操作の動機 ⚘⚘⚘⚘⚘

インセンティブ制度は、企業の目的に沿わない形で、従業員が自分の報酬を増やすために実績評価指標を不正操作する動機を与えてしまうことがある。より悪質な場合、不正操作は企業に損害を与え、職業倫理上問題であったり、違法な行為を伴ったりすることがある。二つの例を考えてみよう。

アフガニスタンのコロラドハムシ 2001年、米国がアフガニスタンに侵攻した後、米国は現地の経済と体制の発展を手助けするために、様々な非政府機関と契約を結んだ。国際開発庁は、ある州の経済発展の促進のためにPADCOという企業と契約を締結した。取り組みの一つに、農家を支援するために優れた種と手法を導入し、農業の生産性の向上を図るというものがあった。しかし、農家は、新たなじゃがいもの種がコロラドハムシによる虫害を招いていると反発した。そこでPADCO社は農家に、コロラドハムシを捕まえて会社に持ってくれば、1,000匹のコロラドハムシが入ったボトル一本につき五ドルを支払うという、虫害を減らすためのインセンティブを提供した。残念ながら、このインセンティブの結果、いくつかの農家は、むしろコロラドハムシを育てるようになってしまった。

アトランタの小学校のテストスコア 2013年、ジョージア州フルトン郡の35人の教師、校長、そして学校の理事が起訴された。彼らは、恐喝、横領、共謀、その他の犯罪で告発された。教育者である彼らが達成テストの生徒たちの学力テストのスコアを捏造したことが明らかになったのだ。教師たちは生徒の誤った答えを消し、正しい答えに修正するという不正が行われていた。検事はこの計画は学区長により主導されたと主張したが、学区長は訴えを否定した。学区長は、在任中にボーナスとして50万ドル以上を得ていた。ある報道によればこの学区のカルチャーとして、各校長は、テストスコアの改善目標を達成できないことに対する弁明の余地はないと伝えられていたということが明らかになった。この不正は、この学区の非常に優れた実績を調査した記者によって明らかにされた。記者は、多くの誤った答えが消去、修正された答案シートを発見したのである。この例は、不

284 第3部 実績に基づく報酬

正操作を防止するには、発見され処罰される可能性を十分に高くしておく
必要があることを示している。

出所：Arnoldy（2010）；Winerip（2013）

　不正操作は歪みと似た問題だが、異なる面もある。歪みは、インセンティブ
制度が制定された時点で、複数の任務間のインセンティブのバランスがとれて
いないことによって生じる。任務の様々な側面に対して、各面の相対的な重要
性が適切に位置づけられていない（全くインセンティブ評価の対象となってい
ないこともあり得る）と、従業員はあることを重視しすぎる一方、別のことを
軽視しすぎてしまう。これに対して不正操作は、従業員もしくは雇用主が時間
と場所に関する特殊的知識を持っていることにより発生する。行動が企業価値
を向上させなくても、自分の評価を向上させるために、このような知識が戦略
的に使われるのである。
　不正操作が行われるということは、ひとたびインセンティブのために用いら
れると、実績評価指標の質が時間の経過とともに低下していく可能性があるこ
とを示唆している。従業員のボーナスの計算に、これまで使われたことがない
指標が採用されることになった場合について考えてみよう。企業は、指標は企
業価値と有意に相関していると考えており、その指標に基づいて従業員にボー
ナスを支給することを決める。そうすると従業員は、指標を改善したいインセ
ンティブを持つことになり、不正操作する可能性が生じる。指標が不正操作さ
れると、企業価値と指標の相関は下がり、評価指標としての有効性は下がって
しまう。従業員がその指標に基づきボーナスを受ける期間が長ければ長いほど、
そして設定されているインセンティブが強ければ強いほど、不正操作が行われ
る可能性は高まる。従って、企業は結局異なる実績評価指標を次々に採用しな
ければならなくなるだろう。そして、その新しい指標も同じ様に、次第に有効
性を失っていくのである。

■ 実績評価指標と職務設計の整合性
　実績測定の目的は、従業員の企業目標に対する貢献を推定し、従業員を目標
に向けて動機付けすることであるため、評価指標と職務設計の整合性を持たせ

図9.1 広い／狭い実績評価指標のトレードオフ

幅が狭い （要素が少ない）	幅が広い （要素が多い）
● 制御不可能なリスクが少ない ● 制御可能なリスクが少ない ● 歪みが多い ● 不正操作がしやすい	● 制御不可能なリスクが多い ● 制御可能なリスクが多い ● 歪みが少ない ● 不正操作がしにくい

ることが重要となる。その任務が専門化しているか、複数の任務をこなすことを含むか、あるいはどれだけ意思決定の裁量を与えられているかにより、実績の測定方法は異なる。

　これらの論点について考える一つの方法として、企業が定量的な実績評価指標を選択する際に直面するトレードオフ、つまり測定の**範囲**（図9.1）について考える方法がある。**幅広い**評価指標には実績のより多くの側面（従業員が部分的に制御可能なより多くの行動や成果）が含まれている。

　上場企業の場合、株価が最も幅の広い評価指標となり得る。幅広い評価指標の利点は、インセンティブを歪めることが少ないことである。これは、幅広い評価指標は、従業員の任務のより多くの側面を評価に含めているからである（制御可能な要素と任務がより多い）。しかし同時に、より多くの制御不可能な要素を含むことも多く、測定誤差によってインセンティブ制度のリスクを増大させる。

　リスクを低下させるために一般に用いられる方法の一つは、株価ではなく会計上の利益といった、より**狭い**実績評価指標を用いることである。狭い評価指標は、より測定しやすく、多くの制御できない要素を排除し、従業員のリスクを減少させるために選択される。しかし実際には、制御不可能な要素を全て取り除こうとすると、従業員が制御可能な要素も同時にいくつか取り除くことになる。従って、狭い評価指標は、リスクを軽減させるものの、インセンティブをより歪めてしまうことが多い。

　狭い評価指標を使う場合のもう一つの問題点は、より不正操作されやすい点である。狭い評価指標は従業員の任務の限られた部分しか反映していないため、仕事のたった一つの側面に沿って行動が変わると、測定された実績に大きな影

響が及ぶことになる。対照的に、幅広い評価指標の場合、指標を操作するためには、従業員は実績の多くの側面を変えなくてはならないため、相対的に不正操作しにくい。測定の範囲は、分散化の度合いと整合的でなければならない。部門マネージャーの実績評価指標について考えてみよう[3]。企業は一般的に、部門を**コスト・センター、レベニュー・センター**もしくは**プロフィット・センター**と定義する。これらはその部門の部門長をどのような実績評価指標で評価するかと対応している。**コスト・センター**では、例えば、製品の単位あたりの総費用の平均といった、費用の効率性に関する指標が用いられるだろう。**レベニュー・センター**では、評価指標は売上だろう。**プロフィット・センター**では、マネージャーの評価は部門の利益に基づく。はじめの二つの指標である費用と売上は、比較的狭い評価指標である。利益は、これら二つの指標の組み合わせであるため、より広い評価指標と言える。費用か売上を指標とすると、利益を評価指標とする場合に比べてインセンティブを歪めやすい。なぜなら、マネージャーは売上と費用の一方にのみ責任を負うからである。費用と売上は、利益よりも不正操作しやすい。

　企業は、部門の範囲を**インベストメント・センター**へ拡張することがある。インベストメント・センターの評価指標は会計上の利益よりも幅広い概念（EVAなど）であり、標準的な会計手法では勘案されることがない資産の機会費用といった指標を含んでいる。更に、利益は企業価値に対する短期的な貢献を測るが、インベストメント・センターは、一定の方法による利益の割引現在価値といった計算に基づく実績評価指標を用いる。

　より進んだ方法として、部門を独立した事業のように扱う場合もある。フランチャイズはこの手法の一例である。フランチャイジーにとっての主な目的は再売却価値の最大化であるため、幅広い実績評価指標が採用される。これは、究極的な幅広い実績評価指標である所有権に近い。所有権の場合、実績評価は企業価値そのものになる。

　部門長に課される制約と、意思決定の裁量の余地は、実績測定の範囲により異なる。コスト・センターのマネージャーは、一般的に投入される原材料、調達、生産手法、そして人事といった分野で決定権を持つ。レベニュー・センターのマネージャーは、通常、営業手法や営業担当者の人事に関して、意思決

　3）　Jensen and Meckling（1998）による。

定を委ねられている。他の多くの意思決定は、より高い階層で集中化されている。プロフィット・センターのマネージャーは、コスト・センターとレベニュー・センターのマネージャーが持つ権限の双方の意思決定権限を与えられることが多い。また、製品の仕様、価格、品質にも権限を持つことが多い。

インベストメント・センターのマネージャーは、通常プロフィット・センターのマネージャーが持つ全ての決定権を持っており、制約が課されることはほとんどない。一般的にインベストメント・センターのマネージャーは、主要な資産の取得や、長期的な設備投資などに関する決定権限が与えられている。これは、彼らの実績が、投資からのリターンで測られるように広げられているという事実を反映している。

フランチャイズのマネージャーは、一般的により大きな決定権を持っており、インベストメント・センターのマネージャーよりも制約は少ない。フランチャイズのマネージャーはフランチャイズを売却する権利を持っている（他の所有者へ売却したり、フランチャイザーに返還することもあるだろう）。もちろん、ビジネスのオーナーは（法律的な制約以外）何の制約もなく、どのようにビジネスを進めるか全ての決定権を持っている。

狭い評価指標から広い評価指標へと変更した際に、どのように制約と決定権が変わるかということに注意しておくことは重要である。実績の測定範囲が広がると、制約は少なくなり、意思決定はより分散化される。簡単に言えば、職務（任務と意思決定権の両方の意味において）が狭く規定されていれば、狭い実績評価指標と関連しており、その逆もまた成り立つ。

評価と職務設計は、当然一致していることが多い。従業員が幅広い実績評価指標で評価されているが、裁量をほとんど持たないとしよう。これは実績評価において、多くの制御不可能な要素があることを意味する。リスクを減らし、自身が制御不可能な理由によって不利益を被らないようにするため、従業員はより大きな権限範囲を要求、あるいは引き受けようとするだろう。

最後に、従業員の任務は時間とともに発展していく（典型的には、従業員の能力の向上に合わせて裁量が広がり、より幅広い任務を引き受けるようになる）。このため、任務に携わる期間が長くなるに伴って、評価は幅広くされるべきであり、従業員に対して、より主観的な評価によって自分の実績に対する説明が求められるようになる。

主観的評価

　これまで、定量的評価指標とその限界について議論してきた。ここでは主観的な実績評価指標の利点と限界について議論してみたい。

　おおよそマネージャーにとって最も辛い仕事は主観的な実績評価をすることだろう。多くの仕事では、従業員は年、あるいは半年に一度主観的な評価（1-5やA-E）を受ける。図9.2はアクミ社の従業員が受ける評価（1が最高で5が最低）の分布を示したものだ。この分布は多くの企業で極めて典型的にみられるものであり、問題となるいくつかの特徴を示している。評価はいい方向に偏りがちである。平均的なスコアは真ん中の評価よりもかなり高くなっている。同様にマネージャーは低い評価を下すことに極めて消極的である。全体のたった約1%しか下位二つのスコアをつけられていない。更に50%が二番目に高い評価を受けている一方、約30%が最高の評価を受けている。つまり評価がフィードバックとして機能していない。評価の目的が実績を区別することであり、最も優秀な実績を上げた者と最低の実績しか上げなかった者を区別するのであれば、このような評価の分布はあまり有効ではない。

　なぜ後ろ向きのフィードバックや低い実績評価を下すことに消極的なのかという質問に対し、マネージャーは、従業員のやる気を削ぐことへの懸念と答える。インセンティブ制度は、本来プラス、マイナスの両方の評価を与えるべきものなので、この考え方は合理的とは言えないだろう。第11章で昇進に基づいたインセンティブについて議論する際に、こうした現象に関して説明する。

　誰かに悪い知らせをすることは快くないことから、マネージャーは後ろ向きのフィードバックや低い評価をすることに消極的なこともあるだろう。このように**緩和バイアス**の存在が、低い評価が下されることが少ない理由の説明の一つとなっている。更に従業員がマネージャーに評価を変えるように迫るかもしれない。こうしたことはマネージャーにとってあまり心地よくない。

　もちろん、従業員もまた、主観的評価を好まない。最大の懸念は、数値的な評価に比べるとそれが主観性を伴うからである。評価がマネージャーの個人的な意見やバイアスを反映したものであり、えこひいきの可能性について懸念が生じる。当然、努力と評価の間にあると思われていたつながりが弱くなるため、インセンティブは低下する。また、従業員を一種のリスクにさらすことになる。

図9.2 アクミ社の実績スコアの分布

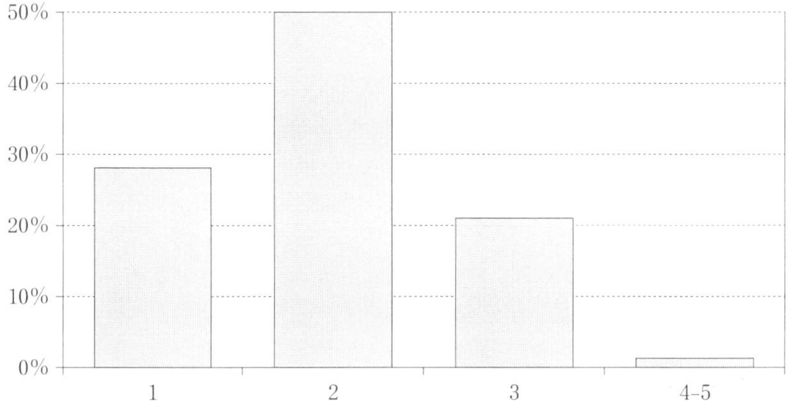

出所：Gibbs（1995）

　このように、あらゆる欠点があるにもかかわらず、実質的に全ての仕事で、主観的評価が重要な手法として利用されている。採用、昇進、解雇をめぐる決定において、主観性は必要となる。定性的な知識作業に従事する中間管理職には、実績を評価する適切な指標が存在せず、昇級やボーナスは通常定性的な評価に基づいて決定される。主観性は、通常、定量的な評価が最も容易なはずの営業担当者にとっても重要な役割を担う。例えば販売見通しによる地域割りや、研修機会は主観的に決められる。更に、取締役会の最も重要な役割は、CEO の成果に対する主観的な評価を行うことである。

主観的評価を利用する理由

評価に際してのリスクの考慮の改善

　工場を経営しているマネージャーを想定してみよう。この工場長の年次ボーナスは、平均して年間給与の約40%で、これは工場の年次の利益の一定の割合として計算される（すなわち、工場はプロフィット・センターである）とする。工場は築 40 年のトタン屋根の工場であるとしよう。ある日、街に竜巻が襲来し、工場の屋根を破損してしまった。大規模の被害であったため、工場は長期にわたって操業することができず、その年は利益でなく損失を計上してしまった。仮にあなたが工場長の上司であり、竜巻の翌日に工場を訪れた際に、工場

長の実績をどのように評価すべきだろうか？

　竜巻は天災であり、コントロールできないものなので、工場長は全く処分される必要はないというのが一般的な対応の一つである。その一方で、工場に対し全面的な責任を負っていることから、解雇されるまではいかないとしても、厳しく処分されるべきであるという、もう一つの考え方もあるだろう。どちらの考え方が適当なのだろうか？　その他の情報がなければ判断は困難であろう。状況により、それぞれの考え方は一理ある。

　例えば、竜巻が50年に一度のものであった場合とか、あるいは工場長が着任して間もないような場合は、工場長を罰するべきではないという考え方は合理的である。一方、その地域は竜巻の多発地域であり、工場長は長年その工場に勤務していたという場合だとどうだろうか？　おそらく屋根は修繕の必要性があったが、工場長は補修維持作業を怠っていた。こうした場合には、会社の価値を毀損した竜巻への対応に、工場長は少なくとも部分的に責任がある。

　また中間的なケースもあるだろう。例えば屋根の維持が、工場エンジニアの責任であるような場合である。工場エンジニアは会社の全工場の構造を監督する役割を担っている。この場合、工場長に責任を帰すべきではない根拠になる。ただ、工場長は屋根の状況について情報を持っていたが、それをエンジニアに伝えなかったということもあり得る。この場合、工場長は明らかに処分されるべきであろう。

　最後に、仮にこのような事態を全く予見できなかったとしても、適切な対応を取らなかったということで工場長を処分しなければならなくなる可能性はある。安全性の問題を速やかに解決し、製造のバックアップ策を講じさせ、できる限り早く工場を立て直し、操業を再開させるよう、工場長に動機を与えたいと思うだろう。この議論は幾つかの論点を明らかにしている。

　仮に工場長が屋根の保全に正式な責任を持たないとしても、屋根の状態に関して特殊的な知識を持ち合わせていたかもしれない。分散化を議論した際に説明した通り、従業員が特殊的知識を持っている場合、その従業員に一定の意思決定権（責任）とその知識に基づいた行動を起こさせるインセンティブを持たせるべきである。このように、主観的な評価をする作業の大部分は、従業員が何に対して責任を持ち、何に対して持たないかを明確にすることである。従業員は状況に関する特殊的知識を持っているため、従業員が常に一部制御可能な出来事に関して、少なくとも部分的に責任を持たせることを検討すべきだろう。

これまで議論してきた通り、従業員はその事象に関して事前、発生中、そして事後に情報を持っていたかもしれない。こうした場合、従業員はそれを予見し、次善策を準備し、発生中に対応し、そして発生後の事後処理に対して何らかの責任を負うべきであろう。従業員の自発性を促したいと考えている場合、我々が意図していることはまさにこのことである。

　竜巻の事例の場合、工場長の定量的な評価である利益はゼロ（あるいはマイナス）である。すると、定量的な評価では、工場長のボーナスはゼロになる。様々な関連要素を判断した上で、このような結果になることもあり得るだろうが、もしそうならば、それは驚くべき偶然と言わざるを得ない。換言すれば、工場長を厳正に定量的なボーナス制度に、厳密に縛りつけると、ほぼ確実に悪い結果に帰着することになる。評価指標が誤っているのか、あるいは報酬を計算する際の比重が誤っているのか、その双方とも誤っているのか。この問題を修正する唯一の方法は、インセンティブの仕組みに何らかの裁量の余地を残しておくことである。

～～～～～～ 「制御可能」、「制御不可能」とは何を意味するのか？ ～～～～～～

　竜巻の例では、工場長は会社への損失を減らすために、事前、最中、事後で講じる策があったと思われるため、自然災害を理由に工場長を処分すべきとする状況は数多く存在する。事象が予想できるかどうかということは、制御可能か、制御不可能かという判断に必ずしも有効ではない。我々の議論は二つの種類のリスクを深く区別する必要性があることを示している。

　会社の価値に影響を与えるある事象に、従業員がある程度でも影響を及ぼすことができるのであれば、その事象は少なくとも部分的に制御可能と言える。不利益を及ぼすような事象の場合には、従業員は、損害を防いだり軽減させたりすることができる。利益をもたらすような事象の場合、従業員はその機会を活かす体制を整えることが可能である。

　この定義に従えば、従業員が完全に制御することができないような状況はほとんどないと言えるだろう。単に従業員の「過失」ではないことに対してであっても、その従業員を処分したり、報いたりするような状況は多数存在すると思われる。

292　第3部　実績に基づく報酬

■ 歪みと不正操作の削減

　主観的評価はインセンティブの歪みを少なくすることができる。職種によっ
ては、そのいくつかの側面を定量化しにくいものもある。実績評価に際してこ
うした側面を十分強調することは、定量化が難しい仕事に対するやる気を起こ
させることにもつながる。質、創造性、その他無形のものを伴う仕事などがこ
の典型例である。こうした仕事は通常、数値化することが困難であり、一般的
に、このような仕事に従事している従業員のやる気を引き起こすには、評価は
主観的な判断に基づかなければならない。

　主観性はインセンティブ制度における不正操作を減らす可能性がある。従業
員が定量的な指標を不正に操作しても、マネージャーが事後的にこれを発見す
ることもあるだろう（あるいは少なくともこうした行為に強い疑義を持つこと
もある）。主観性によってマネージャーがこうした状況を調整できる。こうした
事態が想定できる場合、従業員は積極的には数字を不正操作しようとは考えな
いだろう。

リスクをとることに対するインセンティブの向上

　上記で述べた通り、効果的な主観的評価は、従業員の評価全体から真の制御
不能なリスクを取り除くことによって、それを小さくすることができる。マネー
ジャーが過ちを処分するだけではなく、同時に良い結果について報いることに
よって、部下のリスクを取るインセンティブを高めることができる。実質的に
は、マネージャーは、失敗を罰することなく、成功に報いるという大きな裁量
を持つことができる。

意思決定の改善

　これまで議論してきた通り、ランダムに発生する事象に対して、少なくとも
部分的に報いたり罰したりすることは、場合によっては合理的である。従業員
にその時点、その場所で持っている特殊的知識を利用する（あるいは発展させ
る）動機を持たせるために、このことは重要である。従業員により良い意思決
定を行わせるには、より効果的な事前準備、事態に対するその場での対応、事
態終了後の事後対応の三つの時点で動機付けすることである。

インセンティブ制度に柔軟性を持たせる

年初に設定されたインセンティブ制度は、途中で状況が変化した結果、適当なものでなくなることがある。このような場合に、会社はインセンティブ制度を変更することがある。ただし、その際会社は不公平（次章で議論する**ラチェット効果**）と思われる場合がある。従業員は上司による判断を想定しているため、主観的評価を効果的に利用すると、インセンティブ制度に対する変更を部下に受け入れてもらえる可能性が高い。上司が年の途中で、部下に評価のポイントを変えると従業員に伝え易くなり、これによって、実質的にインセンティブを変えることが比較的容易になる。

コミュニケーションの活性化

主観的な評価の伝え方についての議論を読み返せば、主観的評価を伝えることは、単に日々の適切な管理のことを言っているにすぎないということが理解できるだろう。マネージャーが日々従業員と働くこと自体が、最適な主観的評価を実施していることを暗に意味している。マネージャーは、従業員の行動、その背景、調整、改善に向けての提案などを監督する。年度末の評価の時期を待つことなく、年を通してこのような会話をすることが従業員の効率性や上司との関係を改善する。また暗黙の契約の内容についても明確にする。更に、より透明性のあるコミュニケーションは、従業員の主観的な評価に対する信頼を高め、主観的評価をより効果的なものにする。

研修の改善

よく考えられた主観的な評価を通して、マネージャーは従業員に、自らの経験に基づいて学んだことを教えることができる。効果的、定期的にできれば、これは日々の優れた研修になる。

■ 実務上の考慮事項

誰が誰を評価すべきか？

マネージャーのインセンティブは不完全であるため、企業が従業員の評価を分散化することには多くのリスクが伴う。こうしたリスクには、従業員のやる気の低下、不適切な昇進の決定、意思決定の歪みなどがある。更に、主観性はえこひいきや差別を助長する可能性が高いため、企業は法的リスクにも晒され

かねない。このような問題があるにもかかわらず、リスクを制御するために評価が集中化されることはない。理由は単純である。評価は他人に伝えるためのコストが非常に高い主観的、経験的な知識の一つである。そのため、特に、適切な定量的な実績指標がないような複雑な仕事環境などでは、ほとんどの評価は直属の上司に権限移譲されている。

360度評価を採用している企業もある。この制度では部下が**上司**を評価し、フィードバックを提供することもある。この制度の目的は何だろうか？　理論的には、マネージャーに管理されている者がフィードバックを与えるので、管理の向上が期待できる。しかし上司を批判した場合、部下が仕返しされる可能性がかなり高いという明らかな問題もある。

このため、360度評価は通常匿名で実施される。上司に対する特定のコメントを提供した従業員の名前は伏せられる。これは有効であるが、小さなグループでは、上司は誰がどのコメントをしたのかを想像することができる。従って360度評価の有効性には限界がある。にもかかわらず多くの企業は360度評価を管理、コミュニケーション、全般的な職務環境を改善するためのツールの一つとして導入している。360度評価は開かれたコミュニケーションや従業員の意思決定への参加（本書で言う意思決定の運営）を重要視する文化的な規範や職務設計が存在する組織において、より効果を発揮する可能性が高い。

公正性、バイアス、インフルエンス・コスト

主観性は、一般的に、マネージャーが差別やえこひいき、報酬の配分に際してのバイアスを生じさせやすくする。当然のことながら、実績以外の要因が報酬に影響を及ぼし、評価に微妙な形でリスクが入るため、インセンティブを低下させる。言い換えると、主観性が入ると新たなインセンティブ問題が加えられることになる。すなわち企業はマネージャーが自身の利益ではなく、企業の利益と一致させるように制度を運用するインセンティブを考えなければならないのである。

つまり、上司のインセンティブが適切に設計されれば、階層の低い部分では問題はあまり発生しないということである。また、評価者に制約が課されることもあるだろう。例えば、評価者に、固定分布を用いることを義務付けている企業もある。このような仕組みについては第11章で相対評価の問題を議論する際に採り上げる。

評価者を従業員が信頼していればいるほど、インセンティブ制度の一部とし
て主観性を用いることが有効になっていることは明らかである。従って、信頼
度は非常に重要である。

　マネージャーの評判は、実務上、インセンティブの機能に非常に大きな影響
を及ぼす。気まぐれであったり偏見を持っているマネージャーは、部下に特定
の行動をとらせたり、その下で部下として働きたいと思う、特定の従業員を惹
きつける。マネージャーに公正で注意深い評価をする人だという評判があれば、
同様の仕組みによって、主観性の利用は効果的になり、報酬制度は改善され
る。このように、主観的な判断が重要な仕事では、上司は有能な管理職である
という良い評判を確立するため、労を惜しまない。同様に企業も、こうした主
観的な要素が重要な役割を果たす職務では判断力の長けたマネージャーを配置
すべきだろう。

　更に、評価制度の公平性を高めるため、組織は通常、公式な方針を定めてい
る。例えば、従業員が評価に同意できない場合、再評価を依頼する権利を持つ
こともある。上司の上司が評価をチェックする企業もある。このような監督制
度の目的は、上司が公平に評価するようなインセンティブを与えるためである。
一人の従業員に対し複数の評価者がいることもある。マネージャーによっては
それぞれ異なった見方があるため、こうしたやり方は最終的な評価が偏る可能
性を減少させる。

　もちろん、このような評価にかかる方針が、効果的なのか、あるいは単なる
形だけのものなのかは、実務上のやり方にかかっている。従って、企業文化は、
この場合でも重要な役割を果たしている。

　上司の判断もまた従業員のインセンティブを歪め得る。従業員は、仕事上の
努力ではなく、他の方法で上司に影響を及ぼすことで自分の評価を上げようと
する。例えば、大幅な昇給やリソースの確保などを目論み、上司に影響を及ぼ
すために時間や能力を使うこともある。仕事以外の興味を共有したりすること
で、上司に気に入られようと試みる。生産的な努力の代わりにこのような活動
に時間をかけたり、こうした活動によって評価が変わることで、彼らは組織に
インフルエンス・コストを負担させている。これはどのようなコストなのだろう
か？　インセンティブの低下や歪み、あるいは、能力に基づかない望ましくな
い昇進といったコストがこれにあたる。

　偏りやインフルエンス活動による、より目に見えにくいコストによって、意

思決定が歪められてしまう可能性もある。マネージャーの意見が労働者の報酬に影響を及ぼす場合、労働者はマネージャーに本音を言わなくなってしまうおそれがある。従って、仕事に関する**情報の質**が歪められる可能性がある。原則的に良い上司は部下から真実を聞きたいと考え、こうした状況を生み出す企業文化を醸成しようとする。例えばマネージャーは、従業員が自由に発言できる企業文化を作ったり、マネージャーの分析を批判する部下を報いたりすることさえ考えられる。

　これは有効かもしれないものの、完全に問題を解決するとは思われない。上司が部下から自分とは異なった意見を提示されたとしよう。新しい意見が正しい場合もあれば、上司の意見が正しい（あるいは双方とも誤っている）場合もある。統計的に言うとマネージャーは各々の可能性にウェイトをかけることになる。従業員はこのことを理解している。仮にそれが正しかったとしても、従業員の反対意見が誤りだとみなされる可能性があるため、従業員にはマネージャーの最初の意見に合うように報告するインセンティブが生じる。これが**イエスマン現象**を生み出す。適切な分析と意思決定の手続きが重要かつ複雑なのは、こうした理由があるからである。このような手続きには、企業文化や分析者や意思決定者の明確なインセンティブが考慮（そしてできる限り整合的に設計）されるべきである。

～～～～ 評価にかける多大な労力 ～～～～

　オハイオ州クリーブランドにあるリンカーン・エレクトリック社のインセンティブ制度は、おそらくビジネスの史上最も有名なものの一つであろう。その制度の重要な要素の一つに、全ての従業員に対して支払われる年間利益配分ボーナスがある。一般的に、利益配分制度はモチベーションを上手く高めることができないが、リンカーン・エレクトリックのそれは二つの理由で効果を上げている。第一は、その分配が非常に多額であることだ。ボーナスは通常の従業員の年間給与の二倍にもなることもあり、フリーライダー問題を低下させている。第二は、ボーナスは、通常の利益分配制度で用いられる、制御不可能な会社全体の指標ではなく**個人**の実績に基づいて決定されていることである。

　この制度の実績評価指標は、実績について主観的に決められる格付けで

第9章 実績の評価　297

ある。リンカーン社は、インセンティブ制度こそが成功の鍵を握っていると考えており、主観的な格付けはその重要な要素をなしている。全ての格付けは会社の重役にチェックされるため、マネージャーは実績の格付けに真剣に取り組んでいる。格付けは年に二回付与され、会社によると通常マネージャーは部下の評価に3週間、つまり年に6週間費やしている。有効な主観的評価をすることは大変な労力を要するが、多大なメリットをもたらすことができる。主観点評価は間違いなくマネージャーにとって最も重要な仕事の一つであろう。

出所：工場訪問と企業経営陣への取材

主観的な評価の与え方と受け取り方

評価の**伝え方**に関する議論は、従業員をどのように評価すべきかを考える上で、役に立つ。年度末に実績の格付けをつけるために部下を評価している場面を想定してみよう。竜巻の例がそうであったように、通常は過去を**振り返る**ことから評価は始まる。過去1年間に何があり、従業員が何をしたかについて回顧するのである。

この作業をするにあたって、心理学でいう**後知恵バイアス**の排除に努めることが重要だ。事態の発生時に従業員が知っていることよりも、状況が解決された後に知りうることの方が多いだろう。竜巻の例で言えば、竜巻の発生と屋根が脆弱だったという事実があった。しかし、従業員はその時点でこれらを知っていただろうか？　ウォーター・ゲート事件の公聴会の際に、米国上院議員のハワード・ベーカーはリチャード・ニクソン大統領に、「彼は何を、どの時点で知っていたのか」と尋ねた。この有名な質問になぞって事態を明らかにすることから着手すべきである。これは従業員の行動がその状況で適切なものであったかどうかを判断するための手段である。

この作業から、どの程度事態が**予見できた**かというより広い分析に入っていくことが多い。従業員は予見できた事態に備えていたか、また、合理的と思われる範囲で、想定することができない事態に関して、従業員が緊急対策案や手続きを講じていたかという点を評価することは重要である。

この段階まで、評価を検討するにあたり、過去の行動に注目し、それが従業

員の報酬（スコア、ボーナス、昇進、解雇など）についてどのような意味を持つかに焦点を当ててきた。だが適切な主観的評価の成果として、最も重要なことは、どのように**将来のことを考える**かだ。何が起こり、どのように行動し、なぜそうしたのか、そしてどうすべきだったのかについて従業員と議論する過程は、**将来**その従業員が何に責任を持つかを伝えていることに他ならない。仕事が何であれ、評価は本質的には、将来何が報われて何が割せられるかということに関する前例を定義する作業なのである。複雑な職場環境では、従業員の職責を完全に定義することは、不可能だとまでは言えないものの、非常に難しい。主観的評価について議論をすることはこれらを明らかにする貴重な機会なのである。この利点として、より優れた意思決定がなされること、会社の目的と従業員の目的が調整されることなどが上げられる。

　最後に、適切な評価は「あなたの実績スコアはこれです」と伝えるだけではなく、将来の建設的な議論につなげるものである。マネージャーは、従業員が将来何に重点を置き、何に責任を持つ（あるいは持たない）かについて明確にすべきである。また仕事をする上で必要とされる能力と、従業員の現状とのギャップを示すことで、新たな研修を受けるかを考えさせる貴重な機会にもなる。同様に、過年度の実績を総括することで、従業員が仕事を効果的に遂行するために必要とされる追加的な情報や資源を示すことができるだろう。

　評価の**受け方**について考えることも役に立つだろう。上司は「自分に非はない」というセリフを嫌う。これは（おそらく、このような学術用語は使わないだろうが）「この事態は制御不能だ」と言っているに等しいが、既に議論した通り、完全に制御不可能な事態はほとんどない。そうではなく、上司は率先して行動することを望んでいる。過失と失敗について話しているのであれば、それらを肯定し、そこから何を学び、結果として将来どのように活かしていくかについて話をするべきである。

　読者も次回からは、仕事を改善するための機会として評価を利用してみよう。より良い実績を上げるためにどうすればいいのかについて上司に提案を求めよう。実績を向上させるために、新たな研修、情報、資源を求めるべきである。評価は自ら行動を起こすための良い機会である。

評価が果たすその他の役割

本章の導入部で述べた通り、従業員の実績は能力、習得してきた人的資本、

努力にかかっている。従って、評価によってこれら三つの要素を測定することができる。実際には、これら三つの要素の効果を分解することは非常に難しいだろう。従業員が非常に良い実績を上げているとしよう。これは従業員がその種の仕事に元々向いていたからだろうか？　能力や経験のおかげだろうか？　あるいは努力によるものなのか？　評価の目的が異なる場合は、本来持っている能力、人的資本、努力のそれぞれを異なった比重で評価することになる。

　実績評価の一つの目的は、誰を採用し、試用期間中の労働者のうちの誰を継続採用するかを決めることにある。このような決定では、H（蓄積された人的資本）や e_i（努力）ではなく、従業員が本来持っている能力を示す A を評価しようとすることに意味がある。能力や努力が必要とされるのであれば、従業員に与えられた仕事に関する研修を受けさせ、やる気を高めることもできる。同様に、従業員の本来持っている能力は、昇進や異動を検討する際により重要である。もちろん、蓄積された人的資本を意味する H もまた、こうした意思決定に重要である。

　悪い評価は、初期の振り分けでより重要視される可能性が高い。これは、初期ではあまり情報がないため、各評価が相対的に重要だからである。労働者に関する情報が蓄積されるにつれ、評価による新しい情報の重要性は下がってくる[4]。しかし同様に、わずかな能力の違いがより重要な仕事の場合や、仕事がより複雑で評価しにくい場合、試用時の評価を長期間考慮すべきである。このことから、秘書的な仕事の試用期間は短い一方、専門的な仕事の試用期間は比較的長い。専門的なサービスを提供する会社や大学では、最初の「昇進か、退職か」の決定が就職してから数年後に下され、パートナーや終身在職権の決定は6年かそれ以降に下される。

　評価の第二の目的は、従業員がどの程度まで人的資本を改善できるかを測ることである。特にキャリアの初期段階には、通常、上司は部下に多くの研修を提供する。このような場合、実績評価に際し、上司は人的資本の変化（H の伸び率）を強調するだろう。

　評価の第三の目的は従業員をより懸命に働かせることである。この場合、評価者は、従業員が持っている能力ではなく、従業員が仕事上どれだけ様々な種類の努力をしたかを把握しようとする。

---

4)　統計的に言うと、実績にかかる新たな観測によって、事前の見方は更新されていくが、データの蓄積に伴いこれまでの実績にかかる比重が高まってくる。

評価の異なった目的が相互に矛盾することもある。例えば、将来の長期的能力開発へのヒントを与えようとするための現状の実績に対するフィードバックが、実際にはモチベーションを低下させてしまう可能性がある。これを回避するために、多くの企業では、現状の報酬の評価と、コーチングと能力開発を分離し、例えば半年毎にそれぞれについての評価をするようにしようとしている。ただ実際にはこれらを完全に区分することは難しい。

評価はどのような頻度で実施されるべきか?

評価の他の目的は、給与としてどれだけ会社が払ってもいいかという金額を決めるために従業員の価値を評価することである。これは、例えば、外部からの勧誘にマッチングさせるかを考える際に有用である。ある労働者が会社にとって週1,000ドルの価値があるが、実際には800ドルしか支払われていないとする。他の会社にとってこの従業員は900ドルの価値があり、その会社が875ドルを提示したとしよう。仮に現在勤めている会社が彼に900ドル支払うとすると、会社にとっても従業員にとっても、彼の退職が避けられることによって、利益を得ることができる。一般論的なルールとして、従業員の生産性が今の会社で最も高いのであれば、会社は、労働者が勤務し続けるように十分給料を支払うべきである。

どのような労働者が他の会社よりも、今の会社で最も生産的になりそうなのだろうか? それは企業特殊的人的資本を持っている労働者である。このため、労働者がより企業特殊的人的資本を有している場合、新たな情報が評価から生み出される可能性は低い。これは、企業特殊的人的資本がより重要な場合、手間がかかる評価はそれほど頻繁に実施しなくても良いことを示している。

また、以下の二つの効果から、社歴と現状の仕事経験が長ければ長いほど、評価の頻度は少なくすべきである。第一は、振り分けの効果である。労働者の会社への勤続期間（同様に、同じ仕事への従事期間）が長ければ長いほど、労働者も会社も仕事にあっているかどうかについて、より正しい情報を持っている。従って、評価の結果によって仕事を変えるという可能性は低い。二つ目は、労働者の勤続期間と現状の仕事への従事期間が長ければ長いほど、評価におけるフィードバックや研修の側面は、それほど重要ではなくなるという効果である。

要　約

　実績評価は、インセンティブ制度を適切に設計するための最も重要な要素であると同時に、最も扱いが難しいものである。適切に設計されたインセンティブ制度の中で最も難しいものの、おそらく最も重要な一部をなしている。会計数値など定量的実績評価指標は評価の重要な要素である。同様に、主観的評価も重要な要素の一部である。

　理想的なインセンティブを作るための評価システムは、従業員の行動が企業の価値に及ぼす全ての効果だけを捕捉する一方で、余計なものは一切排除した評価システムである。これらはしばしば制御可能、制御不可能と呼ばれるが、これらの概念が詳細に定義されることは稀である。制御可能、不可能という言葉の厳密な考え方として、企業価値に影響を及ぼす事態に、ある従業員が何らかの手段を講じることができるのであれば、その状況を少なくとも制御可能と定義することができる。従って純粋にランダムに発生する事象であっても、ある程度は制御可能である。そして、ほとんどの事象は部分的に制御可能であると同時に、部分的に制御不可能と言える。

　評価におけるリスクが制御不可能か制御可能かの度合いに応じて、インセンティブ制度設計の意味合いは大きく変わってくるため、実績評価指標を選択する際に、何よりも最初にこの区別を考慮すべきだろう。リスクが制御不可能であれば、評価指標上は従業員に、リスクを負わせていることになる。企業はインセンティブを弱め、リスクに対するプレミアムを払うか、より狭い実績評価指標や主観的評価を選択すべきである。他方、リスクが概ね制御可能であれば、企業は対照的な選択をすべきだろう。すなわち、従業員に権限を委譲し、企業価値の向上のために従業員が特殊的知識を使うように、強いインセンティブを提供すべきである。後者は、市場に基づいた手法を企業内部に取り入れて組織設計を改善する好事例である。

　定量的な評価では指標の範囲というトレードオフに直面する。より広い、包括的な指標は、制御可能、制御不可能な要素を含んでいる。より狭く、焦点が絞られた指標は、反対の特性を持つ。前者が意味するところは、広い指標は多くの要素を含んでいるため、通常インセンティブがあまり歪みにくいということである。ただし、同時に、広範な指標は、測定誤差がより多く発生しやすく

なるためにリスクが高い。従業員はリスク回避的なため、インセンティブ制度にとってはリスクになる。

株価などの非常に広範な指標はリスクが高いことから、実務上、ほとんどの実績評価指標は、より狭いものになる。実績評価指標を選ぶ際にはリスクとインセンティブの歪みのバランスを図ることに留意すべきである。しかし実質的に、いかなる指標であれ、何らかの形でインセンティブを歪めている。従って、インセンティブ制度を運用するに際には、歪み（およびそれに関連する指標の不正操作の問題）に注意を払い、他のインセンティブや裁量を利用することで、このような問題を軽減させることが重要である。

実績評価指標と主観的評価は、できる限り従業員の職務設計と整合性を持たせるようにすべきである。そうすることによって、評価指標は仕事の制御可能な側面の大部分を捕捉するようになり、歪みが減少する可能性が高いからである。主観的評価は、従業員の職務と責任を**定義する**手段として考えることもできる。

主観的評価は実績評価の別の方法である。主観的評価には判断が伴い、マネージャーがそれに真剣に取り組まなかったり、適切に動機付けされていなかったりした場合には、問題の温床となりかねない。例えば、裁量はえこひいきや偏よった見方が評価に織り込まれる余地を高める。裁量に際して、上司は、たとえ部下からの不平やロビイングに直面しても、良い実績を上げた者と不十分な実績しか上げられなかった者に対し、厳しい決定を下し、建設的なフィードバックを提供しなければならない。しかしこれを効果的に実践できれば、主観性は実質的にインセンティブの全ての側面を改善させる効果的な方法となる。

第10章　実績に対する報酬

功績なくして報酬無し。
中国の諺

　実績評価についての議論を終えることができたので、次の論理的課題として、評価を従業員の動機付け（モチベーション）にどのように利用するかということについて考えてみたい。

　ところで、このテーマについて考える前に、実績に基づく報酬制度によって、組織はモチベーション以外にも多くの人的資本にかかる目的を改善することができることを説明した。この考え方は非常に重要なので、モチベーションの効果について検討する前にもう一度説明しておく価値がある。そこで、まず、従業員にモチベーションの問題が**ない**と想定してみよう。それでも実績に基づく報酬制度に利点はあるのだろうか？

　実際には、これまで議論した通り利点はある。第2章で労働者の振り分けについて分析した。実績に基づいた、ある種の試用や繰り延べ給与などによって、会社はより優秀な労働者を採用することができる可能性があることを議論した。より一般的な考え方をより厳格な形で説明するのは容易である。例えば繰り延べ給与や試用期間といった種類のものである必要はないものの、ある企業が，抽象的な実績に基づいて報酬を払っているとしよう。また、その企業は、採用、そして能力への投資の向上を図りたいと考えているとする。

　候補者達が異なった能力 A、あるいは人的資本 H を持っており、実績（および実績評価 PM）が双方の関数である場合、$PM = PM (A, H)$ となる。仮に給与が実績の関数である場合、それはすなわち能力と人的資本の関数でもある。高い能力または技能を持った候補者は、そうでない候補者に比べると、より高い収入を得ていると考えられる。

304　第3部　実績に基づく報酬

$$\frac{\Delta Pay}{\Delta A} = \frac{\Delta Pay}{\Delta PM} \cdot \frac{\Delta PM}{\Delta A} > 0 \; ; \; \frac{\Delta Pay}{\Delta H} = \frac{\Delta Pay}{\Delta PM} \cdot \frac{\Delta PM}{\Delta H} > 0$$

　明らかなことは、ある会社で働くことが最も生産性を上げることができると思っている候補者は、そこに応募するか、あるいはそこに留まろうとするだろう。第2章で議論した試用の例は、こうしたより抽象的な考え方の一形態であった。同様に、実績がより給与と連動している場合、能力への投資からのリターンが大きいため、能力により多く投資しようという動機が生じることも容易に理解できるだろう。

〜〜〜〜　セーフライト・ガラス社における出来高払い制と振り分け　〜〜〜〜

　セーフライト・ガラス社は世界最大の自動車のフロントガラスの交換企業である。1994年にCEOのゲラン・スタグリンと社長のジョン・バーローはガラスの取替作業員の報酬体系を変更した。変更前は作業員の給与は時給ベースであった。これを出来高ベース、すなわち個々が取り替えたガラスの数に応じて給与が支払われる制度に変更した。この変更によって、作業員の生産性は約44%上昇した。これは、作業員がより懸命に働いた効果だったのだろうか？　あるいは振り分けの効果が生産性の向上に寄与したのだろうか？

　二つの効果は比較的簡単に推計することができる。努力による効果は、作業員の数と給与制度の変更以降の生産高の上昇を計算することで推計できる。インセンティブの効果は全生産高の向上の半分ほど寄与したと推計された。

　生産性向上の残り半分の要因は振り分けによる。優秀な労働者は（仮に同じ努力であったとしても）給与が高いため、セーフライトはこうした従業員を社に留めることができ、また他の優秀な従業員を採用することができた。実際、最も生産性の高い労働者の離職率が低くなる一方、生産性の低い労働者のそれは高くなった。

出所：Lazear（2000）

図 10.1　インセンティブ強度と全体の給与水準

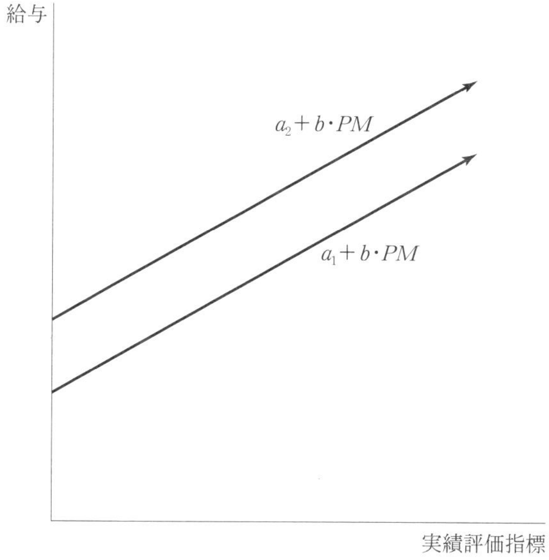

給与

$a_2 + b \cdot PM$

$a_1 + b \cdot PM$

実績評価指標

　インセンティブの重要さはどれほど強調してもしきれない。今日の市場ベースの経済が機能しているのは、一般的に、資本の所有者に資本の活用、会社の経営、イノベーションを促進する良いインセンティブが与えられているからである。インセンティブは効果的な経済、組織の中核にある。

　もちろん、実績に報酬を結びつける制度が機能するための最も重要な要素は、従業員の努力を促し、それらを会社の利益に沿ったものにすることであり、それが本章の議論の焦点である。実績評価に基づきどのように会社は給与を変えるべきなのか？　これを分析するために、最初に典型的な実績に基づく報酬制度を検討してみよう。すなわち、労働者は基本給 a とボーナスが支払われるとする。ボーナスは共通の歩合 b に実績評価指標を乗じることで求められる。つまり、$Pay = a + b \cdot PM$ となる。

　図10.1は、歩合率 b は同じものの基本給 a が異なる場合の給与の曲線を描いたものである。どちらがより強いインセンティブを与えるだろうか？　一見してわかるほどには答えは明白ではない。一方の基本給は高いものの、どちらの制度も同様のインセンティブと実績を促すようにも思われる。従業員が少し頑張り、実績評価の指標を少し改善させれば（セーフライト・オート・ガラス社の

例で言えば一枚分追加のガラスを取り付ければ）、その見返りの報酬はいくらになるだろうか？　両方とも同じである。追加的な一単位の生産高に対し、b ドルのボーナスをもらえる。最も重要な問題は、全体的な給与水準ではなく、実績に対してどれだけ給与が変わるかということである。

ただし、このポイントにはある条件がある。労働者の努力に対する限界的な負の効用は富の上昇に伴って高まっていく（所得効果）。だとすれば、多額のボーナスの効用は、図 10.1 のグラフの上の直線の制度では低くなり、モチベーションはあまり向上しない。だがこの効果は、インセンティブ制度設計においては、実際的にはほとんど影響を及ぼさない。同一の従業員に対する二つの制度を比較した場合、基本給の違いによって生じる所得効果の影響ほど大きくない。特にグラフの傾きが示す実績と報酬の関係の強さによるインセンティブが与える影響に比べると、所得効果の影響は大きくない。

給与総額の水準はモチベーションに影響を与えている。労働者の実績がかなり低い場合、解雇される可能性がある。基本給が高ければ高いほど、労働者はこうした事態を避けようとするだろう。この理由から、高い基本給はモチベーションを高めるかもしれないが、この効果は解雇の可能性が顕在化している場合においてのみ生じる。多くの場合、高い基本給は非常に弱い動機にしかならない。

インセンティブを正確に考えるためには、水準よりも、$\Delta Pay / \Delta PM$、あるいは傾き、もしくは**給与の「形状」**に注目することが、より重要である。この例では a ではなく b が重要ということになる。給与の水準はおおよそ、労働市場における競合度合い（これが労働者の能力の価格を決める）と、企業が雇用したい従業員の能力の水準によって決定される。給与と実績の関係は一般的に**インセンティブ強度**と呼ばれることもある。次の疑問は、何がこの強度を決めるのかということである。

ある従業員の給与体系を設計する場合、一般的に三つの段階の手順を踏むことが適切である。第一は、実績評価の問題である（第9章）。どのような評価指標が使え、どのような特性（リスク、歪みなど）があるのか？　主観的な評価を使うべきか、もしそうだとすればどのようにすべきか？　このような評価の問題を十分検討した後、報酬と評価をどのように結びつけるかを考える（本章）。インセンティブの問題を分析した後でようやく、給与水準について検討する段階に入る。実際には、全体の期待給与水準は、労働市場における労働者の

能力と職務の特性によって、既に決められている。

どれだけインセンティブを強くするか？

■直　感

　実績は様々な異なる種類の努力にかかってくるが、ここでは従業員が仕事上 e という一つのタイプの努力をするという最も簡単なケースを考えてみよう。この場合、インセンティブ制度の果たす役割は、これ以上追加的に努力をすることが見合わないと思うまで、努力するようにモチベートするという単純なものである。

　科学的研究にも利用できるような技術的に先進的なコンピューターを販売する営業担当者を想定してみよう。製品の生産に至るまで、会社は設備（固定費）に 100 万ドルを必要とする。その後追加的に 1 台のコンピューターを製造するのに 9,000 ドルがかかり、これが限界費用である。仮に会社がこのコンピューターを 1 台 1 万ドルで販売するとすれば 1 台のコンピューターの限界利益は 1,000 ドルになる。このことから、営業担当者のコミッションが 1 台につき 1,000 ドル以上とならない限り、会社は 1 台コンピューターが売れるごとに追加的に利益を上げることができる。

　製造に必要な限界費用に加え、会社は営業担当者に報酬を与えなければならない。仮に会社が営業担当者による売上に対する比率で計算したボーナスを支払うとしよう。従業員は費用に関しては何ら制御することは出来ないものの、売上については大きな影響を及ぼすことができる。通常、売上は営業担当者に課せられる任務に整合的である。会社は利益を上げるために固定費をカバーしなければならないため、コミッションはある程度の台数、たとえば週に 10 台を超えた台数について支払われるものとする。

　営業担当者へのコミッションは、会社にとって 1 台の販売にかかる追加的な費用である。売上を伸ばすために従業員は努力しなければならず、従業員は負の効用を負うことになる。従業員はこの非効用に対する対価を求める。これを $C(e)$ としよう。ここで実績の評価に誤差が生じないとすると、従業員が負うリスクのコストは無くなる。

　営業担当者の努力にかかる負の効用 $C(e)$ は表 10.1（全ての数値は週あたりの売上額に関して計算されている）の 2 列目だとしよう。すなわち、労働者

308 第3部 実績に基づく報酬

表 10.1 営業担当者の負の効用

各売上に必要とされる報酬

コンピューターの台数	努力の負の効用	努力の負の限界効用
1	$20	$20
2	$80	$60
3	$180	$100
4	$320	$140
5	$500	$180
⋮	⋮	⋮
10	$2,000	$380
⋮	⋮	⋮
15	$4,500	$580
⋮	⋮	⋮
20	$8,000	$780
⋮	⋮	⋮
23	$10,580	$900
24	$11,520	$940
25	$12,500	$980
26	$13,520	$1,020
27	$14,580	$1,060

は少なくとも1台目のコンピューターを販売するために最低でも20ドルの報酬を要求する。1台目を販売すると、労働者はもう1台を進んで努力して売るために最低でも60ドル（80ドル − 20ドル）を求める。この負の限界効用は表10.1の3列目に示される。同様に、仮に22台売れた（そのために従業員は既にかなり必死に働いている）とすると、やる気を起こして追加的に売上を1台増やすために900ドルが必要となる。こうした数字を前提とした場合、最も合理的なアウトプットの水準はいくらになるだろうか？　先に進む前に、答えを考えてみて欲しい。

　最適な水準は25台である。その水準までは、1台の売上高の方が、会社の生産費用と従業員の努力にかかる負の限界効用の合計を上回り、（何らかの形で会社と従業員で山分けできる）利益が生じるからである。しかし25台から26台を売るための更なる費用は、限界費用と努力の負の効用の合計を上回る。簡潔に言えば25台売り上げるまでは、努力にかかる負の限界効用が1,000ドル以

下で済む。

では最適なコミッションはいくらにすべきだろうか？　まず営業販売員が1台につき 8%、あるいは 800 ドルのコミッションを受け取ることができると想定してみよう。営業販売員は 20 台まで売ろうと努力するが、それ以上の台数を売ろうとすることはないだろう。この場合、売上があまりにも少ないので収益機会は失われる。会社がコミッションを少し高くすると、営業販売員はもう少し努力をし（そしてその代償は支払われる）、利益は上昇するだろう。実際、会社は売上が 25 台までだと純利益が上がるので、手数料をコンピューター 1 台につき約 10%、あるいは 1,000 ドルとするべきである。

10% を超えるコミッションは支払うべきではない。売上は伸びるだろうが、追加的な限界費用と努力に対する負の効用に応えるための報酬の合計をカバーできないからである。従って最適な歩合率は追加的な成果の価値と全く同一ということになる。これは一般的な原則である。会社は、従業員が限界的な利得（売上）と限界費用（製造と努力の負の効用）を丁度バランスさせるようなモチベーションを与えるのである。言い換えれば最適な歩合率（以下で述べるインセンティブ強度）は、従業員が努力を含む全ての限界費用を全ての限界利益と等しくさせるように設定すべきである。

$$\textit{最適な歩合率} = b^* = \textit{売上} - MC = \textit{次の売上からの限界利益}$$

実績の指標を売上とし最適な歩合率を 10% とすることは、1 台からの限界利益（10,000 ドル–9,000 ドル＝1,000 ドル）を実績評価指標として歩合率を 100%とすることに等しい。すなわち最適歩合率はコンピューター 1 台の売上からの限界利益を**全て**従業員に与えることになる。結果的に、実績評価指標は利益単位に組み換えられることになる。従って、（Q を販売台数とすると）最適な体系は以下のようになる。

$$\textit{支払い} = a + b \cdot \textit{売上} = a + Q \cdot (\textit{1台あたりの利益})$$
$$= a + \textit{従業員の売上からの利益}$$

この支払い制度では、会社の利益はどうなるか？　以下のようになる。

$$\textit{会社の利益} = \textit{従業員の売上からの利益} - \textit{支払い} = -a$$

このボーナス制度では従業員の努力によってもたらされた追加的な利益は、

310　第3部　実績に基づく報酬

報償として全て従業員に還元されることになっている。更に、従業員に基本給
も払うことになっている。会社がこの制度から利益を上げる唯一の方法は、**基
本給をマイナスにする**ことである。経済理論はここで終わりとし、実際の例で
考えてみよう。

仕事を売る

経済理論は想像以上に役に立ち、また現実的である。これまで見てきた例
は、従業員に完全なインセンティブを与えることは、企業が従業員に「仕事を
売っている」のと同じだということを示している。事実、多くの実際の雇用契
約はこの考え方に極めて似ている。以下の例で考えてみよう。

タクシーの運転手　多くの都市では、タクシーの運転手はタクシー会社から車
を借りて（あるいは車を走行させる許可を得て）いる。彼らは、タクシーの運
転による売上の非常に大きな部分（場合によっては100%）を受け取っている。
また、彼らは通常、追加的な費用（ガソリン代など）も負担している。実質的
に彼らは資産（自動車あるいは許可）を買っているか借りているかに等しい。
この仕組みは、資産が運転手に貸与されている間、資産の価値を最大化するた
めのインセンティブを運転手に与えている。

証券トレーダー　株式、債券、あるいは先物といった市場では、取引所で自分
の席を持たなければならない。こうした席はしばしば数十万ドルもする。席を
購入することは、持主に仕事、すなわちトレーディングをさせる権利を与える
と共に、その席を最大限生かそうというインセンティブを与える。

レストランの給仕　ある文化圏では、お客から給仕役に渡されるチップが彼ら
の重要な報酬の一部となっている。チップはサービスの質によるため、ある意
味、一種の実績に基づく報酬制度である。米国では給仕役はしばしば、法的に
定められている最低時間給より少ない給与しかもらっていない（米国では、レ
ストランは最低賃金規制の対象外である）。このように、他の仕事でもらう給料
よりも低いことに甘んじていることは、給仕役は、機会費用を払って仕事を
「買っている」ということになる。彼らは、懸命に働けばチップがもらえること
によって十分給与を得ることができることを知っているからである。[1]

第 10 章 実績に対する報酬 **311**

∞∞∞∞∞∞ レストランの給仕係の報酬への工夫 ∞∞∞∞∞∞

（最近閉店になったが）シカゴにある有名レストラン、バーゴフは一般的
な給仕係の報酬制度に工夫を凝らした。顧客が注文した食べ物や飲み物を
従業員に「課金」する一方、収入（売上とチップ）から差し引いたのであ
る（おそらく利益の一部を留保するという方法を採用したと思われる）。な
ぜこのような制度を導入したのだろうか？

　一つの理由は、ある程度のコストを従業員に課すことで、従業員がレス
トランを騙そうとする（例えばバーテンダーが時々、多くのチップを得よ
うとして上顧客に普通より多めに飲み物を注ぐというような）誘因を減ら
そうとすることである。この理由としては売上より利益を実績評価指標と
する方が、よりインセンティブを歪めないということが考えられる。この
ようにすれば、ウェイターは、より利益率の高い飲食物（例えばワイン）
を売ろうとする、望ましいインセンティブを持つことになる。

営業のアウトソーシング　会社によって、自社の従業員に商品の営業をさせる
こともあれば、営業を外部委託することもある。例えば保険業界では、双方の
形態がある。営業を外部委託することは実質的に仕事を売っていることに他な
らない。受託者は商品を購入し、それを再販することによって、利益の多くの
部分（通常は100%）を手に入れる。

　実際、企業が業務の一部を外部委託しているのであれば、ある意味仕事を
売っているということになる。外部委託の主要な一つの利点は強力なインセン
ティブを実践できる点である。この点は、どのような場合に外部委託がより効
果的かという論点について、基礎となる理論を提供している。すなわち、ある
作業が社内の他の業務から、より隔離されており、その作業の評価がほぼ完全
にできるようなものであればあるほど、よりアウトソーシングの対象としやす

---

1)　この制度は、レストランが繰り返し訪問される場合に上手く機能する。しかし仮に顧客が
　レストランを再訪すると思っていない場合、次回以降の対応が悪くなるという懸念がないの
　で、チップを渡したくないという思いにかられるだろう。チップを渡すという仕組みは、顧
　客がインセンティブ・システムを実践しようとする文化的な行動様式、すなわち実質的に一
　般社会における暗黙の契約を必要とする。チップを渡すという習慣が文化によって異なるの
　はこうした背景による。

いということである。企業は通常、組織の他の作業と非常に相互依存性が高い業務を外注すべきではない。当然アウトソーシングには、サービス提供者との契約の文書化、実施状況の確認、締結といったコストも伴う。従業員との間であれば、企業は（これまで本書の他の部分で議論してきたように）長期的で暗黙の契約関係を構築することができる。こうした関係を外部の業者と構築することは容易でない場合が多い。

中間管理職　以上の事例は全て、個々の従業員の実績が比較的測定しやすい場合の例である。しかし、「仕事を売る」という感覚は、実際の仕事にあまり当てはまるとは思えない。卒業を間近に控えた MBA の学生が二つの仕事を選択しようとしているケースについて考えてみよう。一つのオファーは、通常の給与と低い年次のボーナスというケースである。もう一方のオファーは、似たような仕事であるが、基本給は低いものの、実績を上げればより多くの年次ボーナスがもらえるというケースである。仮に学生が後者を選択した場合、他の仕事で得られたかもしれない基本給を諦めるという機会費用を払っているため、ある意味、仕事を買っていることになる。そして学生は、より魅力あるボーナス制度という、一生懸命働くことによってより多くの収入を得る機会に合意しているのである。能力が高ければ高いほど、実績に連動した給与体系を選ぶ可能性が高いことにも留意すべきだろう。

　一般に、他の条件が同じであれば、高い実績給をもらえるような仕事の基本給は低いことが多い。しかし高い実績給がもらえるような仕事の方が、給与全体額としては多い場合が多い。これは以下の三つの理由による。下記に進む前に読者には、これらがわかるだろうか？

　第一に、従業員はより懸命に働こうと動機付けされ、報酬制度が多くの努力に対し報いる。第二に、高いインセンティブはより優秀な従業員を惹きつけ、こうした社員の市場価値は高いため、会社はより多くの給与を支払わなければならない。第三に、強いインセンティブ制度はリスクが高いことを意味しており、従業員は多くのリスクプレミアムで報われなければならない。この点については次節で考えてみよう。

　この議論は実績に基づく報酬に関して、単純ではあるものの重要な、直感的な理解を提供してくれる。従業員に「仕事を売る」というインセンティブ制度の場合、従業員の利益と企業の利益が完全に調整されていれば、従業員は完全

なインセンティブを持つことになる。この制度が導入されると、従業員は実質的に起業家になったのと等しい。従業員には限界的な利益に対する限界的な努力に要する費用を適正化しようとする動機が与えられる。変化の激しい経済において、なぜ起業が非常に重要なのかという理由はこの点にある。すなわち起業家は、才能のある個人を一生懸命働かせ、できる限りの創造性を発揮させようとする、強いインセンティブを持っているのである。

　更に、このことは、なぜ多くの組織がある程度官僚的で非効率であるかを部分的に説明している。多くの仕事におけるインセンティブは、理論的な概念に比べると不完全である。中間管理職は比較的あまり強いインセンティブを持たない。大企業のCEOであっても、完全に自分の会社でない限り、あまりインセンティブを持たないのである。これはインセンティブが効果的でないということを意味する訳ではない。インセンティブ制度にはトレードオフが伴い、制度に組み込まれているインセンティブとその効果は、不完全になってしまうのである。

■ 不完全な評価と最適なインセンティブ

制御不可能なリスク

　給与と最適なインセンティブに対して、リスクはどのような影響を及ぼすのだろうか？　これはリスクの種類によるだろう。この議論のために前章で二種類のリスクを峻別した。最初に、制御不可能なリスクについて考えてみよう。個人はリスク回避的な行動をとることが多い。従って変動給は個人に心理的なコストをかける。従業員が給与のリスクを嫌う負の効用を、$1/2 \cdot R \cdot \sigma^2_{Pay}$としよう。$R$は従業員がどれだけリスク回避的かを示している。リスク回避的でない従業員のRは小さく、よりリスク回避的な従業員のRは大きくなる。従って、従業員にとっての総コストは$C(e) + 1/2 \cdot R \cdot \sigma^2_{Pay}$となる。

　仮に従業員の会社への正味の貢献がQであり、Qを把握するための評価方法が完全で、そのエラーをεとした場合、実績評価指標であるPMは、$PM = Q + \varepsilon$となる。εは標準偏差σ_εの分布を持つ無作為の変数（制御不可能なリスク）である。ここで、以下が成り立つ。

　　$給与 = a + b \cdot PM = a + b \cdot Q + b \cdot \varepsilon$

　基本的な統計学の知識により、$\sigma_{Pay} = b \cdot \sigma_\varepsilon$であることがわかり、従業員の

314 第3部 実績に基づく報酬

コストは以下のように表現できる。

$$C(e) + 1/2 \cdot R \cdot b^2 \cdot \sigma_\varepsilon^2$$

　従って、従業員をより一生懸命働かせるためには、会社はその追加的な努力だけではなく、リスクについても報いなければならない。つまり、会社は従業員に**リスクプレミアム**を払わなければならないのである。当然ながら、実績を測定する方法がより正確でない（σ_ε が大きい）ほど、より多くのリスクプレミアムを払わなければいけないことになる。企業が従業員を監督し、その実績を注意深くモニターし、制御不可能な要因を排除することに多くのコストを負担する理由の一つはこの点にある。こうした費用は、実績評価の正確性をより高め、報酬を低く抑える実績評価指標の歪みを少なくすることによって、少なくとも部分的に軽減される（また、実績評価指標の誤差自体が小さくなることによっても軽減される）。

　上記の式で、この他に興味深いことは、第二項で、リスクプレミアムが b によって増え続けることである。（他の条件が等しいとすれば）インセンティブ強度が強ければ強いほど、従業員にとってインセンティブ制度のリスクが高いことを示している。これは直感的に理解できる。実績に給与をより強く結びつけることは、評価の測定の誤差の影響が増大することを意味している。運の良さが過大に報われる一方、運の悪さも過大に罰せられるのである。

　考慮しなければならないトレードオフもある。強いインセンティブは労働者の努力を促すものの、大きなリスクプレミアムを通して全体の給与コストを引き上げる。このため、最適なインセンティブは、これまで我々が検討したものよりも弱いものとなるだろう。仕事を部分的に従業員に売ることはできるかもしれないが、リスクが大きすぎるため、通常は従業員の収益への貢献に100%報いることはできない。**実績評価測定がより正確でなければないほど、最適なインセンティブはより弱くなる。**

　実際、これは経済生活における一般的な実例の一つである。保険が大きければ大きいほど、インセンティブは低くなり、逆に小さければ小さいほど、インセンティブは高くなる。この問題は、健康保険の仕組みなど様々な文脈において生じる。

制御可能なリスク

次に、制御可能なリスクについて考えてみよう。仮に従業員が完全にリスクを制御できるのであれば、従業員の観点からすればリスクではない。これは仕事上で直面する様々な状況にすぎず、状況に応じた様々な仕事のやり方が求められるものの、従業員にとって不確実なものではない。このような場合、会社は、従業員にリスクを効率的に管理し、会社の価値を高めるよう動機付けしたくなる。工場を直撃した竜巻の議論を思い出してみよう。会社は従業員にこのようなダウンサイド・リスクの予測、警戒策、対応策を事前策定し、実際に発生した時には上手く対処してもらうことを期待している。アップサイドリスクについても同様のことが言える。業務遂行上潜在的な好機が到来した際に、会社は従業員にその利益を確保してもらうことを期待している。

これらを実行するには、企業は制御可能なリスクを反映した実績評価指標を選択し、従業員にそれらの責任を負うインセンティブを与えるようにすべきである。言い換えると、**制御可能なリスクを実績評価に勘案すればするほど、最適なインセンティブはより強くなる**。これは、制御不可能なリスクに関する結論と全く逆である。

この点に関して、二つの条件を念頭に置かなければならない。一つは、リスクによっては従業員にとって一部は制御できるが一部はできないものがあるということである。このような場合、最適なインセンティブはどちらのタイプのリスクが重要であるかに依拠して決められる。第二は、以下で議論する不正操作の問題である。

不正操作

従業員が制御可能なリスクを自らの利益のために悪用し、会社に悪影響を及ぼすこともある。最終章で議論する、実績評価指標の不正操作である。このような場合、会社は不正操作を避けるためにインセンティブを止めたいと考えることもある。例えば、自動車会社は、顧客満足度調査で高得点を取ったディーラーに報いるようにしている。この本を使っている、ある教授によると、彼が新車を購入した際に、自動車メーカーからの調査に最高スコアをつけてもらわないと、ボーナスが少なくなるというメールをディーラーからもらったそうである。更に、ディーラーはその教授に、全ての項目で最高点をつけないのであれば、むしろ調査を廃棄して欲しいと依頼したそうである。こうした行為は、

316　第3部　実績に基づく報酬

調査での評価スコアを上げるかもしれないが、顧客のディーラーと自動車メーカーへの信頼を失わせしめ、本当の顧客満足度に悪影響を及ぼす可能性がある。

この問題を解決しようとするなら、自動車メーカーはこのような不正操作を排除するために、調査の方法を改善することもできる。例えば、このような不正行為を発見したら、直ちに調査を実施し、それに対して処分することもできる。しかし、この問題を避けることを目的に、実績評価指標を変更しないのであれば、メーカーはこの評価指標に基づくインセンティブを減らすべきであろう。そうしないと、顧客が離れていくリスクが生じる。**従業員が、発覚されることなく実績評価指標を不正に操作することが容易なほど、最適なインセンティブは弱まる。**以下で議論するように、実績評価指標が、例えば目標達成に対する一時金といった、ある特定の報酬形態に結びついている場合、不正操作が生じる可能性は高い。

歪みと複数の仕事のインセンティブ

実績評価指標の二つ目の問題は、指標にはおおよそ常に歪みが生じることである。実績評価指標が従業員の貢献度を歪めれば歪めるほど、インセンティブが占める割合は小さくされるべきである。この場合の危険性は「払った代償に対してだけしか評価は得られない（You get what you pay for）」という馴染みのある表現に集約される。つまり、他の業務は関係なく特定の作業のみを過度に強調した指標にインセンティブを付与すると、従業員を実績評価に影響を及ぼす作業に、必要以上に力を注がせることになる。一般化すれば、**実績評価指標が歪んでいればいるほど、最適なインセンティブは弱まる。**

より厳密に実績評価指標の歪みの問題を理解するために、e_1 と e_2 という二種類の仕事があり、従業員の不効用が C（e_1+e_2）と定義されているケースを考えてみよう。前出のコンピューターの営業担当者の例を用いると、一番目の仕事を、新しいコンピューターを売る（量）という任務とし、二番目の仕事を顧客に設定の手伝いをするという任務とする。従業員の貢献度は $Q=q_1 \cdot e_1+q_2 \cdot e_2$ となるとする。仕事がより複雑であればあるほど、インセンティブの仕組みも同様により複雑化することが、理解できるだろう。

この例ではどのように業績を測定し、それを給与に結びつければよいのだろうか？　多くの仕事では、従業員の仕事の一面を測定するための数値が会社か

ら提供されている。営業担当者の例でいえば、売上は非常に評価しやすい。一方、顧客サービスは無形のものであり、定量化が難しい。しかし、会社は、顧客満足度調査などのサービスをある程度定量化することができる。以上から、会社は営業担当者に三種類の実績評価指標を設定することができる。

$$PM_1 = q_1 \cdot e_1 + \varepsilon_1$$
$$PM_2 = q_2 \cdot e_2 + \varepsilon_2$$
$$PM_3 = \alpha \cdot PM_1 + \beta \cdot PM_2$$

最初の式は、従業員の売上（おそらく正確性は高いため、σ_1^2 は小さい）に対する貢献を推計する指標である。二番目の式は、従業員の顧客サービスにかかる行動（無形のものを定量化しようと試みるため、正確性は非常に劣るだろう）の会社に対する価値を推計しようとする指標だ。三番目の式は、上記二つを組み合わせたものである。この例では第三の実績評価手法は、最初の二つの式を加重平均することによって、導入される。これは PM_1 と PM_2 それぞれに異なった歩合率を適用し、各々に基づいた二種類のボーナスを与えることに等しい。

　会社が PM_1 にのみ基づいたボーナスを与える場合、営業担当者はサービスを提供する動機を持たなくなる。これは歪みが極端な形である。会社は短期的に多くの売上を上げるだろうが、顧客の満足度は低く、再取引が行われる可能性が低くなる。この問題に対する処方箋は PM_2 に基づくボーナスを支給することである。異なった作業全体に対し、**バランスのとれた**インセンティブを与えるという考え方である。

　だが、これは問題の効果的な解決方法になりそうにない。なぜなら本議論では、σ_1^2 が比較的小さいため、PM_1 に基づく歩合率が比較的強いからである。逆にここでの σ_2^2 は比較的大きいため、PM_2 に基づく歩合料率は比較的弱くなっている。結局、ここでもまだインセンティブのバランスは取られていない可能性が高い。

　異なった仕事を二つに分けることは対応策の一つである。評価しやすい作業を一つの仕事とし、それに対して強い実績に基づく報酬制度を採用するとともに、評価しにくい作業をもう一つの仕事として、比較的弱いインセンティブ制度を採用するのである。インセンティブの低い仕事に対してはより多くの資源（と人員）を投入することによって、仕事の異なる側面の全体的な成果のバラン

318　第3部　実績に基づく報酬

スを図るのである。営業担当の例でいえば、実際に多くの会社がそのようにしている通り、営業からサービスとサポート業務を分け、それぞれに対して異なったインセンティブとモニタリング手法を採用するのである。

　しかし、実績評価指標に合わせて仕事を変えることは本末転倒とも思われる。実績評価とインセンティブを仕事に合わせる方が、より自然だろう。会社はこの問題にどう対処すべきだろうか？

　解決策の一つになると思われるのが PM_3 のように、指標をある方法により組み合わせることである。二つの独立した異なった指標を加重し、組み合わせた結果の（より広範な）指標は、インセンティブの歪みの度合いを小さくする。

　上記例でいえば、$\alpha = \beta$ であれば従業員が二種類の仕事をするインセンティブを歪めないだろう（その場合全体の報酬が従業員の貢献度と等しくなるようにリスク回避度合も考慮して、歩合率を α で割って調整することもできる）。

∽∽∽∽∽　大 学 教 授 に 対 す る 複 数 の 任 務 の イ ン セ ン テ ィ ブ　∽∽∽∽∽

　1990年代当初、多くのビジネススクールは、需要の低下と、提供している教育内容の重要性についての疑念の拡大に直面した。こうした懸念に対応するために、様々な学校は組織変更を行った。ローチェスター大学の経営大学院ウィリアム・E・サイモン・スクール・オブ・マネジメントもこうした学校の一つであった。同校は教育の質を重要視するよう教授陣に動機付けしようと試みた。学術的な研究の質が過度に低下するのではないかとの懸念から、インセンティブ度合いの変更は、それほど強いものではなかった。明示的なインセンティブと暗黙裏のインセンティブの両面で変更が導入された。まず、ある期間に最も高い教育評価を得た5名に研究資金をわずかに増額するという報酬が導入された。次に、学長から教授陣に対し、学校の経営陣は、教育評価と見ており、それを重要視しているというメモが送付され始めた。

　この結果、教育評価のスコアは、5点中平均3.8点から4.0点へと直ちに改善が見られた。その後、教育評価スコアは向上し続けた。教授陣が徐々に、どのようにすればより指導が改善されるかについて学んだのである。これは非常に興味深い。単に一生懸命働くようにしたのではなく、従業員が学ぶように動機付けしたことで、インセンティブ効果が徐々に拡大して

いったのである。同時に学術研究面では若干の後退が見られた。インセンティブ制度の変更が導入されて以降、新たな論文数が減ったのである。このことは、複数の仕事にかかる些細なインセンティブの変更であっても、行動に影響をもたらすことを説明している。サイモン・スクールの教授陣は、研究に対する内発的動機と学会でのキャリア向上に意欲的で、研究を重視する強いインセンティブを持つ傾向があったことから、この結果はことのほか意外であった。

出所：Brickley and Zimmerman（2001）

　もちろん、異なった実績評価指標を正しく相対加重することは実務上容易ではない。定性的なものの代理変数でしかない顧客満足度にどれだけの相対的な比重を置くべきだろうか？　時間が経てば、双方の実績の側面の相対的な価値の合理的な推計ができるようになるだろうし、また異なった相対比率を実験的に試すことで、経験を通して合理的なバランスを見つけることもできるだろう。

　ビジネスの世界は常に動いており、仕事の異なる側面に対して付与されるインセンティブの相対比率もしばしば変更される。このような場合、数式的に α と β の割合の数値を拾っていくという手法は上手くいかないと思われる。複数の任務の間のインセンティブのバランスを取るための最善のやり方は、通常、主観的な評価、すなわち判断に頼ることである。実際、仕事が複雑であればあるほど、評価は主観的にならざるを得なくなり、報酬の実績に対する結びつきは、定式化されたものよりも、不定形なものになりやすい。

■ 要約：インセンティブはどれほど強くあるべきか

　最適なインセンティブ（明示的にせよ、暗黙的にせよ）の強さに影響を与える要素と、それらがどのように影響を与えるかについてまとめてみよう。もし従業員がリスク中立的であるか、あるいは実績を非常に正確に測定することができるのであれば、従業員による企業の価値への限界的な貢献価値が報酬とおおよそ等しくなるように、実績評価に歩合率を乗じることができる。実際には、従業員はリスク回避的であり、指標は完全でないため、インセンティブは弱くなりがちである。考慮すべき要素として以下のものが上げられる。

320　第3部　実績に基づく報酬

従業員の努力の価値

従業員の努力が、企業により多くの利益を追加的にもたらすほど、インセンティブをより強くすべきである。例えば表10.1のように、利益率が上昇するのであれば、歩合率も上昇させるべきである。この、単純ではあるが重要な理由のために、通常インセンティブは組織の高い階層では強く、低い階層では弱い。

振り分けの重要性

インセンティブは自己選択を促す。能力や積み上げられてきた能力によって労働者を選別することが企業にとって重要であればあるほど、より実績に基づく報酬制度とすべきである。従って、特に高度な能力が求められるような仕事では、インセンティブは新規採用においてより重要である。

制御可能なリスクと制御不可能なリスク

従業員が制御できるリスクが評価に反映されていればいるほど、インセンティブは強められるべきである。評価におけるリスクを従業員が制御できなければ、インセンティブは弱められるべきである。

リスク回避度

従業員がリスク回避的でなければ、より強力なインセンティブにすべきである。強いインセンティブを伴う仕事への採用時には、企業はリスク回避度を採用の要素として考慮すべきである。

信頼と主観性

インセンティブ制度（評価、報酬にかかる指標の加重付け、あるいはその両方）が主観性を伴う場合、測定誤差やリスク回避度に対して色々な課題が発生する。従業員は、評価者のえこひいきや偏った見方というリスクにさらされることになる。従って、従業員が評価者をより信頼していればいるほど、評価者は適切な判断を下しやすくなり、人事考課過程は効果的になり、裁量によるインセンティブが強化される。

歪みと複数の作業のインセンティブ

指標に歪みがあればあるほど、インセンティブが報酬を補強する制度となり、

追加的なインセンティブがより必要となる。このことは、複数の明示的なインセンティブの採用、あるいは、インセンティブに対する広範で、主観的かつ暗黙的な手法を採用した方が良い場合があることを意味している。

不正操作の可能性

従業員が評価を不正操作できる可能性が低ければ低いほど、インセンティブの度合いを強くした方がよい。

実績に基づく報酬：より一般的な例

これまでの議論では、実績に基づく報酬が直線的な単純なケースに注目してきた。そこではインセンティブの強度の問題は、要するに図10.1の直線の傾き具合がどのくらいかということに集約されていた。本節では実際の運用を考えるために、より一般的に見られる実績と報酬の関係について検討してみたい。

■ 報いるか、罰するか?

図10.2は実績に基づく二種類の報酬制度を示している。左側の図は、低水準の生産高に関して基本給が支払われ、*T*点を超える実績を上げた場合にのみ従業員にボーナスが支給されるという点を除けば、前掲の図10.1で示された**報酬**制度に類似した制度である。右側の図は**懲罰**制度である。従業員は高い水準の生産量に関して基本給が支払われるが、実績が*T*点を下回ると報酬が減らされる。

図のような制度は極めて一般的である。なぜ会社は区分点を設定するのだろうか? 一つの理由はリスク回避度に絡むものである。基本給をある水準までの低い実績に対して支払うことは、不運なケースに対して保険を提供していることと等しい。実績の低さは従業員の努力不足によるかもしれないが、また単に運が無かった場合もある。リスク回避的な人たちの主たる関心事項は、最悪の結果を回避することである。従って、保険と組み合わせたこのような給与によって、従業員のリスク回避は緩和される。

この制度には二つの利点がある。第一は、会社がインセンティブの強さを*T*の右側で強めることができることである。*T*がそれほど高くなければ、従業員に強いインセンティブを持たせることができる。第二は、ミスを犯したり好機

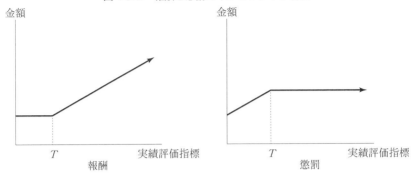

に失敗してもそれほど罰せられないため、従業員が進んでリスクをとろうとするようになることである。リスクをとることが重要な仕事、イノベーションを発揚するような仕事において、この点は有効である。二番目の利点は、従業員ストックオプション制度で給与が支払われる際に重要である。第12章で議論する従業員のストックオプションのペイオフ構造は、図 10.2 の報酬制度の図に非常によく似ている。

懲罰制度は実務上それほど多く目にすることはない（訳者注：日本企業の人事制度ではよく見られるかもしれない）。どのような場合にこの仕組みは利用されるのだろうか？　懲罰制度では、実績が低い状態では正の傾きがあり、実績が高くなると傾きがゼロになっている。T 点を超えると従業員はそれ以上良い実績を残そうとするインセンティブを持たなくなる。このような懲罰制度は、ある時点を超えると従業員の実績評価指標が改善されても、会社にとって価値がほとんど無いか、あるいはゼロになるような場合に有効であろう。

実際の例として、一人のエグゼクティブ MBA の学生について紹介したい。この学生はアジアの小さな国向けに電力システムを管理していた。電力会社の「稼働時間」（電力が利用可能な時間）の割合は 99.6%、すなわちほぼ 100% であった。この会社の実績評価指標が稼働時間割合だったとしよう。電力会社が 99.6% を超える稼働時間を実現することは不可能ではないものの、ほぼ上限率に達しているため、その実現には多大なコストが必要となる。そのため、実績評価指標を上げたとしても、それが会社の利益あるいは会社にとっての価値と整合的でないため、利益は改善しないと考えられる。従って、電力会社は前述の懲罰制度のようなインセンティブ制度を導入したいと思うだろう。すなわち

実績の向上ではなく、実績を低下させないように動機付けるのである。

∞∞∞∞ フレーミング ∞∞∞∞

　心理学者は、しばしば正の強化の方が負の強化よりも動機付けにとって有効であると議論している。実績評価指標が向上すれば労働者の給料は上がるため、我々の議論においては報酬は懲罰よりも有効であるということになる。

　しかしより深く考えてみると、これはそれほど明らかではない。図10.2の右図である懲罰制度は、（後述する）ボーナスに上限が設定されている図と同じ図である。実績が T 点よりも低い所にある限り、この図においても**また正の強化**と言える。実際、これを懲罰と呼ぶよりも上限付報酬と読み替えることもできる。

　呼称が重要であるならば、「罰」や「懲罰」といった呼び方を避けることに意味はあるかもしれない。しかしこうした呼び方をするには理由がある。左図を報酬、右図を懲罰と名付けることで、会社は労働者に期待する実績水準や仕事の特性を伝えているのである。左図 T 点の右側の実績を残すことを会社が期待している場合に適している。同時に会社は、従業員に生産高を高め、よりリスクを取ることを期待しているというシグナルを送っている。対照的に右図では、T 点の左側の実績を残すことを会社は期待している。生産高が低下しないことが重要であるという点と、仕事に対して慎重になって欲しいというシグナルを送っているのである。

　このように、報酬制度は、従業員の仕事にアップサイドの可能性がある場合、すなわち、高い水準の実績が会社の価値を高めることにつながる場合に有効である。ダウンサイドがほとんどない場合、図10.2の左図にあるような一種の保険を提供することは合理的である。起業家はまさしくこの例に該当し、こうしたケースにはストックオプションが機能する。懲罰制度は、ダウンサイドの可能性がある場合、つまり従業員が会社の価値を毀損する可能性がある一方、ほとんど実績の上昇が見込めない場合に有効である。こうした仕事は**守り**の仕事と呼ばれることもある。警備員はこの例である。

どのような制度であれ、傾きが途中のどこかで変わる制度においては、どこに区切りとなる T を設定するかという問題が重要である。報酬制度で考えてみよう。T 点の左側では直線は傾いていない。右側になると右肩上がりになる。T を過度に高く設定すると労働者が幸運だった（測定誤差が正に大きい）としても、実績評価が T を超える可能性は低い。このような場合、$\Delta PM/\Delta e$ はほとんどゼロに等しくなり、労働者の働くインセンティブはほぼ無いか、あるいは完全に無くなってしまう。同様に懲罰制度で、T が過度に低い場合にも、労働者の働くインセンティブはわずかか、あるいは全く無くなってしまう。

実際、最初の導入時に適切な T の水準を決めることは難しいことが多い。更に、状況も変化する。例えば、労働者は仕事を通して学ぶだろうし、生産方法が変わってしまうこともある。所与の実績の水準での生産が容易に（あるいは難しく）なったりするだろう。状況が変われば T の水準も変更されるべきである。会社が T の水準を変えたいと思う理由は数多く存在すると思われるが、能力とやり方の改善に伴って T の水準を上げるという場合が最も多いと思われる。

ただ、方法を変更するということは、問題を引き起こす可能性がある。図10.2 の報酬制度で、他の条件を変更することなく T のみ上昇させると、ボーナスの獲得は困難になり、その金額がどの実績の水準で見てもより少額になる。当然、労働者は不満に思う。会社が給料を削減しようとしていると認識するだろう。

更に、マネージャーが支払い制度を考案したものの、（おそらくマネージャーがインセンティブの効果を甘く考えていたため、）労働者が予想以上に結果を出し、想定以上の給与を得ることが判明することもある。当然、T の水準を引き上げたり、歩合率（傾き）を下げたり、基本給を下げたりすることが対応として考えられる。これらは人件費の削減にはなるものの、逆効果につながる可能性もある。いずれの場合も、報酬制度上の約束を企業側が反故にしようとしているという懸念を労働者が感じる実質的なリスクが生じる。

このことはインセンティブ制度に関する一般的なポイント、すなわち、簡素さが重要であることを示している。できる限り単純な斜線が最も効果的である。区切りやインセンティブの強度の変化、一括ボーナスは、問題となる。更に複雑な報酬制度は、従業員が実績に対してどのような報酬を手にすることができるかを理解しにくくする。実績と報酬の関連性に関する認識が弱まり、インセ

第 10 章　実績に対する報酬　325

ンティブを弱めることになってしまう。後には、信頼という微妙な問題になりかねない。複雑な制度を利用していると、一部の従業員に会社は何らかの形で会社側にのみ有利なことをしているのではないかという懸念を抱かせる。

ラチェット効果

暗黙の契約の考え方に引き続き、企業が T を更に高い水準に引き上げたり、歩合率 b を引き下げることで、高い実績に対応しようとする場合に、常に生じる問題について検討してみよう。労働者は、これを実質的に、高い実績に対する罰と結論付ける可能性がある。労働者がこう考えた場合、インセンティブは**弱まる**だろう。従って、企業はインセンティブ制度に変更を加える場合、注意しなければならない。変更しなければならない理由があるのであれば、それらは従業員に明確に伝えられるべきだろう。更に、インセンティブ制度を導入する際に、企業は、慎重に将来的に制度を変更する権利を留保すべきである。会社と従業員の信頼関係が良好であればあるほど、ラチェットが問題となる可能性は低いことは明らかだろう。

成長度に基づいた実績評価指標は特に信頼問題から影響を受けやすい。例えば、コンピューターの営業担当者が、前年の売上の伸び率をベースに報酬が与えられる場合を想定してみよう。こうした制度は、良い実績を上げた者よりも悪い実績を上げた者を報いるという結果をもたらし、双方のインセンティブを低下させる。翌年の成長率とボーナスは、今年の売上を基準に計算される。他の条件が変わらないとすれば、今年成績が不振だった者は、来年高いボーナスを手にする一方、今年良い実績を残した者の翌年のボーナスは低くなってしまう。

■ 一時払い、降格、昇格

図 10.3 は、実績に基づく報酬の、最も一般的な形を示している。この図では、ある区切りよりも上の実績をあげれば、非連続的に報酬が跳ね上がる。なぜこのような形態が実務上最もよく見られるのだろうか？　このような報酬と実績の例の一つは昇進である。ほとんどの場合、昇進は、報酬の大幅な上昇（および、おそらくその他の執務環境の改善）を伴う。昇進が実績に基づくものであれば、それは重要なインセンティブになる。実際、昇進は非常に重要なので、次章の大部分でこの問題について議論する。また、解雇や降格も（従業員

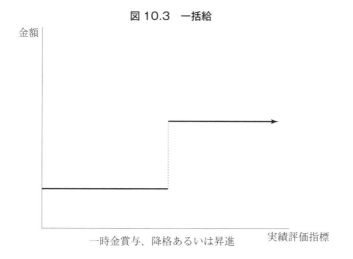

図 10.3　一括給

がそれらから損失を被るのであれば）同様に、重要なインセンティブであることに留意してほしい。

図 10.3 のような給与と実績の関係の他の例として一時払いボーナスがある。企業は、従業員が目標を達成した際に、一定の金額を支払って報いることもある。例えば、自動車のディーラーが、営業目標の達成者や月間で最も成績の良かった従業員に 1,000 ドル与えるというようなケースがこれに当たる。

図 10.3 のような報酬制度の問題の一つは、インセンティブが弱くなることである。これは、図 10.2 で区分点が高すぎる場合の問題と似ている。従業員の実績が区分点以下の場合、給与と実績の傾きはゼロであり、実績の明暗が分かれる境界地点付近では傾きは**無限**になり、区分点を越えればまたゼロになってしまう。この制度は、従業員が区分点の間近にいれば非常に強いインセンティブを与えるが、はるかに下あるいは上の場合、やる気を喪失させてしまう（スポーツで、チームが首位を独走しているような場合、補欠選手を起用して余裕を持たせるのはこのいい例である）。このような状況が望ましくないのであれば、給与と実績の関係は滑らかな方が合理的である。

区分点があったり、インセンティブ強度の傾きが大きく変わるような場合、従業員の行動が問題になる可能性がある。図 10.3 の「一か八か（all or nothing）」的な報酬制度では、区分点近くの従業員のやる気を高めるだけでなく、可能ならば実績評価指標を不正操作しようという動機を誘発しかねない。

実績評価指標の不正操作は、特に利害が大きい場合、インセンティブ制度にとって常に問題となる。しかし、より大きな問題は、ある区分点で金額が大きく変わるような給与制度の基では、従業員の実績の僅かな違いが、給与あるいは更に大幅な報酬の違いをもたらしかねないということである。他方、滑らかな給与と実績の関係は従業員に継続的により多くの努力を払おうというインセンティブを従業員に与える。区分点と一時金からなるインセンティブ制度は、従業員の悪行を引き起こしかねない。

〜〜〜〜〜 銀行の住宅ローン担当者による不正 〜〜〜〜〜

　第3部の導入部分で述べたように、2008年に米国と欧州を襲った大きな金融危機の一つの要因は、一部の銀行の不適切な報酬制度設計によるものであった。金融危機が徐々に大きくなり、最終的に破綻した2006年から2008年の、ある銀行の住宅ローン担当者の行動についての最近の研究はこのことを説明している。

　住宅ローン担当者は、金融財産、信用格付け、購入予定不動産やその他の要素についての主観的な評価によりローン申請者を評価し、ローンを認可する。正しい判断をすれば、長期的に返済され利益を生みだす住宅ローンが実行される。不適切な判断は、借り手の返済の遅延や債務不履行を招き、損失をもたらす。このような業務を担当する銀行員には、通常、より効率的に働くように、インセンティブ給が支払われる。この銀行のケースではインセンティブ制度の二つの特徴が関係してくる。まず、銀行員は自分が貸出したローン金額で評価されていた。また、インセンティブ給与を得るために月次のノルマを達成することが求められていた。従って、彼らのインセンティブ制度は、図10.3に似た形になっていた。

　研究者達は、インセンティブ制度が銀行員の行動に及ぼした明確な影響を明らかにした。住宅ローン担当者は、ある月の数値目標の達成が近いと、月末にかけて出来高を増加させた。一つのやり方は、個々の申請書をより早く処理することだった。これは、銀行員がより効率的に働いていたと、良心的に考えることもできる。だが実際にはそうではなかった。1件の申請書にかける時間を短くすれば、数は増やせるもののミスが発生する可能性も高まる。実際、銀行員は、月末が近づくと可否ぎりぎりの申請書

328　第3部　実績に基づく報酬

（認可となる最低限の水準を明確に満たしていない）を通常よりも高い割合
で認可していた。月末近くに認可されたローンの延滞率やデフォルト率は、
著しく高いという結果が明らかにされた。数値目標をクリアするために、
一部の銀行員は質の悪い住宅ローンを認可することで、数量に基づく実績
評価指標を不正操作したと思われる。

　この時期の住宅ローン市場の重大な問題に鑑みると、この銀行のインセン
ティブ制度が、この期間の住宅「バブル」を発生させた他の要因を増幅
させたことは明らかだろう。実際、他の多くの銀行も同じようなインセン
ティブ制度を採用していた。この残念な事例は、インセンティブが行動を
劇的に変化させることができることを明らかにしている。従って、会社は
意図せぬ結果を回避するために、慎重にインセンティブ制度を設計、運営
しなければならないのである。

出所：Tzioumis and Gee（2013）

　我々の報酬制度と懲罰制度の論点を組み合わせると、一時払い報酬制度が有
効となる一つのケースが考えられる。まれに、実績の範囲を狭く維持すること
が重要な場合もある。すなわち、実績が低すぎたり、**あるいは**、高すぎたりす
ると、企業価値を低下させてしまう場合である。組み立てラインの作業員はそ
の一例である。作業を遅くしすぎたり、早くしすぎたりすると、調整の問題が
発生する。他の例は、工場長である。会社はある水準の生産高を前提に費用を
合理化するような生産方法を採用する場合がある。仮に、工場における生産高
の水準が過度に低かったり、高かったりした場合、平均費用が大幅に高まって
しまう。最後の例として調整と制御が非常に重要な（例えば予算の精度が問題
となるような）場合、従業員の実績の予見性が高いことが望ましい。これら全
ての例において、目標としている水準近辺の実績を従業員に上げさせるように
するインセンティブ制度は合理的である。

　一時払い報酬が有効なケースの他の例として、実績評価が主観的な場合があ
る。主観的な評価では、上司が正確に実績を評価しているかを検証しにくいた
め、部下は懸念を抱く。また、仕事の定性的な面を評価することから、しばし
ば不正確にもなる。それでも、従業員の実績の絶対的な水準は正確にはわから

ないものの、ある区分よりも上か下かの判断だけは正確にすることができることもあるだろう。こうした場合、従業員は上司の判断に概ね合意しやすくなると考えられる。

一時払い報酬が有効な最後の事例として、従業員がある目的を達成したか否かというように、実績が二元的な場合がある。例えば、監督官庁に報告書を期限までに提出したかを基準にボーナスをもらうというような場合である。新規顧客を獲得したかどうかということも、この例だろう。仮に基準を満たした場合、それに対する賞与をもらうのである。しかし、こうした事例は思ったほど一般的ではない。期限に間に合うかどうかだけが評価の重要な一面とは限らない。質も重要だからである。一部の既存顧客の方が企業により多くの利益をもたらすこともあるので、新規顧客の獲得は二元的な結果にはならない。代わりに、新規顧客がどれだけ継続的に利益をもたらすかということに基づいて評価することを考えるべきだろう。

■ 報酬の上限の設定

最後に、図 10.4 に示されているような、報酬に上限額が設定されている制度について考えてみよう。上限は、従業員が手にすることができるボーナス、あるいは他の報酬の最大値である。一部のボーナス制度には上限が設けられているがそうでないものもある。なぜ企業は上限を設定するのだろうか？

マネージャーは、しばしば従業員が「稼ぎすぎない」ように上限を設けることがある。このような理屈は慎重に検討されるべきだろう。まず、給与水準を下げたいのであれば上限を設定しなくても、切片を下げれば（図 10.4 のグラフを下方に移動させれば）済む話である。次に、従業員がたくさん稼いでいるということは、実績を上げているということに他ならない。実績評価指標が従業員の企業価値の貢献度合いを測る上で合理的な指標であれば、（先に議論した通り、最適な歩合率では従業員の貢献度を 100％ 彼らのものとはしないため）企業も実績から追加的な利益を得ているだろう。上限は（二番目の区切りを超えた部分で）インセンティブを失わせしめ、企業の利益は減少する。実際、上司は、自分よりも部下の収入が多くなることが気に入らないといった、誤った動機から上限を設ける場合もある。しかしこのような動機は、既に議論したラチェット効果と同種の問題である。

報酬に上限を設けることの合理的な理由は存在する。それを理解するために、

330　第3部　実績に基づく報酬

図 10.4　下限と上限付きのインセンティブ制度

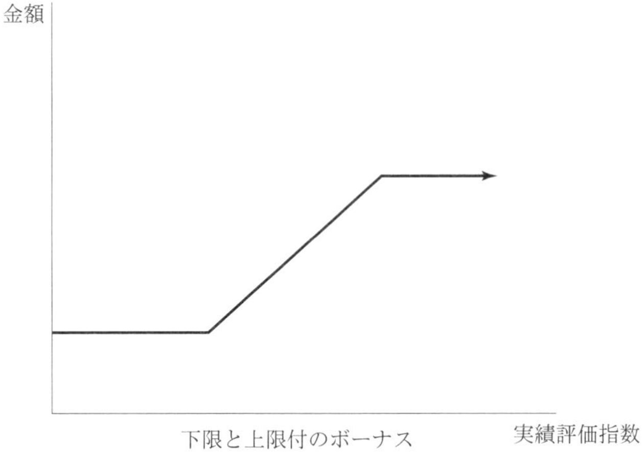

金額

下限と上限付のボーナス　　　　　実績評価指数

ボーナスが実績評価指標に基づいているということを思い出してみよう。実績
評価指標は、たとえば従業員の企業への実際の貢献度の不完全な代理変数であ
る。実績評価指標は、従業員の努力の関数でもあるが、従業員の運の関数でも
ある。また、不正操作されたり、従業員のインセンティブを歪めたりすること
もある。非常に高く評価された実績が、従業員の努力と才能の結果によると言
い切れない仕事もある。このような仕事では、評価指標が高い場合、それは運
か不正操作を反映している可能性がより高い。このような場合、インセンティ
ブ制度上、誤って運に報いたり、不正操作を誘発することを避けるために、企
業が上限を設けることは検討に価する。

　この例として、ビバリー・ヒルズにあったドレクセル・バーナム・ランバート社
の「ジャンク・ボンド」グループを統括していたマイケル・ミルケンが上げられ
よう。ミルケンの報酬制度には非常に強いインセンティブが含まれており、す
なわち傾きが急なものであった。また、上限も設けられていなかった。ある年
の彼の実績評価は非常に高いもので、年次のボーナスは5億ドルを超えていた。
しかし、不幸なことに、ミルケンは、徐々に質の高い、ドレクセル社に利益を
もたらす新規取引を成立させることが困難になってきた。代わりに、ミルケン
のグループは非倫理的な取引や業務のやり方に手を染めていった。結局、彼は
告発、投獄され、ドレクセル社も破綻し解散した。ミルケンのインセンティブ
に上限が設けられていたならば、このような事態は回避できたのかもしれない

第 10 章　実績に対する報酬　331

（もっとも、ミルケンは非常に強い内発的動機を持っていたため、いずれにせよ破綻は避けられなかったかもしれないという見方もできる）。

　一方、上限を設定することに問題もある。この点を明らかにするために、ロス・ペローのケースを考えてみよう。ペローの最初の仕事は IBM の大型コンピューターを販売することだった。ペローは才能に溢れ、熱心に仕事をしていた。実際、彼は全 IBM で最も優れた営業マンだった。ある年、彼は年間の売上目標を IBM の年次会計のスタート月である、1 月 19 日に、既に達成してしまった。やがてペローは不満になり、自分の才能をより発揮したいと思うようになった。彼はソフトウェアとハードウェアを別々に販売するのではなく、コンピューター・システムとして一括して販売するという新しい商品企画を思いついた。IBM はこの案を検討したものの、結局採用しなかった[2]。ペローは会社を退職し、EDS（Electronic Data System）社を設立し、IBM と真っ向から競合するようになった。一連の動きの中で、ペローは数十億ドルの収入を上げたが、IBM は何らの儲けもなかった。

　ペローの逸話は、報酬に上限を設けることと、一時的なラチェット効果の問題点を浮き彫りにしている。すなわち非常に高い実績を上げる従業員の報酬に制限を設ける制度には問題点がある。上限を設ければ最も優秀な従業員を失ってしまうリスクがある。おそらく、ドレクセルがミルケンに高額を支払ったのは、この理由からかもしれない。ドレクセルは、投資銀行業界では、高い才能を持つ行員が会社を設立し、自社の競合相手となることは比較的容易だということを理解していた。会社は従業員の市場価値で報酬を支払わなければならない。つまり、高い能力が必要となる職業において、最も価値がある人材に対しては会社は、その人材が生み出した余剰利益の全て、あるいはほとんどを提供しなければならない、すなわち、仕事を売らなければならないということを意味しているに他ならない。この根本的な理由から、非常に知識集約的な業種（投資銀行業、法曹関係、コンサルティング、そしてある意味で学会）のほとんどは、より生産性の高いパートナーがより高い報酬を得るという、専門的なパートナー形態をとっていることが多い。

　上限を設定すべきか否かに関するトレードオフを解決する一つのやり方とし

　2）　ペローは後に IBM は「組織の上層部でこの案を検討したが、最終的にこの案を受け入れなかった」と述べている。IBM が非常に階層的、保守的な組織であることを考えると、このことは驚くべきことではない。

て、主観的に上限を設ける方法がある。この場合、会社は、給与に関する上限を正式には設定しない。しかし、従業員が実績をごまかしていると企業が判断した場合、上限を設ける権利を留保するのである。ドレクセルの例でいえば、会社がミルケンのチームによる取引や引き起こした行動の適切さに懸念を抱くような事態が生じた場合、ミルケンのボーナスに制限を設定することができたかもしれない。こうしたやり方であれば、インセンティブを不正操作しようという誘惑を抑止すると同時に、非常に優秀な実績を残す者に強いインセンティブを提供することができる。しかしこの方法は、上限を設定すべきかどうかについて、企業が非常に慎重な主観的判断をしなければならないと同時に、企業が公正に判断しているということを従業員に信頼してもらわなければ機能しない。企業は時に支払いが想定していた金額よりも高い場合、ある従業員のボーナスを「取り返したい」という思いにかられることもあるだろう。この場合、従業員ではなく企業が実績評価を不正操作しているということに他ならない。

応　用

■ 利益シェアリングと従業員持株制度

　多くの企業は利益シェアリング、収入シェリング、あるいは従業員株式保有制度といった幅広い給与制度を提供している。マネージャーはしばしば、このような制度は、従業員の「当事者意識」や「全社一体感」を醸成すると背景を説明する。このような制度は合理的なのだろうか？　これまでの議論の観点からいえば、必ずしもそうではないということになる。こうした制度をめぐる議論について検討し、なぜ場合によっては合理的だと考えられるのかという理由について検討してみたい。

　インセンティブ制度を分析するに当たって、前章と本章での原則を応用する。まず、実績評価の特性は何か、評価は実績とどのように結びついているのか、という二つの問いについて考えてみよう。

実績評価

　こうした制度での実績の評価は非常に幅広い基準に基づくものといえる。工場や他の組織単位における利益シェアリングでは、組織の利益、売上あるいは他の計数が評価指標となる。全社的な利益シェアリングの場合には、企業の利

益が評価指標となる。従業員ストックオプション制度の場合は株価が指標になる。

　こうした制度がインセンティブに関係ないということには、既に気づいているだろう。これらの評価指標は、通常の社員にとって良い評価指標とは言えない。従業員は企業の価値の向上に貢献するだろうが、その従業員が企業にとって中心的な人材でない限り、個々の社員の努力が、これらの評価指標に反映されることはない。これらの指標は、多くの従業員にとって、本質的に完全に制御不可能なものである。従って、こうした制度がインセンティブとされることは**全くない**ことは理解できるだろう。実際、このような制度が生産性や利益に目に見える影響を及ぼしていないことは、多くの研究で明らかにされている。

給与と実績の関係

　このような給与制度のより大きな問題は、評価指標が適切であったとしても、インセンティブの強度が非常に弱い場合が多いということである。これはフリーライダー問題による。グループでプロジェクトに取り組んだ経験があるだろう。チーム内には、自分の分担すべき作業をしないメンバーがいたと思われる。にもかかわらず、グループには同じ評価が与えられ、結局このメンバーも報酬を共有していることになる。ただ乗りしているわけだ。問題は、従業員の努力に違いがあったとしても、全くではないものの、報酬はほとんど変わらないということだ。

　報酬を単純に均等に分配するという集団報酬制度では、こうしたことを実質的に避けることはできない。仮に N 人が集団にいるとすると、個々人の報酬は均しく $1/N$ になるのがその理由である。$1/N$ は N の増加に伴い極めて速くゼロに近くなる双曲線である。従って、集団の規模が非常に小さくない限り、インセンティブの強度はゼロに近くなる[3]。極端な例として、36万人もの従業員（2013年）を擁し、従業員利益シェアリング制度を導入しているドイツの巨大企業であるシーメンスの場合、利益からの歩合率は、

$$b = \frac{1}{360,000} = 0.0000028$$

となる。

　3）　社会心理学者はしばしば、おおよそ最適な人員数は5、6名だとしている。この主要な理由は、大きな集団では急にフリーライダー問題が生じるからだと言えるだろう。

334　第3部　実績に基づく報酬

これは極めて弱いインセンティブになる！　もちろん、これは極端な事例だが、フリーライダーの問題と、このような報酬制度が純粋なインセンティブの根拠としていかに説得力がないかということを示している。

反　論

　ではなぜ多くの会社は、このような広範囲な評価指標に基づく制度を採用しているのだろうか？　一つの理由は、理論を正しく理解していないという可能性であり、それは十分考えられる。しかし、他にも論拠はありそうだ。

　まず、同僚からのプレッシャーがフリーライダー効果を相殺できるという考え方だ。全員が同じ報酬を分かち合うのであれば、同僚がよく働くようにプレッシャーをかけるインセンティブが働く。そうであればインセンティブの合理的な人数は大きくなり得る。また同僚からのプレッシャーによって、生産性が高まる他の理由もある。仕事の相互依存度が高く、会社がよりチームワークを求める場合、グループをベースとしたインセンティブは合理的であり、協調性を重視するという文化的規範を強化する。実際、従業員持株制度や利益シェアリング制度の好影響を議論しているいくつかの研究では、チーム制をとっている会社で、これらの制度は効果がより大きい可能性を明らかにしている。

　しかし集団で仕事をしたこと（あるいはレストランで支払いを割り勘にしようとしたこと）がある人なら分かるだろうが、フリーライダーは至る所で発生し、多くの場合、同僚からのプレッシャーでこの問題を解決できるという考えには説得力がない。

　別の理由として時に指摘されることが、報酬を固定費ではなく変動費化するという議論である。実績の上昇、下降に伴い給料も上下するという議論である。

　この制度は、企業の資本コストを減少させ、財務リスクを軽減する可能性もある。だがこの考えは合理的ではない。確かに資本コストは低下するかもしれないが、一方従業員の報酬にかかるコストがより高くなってしまう。通常、従業員は株式投資家よりもリスク回避的であり、株主よりもリスクに対してより多くの見返りを求める。この点については、従業員持株制度についてより幅広く議論する際に触れる。

　公共の目という視点も、この制度を正当化する理由の説明の一つとなり得る。大量の株式や株式オプションを上部経営層に付与して、彼らに報いようとすることにはそれなりの理由がある。ただ、企業は、多額の給与を経営層に支

払うことについて、しばしば一部の株主、労働組合、メディアや他のグループから批判を受けることがある。企業は一般的な社員に株式を支給したり利益を共有することによって、このような批判を軟化させることができる。このように、インセンティブという面からは良い制度とはいえないものの、公共の目という観点からすれば望ましいこともあるだろう（ただし、一般の社員にとっては、給与のリスク度が高まるという犠牲を伴ってしまう）。

　従業員株式保有制度を採用することに関する最後の説明として、株式に対する需要を高めることにより、経営陣が株価の上昇を期待しているという議論がある。例えば従業員の年金基金で自社株に大量の投資をしている企業もある。だがこのような手法は、年金基金のポートフォリオを集中化させることになり、全く従業員の利益に資することにならない。一つの企業への集中投資となるとともに、従業員の人的資本との相関が高まってしまうからである。

■ 組織形態と契約

　本書の中で紹介している他の多くの原則と同じように、本章で議論してきたインセンティブに関する直感的な理解は、雇用問題だけに限らず、実際のあらゆる事業の視点に示唆を与えてくれる。以下、こうした原則がどのように応用できるかについて簡単に説明しよう。

フランチャイズ制度

　フランチャイズ制度は、インセンティブに関する原則を、意思決定と特殊的知識の活用に結びつける独特の組織形態である。フランチャイジーにとっては、真の所有と典型的な雇用関係の中間的な形態である。一方、フランチャイザーにとっては、外部委託と社内生産の内の、中間的な形態である。

　フランチャイズは、ほぼ純粋な所有権であるため、明らかに非常に広範な実績評価指標である。通常フランチャイズとなる権利を取得するために、加盟者は多額の初期費用を支払わなければならない。その代わり、加盟者は（制約はあるが）事業を運営する権利を得ることができる。加盟者は権利を現状の市場価格で売却することができるため、その実績評価は、独立した店の所有者と非常に似たものになる。すなわち無形資産、投資、長期的な意思決定に関わる実績の評価指標は、ほとんど歪められないことを意味している。

　とはいえ、フランチャイズは純粋な所有の一歩手前の形態である。フラン

チャイズ提供者は意思決定の一部を留保している。典型的な例は、商品ライン
の特定化だ。また供給者を限定（例えば、マクドナルドのハンバーガーの肉の
素材の特定）することを求められることもある。従業員のユニフォームの着用
を義務付けられたり、店舗のデザインに関して制限される。

このように、フランチャイズ制では、集中化と分散化が効果的に採用されて
いる。フランチャイズ提供者が掌握している権限には、全体的なブランド名、
商品、品質管理、カスタマー・エクスペリエンス、マーケティングなどが上げら
れる。商品の一貫性を保ちたいという考えは、統一性に影響を及ぼす意思決定
を集中化する大きなメリットがあることを意味している。

その他の意思決定を分散化することで、フランチャイズ制は現場の特殊的知
識を活用できるようにしている。例えば、フランチャイズ加盟者は、採用、研
修、報酬やインセンティブといった人事関連事項を所管する。実務上の多くの
重要な意思決定権は、フランチャイズ加盟者にあるため、こうした広い職務設
計には広い実績評価指標が適切である。

費用積算契約と固定費用契約

あなたの会社がビルを建設する必要があり、建築業者と契約する必要がある
としよう。どのような契約を締結すべきだろうか？　通常、建築契約には、費
用積算契約と固定費用契約の二種類の契約がある。費用積算契約は、建築に必
要とされる建材費と人件費を一定の割合や利益を上乗せして建築業者に支払う
契約である。一方、固定費用契約は、ビルの種類、建材、あるいはその他の仕
様などを特定し、工事の完成時に定められた費用を支払うという方法である。
固定費用契約は工事の様々な段階に対応して支払い方法を規定するため、より
手の込んだ契約である。

費用積算契約で投入した資源を全て請求するため、建設の質を低下させるよ
うなインセンティブは働かない。むしろ、利幅は通常、費用に対する割合とし
て決められるため、建築業者は上質のものを使うことに**過度のインセンティブ**
を持つ可能性がある。政府による契約の多くは費用積算契約の場合が多く、そ
のため完成物の質が高すぎるケースが散見される。この契約では、上乗せ率が
多ければ多いほど、質は高く（また工期も長く）なることが想定される。

これに対して固定費用契約の懸念事項は、質に関するインセンティブが低い
ことである。建築業者のインセンティブは、契約の条件を遵守しつつも、文句

を言われない（自社の評判と将来の契約を勝ち取る上で支障をきたさない）程度の最低水準の質で作業を終えることである。費用積算契約では、できるだけ長い時間をかけたいというインセンティブがあるのに対し、固定費用契約では、できるだけ工期を短くしようとするインセンティブが働く。

しかし、固定費用契約には工事の進行に伴って委託者が支払いをするものもある。作業の完成に応じて何度も支払いがなされることによって、工事を完成するということに対する報酬が不十分となるため、固定費用契約では予め定められた期限内に工事を完成させることが難しくなる場合もある。それぞれの契約方法における工事に関するこのような懸念を回避するための方法の一つは、定められた工期を守ることについて報酬を与えるか、ペナルティを設けることである。

どちらが望ましいのだろうか？　品質を容易に把握、検証できるのであれば、定められた質を充足しなかった場合に、業者にペナルティを課すというプロジェクトベースの支払い方法を採用した方がよいだろう。他方、品質は容易に把握できないものの、作業に必要とされる適正な時間を把握できる場合には、契約に盛り込まれた工期を超過した際にペナルティが科される、費用積算制度を採用した方がいいだろう。

いずれにせよ、一般的に言えば、複雑で微妙なインセンティブについて深く考えれば考えるほど、異なった多くの場面における経済的行動について理解することができる。また、こうした原則を効果的に応用することができる。

■ 創造性の発揚

（特に社会心理学者から指摘される）実績に基づく報酬に対して頻繁に向けられる批判に、従業員が本来持っている創造性を失わせてしまうというものがある。このような状況が起こる仕組みについては、必ずしも明らかにされているわけではない。実績に基づく報酬制度では、従業員は「管理」されていると感じ、本来持っている創造性を発揮するという努力をしないからだという説明は、よくある一つの説明だろう。

これには、より単純に考える方法がある。また、それは、よく見られる事例をうまく説明できる。内発的動機は、従業員にとって複雑かつ知力を試される作業において最も大切である。こうした作業は、創造性や学習が極めて必要となる仕事において重要である。そのため、このような類の作業に関して、適切

338　第3部　実績に基づく報酬

な実績評価指標を開発することは、通常難しい。理由の一つは、このような知的作業を定量化することが難しいためである。また創造的な仕事では、成果物を事前に特定することが難しいことも一因である。導入される数値指標が、インセンティブを大きく毀損させる可能性がある。むしろ、定量化できる作業は、創造性が必要とされない傾向がある。（例として、研究大学で、発表された論文の数、すなわち純粋な数値に基づく実績評価指標で、終身在職権が与えられると教授陣が言われた場合を想像してもらいたい。）

　当然のことながら、このような評価指標に強いインセンティブを設けると、従業員を評価と報酬の対象となる仕事に集中させる一方、仕事の創造性への配慮を低下させる。これは心理面の問題ではない。単に不適切な実績評価指標の問題に過ぎないのである。

　（仮に不完全であっても）合理的な指標があるのであれば、実績に基づいた報酬制度でも創造性を誘発させることができるだろう。例えば、会社が、新規に開発した商品の、過去2年間の売上高に応じた比率に基づいた報酬を、部門長に支払うというような仕組みである。商品は、単に新しいというだけでなく、顧客からの支持を得るという条件を満たしているため、イノベーションを促進する上で有効だろう。だが多くの場合、最も効果的な方法は、注意深く主観的に評価することだろう。研究大学はまさにこの方法を採用している。教授陣は数年に一度だけ評価され、その評価は研究の創造性面での貢献度を評価するという、非常に主観的なものである。

　議論の多い、いわゆる「動機のクラウドアウト」とそれに関連する事象については第14章で更に議論する。

要　約

　インセンティブは経済学の一要素にとどまるだけでなく、組織設計においても非常に重要な役割を果たす。組織設計と従業員の行動を理解するために、インセンティブについて深く考えておくことは重要である。

　本章ではまず、営業担当者のボーナス制度の例を検討することで、インセンティブについて分析した。ここで得た理解は、広く一般化できる。公式あるいは非公式、よく設計されたものから偶発的なものまで、あらゆる種類のインセンティブに適用できる。実際のインセンティブは非常に微妙なものである。そ

の微妙さと、それが行動と組織のパフォーマンスに及ぼす影響を明らかにするためには、十分理解が必要になる。

大まかに言えば、実績に基づく報酬制度の目標は、従業員に起業家の精神を再現することである。完全なインセンティブ制度は、実質的に、従業員に仕事を売ることであり、個々の従業員を起業家にすることである。これは本書が組織設計について考える際に、市場経済に例えたのと同様の考え方である。

しかし実務上、インセンティブはこのような理想と異なっている場合が多い。最大の問題は実績評価にかかる問題であり、そのため本章一章を割いてこれについて議論してきた。評価が不完全であれば、従業員と会社のインセンティブの間に楔が打ち込まれることに等しい。

実績評価に関する歪みや、不正操作の可能性といった他の問題もまた、インセンティブを弱める。こうした問題によって、単純な営業担当者の場合より、インセンティブ制度の設計は、より複雑になる。例えば複数の任務を伴う仕事は、実績評価を歪める結果をもたらすことが多い（評価におけるリスクを低下させようという思いから生じることもあるだろうが）。このような仕事については、仕事の異なった側面に、バランスよくインセンティブを向かわせるような制度を採用することが重要であることを学んだ。異なった要素に基づいて複数の報酬を与えたり、実績の評価に（より広範な）異なった手法を導入したり、慎重な主観的評価や、暗黙の報酬などが必要となるだろう。

評価指標が不正操作される懸念から、上司は従業員の不正操作を発見するための監視に時間を費やさなくてはならない。このような場合、主観的な評価や暗黙の報酬を利用しなければならないこともある。

この理論は、組織はなぜしばしば比較的非効率なのかということの説明にもなっている。実際に組織が市場を完全に再現できる（すなわち実績評価指標として価格の仕組みを採用できる）のであれば、会社は結局外部委託してしまうことになる。実績評価が不完全になりがちだからこそ、会社と労働者の長期的な関係が必要とされる。労働者が、複雑で、複数の任務をこなさなければならない仕事に従事している場合など、結果が目に見えず、短期的に現れてこないような場合が、こうしたケースに当たるだろう。あるいは、仕事が同僚間で相互に強く依存しているため、個々の労働者をグループから切り離すことが難しいような場合も、こうしたケースに当てはまる。

第11章 昇進というインセンティブ

> 階層化された企業の中では、どの従業員も、
> 実力に見合わないレベルまで昇進しがちである。
> **ローレンス・ピーター、レイモンド・ハル、1969年**

　本章ではもう一つの重要な外発的動機である、労働者のキャリアを推し進める長期的なインセンティブについて考察する。ほとんどの従業員が、そのキャリアを通じて、賃上げや昇進による報酬の増加を経験する。これらが実績に基づいている限り、キャリアの向上は一種のインセンティブの仕組みとなる。

　図11.1はアクミ社のある時点での職位別の従業員の給与レベルを示したものである。この会社では、最下層の管理職からCEOまで、八つの職位がある。各職位には複数の職種が含まれているが、同じ職位内ではほぼ同じ給与が支払われ、求められる能力や責任の重さもほぼ同じであると考えられる。図の中には、各職位の給与の平均値の他、5%、95%の分位点も、それぞれ示されている。

　この図からいくつかのことがわかる。まず、下の方の職位では給与の幅が比較的狭く設定されているのに対し、上の職位にいくほどその幅が広がっている。次に、平均報酬の職位間の違いはかなり大きい。下の方の職位でさえも、職位内の給与の幅が狭いことを考慮すると、平均給与の違いは非常に大きい。これらが示すのは、昇進を勝ち取れば給与が増えるという期待が、管理職にとって非常に重要なインセンティブとなっていることである。最後に、平均給与の増加幅は職位が上がるにつれて大きくなり、その傾向は特に最上位で顕著である。この上昇幅は、この他にボーナスや株式、その他の形態の報酬を含めると、より一層大きくなり、それらは上級管理職にとっては特に重要である。

　表11.1は、この会社で、職位の変化により各従業員の給与がどのように変化したかを示している。各職位に関して、真ん中の3列はそれぞれ、その職位に留まった場合、その職位に降格された場合、その職位に昇進した場合の給与の増加幅（インフレ調整済み）を示している。最後の列は、ある職位の平均給与と、その一つ下の職位の平均給与の違いをパーセンテージで表している。例え

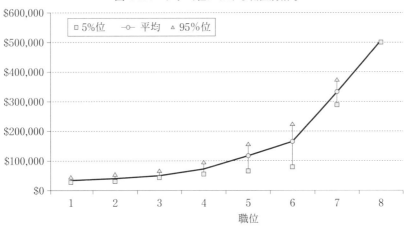

図 11.1 アクミ社における職位別給与

表 11.1 アクミ社における職位の遷移

職位	実際の給与の増減率（％）			下の職位対比の平均給与の増加率（％）
	残留	降格	昇格	
1	−0.5	−0.7	—	—
2	−0.4	−0.2	5.1	18
3	0.1	−3.2	5.6	23
4	0.8	0.4	7.4	47
5	−0.1	0.5	8.7	64
6	0.1	—	4.5	40
7	−0.9	—	22.3	107
8	0.0	—	14.8	48
1-8	0.0	−0.9	5.8	

ば、CEO（第8職位）の給与（ただし、この中にはCEOが得たであろうその他の形態の報酬は含まれない）は、第7職位の給与に比べて48％高い。

　当然のことながら、降格は通常、実質給与の低下を伴う。しかし、時として、降格に際しても給与が上がる場合がみられる。ただし、この会社で降格は非常に稀であるため、これらの降格に関するデータはあまり重視すべきではない。20年間にわたる53,000件のサンプルのうち、降格はわずか157件しかなかった。

昇進、降格、転籍

　降格は非常に稀であり、また、転籍（同じ階層内での異なる職種への異動）も、（訳者注：米国の企業では）昇進に比べれば少ない。階層の異動はなぜ上方に偏る傾向があるのだろうか？　いくつかの理由がある。

　まず、降格について考えてみよう。降格には懲罰的意味合いがあるため、従業員が企業価値の向上に貢献せず、むしろ毀損している可能性があるような場合を除けば、実行されることはあまりないだろう。降格（および解雇）は、明白なやり方よりも、より暗黙裏に行われるのが一般的であろう。企業は成績の優れない者に肩たたきし、新しい職を見つけることを促す。こうしたやり方は双方にとってメリットがある。企業側は解雇費用や訴訟の可能性を避けることができる一方、従業員側としては、降格の烙印を押されずに済む。

　降格が稀なもう一つの理由として、企業が従業員に新しい重要な仕事を任せる際に、能力が十分かどうか確認できるまで保守的に対応することも挙げられる。昇進のプロセスは、プロジェクトの評価に似ており、「承認」を得たものだけが昇進し、「却下」された者は昇進しない。より上のポジションについての慎重な採用プロセスにより、才能ある管理職のみが上級職につくことになる。

　更に、人的資本の蓄積によっても、降格が稀なことは説明できる。もし労働者の能力が時間を経るにつれて向上するならば、実績も同様に向上する。より能力の高い者がより高いポジションにつくことが適当であるならば、キャリアの異動は上方向に偏りがちであり、降格よりも昇進が多くなる。

　一方、転籍は、多くの場合、新しい能力が必要となる職種への異動を伴う。専門化の原則の観点から言えば、これは原則違反である。正当化できるのは、ある従業員に当初割り当てられた職種が、元来その従業員が持っている才能に合致しなかった場合である。そうした「誤りの修正」は、その従業員が誤った職種を割り当てられてから比較的早い段階で起こると予想される。

　また、転籍は、そもそも企業内での昇進の機会が少ない状況において、有望な従業員に対して慰留のために行われる場合もある。

344　第3部　実績に基づく報酬

> 　最後に、異なる分野での調整が必要になる職種などでは、管理職に異なる職種での幅広い経験を積ませるために転籍が用いられることもある。

　もし従業員が昇進できなければ、給与上昇の平均値はゼロとなる。少なくともアクミ社では、インフレ調整済みで給与を増加させたいならば、昇進するより他はない。昇進により、平均で5.8％、実質給与は増加する。更に、昇進による長期的な報酬の増加は、表11.1の最後の列に示すように、5.8％よりもはるかに大きい。異なった職位間の平均給与の違いは、昇進時の給与の増加幅よりもかなり大きい。

　これには二つの理由がある。第一に、昇進した者はその後も新しい職種で給与を増加させる傾向がある一方、昇進を見送られた者の実質賃金の上昇は減速（場合によっては減少）しがちである。第二に、昇進した者は次の階層への昇進の候補者となり、図11.1および表11.1の双方が示すように、階層の上に行けば行くほど昇進はより魅力的なものとなる。

　これらの実証結果がはっきりと示していることは、従業員の長期的なキャリア形成への期待、とりわけ昇進が、しばしばインセンティブの重要な源泉になっているということである。昇進に伴う報酬は大きく、従業員の中でも最高の評価を与えられた者が昇進できる。実際に、主観的な実績評価が適用される、ほとんどの企業の中間管理職にとっては、昇進は外発的動機の中でも最も重要なものである。

　本章では、キャリア形成に基づくインセンティブについて分析する。中でも、まず昇進について論じる。昇進が重要な要因である場合、そのインセンティブを理解するためには、組織の中の階層の構造や組織図の各部分における報酬の違いの構造が大きな鍵を握ることがわかるだろう。その後、より幅広いキャリア形成によるインセンティブについて論じ、最後に年功制など、より長期的なインセンティブの利用について議論する。

昇進とインセンティブ

■ 昇進はインセンティブとして用いられるべきだろうか?

二重のルールはしばしば衝突する

管理職のポストに一つ空きが出来たため、そのポジションに下の階層から誰かを昇進させたいと考えているとしよう。一体誰を昇進させるべきだろうか? 企業はしばしばその下の階層の中で最も実績を上げた者を昇進させる。それは昇進をインセンティブの一つとして利用していることを意味する。一方、昇進は、昇進後の仕事において、最も実績を上げられる可能性がある者に与えられるべきであるという見方もある。言い方を変えると、昇進には、才能に応じた従業員の振り分けと、インセンティブの付与という、二つの側面があるということである。

振り分けとインセンティブという二つの役割は、もし、ある階層で最も実績を上げた者が、次の階層で能力を発揮できない場合、矛盾を生じさせる。例えば、研究開発を行う組織では、最高の研究員が必ずしも最高の管理職ではないことは、よくあることだ。最高の研究者に組織の管理を任せると、杜撰（ずさん）な管理が行われたり、そもそもの研究活動自体の質の低下を招いたりすることもある。

このように振り分けとインセンティブの矛盾が顕著な場合、昇進をインセンティブ付与のために使うことは避けた方が無難である。例えば、研究組織では、最高の科学者に対しては、より高額の報酬や、研究プロジェクトの選択についてのより幅広い権限、より大きな研究予算などを与え、職位自体については従来のまま据え置く。その一方で、管理職に向いた研究者を別途探し、それに相応しい人材を管理職として昇進させるのである。

ただし、幸いにも多くの場合、こうした矛盾はそれほど顕著ではない。管理職は、典型的には、部下の仕事についての十分な知識を持つ必要がある。これらの知識は、部下を指示、管理、評価するための管理職の能力向上に役立つ。

インセンティブ構造は意図的か、それとも偶然の産物か?

企業がインセンティブの効果だけを考えて昇進や報酬の仕組みを設計できるような条件は、実際にはかなり限定される。それぞれの職種の報酬は、少なくともある程度は、外部労働市場によって制約される。もし、企業特殊的人的資

本がそれほど重要でないのであれば、従業員は他の雇用主が提供する同様の仕事を簡単に得ることができ、企業が昇進を競う従業員の賃金を低く止めておくことは困難になる。

　企業が昇進する者の能力の種類に応じて、階層構造を柔軟に変えられる能力を備えていることは、あまりない。そのため、企業の階層構造や賃金構造が、インセンティブを最適化するために**設計された**ものであるという見方は、あまり適切ではない。逆に、昇進はむしろ自律的に発生して、企業が望む、望まないにかかわらず、避けることのできない「偶然によるインセンティブ制度」である可能性がある。

　その論理は単純である。企業側が最高の実績を上げた者を昇進させようとしており、労働市場よりもその者に関して優れた情報を持っているとしよう。もし昇進させてもらった場合、労働市場は、雇用主が昇進させたのだから、その者の能力は、以前に思っていたよりも優れたものであると直ちに解釈するはずである。そのため、その者の価値は昇進したその日に上昇する。慰留するためには、企業は報酬を増やさざるを得なくなる[1]。

　つまり、昇進したいという思いがインセンティブになるということである。実績は能力だけでなく、努力や労力にも影響されるため、従業員は昇進を得るためにより懸命に働こうとする。実質的には、従業員は、昇進を通じて、外部労働市場に対して自分の価値をシグナリングするために努力や労力を払っているのである。

　しかし、たとえこうした見方が正しいとしても、以下で論じる昇進によるインセンティブが重要でないというわけではない。それどころか、昇進がインセンティブの効果を持つならば、昇進はどのような効果を及ぼし、どのような意味を持っているのか、ということを理解することは大切である。しかし、これは問いを反転させる。仮に昇進が偶然の産物によるインセンティブだとすると、企業は制度のどの部分でインセンティブが強化され、どの部分でインセンティブが弱められるのかについて特定するために、昇進に基づくインセンティブの理論を利用すべきだ。企業はどの分野において従業員のモチベーションに対処すべきかがわかるため、この情報は非常に有益である。

---

1)　昇進させる前、企業は安く雇用し続けることができるため、企業には昇進を遅らせようとするインセンティブも働く。ただし、それは、人材を能力に相応しい地位につけないことによる損失によって相殺される。

第11章 昇進というインセンティブ　347

　以下本章では、あたかも報酬体系の設計に当たって、何らの制約も設けずに、昇進に基づくインセンティブをモデリングする。ただし、実際にはほとんどの企業には制約があり、昇進によるインセンティブは完全には理想とは一致しないことには留意しなければならない。このような場合、企業は、ボーナスなどの他の形態のインセンティブを採用することで、不適切なインセンティブを調整することができる。あるいは、昇進の割合やその他の指標を変えるなど、階層の構造自体を変えることもできる。

■ 昇進のルール：トーナメント方式か、絶対基準方式か?

　もし企業が、異なる階層の労働者に対し、自由に報いることができるならば、インセンティブを最適化するためにはどうすればいいだろうか？

　まず、どのようなルールに基づいて誰を昇進させるかという問題がある。二つの極端な方法がある。一つは、特定の人数（しばしば1人）の上位成績者を昇進させる方法である。これは**トーナメント方式**である。もう一つは、ある一定の基準を満たしたもの全て（全くいない場合もあれば、対象者全ての場合もある）を昇進させる方法である。これは**絶対基準方式**である。従って、昇進のルールの本質は、実績をどのように評価するかという問題になる。それぞれの方式の特徴を見ていこう。

コントロールする対象は構造か、それとも、質か？

　ある企業の階層構造は硬直化しており、役職の数は固定されていると仮定しよう。例えば、ある地域の責任者に誰かを昇進させようと考えた場合、地域の数はそもそも限られている。同様に、そもそもCEOは企業につき1人しかいない。もしそうした職が内部の候補者によって埋められるならば、労働者は自ずと互いに昇進に向けた競争を始め、結局、企業はトーナメント方式を用いていることになる。より一般化して言えば、企業にとって階層構造を変えるコストが高いほど、トーナメント方式がより望ましくなる。

　トーナメント方式の問題点は、質のばらつきが出ることである。企業が常に一定の数の昇進を約束すると、時期が悪ければ、より上の階層の仕事をするほど十分な能力がない者までも昇進させてしまい、無能な管理職に責任を担わせてしまうことになる。逆に時期が良い場合でも、（最高ではないものの）能力が十分に高い従業員を昇進させることができず、離職されてしまったり、能力あ

る従業員に相応の仕事を与えることができなかったりする。このような振り分けを考慮することが重要な場合、昇進を決める際に、企業は代わりに絶対基準方式を採用することができる。絶対基準方式を採用すれば、企業側は昇進した者と昇進が見送られた者のそれぞれの質をうまくコントロールすることができる。そのため、労働者の質の高さが重要な企業（例えば、有力な法律事務所や大学）においては、昇進は絶対基準方式によることが多い。

　おそらく多くの企業では、実際には両方式を併用しているだろう。階層構造をあまり大規模に変えることも、労働者を不適切に振り分けしてしまうことも、どちらも企業にとってはコストがかかるからである。従って、労働者同士を昇進のために競わせていたとしても、人材が充実している時には、ルールを緩めて通常よりも多く昇進させたり、逆の状況では、昇進を絞ったり、外部労働市場から採用したりする。

相対評価か絶対評価か

　トーナメント方式と絶対基準方式のもう一つの違いは、実績評価の方法である。絶対基準方式を使う場合、実績は労働者個別に評価される。一方、労働者同士の競争では、評価は競争相手との比較となる。**相対評価**（RPE）は、実績評価の一般的な方法の中でも特別なケースである。トーナメント方式は相対評価のよい例なので、第9章で触れなかった問題をここで議論する。ただし、相対評価はトーナメント方式だけでなく、その他の多くのインセンティブにも採用されている。

　評価の容易さと客観性　トーナメント方式は、絶対基準方式に比べて評価が容易である。一定割合の候補者に対して、一定額の報酬が与えられることになっているので、必要な情報は、候補者の中で誰が最も実績を上げたかという点だけである。企業は、従業員の実績がどの程度優れていたかまで評価する必要はない。これは、**基数的な序列**ではなく、**序数的な序列**の一例である。つまり、順序のみが重要であり、互いにどれくらい離れているかは問題ではない。多くの場合、たとえ複雑な職種であったり、無形の要素が多かったりしても、その中で最高の実績を上げた者を選ぶのは、それほど難しくはない。一方、各従業員がどれほど実績を上げたかの程度を個別に評価するのは、通常は、より困難である。（例えば、レースで、誰が勝って、誰が負けたかを決めるだけの場合

と、それぞれの速さを個別に測る場合の違いと同様である）。更に言えば、最高の実績を上げた者は、他の大多数にとっても容易に見分けることができるため、従業員はトーナメント方式による結果をより客観的とみなし易い。これらが実質的な利点である。

制御不可能なリスク　会社に2人の営業担当者がいるとしよう。1人はデンマーク、1人はシンガポールにいる。従業員の実績は努力（e）に影響されるが、良かれ悪しかれ運（制御不可能なリスク）にも左右される。更に、そうした運の要素は、二つの異なる要因に依存すると仮定しよう。一つ目の要因は、地域固有の要因（ε）である。デンマークやシンガポールのそれぞれの地域の経済状況や、各現地市場での競争相手の動きがそれに該当する。二つ目の要因は、世界的なマクロ経済動向や原油価格などの、グローバルな要因（η）である。添字のSとDはそれぞれの営業担当者を示し、実績評価指標のPMについて、下記の式を得る。

$$PM_D = e_D + \varepsilon_D + \eta$$
$$PM_S = e_S + \varepsilon_S + \eta$$

ηの項には添字がつかない。なぜなら、グローバルな要因は両者の営業担当者に等しく影響するためである。

もし昇進の際に絶対基準方式を用いる場合、デンマークの営業担当者の絶対的な評価指標はそのままPM_Dとなる。一方で、トーナメント方式を用いる場合は、デンマークの従業員にとっての相対的な評価指標（RPE_D）は、下記の式で表される。

$$RPE_D = PM_D - PM_S = e_D + \varepsilon_D + \eta - e_S - \varepsilon_S - \eta$$
$$= e_D - e_S + \varepsilon_D - \varepsilon_S$$

この指標は、最初の指標と比べるといくつかの点で異なっている。まず、運の要素の項であるηが消えている。そのためデンマークの営業担当者にとっては、実績評価の測定誤差は減っている。しかし、逆に誤差項の$-\varepsilon_S$が追加されている。また、シンガポールの従業員の努力（e_S）の影響も受ける。では、一体どちらの評価指標の方が、制御不可能なリスクは少ないのだろうか？　二つの評価指標の分散はそれぞれ下記のように表される（εとηは互いに無相関と

仮定する）。

$$\sigma_D^2 = \sigma_\epsilon^2 + \sigma_\eta^2$$
$$\sigma_{RPE}^2 = 2 \cdot \sigma_\epsilon^2$$

もし、双方の営業担当者に共通の測定誤差であるηの方が、各営業担当者固有のリスクであるϵよりも実績評価に与える影響が大きいならば、相対評価（RPE）の採用はリスクを減らす方向に働く。この例では、デンマークとシンガポールの営業担当者の評価に際して、グローバルな要因の方が各地域固有の要因よりも大きいならば、相対評価の採用はインセンティブの仕組みを改善する。一方、各地域固有のリスク要因の影響の方が大きい場合は、相対評価は実績評価に関する不確実性を悪化させてしまうことになる。

歪み　相対評価は、労働者同士の協調意識を歪めてしまう場合がある。このことを理解するために、各労働者は二種類の努力をする、複数の任務をこなすモデルを考える。最初の努力指標のe^Pは、当該労働者本人の実績を改善させる方向に働く。他方、二番目の努力指標のe^Sは、同僚の実績を減少させる。これは手抜きをモデル化するための一つの単純なやり方である。この例では、労働者Aと労働者Bの絶対評価指標はそれぞれ下記のように表される。

$$PM_A = e_A^P - e_B^S + \epsilon_A + \eta$$
$$PM_B = e_B^P - e_A^S + \epsilon_B + \eta$$

そして、相対評価指標（従業員Aの場合）は下記のように表される。

$$\begin{aligned}
RPE_A &= PM_A - PM_B \\
&= (e_A^P - e_B^S + \epsilon_A + \eta) - (e_B^P - e_A^S + \epsilon_B + \eta) \\
&= (e_A^P - e_B^P) + (e_A^S - e_B^S) + (\epsilon_A - \epsilon_B)
\end{aligned}$$

相対評価（RPE）の場合、従業員は二つの方法で指標を改善させることができる。一つは、通常の意味で、より一生懸命働く、つまり、e^Pを増加させることである。もう一つは、怠けたり、足を引っぱったりすることによりe^Sを増加させる方法である。対照的に、個別の絶対評価指標を用いる場合は、怠けることのインセンティブは全くない。

同様のインセンティブの歪みは、従業員がインフルエンス活動ができる場合

にも生じる。ここで言うインフルエンス活動とは、例えば、上司に対して評価や報酬の改善の嘆願活動を行ったり、たとえそれが企業価値の向上に何も役に立たなかったとしても、上司の気に入ることなら何でも行ったりしてしまうことである。そうした行動が上司から見た自分の相対的な序列の改善につながる限り、もし相対評価を採用すると、そうした活動に対するインセンティブを増やしてしまうことになる。

相対評価は、また、労働者同士が協力しようとするインセンティブを低下させてしまう。多くの仕事は、他の同僚の仕事と何らかの形で相互依存しているため、これは相対評価の重大な欠点である。

原則的には、相互協力や手抜きに関する指標をそれぞれ評価に組み入れることは可能である。例えば、協調を促し、同僚の足を引っ張るような誘因を減らすために、主観的評価を採用することができる。チームプレーヤーとして相応しくない者は、昇進することもあまりないだろう。実際に、企業はこうした要素を考慮している。しかし、協調と手抜きのいずれも把握したり数量化したりすることが難しいため、こうした修正はしばしば不十分なことが多い。そのため、相対評価の欠点の一つとして、労働者同士がより相互に依存している職場では、相対評価はあまり有効ではない。例えば、全く異なる地域で働く営業担当者や、各作業員が比較的単独で働いている組み立てラインなどでは、競争は非常に有効である。反対に、同じグループで働く労働者に競争を促すのは、明らかに望ましくないやり方である。

もう一つの解決方法としては、より広範な評価指標、例えば $PM_A + PM_B$ などを使うことである。この場合、報酬は同僚の実績にも左右されるため、手抜きよりも協調するインセンティブが働く。多くの企業がグループ（事業部門や部）単位での報酬を用いるのは、一つにはこうした理由からである。しかし、このような指標は、相対評価指標のように、共通の評価誤差を排除することができないため、一般的には評価誤差を大きくしてしまう。第9章で見たとおり、広範な評価指標は歪みを減らす一方、むしろリスクを増やす傾向がある。

こうした歪みを評価から取り除くことはできないものの、仕事の相互依存性から協調が重要である場合、企業の適切な対処方法は、インセンティブ構造そのものを変更することである。全体のインセンティブは低下するが、手を抜こうとするインセンティブは低下し、一方、協調の誘因は増える。これは、評価によって、複数の任務をこなすインセンティブが歪められてしまう場合は、イ

352 第3部 実績に基づく報酬

ンセンティブを一旦廃止すべきという考え方の一つの応用である。

∞∞∞∞∞ 実績評価における固定分布 ∞∞∞∞∞

　実績評価についてしばしば聞かれる不満の一つに、管理職はしばしば多くの従業員に同じ評価しかしない傾向にあるということが上げられる。加えて、ある管理職の評価はおしなべて寛大である一方で、別の管理職は厳しく評価する傾向があったりもする。このような運の要素は、報酬体系のリスクを増大させてしまう。

　こうした状況に対処するため、多くの企業が、様々な形態の**固定分布**といったものを評価に採用している（大学も、成績評価に同様の仕組みを用いている）。全体の中で特定の評価が占める割合が指定されているものや、分布の形状に指定はないが平均の数値だけは指定されているものなどがある。これらの手法はそれぞれ何らかの形で相対評価の要素を含んでいる。固定分布の場合は、誰かに高い評価を与えようとすれば、逆に別の誰かに低い評価を与えざるを得ないからである。

　このような手法は明らかに従業員の間の評価のばらつきを大きくし、低い評価がつけられる頻度も多くなる。また従業員にとっては、評価者が寛大過ぎたり、厳格過ぎたりするリスクを減らすことができる。この点については、評価者の寛大さや厳格さの度合いを、評価対象となる部下の全員の評価を上下させる要因と考えるとわかりやすい。これは相対評価指標に関する議論の中の、共通の不確実性要因（η）の一つの形に他ならず、相対評価指標はその効果を排除することができる。

　こうした利点により固定分布の利用は望ましいように思われるが、それなりの問題点もある。まず、その他の相対評価指標と同様に、協調が促されず、手抜きを助長してしまう。また固定分布がもたらす固有のリスクとして、従業員は、同僚の中でも最も優れたグループと比較して評価される場合に、自分の評価が低くなってしまうということがある（ただし、グループのサイズが小さい場合には評価しないことにより、そのリスクは軽減される）。また、後で議論するが、従業員に評価のフィードバックをはっきりと伝えることが、常に最適とは限らない。そのため、大多数の企業は固定分布を用いなかったり、一部の企業は、どちらの手法も完璧でないため

に、二つのやり方の間を行ったり来たりしている。

　ゼネラル・エレクトリック（GE）社はTopGradingと呼ばれる強制的に従わざるを得ない分布を使用しており、固定分布を成功裏に使った企業の中でも最も良く知られている。しかし、GEは、その他の方針なども駆使し、このプログラムが有効に活用されるように多大な工夫を行っている。例えば、管理職に対し、評価を慎重に行うための研修を実施し、評価を丁寧にモニターし、文書化している。こうした施策は、評価に不満を持つ従業員からの訴訟リスクを減らすことにつながる。また、GEの企業文化自体がもともと非常に攻撃的であることも重要な点である（この点については、後に「タカとハト」で議論する）。2年連続で低い評価を受けると解雇されるリスクが非常に高まるという仕組みは、よく知られている。また、最後に、GE自身が複雑で非常に大きな組織であるため、評価が良くない者をより適した別の職種に異動させることにより、訴訟を含む解雇費用を抑えることができる。

■ 昇進はどのようにしてインセンティブになるのか?
報奨形式とインセンティブ

　前の二つの章で議論したとおり、インセンティブは二つの要素に左右される。努力（生産性を高めるための努力であり、手抜きのための努力ではない）はどのように評価に影響し、評価はどのように報酬に結び付けられるのか、という二点である。

$$\frac{\Delta Pay}{\Delta effort} = \frac{\Delta Pay}{\Delta PM} \cdot \frac{\Delta PM}{\Delta effort}.$$

　昇進のためには、従業員は非連続的な報奨を勝ち取るか、勝ち取らないかのどちらかであるため、右辺の最初の項は一定の値（昇進もしくはその他の要因に基づき上昇）となる。これは前の章の図10.3で見たものと同様である。

　二つ目の項は若干複雑である。絶対基準方式の場合は、報奨を得るための区分点は固定されている。トーナメント方式の場合は、参加者は一定の数の競争相手を負かさなくてはならない。相手の実績については事前にはわからないため、報奨を得るための区分点は不確実であり、変動する目標となる。その他の

点については、トーナメント方式も絶対基準方式も同じように分析することができる。

これら考え方が昇進にどのように影響を及ぼすかを理解するために、従業員が報酬を得られる基準を書き出してみよう。従業員は給与として W_1 を受け取っており、昇進によりそれが W_2 に昇給すると仮定する。報奨、つまり昇進による昇給を、$\Delta W = W_2 - W_1$ と定義する。確率を $pr(\cdot)$ で表すと、

$$
給与 = pr(昇進しない確率) \cdot W_1 + pr(昇進する確率) \cdot W_2
$$
$$
= W_1 + pr(昇進する) \Delta W,
$$

pr（昇進しない確率）は、$1-pr$（昇進する確率）である。従って、

$$
\frac{\Delta Pay}{\Delta effort} = \Delta W \cdot \frac{\Delta pr(昇進する確率)}{\Delta effort}
$$

となる。

実績評価指標を二進数（実績は昇進に十分であるか否かの二つしかない）としてみると、最初の項は $\Delta Pay/\Delta PM$ に相当し、二つ目の項は $\Delta PM/\Delta effort$ に相当する。

給与水準　ここからすぐにわかる重要な結論は、昇進のインセンティブにおいて最も大切なことは、昇給の幅（ΔW）であるということである。これは、第10章で議論した通り、実績と報酬の関係の形状が、給与の水準自体よりもはるかにインセンティブに影響を与えるという点の応用である。これをより視覚的に示すと、第10章の図10.1で示したように、給与水準は実績と報酬の関係の形状を平行移動させて、期待報酬全体を上下させることがわかる。例えば、上記の式の期待給与は、ΔW を変化させることなしに（たとえば W_2 を W_1 と同額変化させれば）、W_1 を変化させることで調整することができる。

これは一般化できる。企業は報酬体系の設計にあたって、二つの目的に対して二つの手段を持っている。一般的に、基本給は、企業が適当な水準の質の労働者を獲得し、引き止められるように用いられる。それは特定の能力に対する労働市場の需給を反映して決められる。また、インセンティブ体系によりもたらされる労力およびリスクの全体の水準を反映して、調整される。

第11章　昇進というインセンティブ　355

　多くの場合、時間の経過や実績の変化に伴い、報酬をどれだけ変動させるかについては、企業はそれほど制約を受けていない（年功報酬については後述する）。企業はこうした柔軟性を、従業員の採用や引き止めの問題とは切り離して、インセンティブの調整のために使うことができる。

　昇進からの報奨　最後の式からわかる最も重要なことは、昇進による昇給（およびその他のメリット）の幅が大きくなればなるほど、昇進のインセンティブは強まるということである。どのような競技でも、賞金の額が大きいほど、そこに注がれる努力の量は増える。こうした事例はスポーツの世界ではよくみられる。大きな賞金の額を左右する、ここ一番の重要な試合であるほど、チームは多大な努力や労力を払う。一方で、あまり重要でない試合では、手を抜いたりすることもある。同様の傾向は昇進の階段に対して従業員が払う努力についても概ね当てはまる。

　この考え方は、表11.1（および図11.1）のデータに適用することができる。昇進による昇給の幅や長期的な報酬は、階層の上の方にいくほど大きくなる。そのため、インセンティブも階層の上にいくほど強くなると推測される。しかし、それはいつも当てはまるわけではない。なぜなら、最後の数式の二つ目の項については、まだ分析されていないからである。

　第一次的な近似としては、昇進による昇給は、昇進の報酬についての優れた推定値であるということができる。昇給は昇進と同時に即座に得られ、一度昇進が得られれば保証されている。そのため、これは企業の階層のインセンティブ体系を分析する出発点として最も優れている。

　昇進の報奨に関する、より複雑な推定を行うためには、昇進によって、更に追加の報酬を得られる権利が獲得できることも考慮に入れなければならない。これらの中には、（表11.1の最後の列に示されるように）次の職種でより高い昇給が見込めることや、次の昇進の候補となることが含まれる。これらは従業員にとって価値はあるが、昇進後にすぐ実施される昇給に比べると、若干割り引かれてしまう。なぜなら、これらを獲得するためには、更なる努力や労力が必要であり、また結果が保証されたものではないからである。

　これが示唆することは、高い階層、もしくは連続した競争の終盤での高い報酬は、それより低い全ての階層のインセンティブに影響を与えるということである。第5階層と第6階層の報酬の違いが大きいほど、第1から第5までの階

356　第3部　実績に基づく報酬

層のモチベーションはより高くなる。もちろん、第6階層から遠ざかるにつれて、第6階層まで辿りつける確率は低くなることから、その効果はより小さくなる。

　更に、より高い階層になればなるほど、高い報奨を与えることが一層重要になるということが言える。階層が高くなるほど下にいる従業員の人数も増えるため、高い階層の高い報奨はより多くの従業員に影響を与える。この事実は、図11.1にあるように、なぜ階層が上がるにつれて急速に報酬が上がるのか、なぜ経営陣の報酬が非常に高いのかを説明する一つの理由となる。経営陣の高い報酬は単に経営陣に対する報酬という目的以上に、下の階層で働く者たちの経営陣になろうというモチベーションの役割を果たしている。

昇進の確率とインセンティブ

　報酬が一時金である場合、実績指標は二進数となる。従業員の評価は、その報酬を得るために十分に高いか、そうでないかの二つしかない。これは、最後の式の一番右の項に該当する。

　昇進の確率についての厳密な分析は技術的なものとなる。しかし、直感に訴えれば、それは単純であり、トーナメント方式であろうと絶対基準方式であろうと、どちらにも当てはまる。二つの極端な例を考えて欲しい。一つは、昇進が保証されており、確率が1の場合である。もう一つは、昇進の機会が全くなく、確率がゼロの場合である。いずれの場合であろうと、昇進のために労力を払うインセンティブは全く働かず、一生懸命働こうが働くまいが、結果は変わらない。この場合、インセンティブはゼロである。明らかに、インセンティブを働かせるための唯一の方法は、両者のケースの中間、つまり、昇進は可能であるが、難しすぎるわけでも、簡単すぎるわけでもない場合に限られている[2]。

　直感的にわかることだが、運の要素があることを考慮するならば、インセンティブは、勝利の確率を高めるための限界的な努力の効果によって左右される。極端な幸運や不運が起こることは比較的稀である。もし勝利の確率がそもそも低ければ、勝利のためにかなりの幸運が必要となってしまい、限界的な努力や労力が結果に影響を与えられる確率は非常に小さい。

　一方、あまり直感的とは言えないものの、昇進の確率が非常に高い場合で

---

2)　会計学や心理学による複数の研究によると、インセンティブが最も強化されるのは、従業員が報酬を得られる可能性が50%の時である。経済モデルによる分析がその説明に役に立つ。

も、同様のことが当てはまる。こうした場合、逆に限界的に努力や労力を減少させたとしても、昇進を逃す可能性は低いため、従業員には怠けるインセンティブが働く。昇進を逃してしまうのは、相当運が悪い場合に限られる。そうした例としては、スポーツの試合で相手に大差をつけているチームが、控えのメンバーを起用したりするケースが上げられる。

　実際の組織では次の階層に昇進できる確率は2分の1よりもかなり低い場合が大半であり、特に上の階層に行くほどそうである。従って、実際、昇進による報酬額が同じ場合、昇進の確率が低ければ低いほど、インセンティブも弱くなるという結果が得られる。

制御不可能なリスク

　他の全てのインセンティブ同様、制御不可能なリスク、つまり運が昇進のインセンティブにも影響を与える。第10章で扱った単純なインセンティブのモデルでは、運の効果は要求されるリスクプレミアムを押し上げ、結果として最適なインセンティブの強度を弱めることとなる。昇進についても、その他のインセンティブの仕組みと同様、運が同様の効果を及ぼす。しかし、昇進について運はもう一つ別の役割を演じ、インセンティブそのものを減らすように影響を及ぼす。

　テニスの試合で考えてみよう。ある日は風が非常に弱く、ある日は非常に強いとする。風の弱い日は、打球をコントロールしやすい。しかし、風が強い日は、なかなか思い通りにコントロールすることはできない。つまり、風の強い日は、勝敗はプレーヤーの技量の差に左右されにくくなり、運の良し悪しに左右されやすくなる。同様のことが、トーナメント方式でも絶対基準方式でも、昇進について当てはまる。

　こうした効果によって、リスクは、努力や労力が結果に対して与える期待効果を減らす。つまり、Δpr（勝利）$/\Delta e$が減少する[3]。そして、当然のことながら、計測誤差が大きい場合には、$\Delta PM/\Delta e$も小さくなるということを意味している。つまり、明らかにインセンティブは低下する。

　それでは、最適なインセンティブにとって、運が果たす役割はどのようなも

3）　これは昇進の確率が0や1に近すぎないことが条件となる。0か1に近いほど、逆の効果が当てはまるようになる。なぜなら、こうした場合には、限界的な努力や労力が効果を得るのは、非常に幸運か不運な場合に限られるためである。

のだろうか？　もし測定誤差が大きい場合には、企業が報奨を大きくしない限り、インセンティブは低下する。これに対する一つの対応としては、実績をより正確に測るために、より多くのコストをかけることである。また別の対応としては、報奨の構造自体を変えることである。運に大きく左右される場合には、最適な報奨の体系は、実績が高いほど報酬が高くなる方向に歪む傾向がある。

　運が、最適な報酬体系に対して影響を与え、それを左右するということは、なぜ報酬が産業や国の違いによって異なるかを考える上でのヒントとなる。例えば、米国と日本の違いを考えてみよう。日本の賃金体系は、米国に比べて、おしなべて低い。日本の経営陣の給与は、米国と比べると、生産労働者の給与と比較してそれほど高いわけではない。一部の者は、こうした違いは、米国の企業や経営陣の方が華美だからだと指摘する。

　だが別の説明として、米国企業が直面する環境が、日本よりもリスクが高いということが考えられる。米国における昇進は運の要素に左右されやすいことが想定される。例えば、日本における昇進は、米国に比べて、キャリアの後半で起こることが多い。日本のある管理職が CEO に昇進するまでに、企業側はその生産性について非常にはっきりとした情報を得ている。そうした場合には、測定誤差が昇進の決定を左右することはあまりない。もし米国での昇進が運に左右される要素が大きいならば、米国企業は、運によって努力や労力を払うインセンティブが削がれる影響を、より高い報酬の上げ幅によって相殺しなくてはならないだろう。

　同様のことは、旧来の産業と新たな産業の間の違いについても言える。もし、新しい産業において、運が個人の実績を左右する重要な要素となっているならば、安定した古い産業に比べると、新しい産業の企業は報酬体系のばらつきを大きくする傾向があるだろう。

要　約

　おおよそ、トーナメント方式も絶対基準方式も、報酬体系の設計に当たっては、同じように機能する。最も重要なのはむしろ、報奨の規模をどれほど大きくすべきかという点である。報奨を測る上で、まず用いられるのは、昇進による昇給である。これを更に正確に測るためには、昇進によってその後のキャリアの可能性が開けることも考慮に入れる必要がある。

　次に重要な要素は、昇進の確率である。昇進の確率が高いほど（ただし、企

業の内外を含め、確率があまり高すぎる場合を除いて)、一般的には、同じ報酬に対するインセンティブは強化される。

これらの二つの考えを総合すると、もし企業が、最適なインセンティブをもたらすだけのために各階層の報酬を自由に設定できるならば、昇進の確率が低いほど、昇進による昇給幅は大きくなるべきであり、逆もまた同様である。そして、その幅は、階層が上に行くに伴って大きくなるべきである。

最後に、運の要素や、実績の測定誤差がより大きくなったりするほど、従業員にとってのリスクプレミアムが大きくなるだけでなく、昇進の仕組みの中でのインセンティブはより低くなる。

トーナメント方式と絶対基準方式は、いくつかの重要な点で異なる。ポストの数が限られている場合には、トーナメント方式が必要となる。トーナメント方式では、昇進させる従業員の数をコントロールしやすい。絶対基準方式は、昇進させる従業員の質が重要な場合に、より有用である。また、トーナメント方式は相対評価の一種であり、通常、労働者間での協調よりも、手抜きを促してしまうようにインセンティブを歪めてしまう。絶対基準方式にはそうした負の副作用はない。

■ より高度な問題

従業員の多様性

これまでの理論では、昇進を望む全ての従業員が同じであると仮定してきた。もし能力やその他の重要な側面が異なっていれば、どうだろうか？ 結論から言うと、異なる従業員を一まとめに扱ってしまうと、昇進による報酬は様々な問題を引き起こす。

能力の違い もし従業員の能力が多様であるならば、昇進を勝ち取れる可能性にも違いが起こってくる。より高い能力を持っている従業員ほど、昇進を得られる可能性は非常に高くなる。議論した通り、こうした状況はインセンティブを低下させてしまう。同様に、実績が良くない従業員は、昇進を得られる可能性があまりないので、努力を怠りがちになる。自分の実績が、ちょうど昇進を得られるかどうかの境目にあると思っている者が、最も高いインセンティブを持つ。

第10章の図10.3の報酬構造を例として考えてみよう。昇進を得るための区

分点は T である（絶対基準方式では固定値であり、トーナメント方式では変動する）。もし従業員が自分の実績が T の近辺にあると思っていれば、追加的な努力や労力が期待報酬に及ぼす効果が非常に大きいため、インセンティブは非常に高くなる。ところが、もし従業員が、自分の実績は T よりも大きく上か下に離れていると思っている場合には、インセンティブは非常に低くなる。言い方を変えると、昇進に基づく報酬は、労働者が同等でない場合にはあまり機能しない。

どのような対処方法があるだろうか？　もし企業が絶対基準方式を昇進の決定に用いているならば、単純に異なる従業員に対して、異なる T を設定すれば良い。能力の高い従業員には高い基準を課し、逆に能力の低い従業員には低い基準を設定するのである。ところが残念なことに、そうすると、従業員の振り分けに負の効果が生じる。能力の低い労働者ほど容易に昇進してしまい、能力の高い労働者は昇進しにくくなる。

このような場合、企業は、あらかじめ従業員を選別し、能力の異質性を小さくしておく必要がある。スポーツの世界では、参加者は異なるリーグに分かれて、お互いに実力の近い者同士が競争するようにしている。企業の中では、企業が従業員を昇進させるにつれて、残ったグループの中での昇進の候補者は段々と同質的になってくる。そのため、この懸念は、より高い階層よりも低い階層の際に当てはまる。

それでは第2章で議論したように、労働者の側から適当な方法で自己選択することは可能だろうか？　残念ながら、ほとんどの場合答えはノーである。低い能力の労働者ほど、高い能力の労働者用に用意された昇進の階段（もしくはスポーツの場合の上位のリーグ）に、何とかしてアクセスしようとするインセンティブが強く働く。なぜなら、高い能力の者向けに用意された報酬体系ほど、基本給が高くなるからである。

実績と昇進によるインセンティブにおける従業員の多様性は、主観的な実績評価に際して、興味深い効果を及ぼす。もちろん通常は、昇進は上司による主観的な評価に基づいて決められる。例えば、あなた自身が上司で、これから部下にどのようなフィードバックを与えるべきか決めかねているとする。部下は昇進を望んでいるが、昇進が決まるのは先の将来である。どのようなことを伝えるべきだろうか？

もし部下がちょうど昇進が得られるかどうかの境目にいるならば、単にそう

伝えることでインセンティブを強化できる。興味深いのは、昇進の基準を上回る部下に対して何を伝えるべきか、という質問である。もし目的がモチベーションの最大化であれば、従業員が出世競争で、より進んでいたり、遅れていたりすることを正直にはっきりと伝えることは、むしろインセンティブを削いでしまう。

逆に、何らかのネガティブな（もしくは実際の評価よりもやや低い）フィードバックを実績の良い者に与えれば、自分がどれくらい実績を上げているかの自身の認識を、より昇進の基準の方向に近づくように変えることができ、インセンティブを高めることができる。同様に、本来よりもポジティブなフィードバックを実績の低い者に与えると、昇進の望みを捨てなくなるために、インセンティブは高まる。

このことは、昇進のインセンティブが大きく、かつ、評価が主観的な場合、上司には部下に与えるフィードバックを歪めるインセンティブが働くということを示唆している。特に実績の悪い者に対しては、モチベーションの低下をおそれて、ネガティブなフィードバックをなかなか与えようとしないだろう。たとえフィードバックが歪められなかったとしても、しばしば曖昧で意味のないものになりがちである。そうすることで、昇進のレースで先行している者に対しても、遅れている者に対しても、自分の現在の位置をわかりにくくすることができる。こうした考え方は、主観的評価におけるいくつかの事実の説明の一助となる。例えば、評価は一定のレベルに偏りがちであり、かつ上方に偏りやすい。上司は部下にあまり明確なフィードバックを与えたくない傾向がある一方、部下も自分の実績の格付けが公正に付与されているとは信用していないことが多い。

性格の違い　トーナメント方式が引き起こす、手抜きと協力の欠如については既に議論した。ここで、従業員の性格が異なっていると仮定しよう。ある者の性格はより攻撃的で、別の者は、より協力的で職場でのチームワークを好む性格だとしよう。もしこれら二種類の従業員が、競争的な報酬とともに同じ職場に置かれると、様々な問題が生じる。

4人の労働者がおり、2人は「**タカ**」、H_1 と H_2、とし、残りの2人は「**ハト**」、D_1 と D_2、とする。タカは攻撃的で、ハトは協力的である。ある生産チームに、これら4人の労働者を配置する方法はいくつかあり、表11.2はそれらの

表11.2 従業員の性格の種類によるグループ分け

構成	グループ			
	1	2	3	4
A	H_1, H_2, D_1, D_2			
B	H_1, D_1, D_2	H_2		
C	H_1, H_2	D_1, D_2		
D	H_1, D_1	H_2, D_2		
E	H_1	H_2	D_1	D_2

選択肢を示している。

二つの両極端なケースはAとEである。Aの配置では、全員が一緒に仕事をする。Eでは、全員がそれぞれ個別に仕事をする。Eは、労働者同士が相互にやり取りをする長所がなくなってしまっている。もし異なる労働者をまとめることによる潜在的なシナジーが大きいならば、企業はAのような構成にしたいと考えるだろう。このような場合、後でわかるように、トーナメント方式を採用するのは間違っているだろう。

異なるタイプの従業員を合わせた際に生じるインセンティブ上の問題は、攻撃的なタカは、ハトと一緒になるとより非協力的となり、よりサボりがちとなることである。報酬は相対評価によるため、タカもハトも共に、協力するインセンティブは低下する。しかし、ハトは依然として協力的であり、それほどサボらないことをタカは知っている。そのため、タカはより一層ハトの実績に悪影響を与えようとし、競争に勝とうとする。

この結果、相対的な実績に差が出ることになる。実績が相対的に異なる時は、トーナメント方式がもたらすインセンティブは弱くなる。そのため、報酬の与え方が競争的な場合、性格の違いはインセンティブの強度差を一層拡大させる。

こうした影響は、タカはタカと、ハトはハトと組み合わせた場合にはあまり起きない。同じ性格とインセンティブを持つ者同士で競争するためである。ところが、残念ながら、タカはハトと競争したがるインセンティブが働くため、自己選択は一般的には起こらない。このように、特にトーナメント方式を採用する場合には、従業員が同じ性格の者同士で競争するように予め労働者を選別することの利点が、改めて理解できるだろう。

このような効果は、なぜ企業文化が異なっているかを説明するための一つの理由となる。報酬体系が競争的な企業では、より攻撃的な（かつあまり協力的でない）従業員を選別することが最適な選択となり、逆もまたそう言える。ここで、本書で論じてきた、いくつかの問題の繋がりがわかるだろう。職種の相互の依存性度合いは、どの程度従業員を報酬のために競わせるかを決める際に、重要なポイントとなる。更に、この点は最終的に、どのような種類の従業員を企業が雇うべきかに影響し、結果的に企業文化に影響を及ぼすのである。

負け組のためのインセンティブ

いかなる昇進によるインセンティブの仕組みにも共通の問題として発生するのは、それらがモチベーションとなるのは、従業員が昇進を得られる十分な可能性があると感じている場合に限られるということである。例えば、前回の昇進の機会を逃した者など、昇進の競争に参加していない者に対しては、動機付けにはならない。こうした外発的動機の低下は、長い間同じ職に留まって更なるキャリアアップの展望が持てない者が生産性の低い「枯れ木（訳者注：日本語で言う窓際族）」とよく非難される一つの理由となる4)。

こうした問題に対して企業側はいくつかの対処方法を持つ。一つは、こうした従業員の離職を促すか、同じ企業内でより適した職に配置換えさせることである（例えば、前述の GE に関するコラムを参照してほしい）。もう一つは、別の形態でのインセンティブを与えることである。例えば、昇進の可能性があまりなくなってしまった労働者に対しては、ボーナスの実績との連動性をより強めることもできる。また、最後に、新しい仕事の機会や新たな能力を学習する機会を提供することで、上司は従業員の内発的動機を高めることができる。

外部からの採用

企業はしばしば外部から採用する。それは低い階層だけに限られない。こうした外部からの採用は、昇進によるインセンティブにどのような影響を与えるだろうか？

---

4) 「ピーターの法則」と呼ばれるこうした現象（「従業員は、実力に見合わないレベルまで昇進する」）のもう一つの理由として、労働者の平均的な能力は同じ職種に留まれば留まるほど低下することが上げられる。これは、企業側が継続的に能力の高い労働者を昇進のために選抜しているためである。

364 第3部 実績に基づく報酬

まず、外部からの採用は、内部の従業員のインセンティブを低下させる。既存の従業員が昇進を得られる可能性を低下させるため、多くの場合、インセンティブは低くなる。また、企業にとって、より高い階層に最も適した候補者を昇進させることと、最も実績を上げた者を昇進させることの間には、利益相反があることを思い起こしてほしい。ひとたび従業員側が労力を提供してしまえば、企業側には、たとえ以前に最も実績を上げた者を昇進させると言っていたとしても、実際には、最も実績を上げた者よりも潜在能力の高い者を昇進させたいという誘惑が働く（これはホールドアップ問題の一つの例である）。もちろん、従業員側がこうした事態を事前に予想すれば、最初からインセンティブは低下している。外部採用はこうした問題を悪化させる。ほとんどの企業が空きポジションを内部からの昇進で埋めようとすることの理由の一つは、このことによる（もう一つの説明は、企業特殊的人的資本である）。

　一方、外部からの採用には長所もある。絶対基準方式を昇進の決定に用いた場合の利点は、企業側が上級職の従業員の人材の質を管理しやすくなることである。他方、トーナメント方式の利点は、順位のみによって決められることから、実績評価が容易なことである。トーナメント方式と組み合わせる形で外部からの採用を利用すると、企業側は上記の両者の長所を同時に得ることができる。つまり、昇進は基本的にはトーナメント方式の順位によるが、もしある年の内部からの昇格候補者の質が非常に低い場合などには、企業は、代わりに外部から採用することができる。外部採用という選択肢はインセンティブを低下させるが、外部採用があまり頻繁に行われなければ、その副作用は小さい。更に、潜在的な外部の候補者との競争は、内部候補者の怠けたいという誘因を低下させる。

離職率

　効果的な昇進にもとづくインセンティブ方式を設計するためには、離職率も極めて重要である。離職率が高ければ高いほど、より多くの空きポジションが生まれる。これは、昇進のインセンティブを増加させる。逆に、離職率が低い場合、昇進に基づくインセンティブはあまりうまく機能しない。組織図上、上の階層に行くほどピラミッドが狭くなることを考えてみよう。階層が上に行くほど、下の階層よりもポジションの数は少なくなる。そうした場合、昇進に対する報酬がとても大きくない限り、昇進の可能性は低くなるため、インセン

ティブは低下する。これには、いくつかの対応策がある。まず、階層構造自体を再構築し、長期的に昇進の確率を高めることである。短期的には、上位の階層の従業員を次の階層に昇進させたり、解雇したりすることも手段だろう。また、昇進以外のその他の形式の報酬を活用することも可能である。

■ 実　証

　通常、企業内部での個人毎の生産指標が利用できないため、昇進に基づくインセンティブの効果を観察することは難しい。トーナメント方式や絶対基準方式の理論の実証のほとんどはその他の情報源に依存している。例えば、幾つかの研究では、ゴルフなどのスポーツ競技で、より高額の賞金が、より良い実績につながっているかを調べている。これらの研究成果は概ね理論の予測の強力な根拠となり、プロのスポーツ選手がインセンティブに反応することを明らかにしている。実際に多くのプロスポーツチームはインセンティブを非常に洗練させた形で選手に対して適用しており、彼らは選手がそのようにして動機付けられると信じていることがうかがえる。

　他にも研究室での実験によって、参加者（多くの場合は学生）が理論の予測通りに行動するかどうかを見る試みも実施されている。これらの研究結果は総じて、より大きな報奨がより多くの努力を引き出し、高いリスクは逆に努力をくじき、より低い確率は更に努力を低下させるという、理論の予測の通りの結果を示している。更に、これらの学生がどの程度の努力をするかという点についても、通常、理論が予測する点に直ちに収斂していく。しかし、絶対基準方式に比べて、トーナメント方式においての方が、実績の生産量のばらつきが理論の予測よりも大きいという点は疑問として残っている。これまで重ねられてきた実証研究結果によると、異なる人々が競争に対して異なる反応を示すことが、理由の一つとされている。例えば、トーナメント方式か絶対基準方式のいずれかを選ぶように言われた場合、男性は比較的女性よりもトーナメント方式を選ぶ傾向がある。

366 第3部 実績に基づく報酬

～～～ 経済学者のトーナメント ～～～

大学の経済学部の報酬体系について、トーナメント方式と絶対基準方式のどちらがより当てはまるかを調べた研究がある。大学の経済学部は理論を試す上で格好の題材である。大学の学部は階層化されており、「昇進か、退職か」という昇進システムがあり、従業員の実績についての観察可能なデータ(公表された論文の質と量)がある。

研究の結果、学部での助教と准教授の間の報酬のギャップが大きいほど、若い教授はより生産的になるということが明らかになった。これは、報酬のギャップがインセンティブを生み出すという理論と整合的である。

もう一つの興味深い発見は、最上位ランクの経済学部は、トーナメント方式、絶対基準方式の、いずれもはっきりとした形では採用していないという点である。むしろ、こうした学部は、内部の質が低すぎると判断した場合、外部からの採用に頼っているようである。経済学部の教授は、企業特殊的人的資本をあまり持っていないため、彼らは、学内での競争よりも、より広く学術界全体で互いに競い合っており、大学間を頻繁に移動する。

出所:Coupé, Smeets, and Warzynski(2006)

いくつかの研究で、企業の評価方式や報酬体系が、理論で予想されたように、異なっているかが分析された。企業が、誰を昇進させるかを決めるにあたって、相対評価指標と絶対基準方式のどちらを使用しているかについての研究結果は、非常に入り混じった結論となった。このことから少なくともわかることは、企業にとって、階層構造を固定しておくことと、昇進した従業員の質をコントロールすることのどちらが重要であるかによって、企業によって方針が異なるということである。同じ企業の中でさえも、複数の職種のうちのどちらを重視するかによって違いが生じる。

他に、給与体系の理論(例えば、昇進の可能性が低いほど、昇進による昇給幅は大きいなど)を調査した研究もある。これらの研究結果は、企業が理論に従って報酬体系を設計しているという考えと、概ね整合的である。しかし、残念ながら、これらの研究結果には別の説明がある。例えば、昇進の確率が非常

に低いならば、昇進した者と昇進できなかった者の能力の差は、非常に大きい
はずである。この場合、昇進に伴う昇給幅もより大きくなる。この説明は、単
に従業員の振り分けのみに拠っており、インセンティブは何ら関係がない。そ
のため、企業が明示的に、インセンティブを最適化するために階層間の報酬体
系を設計しているかどうかについて、確定的なことを言うことは難しい。

キャリア上の関心

　活性化している労働市場があれば、従業員が動機付けられる理由の一部に、
より良い実績を上げれば、社外で職を見つけられる確率が高まるということが
ある。この種のインセンティブはしばしば「キャリア上の関心」と呼ばれる[5]。
特に、人的資本がより汎用的であり、外部の潜在的な雇用主が実績を評価でき
るような業種では、キャリア上の関心は最も重要である。その好例は、(研究
成果が公表される) 科学者、プロのスポーツ選手、公開企業の役員などである。
また、ある程度は、キャリア上の関心はどの業種にも当てはまる。

　キャリア上の関心には興味深い側面がある。労働者は、そのキャリアの初期
の方が、より強く動機付けられる。これは、労働市場において、自分の評価を
確立しようとするためである。経歴を積むにつれて、ある労働者の能力につい
て既に得られた情報が多くなるため、自らが自分の市場価値に新たに影響を与
えられる可能性は少なくなる。

　キャリア上の関心が持つもう一つの意味合いは、より若い労働者ほど、より
リスクを取ろうとする傾向があることである。例えば、先行きがよくわからな
い特殊な仕事に就こうとしたりする。もしうまく行かなかった場合、若い労働
者には、悪い結果を挽回するための時間がまだ多くある。従って、キャリアの
後半になるにつれて、人々がより保守的となるのは自然なことである。

年功報酬とインセンティブ

　図11.1と表11.1は、報酬の増加は、昇進だけではなく、年々の給与の増加に

---

5)　キャリア上の関心は、人的資本への投資と、従業員の更なる努力の両方に動機を与える。
　　ここでは後者に着目するが、人的資本とのつながりについては第3章を読めば理解できるだ
　　ろう。

368 第3部 実績に基づく報酬

も拠っていることを示している。当然、その給与の増加が実績評価に基づく限り、それはインセンティブの一つとなる。ところが、多くの企業においては、年功が、給与の増加において大きな役割を果たす。一見すると、年功と給与の増加を結びつけるのは、実績と直接に結び付けられていないため、インセンティブの増加につながらないように思われる。本項では、なぜ年功報酬が長期的なインセンティブとなっているのかについて、簡単に議論してみたい。

単純化するため、労働者は、業務にあたって、多くの努力を払うか、少ない努力で済ませるかの二つの選択肢があるとしよう。多くの努力を払った従業員は、図11.2において V で示される生産量を、キャリアを通じて産み出すとする。労働者が経験を積むにつれて生産量はある点まで増加するが、その後は減少に転ずる。一方で、労働者は少ない努力しかしないことを選ぶこともでき、その場合の生産量は、V よりも少ない V' となる。ここで、多くの労力を払う方が、より効率的な選択肢であると仮定しよう。言い換えると、V と V' の生産性の差は、より多くの労力を払うことによる限界的な負の効用を上回ると仮定する。そのため、企業と従業員は、より多くの労力が払われるような契約を設計しようとする。

更に、この点をより簡単に説明するために、単純な実績評価指標を考えてみよう。もし労働者がある時点で怠けると（つまり、低い生産量しか生み出していないと）、企業はある一定の確率で労働者が手を抜いていることを発見し、その場合には労働者には罰（例えば、解雇など）が与えられるとする。

図中で Alt により示されるのは、労働者がその他の目的のために時間を使った場合の価値である。労働者の退職の時期が近づくにつれて、最もよい他の時間の使い道は余暇となることが多い。そのため、T は、労働者が退職すべき時点となる。別の言い方をすると、V を生産している自営業者は、自発的に T の時点で辞めるであろう。

W は、雇用期間中を通じて従業員に提供される長期的な賃金のプロファイルを示している。ここでは、時点 0 から T までの間、W の割引現在価値が、同期間の V の割引現在価値と等しくなるように描かれている。もし労働者が V の給与を貰えば、生産量と同じ値を給与として各時点で受け取ることとなる。もし労働者が W の給与を貰えば、t_0 の時点までは生産性以下の給与を受け取り、それ以降は生産性以上の給与を受け取ることとなる。キャリア全体を通じて、生み出す現在価値が同じ値となるまで報酬は積み上がることとなる。

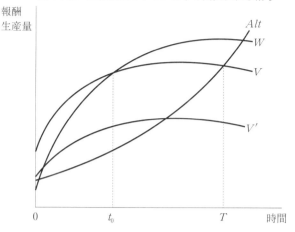

図 11.2 生産量とキャリアの中で支払われる給与

　なぜこのような形で賃金プロファイルを歪める必要があるのだろうか？　実は、インセンティブは V よりも W の方が強くなる。V の通りに支払われた労働者は、結局、V 未満の生産量しか上げない。理由は実に簡単である。

　企業が、キャリアの各時点で V に等しい賃金を払うと仮定する。ここで、まさに T の時点での退職を明日に控えた労働者のインセンティブを考えて欲しい。もし彼が手を抜いたとしても、彼が失うものはなにもない。なぜなら明日には彼は既に退職しているからである。同様に、退職が近づいたいずれの時点でも、労働者のインセンティブはより低くなってしまう。なぜなら、解雇による損失、つまり Alt と V の差が、その時点では非常に小さくなってしまっているためである。

　より一般化すると、社外での選択肢が、現在の企業で受け取っている条件とそれほど変わらなければ、同様の論理はいずれの時点についても当てはまる。そのため、大部分の人的資本が一般的なもので、かつ新しい職を探すコストが小さい場合、失うものはほとんどないために、手を抜こうとする強い誘惑が働く。

　一つの解決方法は、手抜きに対してペナルティを払わせることである。具体的には、従業員に前もって手数料を払わせ、もし従業員が怠けなければ、キャリアの終盤になってそれを返還するという方法である。気づいていると思うが、図 11.2 の W は、この方法の洗練されたやり方の一つであり、そこでは年功に

370 第3部 実績に基づく報酬

応じて給与が増加するようになっている。t_0 以降のどの時点においても、W の割引現在価値は V のそれよりも大きい。実はそのことは**全ての**時点について言える。W は V より低い値で始まる一方で、全期間を通じた割引現在価値の合計は等しいからである。そのため、給与が繰り延べられるほど、労働者にはより多くの努力や労力を払おうとするインセンティブが強化される。

労働者自身も、V のスキームよりも繰り延べ払い制度である W を選好すべきだという点に留意して欲しい。V は手抜きを誘発させてしまうため、給与の現在価値はその分少なくなってしまう。労働者は（そして、企業も）賃金体系が手抜きを防ぐことによる恩恵を受け取ることができる。

■ 実務上の考慮点

暗黙の契約としての年功報酬

こうしたインセンティブ上の効果を得るためには、年功と給与を文字通り結びつける必要はない。単に、繰り延べるだけでよい。しかし、正式に報酬を年功と結びつけることの利点は、企業が従業員に対して繰り延べ報酬制度を事前に約束することができる方法だということである。繰り延べ報酬は（第2章および第3章で論じた例を含めて）企業から労働者への約束を伴っているのである。

暗黙の契約の要素が含まれているため、年功報酬の仕組みは公正な雇用主としての評価を確立した企業（新興企業よりは歴史が古く安定的な企業）で、より上手く機能する。こうした企業は、労働者に対して、彼らのキャリアの成功について長期的な関心を持ち、彼らを公正に扱うことを示すシグナルを送る政策を適用していることが多い。この点に関しては、第15章での議論を参照してもらいたい。

繰り延べ報酬制度では、もし企業の業績が悪化すれば、企業の労働者に対する義務を履行できないという可能性があるというリスクを労働者は負うことになる。そのため、年功制は、成長し安定した業種など、よりリスクの少ない経営環境にある企業でよくみられる。

債権者としての労働者

全ての繰り延べ報酬制度において、労働者は実質的には企業に対する債権者となっている。もし繰り延べられた報酬額が事前に固定されていれば、労働者

は社債保有者のように振る舞うことになる。もし繰り延べられた報酬が、株価や収益分配のように変動すれば、労働者は株主のように行動する。

労働者はリスク回避的であるため、従業員に対して暗黙のうちに株式を与えるのはあまり合理的だとは言えないだろう。しかし、一方で、繰り延べられた報酬を企業価値と連動させることを正当化する追加的なインセンティブの効果はある。場合によっては、従業員は将来の企業価値を増やすための行動を事前に起こすことができる。例えば、弁護士事務所を考えてみよう。現時点での弁護士の仕事振りは、将来の事務所の評判に重要な影響を及ぼす。更に、弁護士が今、新しい顧客を獲得できれば、その顧客は将来にわたって事務所に仕事を依頼してくる可能性がある。繰り延べ報酬を事務所の収益と結びつけることによって、事務所は弁護士に対して、自らの行動が事務所に及ぼす長期的な効果を考慮するよう動機付けすることができる。

定年退職

従業員に対してWを払う際、労働者はT時点で、$W > V$であるために、退職後も企業に残ろうとするインセンティブが働くという問題が生じる。余暇の価値であるAltは労働者の企業での生産性を上回っているため、これは望ましい状況ではない。企業は労働者を辞めさせるために費用を払うことでより利益を上げることができる。当然のことながら、このことはWに基づく支払いスケジュールを壊す。

別の見方をすると、労働者はT時点で辞めることを約束することができる。しかし、労働者側から約束を破ることもできる。企業はTの時点で労働者を辞めさせようとするが、ほとんどの経済社会では、退職間際の従業員を辞めさせることには厳しい規制が課せられている(おそらくは、企業側に年金についての約束を破らせないようにするためである)。

T時点での定年を設定することによって、この問題は容易に解決できる。実際に、多くの企業が定年退職制度を採用してきた。しかし、米国やその他の国では、定年はもはや違法となっている。その代わりに、企業は、年金制度の構築やその他のプランによって、効率的な退職を促すようなその他のインセンティブを採用せざるを得なくなっている。

要　約

　キャリアの視点は、多くの（おそらくはほとんどの）労働者にとって、外発的動機の重要な源泉となっている。キャリア上の収入の増加のほとんどは、新しい職、昇進、年々の給与の上昇によって得られる。特にホワイトカラーの労働者にとっては、昇進は最も重要な実績に対する報酬である。全ての労働者にとって、外の労働市場においての評価や価値を上げられる可能性は、特にキャリアの初期段階において、大きなモチベーションとなる。

　昇進は、なぜこのようにインセンティブの中で大きな役割を演じるのだろうか？　一つの答えは、ホワイトカラーの仕事では、実績評価は非常に難しく、主観的とならざるを得ないからというものだ。このために、短期的なインセンティブはおおよそ望ましいとはいえず、企業は、処遇を検討しなければならない時点まで、評価を遅らせたいと考える。もう一つの答えは、昇進は外部労働市場へのシグナルの役目を果たし、昇進した従業員の市場価値を高めるため、自動的にインセンティブとなっているというものである。従って、仮に企業が処遇とインセンティブを分けておきたいと思っていたとしても、企業は、昇進を必然的にインセンティブとせざるを得ないのである。

　このことをより一般化すると、実績に基づく報酬制度がなぜ階層的なのかについての理解が得られる。ある従業員のインセンティブを分析する際に、企業は、まずその従業員にとって、昇進によるインセンティブが大きいか、小さいかを知るべきである。そのために、本章で論じたトーナメント方式、絶対基準方式のモデルを用いることができる。また、昇進の価値は、階層が上に行くほど大きくなることも覚えていて欲しい。

　仮に昇進によるインセンティブが弱い場合、企業は他の形での実績に対する報酬を考える必要がある。一つの方法としては、降格や、解雇をほのめかすこともできる。しかし、前述した通り、解雇は一般的には稀であり、いくつかの要因により、ほとんどの従業員は階層の上に向かって進むのが自然である。解雇をほのめかすことは重要なインセンティブとなるかもしれないが、コストを伴う。企業側は従業員の再就職のためのコストを負担しなくてはならない。そのため、もし他の手段でのインセンティブが可能な場合や、これらの離職に伴うコストが高い場合（欧州諸国の多くで当てはまる）、解雇をインセンティブの

手段として頻繁に利用することは難しいだろう。実際、多くの企業は解雇を限られた場合にしか使用せず、主なインセンティブの源泉とはしていない。

昇進によるインセンティブが弱い場合、企業はボーナスや昇給などの他の手段に頼ることになる。例えば、階層の上層では、昇進の確率が非常に低くなると、ボーナスの役割は大きくなることが予想される。確かに、階層の一番上（CEOやその他の経営陣）では、企業は、株やストックオプション、ボーナスを、より多く利用する。こうした手法が利用される場合、第9章や第10章の原則が当てはまる。

もちろん、昇進を明示的にインセンティブとして使う場合もある。相対評価の効果が非常に大きく、階層構造が比較的固定化されており、昇進を巡って競争させることが望ましい場合がこれに当たる。

昇進によるインセンティブが、明示的に設計されたものなのか、たまたまそうなったのかにかかわらず、トーナメント方式と絶対基準方式に関する議論は有効である。昇進の確率や評価の不確実性によって、インセンティブや最適な報奨がどのように変わるのかについては、トーナメント方式でも絶対基準方式でも、ほぼ同じ結論が得られる。

ただし、トーナメント方式と絶対基準方式は、以下の二つの重要な点で異なる。第一に、外部採用の可能性がない場合（例えば、企業特殊的人的資本があまり重要でない、あるいは採用に伴う費用があまり大きくない）を除いて、トーナメント方式は、企業が役職の数を固定したい場合に用いられる。これに対し、絶対基準方式が用いられているということは、昇進する従業員の数が変動することを意味している。またトーナメント方式の場合は、昇進する者の質が絶対基準方式よりもばらついてしまう。景気が悪い年には、企業は比較的（実績の悪い）質の低い従業員を、単にその者の実績が相対的に最もよかったという理由だけで、昇進させてしまう。逆に良い年には、人材に恵まれすぎたために、高い質の従業員を昇進させることができないという状況が生じる。絶対基準方式を用いれば、企業は従業員の質をより上手くコントロールすることができる。

外部からの採用は、中間的なアプローチとして、企業の階層構造を安定させたいという要請と、上位の職に昇進（もしくは採用）する者の質をコントロールしたいという要請の間のバランスを取ることができる。実際、多くの企業では、相対評価指標の便利さから、明確なトーナメント方式を採用しつつ、競争

者の質が低い年には、外部採用することが多い。

トーナメント方式が絶対基準方式と異なる第二の重要な点は、実績評価である。トーナメント方式が、相対評価指標の重要な一例であるのに対し、絶対基準方式では個人を個別に評価する。仮に、異なる従業員同士の評価の誤差に大きな共通要因が存在するのであれば、相対評価はリスクを小さくすることができる。しかし、それ以外の場合には、相対評価の場合は、従業員が競争相手の運という要素にさらされるため、リスクは大きくなる。

報奨が非連続的な場合（トーナメント方式のように、報奨をもらえる者ともらえない者が出る場合）、相対評価指標の重要な利点は、評価は序列付けだけで済む点である。換言すれば、企業側は、誰がより実績を上げたかだけを決めればよく、どの程度他に差をつけたかを考慮しなくてもよい。これは、評価を容易にするだけでなく、特に仕事の内容が無形的な場合は、評価の信頼性をより高める。もちろん、このことは多くのホワイトカラーの仕事において当てはまる。この点では、絶対基準方式よりもトーナメント方式が優っている。

最後に、トーナメント方式は絶対基準方式に比べて、インセンティブを歪めがちである。トーナメント方式は、他のやり方に比べて、協調性を低下させ、手抜きを助長するような動機を与える。仕事の内容が相互依存的でこれらの問題が重要な場合には、企業は昇進を決める際には、トーナメント方式ではなく絶対基準方式を採用すべきである。より一般化して言えば、チームワークに関する配慮が重要な場合には、相対評価指標に基づくインセンティブ制度は不適切であることが多いということである。もし相対評価指標を用いる場合には、手抜きや協調性の欠如への誘因を克服できるような、生産性向上に向けた強いインセンティブをバランスよく働かせるように、報酬を調整すべきである。また、企業は、労働者をその個性によって区分けし、攻撃的で個人主義的な従業員を、協調性のある従業員と競争させないようにすべきである。もし企業が協調性（内発的動機）のある従業員を採用できるならば、これらの問題を軽減することができる。

第12章　オプションと経営陣への報酬

> あなたはなぜ部下にそんなに多くの報酬を払えるのか?
> **ある銀行員のアンドリュー・カーネギーに対する質問**
> 他に払える方法がないからだ。
> **カーネギーの回答（Hendrick が引用（1932 年））**

　実績に基づく報酬を扱った第3部を、本章での経営陣の報酬に関する二つの重要な議論で締めくくることとしたい。これらの論点は実務上重要であり、これまでの三章で扱った議論を応用する興味深い機会を提供する。

　一つ目の論点は、従業員のストックオプションである。オプションは、ほとんどの公開企業の経営陣の報酬制度の中で重要な役割を占めている。また、多くの小さい新興企業にとっても、非常に重要なインセンティブになっている。また、一般社員へのストックオプションの提供は、1990 年代のテクノロジーブームの際に爆発的に増えた。多くのハイテク企業が階層の下の方にまでオプションを付与し始め、秘書がオプションによって富を手にして職場にフェラーリで通勤する話をマスメディアは報じた。今では、欧州やアジアでも社員のストックオプションの提供は拡大している。本章では、ストックオプションのインセンティブとしての性質と共に、それが実務上で優れた報酬の手段なのかどうかについて論じ、もしそうならば、どのような従業員に対してそれが当てはまるかを明らかにする。

　二つ目は、経営陣の報酬とインセンティブについて、特に CEO に焦点を当てた議論である。インセンティブの問題は企業の要となる人材にとって最も重要であり、優れた報酬制度の設計は経営陣にとって、非常に重要な課題である。これまでの章で論じてきた概念は、他の社員と同じく CEO やその他の経営陣にも関連している。

376　第3部　実績に基づく報酬

従業員ストックオプション

■ ストックオプションの概要

　全ての読者がストックオプションについて詳しいとは限らないため、ここではオプションに関する概略の説明から始める。既にオプションについて詳しい読者は本節を飛ばしても構わない。

　コールオプションとは、その保有者が、ある企業の株式一単位を決められた**行使価格**（strike price や exercise price と呼ばれる）で取得できる権利を持つ金融商品である。従って、そもそも株式は、行使価格がゼロのコールオプションと等価である。もし株式の価格が行使価格未満ならば、もちろん、オプションを行使する意味はない。もし株式の価格が行使価格を上回っているならば、オプションの保有者は、オプションを行使し、株式を売却して、差額（取引費用と税金控除後）を手に入れることで利益を得ることができる。そのため、コールオプションの価値は株式の価格が上がるほど上昇し、オプション保有者は株式の価格の下落からは守られる（ただし後述する通り、一定程度である）。

　プットオプションとは、ある企業の株式一単位を決められた行使価格で売る権利である。コールオプションとは逆に、株式が下落している時に、プットオプションの行使は合理的になる。そのため、プットオプションの保有者は、株式価格の下落を願う。このために、従業員のストックオプションは常にコールオプションである。本章ではコールオプションについてのみ採り上げる[1]。

　図 12.1 は、行使価格を K とし、株式の価格を S とする架空のコールオプションのペイオフを示したものである。$S<K$ の場合は、**アウト・オブ・ザ・マネー**と呼ばれ、オプションは行使されるべきではなく、従って、ペイオフはゼロとなる。$S>K$ の場合は、**イン・ザ・マネー**と呼ばれる。イン・ザ・マネーのオプションは行使され、株式が即座に売却されれば、その際の利益は $S-K$ となる[2]。このペイオフはしばしばオプションの**本源的価値**（intrinsic value）と呼ばれる。従業員にオプションを与える際には、企業は行使価格を決めておかなければならない。ほぼ全ての従業員のコールオプションは「アット・ザ・マネー」（行使価

---

　1)　実際、米国の経営陣が自社の株のプットオプションを保有することは違法である。
　2)　税金については無視している。従業員のストックオプションに関する税金の問題は複雑であるが、本書で取り扱う範囲を超える。

図12.1 コールオプション

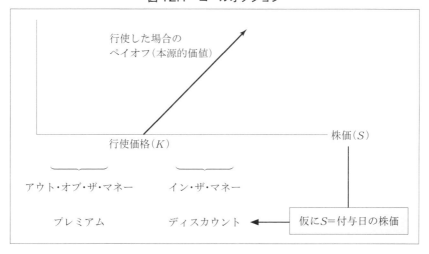

格 K が付与日の株価に等しく設定される）で発行される。最後に、オプションには、満期日、つまり、行使可能な最後の日がある。その日を過ぎると、オプションは無価値となる。

オプションは、有名なブラック・ショールズ方程式から派生する方法によって評価される。しかし、以下に述べるように、取引所で取引されるオプションとは異なり、従業員のオプションへのブラック・ショールズ方程式の適用には注意しなければならない。

従業員のオプションは、取引所（例えば、シカゴ・オプション取引所（CBOE））で取引されるオプションとはいくつかの点で異なる。まず、従業員に付与された時点で、通常は、すぐに権利行使が可能になるわけではない。典型的には、従業員のオプションが権利行使可能となるまで、3年から5年かかる。権利行使可能になるまでは、従業員はオプションを行使できない。また、仮に権利行使可能となったとしても、従業員はそれを取引したり、別の者に譲渡したりすることはできない。従業員はオプションを保有し続けるか、行使するしかない。もし、従業員がオプションを行使しないで企業を辞めた場合、通常行使されなかったオプションは失われる。

378　第3部　実績に基づく報酬

■ 企業は従業員にオプションを付与すべきか?

　前述の通り、(米国での) 従業員のストックオプションの利用は1990年代の IT バブルの際に、特に「ニューエコノミー」系の新興企業で爆発的に増えた。それ以前は、一部の経営陣を除いて、ストックオプションが報酬の中で重要な位置を占めることはなかった。従業員にオプションを与えることを擁護する議論はしばしばなされるが、一般的に言うと、企業の中枢にいる社員を除いては、従業員にオプションを与えることは合理的ではない。

企業の資金調達手段として

　オプションは企業にとって、安価な資金調達方法であるという議論がなされることがある。企業は、実際の現金の支払いはゼロのまま、給与やその他の報酬に代えてオプションを与えるという考え方である。更に、実際に最近までは、会計基準上もオプションが行使されるまではオプションの付与は (現金での報酬とは異なり) 費用として計上する必要がなかった。会計上は、短期的にはオプションは何の影響も与えなかった。しかし、以下で議論する通り、経済学的な観点からすると、この議論は誤りであることがわかる。おそらくオプションは、報酬の中でも最もコストが高くつく形態である。なぜなら、従業員は、オプショントレーダーがオプションを評価するほど、オプションの価値を評価していないためである。

　詳細については後に譲るとして、ここでは単純な方法で、なぜ従業員のストックオプションが資金調達として望ましくない方法であるかについて説明しよう。企業の資本コスト (投資家に対して払うべき投資の期待リターン) は、企業が比較的リスク回避度が低い投資家を見つけることができれば下がる。ほとんどの大企業で、**経営と資本が分離**されている (企業は、経営陣によって経営されるが、別の投資家達によって所有されている) のはこのためである。一方、経営と所有の分離は、本章で後述するプリンシパル＝エージェント (依頼人・代理人) 問題を引き起こす。投資家は、ポートフォリオの大部分を一つの企業に投資するよりも、多様な企業に分散投資してリスクを減らそうとする。

　ここで、現金給与に代えて、従業員に対しオプションを付与することを考えてみよう。多くの従業員にとって、このオプションは財産のうちの無視できないほど大きな割合となる。更に、一部の企業は、自社株の保有や、年金の一部を自社株に投資することを従業員に勧めることもある。このような背景から、

従業員のリスクは、自社に**集中する**こととなり、通常の投資家よりもリスク回避的になる。その結果、従業員は高いリスクプレミアム（大きな期待報酬）をオプションの付与の対価として要求することとなり、株や債券の発行などの伝統的な手段に比べて、企業の資金調達コストは高くつくことになるのである。

ただし、従業員から資金調達することが合理的なケースが一つある。正味現在価値が正の投資プロジェクトがあるのにもかかわらず、他の手段では資金をより安く調達できない場合である。こうしたケースは通常は非常に稀だが、一つ重要な例外がある。新設のベンチャー企業である。逆選択とモラルハザードが大きく影響するため、ベンチャー企業では、ベンチャーキャピタルからでさえも、外部からの資金調達は非常に困難である。一方、企業の内部にいる従業員は企業の将来についてより十分な情報を持っているため、進んで事業に投資しようとする可能性が高い。このことは、特に新興企業においてオプションが報酬の重要な一手段となっていることの一つの理由となる。

従業員による自己選択

オプションが果たすと思われるもう一つの役割は、従業員の自己選択を促し、採用を改善することである。実績に基づく報酬制度が強化されるほど、従業員の自己選択もより進む傾向にある。オプションがインセンティブとなる限り、このことは当てはまる。企業の将来について楽観的な従業員ほど、オプションを高く評価する。もしこのような従業員の生産性も高いならば（例えば、より情熱を持って企業のために働くなど）、オプションには価値がある。なお、この議論は、全ての形態の実績に基づく報酬に当てはまり、オプションに固有なものではない。

オプションが促す自己選択の違いは、従業員が保守的か、もしくは、よりリスクを取りたがるかという点にある。オプションはおそらく最もリスクの高い報酬の形態である。更に、対象となる株式の価値のリスクが高いほど、オプションの価値は高くなる[3]。そのため、オプションの付与は、従業員に仕事上のリスクを取らせるように勧める効果がある。この点を理解するために、図12.1を見直してほしい。オプションのペイオフは業績が良い時のみに発生し、業績が高ければ高いほど、その価値は高まる。リスクを冒してもダウンサイドは限

---

[3] この点は、取引所で取引されるオプションについては常に当てはまるが、従業員のオプションについては、従業員のリスク回避傾向のためにそうならない場合もある。

られるため、従業員は、より極端な結果（良いか、悪いか）をもたらすような
行動をするよう動機付けられやすい。この点が企業にとって望ましいかどうか
は状況によるが、多くの場合、そうした効果が有効であることは理解できる。
なぜなら、分散化した投資家に比べると、一般的に従業員はリスク回避的であ
り、こうしたリスク回避性向を考慮しないインセンティブ制度の場合、保守的
すぎる意思決定を志向しがちになるためである。最後に、こうした自己選択は、
その意思決定が、実際に株価を左右するような主要な従業員にのみあてはまる
点に注意すべきであろう。このような主要な意思決定に関わる従業員は、通常
一握りしかいない。

離職を減らす効果

　一般的に、従業員へのオプションの付与は、権利行使が可能になるまで時間
がかかり、企業を辞めると権利が消滅してしまうことから、離職を抑制する効
果があると言われている。その可能性はあるが、それはオプションに限ったも
のではない。年功給であれ、年金の受給資格要因であれ、報酬の繰り延べ払い
は、離職を減少させる同様の効果がある。そのため、この議論はオプション付
与の正当化にはあまり説得力がない。

■ インセンティブとしてのオプション

　従業員へのオプションの付与に関する最も重要な議論は、インセンティブの
向上である。この点を論ずるために、従業員のオプションが与えるインセン
ティブの特性について、これまで使ってきた概念に基づいて、考えてみよう。

実績評価指標として

　オプションは、株価と同じ実績評価指標という点で、株式と似ている。株価
は非常に広範な評価指標であり、仮にあったとしても、インセンティブを歪め
るおそれは小さい。ほとんどの従業員にとって、この評価指標を操作すること
は難しい。公開企業に対しては投資家やアナリストの監視の目があるために、
たとえ CEO であっても、数日間や数カ月間以上にわたって株価を操作するこ
とは難しい。しかし、これは一方で非常にリスクの高い評価指標である。この
ことから、株価に基づくインセンティブの場合は、企業は比較的高いリスクプ
レミアムを従業員に対して払う必要がある。

より大きな問題は、企業の中枢にいる一部を除く、全ての従業員にとって、株価はほとんど操作不可能な実績評価指標であるという点である。従業員の数が数人でない限り、実質的に、下層の従業員にとって株価を少しでも動かすためにできることは全くない。そのため、実績評価指標という観点から言えば、ほとんどの従業員に対してオプションが与えるインセンティブはごくわずかであるか、ほとんど無い。オプションの付与は従業員に対して宝くじを与えるようなものである。

実績と報酬の関係

オプションが極端にアウト・オブ・ザ・マネーでない限り、株式よりもオプションを使う方が、企業は報酬を実績評価指標（株価）に強く結び付けられる。なぜなら、オプションは、株価が一定程度上昇しないと報われないという点で、**レバレッジ**のかかったインセンティブだからである。オプションのペイオフはいつも発生するわけではないため、オプション一つの価値は、株式一つの価値よりも小さい。そのため、同じコストで、企業は、株式よりも多くの数のオプションを与えることができる。株価が上昇すると、株式の価値よりもオプションの価値は急速に上昇する。これこそが、経営に関わる従業員に対してオプションを付与する最大の理由である。株価が実績の重要な指標となっている少数の重要な従業員にとっては、株式よりもオプションによって、実績と報酬の関係はより強化される。ただし、繰り返しになるが、この理屈が当てはまるのは、経営に携わる中枢の従業員に対して**のみ**である。

残念なことに、この議論には、悪い面もある。株式によるインセンティブに比べて、オプションによるインセンティブは脆弱である。もし株価が大きく下落し、オプションが極端にアウト・オブ・ザ・マネーとなると、実績と報酬の関係は急激に弱くなる。なぜなら、もし株価が行使価格を大きく下回ってしまうと、従業員が一層努力したとしても、行使価格を十分に上回るような水準に株価を戻すことは難しいからである。これは、第10章の図10.2で見た報酬制度で、区分点が高すぎる場合の議論と全く同じである。

関連した懸念として、オプションを用いた場合、期待報酬の水準も不安定になる。極度にアウト・オブ・ザ・マネーとなったオプションは非常にわずかな価値しか持たない一方、株式は S がゼロに近づかない限り価値を持っている。もし従業員の報酬の大部分がオプションであるならば、総報酬額の期待値は大きく

下落することになるだろう。例えば、2000年3月に、世界経済のうちハイテク産業は、株価の突然の急落に見舞われた。多くのハイテク企業が、従業員のオプションを過度に使用していたため、従業員の報酬のほとんどは無価値となり、他の業種の平均的な水準を下回ってしまった。こうした企業では、オプションを再評価するか、別の追加的な報酬を払わなければ、離職者の増加を余儀なくされた。

＊＊＊＊＊＊ 株価が急落した場合に、オプションを再評価すべきか？ ＊＊＊＊＊＊

2000年3月の米国の株式市場の急落後、重要な従業員に対して与えられたものも含め、ハイテク企業に勤める多くの従業員のオプションが、株価が行使価格を遥かに下回ったために無価値となり、全くインセンティブとならなくなってしまった。一部の企業は従業員のオプションの再評価を行った。再評価は、通常は、既存の従業員のオプションを、行使価格のより低い（通常はその日の株価）、より数の少ないオプションと交換することによって行われる。こうした行為は議論を引き起こし、多くの株主がこうした再評価を非難した。再評価についての是非について考えてみよう。

再評価に反対する意見は、再評価が、実質的に悪い実績に対して報酬を与えている（少なくとも罰を減らしている）ことになるという点である。株価が大きく上昇した時には再評価されない一方、株価が下落した場合にのみ再評価される。一般的な批判は、従業員は事前にこのインセンティブ制度に合意したのであるから、たとえ高いペイオフが実現しなかったとしても、最後までそれに従うべきであるという議論である。更に懸念すべきは、再評価が悪しき前例となり、仮に将来、再度株価が下落した場合に、また再評価してもらえるのではないかとの期待を従業員に与えてしまう。

一方、再評価に賛成する意見は、上記の指摘を認めるものの、より現実的な観点を考慮する。もしオプションが再評価されず、従業員に別の形での報酬も支払われないとすると、報酬パッケージの価値は急激に低下してしまうため、企業は従業員を失うリスクがある。このような状況では、当然、最も辞めやすい従業員は、外部に良い代わりの機会を見つけられる者であり、そうした従業員に限ってその企業にとっても最も貴重な人材であることが多い。また、再評価しなければ、オプションは従業員にインセン

ティブを与えることができないままであることも重要である。もし再評価によって、従業員により良いインセンティブを与えられるのであれば、株主はその恩恵を享受することができる。

この問題を解決するためには、主観的評価についての一部の原則を適用することが役に立つ。まず、株価の下落は、従業員のモチベーションが低いせいだったのか、それとも、外部の制御不可能な要因によるものだったのかを検討してみる。仮に前者であれば、再評価は良い方法ではなく、努力不足に対して報いることとなる。もし後者であれば、株価の下落の責任を従業員に帰すことはできない。この場合の再評価は、リスクを減らし、評価の正確性を上げるための主観的評価の特殊なケースとなる。そのため、業界全体の株価の暴落など異例な場合、再評価が正当化されることもあり得る。また、上位の経営陣よりも、下層の従業員の方が、そもそも株価に影響を与えられる立場にないため、オプションの再評価の対象として、より合理性がある。ただし、取締役会としては、これが前例とならないように細心の注意を払う必要がある。再評価はあくまで非常に稀な特例であることを、理由とともに丁寧に伝える必要がある。

この議論から気付かされる点がある。それは従業員のオプションには、従業員にとってダウンサイドがあるということである。一見すると、オプションは$S>K$の時に利益が得られる一方で、$S<K$ならば従業員は何も払わなくて良いため、このダウンサイドについては見落とされがちである。しかし、オプションは、満期日の前にイン・ザ・マネーになるという可能性があるという点だけで、常に価値がある。株価が低くなるほど、イン・ザ・マネーになる可能性は低くなるため、その価値は下落していく。もちろん、オプションの価値の下落のスピードは株価自体の下落のスピードよりは遅いものの、従業員にとってはダウンサイドのリスクがあることに変わりはない。

時間をかけてオプションを付与する

オプションの付与にはいくつかのやり方がある。最も単純な方法は、ある時点で（例えば採用時など）一度に全てのオプションを付与してしまうことである。この方法は即座に最も強力なインセンティブを与えることができる。ただし、一方で、非常に脆いやり方であり、上記で見たように、もし株価が大きく

下がればインセンティブも報酬パッケージも急激に小さくなる可能性がある。

　代わりに、多くの企業は、時間をかけて、例えば、毎年一定量のオプションを付与している。この方法として、一般的に使われているアプローチが二つある。一つは、一定の価値分のオプション（例えば、毎年2,000ドル分など）を毎年付与する方法である。もう一つは、決まった数（例えば、200個）を毎年付与する方法である。どちらが優れた方法だろうか？

　この質問に答えるために、まず思い起こしてほしいのは、ほとんど全ての従業員のオプションが、付与日の株価Sに等しい行使価格Kで発行される（つまり、アット・ザ・マネー）という点である。なお、アット・ザ・マネーのオプションは、Sが上昇するにつれてオプションの価値も上昇する。

　それでは、まず一定の価値分のオプションを毎年付与する方法について見てみる。もし株価が今年上昇すれば、一つ一つのオプションの価値は増加するため、翌年に付与するオプションの数は少なくなる。同様に、もし株価が下落すると、翌年の新しく発行されるオプションの価値は下がり、より多くのオプションが付与される。そのため、このアプローチの下では、従業員は企業の業績が良い時には少ないオプションしかもらえず、逆に企業の業績が悪い時に、より多くのオプションをもらうこととなり、全てのオプションを一度に与える方法に比べて、インセンティブは弱くなる。ただし、総報酬額を予測しやすくなるという利点がある。

　次に、毎年一定の数のオプションを付与するアプローチについて見てみよう。もし昨年の株価が上昇していれば、今年の付与されるオプションの価値は上がる。逆もまた同じである。この点は、最初に全てのオプションを付与する方法よりもインセンティブを強化する。しかし、総報酬額はより不安定になる。

　このようにそれぞれ一長一短があり、一定価値分のオプションを付与する方法は、インセンティブをより不安定にするが、総報酬額の変動を抑えやすい。一定数のオプションを付与する方法は、インセンティブを強化できる一方、総報酬額がより変動してしまうことになる。

オプションのその他のインセンティブ効果

　これまで見てきたように、悪い結果に対して事実上の保険を与えながら、良い結果に報いるため、オプションはよりリスクを取るようにインセンティブを変える。もし従業員が保守的すぎることが問題であれば、この効果は役に立つ。

反対に従業員がリスクを取りすぎることが問題ならば、この効果は危険である。この点は、オプションが新興企業で広く採用される理由の一つである。新興企業の場合は、企業が保守的になることのメリットはあまりない。失って惜しいようなブランドも評判もないからである。逆に、良い結果が出た際のペイオフは非常に大きくなる可能性があり、企業は、保守的になることを避けようとし、戦略的により革新的になろうとする。一方、良い実績に対してあまりアップサイドがなく、ダウンサイドが大きいような職種では、オプションは誤った選択肢となる。

オプションのペイオフの構造は、ちょうどイン・ザ・マネーになるところで坂が急になる。このため、イン・ザ・マネーに近づくところでは、インセンティブが急激に変化する。議論した通り、こうした状況は、従業員側にインセンティブの仕組みを操作しようとする誘惑が働きやすい。そのため、オプションを濫用しすぎると、経営陣は、自分のオプションがプラスのペイオフとなるようにするため、違法行為や反道徳的な行為に手を染めやすくなる。経営陣がオプションの代わりに単に株を付与されていた場合はこうしたことは起きにくい。株の場合は実績と報酬の関係は、より滑らか(実際、線形)であるためである。

従業員はオプションをどの程度評価しているのか?

公開市場で取引されるオプションのほとんどは、有名なブラック・ショールズの公式を使って評価される。この公式は、1970年代に経済学者のフィッシャー・ブラックとマイロン・ショールズによって立てられた。このモデルでは、実質的には、コールオプションを保有して得られる期待キャッシュフローの計算が行われている。期待キャッシュフローの計算では、リスクに応じた調整が行われないことから、リスク中立的な者にとってのオプション価値であるとも解釈される。このモデルは、取引されるオプションの価値をよく近似できるため、金融界に対して非常に大きな影響力を持つこととなった[4]。実際に、オプション取引所のトレーダーはリスク中立の仮定にかなり近い。彼らは顧客のために取引しており、また、彼らはポートフォリオを分散することができるからである。

---

4) 1997年に、マイロン・ショールズは、ロバート・マートンとともに、そのオプション価格理論に対する貢献により、ノーベル経済学賞を受賞した。当然、ブラックも賞を受けるに相応しかったが、残念ながら、当時既に亡くなっていたため受賞できなかった。ノーベル賞は存命のものにしか与えられないという規則があるからである。

企業も従業員に付与するオプションの評価に、しばしばブラック・ショールズの公式を用いる。しかし、こうしたやり方は理にかなっているだろうか？　この答えは、企業が、株主にとっての機会費用を計算しようとしているのか、それとも、従業員にとっての価値を計算しようとしているのかに依存する。前述の通り、従業員のオプションは、取引所で取引されるオプションとは、いくつかの重要な点で異なっている。まず、従業員のオプションには制約が多い。時間が経たないと権利行使することはできず、譲渡もできず（行使ができるだけである）、企業を辞めた場合には、失ってしまう。更に、従業員が、オプションのリスクを分散させることは非常に難しい。

そのため取引所でオプションを取引するトレーダーが比較的（場合によっては完全に）リスク中立的であるのに対して、従業員はオプションに関しては、非常にリスク回避的になりがちである。例えば、理論的には、（配当を無視すると）コールオプションは満期前に行使されるべきではない。この点を直感的に説明すると、オプションを早く行使してしまうことで、更に長い時間オプションを保有することによる追加的な価値を捨ててしまうことになるからである。オプションを保有しているトレーダーは、行使する代わりに、オプションを売却することができ、買い手はそうした追加的な価値を織り込んで対価を払ってくれる。ところが、従業員の場合は、しばしばオプションをかなり早期に行使してしまう。実際、権利行使可能となった途端に行使されてしまうことが多い。リスク回避的な従業員にとっては、いずれも合理的な行動である。オプションをすぐに行使することで現時点での利益を確定することができ、将来、株価の下落によってオプションの利益が減ったり無くなったりすることを回避することができるからである。

仮に報酬の仕組みにリスクがある場合、企業は従業員に対して必ず何らかのリスクプレミアムを支払わざるを得ない。中でも、オプションの場合のリスクプレミアムが最も高くつく。従業員は、通常、オプションを受け入れるのと引き換えに、ブラック・ショールズの公式により計算される価値よりも多くのリスクプレミアムを要求するだろう。言い方を変えると、ブラック・ショールズ式は公開市場で取引されるオプションの価値の近似としては優れているものの、従業員に与えられる同様のオプションの価値を過大評価してしまうのである。

第12章　オプションと経営陣への報酬　387

> ### ～～～～～　従業員にとってオプションはどれくらいの価値があるのか？　～～～～～
>
> 　報酬パッケージの中に含まれるオプションが従業員にとってどれくらい価値があるかを調べた研究はほとんどない。これが困難な理由の一つは、企業が従業員にオプションを付与する際に、暗に、給与やボーナスやその他の報酬制度の代替としているためである。
>
> 　ワトソン・ワイアット社（現タワーズ・ワトソン社）は、世界でも最大の人事・報酬コンサルタント企業の一社である。2002年に、ワトソン・ワイアット社は、従業員がどれくらいオプションの価値を評価しているかの調査を実施した。彼らは、複数の企業の従業員を対象に、オプション・制限付き株式・給与の間で、それぞれどの程度の対価を払って交換するかを尋ねた。
>
> 　調査結果によると、従業員はオプションと株式の価値をブラック・ショールズ式が示す価値よりもかなり割り引いて評価していることがわかった。おそらくは、リスク回避傾向が強いためである。推計では、従業員にとってのオプションの価値は、ブラック・ショールズ式により計算された価値よりも、30％以上も割り引かれていた。オプションよりも幾分かはリスクの少ない、制限付きの株式については、市場価値よりも15～20％程度割り引かれていた。こうした割引は、質問で仮定された、付与されるとされたオプションの数が多ければ多いほど、大きくなる傾向があった。
>
> 出所：Watson Wyatt（2007）

　企業側から見ると、従業員へのオプションの付与は、決して無償ではないという点は重要である。会計上、オプションの付与は直ちに何らの影響を与えないとしても、企業はかなりの経済的な費用（機会費用）を負担していることになる。この点は、以下のように考えるとわかりやすい。企業は、従業員にオプションを付与する代わりに、その分給与を減らせると仮定しよう。そうすることで、企業は従業員に対して、確実な給与を諦めさせ、よりリスクの高い（ただし、うまく行けば業績連動の）報酬を受け入れさせることで、「仕事を買う」よう要求していることになる。ただし、従業員は、ブラック・ショールズ式に

388　第3部　実績に基づく報酬

よって計算される価値分の対価を払うことはせず、リスクプレミアム分を割り引いた後の価値しか払わない。そのため、企業は、市場でオプションを売却した場合に比べて、リスクプレミアム分を負担していることになる。従業員のオプションのリスクプレミアムは非常に大きいため、おそらく、オプションは、ただであるどころか、実績に対する報酬の中で最も高くつく。従業員のオプションが、企業が採用する実績に基づく報酬制度の中でも最もリスクが高いことを考えれば驚くべきことではない。

経営陣の報酬

　企業にとって鍵となる人材、例えば、最も大きな価値を企業にもたらし、重要でかつ希少な能力を持っている人材について考える際に、これまで本書で取り扱ってきた全ての議論により注意しなくてはならない。一般的に、企業にとって最も重要な人材とはCEOである。本節では、CEOおよび経営陣の実績に対する報酬について考える。その際、上場企業を対象に、経営陣の目的は株主価値の最大化であるとの前提に基づいて議論を進める。もしそれ以外の目的がより重要な場合は、別の結論が導かれる場合もある（例えば、大量解雇が望ましいか、否かなど）。それでもなお、こうした前提での分析は、経営陣が直面する重要なトレードオフや経営陣のインセンティブの問題を考える上で有益である。

■最も重要な問題は何か?

　図12.2は、2012年のS&P 500指数を構成する企業のCEOの報酬をグラフにしたものである。S&P 500指数は、スタンダード＆プアーズ社によって選定された米国の大企業によって構成される、主要な企業の株価指数である。この図はこれらの企業のCEOの報酬の1992年からの推移を示している[5]。

　全ての報酬のデータは、2013年時点の100万ドル単位で示されており、インフレーション調整済みである。株式およびオプションは、CEOに付与された時点での市場価値である。CEOはリスク回避的であり、権利行使可能となるまでの時間がかかることを考慮すると、前節で見たとおり、これらの数字は実際の

---

5)　データはCompuStatのExecuCompデータベースに基づく。1992年以前のデータについては入手できていない。2013年のデータは、本書執筆時点ではまだ完全に利用可能でない。

図12.2　2012年時点でのスタンダード＆プアーズ（S&P）500構成銘柄企業のCEOの報酬の中央値。内訳はその年の標本の中のCEOの報酬形態の中央値を表示

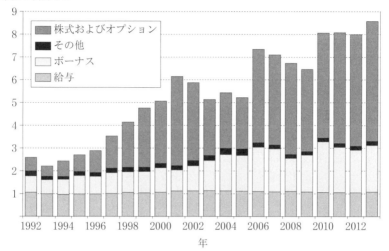

出所：CompuStat ExecuComp データベースの 2012 年の S&P500 構成企業の入手可能なデータを使用。2013 年のデータは数値を計算する段階でまだ入手できなかった。個々の構成値はその年の中間値であり、2013 年基準の実質値。

CEOにとっての価値を過大評価している。それでもなお、これらの数字は、株主にとってのCEOへの報酬のコストを示しており、長年にわたる報酬パッケージのサイズと構成の変化を見る上で有益である。

まず、CEOの報酬は、毎年の変動がかなり大きい。これは報酬のうちの重要な部分を株式やオプションが占め、それらが市場価値に左右されるためである。外れ値による歪みを取り除くため、構成要素毎に中央値（50 パーセンタイル値）が使用されている。総報酬額は、各年毎の各構成要素の合計値である。

ここからわかることは、大企業のCEOへの総報酬額が長年にわたってかなり増加したということである。1992年当時はこれらの企業のCEOの総報酬額は平均で約250万ドル程度であったが、20年後にはその三倍から四倍に増加した。実は同様の現象は、中小企業でもみられる。その他の国でも同様のCEOの報酬の増加は観察されるが、同種の企業では米国のCEOの総報酬額の方が他の国のCEOよりも大きい傾向にある。

また、この図はここ数十年のCEOへの報酬の構成の変化も示している。最

も重要な変化は、株とオプションの利用の急増である。ボーナスの利用も増えているが、給与についてはほとんど変化がない。これらの変化は、企業価値を増やそうとするインセンティブを反映させるようにCEOの報酬体系が劇的に変化したということを意味している。前章までに学んだことから、この理由についていくつかの説明が成り立つだろう。例えば、労働市場における優秀な経営陣の人材の価値の変化や、CEOの仕事自体の変化、インセンティブの価値の上昇や、その他の要素が、こうしたCEOの報酬の変化の要因として考えられる。

　経営陣の報酬は、様々な議論を引き起こしやすい。多くのビジネス誌が毎年CEOの報酬について特集し、これらの記事が世間の関心を集めてきた。上場企業の最高経営者の報酬は、様々な理由から批判されやすい。ほとんどは、CEOの報酬は払われ過ぎであるというものである。報酬が業績を反映していないという批判もある。更には、CEOはその地位を利用して、株主の資金を安易に利用し、上記二つの問題を引き起こしているとも批判される。確かに、ストックオプションによって1億ドルを得たCEOや、巨額の退職手当をもらったCEOの話を聞けば、このような懸念も理解できなくもない。

　これらの問題のうち、どの問題が最も重要だろうか？　どの問題も株主に影響する。しかし、世論による批判は、過度に経営陣の報酬水準に向いているようである。経営陣の報酬は巨額すぎ、また、倫理的でないようにも思えるが、目的が株主価値の増加であれば、そうした問題は二次的なものでしかない。結局、どれほど巨額の報酬をもらっているCEOであっても、企業価値からすれば、その報酬額は全体の数パーセントでしかない。

　より重要な問題は、実績と報酬の関係の強さである。第10章で見た図10.1に戻るとわかるように、報酬の水準自体がインセンティブに与える影響はわずかである。むしろインセンティブはその強度、つまりは実績と報酬の関係の傾斜（また、更には全体の形状）によって決まる。そのため、我々は、主にインセンティブに関する問題に焦点を当てたい。

　とはいうものの、経営陣が自らの権力を使って、本来であれば得られないはずの報酬を得ているのではないかという証拠がある。なぜこのようなことが起こるのだろうか？　CEOや経営陣の報酬パッケージは、通常取締役会の中の報酬委員会によって雇われた報酬コンサルタント会社によって設計される。こうしたコンサルタントは、人事部やその他の部署の、当該企業の従業員と協力し

ながら仕事をする。一方、CEO は、取締役会のメンバーや、報酬委員会に指名された者達に影響力を行使することができる。更に CEO は、従業員やコンサルタントに対しても影響力を行使することができる（この場合のコンサルタントの「彼ら自身の」インセンティブを考えてみると、彼らは、彼らにとっての重要な顧客のために働いている）。

　ある研究は、報酬委員会の委員長よりも前に CEO が任命された場合、その他の要素（企業規模や、業種、CEO の経験など）をコントロールした後で、CEO の報酬はおよそ 11％増加していたことを明らかにした[6]。同研究は、その他の要素をコントロールすると、互選された CEO（つまり、ある企業 A の CEO が他の企業 B の取締役会に属し、その企業 B の CEO が企業 A の取締役会に属している）の報酬は、10％程度高いことも明らかにした。こうした研究は、CEO の報酬は、場合によっては、こうした影響力が無い場合の市場価値よりも、多く支払われているということを強力に主張している。

■ 経営陣の実績に基づく報酬

　従業員のオプションの分析に使った手法と同じ手法を用いて、CEO の報酬を簡単に分析することができる。まず、実績の評価について考える。彼らにとっての第一のインセンティブ手段が株式もしくはオプションであることから、最も重要な実績評価指標は、株価である。CEO の行動は企業価値全体に対して強い影響を及ぼすことから、CEO の実績評価指標として株価を用いることは合理的である。しかし、この指標は極めてリスクが高い。そのため、多くの経営陣の報酬パッケージは、より狭い業績指標、特に会計上の利益（または売上）も重視している。

　インセンティブの強度についてはどうだろうか？　CEO のインセンティブ強度に関する推計値の結果は、非常に小さい。もし創業者兼起業家の歩合率を 1.0 とすると、規模の大きい企業の CEO でさえも 0.004 しかない[7]。つまり、株式価値の 1,000 ドルの増加に対して、CEO の報酬（昇給、ボーナス、繰延べ報酬、株式、オプション、および解雇のおそれも含めて）は 4 ドルしか増加しない。この小ささが示すのは、リスクやその他の要因が大きな役割を示しているということである。むしろ重要なことは、起業家に比べると、CEO のインセン

---

6)　Hallok（1997）

7)　Jensen and Murphy（1990）

ティブは弱いということである。会計上の指標を基にすると、経営陣のインセンティブ強度はより強くなり、おおよそ二倍程度になる。このことは、つまり、リスクについての懸念が重要であることを示している。会計上の指標は実績評価指標としては、株価に比べると、インセンティブを歪めるが、リスクはより小さい。

経営陣にとっての望ましいインセンティブの強度を決めることは、不可能ではないものの、非常に難しい。その他の研究も同様の疑問を投げかけている。すなわち、理論が予測するように、インセンティブの強度はその他の要因によって変化するのかという疑問である。答えは、多かれ少なかれ、経営陣の報酬の傾向は理論が予測する通りということである。つまり、経営陣の報酬には少なくとも経済理論の働く余地があるという証左になっている。

例えば、いくつかの研究は、CEOのインセンティブ強度は、株価のリスクがより低くなるほど強くなり、逆もまた成り立つことを明らかにした。同様に、経営陣のインセンティブは、業種の特徴によって異なる。規制された公益産業では、経営陣の報酬の水準は低く、またインセンティブも弱い。こうした業種は規制により制限され、経営陣にできることは少ないため、両者とも合理的である。つまり、こうした業種では、より動きが激しく、予測のつかない業態に比べて、人材はあまり高く評価されない。また、こうした業種では、CEOや経営陣への権限委譲が進んでいないために、インセンティブの問題はあまり重要ではないということを意味している。

企業規模と経営陣の報酬の間には非常に強い関係がある。企業規模（売上もしくは時価総額による）が10％大きいと、経営陣の報酬は1％増加する。このことは、大きな組織では、人材がより活かされ、また評価されやすいため、より才能のある従業員が選別されやすいという考え方と整合的である。

対照的に、企業業績と経営陣の報酬の関連性の推計値は、むしろ小規模な企業よりも大企業になるほど弱くなる。経営陣のインセンティブに関するほとんどの研究は、インセンティブの強度を推計するための指標として、次式を用いる。

$$\hat{b} = \frac{\Delta\,報酬}{\Delta\,株式価値}$$

前述の通り、大企業においては、上記の推計値は0.004である。この推計値

は企業規模が小さくなるほど大きくなる。もしこの指標がインセンティブの強度の代理変数として適切であれば、大企業では、経営陣のインセンティブは**弱**いことになる。一つの理由として、大企業で同じようなインセンティブ強度を与えてしまうと、よりリスクが増してしまうため、リスク回避的な経営陣のために、大企業はインセンティブを弱めていることが考えられる。

また、これらの推計値は、これまでの二章で説明した二つの効果を含んでいるからだという説明も考えられる。マネージャーのインセンティブは下記のように定式化されることを思い出してみよう。

$$\frac{\Delta\,報酬}{\Delta\,e} = \frac{\Delta\,報酬}{\Delta\,株式価値} \cdot \frac{\Delta\,株式価値}{\Delta\,e}$$

このように、上記の式の最後の項が定数であると仮定した場合、実証研究に用いられてきた代理変数は、企業毎のインセンティブの違いを見る上で優れた指標となる。しかし、もし努力が**株価**に与える効果が企業規模によって変化するとしたらどうだろうか？　もし、そうならばこの点も勘案しなければならない。

一つの考え方として、企業の中に、大まかに二つの種類の経営判断があると仮定して考えるやり方がある[8]。一つ目は戦略的な決定である。戦略的な決定は企業全ての業務に影響を及ぼす。例としては、経営戦略の立案や製品構成の選択、合併や買収などの活動を上げることができる。より優れた戦略的な決定のために努力することは、パーセンテージの単位で企業価値を増やすと仮定しよう。

二つ目の種類の経営判断は、より執行上のものである。これらの決定のために努力すると、企業価値は**絶対**値として増加する。つまり、企業価値を5万ドル増やす意思決定は、企業の規模にかかわらず、5万ドル企業価値を高める。例えば一つの工場の操業の改善などがこれにあてはまる。

ここで、数式の最後の項をもう一度みてみよう。この指標は、より努力することによる絶対値としての企業価値の増加を示している。もし全ての経営判断が執行上のものであれば、この項は定数となる。一方、全ての経営判断が戦略的な決定であれば、この項は企業規模に応じて変化する。とりわけ、企業が大

---

8)　Baker and Hall（2004）

きくなるほど努力の効果も大きくなり、逆もまた同様である。

　そのため、経営上の判断が戦略的なものであり、企業規模に応じて影響が大きくなるならば、インセンティブ強度 b のある所与の水準において、経営陣のインセンティブは企業規模が大きくなるほど強まる。このように考えてみると、CEO のインセンティブ全体は、企業規模が大きくなっても、若干しか低下していないと思われる（この若干の低下はおそらくリスクを反映したものと考えられる）。

■ その他のインセンティブとそのコントロール

　従業員のモチベーションは、実績に対する報酬以外の要因によっても左右される。企業側も監視や意思決定を制限することによって、行動をコントロールする。そして、もちろん、これらは経営陣のモチベーションにとっても重要である。

　経営陣の行動に影響を与える重要な外発的要因として、(1)外部の支援者や株主からのプレッシャー、(2)製品市場での競争、(3)企業の支配を巡る争い（プライベートエクィティや敵対的買収）、(4)取締役会による監視、の四つがある。

　こうした外部の集団からの圧力が、企業にとって良いか悪いかは定かでない。ただし、情報を持った株主からのものであれば、経営陣により良い政策を選択するよう圧力をかけることで、企業価値は改善しやすい。しかし、もしこれらの外部の集団が別の目的によって動いている場合は、CEO のインセンティブは歪められてしまう可能性がある。例えば、企業業績のために大量解雇が必要な場合にそれを回避してしまったり、オプションや利益配分の仕組みを下の階層の従業員にまで、非効率なほど広げてしまったりする。経営陣の高額な報酬に対する批判から、経営陣にとっての最適な報酬パッケージを設計しようとする企業の能力が、世論によって制限されてしまうという大きな影響もあるだろう。この点についてはまだ仮説でしかなく、こうした効果が重要な影響を及ぼしているかについての研究が待たれている。

　おそらく、経営陣にとっての最も重要な制約は、製品市場での競争であろう。市場での競争が激しいほど、コスト削減や品質向上、生き残りのための革新を促すプレッシャーは強くなる。そのため、もし企業の競争があまり激しくない場合には、ガバナンスとインセンティブの問題が、より厳格になると予想

される。企業が、特許や規制による保護などの参入障壁により守られ、独占的
状態にある場合が、これに当てはまる。

　経営陣に影響を与える三つ目の要因の企業支配を巡る争いは、過去において
は重要な役割を果たしていた。もし上場企業の経営がうまくいかない場合は、
原則として、経営陣を入れ替えることができる。こうした入れ替えは、株主に
よる委任状合戦や支配権を取得した株主グループによってなされる。敵対的買
収や支配権を巡る競争が企業価値を増加させることは、多くの実証的研究に
よって示されている。

　1980年代の米国では、数々の敵対的買収やその他の支配権の変更によって、
非効率的な複合企業体が解体され、既存の経営陣が溜め込んだ現金が解放され
たりした。振り返ってみると、当時そうした取引が数多く起こったことは、驚
くべきことではない。その時代の10〜20年前から、国際貿易の増加、大規模
な規制緩和、情報通信革命など、ビジネスを巡る環境は劇的に変化していた。
多くの企業が根本的な再構築を迫られた。多くの経営陣が、組織変更に適合で
きなかったり、大規模なリストラを実行できなかったり、または、そうした手
段をとることに消極的であった。こうした場合、より優れた経営を行える可能
性に賭けて、企業を買収しようとする外部の者の能力が、経営陣にとって重要
なモチベーションとなる。

　このような争いは、しばしば企業組織の大規模な変化、例えば、大量解雇や
部門の売却を伴うため、多くの論争を引き起こす。(英国を除く)欧州にはより
多くの法的規制があり、こうしたやり方は難しい。更に、企業が大規模な組織
の改革を避けるためにどの程度まで社会的責任を負うべきかについて、文化的
な違いがある。そのため、欧州では、こうした仕組みは、あまり重要な役割を
果たさなかった。敵対的買収や支配権を巡る争いは、アジアの一部の国(全て
ではない)では、日常的である。現在では、米国でさえも、敵対的買収はあま
り見られない。これは、ほとんどの州で立法により、こうした取引を成功裏に
実行することが難しくなってしまったためである。そのため、こうした要因で
現在経営陣を規律付けることは、以前に比べると難しくなっている。

　最後に、経営陣に対するインセンティブの仕組みとして、取締役会による監
視がある。取締役には二つの主な役割がある。一つは、CEOおよび経営陣に対
して助言やサポートを提供することである。この役割のために、取締役は企業
の戦略や戦術を議論し、助言し、時には、CEOに意思決定権を譲ったりする。

二つ目は、意思決定の制御の最後の砦として、経営陣の意思決定について承認や監視を行ったり、経営陣のインセンティブを設定したりする。言い変えれば、取締役会の重要な役割の一つは、経営陣に対する主観的評価を行い、報奨もしくは懲罰を与えることである。そのため、ある側面では、取締役はCEOおよび経営陣に対する助言者として振る舞う。一方で、彼らは株主の代理人でもある。管理職の役割が部下に対する助言者なのか監視人なのかを区別するのが難しいように、取締役のこれら二つの役割の間に線を引くこともまた難しく、これらはしばしば利益相反の種となる。

　ある調査によると、取締役のうち、実績評価が彼らの重要な役割であると回答したのは、わずか35％であった。他方、経営陣の多くは、経営陣のサポート役としての役割を過度に重要視しているようである。なぜこのようなことが起こるのだろうか？

　一つの理由としては、CEOは通常、取締役会のメンバーの選任について、かなりの影響力を持っているためである。多くの、おそらくほとんどの取締役は、CEOによって推薦される。当然のことながら、CEOとしては、取締役の選任に際して、自分の友人や、自分の戦略に対する理解者を選好する。加えて、取締役は他の企業のCEOであることも多く、自分の企業の取締役会にあまり好ましくない前例を作りたくないがために、経営陣に対して圧力をかけることには躊躇しがちである。

■ 経営陣のインセンティブは重要か?

　企業の資産を使って贅沢な生活を送るCEO達の悪名高い話は多い。特に驚くべき例は、RJRナビスコ社のCEOであったロス・ジョンソンだろう。彼は、自分のペットの犬を休暇中の滞在先に送るために、コーポレートジェットを使った[9]。しかし、非常に大きな企業から見ればこうした支出はわずかであり、これらのことも経営陣の報酬の一部とみなすこともできる。つまり、必ずしも非効率というわけではないかもしれない。

　より突き詰めるのであれば、もし経営陣が良いインセンティブを与えられていなかったならば、どのような問題が生じるかを問うべきである。もちろん、企業の業績はあまりよくないだろう。国有企業（例えば、公営の郵便事業）が

---

9)　Burrough and Helyar（1990）

その後民営化され、競争にさらされるようになったいくつかの事例を見ると、こうしたインセンティブの問題が生じ得ることがわかる。

では、経営陣に強力なインセンティブを与えた方が、企業の業績は上がるのだろうか？　これは意外にも答えることが難しい質問である。経営陣のインセンティブの強度に関する代理変数（例えば、株の保有割合）と株価のリターンを、簡単に関連づけることはできない。理由は、株式市場が効率的であるためである。株式市場は、企業価値に関する情報をほとんど即座に反映してしまう。もしある企業が、経営陣のための優れたインセンティブパッケージを持っているならば、（後になって企業が方針を再度、変更しない限り）この情報は即座に株価に反映されており、将来の株価のリターンには影響を与えない。

企業が経営陣の報酬プランの**変更**を発表した前後の株価の**アブノーマルリ**ターン（予期せぬ変化によって生じる収益）について調べたいくつかの研究がある。これらの研究によると、もし経営陣の報酬が、例えば株やオプションの付与などによって増加した場合、株価は、それらが発表された時に予想されていた以上に上昇する。この結果は、経営陣のより良いインセンティブが企業価値を向上させるとする考え方と整合的である。

しかし、これには別の解釈も成り立つ。一つは、ある種のインサイダー取引の存在である。CEO が企業の将来について非公開の情報を持っていると仮定しよう。株主側からすると、CEO がよりリスクの高い株式やオプションを進んで受け取ろうとすることから、企業の将来の業績は以前に思ったよりも良いのではないかと推測する。これによって株価は上昇することになるが、しかしこれは CEO のインセンティブが改善したためではない。

同様に、シグナリングとしての解釈も可能である。もし、CEO や経営陣が自社の株価が本来よりも低く評価されていると（彼らが持っている非公開の情報をもとに）考えたとしよう。彼らは、より多くの株式やオプションを受け取ることを発表することにより、こうした考えについてのシグナルを外部の市場に対して送ることができる。これによっても株価を上昇させることができる。このように株価のパフォーマンスに基づいた検証結果は曖昧である。一方で、企業会計上の業績に基づいた研究も同様の結果を得ており、こちらは経営陣のインセンティブが影響するという考え方を支持している。

実例を分析することも一つのやり方である。例えば、マネジメント・バイアウト（MBO）やレバレッジド・バイアウト（LBO）は、通常、典型的な企業より

も非常に強力なインセンティブを経営陣に用いるため、特に注目される。こうしたケースでは、かなり大規模な借入（レバレッジ）が用いられる。これは経営陣をかなり厳しく制約し、倒産を避けるべくキャッシュフローを改善するよう強いプレッシャーをかける。複数の研究で、こうした組織の業績が詳細に分析され、概ね、このような取引の後で業績が著しく改善したことが確認されている。

　外発的なインセンティブの重要な役割は、従業員が内発的動機を持っている際に、従業員と企業の利益をより一致させることである。この課題を考えるための一つの方法は、金銭的なインセンティブがない場合の経営陣の内発的な目標とは何かを問うことである。しばしば指摘される一つの懸念は、経営陣は自らの「帝国」を作りたいという動機を持っていることである。言い換えると、彼らはより大きな組織を経営したいと望む傾向がある。このことは、インセンティブがうまく働いていない経営陣は、成長や合併といった戦略を追求しがちになるということを示唆している。

∽∽∽∽∽ ＣＥＯの内発的動機とは何か？ ∽∽∽∽∽

　統制やこの章で議論してきたインセンティブがないと考えた場合に、経営陣が追求しようとする内発的な目標とは何かについて、膨大な米国企業の各工場レベルのデータを用いて調べた興味深い研究がある。米国では州によって異なる50の法制度があるが、それぞれ異なる時期に敵対的買収の防止法制が作られたため、法制度の内容が互いに異なることを、この研究者達は利用した。この違いによって、経営陣が敵対的防衛から守られている程度差が、どのような効果をもたらしているかについて研究した。

　研究結果によると、経営陣が帝国を作りたがるという見方は適切とは言えないとされた。むしろ、経営陣は「静かな生活」を望んでいると考えられる結果が得られた。企業が敵対的買収からより守られている場合、経営陣は労働者、特にホワイトカラーに対して、より多くの報酬を支払いがちになる。古い工場は閉鎖されにくくなる。一方、帝国作りとは逆に、新しい工場も作られにくくなる。経営陣は、従業員に寛大であり続け、あらゆる変革を拒み、最も抵抗が少ない道を進もうとするようである。なお研究は、こうした企業では、生産性も利益率も低下することを指摘している。

出所：Bertrand and Mullainathan（2003）

　経営陣の目標としてもう一つ考えられるのは、リスクの軽減と生き残りである。株主がリスクを軽減する方法は、相互に無関係な企業の株式を購入し、ポートフォリオを分散化させることである。CEO も、自らの雇用や報酬のリスクを減らすために、企業内の事業を多角化しようとするだろう。もし企業が相互に無関係な複数の事業を持っていれば、ある一つの事業部門の業績が悪かったとしても、他の事業の業績が良くなる可能性は比較的高い。互いの部門が無関係であるほど、それらが同じ時期に業績が悪くなる可能性は低くなり、全体として企業のキャッシュフローのリスクは低くなる。

　一見するとこれは良いことのように思えるが、一般的には、株主にとっては良いことではない。投資家は様々な企業の株式を保有することで、多様化を自ら図ることができる。幅広く多角化した企業を、経済的に正当化するのは難しい。もし事業が本当に異なるならば、規模の経済（シナジー）は全く働かないか、働いてもわずかだろう。一方で、大きく複雑な企業を効果的に運営することは（本書で議論されている理由から）非常に難しい。

　（株主にとってではなく）経営陣にとって、もう一つの多角化の利点は、それによって、経営陣が外部の圧力から守られることである。キャッシュフローのリスクが少ないほど、経営陣が外部から債務を調達したり、株式を発行したりする必要性は少なくなる。この結果、経営陣は、非効率な理由で投資を続ける事業部門を補助することができるようになる。例えば、古くなった工場の閉鎖についても、CEO が個人的に大量解雇に乗り気でないためや、CEO のキャリアの出発点がその工場であったといった理由によって、閉鎖をためらい、投資を続けてしまったりする。

　実際、1980 年代の敵対的買収ブームまでは、米国の多くの大企業が多角化されたコングロマリットの状態にあった。欧州やアジアの多くの企業は今もそうである。

　これに関連して、CEO にはキャッシュを蓄えようとするインセンティブがあるという懸念がある。極端な例であるが、最近までマイクロソフト社は 800 億ドルもの現金を保有していた。仮に、企業が利益を上げながら、現金を積み上げているとする。その現金はどうすべきであろうか？　株主が自らの資産から

自身で得られる（適当なリスク調整済みの）リターンよりも高い投資リターンの得られる事業に投資すべきである。こうした現在価値を高める機会に投資した後に残っている現金は、**フリー・キャッシュフロー**と呼ばれ、原則的には株主に返されるべきである。

しかし、経営陣はしばしば、こうした現金を会計上の利益が正になりさえすれば、たとえ投資家が求める十分なリターンにならなかったとしても投資してしまう。また経営陣は、こうした現金を、将来使用するために蓄えようともする。内部に現金を貯め込んでいる経営陣が、それらを将来の戦略の実施に備えた「軍資金」であると主張するのはよく耳にする話である。もし本当に投資に適した事業があるのであれば、企業は比較的容易に資金調達ができるため、この種の主張はあまり合理性を持たない。そのため、経営陣には現金を貯め込もうとする不適切なインセンティブが働いていると推測される。

～～～～ 170 億ドルのツイート ～～～～

アクティビストの株主は、時折、経営陣に対して、フリー・キャッシュフローを一過性の大型配当や自社株買いの形で還元するよう求める。面白い例は、カール・アイカーンがアップル社からキャッシュを取り戻そうとしたケースである。アイカーンは、伝説的なアクティビスト投資家であり、企業の大きな割合の株式を買い占めて、経営陣や取締役会、他の株主を説得する手法を取る。2013 年の彼の標的の一つは、当時巨額の現金を留保していたアップルであった。2013 年 8 月 13 日、アイカーンは少し変わった方法で、彼の意向を CEO のティム・クックに対して伝え、プレッシャーをかけた。ツィッターである。5 分の間に、アイカーンは二つのツィートをした。一つは、彼がたった今クックと面会し、巨額の自社株購入を行うべきとの意見を伝えたことである。すぐにまた二度目の面会が行われることも言及された。二つ目は、アイカーンがアップルの大きな割合の株を購入し、彼からみると、アップルの株は過小評価されていることを述べた。

このツィートの後、即座にアップルの株価は上昇し、株主価値は 170 億ドル分増加した。

最後に、経営陣は、会社の資金の非効率な使い方や低迷する業績、自分の内的目標の追求によって、自分が会社から追い出されないように自分を守ろうとする強いインセンティブを持っている。経営陣が取締役会を自分の同調者で固めるようにすることについては既に述べた。また、経営陣は、敵対的買収をより難しくするような、ポイズンピルのような手段を取ろうとする[10]。そして、もし企業が買収提案を受け取ると、たとえそれが株主に対して十分なプレミアムを支払い、大多数の株主が賛同するようなものであったとしても、経営陣は提案に強く抵抗することもある。

一般的に、企業が経営陣のインセンティブやガバナンスについて適切な注意を払わないと、かなりの企業価値が失われることを、いくつかの証拠が既に示している。一方、逆もまた真である。すなわち経営陣のインセンティブが上手く設計されていれば、業績は向上し、企業はより革新的でダイナミックになる。

要　約

■ 従業員への株式オプション

従業員への株式オプションの付与を正当化するいくつかの理由について議論した。その多くが、それ自体はオプションそのものとは何も関係がないことを明らかにした。同様の目的は、オプションを使わなくとも、他の報酬手段によって達成することができる。（少なくとも特定の状況下においては）正当化されるのは、一般的に、企業の中でも重要な従業員の場合のみである。例えば、オプションが従業員によりリスクを取るよう促すことができるのは、その従業員が株価のリスクに実際に影響を与えることができる場合だけである。

最も重要な正当化の理由は、オプションはレバレッジがかかった商品であるため、同じ報酬コストで株式を付与するよりも、強いインセンティブを与えることができるというものである。強力なインセンティブは魅力的ではあるが、

---

10) ポイズンピルとは、既存の株主に対して、その企業の株式を市場価値よりもかなり低い価格で購入できる権利を与えることである。このオプションは、買収者が一定割合以上の株式を買い占めた場合にのみ行使することができ、逆に買収者は行使できない。そのため、ポイズンピルを持つ企業をコントロールするために十分な株式を買い占めるためには、買収者は既存の株主に対してプレミアムを支払わなくてはならない。これまでにポイズンピルを持った企業の敵対的買収が成功した例がないことから、そのプレミアムは非常に大きなことがわかる。

注意しなければならない点もある。オプションは（たとえ、同じく重要な、税金や会計に関する複雑さを無視したとしても）、実績に対する報酬の中でも非常に複雑な形態のものである。オプションが提供するインセンティブと報酬金額の関係は非常に脆弱であり、株価が下落すると、それらは急激に減少する。また、オプションは従業員に株価を操作しようとする動機をも与えてしまう。更に、複数年にわたってオプションを付与する場合にはどのように付与するかをよく考える必要があり、また、予期せぬ業績の悪化に見舞われた場合には、再評価の可能性も検討しなければならない。最も重要なことは、オプションは業績に対する報酬の中でもコストが非常に高くつくことである。オプションのリスクや、行使に伴う制限により、従業員側はかなり大きなリスクプレミアムを要求する。

　これらの理由から、企業は従業員に株式オプションを付与する際には、かなり慎重になる必要がある。全ての従業員に対してオプションを付与する理由はほとんどない。オプションの付与は重要な従業員に対してのみ意味があり、それは、オプションが与える強いインセンティブが、それに伴う追加的な複雑さよりも重要な場合のみである。実際、「根拠なき熱狂」の1990年代のITバブルの時を除いて、過去、経営陣以外の従業員に対して、企業がオプションを付与することはほとんどなかった。

■ 経営陣の報酬

　CEOや経営陣は最も重要な従業員である。企業価値を創造も破壊もできる最も強い力を持っている。そのため、企業が注意を払うべき最も重要なインセンティブは、経営陣と、それを監視する取締役会のインセンティブである。

　CEOと経営陣のインセンティブが重要である証拠は幾つかある。より良いインセンティブと、ガバナンスや買収のプレッシャーによるコントロールが、企業業績を改善させ、経営陣により困難な決断を促す。企業は、ボーナス、特に株式やオプションによって、報酬の業績に対する連動性を劇的に高めてきた。

　残念ながら、経営陣の報酬が最適とならない重要な理由がいくつか存在する。企業の下層の従業員とは異なり、CEOに対する監視の目は限られている。これは、経営と所有の分離という組織の構造による。分散化による利点を享受するために、株主は、自らが投資する企業に対する制御のほとんどを手放している。株主は、市場を通じて経営陣に対する影響力を行使しようとするが、市場は理

想的に機能しないため、経営陣をコントロールする今の仕組みは不完全な代替物に過ぎない。

　そのため、CEOはしばしば取締役会を自分に同調する取締役で固めようとする。取締役は、期待されるほど、経営陣に対する監視を自分達の重要な義務として捉えていない。CEOはまた自分の報酬パッケージの設定について影響力を行使することが可能である。こうした問題を抱えながらも、ガバナンスとインセンティブは経営陣のモチベーションを向上させるため、たとえ不完全であったとしても、依然として重要である。

第 4 部

応用編

これまでに取り扱ってきた概念をこれからの三章で、具体的なテーマに応用することで本書を締めくくることにしたい。これまでの章から各要素を取り出し、これらの概念を実務上、どのように応用するかを示し、必ずしも常に明白ではないものの、こうした概念をめぐるより広いテーマにスポットライトを当てることを目的とする。

第13章は従業員の福利厚生を取り上げる。この章は業績と報酬に焦点を当てた第3部の延長線上にある。企業はしばしば従業員に対して、年金や健康保険、有給休暇やその他の給与以外の手当や特典により、部分的に非金銭的な手段で報酬を支払う。なぜ企業がこうしたことをするのかが、この章の重要な論点である。本書でこれまで取り上げてきた概念を用いて、いくつかの理由を導き出すことができる。それらの概念には、振り分けや慰留策、生産性の向上やエージェンシー問題が含まれる。そして福利厚生制度の設計について論じる。

第14章では、起業と**企業内起業**を採り上げる。起業は、資本主義の発展にとって欠かせないものである。これは、市場中心の概念を企業内部の設計に適用することに焦点を当ててきた本書の中でも、特に面白いテーマである。組織の設計を白紙状態から始められるという点で、起業家には大きな利点がある。人事の経済学の分野の原則を活用して、新興企業はどのようにして成功の可能性を高めることができるだろうか?

ひとたび新興企業が成功して成長を始めると、その組織自身も進化しなくてはならない。第14章では、組織が成熟するにつれて直面するいくつかの課題について簡潔に議論する。より大きく、より古く、より成熟した企業ほど、新しい企業に比べて、動きが遅く、保守的で、官僚的に見える(また実際そうである)。こうした現象がなぜ起こるかを論じ、その背景にあるコストと利点を明らかにする。そして更に、人事の経済学の概念を用いて、成熟した企業がどうすればダイナミズムを取り戻すことができるのかについて議論する。

第15章では、企業と従業員の関係について論じる。これは経済的な関係であるが、その他の多くの経済取引に比べると、はるかに複雑で、微妙な問題をはらむ関係である。組織設計について完全に理解するためには、この関係を念頭に入れなければならない。従って、この章では、暗黙の契約の議論を拡張するとともに、企業文化や組織の変化といった話題も取り扱う。こうした議論は一般的にはやや「ソフト」なものと考えられ、通常は心理学や社会学のレンズを通じて論じられる。第15章は、人事の経済学の視点から、このような見方について補完する。

第13章　福利厚生

> 労働の対価は、生活である。ただ、それだけで十分か?
> **ウイリアム・モリス、1890年**

　福利厚生は報酬の中で益々重要な位置を占めるようになっている。企業によっては賃金の25%もの割合を福利厚生に費やすことも少なくない。代表的な福利厚生としては、健康保険、年金制度や有給休暇が上げられる。一部の企業には、授業料の補助や、職場での託児ケア、食事への補助、更には個人的コンシェルジュサービスまで提供することもある。本章では、なぜ企業が、現金による報酬に代えて、こうした福利厚生を提供するのかを分析し、こうした制度の設計に際して重要な経済上の問題について論じる。

賃金か、福利厚生か

　企業はどれくらいの賃金を払い、また、どれくらいの福利厚生を払うべきだろうか?　下記の例を考えてみよう。ある健康保険制度(ここでは仮に「トリプル・オプション」と呼ぶ)は年間3,500ドルの費用がかかるとする。この健康保険制度はほとんどの重病をカバーし、健康維持機構(HMO、訳者注:米国の健康保険サービスの一つ)が利用可能である。ある程度医師の選択が認められる一方で、被保険者である従業員に対して一定限度額(例えば年間1,500ドル)までの自己負担が求められる。つまり、この制度は従業員にとってまずまずの魅力的な特徴を備えている。仮にそうであったとしても、魅力の捉え方は、各々の従業員の特徴により異なる。病気になりやすい高齢の従業員は、若い従業員よりも、健康保険制度に興味を示す。独身の従業員は、家族を持つ者に比べて、あまり健康保険に関心がない。男性は女性ほど健康保険制度を利用しない。

　ここで企業は、この健康保険制度を従業員全員に提供しなければならないか、

それとも一切誰にも提供しないか、の二つの選択肢しかないとする[1]。どのように決めればよいだろうか？　健康保険のコストは3,500ドルと事前にわかっているが、それは必ずしも従業員にとっての価値と等しいとは限らない。仮に従業員にとっての価値が3,500ドルを下回る場合、自ら選択できたならば、その従業員はこの健康保険に加入していなかっただろう。ここでの「価値」とは、個人が、あるモノやサービスを購入するために払ってもよいと考える金額を言う。個人がある商品を買わないという判断をした場合、定義により、その商品の価値は、その商品に支払う費用を下回っていることになる。もちろん、価値は、個人の収入にも依存する。個人の財産保有度合いによって、ある商品に対して支払ってもよいと考える金額は異なる。例えば、多くの人が生活必需品と考える物に対して、裕福な人が高額を支払うこともある。いずれにせよ、ある福利厚生に対して従業員が支払ってもよいという金額が、従業員にとってのその福利厚生の価値だと考えるべきだろう。

　従業員にとっての福利厚生の価値が、その提供に要する費用よりも高いということも、十分あり得る。これは一般的に以下の二つのケースで起こる。一つは、企業が、従業員個人が購入するよりも、安く福利厚生を購入できる場合である。団体健康保険はその一例であり、個々の費用を減らすために、個人は団体として一つにまとめられる（団体化によって、リスクの低い従業員からリスクの高い従業員への実質的な補填も行われている）。二つ目は、税金の違いである。この違いは、福利厚生の提供が企業の税額計算上は費用に含まれる一方、従業員の税額計算上は収入とはみなされないことから生じる。例えば、企業がある福利厚生制度を3,500ドルで購入できるとする。しかし、その制度は従業員にとっては3,000ドルの価値しか持たないとする。だが、企業が従業員に3,000ドルを渡したとしても、従業員はその制度を購入することができない。なぜなら、2割は税金で差し引かれるため、従業員の手元には2,400ドルしか残らないからである。従業員が3,000ドルの福利厚生制度を購入できるようにするためには、企業は3,750ドルを支払って、税引後の手取りが3,000ドルとなるようにしなければならない。企業側からすると、3,500ドル分の福利厚生を提供することと、従業員に対して直接3,500ドルを払うことは何も変わらず、どちらも3,500ドルの費用として計上され、収益と税金を3,500ドル分だけ減

---

1) 税法の複数の規則により、個人が健康保険料を税額控除できるのは、企業が一定以上の（大きな）割合の従業員に対して、健康保険を提供している場合のみである。

らす。しかし、従業員からすると、3,000 ドルの価値がある福利厚生を購入するには 3,750 ドル分の現金支給が必要になるため、3,500 ドルの現金よりも福利厚生を選好する。

従業員にとって福利厚生がどれだけの価値を持つかについて知る方法は、直接尋ねてみることである。3,500 ドルの現金支給と、3,500 ドルかかる福利厚生のどちらがよいか、従業員に投票させてみることもできるだろう。企業側から見た費用はどちらも同じなので、企業からすれば、投票結果がどちらであろうと構わない。もし過半数が健康保険制度を選べば、企業は現金支給を福利厚生に置き換えることができる。これは賃金削減とはなるが、従業員が自ら選んだことでもある。従業員に少し高い給料を払って、そこから 3,500 ドルの福利厚生を購入させることと同じである。

一つの欠点は、もし、従業員にとってのこの健康保険制度の価値が 3,500 ドル以上あるとすると、企業は、みすみすある機会を逃しているということである。本例で言えば、従業員は、健康保険のために給与のうちの 3,750 ドルまで払っても構わないと考えている。一方、企業は健康保険制度を 3,500 ドルで購入することができた。つまり、企業としては、健康保険を提供する代わりに、従業員の給与を 3,750 ドルまで減らすことができるだろう。健康保険の費用が 3,500 ドルであるということは、従業員に 3,500 ドルまでしか「負担させられない」ということを意味しているわけではない。企業側は、従業員にとっての価値まで負担を課すことができる。であるならば、企業はどのようにして従業員にとっての価値を見つけることができるだろうか？ 従業員に対して直接尋ねることはあまり役に立たないだろう。もし従業員が、企業は従業員が答えた価値まで負担を課すと知っているならば、従業員は意図的に低い額を答えるだろう。実際には、もし従業員が企業側にとっての福利厚生の費用を知っているのであれば、従業員はその金額丁度を答えるのがよい。もし少なく答えてしまうと、企業は福利厚生を提供しようとしなくなり、もし大きく答えてしまうと、従業員は企業に余計なお金を与えることとなる。

従業員側が戦略的に動くことがわかっているとするならば、企業はどのようにすれば従業員にとっての福利厚生の価値についての情報を得られるのだろうか？ 一つの方法は、賃金と福利厚生の関係についての市場調査を利用することである。市場調査の結果を統計分析することで、特定の福利厚生に関しての従業員にとっての限界価値の推計値が得られる。福利厚生がある者とない者の

410 第4部 応用編

表 13.1 給与と健康保険制度の有無

企業番号	給料（ドル）	健康保険の有無
1	59,701	無
2	52,594	無
3	59,193	有
4	54,817	有
5	50,666	無
6	54,739	有
7	50,172	有
8	52,472	有
9	56,899	無
10	51,765	有
11	53,628	有
12	52,372	有
13	58,450	無
14	55,404	有
15	53,270	有
16	54,566	有
17	58,791	有
18	52,472	有
19	54,724	無
20	51,181	有
21	58,711	無
22	59,346	無
23	55,188	有
24	51,356	無
25	53,832	有

賃金を比べることで、係数が求められる。

ここで人事コンサルタント企業からこうしたデータを得られたとしよう。データには25の企業が含まれており、それぞれ健康保険制度がある企業とない企業がある。データには各企業の中間管理職の平均給与の数値も含まれている。この人事コンサルタント企業からのデータの具体的な数値は表13.1の通りである。

この給与のデータについてダミー変数を用いて回帰分析を行う。ダミー変数は、企業に健康保険制度がある場合には1、ない場合には0である。結果は次の通りである。

$$給与 = 55{,}827 - 1{,}836 \times 健康保険制度ダミー変数$$

まず、健康保険制度がない場合（健康保険制度ダミー変数＝0）、典型的な給与は55,827ドルとなることがわかる。健康保険制度がある場合は、典型的な給与は55,827ドル−1,836ドル＝53,991ドルとなる。

この情報から企業はどうすればよいだろうか？　市場調査のデータが示していることは、従業員は、限界的には、健康保険制度と引き換えに1,836ドルの給与の低下を受け入れる意思があるということである。企業にとっての健康保険制度の費用は3,500ドルである。つまり、このデータの意味は、従業員側は、健康保険制度の価値と同じほど賃金を削減されることを望んでいないということである。もし企業側が55,000ドルの給与と健康保険制度を提供しようとする

ならば、代わりに 57,500 ドルの給与を健康保険制度なしで提供した方がよい。健康保険制度のない者は、平均的に、健康保険のある者よりも、たった 1,836 ドルしか多く給与をもらっていないため、新しい従業員は、健康保険制度よりも 2,500 ドルの現金を受け取ることを選択する。もし労働者が健康保険制度の価値を 1,836 ドルよりも高く評価しているならば、従業員は給与を 1,836 ドル多く支払われるよりも、給与がより低くても、健康保険制度を提供してくれる方を好む。実際には制度の代わりに 2,500 ドルを支払うことで、企業も従業員も双方得をする。誰もが福利厚生として健康保険を望むかもしれないが、多くが健康保険の代わりに直接の賃金の支払いを好むであろう。

ただし、これは全ての従業員に当てはまるわけではない。年間 20 万ドル以上稼ぐ管理職のみについて企業が考えているとしよう。これらの管理職達は、給与は年功に応じて上昇することが多いため、他の管理職よりも年齢層が高いことが多い。中高齢の管理職は健康保険制度をより選好しやすい。もし今回用いたデータが 5 万ドル近辺の給与の管理職に集中していた場合、推計値は、より年齢層の高い高給の管理職にとっての健康保険制度の価値を過小評価している可能性がある。高齢の従業員ほど健康保険制度に興味がある可能性が高い。また、高給の従業員は高い限界税率を受けるため、報酬の大きな部分を非課税の福利厚生で受け取ることを好むと考えられる。より精緻な市場調査のデータを得ることができれば、このような特定の集団に関する推計ができる。こうした市場調査データは、一般的に人事コンサルタント会社から得ることができる。

この議論の主なポイントは、企業が提供する福利厚生は、実は従業員が対価を払っている点を説明することである。これらの福利厚生には費用がかかり、企業とその従業員は、従業員に対する報酬を福利厚生として提供されるか、それとも現金の給与を支給するかという、トレードオフに直面する。これは従業員のストックオプションで検討したことと全く同じである。両者とも、その他の形態による報酬を代替するものである。福利厚生は、現金による報酬の単なる「上乗せ」ではないのである。こうした理由により、企業は福利厚生の提供を検討する際は、それが経済的に正当化できるかどうか、慎重に検討する必要がある。

なぜ福利厚生を提供するのか？

これまでに議論した通り、企業が福利厚生を提供すべきなのは、福利厚生の価値が、企業による調達費用を上回り、かつ、従業員が自ら購入する場合の費用をも上回る場合に限る。そのため、企業は調達費用の優位性と、従業員にとっての価値の優位性に着目する必要がある。

■ 費用の優位性

規模の経済

前掲の健康保険の例で見たように、従業員が企業にリスクを団体としてまとめさせることで、市場よりも保険費用を安くすることができる。この点は、企業の規模が大きいほど当てはまり、特に、従業員の平均リスクが低い場合（例えば、健康保険や生命保険のリスクの場合には、平均年齢が若い場合）により妥当である。

同様に、企業は従業員のための商品を、売り手から大量購入の割引を受けることで、市場よりも安く調達することができる。もしこれが当てはまり、その商品が従業員にとって十分に価値がある場合、それを福利厚生として提供することが効率的となる。例えば、あるスポーツクラブが集団での会員権の購入に数量割引を適用している場合などは、企業がそれを従業員に対して支給することもできる。この点は、小さい企業よりも大きい企業の方が関係してくる。そのため、大企業の方が小企業よりも充実した福利厚生パッケージを提供できると予想され、実際にそうした傾向がみられる。

提供される福利厚生が企業の事業と関係がある場合には、それらを安く調達できる可能性がより高くなる。例えば、巨大フードサービス企業であるソデクソ社について考えてみよう。ソデクソは、従業員に食事を福利厚生として提供している。ソデクソの主要な事業はフードサービスであり、従業員は自らが準備した食事を割引価格で購入できる。ソデクソが従業員に追加的に食事を提供するための限界費用は、市場でそうした食事を調達するよりもかなり低いと考えられる。更に、フードサービス企業の顧客のほとんどは昼休み時などの通常の時間に食事を取るため、従業員には非常に忙しい時間帯と暇な時間帯がある。そのため、ソデクソは1日のうちのかなりの時間、余剰な生産力を抱える

ことになる。そうした余った時間に従業員に食事を提供することで、限界費用を非常に低く抑えることができ、また、営業のための固定費を償却することができる。このように、企業が事業に関連した商品を福利厚生として提供することは非常に広く見られ、中でも、自社の商品を従業員割引で提供することは多く見られる。

節税もしくは補助金

　福利厚生を提供することの費用の優位性のもう一つの源泉は、税制である。政府はしばしば、従業員への福利厚生の提供を奨励するために（税控除という形で）補助金を用いることがある。本章の冒頭に述べたように、国民皆保険制度の無い国では、企業はしばしば健康保険を福利厚生として従業員に提供する。これらは、こうした福利厚生を無税で提供できる（もしくは、同じことであるが、従業員が税金から福利厚生を控除できる）という点に強く動機付けられている。米国では、こうした控除を認めるように税法が改正されるまでは、雇用主による健康保険の提供は稀であった（なお、この事実は、保険リスクの団体化は、それだけでは、従業員に健康保険を福利厚生として提供することを正当化する理由におそらくならないということを示唆している）。同様に、多くの国では、企業が提供する年金制度の下で、従業員が税控除前の所得から投資することができ、退職時に年金が支払われるまで課税されないことが認められている。

■ 価値の優位性

従業員の振り分け

　従業員が福利厚生に高い価値を見出すほど、給与の代わりに福利厚生を有益に提供できる可能性は高まる。そのため、企業は福利厚生制度の設計にあたって、従業員の選好を勘案すべきだろう。例えば、学費補助を中高年の従業員に提供することは、同じ福利厚生をより若い従業員に提供することに比べるとあまり効果的とは言えないだろう。

　従業員が福利厚生に高い価値を見出しているという事実は、それだけでは、福利厚生の提供を正当化する理由にはならない。結局、従業員は自分で福利厚生を購入することができ、企業はそれに対して代わりに現金を支給すればよい。しかし、従業員の選好はそれぞれ異なっており、そのため、福利厚生制度は企

業の中の従業員を振り分けする効果を持つ。採用の際の自己選択がうまく行われるように福利厚生制度を設計することは、給与の代わりに福利厚生を提供することを正当化する。この点については後で議論する。

従業員の生産性

　場合によっては、福利厚生は、従業員の生産性を向上させることで、付加価値を生み出すことがある。ソデクソ社が従業員に食事を割引で提供する例を思い出してみよう。食事の提供の追加的な利点として、従業員は自らが生産している商品を消費していることが上げられる。従業員自身が自ら提供している商品を消費することで、品質はより改善されやすくなる。このやり方は一般の消費者からフィードバックを得るよりも優れた方法である。また、顧客が経験するであろうサービスの問題点について従業員がより理解することができるため、顧客サービスも改善するだろう。こうした福利厚生は、特に、不断の改善と高いサービスの質が求められる組織では重要である。商品を自ら消費することによって、単に商品を提供するだけでは得られない、重要なフィードバックを得ることができる。

　こうした効果があるため、企業が自社の商品を従業員に割引で提供しようとする動機はより強くなる。例えば、あるコンピューターショップが、自分の店で売られている商品を25%引きで従業員に提供するとする。もし従業員が購入して使用してみれば、従業員はそれらの製品の長所や短所や使い方などについて、理解を深めることができる。

　それが自社の商品や自分の業界に関係のない場合でも、生産性を高める効果をもたらす福利厚生もある。例えば、ある企業は従業員に対してコンシェルジュサービスを提供している。これは、従業員が所用に使う時間を解放することができる。同様の効果を持つ福利厚生には、自社駐車場、フレックスタイム、社員食堂や（主に経営陣向けの）送迎車やプライベートジェットが上げられる。

　従業員を比較的長い時間働かせなければならなかったり、そうした業務命令を急に出さなくてはならないような仕事を考えてみよう（例えば、締め切りを守らなければならなかったり、急な危機的状況に対応しなくてはならないような仕事）。就業時間が長くなるほど、追加的な時間分の努力を払うことの限界非効用は大きくなる。コンシェルジュサービスや企業内託児所は、そうした追加の努力を払うことの負の効用を減らす効果がある。

第13章 福利厚生 415

　実際、先進国では、高い能力を持つ労働者の労働時間は近年増加を続けてきた。例えば、米国では、大学卒の労働者の労働時間は、以前は高卒の労働者よりも少なかったが、今では高卒の労働者の労働時間よりも週あたり2時間長い。これに対する一つの説明としては、多くの仕事が単調なものからより知的な刺激のあるものに変わってきたことが考えられる。本書でこれまで何度も採り上げてきた通り、より多くの仕事が、今では、知識集約的な仕事や、実務を通じての学習、継続的な改善を必要とするようになっている。仕事についての内発的動機を高めることは、努力に伴う非効用を減らすことと同じであり、労働供給は増加する。

　企業は職場の快適さを向上させることで、こうした効果を高めることができる。職場をより魅力的で、心地よく、リラックスしたものにすることを通して、長時間働こうとする意欲を高めることができる。こうしたやり方は近年ますます多く見られるようになり、特に高い能力が要求される仕事、例えばシリコンバレーのIT企業などに見られる。

　こうした効果は、長時間労働、生産性が高いという二つの特徴を持つ従業員にとって特に重要である。前者は、追加的な努力を払うことに対する負の効用が大きいため、コンシェルジュサービスのようなアメニティの提供が比較的高い効果を発揮することを意味している。後者は、追加的な労働時間による限界的な生産性がより高いことを意味している。福利厚生を提供する価値が、そのコストを上回る必要があるため、これは重要である。

　この分析は、ある企業では、他の企業に比べ、生産性を向上させるような福利厚生がより多くみられるということを示唆している。従業員がフルタイムで長時間働く企業の方が、パートタイムの従業員が占める企業に比べて、こうした福利厚生の恩恵を享受しやすい。パートタイムの従業員は、一般的に、追加的な労働時間に対する限界的な負の効用は小さい。こうした福利厚生が提供されることが多い職場では、高い能力が必要であり、かつ組織の中でも上位の階層のことが多い。追加的な労働による限界的な利益が大きいためである。最後に、追加的な労働の価値が高いため、こうした福利厚生がみられる業種は成長率も利益率も高いことが多い。

　これらの考察から、生産性を向上させる福利厚生の提供は、景気循環によって変化する可能性があることもわかる。好景気の時は、従業員による追加的な労働の価値はより高く、企業はコンシェルジュサービスや、社用車、その他の

特権を提供しやすくなる。

∾∾∾∾∾ 役員に対する特典は効率的か、それとも無駄か？ ∾∾∾∾∾

　上級経営陣にはしばしば贅沢な個人的な特典が与えられる。例えば、高級クラブの会員権やコーポレートジェットなどである。こうした福利厚生は、当然、下の階層の従業員に与えられることはほとんどない。それでは、こうした特典は経営陣の生産性を向上させているのであろうか？　あるいは、こうした特典は、第12章で論じたような、経営陣の報酬におけるエージェンシー問題によって説明されるものだろうか？　おそらく双方とも影響しているようである。

　ある研究（Yermack, 2006）は、CEO に対するコーポレートジェットの付与に焦点を当てた。企業がこうした福利厚生を公表した日に、株価は平均して、本来想定されるレベルよりも1.1% も下落した。このような大きな下落は、ガバナンスの問題やこうした企業の経営陣に対する比較的弱いインセンティブの強い証拠となる。また、この研究は、CEO にコーポレートジェットが付与されたかどうかは、その CEO が本社から距離が離れたゴルフクラブの会員かどうかの強力な予測指標となることも示している。

　また、Rajan and Wulf（2006）は、より大きな母集団を用いて、経営陣の特典について調べた。Yermack の結果とは逆に、この研究によると、役員の特典の程度と、ガバナンスの強さとの度合いの間に体系的な関係を見出している。少なくともある種の特典は生産性の引上げのために用意されているという考え方と、整合的な証拠を彼らは見つけた。例えば、専用の運転手などの時間を節約するための特典は、それらによって節約される時間が多く、また、高い生産性を発揮する潜在力が高いほど（例えば、上級経営陣など）、多く使われている。

政府による要請

　最後に、法律により従業員への福利厚生の提供が義務付けられている点に触れてみたい。例えば、米国の育児介護休業法（Family and Medical Leave Act（FMLA））は、半径75マイル以内に50人以上の従業員を抱える全ての米国企

業に対して、特定の従業員（概ね、当該企業に12カ月以上働いた正社員）に対して無給の休暇を提供することを義務付けている。また、これらの企業は、12カ月毎に、育児のためや、病気の子供・配偶者・親のため、また、従業員が就業できない障害を抱えた場合に、これらの従業員に対して12週間の無給の休暇を与えなければならない。同様に、多くの国の政府が、最低限の職場環境の安全を定めている[2]。企業は、自らコストをかけて、最低限の安全性よりも高いレベルの安全性を提供することができる。これは追加的な福利厚生である。一方、もし規制の制約がない場合、より危険性が高く、安全でない仕事を提供しようとするインセンティブが働くこともある。

福利厚生の導入

■ 従業員の振り分けの向上

　ある大企業が、希望する従業員に**自己保険**形式の生命保険を提供する例について考えてみよう。自己保険では、企業は外部から保険を購入するのではなく、代わりに、従業員が死亡した場合に、企業自らの資金を使って直接保険金を支払う。保険の費用をカバーする分を平均的に徴収できてさえいれば、何の問題もない。ところが、もし保険に加入している従業員が高齢の、より給与水準が高く、死亡率の高い従業員ばかりの場合、徴収する保険料では費用を賄えないという場合が起こる。

　これは問題だろうか？　必ずしもそうだとは言えない。従業員によって価値の異なる福利厚生を提供することによって、暗黙裏に、たとえ従業員1人当たりの福利厚生にかかる費用が同じであったとしても、企業は一部の従業員に対して手厚い福利厚生を提供し、その他の従業員に対してはあまり多くを提供しないということが可能になる。もし生命保険の構造が高齢の従業員に対する隠れた補助金となっている場合は、高齢の従業員は、この生命保険を購入しない若い従業員に比べて、多くの福利厚生を受けていることになる。

　同様に、ある企業は、家族を持った従業員の方が、そうでない従業員よりも

---

2)　職場環境の安全性は、仕事に関するリスクとも考えられる。もし仕事が危険な場合、企業は従業員に対してリスクプレミアムを支払わなくてはならないが、これは従業員がこうしたリスクに気付いている場合だけである。職場の安全に関する規制が正当化される理由は、企業側がリスクの本当の度合いについてより多くの情報を持っている場合に、従業員に対してそうしたリスクを過小に伝えるインセンティブが働いてしまうためである。

生産性が高いと考える場合もある。市場価格よりも安い育児サービスを提供することで、このような福利厚生パッケージに高い価値を置く家族持ちの従業員に魅力を感じてもらえることができる。家族の規模に応じて給与の額に差をつけることによって、企業側のこのような選好を明示することは非常に難しい。こうした手段は、多くの国の規制に反する可能性もあり、他の問題も引き起こす。家族に有利な福利厚生を提供することによって、企業はこうした規制を避けて、望ましい従業員を集めることができる。

もう一つの例として、企業による従業員の学費の補助がある。たとえ、通学が企業にとって直接の利益にならず、むしろ企業の損になる場合があっても、従業員の学費の補助を主要な福利厚生として位置付けている企業がある。これは、追加的な教育を考えている従業員にとっては非常に大きな価値があるが、そうでない従業員にとっては何の価値もない。仮に、追加的な教育の希望が従業員の質と相関しているならば、こうした福利厚生を提供することで、良い従業員を、悪い従業員から振り分けることができるだろう。例えば、単に給与を年間 5,000 ドル増やす代わりに、10,000 ドルの学費補助を提供するとする。より能力の高い従業員はこうした福利厚生を志向し、能力の高くない従業員は現金支給を志向するだろう。こうすることによって、企業は、たとえ従業員の質を完全に観察することができなかったとしても、従業員を振り分けることができる。ただし、より高い教育を受けた従業員は、学業を終えた後に企業を去ってしまう可能性があるというコストを伴う。

福利厚生は、場合によって、企業の人材採用を改善させることができると議論した（また、人材の引き留めにも効果的である。この後の議論および第 4 章での年金についての議論も参照）。試用期間の利用を含め、他の方法では従業員を振り分けることが難しいため、福利厚生は人材採用を改善させるための効率的な方法となることもある。もしくは、福利厚生は、特定の種類の従業員を採用するために企業が使うその他の手段を強化することができるだろう。

こうした振り分けが重要である理由は、従業員と企業の相性がより一致しやすくなる点にある。従業員はその企業で働くことで得られる非金銭的な福利厚生の恩恵を受けることができる。この結果、外部からより良い条件を見つける可能性は低くなり、人材の流出も減るだろう。そのため、もし企業が離職を抑えたいのであれば（例えば、企業特殊的人的資本が比較的重要であったり、人材採用に大きなコストがかかったりする場合）、福利厚生制度を従業員による自

己選択が強化されるように設計することで、こうした目標を達成することができる。

■ カフェテリア方式

　特定の福利厚生を提供した場合に起こる問題は、同じ福利厚生が全ての従業員に適したものとは限らない点である。例えば、高齢の従業員は、健康に関する福利厚生には非常に強い関心を持つが、育児に関する福利厚生にはあまり関心を持たないだろう。逆に、若い従業員は育児に関する福利厚生に関心を示す一方、年金の福利厚生についてはあまり関心を持たないと思われる。カフェテリア方式は、こうした福利厚生の選択について従業員により自由度を与えるものである。詳細については制度毎に異なるが、基本的な考え方としては、従業員に一定のポイントを与え、従業員はそのポイントを使って、メニューの中から様々な福利厚生を購入するというものである。

　特定の福利厚生を提供する代わりにカフェテリア方式を提供することによる主な利点は、企業は、一定の費用で、従業員に対して最大の価値を提供できる点である。もし制度上の価格が企業側の真の費用を反映しているならば、他の条件が変わらないとすれば、従業員が選んだ福利厚生の構成について、企業は中立的である。しかし、従業員側は、中立的ではない。ある者はある福利厚生を好み、また別の者は別の福利厚生を好む。ある者は生命保険について何とも思わず、一方で、育児に関する福利厚生に非常に高い価値を見出す。選択肢を提供することで、企業は、費用は一定のまま、従業員にとっての価値を最大化することができる。

　ここで、ある典型的なカフェテリア制度が、従業員に毎月 300 ドル相当の福利厚生に使えるポイントを付与するとしよう。従業員はこのポイントを、希望するどんな福利厚生やその組み合わせにも利用できるとする。表 13.2 にこの制度の例を示す。そこで、ある従業員が、カイザー健康保険プラン、デルタ歯科保険プラン、そして自分と妻のための生命保険を選んだとしよう。合計費用は 410 ドルとなり、そのうちの 300 ドルについては制度のポイントが、通常、非課税で使われる。残りの 110 ドルについては、従業員の毎月の課税所得から差し引かれる。

　カフェテリア方式は複数の選択肢を提供するため、従業員は異なる福利厚生を選ぶことができる。提供される福利厚生の種類によって、全ての従業員が同

420　第4部　応用編

表13.2　カフェテリア方式

福利厚生の内容	価格（ドル）
トリプル・オプション健康保険：個人	156
：家族	320
カイザー健康保険プラン	240
デルタ歯科保険プラン	30
生命保険（生前給与の2倍の保険金）	100
配偶者向け生命保険（5万ドル）	40
長期傷害保険（給与満額分）	90
職場でのチャイルド・ケア	200
福利厚生費：月額300ドル	

じ福利厚生を選ぶということはない。子供のいない従業員が、企業が提供する育児プランを購入することはまずないだろう。非常に若い従業員は、以下の二つの理由により、高齢の従業員に比べると、生命保険を購入する可能性は低い。まず、非常に若い従業員は独身である場合が多く、生命保険を購入しようという希望を持たないだろう。また、非常に若い従業員は高齢の従業員よりも死亡率が低く、また、高齢の従業員は若い従業員よりも年収が高いため、生命保険の価格が年齢によって変わらないならば、若い従業員の負担は高齢の従業員に比べて過多になる。高齢の従業員にとっては、同様の生命保険を100ドルで他から購入することはできないが、若い従業員は同じ保険を他で100ドルより安く購入することができる。

　生命保険の例は、従業員の振り分けという、カフェテリア方式の主な問題点を提示している。従業員の自己選択が、企業の利点とはならない方向に働いてしまうことである。前述の通り、不健康な従業員ばかりが生命保険を選ぶこととなり、福利厚生の費用が高くなってしまう。

　カフェテリア方式では、企業が望む特定の種類の従業員を引きつけるために福利厚生を利用することができないとしばしば指摘される。前出の二つの例が示した通り、この指摘は部分的には正しい。企業が福利厚生の価格設定を自由にすることが出来さえすれば、特定の種類の従業員の就業を促すことも、抑制することも、依然として可能である。

　しかし、カフェテリア方式を使わない方が、従業員の振り分けは、より容易かも知れない。もし、ある企業が、全従業員の子供を対象にした育児サービス

制度を、その企業の唯一の福利厚生として提供したならば、子供を持たない従業員は、表13.2のような福利厚生制度に比べて、こうした福利厚生制度に全く魅力がないと感じるだろう。非カフェテリア方式の福利厚生制度は、実質的にカフェテリア方式が非常に歪んだ価格設定で提供される特殊な場合に他ならない。企業が育児サービスを無料で提供する一方、他の福利厚生を一切提供しないという、この例のケースは、カフェテリア方式の中で、育児サービスの価格がゼロで設定される一方で、その他のサービスの価格が全て無限大となっている場合とも考えることができる。

また福利厚生の提供が、企業にとって思いがけない不利益となる結果をもたらすこともある。健康保険が一つの例である。ここで二つの架空の企業、企業1と企業2を考えてみる。企業1は非常に寛大な健康保険制度を提供している。一方で、企業2は、毎年3,500ドル多く給与を支払っている。更にここで、スミスとジョーンズという、2人の従業員を仮定する。両者とも家族持ちで、2人の幼い子供がいるとする。ここで、ジョーンズの子供の1人は、毎年10万ドル以上の高額な医療を必要としているとしよう。この場合、ジョーンズが、年収は高いものの、健康保険プランを持たない企業2を好むとは考えにくい。一方で、スミスはどちらの企業でも構わない。このため、企業1の求職者の（そして、その結果として従業員のうち）不自然なほどに多くの割合が、高い健康保険費用がかかる者となってしまう。

結果的にどのようなことが起こるだろうか？　企業の自己保険の場合は、企業自身がこうした健康保険費用を直接払うことになる。健康保険を多く利用する従業員を抱えると、企業にとっての費用負担は増大する。もし企業が他から保険を購入したとしても、状況が改善することはないだろう。その企業の団体保険に対して保険会社が課す価格は、その企業の利用実績に応じて変わる。もしその企業が健康保険の利用が多い従業員を多数抱えている場合、保険会社は高い保険料を企業に要求するだろう。

これは逆選択である。費用は高くつく一方で、企業にとっては何の恩恵もない。健康保険を提供し、逆選択にさらされる企業では、健康保険を利用する従業員が多くなり、高い保険料を賄うために賃金を下げざるを得なくなる。

422　第4部　応用編

∞∞∞∞ ウォルマートにおける福利厚生費用と 従業員の振り分けのマネジメント ∞∞∞∞

　2005年に、巨大企業のウォルマートは、ある有力なコンサルティング企業を雇い、どのように福利厚生制度を変更すれば、生産性を向上させ、健康保険費用を削減し、福利厚生費用の支出項目を改善することができるかを研究した。例えば、ある提案は、福利厚生制度を利用できないパートタイムの従業員をより多く採用することで、全体の福利厚生費用を減らすことを勧めた。

　また別の提案では、不健康な従業員がウォルマートで働くことを抑制し、健康保険費用を削減することが勧告された。これを達成するため、福利厚生制度を、より若く身体的に優れた従業員を優遇する形に変更することが提案され、例えば、従業員の401K年金プランへのウォルマートの拠出の削減などが検討された。この変更は、高齢の従業員がウォルマートに勤める価値を減じる一方、若い従業員にはあまり影響がない。更に進んで提案されたことは、ウォルマート側が全ての仕事を何らかの肉体労働を必要とするように変更することで、不健康な従業員がウォルマートで働くことを抑制すべきであるという内容だった。

　ウォルマートは、また、こうした変更をどのような形で発表すれば批判的な報道を避けることができるかについても考えた。ウォルマートは、それまで長年にわたり、社会活動家や労働運動家から、その低賃金と低福利厚生を批判されてきたためである。ところが、ウォルマートにとっては残念なことに、これらの提案に関する内部文書が、事前にマスコミに漏れてしまうこととなった。

出所：Chambers（2005）

■年　金

　多くの企業では、福利厚生の最大の構成要素は年金であり、その額は、給与の10%か、それ以上にもなる。年金制度についてもいくつかのインセンティブとしての特徴があり、多くが微妙な要素をはらんでいる。多くの国が定年によ

る退職の義務付けを禁止して以来、年金の利用は、高齢の従業員の退職を促すための手段としての重要性を増している。年金制度の特定の方式は退職行動に劇的な効果を及ぼすだけでなく、多くの従業員の労働時間や努力の量、離職率にも影響を与える。一般に用いられている様々な種類の年金制度の特性を理解することは、各年金の方式に内在されたインセンティブを理解することにつながるため、非常に有益である。

年金制度の種類

年金には二つの基本的な種類がある。**確定拠出型**と**確定給付型**である。確定拠出型は最も分かりやすい。決められた支払い期間（米国では通常は四半期）毎に、企業は従業員の年金口座に拠出する。この口座は、実質的に従業員により保有されている。口座の現金は、利子を生む金融商品に投資され、それらの商品は従業員によって選ばれたり、場合によっては企業によって選ばれたり、またある時はその他の組織、例えば組合などによって選ばれたりする。従業員が退職する際には、当該口座の中に貯められた拠出金、利子、投資益、配当などが、年金の基礎となる。制度によっては、口座の中の資産は、一度にまとめて従業員に支払われることもある。また、資産が従業員に対する定期給付金の権利の購入に使われ、従業員が亡くなるまで毎年定額が支給される制度もある[3]。定期給付の金額は、当然のことながら、退職時の口座の資産額の大きさに応じて異なる。口座の資産額が大きいほど、年毎の定期給付金は多くなる。給与の高い従業員ほど、一般的には、毎年年金口座に拠出される絶対額も大きくなるため、退職時の確定拠出口座の資産額も大きくなる傾向にある。

これに対して、確定給付型はより複雑で、また色々な種類がある。確定給付型では、年金資産の額にかかわらず、従業員は一定の金額を受け取ることが約束されている。雇用主側は、年金資産に不足があれば全て埋め合わせなければならない一方、年金資産に余剰があればそれを享受することができる。従業員の年金給付額は、一定の計算式により定められている。一般的に、確定給付型の年金制度で用いられる計算式は二つある。一つは、**団体交渉型**（*pattern plan*）と呼ばれ、ほとんどのブルーカラーや組合に所属する労働者に用いられる。数式は単純で、通常以下の形を取る。

---

3) 多くの年金プランが、従業員本人の死亡後も、通常は多少減額された形で、存命の配偶者に定期給付を続ける。

年間給付額 ＝ B・退職時の勤続年数

　ここで*B*はある一定の金額であり、通常は組合の団体交渉によって決まる。例えば、*B*が 500 ドルの場合は、30 年働いた後に退職した労働者は毎年 1 万 5,000 ドルを亡くなるまで毎年年金給付として受け取ることになる。

　確定給付型のうちの二つ目は、主にホワイトカラーの労働者に使われ、**算定方式型**（conventional plan または formula plan）と呼ばれる。実際の計算式はしばしば複雑であるが、基本的には、年金の受給額を、ある関数によって勤続年数と退職時の給与に連動させる構造となっている。

年間給付額 ＝ g × 勤続年数 × 最終平均給与

　ここで*g*はある一定の係数であり、最終平均給与とは、勤続のうちの最後の一定の年数の間の年収の平均である。例えば、*g*=0.01 で、最終平均給与が最後の 10 年のうち最も給与が高い 5 年間の平均に等しいとすると、退職時点で勤続年数が 30 年の従業員は、退職後、最終平均給与のおよそ 30％を亡くなるまで年金として受け取ることができる。

　算定方式型は年金給付を最終給与と連動させているため、自動的にインフレに対して調整される。物価と賃金がインフレにより上昇すれば、最終給与もそれに応じて高くなり、年金給付も生活費用の上昇を反映して増える。一方、賃金と自動的には連動していない団体交渉型では、年金額は交渉の結果に左右される。労働者が賃金交渉をする際は、通常、数式の中の*B*についても交渉がなされる。*B*の交渉結果は大体の場合はインフレ率を反映する。ただし、団体交渉型も算定方式型も、いずれも受給者の年金額をさかのぼって調整することはない。一般的に一部の例外を除いて、一旦労働者が年金を受け取り始めると、年金額は一定の額に固定される。

　更に、算定方式型の場合、年金額を最終給与に結びつけられているということは、インセンティブに影響する。労働者は多くの年金を受け取りたいと思うため、団体交渉型に比べて、最後の数年は通常よりも一生懸命働こうとする誘因が働く。場合によっては、このインセンティブが強すぎることもある。以下のエピソードはその例である。数年前、ボストンの地下鉄が前方の車輌に追突し、多数の負傷者を出す事故が起こった。調査の結果、運転士の居眠り運転が原因だと判った。運転士は当時 64 歳で、週に 60 〜 70 時間も働いていた。彼

の年金制度は、最後の年の報酬額と連動していた。その結果、彼はできる限り多く残業し、睡眠不足となってしまったのである。

この地下鉄の運転士のような行動が望ましくないことは明らかである。この年金制度はより多く働くようなインセンティブを与えたが、そのインセンティブが強すぎたため、生産性は逆に、運転士の余暇の価値を下回るまでに低下してしまったのである。この場合、労働者の生産性はむしろマイナスとなっている。この年金制度の方式は、残業時間を労働者の選択に委ねたことと相まって、非効率的な行動を引き起こす悪いインセンティブ構造となってしまった。

年金と離職

ボストンの地下鉄の事故は、年金の方式が労働者のインセンティブにどのような影響を与えるのかを理解させてくれる事例である。年金制度が労働者の行動に影響を与えるもう一つの影響は、離職である。特に確定給付型は、企業にとって、特定の時点で労働者に退職を促す手段となる。これを理解するために、図 13.1 で考えてみよう。

この図は、30 歳の時にある企業で働き始めた従業員を想定している。横軸は退職時の年齢、縦軸は年金の期待現在価値である。年金が一度に支払われないという点を考慮し、値は割り引かれている。また、従業員が亡くなることも考慮されている。縦軸の値は、十分大きな集団の従業員に支払われる年金支給額の平均値を、退職時の現在価値に割り引いたものと考えればよい。

図 13.1 のデータは、算定方式型でも団体交渉型でもどちらでも構わない。どちらの制度も、退職時までの勤続年数が長いほど、年金額が大きくなるという特徴がある。ここで用いた数字は、団体交渉型の次の数式を用いている。

年間給与額 ＝ 500 ドル × 勤続年数

退職時または 65 歳以降のいずれか遅い方から支給される。

この従業員は 30 歳から働き始めたため、もし就職初日に「退職」してしまった場合、年金を全く受け取ることができない。このため、30 歳時点での年金の現在価値は 0 となっている。もし彼が 1 年だけ働けば、65 歳になった後、彼は毎年 500 ドルを受け取ることができる。ここでこの従業員が 90 歳で亡くなると仮定すると（いつ亡くなるかは事前にはわからないが、いつかは亡くなるこ

426　第4部　応用編

図 13.1　年金給付の現在価値

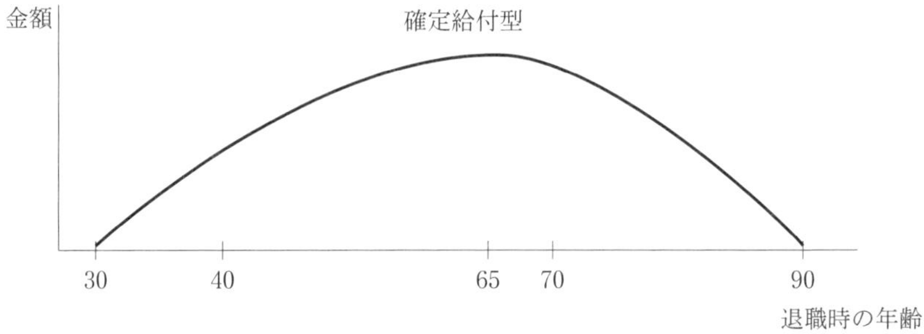

とは確かである）、65 歳から 90 歳まで毎年 500 ドルずつ支給される金額を、31
歳時点まで割り引くことができる。もし 4% の年利率[4]を仮定すると、その計算
結果は 2,101 ドルとなる。65 歳から 90 歳までに毎年受け取る 500 ドルは 25 年
間の合計で 12,500 ドルであるが、これらは 65 歳以降でないと受け取れないた
め、31 歳時点での現在価値は 2,101 ドルにしかならない。

　もしこの従業員が 90 歳まで退職しなければ、非常に多額の年金（この場合
は毎年 30,000 ドル）を受け取る権利がある。ところが、彼は退職と同時に亡く
なってしまうという問題がある。そのため、実際に受け取る年金額はゼロであ
り、現在価値もゼロである。この従業員がもし 65 歳で退職した場合、35 年の
勤務年数に応じて、毎年 17,500 ドルの年金を 25 年間受け取ることができる。こ
の年金の 65 歳時点での現在価値は 278,879 ドルである。年金給付額の期待現在
価値は 67 歳でピークに達する。もしそこから更に追加で 1 年働くと、逆に 289
ドルを失うことになる。なぜなら、68 歳時点での年金の期待現在価値は、67 歳
時点よりも 289 ドル少ないからである。もちろん追加で働いた 1 年分の賃金を
もらうことはできるが、年金の現在価値が減少するということは、賃金と年金
を合わせた実際の報酬額は、見た目の賃金の額よりも少ないということを意味
する。67 歳を越すと、年金の積み上がり額は実際にはマイナスとなる。

　全ての確定給付型の年金制度はこの特徴を持っている。もし労働者が就業し
たその日に辞めてしまえば年金支給額はゼロである。一方で、労働者が亡くな
るまで働き続ければ、その場合もやはり年金支給額はゼロとなる。働き始めた

　4）　実際には、ほぼ同じ 3.92% の連続複利を用いて計算した。

図 13.2 年金給付の現在価値

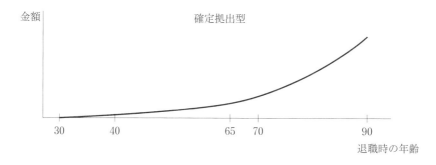

年齢と亡くなるまでの間は年金の額は正の値を取ることから、退職した年齢の関数としての年金の価値は、少なくとも大まかには、図 13.1 で示したような逆U字型となる。

それでは確定拠出型はどうだろうか？ 確定拠出型が逆U字型になることはない。年金支給額の期待現在価値は退職する年齢が上がるにつれて上昇する。確定給付型との違いの理由は、確定拠出型では、年金支給額が亡くなるまでの残された年数には依存しないためである。ある人が 89 歳まで働いたとすれば、その歳までに年金口座に積み立てた全ての金額が彼女のものである。もし一回払いでの受け取りを希望すれば、全て受け取ることもできる。もし定額給付を希望すれば、亡くなるまでに払い戻される額の期待値が 89 歳までの積立額に等しくなるように、毎年の支給額は十分に高くなくてはならない。確かに、確定拠出された金銭の運用によっては、実際の年金額が減ることもある。しかし、毎年積み立てがなされることから、期待値においては、長く働けば働くほど年金額は大きくなる。

図 13.2 は、確定拠出型の場合の年金の積み上がり方を示している。年金給付額は退職時の年齢に伴って常に増加する。図 13.1 と図 13.2 との比較は、年金制度の選択の重要なポイントを示している。確定拠出型は年金の積み上がり額が常に正である一方、確定給付型は積み上がり額が負に転じることから、遅い退職にペナルティを与えられるのは確定給付型のみである。前の例では、従業員が 67 歳になった後は、それ以上の年数働けば年金額は減少した。一方、確定拠出型では逆である。働く年数を追加するほど、より多くの年金積立額により報われる。確定拠出型でも、特定時点以降、例えば就労 30 年後など、積立額

428 第4部 応用編

をゼロと指定することは可能である。しかし、確定拠出型では期待積立額をマイナスにすることはできない。

定年退職の義務付けが違法になって以降、企業は従業員の退職を促すための他の手段を探さなくてはならなくなった。その一つは、**早期退職優遇制度**（window plan）である。特定の年齢層の従業員を対象とし、すぐに退職した場合に報償金を支給する制度である。もう一つの手段は、確定拠出型の年金制度を、確定給付型に置き換え、ある一定の年齢以上働き続ける従業員にペナルティを与えることである。定年退職の義務付けに関する法改正は、実際には、早期退職優遇制度や、確定拠出型から確定給付型への移行を促す結果となった[5]。

受給権

年金の積立開始と同時に、従業員が年金を受給する権利を得られるかというと、必ずしもそうではない。従業員が仕事を始めた後、一定の年数以上働かないと年金受給の権利を得ることができない。例えば1年目には2,250ドルが積み立てられるが、もし従業員が、受給権が付与される年数（通常は5年）未満で辞めてしまった場合、その従業員は年金を一切受け取ることができない。その会社で5年働いた後に、それまで積み立てられた年金が全て権利付与され、その後は、その従業員が辞めた際には、小切手による一時金、もしくは、決められた年齢、例えば62歳や65歳、までの年金支給を受け取ることができる。受給権を伴わない年金は離職に影響を与える。この点を理解するために、最も極端な受給権付与の例である、陸軍年金制度[6]について考えてみよう。この制度では、退役軍人に対して、退職時の階級と軍役の年数に応じて、退役後毎年一定の金額を支払うことを約束している。しかし、これらを少しでも受け取るためには、軍人は最低20年軍役に就かなくてはならない。これは時に「クリフ（崖）」型の受給権と呼ばれ、図13.3に示したような崖状の段差が出来る。

20年未満で退役してしまった軍人は全く年金を受け取ることができない。一方、20年勤めさえすれば、何がしかの年金を「退役後」毎年受け取ることがで

5）同時に確定拠出型の数も急速に増えていった。これらの大部分は補足的なものであり、年金プランを通じた貯蓄に対する税優遇を利用するために、基本プランに追加する形で用いられている。

6）米国では、陸軍年金制度のような権利付与は一般的には違法であるが、政府が管理する陸軍年金プランだけには認められている。

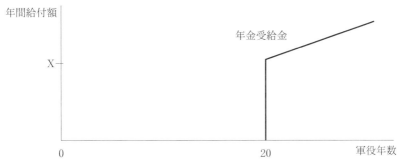

図 13.3　陸軍の年金制度

きる。退役軍人が 38 歳ということもあり得る。もしより長く勤めれば、受け取れる年金も多くなるが、受給権は十分に満たしているため、いつ退役しても年金は受け取れる。仮に軍人が、20 年目のほんの 1 年前に辞めた場合であっても、年金は一切受け取ることはできない。この点は、非常に興味深い離職の傾向を生む。離職率（自主退役と解雇の両方を含む）は当初から比較的高くなる。何人かは単に陸軍での生活が合わず、最初の数カ月のうちに、自主的に退役するか、追い出されてしまう。その後、離職率は下がり始める。20 年目の直前には離職率はほぼゼロになる。17 年や 18 年目では、あと 2 年ほど待てば非常に好条件の年金を受け取れるようになるため、その時点で陸軍を辞める軍人はほぼいない。20 年目を過ぎると、離職率は劇的に増加する。それまで退役を待っていた者が一斉に退職し、年金を受け取ることになる。非常に多くの割合の軍人が、受給権を得られるちょうど 20 年目の直後に退職していく。

　この例がはっきりと示しているのは、特に退職の判断が重要となる年次に差し掛かった従業員にとって、年金の方式がいかに大きな重要性を持つかということである。また、年金は、同様に勤め始めたばかりの従業員に対しても影響を与える。この影響を考えるためには、もう一つ別の概念を定義しなければならない。

ポータビリティ

　しばしば受給権の付与と混同されやすいが、**ポータビリティ**は、年金制度が持つ別の特徴である。年金の移行が完全に可能であるということは、雇用主を変更したとしても年金の価値は変わらないということである。

米国の社会保障システムは、全ての non-exempt の労働者について、持ち運び可能である。年金の計算に使われる、複数月（実際には複数四半期）にわたる社会保障への加入の履歴は、雇用主を変えても影響を受けない。社会保障を受け取るためには、40 四半期分のシステムへの加入が必要だが、その間、どの雇用主の元で加入していたかは問われない。例えば、ある従業員が 10 年の間に毎年転職したとしても、40 四半期分（つまり 10 年分）の間、社会保障システムに積み立てていれば、年金受給資格の年齢となった時に、年金を受け取ることができる。労働者は、10 年間働いて、社会保障システムに対して積み立てしないと、社会保障システムの年金の受給権が与えられない。それが満たされるまでは、受給資格を得られない。ポータビリティは、加入履歴が複数の雇用主にわたって引き継がれることを保証する。

米国の社会保障システムでは持ち運びはできるが、受給権はすぐには付与されない。私的年金には、しばしば、すぐに受給権が付与されるが、ポータビリティがないという、その逆の特徴を持っているものがある。下記の確定給付年金の数式例を考えてみよう。

65 歳以降の年間給付額
＝ 0.01 × 勤続年数 × その企業における最終給与

ここで二つの架空の企業、パロアルト・セミコンダクター社（PAS）とサンタクララ・セミコンダクター社（SCS）、が全く同じ年金制度を提供しているとしよう。この年金制度ではすぐに受給権が付与され、従業員が働き始めるとすぐに年金への積み立てが始まり、かつ、年金制度の受給資格を得られるとする。30 歳から働き始め、年収 30,000 ドルを得て 1 年で辞めた従業員は、65 歳以降、0.01・1・30,000 ドル＝300 ドルの年金を、毎年受け取ることができる。

ここで、PAS に 30 歳から働き始めたある従業員を想定しよう。彼女の当初の年収は 30,000 ドルだったとする。もし彼女が PAS に 65 歳まで働き続ければ、年収は 89,694 ドルになる。そして、彼女の退職時の年金は、0.01・35・89,694 ドル＝31,393 ドルとなる。ここで、SCS にも全く同じ賃金体系と年金制度があるとしよう。すると、SCS の従業員も、30 歳で働き始めて 65 歳で退職すれば、毎年 31,393 ドルの年金を受け取れるとする。

もし、この従業員が PAS で 45 歳まで働いた後（その時点での年収は 62,368 ドル）、その後 SCS に移籍して、SCS で 65 歳まで働き続けた場合はどうなる

だろうか？　彼女の給料が両方の企業の間で全く同じであったとしても、年金額は低くなる。PAS から受け取れる年金額は、15 年の雇用期間で退職時の年収が 62,368 ドルであったため、0.01・15・62,368 ドル＝9,355 ドルとなる。一方、SCS から受け取れる年金額は、20 年の雇用期間に対して、0.01・20・89,694 ドル＝17,939 ドルとなる。二つの企業からの年金額の合計は 27,294 ドルとなり、もしいずれかの企業だけで働き続けた場合にもらえたであろう年金額よりも 15%少ない。

　この違いは、年金の計算式から生じている。この年金の計算式は、それがどの企業であるかにかかわらず、退職時点で勤務していた企業での年収を用いており、引退時の年収を用いているわけではない。彼女が 15 年目で PAS を辞めた際の年収が低かったため、年金積立のうちの 15 年間は、一つの企業で勤め上げた場合よりも低い数字を使って年金が計算されてしまっているのである。

　この年金制度はポータブルではないため、転職によって、彼女は 15% 年金を減額されるというペナルティを被ることとなった。米国の社会保障システムがそうであるように、もしこの年金制度がポータブルだったならば、雇用主にかかわらず、年金の計算は彼女の引退時の年収を用いて計算されたであろう。ポータブルでない年金制度は、転職に対してペナルティを課すため、通常は離職率を下げる影響を与える。

　年金制度をポータブルにするためには、PAS は、別の企業で増えた給料によって、増加した年金を補填しなくてはならないことになる。しかし、これには問題が多い。この従業員と SCS が共謀して、引退時の最終年収を非常に高く設定する代わりに、それまでの期間の給料を、高い最終年収とその後の年金をカバーするだけ十分に低く設定することができてしまう。PAS 側からすると、45 歳から 64 歳までの間に低く設定された給与の恩恵を得る手段がないため、非常に困ったこととなる。結局、企業は、他の企業に年金支払額の決定権を委ねてしまうようなポータビリティを認めることには消極的になる。

　ポータビリティは、通常、第三者によって管理される制度を伴っている。例えば、労働組合は、しばしば、加入者に対してポータビリティのある制度を運営している。第三者は加入者から手数料を徴収し、事前に定められた算式に従って、年金を支給する。社会保障システムはまさにこの例である。理想的には、年金の管理者が、年金基金からの払い出しが多い企業に対しては高い手数料を課すことができることが望ましい。従業員は賃金の一定割合を積み立てる

必要があることから、従業員に対して高い賃金を払っている企業や、従業員の数の多い企業ほど、仕組みを支えるために多くの拠出が求められる。しかし、企業は長い期間を経て変化してしまうこともあるため、その関連付けは完全ではない。企業の現在の従業員の属性によって、企業が仕組みに対してどれくらい拠出するかは決められる。一方、仕組みの中から現在どれくらいの金額が受給者に支払われているかは、過去の企業の従業員の行動に依存している。

　最も単純な持ち運びの方法は、確定拠出型年金である。基金は労働者によって保有され、年金給付額は退職時に労働者が所有しているポートフォリオの時価のみに依存することから、ポータビリティにかかる問題は生じない。

従業員持株制度

　従業員持株制度をインセンティブ制度として使うことについては、（特に、そうした使い方の欠点について）本書で既に議論した。ここでは、年金制度との関連について簡単に触れてみたい。過去数十年の間、多くの企業が、従業員の年金資産の一部を自社の株式に投資してきた。こうした企業行動を正当化できるような理由はほとんどない。問題は、従業員が退職後のために貯めた資産を重大なリスクにさらすことである。第一に、年金資産は、その価値の変動を減らすために、広く分散された資産のポートフォリオに投資されるべきである。従業員の資産のかなりの割合を単一の資産に投資することは、その原則に違反する。第二に、従業員は既に企業特殊的人的資本の積み重ねという形で企業に対して投資しており、将来の仕事での成否は既にその企業と強く相関している。年金資産をその企業に投資してしまえば、退職時に得られる資産は、これ以上ないほどに分散されなくなってしまう。幸いなことには、こうした制度は、過去10年ほどの間に急速に姿を消した。

■ 有給休暇

　有給休暇は、主要企業の報酬のうちの10%から15%を占める。通常の2〜3週間の連続休暇に加え、従業員は、年間8日から12日間の疾病休暇や、年間7日から10日間の有給休暇をもらえることが多い。これらは合計すると年間25日から37日にもなる。通常の就業日数は年間260日くらいであるため、従業員は年収を、就業日数のうちの85%から90%の労働の対価としてもらっていることになる。

もちろん、賃金がそれを調整する。日給 100 ドルで年間 260 日のうち 26 日間の有給休暇を受け取っている従業員は、実際には、日給 111.11 ドルを受け取っていることになる。年間給与総額は 100 ドル・260＝26,000 ドルであり、これは従業員が 234 日を通じて、1 日あたり 26,000 ドル /234＝111.11 ドルを得ていることになる。もし従業員が、最低でも 1 日あたり 111.11 ドル分を生産することができなければ、企業側としては年間 26,000 ドルを支払うことも、年間 26 日の有給休暇を与えることもできない。ここで、従業員が 1 日あたり 100 ドルしか生産できないと仮定しよう。その場合、企業は有給休暇を廃止するか、年間給与総額が 234・100 ドル＝23,400 ドルを超えないように、賃金を調整しなければならない。日給を 23,400 ドル /260＝90 ドルに減らし、26 日分の有給休暇を提供することが、単純なやり方だろう。

企業にとっては、有給休暇無しで日給 100 ドルを支払うのと、26 日の有給休暇を与えて日給 111.11 ドルを支払うのは、どちらでも構わないように見える。実際、企業にとっても、従業員にとっても、どちらでもよい。ところが実は、（後述する）その他の要素を考慮しなければ、有給休暇無しで高い日給を払う方が、常に望ましい。何故だろうか？

休暇が有給で与えられれば、仮にそれにさほど価値を見出していないとしても、従業員にどうしてもそれを使おうとするインセンティブが働く。従業員に有給休暇を与えると、それを使いすぎてしまうインセンティブが常に働くのである。以下の例を考えてみよう。

従業員の 1 日あたりの生産量が 111.11 ドルであったとする。ここで、もし、この従業員が毎年 200 日から 300 日働くとしたら、この従業員は追加の休暇 1 日分を 95 ドルの価値があると考えるとしよう。ここで、二つの仕組みを考えてみる。まず、プラン A は、従業員に年間 26,000 ドルを支払い、毎年 26 日間の有給休暇を与えるとする。言い換えると、プラン A は、実働日数あたり 100 ドルを支払い、更に毎年 26 日間の有給休暇を与えている。プラン B は、実働日数あたり 110 ドルを支払う一方、有給休暇は全く与えないとする。もしプラン B の下で従業員が 234 日働けば、年間 25,740 ドルの給与が払われる。この場合、プラン A もプラン B でも労働時間は同じであるが、プラン B の方が年間給与は少なくなる。

企業はどちらのプランを好むだろうか？　企業側がプラン B を選ぶのは明白である。プラン B では、企業は実働日数あたり 110 ドルを支払っている。プラ

ン A の下では、実働日数あたり 111.11 ドルを支払っている。プラン B では、企業は 1 日 1 従業員あたり 1 ドル余剰を得ている一方で、プラン A は、企業の余剰はゼロである。

　では、従業員はどちらのプランを好むだろうか？　もし、従業員の働く日数が 234 日ならば、従業員は、企業がプラン A よりもプラン B を好むのと同じ理由で、プラン B よりもプラン A を好む。プラン A では、従業員は 234 日の労働に対して 26,000 ドルを受け取れる一方で、プラン B では 25,740 ドルしか受け取れない。しかし、プラン B にはプラン A にはない柔軟性がある。プラン B では、従業員は休みを 26 日よりも少なくすることを選べるのである。プラン A では、26 日の有給休暇のうち一つでも取らないというインセンティブは従業員に働かない。一方、プラン B では、従業員は、1 日の休みあたり 110 ドルのコストを払うことになる。従業員にとっては休みの価値は 95 ドルしかないため、プラン A であれば休んでいたであろう 26 日間についても、むしろ働こうとする。その 26 日間を働けば、プラン B の下でのこの従業員の年収は 260×110 ドル＝28,600 ドルとなり、プラン A での年収よりも 2,600 ドル多くなる。その場合はもちろん、1 日あたり 95 ドルの価値がある休暇を 26 日分諦めていることになるため、合計で年間 2,470 ドル分のコストを払っていることになる。しかし、追加で働いたことによる報酬が、その諦めた休暇の価値を十分埋め合わせている。そのため、従業員側もプラン B を好むこととなる。もし、従業員側、企業側の双方共が、より柔軟なプラン B を好むのであれば、それが導入されるべきプランである。

　これは単なる数字上の例であるが、企業側、従業員側の双方にとって好ましい、従業員に対して実働日数あたりより多くの賃金を払い、より柔軟性のある仕組みを作ることは常に可能である。従業員に対して有給休暇を与えることで、実際には、企業は従業員に対して、それほど価値がないかもしれない休暇を取得することを強制しているのである。もし従業員にとっての休暇の価値が、企業から見た価値よりも低い場合は、企業側、従業員側にとってより好ましい別の方法が存在することとなる。

　しかし、この理論は若干強引すぎる。これに従えば、企業は従業員に有給休暇を強制するのではなく、従業員に対して、いつ働き、いつ働かないかの選択肢を与えるべきだということになる。いくつかの企業は、従業員が有給休暇や疾病休暇を放棄する代わりに追加の給与を支払うことを認めている。しかし、

大半の企業は、そうした休暇の取得に関する選択を認めていない。大部分の従業員は新年最初の日は有給休暇である。しかし、彼らには、新年最初の日に働いて、追加の給料を受け取るような選択肢はない。

　それでは、なぜ実際の企業は、従業員に選択肢を与えるよりも、一定の給与と有給休暇の組み合わせの方を選ぶのだろうか？　従業員に休暇を取らせることが企業にとって価値がある場合があるからだ。例えば、銀行の従業員は、通常、一定の休暇を取ることが義務付けられている。その休暇の間に、その従業員が管理する口座や取引を監査するためである。横領が発生する可能性が高い場合や金額が大きくなりそうな場合、企業側としては、従業員に休暇を取らせ、横領の可能性を調査しようとするインセンティブが働く。

　銀行の例はわかりやすいが、一般的とは言えない。企業側による調査のために、従業員を毎年数週間強制的に休ませる必要があるような職種は、それほど多いとは思えない。仮に、こうした極端な例に当てはまらないとしても、従業員に休暇を取らせることは、生産性に関係した理由が何かあると思われる。例えば、従業員が、組み立てラインのような、集団での生産活動に従事している場合、1人だけが出勤し、他の従業員は皆休暇を取っているような状況は、あまり価値がない。企業側からすれば、生産性が低い状況で出勤した従業員に対して賃金を払いたいとは思わないだろう。この生産性による説明は、実際の例とも合致する。生産現場の従業員に比べて、管理職はより有給休暇の取得に関する自由を与えられている。大学教授も、自分の研究や授業の準備のために、大学の授業のない週末によく出勤したりする。こうした職種は、先ほどの組み立てラインの例とは異なり、他の従業員が出勤していなくても生産性を高めることができる。

　生産現場の従業員でも、休日に関しての選択ほどではないが、有給休暇についての選択は与えられていることが多い。従業員は有給休暇を放棄することで代わりの給料を貰うことが認められているが、休日はこの対象にならない。有給休暇は従業員がそれぞれ異なるタイミングで取得するため、これらの従業員が有給休暇を取っている間でも、組み立てラインは動かすことができる。しかし、例えば、新年最初の日は、全て休みになる。このことから、企業は従業員に有給休暇については選択を認めるが、休日については認めない。従業員が有給休暇を放棄することは、彼らが休日を諦めるよりも、企業にとってより価値があるのである。

要　約

現金での報酬には、その他の報酬に比べて、独自の利点がある。従業員は、現金を、自分の好きなモノにもサービスにも使うことができる。にもかかわらず、企業はしばしば報酬のかなりの部分を様々な福利厚生という形で支払っている。本章では、その理由について議論するとともに、その最適な方法について分析した。

一部の福利厚生と、その他の職種上の特徴には、法により義務付けられているものがあり、企業はそれらを提供せざるを得ない。しかし、他にも、福利厚生を提供することが有益となる理由がある。これらの理由は一般的に二つに大別される。

第一に、従業員が福利厚生を自ら購入するよりも安い費用で企業が調達できれば、効率的な報酬となる。ただし、従業員が代わりに受け取った現金やその現金で自分の選んだ商品やサービスから生じる便益を十分に上回るだけ安く調達しなければならない。こうした状況が生じる理由はいくつかある。福利厚生によっては、税制上の優遇がある。企業が負担する健康保険は現在では米国においては一般的だが、そうなったのは、税引前の報酬からの控除が認められるようになってからである。また、企業は、いくつかの商品やサービスの購入に際しては大口割引を受けられる。

保険の場合、企業は、団体化することで保険の費用を減らすことができる。特に、企業が平均よりもリスクの低い従業員を雇っている場合に、この効果を享受できる。このケースでは、企業の雇用方針によって、保険会社が直面しがちな逆選択の問題を回避していることとなる。

なお、後者の二つの点、大口割引と団体化は、一般的には、大企業にとって特に重要である。そのため、大企業は中小企業よりも、多くの福利厚生を提供する傾向がある（そして、中小企業は、家族経営の企業よりは多くの福利厚生を提供する傾向がある）。

また、企業に余剰な生産能力がある場合には、自社の製品やサービスを従業員に対して安価に提供できる。この点は、なぜ企業が給与の代わりに福利厚生を提供するのかという二つ目の一般的な理由に関連している。

福利厚生が有益な第二の理由は、それが多くの一般的な人々にとってより

も、ある従業員もしくは企業にとって、特に高い価値をもたらす可能性があるからである。福利厚生が従業員の生産性を向上させる状況が存在するという点が、考慮すべき重要な点である。例えば、企業が自社の製品を従業員に割引で提供する場合、従業員が顧客となる。これは、多くの場合、継続的な改善を促すための優れた手段となる。従業員は自社の製品やサービスに対する顧客の視点や好みを理解し、自ら質やサービスの問題を経験することができ、新たなアイデアやサービスを発想しやすくなる。同様の理由で、企業は、自社の製品でないにしても、自社の業種に関連した福利厚生を提供することがある。

また、福利厚生パッケージは、これからその企業に応募しようとする者にとって、他者よりも高い価値を持つ場合がある。企業が自分の業種に関係する商品を福利厚生として提供している場合（例えば、トヨタ自動車の従業員に対して、自動車部品を割引で提供する場合など）、企業は、その業種について内発的動機を持つ従業員を採用しやすくなる。これは、特定の福利厚生によって生産性が高まるもう一つのケースである。

福利厚生を、努力に伴う限界的な負の効用を軽減するために使っている企業もある。従業員をより多く働くように動機付けするためである。これは、従業員に比較的長い時間働いてもらう必要性や、短期的な目標のために長時間労働をさせなければならない状況に直面する企業にとって、非常に重要である。この意味で努力を向上させるような福利厚生には、（例えば、駐車場や食事、その他のコンシェルジュサービスなど）職場で提供されるものが多い。こうした福利厚生は、限界生産性が高い従業員に対しては経済的に利益となる。上級層の従業員や、利益率の高い業種、急速に成長している業種などが例である。従って、こうした福利厚生の提供の有無は、景気循環の影響を受ける。

より一般的に言えば、企業は、福利厚生が従業員の振り分けに与える影響を慎重に分析しなければならない。福利厚生制度は従業員の企業への適合度合いを高めることもできるが、逆選択を生じさせる場合もある。福利厚生は、また、離職にも影響を与える。福利厚生制度が特定の応募者による自己選択を促すように設計されている限り、その制度は離職率を下げることができる。こうした福利厚生制度は、他の企業で働くよりも、その企業で働くことでしか得られない非金銭的な価値を、従業員に対して与えるためである。

いくつかの国では、年金は最も重要な福利厚生の一つである。年金は、税制優遇を理由に提供されている場合もある。年金は、また、インセンティブや離

職に大きな影響を与える。年金が離職に与える影響は、制度設計に大きく左右される。年金が与えるインセンティブが強すぎ、離職率が高すぎたり低すぎたりすることもある。

　福利厚生が、人事管理にとって、驚くほど広範な影響を及ぼすことを理解することができた。福利厚生によって、従業員の自己選択、能力の蓄積、インセンティブや離職率に影響を及ぼすこともできるのである。

　福利厚生はまた労働コストにも影響を与える。企業が福利厚生を提供する際には、暗黙のうちに、そのコストを、低い賃金によって「徴収」しているのである。これが正当化されるのは、福利厚生が市場での価格に比べて十分に安く提供されているか、従業員が選択することで負担する損失を上回る、従業員にとってのより高い価値、生産性の向上、その他の企業目的が達成されたりする場合だけである。

　福利厚生の議論で、労使間の契約条件に関する分析を締めくくることができた。本書では、第1章から、雇用関係について「スポット市場モデル」の見方を適用し、一章ごとにその関係の複雑さを上積みしてきた。第15章では、それを紐解き、労使関係全般について議論する。

第14章　起業と企業内起業

> 天才とは1パーセントのひらめきと、99パーセントの努力である。
>
> **トーマス・エジソン（ロザノフ、1932年による引用）**

　本書は、人事政策がどのようにしてモチベーションや創造性に影響するのか
をテーマにしてきた。経済の中で最も興味深い形で創造性が発揮されるのが、
起業である。起業は、新しいアイデアを発展させ、産業に新たな競争を持ち込
み、既存の企業がより創造的になるよう刺激するという、経済の中で重要な役
割を演じている。過去20年間、急速な技術革新によって起業は特筆すべき役割
を果たしてきた。また、起業は、発展途上国の近代化の鍵をも握っている。今
日我々は、中央・東ヨーロッパ、アジア、南アメリカ、アフリカでの、起業の爆
発的な拡大を目の当たりにしている。

　本章では、起業に関わるいくつかの論点を取り上げる。このテーマについて
包括的な議論を提供することはできない。ここでは、人事の経済学という観点
から焦点を当てる。最初の論点は、起業家のキャリアについてである。起業家
は、ある種の特別な能力のポートフォリオを持っている可能性が高い。起業家
にとって最も重要な役割の一つは、新しい挑戦の中で、様々な専門的な仕事を
調整することだからである。起業家の業種毎の分布や、人的資本の蓄積に対し
て、この点がどのような影響を与えているのかを明らかにする。

　本章の後半では、**企業内起業**に焦点を当てる。つまり、企業がどのようにし
て従業員のモチベーションや創造性を向上させられるかについて論じる。成熟
した企業、特に大規模で業務内容が複雑化している企業は、しばしば官僚的
で、行動が遅く、革新性を失っていると批判される。本書で取り上げた概念を
使ってこうした現象を理解し、その対策について論じる。

440　第4部　応用編

∽∽∽∽∽∽　起業家や社内起業家とはどのような人物か？　∽∽∽∽∽∽

　ある研究は、どのようなマネージャーの特性が企業内起業に役に立つのかについて調べるため、組織的な変化を経験した10件の企業について調査した。同様の能力は、通常の起業にも役に立つと考えられる。その結果、この研究を行った著者達は、次の五つの能力が特に重要であると結論付けた。

　能動性：受動的ではなく、戦略的にビジネス上の問題に対して対応する能力。こうした能動的な手法は結果に対するコントロールを高める。また、おそらく創造性とも関連している。

　現在の能力を超えようとする願望：常に発展し、継続的な改善を目指す意欲。著者達はまた、マネージャーにとっても組織設計においても、**学習能力**も重要であるとしている。本書の第2部でこれらの概念を取り上げたが、本章では企業内起業の文脈で議論する。

　矛盾の解決能力と**チームワーク**：異なる集団同士に対して効果的な共同作業をさせるための能力の重要性。既存の組織を変革しようとする時はまさに、複数の集団に対して変革の重要性を確信させ、それらを同じ方向にまとめ上げる必要がある。より一般的に言えば、異なる人々の間を調整する能力のことを意味している。本章では、起業の箇所で採り上げる。

出所：Stopford and Baden-Fuller（1994）

起　業

　起業家とは、一般的に自ら創業するか、あるいは新たな企業で重要な役割を演じる人を指す。本書も同様の見方をする。では、一体、どのような特性が起業家を成功させるのであろうか？

　一つの見方は、最も能力が高い者（特に最も創造性が高い者）が起業家にな

るという意見である。ところが、これはそれほど明らかなことではない。能力が高く、創造性が高い者は、むしろ企業の中にとどまって仕事を続けた方が、ずっと高い成果をあげることができるかもしれない。その方が、利用可能な様々な資源に恵まれ、環境も安定している。また、大企業の方が、使える資源がより多くなるため、彼の才能をずっと効率的に活かすことができる。創造性についても、既存の企業の中の方が、既存のインフラやブランドと結びつくことで、より効果的に発揮できる。能力が高く創造的な者は、起業家になることもできるだろうが、より典型的な雇用形態でのキャリアを積むことも十分に可能である。

　起業家の特性の一つとして、リスク許容度の大きさが考えられる。全ての個人が多かれ少なかれリスク回避的ではあるものの（もしそうでなければ、人生のあらゆる全ての局面でリスクを取りたがることになる）、個人差がある。起業は、様々な要因により、キャリア選択としてはよりリスクが高いものであり、その点は特に新規事業の失敗率の高さからも明らかである。

　しかし、リスク回避的傾向の影響についても、過大評価されていると思われる。新規事業の失敗は、ダウンサイドが限られているため、既存企業での失敗よりも、通常は実はコストが低い。投資額は通常はあまり大きくなく、失敗により傷がつく既存のブランドや顧客との関係もない。更に、ひとたび成功すれば、起業の方が、通常のキャリアよりも、個人が得られる報酬は大きい。そのため起業家は、場合によっては、相応のダウンサイド・リスクにさらされることもなく、高いアップサイドの機会を得られる。こうした場合であれば、リスク回避的な人であっても起業家を選ぶだろう。

　この議論に加えるとすれば、**リスク回避的**な傾向の影響は明確でないものの、起業家は、平均的な人よりも楽観的な傾向があるということはできるだろう。個人が直面するリスクや機会について、それがどの程度であるかの評価は個人によって異なる。原因は、心理学的な違いや経験の差によるものと考えられる。理由はさておき、楽観的な人は、アップサイドの機会について、それが起こる可能性がより高い、もしくは、起こった場合の利益がより大きいと考えて、アップサイドの機会をより高く評価する傾向にある。同様に、楽観的な人は、ダウンサイド・リスクについては過小に評価する。

　リスク回避度と楽観性の二つの特性は、共に年齢によって変化するだろう。リスク回避的傾向は、特に若い人ほど低い。若い人ほど、その先、恩恵を享受

442　第4部　応用編

できる期間が長いため、リスクをとって成功した場合に得るものが大きい。また、労働市場では若い時のミスについてはそれほど大きなペナルティが科されることはないため、若い人ほど失敗のダウンサイドを限定することができる。更に、高年になるほど固定の金融負債（各種のローンや、子供の教育費負担）を抱えていることが多く、変動幅の大きい報酬に対してより回避的にならざるを得ない。

■ 起業家という選択

　起業家の重要な役割は、資源を集め、調整し、業務全体もしくは大部分の管理をすることにある。企業の創業者は、ヒト、モノ、カネ、更に情報、といった資本を集めなくてはならない。それらの資源をまとめ、様々な専門性を持つ従業員を調整して製品を作り、業務の進め方全体を作り出し、計画を実行に移さなければならない。つまり、起業家には典型的な従業員とは異なる能力のポートフォリオが必要とされるのである。専門家になるよりも、多くの異なる能力に横断的な、バランスの取れた才能の組み合わせが起業家には必要とされるだろう。

　例として、大きな組織で働く、製品設計が専門の技術者を考えてみよう。彼は、起業することもできる。起業した場合には、製品設計の分野で成功する必要があるが、より多くの能力も必要となる。金融に関する知識があればキャッシュフローの予測ができるだろうし、投資家に対して事業計画を説明しやすくなる。会計の基本を理解することは、予算と管理の仕組みを整え、キャッシュフローを把握するために必須である。物流と生産の運営に関する理解や、製品を販売するために営業とマーケティングについての理解も必要となる。更に、企業を構築し、人事政策を設計し、チームをリードするための経営の能力も役に立つであろう。

　もちろん、起業家がこれら全ての分野で専門家であることは稀だろう。しかし、たとえそれぞれの分野の専門家を雇って仕事を任せるとしても、それぞれの分野について少なくとも最低限の知識を有することが必要となる。創業者は、経営陣の候補者を選別し雇うためにも、そうした能力が必要である。そして、彼らの仕事を設計し、彼らに決定権を委ね、彼らの業績を評価するためにも、彼らの仕事への理解が必要である。そして、最後に彼らの仕事をうまく調整しなければならない。

第14章　起業と企業内起業　443

　同様の議論は、特に、部門長や CEO など、複数の分野を備えた組織の上に立つ管理職についてあてはまる。本章の冒頭で、起業家を単に自営と定義しなかった理由の一つはこの点にある。いかなる組織の上級経営者も、ある程度は起業家的な役割を果たしている。なお、この観点から言えば、ビジネススクールはまさに、起業家にとって重要な、幅広い能力のポートフォリオを提供している。

　本節では、多様な能力を持つ起業家と、より専門化された訓練を受けた従業員のいずれかを選択するモデルを簡潔に取り扱う[1]。このモデルにより、起業家の経歴が典型的な従業員とどのように異なるかについて、多くの示唆を導き出すことができる。また、こうした見方と合致するいくつかの実例についても採り上げてみたい。

何でも屋

　概念を把握するために、まず非常に単純なモデルを考えてみよう。能力は x_1、x_2 で表される二種類（製品設計とマーケティングなど）しかないとする。ある人は、いずれかの能力に専門化した仕事を選ぶことができるとする。また、その代わりに、起業家となることも選択できる。人的資本への投資において、専門化することは、通常、研修費用を節約し、ある種の能力で個人の比較優位を活用する上で効率的であることを学んだ。また、職務設計上、専門化は、一般的に効率性を高め、更に、この要因により、企業は機能階層化の側面が濃い組織構造を採用しがちになることも、併せて思い起こしてほしい。そのため、専門化した仕事を、既存企業の従業員としての仕事とみなしてもいいだろう。

　単純化のため、x は各人の能力のレベルの度合いを表し、どちらの能力も、単位時間および単位生産あたり1ドルを，専門化した労働者にもたらすものとする。つまり、一番目の能力を使って仕事をした場合、x_1 が支払われることになる。二番目の能力を使って仕事をした場合は、x_2 が収入となる。そのため、専門化する場合、彼女が持つ能力と最もよく合致する仕事を選ぶことになるだろう。つまり、

　　専門家の収入 = maximum $\{x_1 , x_2\}$

---

1)　本項は、Lazear（2005）に基づく。

444　第4部　応用編

　一方、起業家は、これまでに述べてきた通り、多様なそれぞれの仕事を行う能力や、それらの仕事を行っている人を管理する能力を備えていなければならない。そのため、起業家としての価値は、能力のうち最も高いものだけでなく、それぞれの能力をどの程度持っているかに依存する。実際は、起業家が様々な資源を統合し、異なる機能を調整する能力は、おそらく、持っている能力の中の最も低いものに制約されるだろう。この考え方は下記の式のようになるとしよう。

　　起業家の収入 $= \lambda \cdot minimum\{x_1, x_2\}$

　換言すれば、起業家の成功は、新しい事業を組織し管理するために必要な能力の中でも最も低いものの関数となっており、すなわちそれは、xの最小値ということになる。

　λは、いくつかの異なる考え方を反映させることができるパラメーターである。一つの考え方は、λは典型的な仕事において、自分の得意な能力に特化した場合に対する比率を示し、起業に際して必要となる最低能力の相対価値を表しているとする考え方である。つまり、この観点では、専門的な能力に比べ、広範な能力について労働市場でどの程度の価格が付けられているかを反映している。これは、経済全体で、専門化した労働者と、より広範な能力を持つ労働者それぞれの需要と供給によって決定される。

　また、起業に際して創造性を重視する見方がある。λは起業家によって異なり、より創造的な起業家ほど高いλを持つとするという考え方である。より創造的であればあるほど、同じ能力の組み合わせを持った他の者よりも、高い価値を生み出すことができる。この見方では、λは個人によって異なることとなる。

　この簡素な考え方により、どのような人が起業家になり、どのような人が専門家となるかを簡単に決めることができる。起業家を選ぶのは下記の式が成り立つ場合である。

　　$\lambda \cdot minimum\{x_1, x_2\} > maximum\{x_1, x_2\}$

　この選択は、図14.1に表されている。平面上の任意の点におけるx_1とx_2の組み合わせが、ある個人の能力レベルの組み合わせを示している。45度線より上側の点は$x_2 > x_1$である場合を示し、下側の点はその逆である。45度線上の個

図 14.1 どのような人が起業家になるのか？

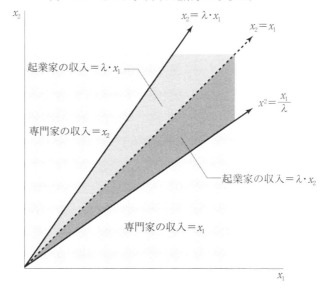

人は、両者の能力のレベルがちょうどバランスし、$x_1=x_2$ となっている者である。

$x_2>x_1$ となっている人について考えてみよう。この人は、一番目の能力に比べ、二番目の能力に比較優位を持っている。専門家としての収入は x_2 となる一方、起業家としての収入は $\lambda \cdot x_1$ となる。そのため、この人は、$x_2>\lambda \cdot x_1$ なら、専門家（または従業員）となることを選ぶ。この人の専門家としての収入は、45度線の上側から x_2 軸に接する影をつけた範囲である。一方、逆に、$x_2<\lambda \cdot x_1$ ならば、この人は起業家となる道を選択する。その場合、起業家としての収入を示す領域は、45度線に接するすぐ上側の影をつけた範囲となる。

同様の議論は、$x_1>x_2$ である人にも当てはまる。この人は、専門家としては x_1 の収入を、起業家としては $\lambda \cdot x_2$ の収入を得ることができる。起業家としての収入を示す領域は、45度線の下側の x_1 軸までの影をつけた範囲である。その下から軸までの影をつけた範囲は、専門家としての収入を示す領域である。その両者を分ける直線は、方程式 $\lambda \cdot x_2=x_1$ によって決まる。能力のレベルがちょうどこの方程式を満たす人は、起業家でも通常の従業員でもどちらでもよい。

この分析からいくつかのことがわかる。まず、能力のバランスが悪いほど、

その人が起業家を選ぶ可能性は小さくなる。図の上で言うと、二つの能力のバランスが悪いほど45度線から離れ、いずれかの軸に近づいていく。そのため、45度線の周りの二つの範囲には入りにくくなる。本書での主な仮定として、バランスのとれた能力が起業家にとって重要な要素であるとする。

　第二に、λが大きければ大きいほど、ある人が起業家になる可能性は大きくなる。λが大きくなるにつれ、市場において、専門的な能力よりも、幅広い能力のポートフォリオの相対価値が高まる。45度線の周りの影をつけた範囲が広がり、より多くの人々が起業家の範囲に含まれることとなる。

　第三に、λは個々人の創造性の違いを示している見方もあると述べたが、「創造性」を異なる能力を持つ人々を調整し、より効果的に協力させる方法を見つける能力と解釈することもできるだろう。もしそうであれば、起業家の範囲は、それぞれの創造性の度合いによって、異なって描かれることとなる。λが個人によって異なるとした場合、より創造的な個人の方が起業家としての道を選びやすくなると言えるだろう。

　この解釈により、最初に起業を試した後に、なぜ従業員として通常の労働市場に戻ってくる人々がいるのかという理由を説明できる。新しい起業家のうちの大部分の人は、すぐに通常の労働市場に戻ってくる。もしその人の起業家としての創造性が事前にわからなければ、最初に起業を試してみることにも価値がある。もしλが高いとわかれば、そのまま起業家でい続けるだろうし、逆に低いとわかれば、専門的な仕事に切り替えることもできるだろう。専門的な仕事によってはλを判別することが難しいこともある。おそらく、実際に試してみないと起業家としての能力を見定めることは難しいだろう。

業種による違い

　このモデルは、起業がなぜ業種によって異なるのかについて説明してくれる。まず、業種によって必要となる能力の組み合わせが異なると仮定してみよう。例えば、保険の代理店を経営するには、複雑な保険契約を理解する能力の他、会計や経営に関する能力も必要となる。同様に、美術品を取り扱う会社を成功させるためには、芸術的な能力の他に、会計や経営の能力も必要になる。

第14章 起業と企業内起業 447

起業家の脳は他の人とは違うのだろうか？

脳神経学者とビジネススクールの教授陣による学術チームが、最近、MRIスキャンを使って、経営者や起業家の脳を比較した。被験者達は、問題解決のための代替的な手段を探すような課題を与えられた。

経営者は左脳を使う傾向が見られた。脳神経学者によれば、左脳は論理的思考と関係がある。対照的に、起業家は右脳を使う傾向が見られた。右脳は創造性に関わる。

経営者と起業家が根本的に異なる認識方法を用いているのか、それとも経験によって問題解決の方法にこうした違いが生まれたのかについて、これらの発見から結論を下すことはできない。起業家は、脳の違いによって、起業家としての道を選んだ可能性もあるし、また、新しい事業のために仕事をするという経験自体が、思考の方法を変えてしまった可能性もある。

出所：Laureiro-Martinez（2014）

能力の組み合わせの違いによって、それぞれの能力のバランスのとれた人材の供給も異なってくる。この差によって、業種によって起業家としての人材がどれくらい供給されるかの違いが生まれる。保険に関する能力は、会計や経営に関する能力との相関は高いと考えられ、保険代理業の経営に適した人材の供給は比較的多くなると思われる。そのため、保険代理業については、比較的小規模な業者が乱立するような状況が予想される。逆に、美術的な能力と会計や経営の能力との相関は非常に低いと考えられる。美術的なセンスがあり、かつ会計にも優れた人材の供給は比較的少ないであろう。そのため、芸術家が経営者を兼ねる例はあまり多くないと想像できる。代わりに、芸術家は芸術家として専門化し、その他の者は、作品の販売やスタジオの経営を手がけるというケースが多い。

もう一つ、業種間で異なる点として考慮すべき重要な点は、事業のプロセスの複雑さの違いである。ある分野の事業は非常にシンプルで、比較的少ない能力の組み合わせしか必要としない場合もある。一方、より複雑なものもある。例えば、農業と自動車製造業を比較してみよう。自動車製造業の方が農業に比

448　第4部　応用編

べるとはるかにビジネスのやり方は複雑である。このような複雑さはどのような影響を及ぼすだろうか？　一般的には、こうした複雑性はその業種での起業家の供給を減らす影響を及ぼす[2]。

　この点を理解するために、例として、三つの独立した能力が必要とされる業種を想定してみよう。ある人が起業家の道を選択するのは、起業家として使われた際、その人が持つ最も低い能力の市場価値が、その人が持つ最も高い専門的能力の価値を上回る場合であると論じた。

$$\lambda \cdot minimum\{x_1, x_2, x_3\} > maximum\{x_1, x_2, x_3\}$$

　この条件を、前出の、能力が二つの場合と比べてみたい。三つのうち二つ（x_1 と x_2、x_1 と x_3、もしくは x_2 と x_3）ならば満たされる条件でも、それが三つ同時となれば満たされる可能性は常に低くなる。その理由は、式の左辺は、最低値であるために、能力を追加しても増えることは絶対なく、むしろ減る可能性があるからである。同様に、式の右辺も、最大値であるから、能力を追加しても減ることはなく、むしろ増える可能性があるためである。同様の議論は、四つ目以降の能力を追加しても成り立つ。

　そのため、業種が複雑であるほど、起業家の供給は少なくなり、その逆もまた成り立つ。この点は業種の構造に影響を与え、業種の違いによる起業家の市場価値（λ）にもまた影響を与える。比較的単純で、少ない能力しか必要とされない業種（例えば、小規模なレストラン）では、起業家による多くの新規参入が予想され、起業の経済的リターンも比較的低くなる。対照的に、より複雑な業種（例えば、製薬業）では、新たな起業による新規参入はより少なくなり、こうした業種での起業に必要な幅広い能力を備えた稀な人材のリターンは多くなると考えられる。

人的資本投資への示唆

　こうした起業家についての見方は、起業家の人的資本への投資方法は、通常の従業員とは異なっていることを意味している。ある人が起業家となりたいならば、よりバランスの取れた投資の価値が高くなる。この点を理解するために、

---

2)　厳密に言うと、本項で追加の要素について述べていることは、これらの要素が個人の間で独立に分布していることが前提になっている。能力間の相関が十分に高い場合は結果が違うこともあり得る。しかし、大体の場合、ここで述べる直観的な理解が当てはまる。

図 14.2 起業家にとっての最適な能力への投資

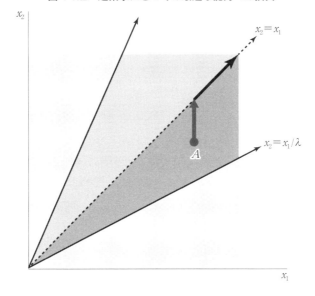

　これから起業家となろうと思い、どの追加的な能力に投資すべきかを考えているある個人を想定してみよう。どのように投資すればよいだろうか？　三つの可能性がある。

　まず、追加的な研修コストが高すぎる場合には、これ以上の投資は最適ではなくなる。この場合、この起業家の市場価値は、x_1 もしくは x_2 の小さい方によって決まってしまう。

　第二は、大きな投資ではなく、比較的小さな投資が最適となる場合である。この人は、今、図 14.2 の A にいるとしよう。このような人の起業家としての収入は $\lambda \cdot x_2$ である。なぜなら、A にいるこの人の x_1 の方が x_2 よりも高いためである。x_1 の小さな向上は、全く収入を増やさないため価値がない。しかし、x_2 を少し高めれば、それに応じて収入は増加する。図示すると、この人の最適な投資戦略は、点 A から垂直に 45 度線に向かって行く矢印の動きで示される。そのため、この人は、自分の最も弱い能力を伸ばすための専門的能力への人的資本投資を行うことになる。この点は、本書で以前議論した専門的な人的資本への投資とは全く逆である。この人にとっての最適な戦略は、専門化の度合いを小さくすることである。

450 第4部 応用編

　第三は、投資の費用が十分に小さいか、あるいはそれによって得られる便益が十分大きいため、第二のケースよりもより大きい投資が最適となる場合である。このような人は、まず、最初は、第二のケースで見たように、自分の能力のポートフォリオを図14.2の45度線に近づけるように投資する。つまり、当初は、自分の最も苦手な能力に特化した投資を行う。しかし、ひとたび能力のポートフォリオのバランスが取れれば、つまり、45度線に到達すれば、それ以降は x_1 と x_2 の間でバランスをとるように投資する。この段階に至ると、両方の能力に対して、両者のレベルが常に等しくなるように投資される必要がある。これは図14.2の中の、45度線に沿って伸びた二番目の矢印により示されている。このモデルでは、起業家としての市場価値は二つの能力のうちの最小値に依存すると仮定されているため、バランスが取れない人的資本投資を行っても、見返りは一切得られない。

　このモデルは単純化したものではあるが、起業家の人的資本投資は、通常の従業員のものとは異なるパターンを取るべきだという検証可能な予測を得ることができる。起業家は、専門化するよりも、よりバランスの取れた人的資本への投資をすべきである。起業家は自分の弱い能力により多く投資し、複数の能力に対して同時に投資することが多いだろう。

　このような起業や能力に対する見方は、企業の中でマネージャーの人が行うことの多くが、起業と似通っていると述べたことと合致する。マネージャーの最も重要な仕事の一つは、様々な専門家や異なる部門の間の活動を調整することである。このためには、幅広い能力についての理解が必要となる。こう考えてみると、典型的なMBAのカリキュラムが、専門化よりも、幅広いビジネス能力の習得に比較的重点を置いている理由が理解できる。

実証研究例

　これまでで説明した理論概要は、Lazear（2005）により、スタンフォード大学のMBAコースの卒業生のデータを用いて検証された。検証に用いられたデータは、1990年代後半の数千人に及ぶ卒業生の学歴および職歴の情報である。情報には、各人の複数の職歴が含まれている。起業家は、特定の職歴情報の中で「事業を最初に始めた者の中でも、特に創業者」である者と定義された。

　検証対象である中心的な仮説は、起業家は幅広い一連の能力を持っていることが多いという予測であった。幅広い一連の能力は、異なる複数の職種での幅

広い経験や、あまり専門化されていない教育のいずれか、あるいは、その両方により習得されると考えられる。以前の職歴の幅の広さからの影響を調べるため、各人が以前に経験した職種の数をそれぞれ集計した。起業に影響するとみられるその他の変数（労働市場での経験年数や、年齢、性別など）をコントロールした上で、以前に経験した職種の数と、起業家となる可能性との統計的関係性について検証した。

　職歴の多さが起業に与える影響は、比較的大きかった。個人が職歴の中で起業する可能性は、全体ではおよそ 7% であった。他の変数をコントロールした上で、以前に経験した職種の数が 1 標準偏差増えるごとに、起業する可能性はおよそ 1.8% 高まると推計された。これは起業の可能性を概ね 25% も増加させていることになる。

　また、経験が起業に大きな役割を果たすことも明らかにされた。経験が増えれば増えるほど、起業の可能性は高まる。他方、経験と職歴をコントロールすると、若い人ほど起業家となる可能性が高まる。この結果は、単に起業家には早く起業したいという思いがあるからだとは考えにくい。前の職歴が長い者の方が、起業家となる可能性は高いからである。結果は、若い人ほどリスク回避傾向が低いという点と整合的である。最後に、女性よりも男性の方が起業家となる可能性が高いことも明らかになった。

　この研究の次の段階では、起業家がより汎用的な研修に投資しているかどうかが検証された。このために、一部の卒業生の在学中の履修状況のデータが集められた。研修の専門度合いを測る指標として、例えば財務など、ある特定の分野で学生が履修したコースの数の最大値から、履修した他の分野のコースの数の平均値を差し引いた数を用いた。

　この研究でも検証結果は理論と整合的であった。他の変数をコントロールした上で、起業家には、より幅広いコースを履修する傾向があった。逆に、起業家でない者は、より専門的な教育を受ける傾向が見られた。更に、より専門に絞り込んで履修した者ほど、これまでの職歴で経験した職種の数も少ない傾向が見られ、専門的な職歴を持っていることが明らかにされた。

　最後に、同様の結果が上級マネージャーに関しても観察されるかどうかについて検証した。これまで本書では、上級マネージャーの役割の一つは、異なる専門家同士の調整であることから、上級マネージャーも幅広い一連の能力が必要になると議論した。この意味で、上級マネージャーは、大企業の中で起業家

452　第4部　応用編

のような役割を演じているといえよう。この点を検証するために、研究は、これまでに述べた変数が、ある人が上級マネージャーとなる傾向について与える影響について調べた。（経験やその他の変数をコントロールした上で）これまでの職歴において経験した職種の数は、上級マネージャーとなる傾向に対して、起業の可能性に対する効果と同様に影響していることが明らかになった。これは上級マネージャーが起業家のような役割を果たしているという考え方と整合的である。

≫≫≫≫ 社会資本と起業 ≪≪≪≪

　第6章で、**社会資本**が生産性にとって、いかに重要かについて議論した。網目のような組織の中では、自分とは違った種類の同僚との協調関係を築くことができれば、従業員はより効果的に働くことができる。同じように、従業員のネットワークに様々な経験や能力を持つ同僚がいれば、問題解決のためにも社会資本を使うことができる。起業に関する研究が明らかにしたところによれば、社会資本は新事業の成功のためにも重要である。強力なネットワークを持った起業家は、新事業を始める際に、より成功しやすい。こうしたネットワークにより、特化した能力を持った潜在的な従業員、アドバイザー、投資家や顧客とつながりやすいからである。

　こうした観察に基づいて、本節の分析を社会資本にまで拡張した最近の研究がある。研究者たちは、これから起業家となろうと希望するドイツの学生を対象に、彼らがどのように人的資本（能力）と社会資本（職業上の関係）に投資するかについて調べた。

　研究によると、起業家志望の強い学生ほど、専門度合いの低い教育に投資し、またよりバランスの取れた職務経験を持っている。これは、本章で論じた仮説の一つの証左ともなっている。

　更に、この研究は、より多様な社会的な関係を持った者ほど起業家になりやすく、その後の起業で成功しやすいことを明らかにした。すなわち、我々が「何でも屋」の議論を人的資本に当てはめたことと同様のことが、社会資本についても当てはまるということである。起業家は、新たな事業を立ち上げる際、幅広い人脈を構築する必要がある。

　最後にこの研究者たちは、幅広い人的資本と、幅広い社会資本は、それ

> それお互いに、代替関係にあるのか、それとも、補完関係にあるのかを調べた。幅広い能力を持ち、かつ広いネットワークを持つ起業家は、どちらか一方だけに強みを持つ起業家に比べて、成功する確率が高かった。起業の成功には双方が必要だと言えるだろう。
>
> 出所：Backes-Gellner and Moog（2013）

　この最後の点は次節への良い導入となる。起業家的な行動は、何らかの形で企業内においても発揮することができる（もちろん、逆に妨げられる場合もある）。次節では、**企業内起業**と呼ぶこの話題を取り上げたい。

企業内起業

　企業内起業の定義は、通常の起業よりもやや複雑である。企業内起業は、既存の組織内での新たな製品ラインの開発や、その他の大幅な変化をその意味に含むのだろうか？　より漸進的な組織の変更の管理も含むのだろうか？　それとも、官僚的な側面を弱め、組織を継続的に活発化させるような企業の方針の設計なども含まれるのだろうか？　本書では、最後の点を強調したい。すなわち、本節では、単なる組織上の変更よりも、むしろ、どのように組織設計すれば、より革新的かつ変化に順応しやすくなるのかについて焦点を当てる。

　ここで、ある起業家が設立した、徐々に成功し、成長しようとしている企業を想定してみよう。このような企業は、様々な構造を追加し始めるのが一般的である。例えば、ブランドネームが定着し、固定顧客が増えるに従って、新商品に関してより保守的でありたいと考える場合もある。このための方法の一つとして、新商品のアイデアの分析にあたって組織を階層的にすることを議論した。しかし、階層構造は、製品の市場化のための時間を増やし、実際に商品化されるアイデアの数を減らし、大ヒットの数はより少なくなる。ふと気づくと、企業の設立時に比べて、製品のラインナップがより保守的に見えてしまうことになる。

　また、こうした会社はより多くの従業員を採用するようになる。地理的により拡散することもあるだろう。より厳密な手順や方針への投資も増えてくると

思われる。これは集中化の一形態である。この理由の一つは、よく整えられた規則は、より多くの労働者に対しても同様に機能するため、管理上、規模の経済が働くためである。もう一つの理由は、業務のやり方を標準化することによって、社内の調整や協調が容易になるためである。また、より大規模な組織に一貫した企業文化を維持、発展しやすくなるという利点もある。

　企業規模の拡大に伴い、従業員のより大きな割合が管理職となる。社内規律やコンプライアンス、また、会計制度が重要視されるようになる。組織が複雑化すればするほど、調整やコミュニケーションがより必要になる。その結果、更に多くの中間管理職層が追加されることになる。

　成熟化しつつある企業は、報酬やインセンティブの仕組みについても、進化させていかなくてはならない。例えば、ストックオプションや、プロフィットシェアリング制度は、小さい企業ではうまく機能したとしても、大規模な企業ではそれほど効果的ではない。その代わりに、各個人の貢献をより評価できるような実績評価の仕組みに変わっていくことになる。だが残念ながら、企業が大きくなればなるほど、個人の実績評価を機能させることは一層困難になる。大規模な企業では、ほとんどの従業員が、企業の最終損益とは関係ないところに位置付けられてしまうためである。組織の中間に位置する従業員のインセンティブは、弱まってしまうだろう。

　これらの全てが、共通的に見られるパターンを説明する。より大きく、より複雑で、より成熟した企業は官僚的になる。一般的に、起業家的な行動はより少なくなる。こうした状況は、ごく自然であり、むしろ場合によっては適切な傾向である。しかし、それが行き過ぎてしまうこともある。多くの企業が、理想的な状態よりも、官僚的になり過ぎているように思われる。特に競争が激しく、技術的な変化が速い業界において、過度に官僚的になっている状況が見受けられる。

　本節では、成熟した企業が、社内で企業内起業を醸成するためのいくつかの方法について概観する。この点について語る上で、本書で扱った全ての分野の研究が関連してくることがわかるだろう。より大きな変革を企業にもたらすためには、多くの方針が変更されなければならない。企業の状況と方針を常に一致させることが非常に重要である。個々の企業は、トレードオフ、技術、戦略、業界といった面で、異なった状況にある。そのため、ここで議論する方針の全てが、どの企業にも当てはまるとは限らない。とは言うものの、幾つかの方針

第 14 章　起業と企業内起業　455

は、少なくとも組織の一部にとって、何らかの参考にはなるだろう。

■ 内部市場

　企業内起業を考える出発点としては、組織設計を市場になぞらえると有効である。人事方針の設計を通して、社内の一部をあたかも独立した事業のように扱うこともできるだろう。もしこれが出来るのであれば、従業員のより革新的になろうとするインセンティブをより大きく引き出すことができる。

❊❊❊❊❊❊❊ コ ー ク ・ イ ン ダ ス ト リ ー ズ 社 で の 市 場 型 経 営 ❊❊❊❊❊❊❊

　コーク・インダストリーズ社は、多くの分野の天然資源製品を製造する企業である。コーク社は数十年にわたり着実に成長を続け、今では世界最大の企業の一つとなっている。2013 年の売上高はおよそ 1,150 億ドルと見込まれる。その歴史の中で、コーク社の経営陣は「市場型経営（Market-Based Management）」と呼ばれる手法を発展させてきた。それは主に五つの側面から成る。

展望（*Vision*）：どこで、どのように、組織が最大の長期的な価値を創出できるかを決める。

道徳と才能（*Virtue and talent*）：正しい価値観、能力および可能性を持った人材を雇用し、引き留め、成長させるように留意する。

学習過程（*Knowledge process*）：関連する知識を創造、獲得、共有、適用し、収益性を把握、管理する。

意思決定権（*Decision rights*）：人材が適材適所に配置され、意思決定に必要な権限が与えられ、責任の所在を明確にするように留意する。

インセンティブ（*Incentives*）：組織に対して創造した価値に基づいて報酬を支払う。

　当然、これらは、本書を通じて提示してきた概念と似通っている。特に最後の三つは市場にたとえた場合の主要部分である。これらがコーク社で上手く機能した理由の一つは、それぞれの事業部門が、もともと比較的独立性が高かったためである。

出所：Koch（2007）

　複数の異なる事業ラインを持つ企業は優れた例である。各事業部門のトップを、それぞれの事業の CEO 役として捉えてみよう。各事業部門のトップが起業家のように行動する動機を与えられるように、事業部門を構築することは可能であろうか？　答えは、おそらくイエスである。各部門の知識を活用するように分散化することで実現され、実績評価とインセンティブの改革を同時に行うことでこれを補強することができる。

　第一に、各事業部門の経営陣に対して、部門に影響を与える重要な意思決定の権限を委譲しなければならない。権限には、生産、販売、マーケティング、人事の各分野が含まれる。これらの意思決定権を経営陣に与えることで、組織設計に柔軟性が確保される。経営陣は、自らの判断で権限の委譲、人材の採用、事業に適した能力の開発、諸々の方針にあったインセンティブの仕組みを作ることができる。このようなやり方は、異なる事業部門ごとに異なった手法を採用するための優れた方法であり、事業部門によって異なる特殊的知識の利用を促進する。

　事業部門の経営陣に、製品ラインそのものを決める権限が与えられるという、より極端なケースもあるだろう。こうしたレベルでの権限は、経営陣をより創造的にする。非常に幅広い製品ラインを持った多くの組織（例えば、コーク社やソニーなど）では、部門の経営陣が新製品を開発する権限を与えられている。これにより、新製品や新デザインに関する決定を、例えば、顧客の嗜好や部門レベルの技術といった、重要な特殊的な知識の近くで下すことができるようになる。

　広範な権限委譲がなされたならば、事業部門の経営陣の動機付けのため、広範な実績評価指標が用いられるべきである。目的は、繰り返しになるが、事業部門を所有しているかのようにすることである。このための一つ目のステップは、事業部門ごとの利益を評価することだろう。事業部門の売上高と費用の両方が考慮され、幅広い権限を与えられた経営陣はその両方を管理することができるからである。しかし、利益は短期的な指標であるため、投資や研究開発についての意思決定を歪めてしまう。そのため、資本コストの機会費用なども含めた、もっと広範な実績評価指標（例えば、EVA）や、将来の利益に対する報

酬（例えば、部門の利益に基づいた長期ボーナスプラン）を採用することが有効である。

事業部門レベルでの詳細な部門別の実績評価指標のその他の利点として、部門内のマネージャーのインセンティブ制度にも役に立つことが挙げられる。こうした評価指標は、企業全体のものよりも、部門内のマネージャーの責任を捕捉しやすい。

このような組織設計手法は、複数の部門から成る大企業では一般的である。ゼネラル・エレクトリック（GE）社はその有名な例である。こうしたやり方を更に一歩進めることができる。製品開発の技術者に、積極的に新しい製品ラインを提案させることを奨励する方針を持つ企業もある。こうした会社では、技術者が、企業側に継続的に利益を生み出せると確信した製品を開発できた場合、その技術者は新しい部門を設立し、それを経営する（あるいは、その部門の利益を報酬として共有することができる）ことが認められている。これは製品開発のための強力なインセンティブとなる。ヒューレット・パッカード（HP）社は、コンピューター企業となる前、このような制度を設けていた。その結果、200以上の部門が多くの成功した商品群を生み出し続けた。ヒューレット・パッカード社では、生物学の言葉になぞらえて、「セル（細胞）」部門方式という概念を組織戦略に使っていた。

このような一般的な企業の構成のやり方は、強力ではあるが、重要な要件が必要となる。各部門に権限を委譲すればするほど、部門間の協調は減っていく。もし部門間の協調がある程度求められる場合は、権限委譲が行き過ぎてしまう場合もある。こうしたトレードオフの例は、ソニーである。ソニーは、消費者向け電機製品分野で、非常に幅広い製品ラインを持っていた。ソニーは、長年にわたり、部門へ大幅に権限を委譲する経営を進め、それにより各部門は創造的であることが奨励され、多くの革新的な新製品を生み出すことが出来た。しかし、近年では、消費者向け電機製品をより統合させようという傾向が強まってきている。製品同士が協調的に動作しなければならないとなると、分散化された製品開発は深刻な問題を引き起こす。実際、ソニーはこうした問題を改善するために集中化の方向に舵を切っている。

HPも、コンピューターが導入された際に、同様の問題に直面した。分散化された部門の構成は上手く機能しなかった。自社のモニターとプリンターが、自社のミニコンピューターと連動しなかったこともあった。自社のシステム全

体を顧客に販売するため、異なる製品ラインを協業させる必要に迫られた。同社は、長い時間をかけて、痛みを伴う組織のリストラを実施し、この問題を解決した。

従って、事業にとって極端な市場型の経営が適切でない場合には、その導入に慎重になる必要がある。協調により得られる利点を強める要因について、既に第5章で議論した。どの程度権限委譲と分散化を進めるかを考える際に、こうした要因を考慮すべきである。

■ 創造性か、制御か

これまで、人事の制度や方針が、創造性と制御やリスク管理の間でのトレードオフに直面する様々な状況について議論してきた。これまでの本書の三つの節で述べてきた人事制度や方針を適切にリバランスすることで、企業は、よりダイナミックになれる。

例えば、企業が、ある意思決定にかかる階層度合いを減らしたいと考えているとする。承認のための階層の削減、いくつかの意思決定の規律の緩和、創造的な仕事（例えば新規のアイデア開発等）へのより多くの資源配分などによって、これは実現されるだろう。目標は、より多くの新しいアイデアを創造し適用することである。

もちろん、これには、新しいアイデアの多くが最終的に成功裏に終わらないというコストを伴う。このリスクはいくつかの方法によって軽減することができる。一つは、新しいアイデアの追求に関してはできる限り寛容となる一方、最終的な新製品化の決断や、大きな資源の投入の際の意思決定に関しては、厳しくするというやり方である。これは、まさに実際、ベンチャーキャピタルが行っていることに他ならない。出資額が大きくなるまでは、多くのアイデアが提示され、育まれ、推奨される。一定の追加資金が必要とされるようになった段階で、それ以降進めるかどうかについて慎重な判断が下される。

また、新しいアイデアの実行にあたってのダウンサイド・リスクを減らすことも対応策だろう。例えば、新製品を、直ちに全世界に発表するのではなく、ある一つの市場で試験販売を行うようなやり方である。また、顧客のフィードバックを得るために、当初は違ったブランド名でテストすることも考えられるだろう。こうしたテストで合格した製品のみが、成功に対する自信がより高まった段階で、全世界へ展開され、企業のブランド名が付与されることになる。

■ 人材採用

　人材採用時に、より高いリスクを取ることも創造性を誘発するための一つの方法である。以前に論じた通り、従業員はリアルオプションとみなすことができる。企業は、適した従業員のみを引き止め、昇進させる一方、不適合な従業員を断ることで、このオプションを行使することができる。このアプローチを取ると、誤った採用だったと後でわかるような従業員を多く採用することとなり、一定のリスクがある。しかし、試用期間や、固定期間の契約を用いることで、ダウンサイドを限定することができる。

　リスクの高い候補者を採用することの潜在的な便益が最大となる分野は、素質のわずかな違いが、仕事の業績の大きな違いをもたらすような仕事である。個人の決断の結果が大きな影響を及ぼしたり、個人がイノベーションに重要な役割を果たしたりする職種の採用などがこうしたケースに当てはまる。従って、研究開発や経営陣の採用にあたっては、リスクの高い候補者を雇うことが選択肢となる。しかし、その場合、試用期間を慎重に用意し、新しい人材のテストの結果が出るまでは、過度な権限を与えることは避けるべきだろう。

　よりリスクの高い候補者を採用することは、従業員の離職率を高める。イノベーションを推進する観点からこれは望ましいだろう。高い離職率は、異なった訓練や経験を持った新たな従業員を採用するための空いたポジションを多く提供する。

■ 創造性のためのモチベーション

　イノベーションにとってモチベーションは、明らかに、重要である。創造力を発揮することは、通常の仕事をすることとは異なる。企業はどのようにして従業員が創造的になるように動機付けることができるのだろうか？　それには、内発的動機と外発的動機の両方が使える。

　以前論じたように、内発的動機の大部分は職務設計に依拠している。従業員により多くの仕事を与え、より多くの能力を開発するよう促し、より多くの問題を解決するようにさせることで、内発的動機は高まる。そうした仕事は、仕事を通して学べることが多いためである。職責を果たすために学習が必要な場合、従業員は自分の仕事について、より考えるようになり、人間が持つ本質的な学習意欲を引き出すことができる。

　一方、外発的動機が創造性を引き出すことができるかどうかについては、多

くの議論がある。心理学者による一般的な見解によると、実績に応じた報酬によるクラウドアウト効果は、内発的動機を弱めてしまう。例えば、**過剰正当化**（*overjustification*）理論によると、実績に基づく報酬制度が導入されると、従業員は報酬に目がいってしまい、仕事から生じる内発的な満足感を気にしなくなる。実際、いくつかの調査によると、実績に応じた報酬が創造性を低下させた状況があることを明らかにしている。もしこの見解が正しいのであれば、報酬によるインセンティブは、イノベーションを促すためには誤ったやり方だと言えるだろう。

　インセンティブ制度の設計に関する本書の議論は、この問題を整理する上で参考になる。重要なことは実績評価指標である。「払った代償に対してだけしか対価は得られない（You get what you pay for）」という概念を思い起こしてほしい。仮に、実績評価に創造性が反映されなければ、従業員の創造性に対する動機は低くなってしまう。だが、逆もまた真である。

　特に、数値による実績評価指標の効果については、細心の注意を払う必要がある。創造性はしばしば数値化することが難しい。少なくとも、どのような実績評価指標が使われるべきかを事前に決めることは難しい。こうした理由により、数値の実績評価指標は、しばしば、仕事の中でも創造性がより必要とされない側面に焦点を当てられがちである。「質よりも量」というのはその典型的な例である。その避けられない結果として、従業員は、質を犠牲にして、数量を増やすインセンティブに反応することになる。

　企業が、例えば新製品が上げた利益など、より広範な実績評価指標を採用することで、この問題はある程度解決できるだろう。創造性に関する研究者は、実績評価指標が広範になればなるほど、創造的な行動が増えることを明らかにしている。広範な実績評価指標はインセンティブを歪めることが少なく、通常、操作することも難しいためである。また、広範な実績評価指標は、インプットよりもアウトプットに基づくものが、より適している。インプットに基づいた実績評価指標は、過程に焦点を当ててしまうために、創造性を低下させてしまう。創造性が求められる場合、結果に先立って、過程を把握することは困難である。

第14章 起業と企業内起業　461

〜〜〜〜〜 新しいアイデアを動機付ける実験 〜〜〜〜〜

　企業は、従業員に対して、常に新しいアイデアを提示するよう求めている。多くの場合、（例えば「提案箱」のように）非公式な形でアイデアを募集している。より正式に、従業員がイノベーションに積極的に取り組むよう促している会社もある。最近のある研究は、「アイデア・ポータル」という仕組みを活用しているアジアのIT企業について調査した。このような社内のポータルサイトの活用は、職場のあらゆる場所でコンピューターが利用されるようになり、イノベーションの重要性が認識されるにつれて、徐々に一般的になりつつある。

　従業員は、会社の運営やサービスの改善、費用削減や新製品開発などにつながる新しいアイデアを提案するように求められる。従業員は新しいアイデアをまとめ、その内容を正式に社内のイントラネットのポータルサイトに投稿することが奨励される。投稿の内容には、アイデアの概要だけでなく、それがどのように実現されるべきかについての提案、実現のために要する時間や、アイデアによって発生する売上高と費用の見積もりを盛り込むことが期待されている。投稿したアイデアは上級経営陣のパネルによって評価され、採用か不採用かが決定される（本書で前に見た、「フラット」かつ「階層的な」組織の議論と似ている）。必要に応じて、採用されたアイデアは、実行される前に顧客によって評価される。

　このポータルは非常に成功し、多くの新しいアイデアが生み出された。3年間の間に、5,000件を超える新しいアイデアが提案され、そのうち約60%が実現された。これらの新しいアイデアによって生み出された利益は、ざっくり見積もっただけでも、非常に大きいと思われる。

　また、この企業は、報酬プログラムを導入することによって、従業員によるアイデアの生成を一層促すことができるかどうかを実験した（このような実験そのものも、かなり革新的と言える）。利用者のうちいくつかのチームを実験対象として選び、無作為に、一部のチームには報酬を与え、その他のチームには報酬を与えなかった。

　このインセンティブ・プログラムでは、ポータルに提案を行っただけでは報酬は貰えず、採用されたアイデアに対してのみ報酬が与えられた。更に、実施した後に顧客から高く評価されたアイデアについては、より大きな報

462 第4部 応用編

酬が与えられた。

　研究では、この実験的な報酬は、アイデアの提案の数を増やす効果はなかったものの、提案されたアイデアの質を飛躍的に改善させる効果をもたらすことが明らかにされた。報酬の対象となった従業員から提案されたアイデアは高い確率で採用され、推定された利益も高かった。量より質に対して報酬を与えるという制度設計は極めて大きな役割を果たした。

　研究者達は、報酬が内発的動機をクラウドアウトするとの考え方についてもテストした。彼らは、まず、報酬が導入される前の、アイデア生成の活動について観察し、それを大まかな代理変数として、内発的動機が高い従業員と低い従業員とに分類した。仮にクラウドアウト効果が存在するならば、高い内発的動機を持つ従業員は、報酬に対して、あまり反応しないか、場合によっては負の反応を示すはずである。しかし、実際には、クラウドアウト効果の根拠を見つけることはできなかった。

　この研究や他の調査は、インセンティブを注意深く設計することで、創造性を誘発するために利用できることを示している。もし、上手く設計されていなければ、インセンティブが創造性を摘み取ってしまうこともある。本書で論じた概念は、創造性を向上させるためにインセンティブの仕組みを設計する上でのフレームワークを与えてくれる。

出所：Gibbs, Neckerman, and Siemroth（2014）

　主観的な実績評価は、様々な数値による実績評価指標に代わる、一つの方法である。創造性は事前の評価が難しいため、事後的に評価することがしばしば非常に役立つ。更に、主観的な評価を用いることにより、インセンティブの仕組みの焦点が、失敗に対するペナルティではなく、成功に対する報酬であることを強調することができる。主観的評価では、上司が成功したリスクのみを評価し、失敗したリスクについてはペナルティを科さないということが容易になる。従業員のリスク回避性向は軽減され、リスクを取ることが奨励されることになる。

　最後に、ひとたび実績評価の仕組みを、創造性を誘発する方向に変更すれば、企業は、より良い実績に対する報酬を増やすことができる。つまり、イン

センティブが、モチベーションの方向を変え、その方向が一層強化されていくのである。

■ 意思決定のスピード

　企業が保守的になってしまう一つの理由は、意思決定の遅さにある。意思決定の遅さは、（実施される前に意思決定を確認するなどの）階層化と集中化への過度な依存に起因する。階層化や集中化が進むと、組織図の上下間でより多くのコミュニケーションが必要になる。

　意思決定を迅速化するためには、企業は意思決定の権限委譲を進めなければならない。当然その結果、協調と管理が少なくなってしまう。こうした懸念は、権限移譲する意思決定を、協調や管理にあまり影響を与えないものだけに絞ることで対処することができる。例えば、事務上の決定や、人材の管理、価格の設定については、部門に権限を委譲する一方、製品ラインの決定については承認を求めるというようなやり方である。更に、意思決定の質を向上させるために、（より能力の高いプロジェクトの評価者や、より良い分析ツールやデータなど）意思決定に関する資源をより多く投入することで、必要な承認段階を減らしつつ、より正確な意思決定を行うことができる。

　情報技術への投資を増やすことは、意思決定の迅速化をもたらす。最後に、事務処理の標準化は、コミュニケーションを必要とすることなく協調を促進するため、結果的に意思決定の迅速化に貢献するだろう。

■ 官僚化の緩和

　これまで指摘した通り、大きく複雑な組織では、官僚化が進むそれなりの理由がある。しかし、こうした組織や制度は、イノベーションを阻害してしまう。企業は官僚化の程度を弱めることでこうした問題に対処できる場合もある。

　イノベーションが不可欠な組織の一部（例えば、基礎研究、製品デザイン、広告）を組織のその他の部分から切り離し、その部分については官僚化を弱めた組織とすることは一つのやり方である。管理上の規則や手続きを、必ずしも組織の全ての部分に適用する必要はなく、バランスを保つことができる。企業が、創造的な部門に対して多くの柔軟性を認め、過度に厳格に制度を適用しないことは、よく見られる方法である。こうした部門を物理的に切り離し、違う建物や、地理的に離れた場所に置いたりする企業もある。スカンクワークス[3]

464　第4部　応用編

とされる基礎研究では、こうした処置は特に頻繁にみられる。物理的に隔離することで、公式・非公式の異なる制度を維持することが容易となり、対立を避けることができる。当然のことながら、外部のグループが、組織のその他の部門と協調することが困難になるというトレードオフが生じる。外部のグループは、その結果、特に利益をもたらす商品を開発するために、より強い規律が求められ、相応に監視される。

　官僚化問題のより抜本的な対処方法は、その原因となっている企業の運営の複雑さに焦点を当てることである。第6章で述べた通り、複雑な企業ほど、より多くの部門やマトリックス、また、その他の縦関係の調整メカニズムといった、より複雑な構造を採用している。官僚化は、企業の運営自体の複雑さを解消することによって、緩和することができるだろう。これには二つの方法がある。

　一つは、企業の製品ラインナップの簡素化である。少ない事業に集中している企業は、複雑な構造になりにくい。競合他社に比べて特に競争力がある分野に特化するよう、オペレーションをできるだけ絞り込む企業の集中化の取り組みは、**コア・コンピタンス**への回帰とも言われる。これは大胆な手法だが、多くの収益性の低い製品ラインを抱えている場合には、特に効果的である。

　企業の業務を簡素化するための、より影響の少ない方法として、競争力のない非中核な作業を外注化する方法がある。例えば、アップル社は、製品に使われるほとんどの部品を自社製造せず、組み立てのみ行っている。つまり、縦に分断化されている企業である。同様に、多くの企業が、警備や、工場のメンテナンス、従業員食堂の運営など、設備の管理に関わる仕事を外注化している。人事管理など、管理・総務系の仕事をアウトソースしている企業もある。こうした方法では、サービス提供企業との長期の契約関係を効果的に築く必要があるが、それが機能すれば、経営陣は、より小規模な組織を設計する問題に集中することができる。

■ 継続的改善
　現代組織設計理論、総合的品質管理（TQM）やその他の同様の手法を含む、

---

3)　「スカンクワークス」という言葉は、元々はロッキード・マーチン社の先端開発プログラムの通称であり、その中で初めて、こうした手法が先進的な研究開発プロジェクトに用いられた。

継続的改善は、変化しつつある環境に企業を適合させる優れた方法である。従業員は解決すべき課題を与えられ、解決方法の提案、試行を通して、その中で最善のものを採用する。これは、新製品の開発とは異なるものの、イノベーションの一形態である。新製品を開発するというよりも、既存の製品や処理方法を少しずつ改善することを目的としている。

～～～～ スリーエム社での新製品開発と継続的改善の対立 ～～～～

スリーエム社は、新商品のアイデアを出すよう従業員を動機付ける、その効果的な手法で、長年にわたり賞賛されてきた。同社は50年以上にわたり、分散化された基礎研究への長期的な投資に注力してきた。また各部門は、売上の大部分を新製品から上げることを期待されてきた。その結果、ポストイットなど、新たなヒット商品が次々に開発されてきた。

2000年の終わり、スリーエムは、元ゼネラル・エレクトリック（GE）社のジェームズ・マクナーニーを新しいCEOに指名した。GEはシックスシグマと呼ばれる総合的品質管理の手法を、ビジネス上のあらゆる段階に幅広く適用することを重視し、継続的改善のリーダー的存在とみなされていた。マクナーニーは、GEの手法をスリーエム社に導入し、効率と品質の飛躍的改善を目指した。

しかし、スリーエムは、結局、継続的改善の手法は新製品開発には不適当だということを理解した。こうした手法は、目標が明確で数値化可能であることを前提としている。現状から目指すべき状態への移行には、定式化された手法が用いられる。この手法はコスト削減には非常に有効だが、創造的な新製品を発想するための手法としては全く馴染まない。結局、最終的には、スリーエムは研究開発でのシックスシグマの導入を放棄してしまうことになった。

出所：Hindo（2007）

継続的改善から派生するのが、**実験**である。例えば、ある銀行が、支店での顧客サービスの質を向上させたいと考えているとする。継続的改善として、各

支店の全てに新しいアイデアの提供を義務付けるのは一つの方法である。他に、一部のグループにサービス改善の方法を考えさせ、その後で、それを全支店に適用するというやり方もある（これは、本質的には、テイラー主義の一形態である）。しかし、全行的に導入する前に、当初、小規模に実験した方が有効である。銀行側は、実際には役に立たないアイデアを不採用とし、優れたアイデアだけを選ぶことができる。また、全支店に適用する前に、優れたアイデアを更に改善することもできる。分散化された継続的な改善は、こうした実験の仕組みを自然に実行しているのだが、新しいアイデアに対する集中化されたアプローチの場合でも、実験をすることによって成功の可能性が高まることに留意してもらいたい。

　継続的改善には、それが分散化された手法であるため、優れたアイデアが自動的に組織全体に広まらないという課題がある。この方法をより効果的にするために、多くの企業が**ナレッジマネジメント**の仕組みを構築している。その目的は、分散化された各部門から優れたアイデアを引き出し、それを一般化し、企業の残りの部門に普及させることである。ナレッジマネジメントの仕組みは、組織のあらゆる部署からアイデアを吸い上げ、そのベスト・プラクティスを他の部署に展開できるようにするために、集権化された中央の部署が担当するべきである。また、現場のイノベーションを文書化して組織の中央と共有することを促すための適切なインセンティブを導入する必要がある。

要　約

　起業は、競争と健全な経済を支えるための土台の一つである。本章では、起業に関わる人事の経済学のいくつかの側面について、主に二つの話題に分けて議論してきた。まず、個人の起業家のキャリアについて議論し、続いて既存の企業の社内起業が、どのような方針や制度によって改善されるかについて論じた。

　起業家とは何だろうか？　起業家とは、別々のアイデアや人々を結びつけ、それぞれの合計よりも高い価値を創造する人のことを意味するというのが、最も根本的な見方である。これは、創造性に対する一つの共通的な見方である。また、調整や経営に関する能力も必要になる。これら両方の見方は、起業家には、通常の企業で働く従業員よりも、幅広い一連の能力が必要だということを

示唆している。通常の企業で働く従業員は、一般的に自分のキャリアや人的資本投資において専門化すべきである。起業家は逆な場合が多い。本章では、この考え方の根拠をいくつか提示した。また、企業の上層のマネージャーは、事業の中の異なる部分の調整や統合に多くの時間を費やすため、起業家とよく似た役割を果たしているということも覚えていてもらいたい。

　企業内起業とは何だろうか？　それは、企業のイノベーションや適応力を改善し、官僚化を防ぐように、企業の方針や制度を設計することである。巨大で、成熟し、複雑化した企業は、往々にしておおよそ官僚的になっている。官僚化の問題は、採用、研修、職務設計、組織構造、実績評価とインセンティブなど本書で展開した全てのツールで対処できる。実際、組織設計を考える上で、（可能な限り）社内の市場原理を使って企業の人事政策を考えること、企業を情報と知識の生産者であり消費者であると考えること、という本書の二つの主題はこの問題と深く関連している。

第15章　雇用関係

> 口約束は、文書で残さなければ紙クズの値打ちもない。
>
> **サミュエル・ゴールドウィン（米国の映画プロデューサー）の言葉**

　従業員と企業は、多くの場合、複雑な長期にわたる関係を築く。従って、単純なミクロ経済学による直観は、実践的な人事の経済学を十分に理解するためには適切ではない。本書は各章で、単純な概念を起点に、追加的な概念や複雑さを追加してきた。本章では、これまでの概念を総動員して従業員と企業の関係を考えてみたい。

経済的取引としての雇用関係

■完全競争

　経済学の研究は、通常、完全競争市場に焦点を当てることから始まる。完全競争市場では、多くの買い手と売り手が存在し、唯一の**市場清算価格**によって、供給と需要が均衡する。価格は一つしか存在しないため、交渉が起こる余地はない。取引に関する条件は、価格と数量しかない。商品の特徴も関係ない。なぜなら、完全競争市場では、生産者は互いに完全に代替可能な（もしくは、少なくともそれにかなり近い）商品を販売しているためである。更に、こうした市場には匿名性がある。供給者は誰が自分の製品を買ったかを知る必要はなく、購入者も自分が消費した商品を誰が生産したかを知る必要もない。

　完全競争市場は、しばしば、**スポット市場**とも呼ばれる。スポット市場とは、モノやサービスや金融資産が、取引後すぐに引き渡される市場のことである。これらは明らかに現実の市場をかなり理想化したモデルであるが、この基本ケースは、マーケットの機能について、多くの深い見解を提供してくれる。労働市場の一部は、スポット市場モデルによって、上手く特徴付けられる。ファストフードの店員の市場は、スポット市場に概ね似ている。ほとんどの労

470 第4部 応用編

働者の能力と経験は似通っており、代替できる労働者の供給が豊富にある。一方、賃金、福利厚生、労働条件といった仕事の特徴にも大差がないため、同じような特徴を持った従業員の市場に厚みがある。

　こうした例とは対照的に、単純なスポット市場モデルによって特徴付けられる労働市場はあまり現存しない。労働市場における取引、つまり雇用関係は、現代の経済の中でも最も複雑な経済取引の一つである。

■ 不完全競争

　労働者は完全に代替可能ではないし、企業が提供する仕事も完全に代替可能ではないため、多くの労働市場は、不完全競争として最も良く特徴付けられる。全ての個人、とりわけ、高いレベルの能力や人的資本、経験を有する者ほど、生産的能力や、仕事や業種との相性などの点で、ある程度異なっている。雇用主側も組織の中での仕事は異なっている。すなわち、企業側も従業員側も、誰を雇うか、誰と働くかについて、選択肢を有しているのである。

　この点は、雇用関係を考える上で重要な示唆を与えてくれる。可能な選択肢について情報が不完全であるということは、企業も労働者も、より良い組み合わせを見つけるため、探索しなければならないことを意味している。

　ひとたび良い組み合わせが見つかれば、取引は匿名ではなくなる。企業も労働者も、誰と仕事をするかについて気にするようになる。例えば、ある労働者が職を失い、労働市場に戻った場合、新しい仕事を適当に選んでしまうと、おそらく、じっくりと探して見つけた前の仕事よりも劣る仕事しか見つからないだろう。少なくとも、その労働者は探索コストを負担しなければならない。同様の論理は、企業が従業員を入れ替える場合にも当てはまる。

　このような探索コストや**切り替えコスト**は、従業員と雇用主の双方に、現在のまま雇用関係を続けようというインセンティブを与える。彼らは、既に初期段階の**関係**を築いており、それは今後長年にわたって続くものである。この単純な段階で既に、この経済取引はスポット市場モデルとは異なっている。取引がある一時点に限られないためである。本書では、この概念の説明に結婚の比喩を用いた。

　この取引は、価格というもう一つの点でもスポット市場と異なっている。従業員も仕事もそれぞれ完全に代替することが出来ないため、企業と従業員が取引するための単一の市場価格は存在しない。その代わり、同じような労働者と

仕事に対して、異なる給与や福利厚生が存在する。これらの選択肢についての情報の不完全性により、この点は強化される。例えば、労働者は、他にどのような仕事が見つけられるのかを完全に知ることはできないし、もしそれらの仕事を選んだとしても、どれくらいの報酬をもらえるのかを知ることもできない。

このことが、取引に交渉という新たな要素を加える。労働者と企業の組み合わせにより、共同余剰が生まれる。共同余剰とは、企業側にとっての価値（生産性）と、労働者にとっての価値（留保価格）との差である。不完全競争と不完全情報の場合は、多くの仕事において、これらの価値は等しくない。生産性が、労働者の留保価格より高い場合、実際の価格（つまり、労働者と企業によって合意される賃金、福利厚生、もしくは、その他の仕事上の特徴）は、交渉の結果によって、その二つの価値の間のどこかで決められる。この点については、本書では第3章から第4章、そして第9章から第12章で議論した。

この交渉プロセスは、従業員と雇用主というそれぞれの立場の**戦略的行動**によって特徴付けられる。お互いに全ての情報を開示しようとはしないし、相手の情報を歪めようとする場合もある。例えば、より良い条件を交渉で得るために、別の選択肢の価値を高めに誇張したりする。こうした行動は、雇用関係の全体の価値を減少させてしまう。しかし、以下議論するように、こうした問題を企業が小さくする方法は存在する。

■ 複雑な契約

振り分けと人的資本への投資

第1章から第4章で、リスクのある採用、試用期間によるスクリーニング、自己選択、職の安定、離職について議論した。ここで特に試用期間にかかるモデルが示唆していたことについて考えてみよう。このモデルは、雇用関係について、更にいくつかの興味深い情報を与えてくれる。

単一賃金、単一期間の単純な職のオファーに代えて、試用期間モデルでは、三つの特徴的な方向に分析を拡張した。第一に、企業は、単一期間の取引の繰り返しではなく、正式に、複数期間にわたるオファーをする。

第二に、オファーは実績に基づく報酬を伴っている。試用期間を無事に終えたかどうかを決める実績評価が明確化されている。試用期間中の実績に応じて、報酬もしくはペナルティ（例えば、パートナーへの昇格もしくは解雇）が決められる。実績に対する報酬は、モチベーションを改善するよりも、採用時の自

己選択を促すように設計されている。

最後に、試用期間モデルには、従業員候補者に対しての企業側からの**約束**が含まれている。企業は、実績と評価が合理的に相関するような方法で従業員を評価すると約束している。また、試用期間終了後には、従業員の生産性や市場価値よりも高い給与を支払うとも約束している。これらを約束と呼ぶのは、こうした点をカバーした法的に強制力のある契約を結ぶことが、通常ほぼ不可能だからである。こうした約束が経済取引の一要素となるためには、一方から他方、もしくは双方からの、ある程度の信頼が必要になる。信頼の経済的な役割については本章の後半で論じる。

従業員の振り分けについて論じた後、人的資本への投資という、新しい概念を加えた（また、社会資本についても同様の概念を簡単に論じた）。もしOJTが仕事に含まれているならば、企業の仕事のオファーは、こうした研修の機会も含んでいる。もしその研修が一般的な人的資本についてのものであれば、企業は事実上、研修を従業員に売っていることになる。もし研修が企業特殊的なものであれば、労働者と企業は投資に関するコストと便益を共有していることになるとも論じた。この共同投資は、労働者と企業の間で築かれる長期的な関係をより強化する。コストと便益を分かち合い、より長く共に働くほど、生産性向上のために両者が投資する傾向は強くなる。

最後に、企業特殊的人的資本への投資に関しても、再度約束の問題が生じる。両者とも、後で強気な再交渉をしたり裏切ったりしないという暗黙の約束をしているのである。

職務設計

本書の第2部では、労働者と企業の取引のもう一つの重要な側面、職務設計について分析した。仕事とは、単に、労働時間・報酬・福利厚生の組み合わせから構成されているのではない。従業員が取り組むことを期待されている特定の課題があり、仕事の中でどの程度権限が与えられているか、逆に、どの程度管理されているかも、取引を構成する重要な要素である。

従業員は、仕事の中で何を重要視するのか？

仕事のオファーの中には、労働者によって異なった価値を見出す数多くの側面がある。ある特徴が組み合わせられた仕事を受けることによって、労働者は暗黙裏に、自分が重視する仕事の特徴を購入し、そうでないものに対する報酬を要求していることになる。例えば、ある仕事が特殊なものであり、労働者がより多くの任務をやりたい場合、その特殊的な仕事に対して、より高い報酬が支払われなければならない。

ある最近の研究は、この考え方を援用し、労働者が仕事の様々な属性にどの程度の価値を見出しているかを推計した。分析には、様々な仕事の報酬とその他の属性に関する、膨大なサンプルデータが用いられた。また、対象となる労働者には、どの程度上司を信頼しているか、どの程度特化された仕事がよいか、それとも複数の仕事を与えられる方がよいか、などが質問された。この研究によって、典型的な労働者は、仕事の属性を下記の順で評価していることが明らかにされた。

1.上司に対してより強い信頼があること
2.様々な課題をこなせる仕事であること
3.高い能力が必要な仕事であること
4.仕事を終えるために十分な時間があること
5.より報酬が高いこと

まず、一番目に、経営への信頼の大きさが、報酬に対して大きな影響を持つと推計された。労働者はリスク回避的であり、上司が信頼できなければ、かなりのリスクプレミアムを要求することを意味している。二番目と三番目は、本書が第7章で論じた、任務や能力の多様性である。従業員の観点からすると、内発的動機が仕事のオファーの重要な要素を占めていることを示している。四番目の点は、仕事のストレスと関連している。報酬水準がこれらの要素の中で、最も重要性が低いとされたことは注目に値する。従業員は、短期的にも長期的にも、また、有形のものや無形のものを含めて、仕事の報酬以外の要素をより重要視している。逆に言うと、もし企業が、上司の信頼や職務設計やその他の要素を改善できるならば、報酬

費用をかなり減らすことができるということである。

出所：Helliwell and Huang（2005）

　協力が必要とされる度合いによって、職務設計は異なってくるということは念頭に入れておかなければならない。分散化や継続的な改善を採用しているということは、企業は労働者に対して、新しい手法を自ら学び、アイデアを企業や同僚と共有することを奨励しているということである。労働者はアイデアを自由に共有することができる。また戦略的に行動して、自分だけの物としてしまうこともできる。同僚よりも自分の生産性を高めたいという思い、あるいは、生産性の向上が解雇を招くという懸念が、このような行動の理由かもしれない。同僚や企業が協力的であるほど、また、企業が適度な職の安定を保証すれば、労働者は新しいアイデアを共有しようとするだろう。

　雇用関係に関して本書で検討した次の要素は動機である。従業員は（特に学習の面で）内発的動機を持って仕事に望み、その内発的動機は職務設計を変えると議論した。仕事の内発的動機、管理の強弱、任務の多さの度合いを従業員がどのようにみているかによって、提供しなければならない報酬の水準は変わってくる（上記の Helliwell and Huang の研究を参照）。

実績に基づく報酬

　実績に基づく報酬が、試用期間を用いたキャリアの仕組みの一部をなしていることは既に議論した通りである。もちろん、実績に基づく報酬の第一の目的は、振り分けではなく、外発的動機を与え、内発的な動機を再調整することである。おおよそ全ての雇用関係において、実績がどのように評価され、報酬や懲罰と関連付けられるかということは最も重要な要素となっている。

　実績に基づく報酬は、企業と従業員のインセンティブを一致させるために必要である。従業員は、自分の持つ特殊的知識や能力、費やした労力を戦略的に使って、自分だけの利益を追求しようとする。換言すれば、実績に基づく報酬は、企業が従業員と協力するための重要な手法の一つである。また、ほとんどの仕事において、数値による実績評価には大きな問題があるため、主観的な評価が必要となる。本書で以前議論したように、主観的評価は組織上の他の目標

も強化する。主観的な評価を通じて、各従業員の責任と職務の範囲を明らかにすることができる。また、コミュニケーションや研修の一つの形として役に立つ。ところが、残念ながら、従業員からは、上司が評価を真剣に行っているかどうか信頼できないという声がよく聞かれる。効果的な評価と動機付けは、上手く機能する組織にとって、根本的に重要である。この場合でも、企業と従業員の効果的な信頼関係は重要な役割を果たす。Helliwell and Huang の研究で、上司に対する信頼が最も重要な要素であったことに、留意してもらいたい。

そもそも上司は重要なのか？
何をもって良い上司と言えるのか？

　優れたリーダーシップは、どれくらい重要なものなのだろうか？　この点に関するこれまでの議論のほとんどは、現場の聞き取りに基づいており、確固たるデータに基づいたものはあまりない。労働力に関するデータを用いることで、こうした問いに関する、より分析的なアプローチが可能になる。

　人事経済学者達による最近のある研究は、企業がコンピューターを使って把握している従業員の実績評価に関するビッグデータを用いて行われた。こうしたデータの中では、従業員と上司を紐付けすることができる。従業員も上司も異動するため、研究者は、良いマネジメントの価値を統計的に調べることができる。例えば、上司が変わったことによる各従業員の実績の変化を推計することも可能である。

　本研究は、管理職の質にかなり大きな幅の違いがあるということを明らかにした。十分位の中で最下位に属する管理職を、最高位に属する管理職に入れ替えるだけで、生産性は11％も向上する。この効果は、一緒に働く同僚たちの質が生産性に与える影響よりも大きいと推計された。興味深いことに、優れた上司は、質が高い労働者に対しては高い生産性向上の効果をもたらすが、質の悪い労働者については同等の効果を及ぼさない。優れた上司は、最も質の低い従業員に対しても多少は生産性を向上させるが、最高の質の従業員からは遥かに大きな効果を引き出すことができる。企業は、最高の上司は最高の部下と組み合わせるべきであることを示している。

　研究に携わった経済学者達は、実績に与える上司の効果について、どの

476　第4部　応用編

ような説明が可能かについて分析した。一つは、優れた上司は従業員のモチベーションを高めるという説明である。また、優れた上司は従業員を教育し、人的資本や長期のパフォーマンスを高めるとも考えられる。データによると、後者の方がより重要である。優れた上司を持つことにより、現在の業績だけでなく、将来の業績も向上する。

　この研究の数年前、グーグル社も、自社の従業員からデータを収集し、優れた上司とはどのような資質を備えているのかを把握しようとした。そこでは、就業記録や人事考課、その他の調査や、上司が表彰された際の情報などが用いられた。これらのデータを分析した結果、グーグル社の「人事分析」チームのスタッフは、その結論を良い上司が見せる八つの優れた行動としてまとめるとともに、上司が陥りやすい三つの罠についても示した。

　その結果は、学術的な研究や、本書での議論とも一致しており、八つの優れた行動のうちのおよそ半数は、コーチングやキャリア形成、部下とのコミュニケーションに関するものであった。例えば、第一に推奨される行動は「良いコーチであれ」というものであり、第六番目は「自分の部下のキャリア形成を助けよ」だった。同様に評価された行動は、はっきりとしたビジョンを持ち、能動的で、結果に注目し、マイクロマネジメントよりも部下へ権限委譲することであった。

　陥穽の一つは、新しいリーダーシップの役割に移る際に生じる困難さである。グーグル社の管理職の多くが、元々は技術者であり、管理職としての仕事は初めてであった。その他の二つの罠は、ここで取り扱うテーマと一致している。悪い上司は、従業員の評価や、部下のキャリア形成の支援に対して、一貫した姿勢に欠けている。また、一部の管理職は、マネジメントや部下とのコミュニケーションに非常にわずかな時間しか割かなかった。

出所：Lazear, Shaw, and Stanton（2005）；Bryant（2011）

■要　約

　労働者と企業の間の取引は、一般的に非常に複雑なものとなる。労働者や職業の種類については、代替が不完全であるために、組み合わせを一つ一つ形成する必要がある。従って、この取引は、交渉を伴う反復的な関係となる。採用

の際の逆選択を緩和するために、採用期間は複数年に及び、実績評価による条件付きの報酬が伴うことが多い。能力の向上に関する投資は、それが企業特殊的なものであるほど、こうした傾向を強める。

企業は、仕事を通じて学ぶ能力や課題の遂行に必要な知識を最大限効果的に使えるように仕事を設計するため、職務設計は新しい要素を加える。企業は、通常チームワーク、他部署との協調、知識の共有など、様々な形で労働者からの協力を求める。更に職務設計は、労働者のモチベーションに重要な影響を与える。

実績に基づく報酬を採用する場合は、実績評価や報酬が一層重要になる。これらは、従業員の振り分けや、能力への投資、継続的な改善、効率性、モチベーションといった、企業のあらゆる人事政策上の目標を強化するために用いることもできるだろう。また、インセンティブは、企業と労働者の協力関係を改善するために用いることもできる。

本書で議論してきたもう一つの話題は、企業も労働者も自らの利益のために、時に戦略的に行動しようとしたり、協力しようとしたりする誘惑から生じる利益相反についてであった。次節では、こうした利益相反を、企業が労働者側から、何らかのインプットを求めるかどうかという観点から議論する。

経営陣と労働者間のコミュニケーション

■ 経営陣から労働者へのコミュニケーション

一部の企業は、オープンブック方式と呼ばれる、労働者が企業の財政状況について詳細な情報を得られる経営のやり方を採用している。このやり方は確実にコストがかかる一方で、それを上回る利点があるとも言われる。コストはいくつかの異なる形で発生する。まず、労働者に対して情報を伝え、それを消化できるように教えるためには時間がかかる。次に労働者に情報を与えることは、かえって悪い場合がある。自社について全てを知る労働者は、日和見的に行動することができるため、企業の利益の割合のうち、本来よりも大きな部分を得ようとすることも考えられる。この点は、オープンブック方式に対して、一般的に経営陣が懸念する点である。

オープンブック方式（もしくは、それを部分的に取り入れたやり方）の主な利点は、労働者が、企業を存続させるために、あまり高望みをしなくなること

478　第4部　応用編

である。従業員委員会が一般的な欧州では、しばしば経営陣から、従業員委員会は経営に有用であるという見解が表明される。特に、企業にとって悪いニュースを伝えなければならない場合にこうした指摘が当てはまる。次の例がその点をよく説明している。

　労働者は通常、高い報酬を望むが、企業が苦境に陥っている時は、報酬も減らさざるを得ないということを認識している。経営陣が、労働者は危機的状況の時は賃下げを受け入れるということを知っている場合、狼少年のように振舞ってしまうことが問題である。企業は、好調な場合は好調と説明することがあるだろうが、悪い状況にはその頻度や深刻さについては誇張してしまいがちである。信頼できる情報が経営陣からのものだけであれば、労働者は、悪いニュースに対して経営陣が述べることを（少なくとも、一定期間は）誇張だと考えるか、もしくは経営陣が述べることを額面通りとらえ、賃下げを受け入れるしかない。

　仮に各労働者に対して、週給900ドルで転職の機会が提示されているとしよう。状況が良い時には、今の企業にとっては、労働者は週あたり1,800ドルの価値があるとする。状況が悪い時でも、今の企業にとっては、各労働者は週あたり1,000ドルの価値があるとする。悪い時の1,000ドルでさえも、外部での900ドルに比べればよいのだから、労働者にとっては、他に移るよりも今の企業に残った方が常によいはずである。つまり、そこには、現在の企業にとっても労働者にとっても、労働者が移籍するよりは得する賃金レベル（例えば、悪い時の週給950ドル）が常に存在するということである。950ドルは労働者の価値よりも低いため、企業はそこで利益を得られる。また、950ドルは労働者が他の場所で得られる900ドルを上回っているため、労働者も残留することでより良い選択ができる。ところが、ここに問題が生じる。企業側は労働者が週給900ドルまでの賃下げを受け入れると知っているため、経営陣は現在の状況について嘘をつこうとするインセンティブを持つ。状況が良いことを認めるよりも、経営陣側は、労働者に対して、今の状況は悪いと思わせようとする。もし労働者が今の状況は悪いと信じてしまうと、労働者は、企業が週給1,000ドル以上を支払うとは思わなくなる。そのため、こうした状況で労働者がもらえる賃金の最大値は1,000ドルである。もちろん、経営陣がいつも状況を悪いと言っていると、彼らの発言は信頼性を全く失うことになる。そのため、経営陣は適度に発言内容にばらつきがでるよう調整する必要があるが、それでも、ど

ちらかと言えば状況を悪く言う傾向があり、労働者もそうした傾向があること
を理解している。

　労働者側としてはどうするだろうか？　追加的な情報がなければ、労働者は、
経営陣の発言を信じ、低い賃金を受け入れるか、経営陣が嘘をついているとみ
なして、高い賃金を主張し続けるしかない。こうした状況では、労働者はどち
らの場合でも、二つのタイプの誤りをそれぞれ犯してしまう。もし経営陣の発
言を受け入れれば、常に職を守ることはできるが、もし状況が本当はよかった
場合にも、賃金は低くなってしまう。逆に、経営陣が嘘をついているとみなし
て高い賃金を主張し続けた場合、良い状況の場合には高い賃金を得られるが、
悪い状況では職を失う可能性がある。「悪い」と言われた状況のうちの一部しか
本当に悪くないため、労働者がこうした戦略で成功するのは悪いと嘘をつかれ
た場合だけであり、本当に悪い場合には失敗してしまう。経済状況が本当に悪
い場合、労働者は、企業が支払えないような高い賃金を主張し続け、職を失う
こととなる。そのため、他の職での週給900ドルにありつく以外選択肢がなく
なり、企業が支払えた1,000ドルよりも低い賃金に甘んじることとなる。

　状況が悪いと言われた場合、労働者はその発言が真実である確率を見極めな
ければならない。これは、その産業が置かれた実際の状況に依存する。労働者
がしばしば良い状況を目の当たりにしているならば、状況が悪いという発言は
大幅に割り引かれ、経営陣は交渉のために嘘をついているのだとみなしてしま
う。ここで用いている例の中で、企業と労働者が余剰を等分すると仮定しよ
う。つまり、労働者が経営陣の発言を信じる場合、状況が悪いと言われた期
間、労働者は週給950ドルを受けとることになる。経営陣が嘘をついていると
みなして妥協しなかった場合、実際に企業が嘘をついていれば、良い状況の時
の労働者の価値の1,800ドルと、他でオファーされる900ドルとの丁度中間の
週給1,350ドルを受け取ることになる。しかし、仮に経営陣が本当のことを言っ
たとすれば、労働者は職を失うことになる。もし、経営陣が理不尽なまでに常
に嘘つきとみなされていたり、その産業の置かれた状況がどう見ても良かった
りする場合は、企業が嘘をついている可能性が非常に高いとみなされ、労働者
は容易には妥協しないだろう。こうした場合、時々は高い賃金を得られるかも
しれないが、時には職自体を失うこともある。

　企業は、どのような場合であっても、労働者が柔軟な対応をしてくれること
を望んでいる。そして、コストを要するレイオフをすることなく（実態は別と

して）、状況が悪いと伝えた場合、経営陣は、賃下げのメリットを享受したいと考える。こうした理由から、企業は労働者に対して情報を提供しようとする。労働者に情報を与え、労働者自らが、確かに状況は悪いと判断できれば、労働者の立場を軟化させ、不本意な解雇を未然に防ぐことができる。ただし、状況が良い場合、その情報を労働者に伝えてしまうことで、労働者の交渉力を強めてしまうという欠点がある。これは、企業として常に受け入れざるをえないトレードオフである。もし労働者が頑なな交渉を頻繁にするような場合には、情報を提供することからの利益が状況が良い時の賃上げコストを上回ると企業が判断しているといえよう。この計算自体は単純なもので、基本的なポイントは下記に要約できる。

　企業が労働者に情報を提供することで利益を得られるのは、そうしなければ労働者が頑なな交渉態度を崩さない場合であり、そうした場合に限られる。もし労働者が柔軟ならば、企業が労働者に情報を明らかにして得られるものは何もない。状況が良い時に従業員の交渉がより強気になるだけである。結局問題は、労働者が、情報が無い状況の下で、頑なな交渉姿勢を取るのはどのような場合なのかという点に帰着する。企業は、下記の条件が満たされた場合に、従業員に情報を提供することで利益を得られる。

1. **状況が良い場合と悪い場合に支払われる賃金に大きな差がある。**賃金の差が大きい場合は、状況が悪いという企業側の意見を、労働者はなかなか受け入れなくなる。もし受け入れれば大幅な賃下げが行われ、労働者に大きな悪影響が及ぶ。もし頑なな交渉態度を取って大きな利益が得られるならば、従業員はより強気な交渉姿勢を取るようになるため、企業は、正しい情報を提供して、状況が悪い時に従業員が態度を硬化させないよう説得すべきである。

2. **状況が悪い場合の賃金と、外部で代わりに得られる賃金の間にあまり差がない。**もし労働者に代わりの選択肢があるならば、悪い状況の時に解雇されても、失うものはあまりない。本当に状況が悪い時に、企業のそうした発言を読み誤って頑なな交渉態度を貫いてしまって解雇されても、代わりの仕事の条件が比較的良ければ、失うものはあまりない。結果として、労働者は失職をあまり恐れずに、他の条件が良い時には攻撃的な交渉態度を取る。そのため、外部で代わりの職で得られる条件が良い場合には、企業は、正しい情報を提供して、状況が悪い時に労働者があまり強気に交渉

しないよう説得すべきである。

3. 以上から導かれることとして、**若い労働者ほど企業特殊的人的資本が少なく、失うものが少ないため、年齢層の高い労働者よりも、より強気の交渉態度を取りやすい。**そのため、オープンブック方式の経営は、労働者の年齢層が比較的若い場合により有効である。年齢層の高い労働者は、現在の賃金に比べると、外部でそれほど高く評価されない。そのため、若い労働者に比べ、高い賃金を要求する可能性は低い。元々柔軟な交渉態度を取る相手に情報を提供してしまうとかえって損をするため、労働者の年齢が高い場合には、オープンブック方式はあまり適さない。

実際、この問題に関しては、以上はほとんどの読者の直感と同じだと思われる。強硬な労働運動の指導者となるのは、多くの場合、若い労働者であり、彼らはあまり失うものがなく、より多くのリスクを取ろうとする。年齢の高い労働者は、所帯持ちであったり、同じような仕事を他で見つけることは難しいと考えるため、受動的な態度を取りがちである。

■ 労働者から経営陣へのコミュニケーション

従業員委員会のもう一つの潜在的な利点は、労働者が経営に対して、より積極的に自分の意見を伝えようとすることである。しばしば、労働者は自分の選好についての情報を経営陣に伝えることをためらう。経営陣がその情報を逆手に取って、自分に不利なことをする懸念があるためである。例えば、もし企業が、労働者は特定の福利厚生を非常に高く評価していると知った場合、企業はその福利厚生を提供する代わりに、より積極的に賃金を下げようとする可能性がある。こうした経営陣の行動を恐れて、労働者は、たとえその情報がお互いのために有益であったとしても、経営陣にあまり情報を提供しようとはしない。

これは重要な点である。企業が労働者の選好について正確な情報を得ようとするのは、労働者の福利厚生を第一に考えてではなく、利益を重視し、労働者が好むものを提供することで利益を増やそうとするためである。労働者の需要に適したパッケージを提供することによって、企業としては全体の報酬費用を抑え、利益を増やすことができる。

労働者が企業に対して本当のことを伝えるようにするためには、その情報が経営陣にどのように使われるかについて、労働者がある種の権限を持つ必要がある。従業員委員会を設置する理由はここにある。もし労働者が、経営陣側に

提供した情報が自分の不利益になるように使われないことがわかれば、本当のことを伝えやすくなる。

> 企業が、労働者から経営陣に対して本当のことを伝えるように望むならば、開示された情報が自分たちの害になるような使われ方をしないと確信させるように、労働者に対して一定の権限を与えなくてはならない。

　現実的には、これは労働者が直面する労働環境について発言権を認めることによって実現できる。より多くの発言権が認められるほど、自分の選好についてより本当のことを述べやすくなる。しかし、後述するように、労働者の発言権が大きくなるほど、労働者が自分たちのために得られる分け前は大きくなる。
　代わりに、労働者とのコミュニケーションを一切行わないやり方もある。企業は、労働者の好みについて想定し、それに基づいて福利厚生や報酬を提供するのである。労働者向けサービスの提供について競争相手企業が十分あれば、長い時間を経れば、労働者は選好に基づき会社を選別するだろう。
　この二つの戦略の違いは、欧州企業と米国企業の労使関係の違いで典型的にみられる。欧州企業、なかでもドイツや北欧の企業は、様々な論点（特に労働環境）について労働者側の意見を代表する、労働者の中から選出された委員会を設置している。労働者に対して情報がどのように使われるかの権限を与えることによって、労働者側は率直になり、より協力的な関係が築かれる。企業が従業員委員会の管轄の事項を変更するためには、従業員委員会の承認が必要となり、企業側の柔軟性が失われるというコストが生じる。協力は有益ではあるが、コストを伴うのである。
　一方、労働組合を持たない米国企業は、もっと独裁的である。労働者の団体から承認を得る必要などなく、経営陣は自らの計画を実行に移せる自由がある。労使間の協調関係は弱まるが、あまり利益に関係のない事柄に無駄に議論が費やされるような時間は節約することができる。

従業員の権限と賃金の特性
　企業特殊的人的資本を持つ労働者ほど、多くの権限を主張するようになる。労働者は企業特殊的な投資を行う前に、例えば、急な解雇によって投資が無駄にならないように、経営陣側が恣意的な行動を起こさないという保証を求めよ

うとする。すなわち、

　　　　特殊的人的資本と労働者への権限移譲は、一体になっている場合が多い。多
　　　くの企業特殊的人的資本に投資をした労働者ほど、組織の中で大きな権限を求
　　　めようとするため、企業が労働者に企業特殊的人的資本投資をすることを期待
　　　する場合、こうした権限を将来与えることに備えなくてはならない。

　それ以外の労働者も、権限を要求することはある。第11章のライフサイクル
を通じてのインセンティブの特性の変化を思い起こしてみよう。若い人は本来
の価値よりも報酬が少なく、年齢が上がると、本来の価値よりも多くの報酬を
得るというものだった。年齢が上の労働者は暗黙のうちに企業に投資し、その
投資成果は、企業側からの誠意（と資産の有無）に依存する。こうした状況で
は、労働者は組織に関する事柄について一定の発言権を求めることが多い。
　企業特殊的人的資本は、労働者が企業に対して権限を要求することの必要条
件ではない。他の仕事に転職した場合に失うものが大きいということが、必要
条件なのである。つまり、昇進や年功による累進的な報酬体系、他よりも高い
賃金を得るための労働組合、また、企業特殊的人的資本など、これら全てが、
労働者が企業から多くの権限を得ようとするための要件なのである。実例はい
くつもある。組合員は非組合員に比べ、職を失った場合に失うものが大きいた
め、労働組合に所属している労働者は、非組合員よりも多くの発言権を求め
る。すなわち、

　　　　労働者は、他で得られる賃金が、現在の企業で得ている賃金に比べて、（著
　　　しく）低い場合、多くの権限を要求する傾向が強まる。

　これは、緊張状態をもたらす。労働者は権限を求めるが、企業としてはそれ
を与えても得られるものは少ない。労働者は過大に賃金を払われており、彼ら
が他で得られる条件が魅力的でない場合、労働者が交渉してもその脅しを信じ
込ませることは困難である。企業は、労働者が解雇されてしまうと非常に窮す
ることを知っており、労働者が強気の態度に出てもあまりそれを恐れなくなる
からである。

■ 労働者が経営に関与する最適なレベル

これまで、一部の決定事項について、労働者に相談することで生産性を向上させる方法はあると議論したが、前出の例で明らかにした通り、こうした利点を打ち消してしまうようなコストがかかる場合もある。結局、何が重要で、企業は、労働者に追加的な権限を与えようと決定する上で、どのように考えるべきだろうか？　押えておかなければならない最も基本的なことは、生産性は利益とは異なるため、生産性を最大化することを理由に労働者に権限を与えるべきではないということである。企業は、労働者に権限を与えることで、パイから大きな分け前を得る力も従業員に与えてしまうことになる。パイの大きさを最大化することが、企業の関心事項ではない。企業の側から見れば、企業が得る利益の取り分を最大化するのが目的である。例えれば、9インチのパイの半分をもらうよりも、8インチのパイの4分の3をもらう方がよいのと同じことである。以下の分析がこの点を説明し、労働者に権限を与える際の指針を提供してくれる。

図15.1（a）は、利益のうち企業側が得る割合を、労働者の権限の強さの関数として示している。もし労働者に全く権限を与えないならば、企業側の割合は1となる。つまり、創出された付加価値の100%が企業に行く。ただし、労働者は常に他の選択肢を持っており、たとえそれが単に仕事の代わりに余暇を過ごすだけであっても、企業に対して一定の交渉力を持つため、このような極端な状況は絶対に起きない。もし企業側が付加価値の100%を独り占めしてしまえば、労働者には一切何も払われない。どんなに従順で臆病な労働者であったとしても、こうした状況で働くことは拒否するだろう。

もう一方の極端な状況は、労働者の権限が非常に強く、企業側の取り分がゼロとなってしまう場合である。企業側は一銭たりとも利益を得ることはできず、通常の資本リターンさえもが労働者側のものとなってしまう。こうした状況も起こり得ない。資本リターンが0%であることがわかっている企業に投資する投資家は存在しない。どのように強力な労働組合であろうとも、資本リターンのうちの一部は、経営陣はもちろん、投資家に払わなくてはならない。

ただ、一般論として、労働者の権限の強さと企業側の利益の割合は、負の関係にあるという点は注意されたい。労働者の権限が強いほど、企業側が得られる利益の割合は小さくなるのである。

図15.1（b）は付加価値と労働者の権限の強さとの関係を示している。U字

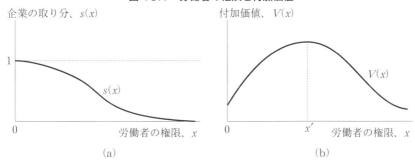

図 15.1 労働者の権限と付加価値

型が逆さになった関係は、「過ぎたるは及ばざるが如し」という点を示唆している。もし労働者に全く権限が与えられなければ、これまでに議論したように労働者の生産性を引き出す力は期待できなくなる。企業は、信頼できる方法で労働者とコミュニケーションすることはできず、労働者側は本当のことを経営陣に対して隠すようになり、企業が労働者の意見や要望や提案を無視することになってしまうため、創造性は抑圧されてしまう。このような状況ではモラルも低下し、生産性は極端に低下してしまう。

労働者が権限を得るに従って、生産性は向上し、x'でピークに達する。x'を過ぎると、追加的な権限はむしろ付加価値を減らしてしまう。労働者が権限を持ちすぎると、必要な柔軟性まで失われてしまうからである。企業は従業員委員会によって経営されるようになり、競争に対応することができなくなる。労働者は自らの権限を企業から資源を持ち出すために使うようになり、最終的にはそれらを使い果たし、生産能力自体が減少してしまう。最終的には、経営破綻さえ引き起こしかねない。労働者に与えるべき発言権の多寡について「過ぎたるは及ばざるが如し」という点は議論の余地がないだろう。最終的には、経営陣が、どの程度労働者に権限を与えるべきかを決める。図 15.2 がその判断の一助となる。

図 15.2 は、前の二つの図の情報を合わせたものである。上の曲線、$V(x)$ は、図 15.1（b）の曲線と同じものである。前の図から単純に写しただけである。この曲線で、労働者の権限が x' に達したときにピークになることに注目してほしい。「企業側の利益」を示す、その下の曲線は、付加価値合計に図 15.1（a）の企業の取り分の割合を乗じたものである。つまり、企業側の利益＝$s(x)$・(付加

図 15.2　労働者の権限と利益

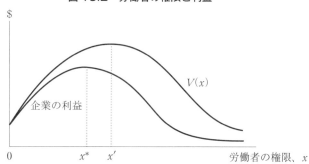

価値）である。

　図 15.1（a）と図 15.1（b）の積であるこの曲線を理解するためには、両極の点について考えてみるのがいい。もし労働者側に一切権限が無ければ、全ての付加価値は企業側に行ってしまう。企業の利益は付加価値と等しくなるため、二つの曲線は、労働者側の権限が最小値となるところで交差する。もう一方の端では、労働者側の権限が非常に大きくなった結果、企業側の取り分がほとんどゼロとなる。（かなり小さいが）多少の付加価値があったとしても、企業はそれを得ることはほとんどできない。労働者は付加価値のほぼ全てを独り占めすることはできるが、そもそもの付加価値が小さいがために、労働者が手にすることができる金額自体も小さくなる。

　図 15.1（b）にあるように、付加価値は労働者の権限が x' である場合に最大となる。しかし、企業側の利益が最大となるのは、付加価値が最大となる場合よりも少ない権限を労働者に与えた場合である。つまり、x^* は常に x' の左側にある。この直感的な理解は次の通りである。まず、企業が現在、労働者に x^* の権限を与えているとしよう。ここから従業員に権限を増やせば、付加価値は増えるが、その増えるスピードは非常に低くなる（曲線 $V(x)$ の頂点の近くでは、追加的な権限によっても $V(x)$ はあまり上昇しなくなっている）。同時に、労働者が権限を強めるために、企業の取り分割合も低下していく。ひとたび x^* に達すると、取り分割合が低下することによる効果が、付加価値が増加したことによる効果よりも強くなってしまう。x が x' に近づくにつれて、付加価値はほとんど増加しなくなるため、取り分の割合が減少する効果が付加価値増加の効果を上回るのは、常に x が x' になるより手前で起こる。なお、同時に、従業

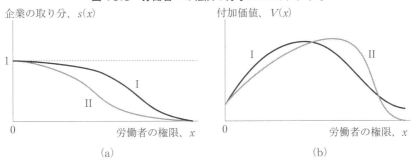

図 15.3　労働者への権限の付与：二つのシナリオ

員の取り分は増加し続けることになる。

結論として、株主の観点からすると、企業は企業の付加価値を最大化するような労働者の権限よりも、より少ない権限を労働者に対して与えるべきである。目的は生産性の最大化ではなく、利益の最大化なのである。

では、労働者への権限付与度合いに関する企業の決定に影響を及ぼす要因は何だろうか？　ここでは二つの要因が働く。一つ目は、労働者の権限が増えるに伴って、企業側の取り分の割合が早く減少する場合、企業はより小さい x を選択しようとする。これは、取り分の割合が減少する効果が、付加価値拡大の効果を上回ってしまうため、労働者の権限増加の価値が低くなるためである。この点は図 15.3（a）に示している。曲線 I は、図 15.1（a）の元の曲線である。これに対して曲線 II は、$s(x)$ の別のケースを示したものである。減少度合いがより大きくなっている。その結果、曲線 II の場合の x^* は、元の曲線 I の場合よりも小さな値となっている。

二つ目は、付加価値が、より大きな x に対しても大きく上昇を続け、図 15.1（b）のように、$V(x)$ の頂点がより右側にくる場合には、企業は比較的大きな権限を労働者に与えようとする。これは付加価値の増加の効果が、企業の取り分が減少する効果を上回るために、労働者の権限増加の価値が高まるためである。この点は、図 15.3（b）に示されている。曲線 I は図 15.1（b）の元の曲線である。曲線 II は、$V(x)$ の別のケースであり、曲線が急に上昇する。この結果、$V(x)$ が曲線 II を取った場合の方が、曲線 I の場合よりも、x^* は大きくなる。

では、どのような場合、$s(x)$ は、I よりも II の形状となるのだろうか？　以

下、いくつかの考え方を示してみよう。労働者に権限を与えた場合に、企業側の取り分が多く減少してしまうのは以下のような場合である。

1. 労働者が一緒に働いており、互いに議論したり、団結したり、またお互いの行動を強制することが容易である場合

2. 労働者が企業と長期的な関係を築いており、自分の割合を高めるための投資に積極的な場合。この場合、労働者側もより多くの権限を得ようとする。

3. 労働者が、超過利潤の獲得や生産性の増加のために、外部の者を利用出来る場合。ほとんどの場合、こうした外部の者は、労働者の主張に対して理解のある組合や政府機関であることが多い。

もしこれらのうちのいずれかの条件が満たされている場合、あまり多くの権限を労働者に与えると、企業の利益は減少することになる。

同様に、「どのような場合に $V(x)$ は、Ⅰよりも Ⅱ の形状となるのだろうか?」と知りたいだろう。もし、$V(x)$ が曲線Ⅱのような形状をしている場合には、企業は労働者により多くの権限を与えることによって利益を得ることができる。下記のような条件が満たされた場合には、$V(x)$ 関数は上昇が急になり、大きな x の値に対しても上昇を続ける。

1. 労働者が生産活動に関する情報を多く持っており、かつそれらの情報を経営陣が持っていない場合。こうした場合は、権限の増加による創造性の上昇の効果が最も大きくなる。

2. 労働者の選好が独特で、経営陣側に、それが不明な場合。こうした状況では、労働者は、その情報が戦略的に利用されることを懸念し、経営陣に対して自分の選好を明らかにしたがらない。そのため、より多くの権限を与えることで、労働者と経営陣の間のより価値の高いコミュニケーションを促すことができる。

場合によっては、政府が介入し、規制によって労働者の権限のレベルを定める場合がある。こうした政府の介入が効率的であるかどうかについては議論の余地がある。企業は付加価値を最大化するほどには、労働者に十分に権限を付与しないため、政府が企業に対して x' の水準まで労働者に権限を与えるよう強制することで事態を改善できるという意見である。一見まともな議論に思われるが、これには二つの潜在的な問題がある。

第一に、どの程度の水準の権限が付加価値を最大化するのかについて、政府

が知っていると考えることには無理がある。x' を過大に設定してしまったり、過小に設定してしまったりする可能性はかなり高い。最適な権限の水準は企業によって異なることを踏まえると、たとえ社会的な観点から見ても、個別に最適な権限水準を政府が設定することは、ますます難しくなる。図15.3（b）の曲線IIは、曲線Iとは異なる最適な権限水準に紐付いている。法や規制は、往々にして、非常に大雑把な手段である。一つの基準を全てに当てはめてしまう傾向があるため、法や規制は個別の状況にあまりうまく対応できない。そのため、役に立つ場合よりもかえって弊害になる場合が多い。

　第二に、法律は、寛大なる独裁者によって制定されるのではなく、政治過程によって作られるものである。この政治過程は、労働者側対企業側という構図の下で進められ、その過程から制定される法や規制は、これら集団同士の交渉を自ずと反映したものになる。そのような過程によって得られた結果が、最適な水準の労働者の権限を保証できると信じる理由はどこにもない。

協調性の改善

　労働者、株主、経営陣の間で利益相反が発生するのは、一方が得れば、他方が損をするような場合である。前節の報酬の水準についての議論はまさにこの例であった。もし労働者がより多くの報酬を貰えば、**他の要素が一定ならば**、株主は、コストが増加するために損をする。こうした状況は、**ゼロサム・ゲーム**（ゲーム理論の用語）と呼ばれる。ゼロサム・ゲームとは、あるプレイヤーが得をする場合は、別のプレイヤーが同じだけ損をし、全体のペイオフは変わらないという、戦略的な状況を指す。こうした状況では、協力しようとするインセンティブは存在しない。

　このような見方は現実的だろうか？　本書ではこれまで、従業員と企業が協力することで便益を得られる、多くの理由について注目してきた。例えば、労働者が継続的な改善についてのアイデアを提供すれば、生産性は向上する。企業は労働者により多くの給料を払うことができ、株主に対してもより多くの配当を払うことができる。また、もし企業が、公正な実績評価と報酬の繰り延べ払いについての約束を守れば、より良い労働者を採用し、より強力なインセンティブを提供することができる。全体のペイオフが一定でない場合の戦略的状況は、**非ゼロサム・ゲーム**と呼ばれる。本書では一貫して、雇用関係とは、非

490 第4部 応用編

表 15.1 囚人のジレンマ

	Bは黙秘	BはAを裏切る
Aは黙秘	それぞれ懲役6カ月	Bは釈放、Aは懲役10年
AはBを裏切る	Aは釈放、Bは懲役10年	それぞれ懲役5年

ゼロサム・ゲームであるということを述べてきた。もし従業員と企業が協力できれば、両者とも得をするし、逆に、従業員と企業が協力できなければ、両者ともに損をする。

しかし、残念なことに、前節で述べたように、たとえ状況が非ゼロサムであったとしても、常に協力的であることが保証されているとは限らない。協調的ではなく、利己的に行動しようとする誘惑は常に存在する。どちらの行動が選ばれるかは、協調的に行動した場合に得られる利得と、利己的に行動した場合に得られる利得の比較による。

理想的には、労働者と企業の協調性を改善する方法が見つかれば、組織はより効果的に運営できる。では、どのようにすればよいのだろうか？　このアイデアに焦点を当てるため、まず、表 15.1 に掲げた、ゲーム理論の古典的な**囚人のジレンマ**を考えてみよう。このゲームでは、共犯の罪を犯した2人が囚われている。警察は2人をそれぞれ別々の取調室に入れ、それぞれが互いを裏切るように説得する。2人の囚人には、二つの選択肢がある。相手に協力して黙秘を続けるか、相手を裏切るか、である。表中の二つの行は、囚人Aの選択肢を示し、二つの列は囚人Bの選択肢を示している。

表の四つのセルは、取られた戦略の組み合わせに応じた、各囚人への罰の内容を示している。もし2人の囚人が共に協力するよう決断し、黙秘を続ければ、警察側は他のより弱い証拠に頼らざるを得ず、2人の囚人は、それぞれ6カ月の刑期で済む。もし両方とも自白してしまうと、5年の刑期となる。ところが、もし片方の囚人だけが裏切って自白し、もう片方が黙秘を続けると、黙秘した方は10年の刑を受け、自白した方は釈放される。明らかに、両者にとって望ましい結果は、全体の罰の合計を最小化するために、両者とも黙秘を続けることである。

各囚人にとっての最適な戦略は何だろうか？　囚人は別々の取調室にいるために、お互いに相談できないということに注意してほしい。最適な戦略は、それぞれ同じである（ゲームは対称的である）。それは、相手がどうするかにかか

わらず、相手を裏切ることである。例えば、もし自分が囚人Aであった場合、囚人Bが黙秘を続けると期待すれば、囚人Bを裏切ることで自分の罰は小さくなる。同じ理屈が、囚人Bが裏切ると予想した場合にも成り立つ。ゲーム理論の用語では、ここでの裏切りは、**支配戦略**と呼ばれる。支配戦略とは、相手のとる戦略にかかわらず、常に最適となる戦略のことを意味する。

これは、どちらの囚人にとっても、望ましい結果ではない。両者共が、協力しないインセンティブを持ってしまっている。これは、労働者の権限についての前出の議論と同じである。もし協力する方法が見つかれば両者とも得をするにもかかわらず、戦略的な行動によって、お互いにとってあまり望ましくない結果に陥ってしまう。

このようなジレンマを解決するためにはどうしたらよいだろうか？　一般的には、二つの可能性がある。一つは、お互いの間で前もって、裏切るかどうかによって報酬や罰を与える（囚人同士の別途の支払いである）契約を結んでおくことである。最も価値が高い結果は、両者が共に黙秘することなので、このゲームでは、一方が裏切った場合には他方に対して支払うような罰を与える必要がある。しかし、残念なことに、こうした明示的な契約を作成することは、多くの場合不可能である。

二つ目の解決方法は、もしこのゲームが繰り返し行われた場合に使える。表15.1のようなゲームが、何度も繰り返し行われる場合を想定してみよう。すると、両者がお互いやりとりを繰り返すことになるため、囚人同士の間には、大雑把ながら、一定の関係が生まれる。これが新たな戦略の可能性を開く。例えば、片方のプレイヤーは、少なくとも初めの数期間だけ、短期的には最適な戦略でなくても、黙秘を続けようと決断することもできる。他方のプレイヤーに対して、黙秘を続けようと促すためである。もし相手が協力しない場合は、一定期間連続してこちらも裏切ることで対応することができる。ゲームが繰り返し行われるという性質上、報酬も罰も複数期間にわたるものになる。また、それぞれのプレイヤーは、シグナルを送ることによって、相手のプレイヤーがどのような戦略を取っているかをテストすることができる。こうした可能性のいずれもが、協力の可能性を高める[1]。

ひとたびゲームが繰り返されると、相手のプレイヤーの行動を変更しうるよ

1）　技術的な話ではあるが、この命題は反復される関係の期間が無制限か、不明である場合にのみ成立する。雇用関係は無期限ではないものの、通常継続期間は不明である。

うな自分の評判に対して投資しようとすることができる。例えば、自分が、囚われた相手からの協力を引き出したいとしよう。もし自分が複数期間にわたって連続して黙秘を続ければ、そのうち相手は、自分が協力を望んでいるというメッセージを、受け取る可能性がある。もし、そこで相手が協力し始めれば、自分は更に協力を続けることでそれに対して報酬で応えることができる。しかし、もし相手が試しに裏切った場合は、すぐに一度、もしくは複数回、自分も裏切り、報復するだろう。この意図は、相手に対して、協力に対しては報酬を与えるが、裏切りに対しては罰を与えるというメッセージを送るためである。

このような繰り返しゲームでは、幅広い戦略の組み合わせがある。最も有名なものは、最も単純な**しっぺ返し戦略**である。しっぺ返し戦略は、簡単に言えば、最初は協力し、その後は、前回相手が取った戦略と同じ戦略をとるやり方である。もしBが裏切れば、自分は次に裏切り、もしBが黙秘すれば、自分は次に黙秘する。こうすることで、相手の協力を引き出すための、単純な報酬と罰の仕組みを作ることができる。実際、ゲーム戦略の専門家によると、繰り返し行われる囚人のジレンマのゲームにおいては、この非常に単純な戦略が、その他のずっと複雑な戦略より有効なことが知られている。

いかなる戦略が採用されようとも、繰り返しのやり取りによって、お互いの協調を促す方法が見つけやすくなり、より生産的なやり取りを行うための**評判**を確立しやすくなることが一般的に重要である。多くの場合、雇用関係が複雑で、長期間にわたることが重要な一つの理由はこの点にある。本書で述べてきたような理由によって、従業員と企業が関係を築こうとすればするほど、職場においてより協調関係を深めようとするインセンティブは強まる。そして、こうした協力を促進するための、より多くの人事上の取り組みがみられることになる。

■囚人のジレンマから、雇用関係へ

ここで、第3章で紹介した、企業特殊的人的資本投資における労働者と企業との間の暗黙の契約についての議論に戻って考えてみたい。関係に特化した投資は、囚人のジレンマゲームに似ている。投資されれば、生産性が向上し、労働者、企業両者とも、便益を享受できる。しかし、それぞれ、後になって約束を反故にしたいという誘因も働きうる。もしこうした裏切りのリスクが十分に高ければ、どちらも最初から協力しようとはしない。そのため、投資は行われ

ず、両者とも利益を得られない。

　理論的には、この投資に関する全てのコストと利益を共有し、遵守を促すような罰則を盛り込んだ明示的な契約を作ることも考えられる。しかし、現実には、そのような契約を作成することは不可能である。研修の質や量を定量化することは難しい。研修の機会費用についても同様である。研修の成果による生産性上昇の効果は、契約当事者が合意するような形で定量化することは困難である。

　それでも、企業と労働者は、雇用関係についての多くの点を特定した正式な契約を結ぼうとすることもある。最もよい例は、労働組合契約である。例えば、フォード社と全米自動車労働組合との間の契約では、多くの様々な状況において、従業員がどのように取り扱われるべきか、どのような行動が期待されるかについて、多岐にわたる詳細な事項を定めている。この契約は六冊からなり、机の上に積み上げると、15センチにも達する。こうした契約の長さと詳細さにもかかわらず、実際にはこの契約が全ての可能性をカバーできているわけではない。労働組合契約の重要な部分は、契約に明示的に記載されていない問題が発生した場合に、それを労働者と企業側がどのように解決するかの手続きについて記載されている。

　多くの企業および労働者にとって、雇用関係の全ての側面をカバーするような完全な契約を作るための能力に限界があるだけでなく、そもそも、そうした試みを行うこと自体さえも、雇用関係を傷つける可能性がある。もし、ある二つの集団が、互いに交渉を通して、将来起こりうるあらゆる関係についての合意事項を策定しようとして一定の経済関係に立ち入ると、このことが、契約上想定されていない状況が起こった場合の互いの関係を変化させてしまう。協力的なアプローチを取る代わりに、より法的な議論に集中した、競争的な方針（ゼロサム、というよりもむしろ、法的な費用によって合計は負になる）を取る傾向が増す。残念なことに、こうしたことはしばしば労働組合で起こり、労働者も、組合の代表者も、経営陣も、新たに発生した問題に対して、敵対的かつ法律論に終始した対応を取りがちとなり、問題を潜在的な協力関係のきっかけとして捉えるよりも、潜在的な新たな論争の種にしてしまう。

∾∾∾∾ 企業文化の経済価値 ∾∾∾∾

CEO は常々、企業文化の重要性について言及する。では、企業文化は、経済的な業績に影響を与えるのだろうか？　企業文化を定量化することは難しいために、その答えを見つけるのは容易ではない。しかし、複数の経済学者が、この疑問を研究するためのデータを収集した。彼らは、各企業が公式に発表しているコアとなる価値観を、年次報告書などから集めた。その中で最も多く使われる言葉はいくつかのグループに分けられ、それらは、誠実さ、チームワーク、イノベーション、尊敬、品質、安全、地域、コミュニケーション、勤勉、のように分類された。結局、企業が提唱したこれらの価値観と経済的な業績との間には何らの相関をも見つけることはできず、この種のスローガンには、あまり意味がないことがわかった。

そこで、彼らは、代わりに、Great Place to Work Institute（GPTWI）社の調査から、従業員が企業をどのように認識しているかについてのデータを集めた。GPTWI 社は、企業や経営陣に対する従業員の認識についてのデータを収集し、「働きがいのある会社」ランキングなどを公表している。この経済学者たちは、経営陣の誠実さに対する従業員の評価を反映する二つの質問に焦点を当てた。また、彼らは、将来の就職先の魅力についての、大学生の認識についてのデータも集めた。

そこから判明したことは、企業の経営陣の誠実さが高いと認識されている場合、従業員の生産性や、企業と従業員の間の関係、また、求職者にとっての企業の魅力も、高いという傾向である。つまり、企業がどれくらい誠実かについての評価、収益性の間には、正の相関が存在するのである。信頼性は企業文化の一つに過ぎないが、重要であることが理解できる。本書においては、企業文化とは、複数の規範の集合であり、企業と従業員がそれぞれ職場でどのように行動すべきかを規定する暗黙の契約であるという見方をしている。暗黙の契約は、当事者双方に信頼関係があるほど、より効果的になる。

出所：Guiso, Sapienza, and Zingales（2014）

対照的に、ほとんどの企業と従業員との間の契約は、労働組合契約に比べると、ずっと簡潔である。一般的には、書面の形式になっている場合でも、内容は、一段落か二段落分ほどしかなく、職位、給与、雇用期間程度の記載しかない。その他の契約の条件については、企業の従業員規則に委ねられているが、それもそれほど長いわけではない。こうした場合に、雇用関係を規定するものは何であろうか？　それは、明示的な契約ではなく、より広範な、暗黙の契約である。従業員は自分の上司や組織のその他のリーダーの性格についての知識を持っている。また、企業の過去の行動や、雇用主としての評判などの、企業の過去の歴史についても考えを持っている。従業員は、その職を受け入れて、企業に残り続けるかの判断や、企業の中でどのように行動するかを決める際に、これらの要素を考慮する。企業との間で互恵的な関係にあると期待できれば、従業員が企業に対して協力する可能性は高まるだろう。

■ 評判と雇用関係

協調と暗黙の契約に関する一つの有効な方法は、「どのような状況であれば、進んで協力を提供するくらいに相手のことを信頼できるか」という質問を投げかけてみることである。企業や従業員を信頼するということは、たとえ、それが短期的な利益とはならなくても、また、相手の行動を強制する手段がなかったとしても、それでも相手は協力するはずだと信じ、それに賭けることに他ならない。相手からの協力を得られるという可能性が高いほど、そうした賭けをしようとする意思は強くなる。

そのため、企業と従業員の、いずれか、もしくは両方が、「フェアな雇用主」、「忠実な従業員」などの高い評判を持っているほど、企業と従業員の間でより多くの協力関係が築かれる。この点については、下記のいくつかの点が重要になる。

第一に、評判は、重要な無形資産であるということである。評判を定量化することは、多くの場合、困難あるいは不可能であるため、無形である。一方、比較的複雑な複数期間にわたる経済取引においては、評判は、関係をより強化し、より大きな共同利益が得られるため、それは資産でもある。本書では雇用関係のみに焦点を当てているが、例えば、二つの企業によるジョイント・ベンチャーや、パートナーシップ、起業におけるベンチャー・キャピタリストと起業家の間の関係など、その他の多くの状況にも当てはまる。

496 第4部 応用編

　第二に、評判は無形資産であるため、**評判に投資**するということも可能である。第三に、一人一人の従業員が労働市場において確固とした評判を確立することは一般的に困難である。評判の大部分は、観察可能な過去の行動の履歴に依存する。個人が、将来の雇用主にも認められるような履歴を築くための能力は、特に働き始めてから間もない場合には限られている。従業員にとっても評判は重要であるが、通常、企業の方が雇用主としての評判を築きやすい。このため、本書では、企業がどのようにして雇用主としての評判を築けるのかに焦点を当てる。

■ 評判への投資

　企業が、長期にわたって、優秀な従業員を募集、育成、雇い続けられるように、何らかの手段を講じたいと考えていると仮定しよう。雇用主としてのよりよい評判を得るためにどのような投資を行えばよいだろうか？　これに関して、統計的推定の問題として考えてみよう。その企業の従業員や求職者は、その企業が信頼に足るかどうかを判断材料にして、企業に協力するかどうかを決める。もし彼らが、あなたの企業を信頼できる確率が十分に高いと、合理的に自信を持って評価できるのならば、彼らは協力するだろう。統計上の用語で言えば、彼らが協力する条件は、まず、企業側も協力するという確率が十分に高いと推定され、かつ、その推定が高い正確性を有している（分散が低い）場合である。これらが、評判を確立する上での鍵となる。評価者が自信を持てるように、十分なデータを、十分な一貫性を持って提供する必要がある。この観点から、下記のような基本的な点が導き出される。

歴　史

　長い歴史を持つ企業の方が、最近設立された企業よりも、労働市場において高い評判を獲得しやすい。例えば、UPS 社は 100 年以上もの間、労働者を雇用し続けている。このため、従業員は、UPS がどのように従業員を扱うかについての情報を、十分得ることができる。もし、UPS がこの間一貫した従業員の取り扱い方をしていれば（実際、そうしてきたが）、求職者のほとんどが、UPS は将来も同様の従業員の取り扱い方を続けるとの予測を立てやすい。対照的に、フェデックス社が同じ業界に 1980 年に参入した際は、雇用主としての履歴は何もなく、ほとんど評判も存在しなかった。

一貫性

いかに過去の行動の歴史が長くても、その間の行動に一貫性がなければ、将来の行動も予測ができないと推測され、明確な評判は得られない。再びUPS社の例に戻ると、その歴史の長さだけでなく、従業員の処遇方針についても百年以上の間ほとんど変化することはなかった。長い行動の履歴を持ち、その分散が小さければ、評判を確立するためにこれほど強力な方法はない。しかし、残念ながら、このやり方は時間がかかるため、実践することは非常に難しい。

第一印象

推測するための情報が不足している場合、新しい情報のひとつひとつが、期待の形成のために大きな役割を占めることになる。つまり、第一印象は、望ましい評判のために投資しようとするにあたって、おおよそ最も重要である。雇用関係の文脈で言えば、企業はこの考え方を援用し、求職者や新入社員を今後どのように取り扱うかについてのメッセージについて注意深く吟味することができる。新人が雇用された後、どのように組織に**取り込んでいく**かは、その従業員と効果的な暗黙の契約を確立する上で非常に重要な手段となる。

いくつかの企業はこうした目的のために、正式な「新入社員用」のプログラムを用意している。こうしたプログラムの中には、企業の歴史や文化、政策についての研修が含まれる。また、新人が同僚との絆を深められることを支援するための様々な活動も組み込まれている。企業によっては、正式なものではないが、同様の目的のための何らかの手段を備えている。例えば、メンター制度や、新人と既存の従業員を一定期間ペアにする「バディ」制度、などである。上司は、また、この点を自分に有利に利用することができる。新人が雇われた場合、上司は意識的に注意深く、最初のやり取りを行うことによって、自らが望むような雇用関係を新人との間で築くことができる。こうした効果に注意を払わずに、後でこうした雇用関係を築こうとしても難しい。

❖❖❖❖❖ 第 一 印 象 ❖❖❖❖❖

最初のやりとりは、生産性の高い雇用関係を築くための、重要なきっかけとなる。なぜなら、期待形成のための、事前の履歴やデータが少ないからである。以下に、実際の職場での二つの例を紹介する。一つは従業員と

498　第4部　応用編

の間の関係においての例であり、もう一つは、「顧客」との関係においての例である。

リッツ・カールトン・ホテル

　リッツ・カールトン・ホテルは五つ星の高級ホテルチェーン企業である。高い品質のサービスで知られており、マルコム・ボルドリッジ賞を二回受賞している。この高水準のサービスの源は、モチベーションの高い従業員にある。リッツ・カールトンの従業員向けスローガンは、「我々は、紳士淑女に奉仕する紳士淑女である」である（なお、このスローガン自体が、簡潔な暗黙の契約となっていることに着目されたい。これは、従業員に対してどのように行動すべきかを伝え、その見返りに企業が従業員をどのように扱うか伝えている）。この企業は、意識的に最初から、従業員との間に良い関係を築こうと試みている。実際に雇われる前から、この企業は、職の応募者に対して細心の注意と礼儀を払って接し、それはまさに、企業が新人に対して求める顧客への接し方と同様である。もし、職のオファーがなされない場合であっても、ホテル側は求職者を非常に丁寧に取り扱う。一方、オファーがなされた場合は、ホテル側は21日以内に内定者に対して電話をし、内定者に対してホテル側が約束したことが守られているかどうかを確認するという指針がある。入社後、最初の2日間の研修では、企業の価値観、文化、強いチームワークの作り方に集中し、これを終了してから、実際の具体的な仕事についての研修が始まる。

ソデクソ社による英国の刑務所運営

　ソデクソ社はフランスの企業で、特に社食と設備運営のサービスをはじめ、様々なアウトソーシング・サービスを顧客に提供している。同社は業務の一部として、英国政府から数ヶ所の刑務所の運営のアウトソーシングを請け負っている。ソデクソ社の、これらの刑務所運営の責任者は、囚人との協業関係を改善させるためのいくつかの指針を設けた。まず、新しい囚人が入ると、すぐに二つの質問をする。一つ目は「どのように呼ばれたいですか？」。囚人が指定した呼び名は、囚人の入所期間中、全てのスタッフにより使われる。二つ目の質問は、「コーヒーか紅茶はいかがですか？」である。

第15章　雇用関係　499

　ほとんどの刑務所では、新しい囚人がこうした質問で待遇されることはない。ソデクソ社の経営陣は、敬意を持って囚人に接することで、彼らに、その見返りとして協力的に行動してもらうことを目的としていると述べている。ソデクソ社は、囚人との第一印象が、その後、協力的な関係を築けるか、それとも失敗するかを決める上で決定的に重要であると考えている。このやり方は実際に上手く機能し、ソデクソ社の運営する刑務所では問題（暴動やその他の暴力沙汰）の発生確率が低く、その例は様々なところで引用され、その運営方法について多くの賞を受賞している。

出所：Sucher and McManus（2014）、および、ソデクソ社経営陣へのヒアリング

規模の経済

　評判は、その他の従業員がどのように取り扱われるかによっても左右される。面接の際に、求職者側は、通常、現在の従業員が労働条件や待遇についてどのように感じているかを見極めようとする。高い評判を確立するための一つの方法は、多くの従業員と雇用関係を構築し、それらを比較的一貫した方法で取り扱うことである。多数の従業員を同様に取り扱うことは、これからそこで働こうかと考えている者にとっては、有力な証拠となる。更に、企業が大きければ大きいほど、求職者は企業について詳しく知ることが可能になる。

　更に、企業が特定の評判を既に確立している場合、そうした評判と全く一致しないやり方で従業員を処遇すると、他の従業員からの信頼に傷がつくこととなる。これは、企業に対して、従業員に一貫した対応を維持しようとするインセンティブを与え、この効果は、企業に属する従業員が多ければ多いほど強くなる。

　従って、良い雇用主としての評判を確立しようとすることには、ある種の規模の経済が働く。このため、大企業ほど雇用主としての信頼を高め、維持するための方針に関して、より明白かつ集権的に注意を払う傾向がある。

リーダーシップ

　特定のマネージャーの個性が、雇用主としての企業の評判に非常に重大な効

果を及ぼす場合もある。確かにマネージャーの個性は、直属の部下に対しては大きな影響を及ぼすだろう。マネージャーの個性によって、部下との間に信頼関係が築かれるならば、組織にもたらされる効果は非常に重要である。もちろん、その逆も真なりである。

CEOや他の上級経営陣の個性が、期待や協力的な文化の形成に大きな効果を持つこともある。企業の創業者が、その企業がどう経営されるべきかについて明確な考え方を持ち、そうした考え方に基づいて、正式な方針や、非公式の文化、そして創業者のリーダーシップのスタイルを普遍的に体現した労働者が形成されるような場合もある。

仮に、もしリーダーが非常に強力な個性を持ち、かつ実行力あるリーダーシップのスタイルを備えているならば、そうしたリーダーは、明示的にも暗黙裏にも、組織全体の他のマネージャーに対して同じような行動パターンを求めることができる。リーダーの強い信念が、正式な方針にも反映されている場合もある。例えば、ジャック・ウェルチは、巨大で多様化されたコングリマリットであるGEの、伝説的なリーダーであった。「ニュートロン・ジャック」とも呼ばれたウェルチは、個人の業績を認識し、それに対して報いるべきだとする強い信念で有名であった。GE社は「トップグレイディング（TopGrading）」と呼ばれる、固定分布の方式の中でも稀な例を、長年にわたって成功裏に運用してきた。この仕組みでは、上司は業績の悪い従業員を特定することが義務付けられ、数年連続で悪い業績を受けた者は、改善するか、GE社から退出せざるを得ない。こうした方針は、ウェルチの効果的な従業員管理についての信念を反映し、ウェルチの強い信念と実行力のある個性は、こうした方針が彼の在任中に成功裏に採用されてきた秘訣だと広く認識されている。

～～～～ ジャック・ウェルチが語る GE 社の
トップグレイディング（TopGrading） ～～～～

下記は、ジャック・ウェルチの 2000 年の株主宛書簡からの、彼がトップグレイディングについて述べた箇所の引用である。トップグレイディングとは、GE 社が用いる固定分布による人事考課の仕組みにつけた名称である。

人材

「当社の技術、偉大なビジネス、可能性や、資源のいずれも、仮に我々が常に最高の人材——いつも不断の改善を続ける人々——なくしては、当社を世界最高の企業に押し上げるためには十分ではない。このために、評価における厳格な規律と、それらを取り扱うための全幅の実直性が、全社員に求められる。」

「あらゆる実績評価と報酬制度において、当社は対象者を3区分に分類する。上位20%、高業績の中位70%、下位10%である。」

「上位20%こそが、マジックを起こす人材であり、彼らは、精神的にも物質的にも、愛され、厚遇され、報われるべきである。これらの人材を一人でも失うことは、リーダーシップの罪、つまり本当の意味での失敗であるとみなされるべきである。」

「上位20%と中位70%は、固定化されているわけではない。人々は常にこの間を行ったり来たりしている。しかしながら、下位10%については、我々の経験上、常にそこにとどまる傾向がある。人材に将来を賭けている企業は、この下位10%を排除すべきであり、それを毎年続けなくてはならない。常に業績のハードルを上げ、リーダーシップの質を改善し続ける必要がある。」

「下位10%を、彼らのキャリアの早々に排除しないことは、経営上の失敗であるだけでなく、偽善であり、ある意味残酷なことである。結局、新しいリーダーが登場し、すぐにこれら下位10%を排除しようとするのは必至であり、時には、キャリアの中盤になって立ち往生し、別の場所で最初からやり直さざるを得なくなる。キャリアの早期に重要でない人材を排除することは、彼らのためにも望ましいことである。むしろ、いつか終わることが避けられないキャリアに彼らを放置することの方が間違っている。GEのリーダーは、上位20%を、励まし、啓蒙し、報いる必要性を理解するだけでなく、中位70%が常に改善して高みを目指すように動機付けられているかに留意しなければならない。また、常に人道的なやり方で、下位10%の入れ替えを行うための決意を固め、それを毎年実行しなければならない。これこそが、真の意味での実力主義が作られ、存続するための方法である。」

出所：General Electric（2000）

■ 企業文化と集中化された人的資本に関する方針

これまでの議論を企業文化のテーマに応用し、それを、人事政策を集中化すべきか、分散化すべきかという問いに関連付けることで、本節の締めくくりとしたい。

企業文化（もしくは規範。第8章を参照）は、厳密に定義することが難しい概念である。本章や本書のその他の箇所における視点は、この概念を扱いやすくするための一つの手段である。企業文化を考える上で、有効な方法は、それを、雇用関係を規定する非公式なルールの集合体とみなすことである。換言すると、労働者と企業との間の暗黙の契約の一つである。このように考えることで、企業の業務を改善させる目的のために、企業文化を形作ろうとすることができる。

例として、上司は部下の実績に対してどのようなフィードバックを与え、部下はそれをどのように受け止めるべきかという問題について考えてみよう。多くの企業の古くからの問題に、上司は否定的なフィードバックを与えるのを非常に躊躇するという問題がある。同様に、従業員側も否定的なフィードバックに対して、それを、実績を改善するための価値ある情報として捉えるよりも、防衛的になったり、怒って反応してしまったりする。残念なことに、こうした行動は、実績評価の目的を大きく損ない、組織のパフォーマンスを低いものにしかねない。

前出のGEのように、こうした行動が起こらないような文化を確立している企業もある。こうした企業は、むしろ、従業員は建設的なフィードバックを与えるべきであり、また逆に、防衛的にはならずにそうしたフィードバックを受け止めるべきである、という規範を備えている。有名な大学でも、教授陣は互いの研究に対して、教室では教授と学生との間で、同様の規範を備えていることが多い。こうした組織での暗黙の契約では、全ての参加者が、フィードバックを与えることにも受け取ることにも、建設的かつ適切に貢献することが期待される。更に言えば、こうしたフィードバックを控えることに対して非公式な制裁が与えられることが規範になっている。

フィードバックについて生産的な規範を備える企業もあれば、そうでない企

業もあるという事実は、これらの規範は新たに作ったり、変更したりできるということを意味している。既存の規範が強固であるほど難しいだろうが、組織の働きについての暗黙のルールができるだけ効果を発揮するように、企業文化を形成し、発展させ続けることこそ、リーダーの重要な仕事の一部である。良いマネージャーは、自分の行動によって形成される暗黙の契約について、常に意識的に考えるべきである。そして、マネージャーは、自分の行動によって作られる評判についても、意識して考えなければならない。

　最後に、人事政策の集中化について少し考えてみよう。果たして人事政策は、本部に集中化されるべきなのだろうか、あるいは、分散化されるべきなのだろうか？　分散化には多くの利点がある。個別部門のそれぞれの状況に合わせるための高い柔軟性が確保できる。また、各部門のマネージャーに対して、その運営に裁量を与えることができる。しかし、人事部は、非常に大きな組織であっても（例えば、GE の全部門に適用される固定分布の評価システムのように）、組織を通じた共通の方針を適用しようとすることが多い。これらは、マネージャーが自分の部門を管理する上での足かせとなる、官僚的な制約を強制する部門として、しばしば批判的な目で見られている。こうした集中化された政策を正当化する理由はあるのだろうか？

　一つの説明としては、組織全体を通しての一貫性が上げられるだろう。GEの例では、実績評価において同じルールを適用することは、従業員は、地域や部門、自分が仕える上司にかかわらず、組織を通じて平等に取り扱われることを意味する。もし企業が、組織を通じて一貫した企業文化を作りたいと考えるならば、おそらくいくつかの人事政策については集中化することが必要になるだろう。個々の裁量に関して何らかの制約が課されなければ、行動の一貫性を保つことは困難になる。

　この意味からすれば、企業文化は、会社の製品ブランドと似ている。会社の製品は、消費者に対して、品質や特徴、その他についての評判を形成する。こうしたブランドは、マーケティング費用を減らすため、非常に価値が高い。ブランドも企業文化と同じく、無形資産である。もしプロダクトマネージャーに裁量が与えられ過ぎていれば、複数の製品を扱う企業において、ブランドを保つことは難しくなる。こうした理由により、通常、ある程度の集中化は、一貫したブランド管理のために必要となる。同じ理由から、一貫した企業文化の維持、あるいは変更には、人事政策の一定の集中化が必要になる。

504 第4部 応用編

※※※※※※ トルコでのアルファベットの変更 ※※※※※※

1928年、トルコのアタチュルク大統領は、国内で使われるアルファベットをアラブ式からトルコ式に変更する必要があるという決定をした。トルコで用いられていたアラブ式の記載方法では、482通りの異なる文字の組み合わせがあった。読むには美しいが、書き方を学ぶのは非常に難しく、識字率は20%を下回っていた。ラテン式を元にした新しいトルコ式のアルファベットは、わずか29文字しかない。

これを実施するために、アタチュルクは、一気に、迅速に変更を実施するよう命令した。例えば、新聞は、新しいアルファベットを11月1日から使い始めるよう命令され、12月1日までに完全に移行しなければ廃刊された。この変更に際しては、社会全体にわたって、政府が非常に強い役割を演じた。

この高度に集中化された変更は、大成功であった。結果として、トルコの識字率は90%を超えるまでに上昇し、国の経済の近代化に寄与した。

出所：Williams（1929）

要 約

■ 人事の経済学の実践

雇用関係は、経済の中でも最も複雑な経済的取引の一つである。本書を通じて、経済学のツールを用いながら、この取引について理解するために、少しずつ複雑さを加えてきた。本章では、それらの要素をいま一度動員し、概括した。まだ定式化はされていないものの、非常に現実的で、経済的に重要な雇用契約の側面について議論することを主たる目的とした。

従業員と企業との間の経済的関係は、しばしば複数期間にわたって継続し、多くの側面を持っている。職種上の課題であったり、意思決定であったり、イノベーションについて学ぶことや共有することであったり、研修への投資、実績評価、そして、報酬と懲罰である。従業員と企業は多くの分野で協力できる。ところが、残念ながら、一方で戦略的に行動したいという誘惑もあるため、

協力の機会が失われ、協業により得られる総利得が少なくなってしまうこともある。

その複雑さと、複数期間にわたるという特性、そして、予見不可能性によって、雇用関係の全ての側面について規定した正式な契約を結ぶことはほぼ常に不可能である。一部は法律や会社の就業規則により規定されているものもあるだろう。しかし、その関係の大部分は、暗黙の契約によって規定される。これらの暗黙の契約は、個別の上司と部下との間においての場合であったり、また、企業の評判や文化に基づく場合であったりする。これらは、企業と従業員が暗黙のルールについて、共通の理解をしている場合に限り有効に機能する。この場合、少なくとも当事者の一方（あるいは両方）が、十分な信頼を持つことが必要である。少なくとも一方が他方を信頼しないと、暗黙の契約はうまく機能しない。こうした場合は、企業も従業員も、正式な契約に立ち戻って、戦略的に行動することになり、結果として利益は減少してしまう。

この議論は、信頼や評判は、経済的に価値のある無形資産であるということを意味している。本章では、評判に投資する方法のいくつかについて簡単に議論し、企業の方針への参考となる例を紹介した。しかし、本書は表面を少しなぞっただけに過ぎない。本書の主な目的は、読者に、人事の経済学における暗黙の契約の重要性について、より強く意識してもらうことである。

最終章なので、ここで少し立ち戻って、本書で取り上げた人事管理や組織設計に関するいくつかのテーマについて、振り返ってみたい。

第一に、企業は市場ではないが、市場に喩えることが、組織や人事の経済学を考える上での非常に強力なツールになる。市場とは、主に分散化とインセンティブによって、価値を創出するために情報が利用されるシステムである。分散化とインセンティブの原則は、人事の経済学の核心である。しかし、市場でもそうであるように、集中化にも役割はあり、より良い協力関係や、外部性やその他の「市場の失敗」の解決のために有効である。更に、市場価格が存在しない場合、個人の実績を定量化することが難しいため、企業内部のインセンティブはより複雑になる。

第二に、企業は、情報システムとして考えられる。長期的な経済的利益は、生産手法や製品設計におけるイノベーションから生まれる。こうしたイノベーションは、組織に眠る知識の有効活用によって生み出される。こうしたイノベーションの重要な源は、継続的な改善であり、それは現場での知識の活用に

よってもたらされる。

　第三に、本書では幾度となく、創造性と管理の間のトレードオフについて焦点を当てた。最初は、リスクの高い候補者を採用すべきか否かという議論の中であった。次に、集中化か分散化、フラットな組織構造か階層的な組織構造か、という議論について、この問題に触れた。そして、インセンティブに関する文脈、例えば、主観的な実績評価や、従業員のストックオプションに関連して再度この問題を議論した。大雑把に言えば、組織が市場のように運営されるほど、その組織は創造的になる可能性が高い。しかし、創造性には対価を伴う。予見不可能性、一貫性の欠如、協調不足などである。創造性と管理という二つの目標を同時に達成することは非常に難しい。企業の組織設計は、この両者のバランスをうまく取り、自らが直面する競争環境や情報問題に合わせて調整しなければならない。

　第四のテーマは、上記と密接に関連するが、組織を特定の状況に合うように最適化するように設計することも、変化に対して柔軟に対応できるように設計することもできるが、これらを同時に実現できないという議論である。例えば、テイラー主義は、一つのことを一つの方法で行うために組織を最適化する。しかし、状況が変わってしまうと、全ての方針（採用、研修、意思決定、職務設計、インセンティブ、文化）が単一の目的に向かってしまっているため、変化への適応が困難になる。

　代わりのやり方は、人事政策に柔軟性を持たせるように設計することである。単一の状況に適応するには十分ではないが、これにより企業は変化に対して、素早く効果的に対応できるようになる。これは大幅な変化にさらされている産業では重要である。こうした目的を達成する手段は、柔軟性のある労働力を雇い、幅広い能力（問題解決能力を含む）の研修を行い、現場の柔軟性や継続的な改善を重視した、分散化された構造や、それらに強制力を持たせるためのインセンティブの仕組みや企業文化を採用することである。

　最後に、五番目として、理論的には、労働者にとってよいことは企業にとってもよいことであることを指摘しておきたい。労働者と企業が長期的な共通の目的を持てるように組織や人事政策を設計できた場合、企業は最もうまく機能する。しかしながら、協力的な関係は常に担保されているわけではない。取引を契約で完全に明文化することは不可能なため、常に、戦略的に行動しようとする誘惑が働いてしまうからである。この点については、本書では、企業特殊

的人的資本における潜在的なホールドアップ問題について論じた際に最初に議論し、本章において、労働者側と経営側のコミュニケーションの文脈で、再度取り上げた。また、インセンティブの仕組みの目的は、対立よりも協力であることから、これは当然、第3部における重要な論点であった。明文化された人事政策にとっても、暗黙の人事政策にとっても、それらの重要な目的は、労働者と企業の双方の利益を可能な限り一致させ、より強い協力関係を確立するために適切な信頼関係を築くことである。

用 語 集

アービトラージ

二つあるいはそれ以上の市場における価格差から生じる便宜を享受すること。例えば教育や研修にかかる費用を企業が負担する場合と従業員が負担する場合で税務上差が生じる場合、従業員ではなく企業が学費を負担する方が、費用上のメリットを受けるケースがある。税務上のアービトラージの一形態として、企業が学費を提供することがありうる。

アウトオブザマネー

原資産である株式の市場価格が、オプションの行使価格よりも高い場合のコール・オプションの状態。

暗黙の契約

暗黙で理解されているものの、正式に明確化されていない契約。

意思決定の運営

意思決定における構想と実施の段階。意思決定の制御と比較すること。

意思決定の統制

意思決定における認可とモニタリングの段階。より階層化された、集中化された組織は意思決定の運営よりも意思決定をコントロールすることを重要視する。意思決定の運営と比較すること。

一般的訓練

訓練を提供する会社でも、他の会社においても生産性の向上をもたらす訓練（人的資源への投資）。企業特殊的訓練、人的資本の項目を参照。

一般的知識

伝えるためのコストが安価な情報。

イニシアチブ

意思決定における第一段階。いくつかの選択肢を考え出す過程。「ブレイン・ストーミング」。

インザマネー

原資産である株式の市場価格がオプションの行使価格よりも高い場合のコール・オプションの状態。

インセンティブの強度

実績に対する給与の傾き。実績の変化に対し報酬をどの程度変えるかの指標。強度が急であればあるほどインセンティブが高まる。従業員のリスク回避度、インセンティブへの感応度、追加的な努力によって限界的に増える利益などの要因によって、インセンティブの強度は変わる。

インフルエンス・コスト

社員が監督者の主観的な評価を改善させようとする（通常、心理的な）コスト。

薄い市場

買手も売手も少ない市場。こうした市場では売手が買手を探すことも、買手が売手を探すことも難しい。究極的なケースが売手独占、あるいは買手独占。

オークション方式

参加者がどのタイミングでも札を入れることができる入札の方法。ある時点での最高入札額以上で誰も入札をしなくなった時点で終了する。この時点で商品は最高入札者によって落札されることになる。美術品、骨董品、家畜などの競売で最も一般的に利用される方式。

回帰分析

全ての点に対し、直線からの二乗された垂直距離の合計値が最小になるように直線をフィットする統計的手法。

階層型組織

階層の下部の従業員が上層部の上司に情報を伝える組織形態。上司は部下の実行の意思決定を行う。組織上、トップと組織の最下部の階層は少ない場合も、多い場合もある。意思決定の制御を重視する。

買手独占

文字通り、買手が一人のこと。より一般的には売手が比較的少ない買手グループ、例えば小さな町で、労働者が、数少ない潜在的雇用主しかいない状況に直面しているケース。こうした場合には、買手（雇用主）の行動が価格に大きな影響を及ぼす。

外発的動機

非心理的な要因、特に実績ベースの給与に基づく動機。対義語は内発的動機。

外部性（外部性、負の外部性）

ある経済主体がコストを課したり、あるいは利益を供与したりする結果、取引の当事者でない第三者に利益や不利益が発生すること。負の外部性の実例として、車を運転することによって生じる公害がこれに相当する。外部性の例として、組織において、生産を改善するために同僚と協力することによって、利益が生じる場合が上げられる。

確定給付年金制度

制度加入者の年金化される収入、あるいは勤務期間をベースとした計算式によって給付額が計算される年金制度。従業員は退職時の給付額を予め知ることができる。

確定拠出年金制度

拠出金、投資からの収益をベースに給付額が決定され、退職時にこれによりもらえる年金額が決定される制度。従って退職時の給付金額は事前に知ることはできない。

ガバナンス

取締役会による企業の経営と戦略の監督。

加法的生産

個々の要素の貢献度をそれぞれ互いに他の要素の貢献度に加算することが可能な生産。すなわち、ある要素の生産性が他に利用される要素の生産性から独立していることを意味する。

関係に特化した投資

取引の当事者が協働関係を継続しなくなれば、価値が無くなってしまう投資。人事経済学では「企業特殊的訓練」がこれに相当する。

寛容バイアス

主観的な評価において、評価者は低い評価を与えたくないという理由から、より高い評価をしてしまうバイアス。

官僚化のコスト

企業における負の規模の経済の最も重要な要素。意思決定の長時間化、創造性の低下、不十分な調整などがこの例として上げられる。

機会費用

ある行動を選択した結果、放棄した便益の経済的価値。例えば会社が社員に譲渡制限付株式を与えた場合、従業員に与えた値段よりも、外部では高い価格で売れたかもしれないので、機会費用が生じたことになる。

企業特殊的訓練

訓練を提供する会社においてのみ生産性の向上がもたらされる訓練（人的

資源への投資)。一般的訓練の対義語。人的資本の項目を参照。

企業内起業

会社内における起業家的な行動。

技術的な情報

十分理解するためには、技術的な訓練が必要とされる情報。

技術伝播

外部経済の例。特許や著作権の保護は完全でないため、多くの場合、会社は代償なしに他者のアイデアを真似することができる。

基数的な序列

従業員の地位を絶対的数値によりランク付けしたもの。地位の相対的序列とともに、他の従業員との絶対的距離が明確化される。序数的な序列の項目を参照。

機能別組織

マーケティング、経理など、製品ラインではなく、機能に基づいて組織が構築される組織形態。このような組織形態は職務設計、キャリア・パス、人的資源への投資などの専門性といった点で最大限の効果を引き出せるものの、機能分野において調整の費用が発生する。

規　範

社会集団の中で普及している基準。本書では組織内で主流となっている典型的な慣習や期待感を意味する。集団構成員間の実質的な暗黙の契約。

規模の経済

生産量が多くなることに伴って平均費用が低下すること。

逆選択

買い手と売り手の間の情報の非対称性が存在するために（例えば従業員と

仕事の組合せなどにおいて)、誤った資源配分がなされる過程。「悪い」製品、「悪い」顧客がより選出され易くなる。労働経済学では「誤った」従業員が採用されること。シグナリングの項目を参照。

キャップ
従業員が受け取ることができる報酬の上限額。

キャリア上の関心
将来の報酬に対して、現状の実績が影響することから生じるインセンティブ。通常、労働者の現状の実績が、自分の将来の求職市場における雇用機会に及ぼす影響のことを意味するが、それ以外の種類の報酬を意味することもある。

業種別組合
(自動車労連や鉄鋼労連など)業種毎に組織される組合。

繰り延べ給与
従業員の給与の一部を当該会計年度以降に支払うようにする調整。このような繰り延べ給与は直ちに与えられることも、徐々に与えられることもある。繰延されるものの例としては退職年金制度やストックオプションなどが上げられる。

経験情報
経験を通して習得できる情報。従って、こうした情報の伝達には多くのコストが必要となる。

継続的な改善
効率性、品質面で継続的に新しい方法の採用や新たな改善がみられることを重視した組織構築の手法。権限の分散化、分業や高い能力を備えた労働者に重きを置く。対義語はテイラー主義。

限界生産力の逓減

要素の投入に伴って、追加的な要素がもたらす生産への貢献度が徐々に低下していく傾向にあること。従って通常1,000人目の労働者の生産への貢献度は、最初の労働者のそれよりも低い。

権限移譲

決定権を従業員に与えること。高い自律度、権限の分散化を参照。

権限の集中化

多くの、あるいはほとんどの意思決定を経営トップの手に委ねること。意思決定の運営よりも意思決定の統制を重要視する。調整、規模の経済、統制といったメリットが発生する。対義語は権限の分散化。

権限の分散化

より下位の従業員をほとんど、あるいは全く管理することなく多くの意思決定ができるようにする仕組み。意思決定の統制よりも意思決定の運営を重視する。高い自律度と権限移譲の項目を参照。対義語は権限の集中化。

現在価値

将来の一連の支払いの現時点での価値。支払いのタイミング、割引率（利率に対する）、各支払時期における支払金額で決まる。現在価値はお金の時間価値を勘案したもの。

現代的職務設計

内発的動機に基づいた職務設計。作業と能力の多様性、より大きな裁量度や従業員の能力が求められるという特色を持つ。従業員の能力開発を重視する。

権利行使価格

オプション契約上、原資産1株を買う（コール・オプションの場合）、あるいは売る（プット・オプションの場合）ことができると決められた価格。行使価格と同義。

コールオプション

株式や株価指数などの原資産を、事前に決められた期日までに、予め決められた価格で買う権利。

公共財問題

費用を賄うに十分な金額を設定することができないため、利益追求組織には財・サービスを提供することができない問題。

行使価格

オプション契約に基づいて、オプション保有者が（コール・オプションの場合、資産を買うことができ、プット・オプションの場合、資産を売ることができる）権利を行使できる、予め決められた金額。権利行使価格とも呼ばれる。

高信頼性組織

航空会社のように、失敗時に発生する費用が非常に高いため、組織と職務の設計の再設計が通常の組織よりも非常に難しい組織。

構造上のギャップ

二つの経済的主体集団に何らの交流関係がないこと。社会的資本を参照。

固定費

事業をする上で負担しなければならない費用であるが、生産の水準にかかわらず変動しない費用。

固定分布

相対的な人事評価の例。固定分布では評価者は従業員をある形の相対曲線に沿って評価しなければならない。例えば GE 社では、上司は従業員の10% に最低の評価を、20% に最高の評価を与えなければならない。緩やかな形としては、リンカーン・エレクトリック社の例があげられ、上司は全員の評価ポイントの平均が 100 になるようにしなければならない。

用 語 集　517

再交渉リスク
投資が無駄になってしまった後に、合意者の一方が契約内容を再交渉しようとするリスク。ホールドアップ問題を参照。

シグナリング
より情報を持っている一方が自分のタイプについてシグナルを出すことによって、逆選択問題を解決しようとする手法。時として、よりその仕事にあった能力を持つ者がそうでないタイプの者をこの手法を使って差別化しようとする（分離均衡）。またそうすることができない場合もある（一括均衡）。

シグナル
目に見えない背景にある特性などに関するグループの情報。個々人についての情報の代理指標として使用されることがある。

実　行
最初の構想やそれが認可された後の段階における意思決定の過程。認可された案の実現、すなわち「戦術」を決める。

実績評価
フィードバックやインセンティブのための数値化された、あるいは主観的な、従業員の実績に関する判断。

しっぺ返し戦略
ゲーム理論の囚人のジレンマ状態が繰り返し行われる場合、非常に有効な戦略。この戦略をとる一方の当事者は当初協力的に行動し、その後、相手の前の行動に基づき次の対応を決める。もし相手の前の行動が協力的であれば、自分も協力的に対応する。もし相手が協力的でなければ自分も非協力的な対応をする。

支配戦略
ゲーム理論において、相手の打つ手にかかわらず常に最適を取る戦略のこ

と。必ずしも全てのプレーヤー、全てのゲームに支配戦略が存在するとは限らない。

社会的資本
同僚、取引先、顧客、仕入先など他の経済主体と交流関係を持っていることから生じる管理職の経済価値。構造上のギャップを参照。

従業員利益シェアリング制度
通常、工場や会社全体のケースなど、より大きな集団の利益に基づいて実績やボーナス・プールが評価される報酬制度。

主観的実績評価
上司の主観による従業員に対する評価。

主観的情報
厳密に定義したり、定量化したりすることが困難な情報。

受給権
特定のある期間を経過した後、経済価値を移転させること。人事面ではストック・オプションの行使権や年金の受益権などがこの例。

勝者の呪い
あるモノをセリ落とした人（あるいは労働者）が必要以上の価格で入札してしまうこと。あるモノの価値が不明な場合、入札者はそのモノの価値について異なった評価をするが、最終的に競り落とした人はそのモノの価値を過剰に評価している可能性があるかもしれないということ。

昇進基準
ある基準を満たす、あるいは越えた従業員の一部あるいは全員を昇進させるというルール。

用語集　519

情報の非対称性

取引の当事者の一方、通常は労働者が、他の当事者、通常は企業より、取引について多くの情報を有している状況。

正味現在価値

投資から生み出される、将来の一連の正味キャッシュフローの現時点での価値。投資の現在の正味価値。

職務の（範囲の）拡充

社員に、より多くの仕事や決定権を持たせること。

序数的な序列

個人の地位を順番に並べたもの。順位のみが重要で、前後の相手との距離は関係ない。基数的な序列を参照。

人的資本

個人が仕事にもたらす知識や技能の蓄積。人的資本は教育、職務訓練、あるいは健康への投資などで増加させることができる。

数量比例

生産物（個数）の単位に基づいて予め定められた金額が支払われること。実績に基づく報酬の一つの形態。

制御可能なリスク

従業員がある程度予見、回避、対応することができる（おおよそ不規則な）リスク。リスクの発生自体を制御できるか否かにかかわらず、従業員はそのリスクが会社に与える影響をコントロールできる。対義語は制御不可能なリスク。

制御不可能なリスク

従業員が予見、回避、対応できない（例えばマクロ経済的）攪乱的に生じる事象。

狭い実績評価指標

広い実績評価指標よりも、より狭い側面からの実績に注目する指標法。対利益、対売上、対費用などで評価するのは比較的狭い実績評価指標である。

専門性

労働者の仕事、作業や技能がどれほど狭く定められているかという度合い。職務上、労働者は限られた作業しか与えられない。教育や研修の範囲も限られたものとされている。

相対的実績評価

同僚との対比によって実績の評価が決まること。相対評価は従業員に影響を及ぼすがコントロールできないリスクを従業員の評価から切り離す一方、他の従業員を貶めるような特異なリスクに従業員をさらす可能性を増幅させる。序数的な序列、トーナメント方式を参照。

第 1 種の過誤

誤った答えが正しいとされる間違い。悪いプロジェクトが採用される。

第 2 種の過誤

正しい答えが誤りとされる間違い。良いプロジェクトが否認される。

ダウンサイドリスク

例えば誤った意思決定や労働者の採用、結果的に失敗する事業への投資にかかる費用など、「悪い」結果をもたらすことに関連したリスクと結果。

高い自律度

個人の裁量があること。権限移譲、権限の分散化の項目を参照。

チーム・ボーナス

グループ全体の実績に基づいて、そのグループの各人にボーナスが支給される制度。グループ内では様々な算出方法によって各人に分配される。

用 語 集　521

知識移転

個人やグループが持つ情報を他の個人やグループに伝授すること。分散化
された組織は創造性を高めるが、新しい知識を会社組織全体に行き渡らせ
ることは困難を伴う。多くの会社はこうした知識の移転を容易にするため、
ナレッジマネジメント・システムを利用する。

調　整

作業間、事業部門間などの活動間の相互依存性を管理すること。

陳腐化しやすい情報

直ちに行動しないと、その価値が失われる情報。

テイラー主義

1920 年代にフレデリック・テイラーによって提唱された組織設計の手法。
産業エンジニアリングとも呼ばれる。テイラー主義は既存の事業プロセス
の効率化を前提とする。一旦「最善」の技術が見つかった場合、組織はそ
の手法を実践する。職務設計面では専門性、裁量の減少、従業員の単純労
働を助長する。継続的改善の対義語。

トーナメント方式

最も優れた労働者に地位（あるいはその他の決められた報酬）が授与され
るという従業員間の競争。序数的な序列、相対的実績評価を参照。

統合問題

意思決定に際し複数の専門知識を必要とし、その知識を持つ社員が組織の
異なった部門に所属する場合に生じる問題。専門知識の共有は難しいた
め、専門知識を有する従業員をプロジェクト、チーム、あるいはマトリク
ス構造を採用することで、通常、問題の解決が図られる。

特異性

特定の個人や特別な状況においてのみ、みられる特性や資質。

特殊的知識

伝えるためにコストがかかる情報。一般的知識の項目を参照。

内発的動機

外的な報酬よりむしろ心理的な要因に基づく動機。学べることが多い仕事などは内発的動機の例。

認　可

意思決定の第二段階。選択肢の中から一つを抽出する「戦略」のこと。

ネットワーク構造型

伝統的な構造よりも、より非形式的な組織構造。職務分掌と上下関係はあまり厳密に規定されない。

ノイズ

計測された変数における、通常、結果の撹乱的（不規則的）な変動。完璧に関連した変数を計測できない、あるいは完璧にこうした変数を統御できないことが原因で生じる。

広い実績評価指標

狭い評価軸からではなく、より多くの側面から実績に焦点を当てる評価指標。例えば、利益は、収入と費用の両方から構成されるために、より広い実績評価指標となる。通常、制御可能なリスクが多数存在する場合、あるいは組織体制が分散化されている場合に使用される。

フィードバック

決定の効果について情報を提供すること。

複雑な情報

多面性と相互依存性がある情報。

不正操作

実質的に会社の価値に貢献することはないにもかかわらず、個人の評価指標のみを改善しようとする行為。従業員が特殊的知識を有し、それを戦略的に使うことによって生じる状況。歪みの類義語。

プットオプション

原資産（株式や株価指数など）を事前に決められた期日までに予め決められた価格で売る権利。

部門別組織構造

組織がいくつかの経営単位に分割されている組織構造。部門は生産、マーケティング、あるいはそれらの組み合わせや論理的な単位でグループ化される。経理、人事などのサポート機能は集中化され、全ての部門にサービス提供することがある。

プライベート情報

取引当事者の一方だけが所有している情報。例えば従業員が年内に退職しようとしていても、こうした意思を会社は知り得ない。

ブラック・ショールズ・オプション価格モデル

フィッシャー・ブラックとマイロン・ショールズによって開発されたコール・オプションの価値を推計する数学モデル。このモデルによって、市場で取引されているオプション価格のおおよその市場価値を算出することができる。ただし、報酬パッケージの一部として付与されるオプションについては、従業員が感じる価値を過大評価する。

フラットな組織構造

意思決定の統制よりも運営を重要視した構造。比較的分散化されている。対義語は階層型組織構造。

フランチャイズ制

知識、専門性、商標、あるいは名称などが、通常、初期費用と年次費用を

納める代わりに事業主にライセンスされる業務契約形態。フランチャイズ制では、独立した事業主ほどではないものの、比較的営業に関して大きな裁量を与えられる。

プリンシパル=エージェント（依頼人・代理人）問題

エージェント（代理人）と称するある当事者がプリンシパル（依頼主）と言われる他の当事者のために行動する際に生じる、モラルハザードの一形態。一般的にプリンシパルはエージェントを完全に監視できないため、エージェントは通常、自分の行動や意図に関してプリンシパルよりも多く情報を持っている。エージェントとプリンシパルの利益が上手く調整できていない場合、エージェントは（プリンシパルの視点から）望ましくない行動をとるインセンティブを持つ。

ポータビリティー

雇用関係の終了に伴い、何らのペナルティもなしに年金を他の年金プランに移管することができること。例えば、米国の社会保障制度では既存のあらゆる年金プランに移し替えすることができる。

ホールドアップ問題

再交渉できない特定の投資を伴う契約を取引当事者間で締結し、投資を行った後に、一方の当事者が、条件を再交渉しようとすることで生じる問題。人事経済学では、従業員が企業特殊的人的資本を身に付けた後で、会社あるいは従業員が報酬に関して再交渉しようとする場合に発生する。

補完性

ある要素がもう一つの要素に良い影響を与える相互関係。労働の場合、ある労働者の成果が他の労働者の生産性を向上させる場合、その労働者は他の労働者との間に補完性があるという。

マッチング

雇用主と従業員の相性など、経済的資産が効率的な生産のために使われること。

用 語 集　525

マトリックス型組織構造

専門家を商品や地域で括られる部門と機能部門に所属させること。これら
の部門に所属する従業員は、機能部門と所属部門という2人の上司を持つ
ことになる。

目標管理

上司が従業員と相互に合意した年間目標を交渉し、年の終わりにその目標
の達成度に基づき報酬を決める方式。典型的に使われるのは主観的実績評
価。

モジュール化（細分化）

比較的それぞれ独立した小さな単位に、一つの単位を分割していくこと。
本書で取り上げたテーマに関するものも含め、モジュール化は多くの場面
で応用することができる。例えば会社は一連の作業を複数の従業員のため
に細分化することができる。同様に組織体制を別の部門に細分化すること
もできる。いずれの場合でも、細分化することで、多くの調整が必要とさ
れる作業やプロセスを適正化し、調整コストを削減させる。

モラルハザード

リスクから隔離されている当事者が、リスクにさらされている場合と異
なった行動をとる可能性があること。個人や組織が自らの行動の結果につ
いて全責任を負わず、あまり行動に注意を払わないことによって、他の関
係者に行動結果の責任を負わせることがある。会社と従業員の間のインセ
ンティブ問題などが一つの例。プリンシパル＝エージェント問題を参照。

歪　み

会社が実績を評価する際、実際に企業の価値を高める努力よりも、不適切
な努力に対して高い評価を行う結果、誤った種類の努力に関心が払われる
こと。

ラチェット効果

ある期間の良い実績が、一定期間後の実績水準を向上させる傾向があるこ

と。従業員がこの効果を認識している場合、良い実績を残したところで、それがこの効果によって認められないため、インセンティブを減退させる。

リアルオプション

事業投資機会として選択することができる選択肢。デリバティブ商品ではないものの、ある種の努力をすることによって（選択できるという意味で）得られるオプションといえる。もし会社が適材と思われない従業員を解雇できるのであれば、リスクの高い人材を採用することはリアルオプションとなる。

リエンジニアリング

近代的な職場において、先進的なコンピューター技術を導入するために、古典的な科学的管理主義手法（テイラー主義）を利用する手法。

離　職

従業員による自発的な退職、あるいは雇用主による雇用契約の終了や解雇。

リスク回避的

リスクは異なるものの、ほぼ同じ期待リターンが得られるような選択肢が与えられた場合、よりリスクが低い方を選択する傾向がある。他の条件が同じであるにもかかわらず、より高いリスクを選択することをリスク選好的という。リスクを回避あるいは選好しない人をリスク中立的という。多くの経済状況において、個人はリスク回避的である。仮に株主がポートフォリオを上手に分散できるのであれば、比較的リスクに対し中立的になる。

レバレッジ

投資の一部を借入とすることで、少額の投資から大きな収益を上げること。投資からの収益が借入金を返済するのに十分であれば、自己資金による投資部分からの収益が高くなる。

参考文献

■ 第1章

Blackmore, Ritchie. 1973, July-August. Interviewed in *Guitar Player*.

Friedman, Thomas. "How to Get a Job at Google." *New York Times*, February 22, 2014.

U.S. Department of Labor. (various years). *Current Population Survey*. Washington, D.C.

U.S. Department of Labor. (2010). *International Labor Comparisons*. Washington, D.C.

World Bank. (2010). *World Development Indicators*. Washington, D.C.

より詳細な文献

Boehmer, David. 2013. *Hiring an Oddball: Redefining Talent*. Chicago: Heidrick& Struggles.

Lazear, Edward. 1995. "Hiring Risky Workers." In *Internal Labour Markets, Incentives, and Employment*, edited by Isao Ohashi and Toshiaki Tachibanaki. New York: St. Martins Press, 1998.

■ 第2章

Akerlof, George. 1970. The market for "lemons": Quality uncertainty and the market mechanism. *Quarterly Journal of Economics* 84(3):488-500.

Baker, George, Michael Gibbs, and Bengt Holmstrom. 1994a. The internal economics of the firm: Evidence from personnel data. *Quarterly Journal of Economics* 109:881-919.

Baker, George, Michael Gibbs, and Bengt Holmstrom. 1994b.The wage policy of a firm. *Quarterly Journal of Economics* 109:921-955.

Burks, Stephen, Bo Cowgill, Mitchell Hoffman, and Michael Housman. 2013. You'd be perfect for this: The value of hiring through referrals. Working paper, University of Minnesota.

Gibbs, Michael, and Wallace Hendricks. 2004. Do formal salary systems really matter? *Industrial & Labor Relations Review* 58(1):71–93.

Lohr, Steve. Big data, trying to build better workers. *New York Times*, April 20, 2013.

Marx, Groucho. 1959. *Groucho and Me*. Free New York: Bernard Geis Associates.

Richtel, Matt. How big data is playing recruiter for specialized workers. *New York Times*, April 27, 2013.

Spence, Michael. 1973. Job market signaling. *Quarterly Journal of Economics* 87:355–374.

より詳細な文献

Lazear, Edward. 1992. The job as a concept. In *Performance Measurement, Evaluation, and Incentives*, edited by William Bruns. Boston: Harvard Business School Press.

O'Flaherty, Brendan, and Aloysius Siow. 1996. Up-or-out rules in the market for lawyers. *Journal of Labor Economics* 13:709–735.

Felten, Eric. 2004. "You are what you score." *Wall Street Journal*.

■ 第 3 章

Casadesus-Masanell, Ramon, and Daniel Spulber. 2000. The fable of Fisher Body. *Journal of Law & Economics* 43(1):67–104.

Coase, Ronald. 1960. The problem of social cost. *Journal of Law & Economics* III:1–44.

U.S. Department of Labor, Bureau of Labor Statistics. Various years. *Current Population Survey.* Washington, D.C

より詳細な文献

Becker, Gary. 1975. *Human Capital: A Theoretical and Empirical Analysis, with Special Reference to Education.* New York: Columbia University Press for the National Bureau of Economic Research. 佐野陽子訳『人的資本：教育を中心とした理論的・経験的分析』（東洋経済新報社、1976 年）

Lazear, Edward. 2009. "Firm-specific human capital: A skill-weights approach." *Journal of Political Economy* 117(5): 914-940.

Mincer, Jacob. 1974. *Schooling, Experience & Earnings*. New York: Columbia University Press for the National Bureau of Economic Research.

Murphy, Kevin. 1986. *Specialization and Human Capital.* PhD thesis,

Department of Economics, University of Chicago.

Murphy, Kevin, and Finis Welch. 1991. The structure of wages. *Quarterly Journal of Economics* 107:285–326.

■ 第 4 章

Ames, Mark. 2014. Revealed: Apple and Google's wage-fixing cartel involved dozens more companies, over one million employees. *Pando Daily*, March 22.

Fallick, Bruce, Charles Fleischman, and James Rebitzer. 2006.Job-hopping in Silicon Valley: Some evidence concerning the microfoundations of a high-technology cluster. *Review of Economics & Statistics* 88(3):472–481.

Himelstein, Linda, Steve Hamm, and Peter Burrows. 2003. Inside Frank Quattrone's money machine. *Business Week*, October 13.

Wolverton, Troy. 2001. Amazon gives cut workers more time to sign. *Cnet News*, February 21.

より詳細な文献

Barron, John, Mark Berger, and Dan Black. 2006. Selective counteroffers. *Journal of Labor Economics* 24(3):385–409.

Gibbons, Robert & Lawrence Katz. 1991. Layoffs and lemons. *Journal of Labor Economics* 8:351–380.

Lazear, Edward. 1986. Raids and offer matching. *Research in Labor Economics* 8:141–165.

Lazear, Edward, and Richard Freeman. 1997. Relational investing: The worker's perspective. *In Meaningful Relationships: Institutional Investors, Relational Investing and the Future of Corporate Governance*, edited by Ronald Gilson, John Coffee, and Louis Lowenstein. New York: Oxford University Press.

Pfann, Gerard, and Ben Kriechel. 2003. Heterogeneity among displaced workers. *Royal Economic Society Annual Conference*, 164.

Wilson, Robert. 1969. Competitive bidding with disparate information. *Management Science* 15:446–518.

■ 第 5 章

Ballmer, Steve. 2013. *One Microsoft*. Memo to Microsoft employees, July 11.

Fama, Eugene, and Michael Jensen. 1983. Separation of ownership and control. *Journal of Law & Economics* 26: 301-325.

Holt, Natalia. 2014. Small science, big diseases. *Time*, February 24.

Kiviat, Barbara. 2004. The end of management? *Time*, July 6.

Marr, Merissa. 2005. Disney cuts strategic-planning unit. *Wall Street Journal*, March 28.

Smith, Adam. 1776/2000. *The Wealth of Nations*. Modern Library Classics.　大内兵衛、松川七郎訳『諸国民の富』（岩波書店、1959 年）

von Hayek, Friedrich. 1945. The use of knowledge in society. *American Economic Review* 35(4):519–530.

von Hayek, Friedrich. 1988. *The Fatal Conceit*. Chicago, IL: University of Chicago Press.　西山千明監修、渡辺幹雄訳『ハイエク全集 II -1 致命的な思いあがり』（春秋社、2009 年）

より詳細な文献

Aghion, Philippe, and Jean Tirole. 1997. Formal and real authority in organizations. *Journal of Political Economy* 105(1):1–29.

Jensen, Michael, and William Meckling. 1992. Specific and general knowledge and organizationals. In *Contract Economics*, edited by Lars Werin and Hans Wijkander. Oxford: Blackwell.

Sah, Raaj Kumar, and Joseph Stiglitz. 1986. The architecture of economic systems: Hierarchies and polyarchies. *American Economic Review* 76:716–727.

■ 第 6 章

Adams, Henry. 1995. *Collected Works*. New York: Penguin Classics.

Burt, Ronald. 1995. *Structural Holes: The Social Structure of Competition*. Cambridge, MA: Harvard University Press.

Dannen, Chris. 2013. Inside GitHub's super-lean management strategy—and how it drives innovation. Fast Company, October 18.

Guadalupe, Maria, and Julie Wulf. 2010. The flattening firm and product market competition: The effect of trade liberalization on corporate hierarchies. *American Economic Journal: Applied Economics* 2(4):105-127.

Guth, Robert. 2005. Battling Google, Microsoft changes how it builds software. *Wall Street Journal*, September 23.

Ichniowski, Casey, and Kathryn Shaw. 2009. Connective capital as social capital: The value of problem-solving networks for team players in firms.

Working paper, National Bureau of Economic Research.

Longman, Roger. 2007. Lilly's Chorus experiment. *In Vivo: The Business & Medicine Report*, May.

Nowacki, Paul. 2007. How 1937 economic theory, which won a Nobel Prize, helps offshore buyers today. *Outsourcing Journal*, July.

Rajan, Raghuram, and Julie Wulf. 2006. The flattening of the firm: Evidence from panel data on the changing nature of corporate hierarchies. *Review of Economics & Statistics* 88(4):759–773.

より詳細な文献

Bolton, Patrick, and Mathias Dewatripont. 1994. The firm as a communication network. *Quarterly Journal of Economics* 109:809–839.

Calvo, Guillermo, and Stanislaw Wellisz. 1978. Supervision, loss of control, and the optimum size of the firm. *Journal of Political Economy* 86:943–952.

Chandler, Alfred. 1962. *Strategy and Structure: Chapters in the History of the American Industrial Enterprise*. Cambridge, MA: MIT Press.

Garicano, Luis. 2000. Hierarchies and the organization of knowledge in production. *Journal of Political Economy* 108:874–904.

Geanakoplos, John, and Paul Milgrom. 1991. A theory of hierarchies based on limited managerial attention. *Journal of the Japanese and International Economies* 5:205–225.

Lawrence, Paul, and Jay Lorsch. 1967. *Organization and Environment*. Boston: Harvard Business School Press.

Qian, Yingyi. 1994. Incentives and loss of control in an optimal hierarchy." *Review of Economic Studies* 61:527–544.

Rosen, Sherwin. 1982. Authority, control and the distribution of earnings. *Bell Journal of Economics* 13:311–323

Smeets, Valerie, Kathryn Ierulli, and Michael Gibbs. 2014. An empirical analysis of post merger integration. Working paper, University of Chicago.

Van Creveld, Martin. 1987. *Command in War*. Cambridge, MA: Harvard University Press.

■第7章

Auden, W. H. 1970. *Work, labor, and play*. In A Certain World: A Commonplace Book. New York: Viking.

Caroli, Eve, and John Van Reenen. 2001. Skill-biased organizational change? Evidence from a panel of British and French establishments. *Quarterly Journal of Economics* 116(4):1449-1492.

Clark, Don. 2002. Intel clones its past factories, right down to paint on walls. *Wall Street Journal*, October 28.

Gibbs, Michael, Alec Levenson, and Cindy Zoghi. 2010. Why are jobs designed the way they are?" *Research in Labor Economics* 30:107-154.

Hackman, J. Richard, and Greg Oldham. 1976. Motivation through the design of work: Test of a theory. *Organizational Behavior & Human Performance* 16:250-279.

Hosseini, Hamid. 1998. Seeking the roots of Adam Smith's division of labor in medieval Persia. *History of Political Economy* 30(4):653-681.

Ichniowski, Casey, Kathryn Shaw, and Giovanni Prennushi. 1997. The effects of human resource management practices on productivity: A study of steel finishing lines. *American Economic Review* 87(3):291-313.

Jensen, Michael, and Karen Wruck. 1994. Science, specific knowledge, and total quality management. *Journal of Accounting and Economics* 18(3):247-287.

Levitz, Jennifer. 2011. Delivery drivers to pick up pace by surrendering keys. *Wall Street Journal*, September 16.

Mathews, Lee. 2014. UPS saves 10 million gallons of fuel by only turning right. *Geek.com*, April 11.

Smith, Adam. 1776/2000. *The Wealth of Nations*. New York: Modern Library Classics. 大内兵衛、松川七郎訳『諸国民の富』（岩波書店、1959 年）

Taylor, Frederick. 1923. *The Principles of Scientific Management*. New York: Harper. 有賀裕子訳『新訳科学的管理法：マネジメントの原点』（ダイヤモンド社、2009 年）

Vogel, Todd, and Chuck Hawkins. 1990. Can UPS deliver the goods in a new world? *Business Week*, June 4.

より詳細な文献

Carmichael, Lorne, and Bentley MacLeod. 1992. Multiskilling, technical change, and the Japanese firm. *Quarterly Journal of Economics* 107:1137-1160.

Gilbreth, Frank Jr., and Ernestine Gilbreth Carey. 1948. *Cheaper by the Dozen*. New York: Harper & Row. 上野一郎、村主よしえ訳『一ダースなら安くなる：

あるマネジメントパイオニアの生涯』(産能大学出版部、1994 年)

■第8章

Edmunds, Robert. 1988. *The Prentice Hall Guide to Expert Systems*. Englewood Cliffs, NJ: Prentice Hall.

Farrell, Joseph, and Suzanne Scotchmer. 1988. Partnerships. *Quarterly Journal of Economics* 103:279–297.

Fitzgerald, Michael. 2004. A drive-through lane to the next time zone. *New York Times*, July 18.

Karr, Alphonse. 1849. *Les Guêpes*. January. Paris: Janvier.

Levy, Frank, and Richard Murnane. 2004. *The New Division of Labor: How Computers Are Creating the Next Job Market*. Princeton: Princeton University Press.

より詳細な文献

Cash, James, and Keri Ostrofsky. 1993. *Mrs. Fields Cookies*. Harvard Business School case #9-189-056.

Hackman, J. Richard. 1990. *Groups That Work (And Those That Don't)*. New York: Jossey-Bass.

Hubbard, Thomas. 2000. The demand for monitoring technologies: The case of trucking. *Quarterly Journal of Economics* (May):533–560.

Kandel, Eugene, and Edward Lazear. 1992. Peer pressure and partnerships. *Journal of Political Economy* 100(4):41–62.

Pfeiffer, John. 1989. The secret of life at the limits: Cogs become big wheels. *Smithsonian*, July.

■第3部
より詳細な文献

Financial Services Authority. 2012. *Risks to Customers from Financial Incentives*. London: Author.

Quigley, John. 2008. "Compensation and incentives in the mortgage business." *Economists' Voice*, October

■第9章

Arnoldy, Ben. "Afghanistan war: How USAID loses hearts and minds." *Minneapolis Post*, July 29, 2010.

Gabriel, Trip. "Shortcuts seen by firm doing security checks." *New York Times*, September 27, 2013.

Gibbs, Michael. 1995. "Incentive compensation in a corporate hierarchy." *Journal of Accounting & Economics/Journal of Labor Economics joint issue*, 19(2-3):247-277.

Jensen, Michael, and William Meckling. 1998. "Divisional performance measurement." In *Foundations of Organizational Strategy*, edited by Michael Jensen. Boston: Harvard University Press.

Winerip, Michael. "Ex-schools chief in Atlanta is indicted in testing scandal." *New York Times*, March 29, 2013.

より詳細な文献

Baker, George. 2002. "Distortion and risk in optimal incentive contracts." *Journal of Human Resources* 37(4):696-727.

Courty, Pascal, and Gerald Marschke. 2008. "A general test for distortions in performance measures." *Review of Economics & Statistics* 90(3):428-441.

Gibbs, Michael, Kenneth Merchant, Wim Van der Stede, and Mark Vargus. 2004. "Determinants and effects of subjectivity in incentives." *The Accounting Review* 79(2):409-436.

Gibbs, Michael, Kenneth Merchant, Wim Van der Stede, and Mark Vargus. 2008. "Performance measure properties and incentive plan design." Working paper, University of Chicago Graduate School of Business.

Lazear, Edward. 1990. "The timing of raises and other payments." *Carnegie-Rochester Conference Series on Public Policy* 33:13-48.

Milgrom, Paul. 1988. "Employment contracts, influence activities, and efficient organizational design." *Journal of Political Economy* 96: 42-60.

Murphy, Kevin J. 1993. "Performance measurement and appraisal: Motivating managers to identify and reward performance." In *Performance Measurement, Evaluation, and Incentives*, edited by William Bruns. Boston: Harvard Business School Press.

Murphy, Kevin J., and Paul Oyer. 2005. "Discretion in executive incentive contracts." Working paper, University of Southern California Marshall School of Business.

Prendergast, Canice. 1993. "A theory of 'yes men.'" *American Economic Review* 83:757-770.

Prendergast, Canice. 2002. "The tenuous tradeoff between risk and incentives." *Journal of Political Economy* 110:1071–1102.

Prendergast, Canice, and Robert Topel. 1996. "Favoritism in organizations." *Journal of Political Economy* 104:958–978.

■ 第 10 章

Brickley, James, and Jerold Zimmerman. 2001 "Changing incentives in a multitask environment: Evidence from a top-tier business school." *Journal of Corporate Finance* 7:367–396.

Lazear, Edward. 2000. "Performance pay and productivity." *American Economic Review* 90(5):1346–1361.

Perot, Ross. 1996. *My Life & the Principles for Success.* Arlington, TX: The Summit Publishing Group.

Tzioumis, Konstantinos, and Matthew Gee. 2013. "Nonlinear incentives and mortgage officers' decisions." *Journal of Financial Economics* 2:436–453.

より詳細な文献

Gaynor, Martin, James Rebitzer, and Lowell Taylor. 2004. "Physician incentives in HMOs." *Journal of Political Economy* 112:915–931.

Gibbons, Robert. 1987. "Piece-rate incentive schemes." *Journal of Labor Economics* 4:413–429.

Gibbs, Michael. 2013. "Design and implementation of pay for performance." In *Oxford Handbook of Managerial Economics*, edited by C. Thomas and W. Shugart. London: Oxford University Press.

Holmstrom, Bengt, and Paul Milgrom. 1991. "Multitask principal-agent analyses: Incentive contracts, asset ownership, and job design." *Journal of Law, Economics, and Organization* 7:24–52.

Lazear, Edward. 1986. "Salaries and piece rates." *Journal of Business* 59:405–431.

Lazear, Edward. 2005. "Speeding, terrorism, and teaching to the test." *Quarterly Journal of Economics* 121(3):1029–1061.

Roy, Donald. 1957. "Quota restriction and goldbricking in a machine shop." *American Journal of Sociology* 67(2):427–442.

■ 第 11 章

Coupé, Thomas, Valérie Smeets, and Frédèric Warzynski. 2006. "Incentives, sorting and productivity along the career: Evidence from a sample of young economists." *Journal of Law, Economics & Organization* 22(1):137-167.

Peter, Laurence, and Raymond Hull. 1969. *The Peter Principle: Why Things Always Go Wrong*. New York: William Morrow & Co.　渡辺伸也訳『ピーターの法則：創造的無能のすすめ』（ダイヤモンド社、2003年）

より詳細な文献

Bayo-Moriones, Alberto, Jose Galdon-Sanchez, and Maia Guell. 2010. "Is seniority-based pay used as a motivation device? Evidence from plant level data." *Research in Labor Economics* 30:155-187.

Bull, Clive, Andrew Schotter, and Keith Weigelt. 1987. "Tournaments and piece rates: An experimental study." *Journal of Political Economy* 95:1-33.

Chan, William. 1996. "External recruitment versus internal promotion." *Journal of Labor Economics* 14(4):555-570.

DeVaro, Jed. 2006. "Internal promotion contests in firms." RAND *Journal of Economics* 60(3):311-339.

DeVaro, Jed, and Michael Waldman. 2012. "The signaling role of promotions: Further theory and empirical evidence." *Journal of Labor Economics* 30(1):91-147.

Drago, Robert, and Gerald Garvey. 1997. "Incentives for helping on the job: Theory and evidence." *Journal of Labor Economics* 16(1):1-25

Ehrenberg, Ronald, and Michael Bognanno. 1990. "Do tournaments have incentive effects?" *Journal of Political Economy* 98(6):1307-1324.

Eriksson, Tor. 1999. "Executive compensation and tournament theory: Empirical tests on Danish data." *Journal of Labor Economics* 17(2):262-280.

Frederiksen, Anders, and Elod Takats. 2011. "Promotions, dismissals and employee selection: Theory and evidence." *Journal of Law, Economics & Organization* 27(1):159-179.

Gibbs, Michael. 1994. "Testing tournaments? An appraisal of the theory and evidence." *Labor Law Journal* 45(8):493-500.

Kandel, Eugene, and Edward Lazear. 1992. "Peer pressure and partnerships." *Journal of Political Economy* 100(4):801-817.

Knoeber, Charles. 1989. "A real game of chicken: Contracts, tournaments, and the production of broilers." *Journal of Law, Economics & Organization* 5:271-292.

Lazear, Edward. 1979. "Why is there mandatory retirement?" *Journal of*

Political Economy 87:1261–1284.

Lazear, Edward. 1989. "Pay equality and industrial politics." *Journal of Political Economy* 97:561–580.

Lazear, Edward. 2004. "The Peter Principle: A theory of decline." *Journal of Political Economy* 112:S141–S163.

Lazear, Edward, and Sherwin Rosen. 1981. "Rank-order tournaments as optimum labor contracts." *Journal of Political Economy* 89:841–864.

Rosen, Sherwin. 1986. "Prizes and incentives in elimination tournaments." *American Economic Review* 76:701–715.

Waldman, Michael. 1984. "Job assignments, signaling, and efficiency." *RAND Journal of Economics* 15:255–267.

Waldman, Michael. 2003. "Ex ante versus ex post optimal promotion rules: The case of internal promotion." *Economic Inquiry* 41(1):27–41.

Zabojnik, Jan, and Dan Bernhardt. 2001. "Corporate tournaments, human capital acquisition, and the firm size-wage relation." *Review of Economic Studies* 68(3):693–716.

■ 第 12 章

Baker, George, and Brian Hall. 2004. "CEO incentives and firm size." *Journal of Labor Economics* 22(4):767–798.

Bertrand, Marianne, and Sendhil Mullainathan. 2003. "Enjoying the quiet life? Corporate governance and managerial preferences." *Journal of Political Economy* 111(5):1043–1075.

Burrough, Bryan, and John Helyar. 1990. *Barbarians at the Gate.* New York: Harper & Row. 鈴田敦之訳『野蛮な来訪者：RJR ナビスコの陥落』(日本放送出版協会、1990 年)

Hallock, Kevin. 1997. "Reciprocally interlocking boards of directors and executive compensation." *Journal of Financial and Quantitative Analysis*, 32(3):331–344.

Hendrick, Burton. 1932. *Life of Andrew Carnegie*, v.1. Garden City, NY: Doubleday, Doran & Co.

Jensen, Michael, and Kevin J. Murphy. 1990. "CEO incentives: It's not how much you pay, but how." *Harvard Business Review*, May–June.

Watson Wyatt, Inc. 2004. "How do employees value stock options?" Washington, DC.

より詳細な文献

Abowd, John. 1990. "Does performance-based compensation affect corporate performance?" *Industrial and Labor Relations Review* 43(3):52S–73S.

Black, Fischer, and Myron Scholes. 1973. "The pricing of options and corporate liabilities." *Journal of Political Economy* 81(3):637–654.

Conger, Jay, David Finegold, and Edward Lawler. 1998. "Appraising boardroom performance." *Harvard Business Review* 76(1):136–148.

Hall, Brian, and Thomas Knox. 2002. "Managing option fragility." Working paper, National Bureau of Economic Research.

Hall, Brian, and Kevin J. Murphy. 2003. "The trouble with stock options." *Journal of Economic Perspectives* 17(3):49-70.

Jensen, Michael, 1986. "Agency cost of free cash flow, corporate finance, and takeovers." *American Economic Review Papers and Proceedings* 76(2):323-329.

Kaplan, Steven. 1989. "The effects of management buyouts on operating performance and value." *Journal of Financial Economics* 24(2):217-254.

Merton, Robert. 1973. "Theory of rational option pricing." *Bell Journal of Economics* 4(1):141–183.

Murphy, Kevin J. 1999. "Executive compensation." In *Handbook of Labor Economics 3B* (edited by Orley Ashenfelter and David Card). Amsterdam: Elsevier Science North Holland.

Oyer, Pay, and Scott Schaefer. 2005. "Why do some firms give stock options to all employees? An empirical examination of alternative theories." *Journal of Financial Economics* 76:99-133.

Watson Wyatt, Inc. 2007. "How do employees value stock options?" Washington, DC.

■ 第 13 章

Chambers, Susan. 2005. "Reviewing and revising Wal-Mart's benefits strategy." Memorandum to the Board of Directors, Walmart Corporation.

Morris, William. 1890. "News from nowhere." *Commonweal*. London: Socialist League. 川端康雄訳『ユートピアだより』（岩波書店、2013 年）

Rajan, Raghuram, and Julie Wulf. 2006. "Are perks purely managerial excess?" *Journal of Financial Economics* 79:1–33.

Yermack, David. 2006. "Flights of fancy: Corporate jets, CEO perquisites, and inferior shareholder returns." *Journal of Financial Economics* 80:211–242.

より詳細な文献

Kimball, Miles, and Brendan Epstein. 2011. "The paradox of hard work." Working paper, University of Michigan.

Lazear, Edward. 1983. "Pensions as severance pay." In, *Financial Aspects of the U.S. Pension System* (edited by Zvi Bodie and John Shoven). Chicago, IL: University of Chicago Press.

Lazear, Edward. 1986. "Pensions and turnover." In *Issues in Pension Economics* (edited by John Shoven, Zvi Bodie, and David Wise). Chicago, IL: University of Chicago Press.

Lubotsky, Darren. 2006. "The economics of employee benefits." In Employee Benefits: *A Primer for Human Resource Professionals*, 2nd ed. (edited by Joseph Martocchio). New York: McGraw Hill.

Oyer, Paul. 2008. "Salary or benefits?" *Research in Labor Economics* 28:429-467.

Rosen, Sherwin. 1974. "Hedonic prices and implicit markets." *Journal of Political Economy* 82:34-55.

■ 第 14 章

Backes-Gellner, Uschi, and Petra Moog. 2013. "The disposition to become an entrepreneur and the jacks-of-all-trades in social and human capital." *Journal of Behavioral & Experimental Economics* 47:55-72.

Gibbs, Michael, Susanne Neckermann, and Christophe Siemroth. 2014. "A field experiment in motivating employee ideas." Working paper, University of Chicago.

Hindo, Brian. 2007. "3M: Struggle between efficiency and creativity." *Business Week*, June 11.

Koch, Charles. 2007. *The Science of Success: How Market-Based Management Built the World's Largest Private Company*. New York: Wiley.

Laureiro-Martinez, Daniella, Nicola Canessa, Stefano Brusoni, Maurizio Zollo, Todd Hare, Federica Alemanno, and Stefano Cappa. 2014. "Frontopolar cortex and decision-making efficiency: Comparing brain activity of experts with different professional background during an exploration-exploitation task." *Frontiers in Human Neuroscience* 7:1-10.

Lazear, Edward. 2005. "Entrepreneurship." *Journal of Labor Economics* 23(4):649-680.

Rosanoff, Martin André. 1932. "Edison in his laboratory." *Harper's Weekly Magazine*, September.

Stopford, John, and Charles Baden-Fuller. 1994. "Creating corporate entrepreneurship." *Strategic Management Journal* 15(7):521–536.

より詳細な文献

Hamel, Gary, and C. K. Prahalad. 1990. "The core competence of the corporation." *Harvard Business Review* 68(3):79–87.

Hamilton, Barton. 2000. "Does entrepreneurship pay? An empirical analysis of the returns to self-employment." *Journal of Political Economy* 108(3):604–631.

Hannan, Michael, M. Diane Burton, and James Baron. 1999. "Engineering bureaucracy: The genesis of formal policies, positions and structures on high-technology firms." *Journal of Law, Economics & Organization* 15(1):1–41.

Kaplan, Steven, and Per Stromberg. 2002. "Financial contracting theory meets the real world: An empirical analysis of venture capital contracts." *Review of Economic Studies* 70:281–315.

Kaplan, Steven, and Per Stromberg. 2004. "Characteristics, contracts, and actions: Evidence from venture capitalist analyses." *Journal of Finance* 59(5):2177–2210.

Prendergast, Canice, and Lars Stole. 1996. "Impetuous youngsters and jaded old-timers: Acquiring a reputation for learning." *Journal of Political Economy* 104(6):1105–1134.

■ 第 15 章

Bryant, Adam. "Google's quest to build a better boss." *New York Times*, March 12, 2011.

General Electric (2000). *Annual Report.*

Guiso, Luigi, Paola Sapienza, and Luigi Zingales. 2014. "The value of corporate culture." Working paper, University of Chicago.

Helliwell, John, and Haifang Huang. 2005. "How's the job? Well-being and social capital in the workplace." Working paper, National Bureau of Economic Research.

Lazear, Edward, Kathryn Shaw, and Christopher Stanton. 2013. "The value of bosses." Working paper, Stanford University.

Sucher, Sandra, and Stacy McManus. 2001. "The Ritz-Carlton Hotel Company." Harvard Business School case study.

Williams, Maynard Owen. 1929. "Turkey goes to school." *The National Geographic Magazine*, 94-108.

より詳細な文献

Camerer, Colin, and Ari Vepsalainen. 1988. "The economic efficiency of corporate culture." *Strategic Management Journal* 9:115-126.

Coase, Ronald. 1960. "The problem of social cost." *Journal of Law and Economics* 3(1):1-44.

Freeman, Richard, and Edward Lazear. 1995. "An economic analysis of works councils." In *Works Councils: Consultation, Representation, and Cooperation in Industrial Relations* (edited by Rogers and Streck). Chicago, IL: University of Chicago Press, for the National Bureau of Economic Research.

Freeman, Richard, and James Medoff. 1984. *What Do Unions Do?* New York: Basic Books. 島田晴雄、岸智子訳『労働組合の活路』(日本生産性本部、1987年)

Kreps, David. 1990. "Corporate culture and economic theory." In *Perspectives on Positive Political Economy* (edited by Alt and Shepsle). Cambridge, UK: Cambridge University Press.

Poundstone, William. 1992. *Prisoner's Dilemma*. New York: Doubleday. 松浦俊輔他訳『囚人のジレンマ：フォン・ノイマンとゲームの理論』(青土社、1995年)

索　引

欧　文

CEO　276
　　——の給与　342
　　——の内発的動機　398
　　——の報酬　278
　　——の報酬パッケージ　403
IT 革命　252
Java　66
　　——のプログラミング　67
MBA　31
OJT　79, 87, 213
　　——への投資　65
QC サークル　239, 248
R&D　172
RJR ナビスコ社　396
UPS　220, 496
USIS　280

あ　行

アイデア・ポータル　461
アウト・オブ・ザ・マネー　376, 381
アウトソーシング　177, 178, 255
アクセラレーター　268
アクミ社　53, 288, 341
　　——の管理職　27
アダム・スミス　126, 209
アット・ザ・マネー　384
アップサイド　385
　　——の可能性　6
　　——の利益　153
　　——リスク　315
アップル社　400, 464
後入先出法　111
後知恵バイアス　297
アドビ　103

穴埋め　91
アービトラージ　74
アブノーマルリターン　397
アマゾン　112
誤りの修正　343
アラスカ　251
暗黙の契約　84, 370, 498, 505
イエスマン現象　296
医士　64
意思決定権　455
　　——の配分　125
意思決定の運営　135, 145, 146
意思決定の遅さ　463
意思決定の集中化　132, 145
意思決定のスピードの低下　177
意思決定の統制　145, 146
意思決定の特性　143
意思決定のパターン　123
意思決定の分散化　132, 161
意思決定を支援するためのコンピューター
　260
一部制御可能な出来事　290
一般的人的資本　69, 74, 139
イノベーション　91, 209, 505
医薬品業界のイノベーション　154
依頼人—代理人　269
イーライリリー　178
慰留戦略　93
医療機関　269
イングリッシュ・オークション　250
インサイダー取引　397
イン・ザ・マネー　376, 383, 385
インセンティブ　268, 319
　　——効果　318
　　——・システム　129
　　——制度　195, 218, 296, 325, 328, 382
　　——制度設計　272
　　——の付与　345

索引　543

――パッケージ　397
――・プログラム　461
インテル　103, 225
イントラネットのポータルサイト　461
インフルエンス・コスト　295
インベストメント・センター　286
ウィンドウ・プラン　116
ウォーター・ゲート事件　297
ウォルマート　422
右脳　447
運　352, 357
運転士の居眠り運転　424
営業担当者　307, 338
営業のアウトソーシング　311
エリック・シュミット　103
欧州連合　39
横断的調整体制　136
応募者のスクリーニング　29
狼少年　478
オークション市場　99
オフショア化　256
オプション　379, 383, 384
　　――価値　385
　　――の評価　386
　　――付与　380
オープンソースソフトウェア　37
オープンブック方式　477
オンライン教育　60

か　行

会計士　237
会計システム　275
会計事務所　49
会計制度　454
解雇規制の緩和　39
外国との競争　14
解雇に伴う費用　111
解雇に要するコスト　6
解雇の対象　108
解雇費用　38, 343
会社の授業料負担　73
階層化　463
階層型組織　164, 165
階層間の報酬体系　367

階層構造　150, 346
階層的な組織　146
階層の異動　343
階層の活用　123
外発的動機　232, 268
外部委託　256, 339
外部からのオファー　104
外部からの採用　363
外部経済　131
外部採用者　55
外部性　130, 505
外部労働市場価値　8
科学的手法　215
学位取得者　102
学位の取得　31
確実性等価式　271
学習過程　455
拡充された職務　207
学習する機会　228
学術的な研究の質　318
格付け　297
確定給付型　423, 425
確定拠出型　423, 427
確定拠出型年金　432
確定拠出口座　423
駆け引き　83
過剰正当化　460
過小評価されている労働者　107
カスタマイズ　257
カスタマー・エクスペリエンス　336
ガバナンス　394, 402
カフェテリア方式　419
株式市場のリターン　63
株式の価値のリスク　379
株の保有割合　397
カミンズ・エンジン社　96
関係に特化した投資　84, 87
監査　138
間接費用の配分　135
完全競争市場　469
管理時間の節約　142
管理の強弱　474
官僚化の緩和　463
緩和バイアス　288
機会費用　58, 61, 128, 281

起業 406
——家のキャリア 439
——家の人的資本投資 450
企業特殊的人的資本 69, 75, 86, 101, 109, 139,
481, 483
企業特殊的な生産性 9
企業内起業 406, 439, 453
企業内託児所 414
企業による知識の創造 123
企業のキャッシュフロー 399
企業の財務状況 21
企業の評判 505
企業文化 2, 135, 188, 502
企業文化の経済価値 494
技術的な能力が必要となる情報 140
技術伝播 131
基数的な序列 348
期待キャッシュフロー 385
期待報酬 354
期待利益 4
ギットハブ社 180
機能別組織構造 167
規範の順守 247
規模の経済 130, 135, 174, 199, 223, 412, 499
基本給 312, 360
——をマイナスにする 310
機密情報の漏洩リスク 104
逆選択 30, 47, 113
逆選択の問題 41, 436
キャセイ・パシフィック航空 239
キャッシュフロー 132
キャリア開発 89
キャリア上の関心 367
キャリアの向上 341
キャリアパターン 55
キャンベル社 259
急速な技術革新 102
給与以外の手当 406
給与水準 354
教育の現在価値 63
教育評価のスコア 318
競合他社 89, 94, 276
競合他社からの引き抜き 100
業績連動の報酬 387
協調性 190, 374

——の改善 489
協調の誘因 351
共同余剰 471
業務機能の構造と階層 165
共有資産 135
協力的な関係 499
切り替えコスト 470
勤務地の希望 56
金融危機 268
金融規制当局 268
金融サービス機構 268
金融商品 423
金融負債 442
グーグル 103, 476
——の採用方法 10
国の組織のあり方 125
クラウドアウト効果 460, 462
グリッド社 37
繰り延べ報酬 370, 391
クレディ・スイス・ファースト・ボストン 93
経営学修士 64
経営陣の動機付け 456
経営陣の報酬 388, 392
経営陣の報酬水準 390
経営と資本の分離 378
経営能力の開発 142
経済学者 366
継続的改善 222, 415, 465, 505
刑務所運営 498
契約内容の再交渉 77
ケーススタディ 262
月次のノルマ 327
決定権限 122
限界生産力逓減の法則 19
限界費用 271
限界利益 271
厳格な規律 501
原価計算担当者 244
研究開発部門 268
研究組織 345
権限移譲 125, 207, 230
権限移譲の明確化 145
健康維持機構 407
健康保険 406, 407
——制度 407, 421

索 引 545

現在価値　57
現在の能力を超えようとする願望　440
研修と標準的な事務手順　187
研修費用　72
牽制機能　145
建設的なフィードバック　502
権利行使可能　377
コア・コンピタンス　199, 464
高影響スコア　29
交易の利益　62
降格　54, 342
公共財　135
航空機メーカー　163
交互の選抜　249
行使価格　376
工場長　328
高信頼性組織　123, 261
公正性　294
構想　143
構想と実行の提案　146
構造上の穴　190
構造上のギャップ　181
行動の一貫性　497
購入予定不動産　327
公認会計士　31, 46
候補者の絞り込み　32
合理的な離職　119
顧客満足度調査　315
コーク・インダストリーズ社　455
国民皆保険制度　413
互恵的な関係　495
個人的コンシェルジュサービス　407
コスト・センター　286
コーチング　300
固定費用契約　336
固定分布　352
子供の教育費負担　442
コーポレートジェット　416
コミュニケーション　208
　　──コスト　195
　　──システム　188
　　──の活性化　293
　　──のスピード　257
雇用関係　469, 493
　　──を規定する非公式なルールの集合体

502
雇用契約　504
雇用契約解除金　38, 39
コールオプション　376, 385, 386
コールセンター　38
ゴルフ　365
コロラドハムシ　283
根拠なき熱狂　402
コンサルティング会社　49
コンシェルジュサービス　414, 437
コンセンサスによる意思決定　236
コンピューターの営業担当者　325
コンプライアンス　138, 454

さ 行

債権者　370
最高経営責任者　27, 49
再就職支援サービス　118
再就職の奨励　98
最適投資　2
最適な階層数　193
最適なチーム規模　244
最適な投資戦略　449
最適歩合率　309
才能に応じた従業員の振り分け　345
財務担当者　31
財務リスク　334
採用可能な労働者　20
採用基準　5
採用基準の設定　12
採用における従業員紹介制度　29
採用ビデオ　96
裁量性　203
左脳　447
左右対称なレイオフ　155
算定方式型　424
360 度評価　294
自意識指標　32
資格　30
資格取得コスト　47
資格要件　30
シカゴ・オプション取引所　377
歯科保険プラン　419
時間軸　224

時間と場所の特定の環境　139
識字率　504
事業の複雑さ　183
資金調達手段　378
シグナリング　2, 31, 40, 346, 397
　　――コスト　44
　　――の一括均衡　48
　　――の分離均衡　48
試験採用期間　42
自己管理　96
自己選択　471
仕事の充実化　142
仕事の専門化　168
仕事の相互依存性　239
仕事のパッケージ　8
仕事を売る　310
仕事を買う　387
自己保険形式の生命保険　417
事故歴　29
自社株買い　400
自社株式からなる信託口座　112
市場価値　391, 472
市場清算価格　469
市場調査　409
市場の失敗　505
市場の非効率性の原因　130
事前の最適化　222
実験　465
実行　143
実績指標　273
実績に基づく報酬制度　303
実績評価　191, 195, 274
実績評価指標　284
実績評価の有効性　164
失敗に対するペナルティ　462
疾病休暇　432
しっぺ返し戦略　492
質よりも量　460
自動車整備士　244
シナジー　362, 399
支配戦略　491
資本コスト　334
社会資本　181, 452
社会的資本　190
社債保有者　371

社内横断的　82
社内規律　454
社用車　415
ジャンク・ボンド　330
従業員委員会　478
従業員間のトレーディング　133
従業員の獲得競争　103
従業員の学費補助　418
従業員のキャリア管理　89
従業員のキャリアパターン　164
従業員の権限　482
従業員の自己選択　379
従業員の実績の予見性　328
従業員の生産性　89
従業員の努力にかかる負の限界効用　308
従業員のネットワーク　452
従業員の引き抜き　89
従業員の福利厚生　406
従業員の振り分け　413
従業員のマッチング　73
従業員持株制度　334, 432
集合的情報　132
終身在職権　338
囚人のジレンマ　490
住宅ローン担当者　268
集団の規模　281
集中化　122, 252, 463
　　――された知識　136
　　――の方向　457
柔軟性　208
柔軟な勤務時間　270
重複していない情報領域　243
主観性　320
主観的な実績評価指標　288
主観的評価　86, 301
主観的または経験に基づく情報　141
授業料の補助　407
準備銀行　268
ジョイント・ベンチャー　495
試用　303
試用期間　38, 43, 51, 299, 418, 459
試用期間によるスクリーニング　471
昇格　54
小規模なレストラン　448
上級管理職　341

索引　547

昇給の幅　355
上級マネージャー　451
商業銀行　33
条件付報酬　51
証券トレーダー　310
勝者の呪い　100
昇進　42, 343
　　――か、退職か　40, 51, 90, 98, 299, 366
　　――の確率　356, 366
　　――の基準　361
　　――のプロセス　343
　　――率　44
商品設計　163
商品ライン横断的な調整　137
商品ラインの特定化　336
情報　128
　　――技術　195, 235
　　――技術の効果　123
　　――システム　127
　　――処理メカニズム　122
　　――伝達コスト　123, 139
　　――と知識の生産者　467
　　――の質　296
　　――の伝達コスト　141
　　――の非対称性　2, 9, 30, 258
　　――の分散化　128
　　――の優位性　9
正味現在価値　59
職業選択の自由の原則　71
食事補助　407
職責の拡大　95
職の安定　471
職場訓練　53
職務権限の構造　151
職務設計　97, 122
職務設計のモジュール化　213
職務の拡充　230
ジョージ・オーウェル　252
序数的な序列　348
ジョセフ・ジュラン　216
ジョブ・ホッピング　103
ジョブ・ローテーション　241
シリコンバレー　66, 103
自律的な組織体制　126
新規株式公開　93

新規採用　3
新興企業　385, 406
人事記録　27
人事コンサルタント企業　410
人事政策の個別部門への分散化　503
人事政策の柔軟性　506
人事政策の本部への集中化　503
人的資本　86, 298
人的資本投資　448
人的資本の専門化　62
人的資本への投資リターン　105
人的資本理論　57
新任職　27
真の意味での実力主義　501
信用格付け　327
信頼　320
信頼の欠如　85
心理学的な適性検査　50
スカンクワークス　177, 463
過ぎたるは及ばざるが如し　485
スクリーニング　32
　　――の精度　38
　　――費用　34
　　――要件　31
優れた上司　475
スタートアップ企業　66, 154
スタンダード＆プアーズ社　388
スタンフォード大学　113
スティーブ・ジョブズ　103
スティーブ・バルマー　134
ストックオプション　112, 268, 323, 373, 375, 376,
　　454
ストレス　96
スポーツクラブ　412
スポット市場　2, 469
スポット市場モデル　438
スリーエム社　465
性格の違い　361
成果主義　45
成果の期待値　3
制御可能　291, 301
　　――なリスク　276, 315, 320
制御不可能　291, 301
　　――なリスク　276, 313, 320, 349, 357
成功に対する報酬　462

生産性が資本に依存する場合　18
生産性が同僚から独立的な場合　16
生産性が同僚に依存する場合　16
生産性向上　374
生産における補完性　212
成熟企業　406
税制上の優遇　436
製品ブランド　503
製品ラインナップの簡素化　464
政府機関　107
税務　66
　――管理ソフト販売会社　97
　――ソフト　67
生命保険　417, 419
節税　413
絶対基準方式　347, 358, 360, 372
絶対的なリスク回避　271
絶対評価　348
ゼネラル・エレクトリック　353, 457
セーフライト・ガラス社　304
セル部門方式　457
ゼロサム・ゲーム　489
戦術　144
先進的技術　65
全地球測位システム　252
選抜期間　28
全幅の実直性　501
専門化　210, 240
専門化の価値　182
専門システム　254
専用の運転手　416
戦略　144
戦略的行動　471
戦略的な決定　393
早期昇進　95
早期退職優遇契約　115
早期退職優遇制度　108, 112, 428
総合品質管理　215
相互協力　351
操作不可能な実績評価指標　381
創造性　142, 458
　――と管理の間のトレードオフ　506
創造的な仕事　260
相対評価　348
総報酬額の変動　384

組織構造　122, 164
　――の撹拌　198
組織設計　122, 131, 160, 161
組織単位の分割　163
組織と職務の設計のトレードオフ　123
組織のサブユニットへの細分化　183
組織の進化　197
組織の変化　91
ソーシャル・メディア　37
訴訟の可能性　343
訴訟費用　112
ソデクソ社　412, 498
ソニー　456
ソフトウェア　102

た　行

第 1 種の過誤　147, 156
第 2 種の過誤　147, 156
第一印象　497
大学　348
大学教授　318
大規模なリストラ　395
体系的な組織設計　217
退職ブリッジ　118
退職間際の従業員　371
対人能力　41
大卒者の平均時給　64
代替財　257
タイプⅠエラー　146
タイプⅡエラー　146
大量解雇　395
ダウンサイジング　89
ダウンサイド　385
　――の損失　153
　――・リスク　5, 50, 184, 315, 458
タカ　361
託児ケア　407
タクシーの運転手　310
タスク・アイデンティティ　214
タワーズ・ワトソン社　387
単一の意思決定者の原則　182
短期的な利益　495
探索コスト　470
団体健康保険　408

索 引 549

団体交渉型 423
地域固有の要因 349
知識集約的な仕事 415
知識の移転 242
知識の効率的な創造 123
チップ 310
知的財産 71,94
　——の価値 72
チーム構成 123,248
チームの利点 238
チームメンバー 250
チームリーダー 236
チームワーク 190,235
チャールズ・ブロット 132
中央集権的経済体制 126
中央集権的な戦略 137
中央による予算策定と立案 186
中間管理職 133,146,312
中古車販売 30
抽象化 260
抽象的な原則 262
抽象的な思考 265
中退 57
超過利潤 488
長期的な経済的利益 505
長期的な報酬 355
長期的能力開発 300
長期のパフォーマンス 476
調整 136,184
　——コスト 172,199
　——メカニズム 186,200
調達費用の優位性 412
懲罰制度 321
直接費用 58
賃金プロファイル 369
陳腐化しやすい情報 140
追加的な研修コスト 449
強い協力関係 507
ディズニー 137
定年退職 371
ディーラー 315
テイラー主義 219,257,258,506
定量的実績評価指標 301
定例化された情報 260
適切な信頼関係 507

敵対的買収 395,398
出来高払い制 304
テクノロジー 65,235
　——への投資 282
テストスコア 283
テニスの試合 357
デフォルト率 328
転籍 343
展望 455
電力会社 322
ドイチェ・バンク 93
統括責任者 188
動機付け 123,258,281,380
統計的なプロセスのコントロール 255
統合問題 184
投資銀行 3,33,40,49,107
同時発生問題 184
搭乗スタッフ 239
同僚従業員の生産 17
同僚による監視 246
特殊的知識 139,161,201,277
独占的状態 395
特許権 71
トップグレイディング 500
トーナメント方式 347,358,360,372
トヨタ 437
取締役会 391
　——による監視 395
　——のメンバーの選任 396
取引コスト 211
努力 299
トルコでのアルファベット 504
ドレクセル・バーナム・ランバート社 330
トレーダー 386

な 行

内発的動機 122,142,214,227,459
内部候補者 55
内部昇進 53
内部労働市場 80
滑らかな給与と実績の関係 327
ナレッジマネジメント 466
ナレッジマネジメント戦略 97
何でも屋 443

入札競争 99
認可 143
人間性 56
認知的な能力 265
任務 209
── の多さの度合い 474
── の完結性 227
── の補完性 216
ネットワーク型の組織 164
ネットワーク構造型組織 179
ネットワークの外部性 131
年間利益配分ボーナス 296
年金 406, 422
── 基金 431
── 給付額の期待現在価値 426
── 口座 427
── 受給の権利 428
── 数理人 237
── 制度 407
年功報酬 367, 370
年次ボーナス 312
ノイズに対するシグナルの比率 277
脳神経学者 447
能動性 440
能力 208
── の違い 359
── のバランスのとれた人材 447
── や知識への投資 53

は 行

バイアス 294
ハイエク 139
パイの大きさ 484
派遣会社 38
バーゴフ 311
働きがいのある会社ランキング 494
パターン認識 259, 265
発言権 482
バディ制度 497
ハト 361
ハードウェア 102
パートタイム 415, 422
パートナー 93, 331
パートナーシップ 251, 495

パートナーへの昇格 471
幅広い能力 506
幅広い能力のポートフォリオ 443
払った代償に対してだけしか対価は得られない
　460
バランスのとれたインセンティブ 317
範囲の経済 199
反差別規制 111
販売組織 172
汎用的な研修 451
比較優位 62
非カフェテリア方式 421
引き抜かれ易い労働者 100
引き抜きに対応しないとの方針 104
非競合条項 71, 103
非金銭的な手段 406
非金銭的な便益 58
ピクサー 103
飛行航路 156
ビジネススクール 318, 443
ビジネス・ユニット 163
非ゼロサム・ゲーム 489
ピーターの法則 363
ビッグデータ 36, 475
否定的なフィードバック 502
一つの企業としての戦略 134
誹謗禁止条項 112
ヒューレット・パッカード 98, 132, 457
評価期間 7
評価とインセンティブ 123
評価の客観性 348
評価の容易さ 348
費用削減戦略 145
標準化 131
費用積算契約 336
費用と便益のトレードオフ 14
評判 495
── への投資 496
歩合率 309, 391
フィッシャー・ブラック 385
フェデックス社 496
フォーカスター 158
部下の仕事の認可とモニタリング 146
不完全競争 470
複雑な情報 140

複数の作業のインセンティブ 320
複数の任務 203, 230
福利厚生 407
　　──パッケージ 412, 437
不正操作 282, 315, 339
　　──の可能性 321
　　──の削減 292
不測の事態をカバーする契約 86
プットオプション 376
不本意な解雇 480
部門管理者たちの報酬 193
部門の売却 395
部門別構造 175
部門別組織構造 169
ブラック・ショールズの公式 385, 386
フラットな権限構造 149
フラットな組織 146, 192
フランク・クワトローネ 93
フランチャイザー 287, 335
フランチャイジー 286, 335
フランチャイズ 286
フランチャイズ制度 335
ブランド 441
ブランドネーム 453
ブランドネームへの投資 282
ブランド名 135
フリー・キャッシュフロー 400
フリードリッヒ・フォン・ハイエク 127
フリーライダー 246, 334
　　──効果 237
　　──問題 296
振り分け 90, 304, 320
プリンシパル＝エージェント 378
　　──問題 269
フルタイム 415
ブレインストーミング 144
フレックス制度 94
フレデリック・テイラー 219
プロジェクト型の組織 174, 175
プロジェクトベースの支払い方法 337
プロダクトマネージャー 503
プロのスポーツ選手 365
プロフィットシェアリング制度 454
プロフィット・センター 286
分散化 122, 145, 230, 252

──された経済 160
──された体制 126
──とインセンティブの原則 505
──の利点 138
ペイオフ 382, 385
　　──構造 151
変化が激しい業界 102
変化への適応 506
弁護士 275
ベンジャミン・フランクリン 63
ベンチャー・キャピタリスト 45
ベンチャーキャピタル 458
ベンチャーの奨励 98
ポイズンピル 401
報酬委員会 391
報酬コンサルタント会社 390
報酬制度 271, 321
報酬体系 360
報酬体系の設計 347, 358
報酬と懲罰 504
報酬の上限の設定 329
報酬パッケージ 106
報酬パッケージの価値 382
報奨形式 353
膨大なサンプルデータ 473
法律事務所 49
補完財 257
補完的な任務 238
保険会社 268
保険の代理店 446
保険料 417
保証金の差し入れ 43
補助金 413
ポータビリティ 429
ポートフォリオ 378, 399, 432
ボーナス 373
　　──制度 338
ポリマーの研究 70
ホールドアップ問題 78, 85, 87, 364, 507
ホワイトカラーの仕事 372
本源的価値 376
本社の戦略企画グループ 137

ま 行

マイクロソフト　134, 173, 399
マイクロマネジメント　476
マイロン・ショールズ　385
マクドナルド　256, 336
負け組　363
マーケティング　133
　　——の意思決定　163
マッチング　55
窓際族　363
マトリックス型組織　164, 174, 175
マネジメント可能なサブユニット　200
マネジメント・バイアウト　397
マネージャーの人間性　189
見えざる手　126
ミセス・フィールズ・クッキー社　253
身元調査　280
無形資産　495
矛盾の解決能力　440
明文契約　86
面接　50
メンター制度　497
メンタリング　273
モジュール化　172, 228
持ち運び可能　430
モチベーション　268
モニタリング　138, 143, 145, 214, 268
モルガンスタンレー　93
問題　378
　　——解決能力　262

や 行

役職　27
有給休暇　406, 407, 432
有力な法律事務所　348
予見化しづらく個別性の高い情報　141
予見不可能性　505
予測可能性　224, 258
401K 年金プラン　422

ら 行

ライフサイクル　483
ラチェット効果　293, 325
楽観性　441
ランダム採用　35
ランダム変数　277
リアルオプション　459
リアルタイム　255
利益共有制度　282
利益シェアリング制度　334
利益相反　271, 489
陸軍年金制度　428
離職　79, 89, 258, 471
　　——に伴うコスト　95
　　——率　53, 429, 459
利子率　61
リスク回避性向　462
リスク回避的　7, 55, 313, 371, 441
リスク回避度　7, 320
リスク管理　138, 458
リスク許容度　441
リスク中立的　6, 386
リスク特性　275
リスクプレミアム　276, 312, 314, 379, 402
リーダーシップ　499
　　——の可能性　11
リッツ・カールトン・ホテル　498
留保価格　471
理論　460
リンカーン・エレクトリック社　296
累進的な報酬　483
ルールに基づいたロジック　258
レイオフ　89, 479
レストランの給仕　310
レバレッジ　381
レバレッジド・バイアウト　397
レベニュー・センター　286
レント　83
　　——・シェアリング　82
労使間の協調関係　482
労働環境　482
労働組合契約　493
労働時間　415, 472

労働市場の厚み　81
労働市場のグローバル化　14
労働者と会社の関係性　80
労働者と企業の双方の利益　507
労働者と企業の長期的な共通の目的　506
労働者の権限の強さ　484
労働者の振り分け　303
労働者への権限付与度合い　487

労働者向けサービス　482
ロッキード・マーチン社　464
ローン申請者　327
ローンの延滞率　328

わ　行

割引現在価値　132

〈監訳者紹介〉

樋口美雄（ひぐち・よしお）
慶應義塾大学商学部教授。
慶應義塾大学大学院商学研究科博士課程修了、商学博士。スタンフォード大学客員研究員などを歴任。2016年、紫綬褒章受章。主な著書に、『日本経済と就業行動』(東洋経済新報社、日経・経済図書文化賞受賞)、『雇用と失業の経済学』(日本経済新聞社、エコノミスト賞受賞) がある。

〈訳者紹介〉

成松恭多（なりまつ・きょうた）
フィンズベリー日本共同社長。
慶應義塾大学法学部卒業後、住友銀行入行。S＆P、ラッセル・インベストメント、バークレイズ・グループの広報部長を経て現職。シカゴ大学ブース経営大学院 MBA。

杉本卓哉（すぎもと・たくや）
バークレイズ証券株式会社ストラクチャリング部長。
東京大学法学部卒業後、日本銀行入行。モルガンスタンレー証券を経て、2012年より現職。シカゴ大学ブース経営大学院 MBA。

藤波由剛（ふじなみ・ゆうごう）
プリンシプルズ株式会社代表取締役。
東京大学法学部卒業後、ワークスアプリケーションズ入社。野村證券を経て、プロフェッショナルなビジネス教育・企業研修を提供するプリンシプルズを創業。シカゴ大学ブース経営大学院 MBA。

〈著者紹介〉

エドワード・P・ラジアー（Edward P. Lazear）

スタンフォード大学経営大学院教授、フーバー研究所上席研究員。UCLAで学士、修士号を取得。ハーバード大学博士（Ph.D.）。人事経済学分野の嚆矢として知られ、100本以上の論文、書籍を著している。*Journal of Labor Economics* を創刊、米国労働経済学会を立ち上げたことでも知られる。

マイケル・ギブス（Michael Gibbs）

シカゴ大学ブース経営大学院教授。シカゴ大学で、学士、修士、博士（Ph.D.）号取得後、ハーバード大学、ミシガン大学、パリ政治学院などで教鞭をとる。人的資源・組織設計など、人事経済学の分野での先導的な実証研究者の１人。

人事と組織の経済学・実践編

2017年4月21日　1版1刷
2017年7月14日　　　2刷

著　者　エドワード・P・ラジアー
　　　　マイケル・ギブス

監訳者　樋口美雄
訳　者　成松恭多
　　　　杉本卓哉
　　　　藤波由剛

発行者　金子　豊

発行所　日本経済新聞出版社
http://www.nikkeibook.com/
東京都千代田区大手町1-3-7　〒100-8066
電話　03-3270-0251（代）

印刷・製本　萩原印刷
DTP　マーリンクレイン

ISBN978-4-532-13470-9

本書の内容の一部あるいは全部を無断で複写（コピー）することは、法律で認められた場合を除き、著訳者および出版社の権利の侵害となります。その場合は、あらかじめ小社あて許諾を求めてください。

Printed in Japan